제3판

이상심리 사례연구

제3판

이상심리 사례연구

Ethan E. Gorenstein, Ronald J. Comer 지음

오경자, 김현수, 송원영, 배도희, 최지영, 이수진 옮김

Σ 시그마프레스

이상심리 사례연구, 제3판

발행일 | 2024년 4월 30일 1쇄 발행

지은이 | Ethan E. Gorenstein, Ronald J. Comer
옮긴이 | 오경자, 김현수, 송원영, 배도희, 최지영, 이수진
발행인 | 강학경
발행처 | (주)시그마프레스
디자인 | 김은경, 우주연
편 집 | 윤원진, 김은실
마케팅 | 문정현, 송치헌, 김성옥, 최성복

등록번호 | 제10-2642호
주소 | 서울특별시 영등포구 양평로 22길 21 선유도코오롱디지털타워 A401~402호
전자우편 | sigma@spress.co.kr
홈페이지 | http://www.sigmapress.co.kr
전화 | (02)323-4845, (02)2062-5184~8
팩스 | (02)323-4197

ISBN | 979-11-6226-471-3

Case Studies in Abnormal Psychology 3e

First published in the United States by Worth Publishers
Copyright © 2022, 2015, 2002 by Worth Publishers
All rights reserved.

Korean language edition © 2024 by Sigma Press, Inc. published by arrangement with Worth Publishers

＊ 책값은 책 뒤표지에 있습니다.

사 례연구는 이상심리를 깊이 있게 이해하는 가장 효과적인 방법이다. 임상 사례를 통하여 우리는 정신적 고통과 어려움이 어떠한 증상으로 나타나는지, 그러한 증상이 어떻게 유지되는지, 그리고 당사자와 주변 사람들의 삶에 어떤 영향을 미치는지를 생생하게 보고 느낄 수 있다. 또한 사례에 치료 과정도 포함되는 경우, 치료적 개입이 증상을 완화시키고 내담자를 정상적인 삶으로 돌아가도록 돕는 과정도 엿볼 수 있다. 대부분의 이상심리학 교재에 일부 심리장애 사례들이 소개되어 있지만, 간략한 증상 소개에 그치는 경우가 많아서 사례의 깊이 있는 이해를 돕는 데에는 한계가 있다. Comer 교수의 이상심리학 교재를 번역하면서 그와 함께 사용할 수 있는 사례연구집이 있음을 알게 되어 번역을 결정하게 되었다.

이 책의 강점은 각 사례에 대하여 증상 및 임상적 특징, 발달력, 가족 사항뿐 아니라 치료 계획과 경과까지 매우 상세하게 소개하고 있어 그 사례를 종합적으로 이해할 수 있도록 구성되어 있다는 점이다. 또한 이러한 정보에 더해 환자 본인의 관점뿐 아니라 가족, 친구, 치료자의 관점도 함께 제시하여 사례를 입체적으로 이해할 수 있다.

이상심리 사례연구 제2판(2014년 출간)의 국내 번역판은 2018년에 나왔고, 이어서 10년 뒤인 2024년에 제3판의 번역판을 내어놓게 되었다. 원저자인 Gorenstein 교수와 Comer 교수는 제3판의 서문에서 최근의 디지털 혁신, 중요한 사회적 변화 등을 반영해서 기존의 사례들을 업데이트하고 새로운 사례들을 대폭 포함시켰다고 설명하고 있다.

바쁜 일정에 쫓기면서도 이상심리를 공부하는 후진들에게 좋은 교육 자료를 제공하려는 취지에 공감하여 이 책의 번역에 참여한 김현수 교수, 송원영 교수, 배도희 박사, 최지영 교수, 그리고 이수진 교수에게 감사의 뜻을 전한다. 김현수 교수는 사례 1, 2, 3, 최지영 교수는 사례 4, 송원영 교수는 사례 7, 10, 11, 12, 배도희 박사는 사례 8, 9, 18, 이수진 교수는 사례 6, 13, 16, 17, 19 번역을 각각 담당하였다. 나머지 사례 5, 14, 15, 20 번역은 본인이 담당하였다. 아울러 인내심을 가지고 이 책의 출판을 도와준 (주)시그마프레스의 편집진 모두에게 감사를 표한다.

　이 책의 출판이 많은 학생들이 이상심리를 공부하고 이해하는 데 도움이 되기를 바란다.

2024년 1월
역자대표 오경자

저자 서문

이 상심리 사례연구 제3판에서 우리는 모든 사례들에 임상적 풍성함과 진정한 인간다움을 부여하면서 임상 자료를 현행 이론과 연구와 연결시키려고 노력하였다. 이전 판에서와 마찬가지로 제3판에서도 우리는 독자들이 내담자, 친구, 친척, 그리고 치료자들의 서로 다른 관점을 이해하고, 치료 프로그램의 세세한 내용을 보여 주며, 관련 이론과 연구들을 강조하고, 이들로 하여금 임상적 통찰력을 적용하고 비판적으로 사고하며 임상적 결정을 내리게끔 도전하려고 하였다. 이 책은 다른 임상 사례집에서는 찾아볼 수 없는 다음 특징들을 통하여 이상심리를 보다 깊이 있게 이해하도록 이끌 수 있으리라고 믿는다.

1. **새로운 사례와 사례 자료** 제3판에는 흥미로운 새 사례들이 여럿 추가되었다. 또한 이전 판에 있었던 사례들은 임상 분야의 증가하는 통찰과 새로운 연구 결과, 그리고 DSM-5-TR 기반 진단의 변경을 반영해서 업데이트되었다.

2. **다중 관점** 각 사례는 임상 증상, 과거력, 그리고 치료에 대해 깊이 있게 기술할 뿐 아니라 그에 더하여 내담자, 치료자, 친구 혹은 친척의 관점에서 바라본다. 이와 같은 서로 다른 관점들은 장애가 여러 사람에게 영향을 미친다는 것을 보여 주며, 독자들이 내담자, 그리고 그와 상호작용하는 사람들의 걱정과 딜레마에 공감하는 것을 돕는다.

3. **치료의 심층 소개** 이 책에서는 치료, 특히 내담자와 치료자 간의 상호작용에 각별한 관심을 기울인다. 치료를 상세하게 논의함으로써 독자들은 치료의 이론들이 어떻게 실제 절차로 변환되고, 특정한 문제를 가진 사람들이 임상가의 노력에 어떻게 반응하는가를 충분히 이해할 수 있다.

4. **연구 기반 치료, 통합적 접근** 책 전반에서 경험적 연구로 잘 뒷받침된 치료들이 소개되었다. 대부분의 사례에서 최신 동향과 임상연구 결과를 반영하여 실제로 여러 접근이 통합된 치료가 제시되었다. 독자들은 주요 치료 모델들

이 각각 적절하게 그리고 치우침이 없이 제시되어 있음을 보게 될 것이다.

5. **긴밀하게 짜인 임상 자료와 이론, 그리고 연구** 각 사례는 임상 자료, 이론적 관점, 그리고 경험적 연구 결과를 엮어서 구성되었다. 이를 통하여 독자들은 매혹적인 임상적 세부 사항뿐 아니라 그 의미까지도 이해할 수 있을 것이다. 또한 독자들은 치료 기법들이 어떤 것이고 어떻게 적용되는지뿐 아니라 그 기법이 선택된 이유도 알 수 있을 것이다.

6. **다양성과 다문화적 적용 범위의 확대** 임상 분야에서 민족, 인종, 빈곤, 성별, 성 정체성, 이민 상태, 기타 문화적 요인이 심리 기능에 미치는 영향에 대한 이해가 점차 증가함에 따라 이 책에서는 다양성을 대폭 확장하여 여러 유형의 다양한 내담자와 치료자가 제시되었다. 우리가 제시한 사례들은 진실로 임상 분야와 사회의 수많은 면모를 반영하고 있다.

7. **여백 노트 : 특별한 교육 도구** 이 책 전반에 걸쳐서 다양한 교육 도구들이 학생들의 자료 해석과 기억, 그리고 미묘한 임상적 이슈들의 이해와 비판적 사고의 적용을 돕는다. 예컨대 이 책의 거의 모든 페이지에는 중요한 임상 및 연구 사항과 생각할 문제들이 각각 바로 그 순간에 소개되어 있다. 비슷하게 각 사례에는 독자가 답하도록 수많은 리뷰 질문들이 제시되어 있다.

8. **"당신의 진단" : 상호적 독서와 적용** 이 책에는 "당신의 진단"이라는 제목의 세 사례가 진단 혹은 치료 정보 없이 제시되어 있다. 이로써 독자들은 그 사례에 해당되는 장애를 확인하고 진단을 내리며 적절한 치료를 제안하고 도전적 질문을 생각해 보게 된다. 독자들은 치료자의 관점을 취함으로써 사례에 대해서 능동적으로 생각하고 임상적 지식과 통찰을 적용하는 것을 배우게 된다. 이 특별 사례들에는 각각 뒤따르는 부록에 예상 진단, 보편적 치료 접근 그리고 그 장애에 관한 중요한 임상적 정보가 제시되어 있다.

9. **진단 체크리스트** 각 사례마다 해당 진단을 내리게 이끈 진단기준 체크리스트가 제시되어 있다. 체크리스트는 DSM-5-TR 정보에 기반을 두고 있다.

10. **최신 자료와 참고문헌** 기술된 이론과 치료 접근은 가장 최신의 글과 연구 문헌을 반영하고 있다. 마찬가지로 이 책의 수많은 여백 노트들도 가장 최신의 자료를 담고 있다.

11. **현대에 초점 맞추기** 우리는 새롭고 독특한 도전들의 세상에 살고 있다. 우

리는 하루하루 증가하고 있는 디지털 혁신, 중요한 사회적 변화, 한때 생각할
수도 없었던 의학적 도전, 마음을 어지럽히는 사회적 사건, (특히 취약계층
사람들에게 가해지는) 심각한 압박 등을 마주하고 있다. 사례들에 정확한 맥
락을 부여하고 독자들과 그들의 경험에 전달되도록 돕기 위하여 우리는 일관
되게 오늘날의 세상을 사례집에 포함해 왔다.

12. **실제 임상 자료**   이 책에 소개된 사례들은 실제 사례에 기반을 두고 있다. 치
    료와 치료의 결과도 마찬가지이다. 이 사례들은 저자들의 임상 경험, 그리고
    임상 사례를 공유해 주신 존경하는 동료들의 임상 경험에서 가져온 것이다.

13. **가독성과 공감**   이 책 전반에 걸쳐서 임상적 문제에 생명을 불어넣고 우리가
    일상에서 늘 경험하고 있는 깊은 염려, 열정, 흥미, 경탄, 그리고 심지어는 우
    리의 일에서 매일 경험하는 좌절까지도 같이 느낄 수 있도록 부지런히 노력
    해 왔다. 이 책의 사례들이 이전 판에서와 사례들처럼 내담자들과, 그들의 친
    척, 친구, 치료자에 대한 공감을 불러일으키기를 간절하게 바란다.

이 일이 결실을 맺기까지 수많은 이들의 도움이 있었다. 특히 듀크대학교의 뛰
어난 Zach Rosenthal에 힘입은 바가 크다. 그의 전문성, 통찰, 창의력, 그리고 글
솜씨는 이 책의 모든 페이지에 드러나 있다. 이 책에 담긴 모든 사례들을 업데이
트하고 현대화하는 데에서 보여 준 훌륭한 작업에서부터 새로운 사례들의 개발
에 이르기까지 Zach이 없었다면 이런 수준의 개정판을 도저히 만들 수 없었을 것
이다. 또한 미주리주립대학교의 Danae Hudson과 Brooke Whisenhunt에게도 감
사를 드린다. 그들은 이 책의 제2판에 크게 기여했고, 이는 이 새로운 3판에도 스
며들어 있다.

끝으로 출판사의 뛰어난 직원들에게도 큰 도움을 받았다. 독자의 교육을 향한
그분들의 재능과 헌신은 이 책의 고비마다 나타나 있다. 그분들은 수도 없이 많
지만 특히 두 분을 언급하고 싶다. 우선 개발 담당 부편집자 Nick Rizzuti는 이 프
로젝트를 매우 성공적인 결과에 이르기까지 단계별로 아주 능숙하게 그리고 세
심하게 안내해 주었다. Nick이 출판계에서 더 많은 놀라운 성취를 앞두고 있다고
확신한다. 또한 프로그램 매니저인 Dan DeBonis의 에너지, 비전, 매력, 그리고
비결의 특별한 조합은 성공적 출판에 항상 따르는 단골 공식이다. Nick, Dan, 그

리고 출판사의 전문가들 모두가 훌륭했고 우리는 그들의 값진 기여에 깊이 감사
드린다.

2022년 3월

Ethan E. Gorenstein

Ronald J. Comer

차 례

공황장애

표 1-1

진단 체크리스트

공황발작

1. 극심한 공포와 불편감이 갑작스럽게 발생하여 수분 내에 최고조에 이른다.

2. 발작은 다음 중 적어도 네 가지를 포함하여야 한다.
   (1) 심계항진, 심박수의 증가 또는 가슴 두근거림
   (2) 발한
   (3) 몸이 떨리거나 후들거림
   (4) 숨이 가쁘거나 답답한 느낌
   (5) 질식할 것 같은 느낌
   (6) 흉통 또는 가슴 불편감
   (7) 메스꺼움 또는 복부 불편감
   (8) 어지럽거나 불안정하거나 멍한 느낌이 들거나 쓰러질 것 같음
   (9) 춥거나 화끈거리는 느낌
   (10) 감각 이상(감각이 둔해지거나 따끔거리는 느낌)
   (11) 비현실감(현실이 아닌 것 같은 느낌) 혹은 나에게서나 다른 이들에게서 분리된 느낌
   (12) 통제할 수 없을 것 같은 두려움
   (13) 죽을 것 같은 두려움

(APA, 2022, 2013)

표 1-2

진단 체크리스트

공황장애

1. 예상치 못한 공황발작이 반복적으로 발생한다.

2. 적어도 1회 이상의 발작 이후에 다음 중 한 가지 이상의 조건을 만족해야 한다.
   (1) 적어도 1개월은 추가적인 공황발작을 가질까 봐 계속적으로 걱정함
   (2) 적어도 1개월은 공황발작과 관련한 역기능적 행동 변화가 나타남

(APA, 2022, 2013)

호세는 심장발작을 일으키면 어떡하나 두려워하며 응급실 접수를 위해 홀로 기다리고 있었다. 눈을 감고 믿을 수 없을 정도로 의도적인 리듬을 가지고 숨을 들이쉬고 내쉬고 있었다. 주치의가 가르쳐 준 공황발작 대처법을 기억해 내려 노력하였다. 하지만 그건 힘든 일이었다. 마음은 질주를 하고 있었다. 정신을 집중할

공황장애는 남성보다 여성에서 2배 흔하다.

표 1-3

진단 체크리스트

광장공포증

1. 다음의 상황들 중 적어도 두 가지 상황에서 현저하고 극심하며 반복적인 두려움을 경험한다.
   - 대중교통(예 : 자동차, 비행기)
   - 주차장, 다리, 혹은 기타 열린 공간
   - 상점, 영화관, 혹은 다른 밀폐된 공간
   - 줄에 서 있거나 군중 속에 있는 것
   - 집 밖에 혼자 있는 것(동반자 없이 있는 것)
2. 광장공포증 상황에 대한 두려움은 공황 증상이나 무력하거나 당혹스럽게 하는 증상이 발생했을 때 그 상황에서 벗어나기 어려울까 봐 혹은 도움을 받기 어려울까 봐 하는 근심에서 시작된다.
3. 광장공포증 상황들을 회피한다.
4. 증상은 전형적으로 6개월 이상 지속된다.
5. 현저한 고통 혹은 기능상의 장해가 나타난다.

(APA, 2022, 2013)

수 없었다. 배운 기술들, 자신에게 물었던 숨 고르는 법을 기억해 내려 할 때마다 마음은 이전의 공포의 장소로 되돌아가고 있었다. 이것으로 다 끝나면 어떡하지? 만약 내가 죽는다면?

호세는 자신과 가족의 영화로운 삶을 위해 열심히 일했다. 그는 4세 때 가족과 함께 멕시코에서 미국으로 오게 됐다. 아버지는 중장비 기계공이셨다. 여러 해 동안 호세는 주 6일의 고된 업무로부터 지친 모습으로 통증을 달고 귀가하시는 아버지를 자주 보았다. 정말 아버지 건강 걱정에 너무나도 몰두했던 것 같다. 항상 피로해하시는 아버지를 보기가 정말 싫었고 아버지가 달고 다니시던 근육통에 비애를 느끼기까지 했다. 하지만 그보다 더한 것은 어느 날 문득 아버지가 집에 돌아오시지 않을까 하는 걱정이었다. 용접 사고가 폭발을 일으키면 어떡하지, 전기 회로를 수선하다 감전이 되면 어떡하지, 혼합 기계 안에 계실 때 누군가가 경고 없이 기계 전원을 켜면 어떡하지, 2t 무게의 강철 칼날이 아버지를 썰어 버리면 어떡하지 등등에 대한 걱정이었다. 이 중 어떤 일이라도 일어날 수 있다고 그는 자신에게 되뇌고 있었다.

호세의 어머니는 호세와 형제들을 종교적 신념, 가족, 부유함의 추구에 헌신하는 독실한 가톨릭 신자로 키우셨다. 통증이나 상처로 아버지가 의사 검진을 받으러 병원에 가실 때마다 어머니가 상기시켜 준 탓에 호세는 든든한 월급, 의료보험, 퇴직 연금이 보장된 직장을 얻기 위해, 그래서 밤과 주말을 가족과 보낼 수 있기 위해 교육이 필요하다는 것을 일찌감치 깨닫게 되었다.

어머니의 가르침에 힘입어, 그리고 부모님의 희생을 가치 있게 만들기 위해 호세는 열심히 공부했다. 그 결과, 3.0의 평균 학점과 근면성실이란 성과를 가지고 고교를 졸업했다. 이후 해군에 지원했고 자연스럽게 중장비 기계 기술자 훈련을 받게 되었다. 호세는 가장 최소의 기간만을 군에서 복역했다. 실제 전투에는 참가하지 않았지만 수많은 날을 훈련과 모의전투를 위해 수중에서 보냈다. 친구를 쉽게 사귀고 주변에 다른 멕시코계 미국인들이 있었지만 호세에게 해군은 그렇게 편안한 곳만은 아니었다. 이런 느낌이 그에게는 꽤 친숙한 것이었다. 초등학교 시절 스포츠 팀(물론 축구는 예외였으나) 선수 발탁에서 그는 언제나 가장 나중에 선택되는 학생이었다. 중학교와 고등학교 시절에는 점점 더 동질적인 히스패닉계 친구들과 친하게 지냈다. 이들이 자신을 더 잘 이해해 주는 것 같았고, 호세 또한 이들과 함께일 때 더 자연스러웠다. 해군에 들어가서는 자신이 부대 안의 유일한 유색 인종일까 봐 걱정했다. 신병 훈련 때 흑인, 히스패닉, 다문화 인종이 많음을 보고 안도하기도 했다. 하지만 시간이 지남에 따라 안도는 불안과 분노로 바뀌었는데, 이는 인종·민족적 비방, 멕시코 사람에 대한 공격과 조롱 때문이었다. 후에 호세는 자신이 '미묘한 차별'이라 불리는 것을 수없이 경험했다고 회상하였다. 사람들이 하는 미묘한 말이나 행동에서, 혹은 때때로 말하지 않고 하지 않는 것에서, 자신만 좀 달리 취급받는 방식에서 호세는 미묘한 차별을 경험했으며, 이 모든 것이 그가 멕시코계 미국인이기 때문이라 추론할 수 있었다.

호세는 불법 약물을 사용한 적이 한 번도 없었다. 오히려 불법 약물 사용에 있어서는 강경한 입장이었다. 고교 시절 맥주를 마신 적이 한두 번은 있었으나 다른 애들같이 폭음을 한 적은 없었다. 그럼에도 호세는 알코올이 주는 느낌을 좋아했다. 알코올은 그를 진정시켰고 긴장을 풀어 주었으며 근심을 덜어 주었다. 하지만 결코 맥주의 맛을 좋아하지는 않았다. 해군에 있던 동안 버번위스키와 코카인을 즐겼다. 해군 친구들이나 직장 친구들과 어울려 저녁에 술을 마시러 다녔

미묘한 차별(microaggression)은 소수 민족, 인종, 성 집단의 개인들이 흔히 경험하는 상황이다. 횡문화적 접근을 사용한 연구들이 미묘한 차별과 부정적 정신건강 결과물 간의 상관을 발견하고 있으나 미묘한 차별의 장기 효과는 아직 제대로 연구되고 있지 않은 실정이다(Lilienfeld, 2017).

고, 집에 버번을 두기 시작했다. 호세는 가끔의 음주가 취침 전 긴장 완화에 도움이 된다는 사실을 알게 되었다.

해군에서의 복무가 끝나자 호세는 공학 기술자가 되기 위해 학교에 진학했다. 그는 배우고 훈련받기를 열망했다. 또한 현재 부인이 된 티타라는 이름의 젊은 여성과 데이트를 시작했다. 학교 공부는 그리 어렵지 않았고 몇 년 후에는 3.6이라는 높은 학점과 고연봉의 대형 제조 회사 취업이라는 밝은 미래를 얻게 되었다. 대학을 졸업하고 첫 전업 직장에서 엔지니어로 일을 시작한 후 호세는 티타와 결혼했다. 봉급은 괜찮았고 티타 또한 새로 일자리를 얻어 호세보다 더 많이 벌게 되었다. 부부는 아이를 가질 준비가 되었고 부부 소유의 집을 찾고 있었다. 이 모든 게 한꺼번에 호세에게 왔다.

이제 36세인 호세와 티타는 두 아이의 부모이자 중산층 거주지에 자택을 소유한 부부이다. 호세는 기계 엔지니어이고 아내는 분만실 간호사이다. 부부는 매주 교회에 가고 아이들을 체조 연습장과 야구 연습장에 데려다주고 있다. 저녁이면, 아이들은 동네 애들과 골목에서 뛰놀고 있으며 호세와 아내는 이런 아이들을 불안스러운 눈으로 살피며 이웃과 일상사를 나눈다(호세는 좁은 주택지 도로를 질주하는 배달 차량에 아이들이 치일 뻔한 데 혼비백산한 적이 있었다). 부부는 래브라두들이라는 교배견종 반려견을 키우며 담장엔 말뚝 울타리도 있다. 모순되게도 호세에게는 이런 중산층의 부의 상징이 곧 고통의 원천이기도 했다. 서풍이 불 때면 대문이 삐걱거렸고, 마치 전등 스위치를 켜는 것처럼 이런 소리는 호세로 하여금 누군가가 내 집에 침입하고 있는 것이 아닌가 하는 걱정을 불러일으켰다. 사람이 침입한 경우는 지금껏 한 번도 없었지만 그렇다고 이런 사실이 그의 뇌의 경보 신호를 멈추지는 못하였다. 호세는 매우 똑똑한 사람이었다. 하지만 그의 뇌는 날카로운 대문 삐걱거리는 소리가 단지 서풍 외의 다른 것과 연관되지 않는다는 사실을 배우지 못하는 것 같았다. 이런 사실을 논리적으로는 이해하고 있었지만 그렇다고 뇌의 위협 감지 시스템을 끌 수 없었다. 결국 그는 잃을 것이 너무 많았고, 지금까지 노력해서 얻은 많은 것들을 잃을 수 있었으며, 결코 소리 내어 이야기하지는 않았지만 이 모든 것이 한순간 사라질지 모른다고 걱정하고 있었다. 침입자, 화재, 토네이도, 실직, 그것이 무엇이든, 호세는 이 모든 것이 하루아침에 사라질 수 있다는 사실을 알고 있었다.

호세는 동경해 마지않았던 고등학교 시절의 한 친구를 생각하곤 하였다. 똑똑하고 추진력이 강했던 그녀는 교사를 꿈꿨다. 그리고 호세의 눈에는 전 과목 A학점, 독서에 대한 사랑, 복잡한 것을 빠르고 우아하게 설명하는 능력을 가진 그녀가 확실히 이런 목표를 달성할 것처럼 보였다. 그런 그녀가 대학 시절 운전자 부주의로 벌어진 불의의 사고로 인해 비극적으로 생을 마치게 되었다. 본인 의지로 어찌할 수 없었던 사건으로 인해 그녀는 원대한 목적과 꿈을 잃게 되었다.

호세는 친구들로부터 관련 소식을 듣고 충격에 빠졌다. 믿을 수 없었다. 그녀는 자신이 꿈꾸던 그런 삶을 살아야만 했다. 그리고 그녀는 그런 삶을 살았을 것이다. 하지만 한순간에 그녀는 세상을 떠나게 되었다. 호세는 이 사건으로 성공적 삶을 살고자 하는 동기를 드높였다. 열심히 일하고 자신이 가진 모든 것에 대해 감사해야겠다고 다짐했다. 감사하는 삶을 사는 것을 잊지 않기 위해 그녀의 사진을 집에 간직해 두었다. 실제로 그는 운이 좋았다. 삶이 과거와는 완전히 다르게 전개되었고 이러한 내용을 자신에게 읊조리며 기분을 고무시켰다.

호세는 우울한 사람은 아니었다. 그는 걱정꾼에 더 가까웠다. 이것이 아니면 저것이 그에게 걱정을 불러일으켰다. 아이들, 결혼, 직장, 같은 연배의 사람들이 경험할 만한 인생 스트레스들이 그에게는 걱정거리였다. 그러나 대부분은 자신과 가족들이 힘들여 쌓은 것, 쟁취한 것을 한순간에 빼앗길까 하는 걱정이 컸다. 호세는 자신의 경우에는 행복해하는 시간이 많아야 한다고 생각했다. 그럼에도 왜 매사 걱정을 하는 것인가? 왜 갑자기 불안에 휩싸이게 되는 순간을 갖게 되는 것인가? 왜 갑자기 땀을 흘리기 시작하고 얼굴이 빨개지고 숨이 가빠지는 것인가? 그는 심장발작이 올까 봐 두려웠고, 가지고 있는 모든 것을 빼앗길까 봐 두려웠다. 마치 고등학교 때 여자친구에게 일어난 일처럼. 도대체 무엇이 잘못된 것일까?

호세 공황발작

호세의 첫 공황발작은 아내와 함께 마이애미 여행으로부터 돌아오는 도중 일어났다. 비행기가 마이애미 공항을 이륙한 후, 의자에 깊이 기대어 앉은 호세는 숨쉬기가 어려워짐을 느꼈다. 모든 공기가 기내에서 빨려 나간 듯한 기분이었다. 숨

쉬기가 더 어려워지자 호세는 문 저편 맑은 공기를 상상하며 비행기의 비상구를 바라보았다. 이내 또 다른 생각이 떠올랐는데, 이 생각은 그를 두렵게 만들었다. 산소 결핍으로 미친 듯 비상구로 달려가 상공에서 문을 열지 모른다는 생각이었다. 호세는 이런 생각을 머릿속에서 지우려 노력했다. 하지만 이내 자신의 심장이 미친 듯 뛰고 있음을 의식했다. 박동은 더 이상 견디기 어려웠다. 박동 하나하나가 그대로 느껴졌다. 심장 박동이 너무 강해 실제 그 소리를 들을 수 있을 것만 같았다.

호세는 옆 좌석에 앉아 있는 아내 티타를 보았다. 아내는 남편의 상태를 인지하지 못한 채 평화롭게 잡지책을 읽고 있었다. 이 상태가 남들에게 어떻게 보일까 궁금해하며 호세는 아내를 바라보았다. 아내는 남편을 보고 짧게 미소를 지은 후 다시 독서 삼매경에 빠졌다. 아내는 호세의 상태를 전혀 눈치채지 못하고 있었다. 호세는 죽을 것만 같은 혹은 미칠 것만 같은 느낌을 경험했다. 지금 상태로는 둘 중 어느 쪽인지 정확히 알 수 없다. 아내는 마치 아무 일도 일어나지 않은 듯 독서를 계속하고 있었다. 마침내 호세는 무엇인가를 말해야만 했다. 아내에게 비행기 안이 너무 덥고 탁하지 않은지 물었다. 아내는 괜찮다며 불편하면 위쪽에 있는 산소밸브를 열라고 제안했다. 호세는 시키는 대로 했고 상태는 다소 나아졌다.

이후 비행기에서 보낸 시간은 완전한 고문의 시간이었다. 호세는 공황 감각으로부터 도망가려 노력하며 시간을 보냈다. 밸브로부터 나오는 차가운 공기를 얻기 위해 온 시간을 다 썼다. 기내에 비치된 잡지로 주의를 전환하려 했지만 미국 최고 심장 전문의의 광고를 보면서 그가 할 수 있었던 유일한 일은 심장 박동에 주의를 기울이는 것이었다. 미칠 지경이었다. 어떤 것도 소용이 없었다. 승무원이 음료수 카트를 통로로 가져오기가 무섭게 호세는 버번과 콜라를 주문했다. 버번은 없다고 승무원이 대답했다. 그러나 럼주는 있었다. 럼주 두 병과 콜라 두 잔을 주문했다. 승무원은 럼주를 가지고 돌아왔고 아내가 보지 않는 틈을 타 첫 번째 병의 럼주를 단숨에 들이켰다. 숨을 들이마시고 내쉰 다음 콜라가 절반 정도 든 컵에 두 번째 병의 럼주를 쏟아부었다. 두 번째 럼주를 빠르게 마신 후에야 기분이 좋아지기 시작했다. 뭔가 끔찍한 일이 자신에게 벌어지고 있다고 의심했고 이 모든 상황이 창피했으나 최악의 순간이 지나갔음을 깨달았다. 심장을 빠르게 가

공황장애는 흔히 청소년기 후기와 초기 성인기 사이에 처음 시작된다(APA, 2022, 2013; ADAA, 2020; NIMH, 2020a).

동시켰던 것이 무엇이든 이제 다 지나갔다. 비행기는 곧 착륙할 예정이고 난 상쾌한 공기를 들이마시게 되리라. 비행기가 착륙 활주로 주행을 멈추고 안전벨트를 풀어도 좋다는 사인이 내려지자 호세는 그보다 더 빠를 수 없을 정도로 빠르게 문 쪽으로 달려갔다. 비행기에서 벗어남에 따라 호세는 끔찍한 감옥에서 빠져나온 듯 안도했다.

집에 당도한 후에는 상태가 많이 호전됐다. 몸은 계속 떨리고 있었지만 말이다. 술로 첫 공황발작을 버텨 내는 동안 잘 자던 아내 티타에게는 문제와 관련한 아무런 말도 하지 않았다. 그날 밤 호세는 잠을 잘 잤고 다음 날 아침에는 평소의 자신이 되어 있었다. 호세는 이 모든 사건을 뒤로 묻기로 결심했다.

이후 며칠은 괜찮았다. 그러던 어느 날 새벽 2시, 호세는 식은땀에 범벅이 된 채 잠에서 깨어났다. 심장은 가슴을 뚫고 나올 정도로 빠르게 뛰었다. 폐가 공기 중 산소를 끌어들이지 못할 것만 같았다. 처음에 든 생각은 숨을 쉬기 위해 창문을 열어야겠다는 것이었다. 하지만 침대에서 나오려는 순간 호세는 갑작스레 흠칫 놀라 물러섰다. 며칠 전 집으로 돌아오는 비행기에서의 비상구와 비행 중 그 문을 열어야겠다는 통제 못 할 충동이 생각났기 때문이었다. 호세는 이것이 자살에 대한 자신의 무의식적 욕구라 생각했다. 창문에서 멀어져야겠다는 생각이 들었다. 창문으로 가는 대신 호세는 침대 끝에 미동 없이 앉아 있었다. 그러는 동안 그의 사고와 심장은 도달할 수 없는 결승선을 향해 질주하고 있었다. 남자는 두려움과 혼란에 휩싸여 있었다. 숨도 크게 헐떡이고 있었다. 호세의 숨소리에 옆에서 자고 있던 아내 티타가 깼다. 아내는 호세에게 무슨 일이 있냐고 물었고, 호세는 숨을 쉬기가 어렵고 빠른 심박으로 가슴 통증이 심하다고 설명했다. 남편의 증상을 심장발작으로 결론 내린 티타는 급히 구급차를 불렀다.

구급 대원들이 도착했다. 구급 대원들은 산소 공급 처치를 한 후 호세를 응급실로 호송했다. 하지만 응급실에 도착할 즈음 환자 상태는 많이 호전되어 있었다. 진찰과 검사를 마친 심장의는 호세에게 심장발작이 아니라는 소견을 주었다. 사실 검사는 어떤 기질적 문제도 발견하지 못했다. 의사는 호세에게 귀가해도 좋다 허락하며 앞선 삽화는 '단순한 불안발작'이었을 것이라고 말해 주었다.

호세는 심장에 이상이 없다는 말에는 안도하였으나 문제의 원인을 파악하지 못해 혼란스러웠다. 그냥 이 모든 일을 잊고만 싶었다. 하지만 시간이 지남에 따

> 많은 사람들(그리고 이들의 의사들)이 첫 공황발작을 일반적 의학 문제로 오인한다.

라 잊는 것은 더 어려운 일이 되었다. 사실, 이후 몇 주 동안 호세는 한밤중에 두 번의 발작을 더 보였다. 이 두 번의 발작 모두에서 호세는 증상이 사라지길 기도하며 침대에 꼼짝 않고 누워 있었다.

이후 증세에 새로운 발전이 있었다. 어느 날 아침, 가게로 가기 위해 동네 번화가를 지나고 있던 중 호세는 전날 밤 경험했던 것과 똑같은 증상을 경험했다. 뜬금없이 심장이 빠르게 뛰기 시작했고 숨을 쉬기가 매우 어려웠으며 어지럼증이 느껴졌다. 몸의 떨림도 멈출 수 없었다. 가게나 음식점 같은 앉을 수 있는 안전한 장소를 찾았다. 하지만 마치 꿈속 세상에 머물고 있는 듯 느껴졌다. 주변의 모든 것이, 사람이나 차나 가게들이, 현실같이 느껴지지 않았다. 압도된 남자는 불현듯 이전 심장의의 불안발작이란 말이 생각났고, 의사가 자신의 정신과적 문제를 이미 알고 있었구나 하는 소름 끼치는 자각에 이르게 되었다. 호세는 신경쇠약이 일어날 것 같아 두려웠다.

발작 당시 호세는 집에서 몇 블록 떨어진 곳에 있었다. 예상과는 달리 집으로 돌아오는 길은 그다지 힘들지 않았다. 집으로 돌아온 호세는 거실 소파에 앉았고 눈을 감았다. 미쳐 가고 있음이 명확해 보였다. 다음 발작 때 나락으로 떨어지는 일은 시간 문제였다. 두려움으로 떨고 있을 때 문가에서 소리가 났다. 일을 마치고 돌아온 아내 티타였다.

이번에도 티타는 눈치를 못 챈 것 같았다. 그녀는 자신의 하루를 즐겁게 이야기하고 있었다. 동료의 반박하는 모습이나 상사에 의해 논의되고 있는 새로운 프로토콜 등등. 호세는 아내의 이야기를 좀체 따라갈 수 없었고, 이는 마음에 대한 통제력을 잃고 있다는 또 다른 증거가 되었다. 종국에는 아내가 산책을 가자고 제안했다. 이 제안에 호세는 밖으로 나가야 한다는 생각 자체가 자신에게 공포가됨을 깨달았다. 만약 길에서 발작을 일으켜 신체적으로 혹은 정신적으로 기능할수 없게 된다면 어떻게 될 것인가? 마치 시한폭탄을 몸에 지니고 다니는 것만 같았다. 티타의 제안에 호세는 울음을 터뜨렸다.

티타는 남편에게 무슨 문제가 있냐고 물었다. 호세는 가게로 가던 중 또 하나의 공황발작을 경험했고 이번에는 증상이 너무 심해 집으로 돌아와야만 했다고 고백했다. 이제 호세는 집 밖을 나가길 몹시 두려워했다. 호세는 아내에게 마실 것 좀 가져다줄 수 있느냐고 물었다.

티타는 호세가 매우 흥분해 있음을 알았고 동시에 의아해했다. 남편에게 문제가 있어 보이지 않았기 때문이다. 신체 통증도 관찰되지 않았고 여전히 정력적이고 정신도 온전해 보였다. 티타는 남편에게 찬물을 따라 주면서, 신부님과 이야기해 보고 시어머니께 전화해 보자고 주장했다. 또한, 주치의와 약속을 잡아 보자고 제안했다. 부부는 왜 호세가 불안발작을 가지게 되었는지 이해할 필요가 있었다.

주치의와 만나기 한 주 전, 호세는 아내 티타와 반려견 로키를 동반한 채 몇 차례 외출을 시도했었다. 약간의 증상은 있었으나 이전에 혼자 길을 가던 중 경험했던 것만큼은 아니었다. 하지만 야간 발작 삽화는 보다 빈번해졌다. 자러 갈 때마다 발작으로 깨겠지 하는 기대를 가질 정도로 그 빈도는 증가했다.

가족 주치의   새로운 지식으로 무장하다

미국 내에서 한 해에 약 3%의 사람들이 공황장애를 나타내고 있고, 5%의 사람들이 일생 중 어느 시점에 이 장애를 발전시킨다(ADAA, 2020; NIMH, 2020a; Roy-Byrne, 2020).

의사 진찰실에서 호세는 심계항진, 호흡곤란, 떨림으로 나타나는 자신의 반복적 발작에 대해 이야기했다. 미치고 있다는 두려움은 표현 방법을 몰라서, 그리고 거론을 원치 않아서 언급하지 않았다. 하지만 자신이 현재 이 발작들로 매우 근심하고 있고 압도될 것이 두려워 외출을 꺼리고 있다는 사실은 전달했다. 증상에 대해 이야기하는 동안 호세는 증상 중 일부가 실제 자신에게 일어나고 있음을 깨달았다.

이야기가 진행됨에 따라 주치의는 환자의 문제가 공황장애임을 점점 더 확신하게 되었다. 주치의는 현재의 의학이 이전 자신이 처음 개업하던 시절과 비교해 얼마나 발전했는지 느끼며 새삼 놀랐다. 몇 년 전만 해도 호세와 같은 환자는 심장 문제가 의심이 되어 몇 주간 입원실에 누워 있어야만 했고 많은 검사를 거쳐야만 했다. 검사를 통해 주요 질환이 발견되지 않는다면 퇴원이 진행될 것이다. 하지만 이때도 심장 문제에 대한 계속된 의심으로 활동을 줄일 것과 추가 증상을 면밀히 관찰할 것이 환자에게 권고될 것이다. 환자는 안도는커녕 시한폭탄을 안은 느낌을 가질 것이다.

오늘날의 의사들은 공황발작이 얼마나 강력한 힘을 가지고 있는지 그리고 공황장애 증상이 얼마나 심장발작 증상과 닮았는지 잘 알고 있다. 심장 문제나 기타 다른 신체적 문제가 원인에서 배제된다면 임상가들은 곧 공황발작으로 주의를 옮길 것이다. 호세만 해도 이번 달 들어 이 의사가 본 네 번째 공황장애 환자이다. 좋은 소식은 공황장애에 효과적인 치료가 현재 임상 장면에 나와 있다는 사실이다. 많은 환자들이 인지행동적 개입으로 효과를 얻고 있고 이러한 접근은 히스패닉계 사람들에게 보다 효과적으로 적용되기 위해 문화적으로 수정되었다(Bernal et al., 2018). 이제 의사는 두 가지 좋은 소식을 환자에게 전할 수 있다. 하나는 환자의 심장이 괜찮다는 소식이며, 또 하나는 환자의 상태가 치유 가능하다는 소식이다.

진찰을 끝낸 의사는 호세에게 경미한 심박 증가를 제외하고는 건강에 이상이 없다는 사실을 알려 주었다. 호세의 증상은 결코 상상된 것이 아니며 현재 호세는 공황장애라 불리는 아주 잘 알려진 문제를 가지고 있다는 소견도 전해 주었다. 의사는 호세에게 약이나 알코올을 사용하고 있냐고 물었다. 호세는 자랑스럽게 일생 동안 약물을 사용해 본 적이 없다고 말했다. 알코올에 있어서는 아마도 술을 좀 많이 마시고 있다고 고백했다. 최근 스트레스가 늘어서인 것 같다고 말했다. 대답을 재촉받자 호세는 하루에 평균 한 잔 정도는 마신다고 인정했다. 의사는 특별히 걱정을 하는 것 같지는 않았지만 호세는 자신이 전적으로 솔직하지만은 않았음을 알고 있었다. 사실 호세가 하루 한 잔 정도 마시곤 했던 것은 아주 오래전 일이었다. 대학을 졸업하고 직장을 다니기 시작한 후로는 술이 조금 늘어 하루에 한 잔에서 두 잔 정도 마시게 되었다. 지난해에는 두세 번쯤 해군 친구들과 외출하여 술을 진탕 마시기도 했다. 하지만 호세의 생각에는 이들 모두 다 정당한 이유가 있었다. 친구 피터의 35세 생일날 밤새 술집을 돌아다니며 마셨다. 호세 자신의 생일날에도 마셨는데, 너무 격하게 축하를 하는 바람에 진탕 마신 것에 대한 기억조차 떠올리기 어려웠다. 그래서 의사가 알코올 사용에 대해 물었을 때 호세는 자신의 주량에 대해 절반 정도만 사실을 말하였다. 여전히 의사는 이에 대해 특별한 말을 하지 않았고 그다음 질문으로 옮겨 갔다. 진찰 말미에, 의사는 호세를 근방 지역사회 기관의 임상사회복지사인 루이자 빌라누에바에게 의뢰했다. 그녀는 행동건강 문제를 가진 히스패닉계 환자나 히스패닉계 이민자들을 전문으로 보고 있다.

호세는 도움을 받을 수 있다는 주치의의 말에 고무되었다. 하지만 사회복지사

오늘날의 의사들은 공황장애 진단을 내리기 전 가능한 다양한 의학적 설명들을 고려해 보아야 한다. 갑상선 질환, 간질 질환, 심부정맥, 승모판 탈출증(주기적 심계항진의 삽화로 특징지어진 심장 기능 이상 상태)과 같은 특정 의학적 문제들은 공황발작을 야기할 수 있다. 의학적 검사는 이러한 원인들을 배제시킬 수 있다.

를 만나야 한다는 생각에는 경계심이 들었다. 호세는 지금껏 그 어떤 정신건강 전문가도 만나 본 적이 없었다. 정신건강 전문가가 필요하다는 사실로 인해 사회 복지사나 다른 사람들에게 자신이 미치거나 병을 가진 사람으로 비쳐질까 봐 걱정이 되었다. 심장이 건강하다는 말에는 안심이 되었으나 누군가와 만나 공황발작 증상에 대해 이야기할 필요가 있다는 새롭게 등장한 현실이 창피했고 걱정스러웠으며 두려웠다.

집으로 돌아온 후 티타는 호세로 하여금 빌라누에바 선생에게 전화를 걸도록 촉구하였다. 하지만 호세는 전화 거는 일을 여러 날 미뤘다. 초조해진 티타는 자신이 직접 전화를 해 보겠다고 말했고 호세는 마지못해 그렇게 하라고 승낙했다. 이 모든 상황에 호세는 화가 났고 그래서 부엌으로 가 콜라에 럼주를 섞어 들이켰다.

치료에서의 호세 마음과 신체에 대한 통제감을 회복하다

빌라누에바 선생의 사무실에 도착한 후 호세는 희망과 수치심이 뒤섞인 강한 감정을 경험했다. 대기실에 앉아 마치 휴대전화에서 뭔가 중요한 것을 보는 양 고개를 푹 숙인 채 스크린을 이쪽저쪽으로 이동시키고 있었다. 빌라누에바 선생이 그의 이름을 불렀고 함께 선생의 사무실로 이동했다. 선생은 친절한 눈빛에 점잖은 태도를 나타내고 있었고 클리닉 방침과 앞으로 받게 될 서비스에 대해 소개해 주었다. 호세는 선생의 차분함과 솔직함에 놀랐다. 호세는 뭘 기대해야 할지 몰랐으나 적어도 이 모습은 호세가 기대한 것은 아니었다. 선생의 사무실에는 책상과 컴퓨터 방향으로 향해진 회전의자가 있었다. 벽에는 정확히 어딘지는 모르겠으나 멕시코, 쿠바 혹은 푸에르토리코일 수 있는 사진이 붙어 있었다. 책장에는 선생의 자제로 추측되는 아이들의 사진이 몇 개 놓여 있었다. 호세는 낡았지만 편안한 인조가죽 의자에 앉았고 선생은 비슷하게 생긴 맞은편 의자에 앉았다. 이 모든 것이 너무 평범하고 일상적이었다. 선생은 치료로부터 무엇을 얻길 원하느냐, 전에 치료를 받아 본 적이 있느냐, 뭘 기대하느냐, 주별 미팅 중간중간에 집에서 뭔가를 해 볼 의향이 있느냐 등 몇 가지 질문을 호세에게 던졌다. 그런 다음 호세의 정신건강과 관련된 역사와 가장 최근의 공황발작에 관한 정보를 얻기 위해 일련의 질문을 던지기 시작했다.

지난 몇 주간의 경험을 이야기하고 있는 동안 빌라누에바 선생은 호세에게 그보다 더 이전에 유사한 발작이나 신체 감각을 경험한 적이 있는지 물었다. 한참의 생각 끝에 호세는 자신이 이전 마이애미 여행 동안 이 같은 경험을 했었음을 기억해 냈다. 플로리다에 도착한 다음 날 호세는 실외 수영장으로 내려가던 도중 넘어졌다. 심한 상처는 아니었지만 팔을 몇 바늘 꿰매야만 할 정도였다. 이후의 여정 동안 호세는 심계항진 혹은 경미한 어지럼증과 같은 일시적 신체 불균형을 몇 차례 경험했다. 이는 신체 불균형에 대한 경미한 징후였다. 이제 와서야 깨닫게 되었지만, 사건 후 호세는 걸을 때마다 주저주저하곤 했다.

호세는 플로리다 사건 이전에도 유사한 발작이나 신체 감각이 있었는지 회상하려 노력했다. 어린 시절 극도로 흥분한 기억이 떠올랐다. 이 기억은 호세가 누구와도 이야기해 본 적 없는 사건이었다. 일요일이었고 아버지는 집 옆 공터에서 트랙터를 고치고 계셨다. 그 당시 호세는 14세였고 차고에서 연장을 가져다 주며 아버지 일을 돕고 있었다. 호세는 아버지를 도와야 한다는 사실에 다소 짜증이 나 있었지만 이것이 아버지와 함께할 수 있는 최선의 방법이라 생각하고 있었다. 한참을 차고에서 연장을 찾고 있었다. 아버지가 찾고 계신 연장을 찾지 못할까 봐, 그래서 빈손으로 아버지에게 돌아가게 될까 봐 초조했다. 찾고 있는 스패너가 땅으로 떨어져 시야에 안 보이는 것은 아닐까 생각하며 작업대를 다시 돌아보기로 결심했다. 작업대로 갔을 때 머리 너머로 뭔가 흔들거리는 소리가 들렸고, 그것이 무엇인지 깨닫기도 전에 벽에 걸린 대형 망치가 자리에서 떨어져 호세의 머리와 목을 간발의 차로 비껴갔다. 구사일생이었고 호세도 이를 알았다. 심장이 질주하기 시작했고 정신은 대형 망치가 머리를 쳤으면 어떤 일이 일어났을까 하는 반사실적 사고로 폭발했다. 스패너 찾기를 그만두고 바닥에 주저앉아 걷잡을 수 없는 울음을 터트렸다. 순간 호세는 심장 박동의 속도를 감지했다. 실제 만져질 듯한 심장의 운동은 흡사 만화 장면에서 심장이 눈에 띄게 확장되어 티셔츠에 심장 모양을 그리며 박동에 따라 돌출되는 그런 장면을 상기시켰다. 빌라누에바 선생은 호세의 이야기를 경청하며 호세의 경험이 얼마나 힘들었을지 동조하면서 질문을 이어 갔다.

면담과 의료기록 검토를 끝낸 후 빌라누에바 선생은 호세가 공황장애와 광장

연구에 따르면, 공황발작에 취약한 사람들은 흔히 높은 수준의 불안민감성(anxiety sensitivity)을 나타낸다고 한다. 말하자면, 이들은 많은 시간 자신의 신체 감각에 몰두하며 이러한 감각을 위험하다고 해석하는 경향이 있다(Behenck et al., 2020). 연구는 인지행동치료가 불안민감성을 감소시킬 수 있음을 보여 주고 있는데, 이는 공황장애 증상의 감소로 이어진다(Craske, 2021; Morissette et al., 2020).

공포증의 DSM-5 진단기준 모두를 만족하고 있다고 결론 내렸다. 호세의 증상은 공황발작의 대표적인 증상들을 포함하고 있었다. 호흡곤란, 심계항진, 흉부 불편 감, 떨림, 발한, 통제를 잃거나 미칠지 모른다는 두려움이 그것이었다. 게다가 호 세는 또 다른 발작이 나타날까 봐 끊임없이 걱정하고 있었다. 광장공포증도 진단 되었는데, 이는 그가 아내의 동행 없이는 외출을 피하기 시작했기 때문이다.

빌라누에바 선생은 공황장애 문헌으로부터 공황발작과 공황장애가 생물학적 인 요인과 인지적 요인의 혼합으로 가장 잘 설명될 수 있다고 소개했다. 생물학 적 요인으로 공황발작이 위험에 대한 반응으로 인간이나 동물들이 보이는 정상 적인 생물학적 각성인 '싸움 혹은 도피 반응(fight-or-flight response)'과 유사하 다고 설명하였다. 차이는 공황발작에서는 이 반응을 촉발할 만한 실제 위험이 존 재하지 않는다는 점이다. 이런 관점에서 보면 공황발작은 오경보(false alarm)로 간주될 수 있다. 객관적인 위험 사건이 부재함에도 우리 몸은 위험에 대한 반응 을 생성한다. 몸이 이런 오경보를 반복적으로 나타낸다면, 이런 사람들은 공황장 애의 후보자가 될 수 있다.

인지적 측면에서 빌라누에바 선생은 공황장애를 가진 사람은 공황발작을 오경 보 이상으로 해석하는 경향이 있다고 설명하고 있다. 이들은 생리학적 반응을 위 험의 단서로 보고 있다. 이들은 '질식하려 한다, 심장발작이다, 뇌졸중이다'라고 결론 내리는 경향이 있으며, '미쳐 가고 있다, 통제력을 잃고 있다'라고 믿는 경 향이 있다. 이런 해석은 더 큰 경보를 만들어 내고 더 큰 교감신경계의 각성을 초 래한다. 신경계의 각성이 증가하게 되면 개인의 불안감(경계감)은 더 커져 가고, 이는 불안한 사고와 교감신경계가 서로를 먹여 살리는 악순환 고리를 형성한다.

공황장애를 가진 많은 사람들에게 있어 공황 경험은 과호흡에 의해 악화된다. 교감신경계 각성의 일환으로 사람들은 보다 빠르고 보다 깊게 호흡을 하게 되는 데, 이는 궁극에는 혈중 이산화탄소 수준을 심각하게 떨어뜨리는 결과를 초래한 다. 이러한 생리적 변화는 호흡곤란, 멍함, 흐릿한 시각, 어지럼증, 기절할 것 같 은 감각을 야기하고, 이런 감각은 사람들에게 자신이 신체적으로 혹은 정신적으 로 문제가 있는 것은 아닌가 하는 결론을 내리게 한다.

공황장애를 가진 사람들은 종국에는 자신의 공황발작이 신경계에 의해 촉발된 오경보 상태임을 깨닫게 된다. 그럼에도 불구하고 이들은 교감신경계 활동에 대

싸움 혹은 도피 반응은 유기 체로 하여금 위험한 상황을 싸움이나 도피로 대처할 수 있도록 준비시키기 때문에 이 런 이름이 붙었다. 이 반응은 심박과 호흡률, 발한, 큰 근육 으로의 혈액 유입, 정신적 경 계 태세를 높임으로써 유기체 가 에너지를 빠르게 사용할 수 있도록 한다.

해 과도하게 불안해하면서 살아갈 수 있다. 또한 많은 이들에게는 공황발작이 특히 반갑지 않은 특정 상황(군중 속, 밀폐된 장소, 비행기, 기차와 같은 상황)에 대한 불안을 발전시키기도 한다. 이들 상황에 대한 예기 불안으로 공황장애를 가진 사람들은 이들 상황에 접근 시 교감신경계의 각성을 경험하게 되고, 결과적으로 이들 상황에서 공황발작을 일으킬 확률이 증가하게 된다.

공황발작, 공황장애, 광장공포증에 대한 이 같은 통합적 관점에 기초하여 빌라누에바 선생은 이 문제의 치료에 인지적 기법과 행동적 기법을 결합하여 사용할 것을 제안했다. 인지적 기법과 행동적 기법은 교감신경계 각성에 대한 호세의 불안 반응을 경감시키기 위해 선택된 것들이었다. 인지적 기법은 교감신경계 각성에 대한 호세의 잘못된 해석을 수정하기 위한 목적을 지닌다. 행동적 요소는 공황발작을 촉발하는 내적(신체 감각) 혹은 외적 단서에 호세를 반복적으로 노출시키는 과정을 포함한다.

치료 진행에 앞서 빌라누에바 선생은 공황장애나 광장공포증 환자가 생리적 각성의 감소나 불안의 대처를 위해 알코올이나 약물을 사용하는 경우가 흔하다는 내용을 언급하며 호세의 알코올 사용에 대해 물었다. 호세는 당황해하며 자신은 하루 평균 한두 잔 정도의 술을 마시고 있다고, 그러나 공황발작을 걱정하는 동안에는 이보다 더 마시고 있다고 응답했다. 빌라누에바 선생은 지난 한 해 호세의 알코올 사용에 대해 추가적으로 물었고, 이 질문에 호세는 선생에 대해서도 좀 더 알려 달라는 식으로 응수했다. 선생은 내담자가 치료자를 믿는 것은 중요하다고 언급하며 기꺼이 자신의 배경에 대해 호세에게 이야기해 줄 용의가 있다고 말했다. 그리고는, 자신의 가족적 배경과 백인 주류 사회에서 라틴계 미국인으로 자란 자신의 어린 시절에 대해 이야기했다. 자신이 애용하는 빵집과 제대로 된 라틴계 음식을 살 수 있는 근처의 장소에 대해 알려 주기도 했다. 또한 이민자 가족으로부터 온 라틴계 여성 및 시스젠더(cisgender)(생물학적 성과 성 정체성이 일치하는 사람 : 역자 주)로서의 교차하는 자기 정체감에 대해서도 이야기해 주었다. 길지는 않았지만 선생에 대한 이러한 정보는 호세의 경계를 약화시키는 데 도움이 되었다. 치료자를 신뢰할 수 있다는 생각으로, 호세는 작년에 몇 차례 술을 과하게 마셔 기억단절을 경험한 때, 실제 의도했던 것보다 더 마시게 된 때, 음주 통제가 어려웠던 때, 그리고 음주 운전을 했던 때 등을 이야기했다. 이에 빌라누

공황장애는 공포증과 유사하다. 하지만 공황장애 환자는 외부 사물이나 상황을 두려워하기보다는 자신의 자율신경계의 힘과 각성을 불신하며 두려워한다.

알코올사용장애는 보통 불안장애와 함께 발생하는 경우가 많으며 특히 공황장애와 함께 발생하는 경우가 많다(Capasso et al., 2021; Smith & Randall, 2012).

에바 선생은 술이 중추신경계의 진정제라는 사실을 알려 주었고, 긴장이완과 탈억제의 효과가 있어 높은 불안이나 공황발작을 가진 사람들에게 자연 처방제로 사용되고 있음도 설명해 주었다. 그러면서 술이 부적 강화의 원리로 작용함을 추가적으로 설명했다. 즉, 특정 행동의 가능성, 여기서는 음주의 가능성이 증가하게 되는데, 이는 불안과 같은 혐오 상태를 감소시키는 기능을 나타내 술 마시는 행동을 증가시킨다는 설명이었다. 불안과 공황 증상이 증가하면 증가할수록 호세가 술을 더 마시게 된 데에는 이런 원리가 작동한 것으로 보는 게 합당하였다.

빌라누에바 선생은 호세에게 물질사용장애(알코올), 중등도 진단을 추가하였고, 음주 문제를 치료 계획에 통합할 것이라고 이야기해 주었다. 시작 시에는 한 주에 한 잔을 넘지 않게 음주를 제한할 필요가 있으며 치료에서 배운 것을 집에서 실천하는 동안에는 절주를 할 것이라는 내용도 전달하였다. 함께 음주 상황을 지켜볼 것이며, 호세의 용인하에 알코올 사용을 계속적으로 지켜볼 필요가 있는지 그리고 이보다 더 높은 수준의 치료, 예를 들면 약물 복용이나 집중 외래 치료를 고려해 봐야 할지 주치의와 소통할 것이라고도 말해 주었다. 평가 회기가 끝나 갈 무렵, 빌라누에바 선생은 진단적 소견을 정리하였고 치료 계획의 기본 단계들을 호세에게 요약해 주었다. 호세는 3개의 정신과적 진단을 받았으며 공황장애와 광장공포증을 위한 근거 기반 인지행동 개입으로 치료를 진행해 나갈 것이라는 내용을 전달받았다.

1회기 치료를 시작하기 위해 빌라누에바 선생은 먼저 공황발작의 전형적 증상 목록을 호세에게 보여 주었다. 여기에는 '비현실감'과 '미침에 대한 두려움이나 통제 상실에 대한 두려움'과 같은 정신적 증상들도 포함되어 있다. 선생은 호세에게 실제 경험했던 증상이 무엇이었는지 물었다. 호세는 자신이 가장 두려워하던 증상들이 실제 그 목록에 있음에 놀랐고, 마침내 자신의 두려움을 솔직하게 이야기할 수 있는 기회를 갖게 되었다.

빌라누에바 선생은 미침에 대한 두려움이 공황장애 환자들 사이에서 상당히 흔하다는 사실을 말해 주었다. 실상 공황장애 환자들을 가장 힘들게 하는 증상이 바로 이것이라 할 수 있다. 하지만 선생은 공황장애 때문에 미칠 것에 대해 두려워하는 것은, 물론 흔하기는 하지만 근거가 없다고 강조하였다. 말하자면, 호세

공황장애로 인지행동 치료를 받은 이들의 적어도 2/3가 완쾌를 보이고 있다(Craske, 2021; Morissette et al., 2020).

가 미칠 가능성은 전혀 없다는 말이다. 이 말에 호세는 눈에 띄게 안도하였으나, 공황발작 동안 왜 정신이 붕괴되는 듯한 느낌이 드는지에 대해서는 여전히 궁금해했다.

빌라누에바 선생은 자율신경계와 싸움 혹은 도피 반응의 작동기제에 대해 간단히 설명해 주었다. 또한 호세가 경험한 증상들이 중추신경계의 과각성 때문이었다고 설명해 주었다. 중추신경계의 과각성은 실제 비상 상황에서는 매우 유용한 역할을 하지만 구체적 위험이 없는 상황에서는 개인을 혼란스럽게 하는 특징이 있다. 과각성은 호세가 차분히 생각에 집중하는 것을 어렵게 만들어(물론 불가능하게 만들지는 않는다) 결과적으로 통제감의 상실, 혼미감, 공포심을 만들어낼 수 있다. 또한 선생은 과거 호세의 비행 중 비상구로 돌진해야겠다는 생각에 대해 지적하며, 이들 생각은 단순히 생각이었을 뿐 실행으로 옮겨진 것이 아니었다고 강조하였다. 즉 이들은 싸움 혹은 도피 반응과 관련하여 그 당시 호세의 머릿속을 스친 생각이었지 결코 실행에 옮겨진 실제는 아니었다는 것이다. 이런 논의가 진행됨에 따라 호세는 자신의 상태가 이전에 생각했던 것만큼 심각한 상태는 아닐지도 모른다는 생각을 갖게 되었다.

빌라누에바 선생은 호세에게 공황장애 치료를 위한 치료 단계들과 이들 단계에 기저한 치료 원리들을 자세히 설명했다. 네 가지 치료적 요소는 다음과 같다. (1) 긴장이완 및 호흡 기법의 훈련, (2) 공황 감각에 대한 인지적 오해석 수정, (3) 통제된 상황에서 공황 감각들에 반복 노출, (4) 회피, 걱정 상황에서 배운 기술의 반복적 연습이 그것이다. 이런 여러 내용에도 다음 주에는 불안과 공황발작, 음주행동의 검토만이 과제로 주어졌다.

2회기 2회기에서 임상사회복지사인 빌라누에바 선생은 먼저 호세가 작성한 지난 한 주간의 기록을 검토하였다. 호세는 지난 한 주 동안 단지 4일만 많아야 하루 한 잔 정도의 술을 마셨다고 보고하였다. 선생은 호세의 성공적 절주를 칭찬해 주었다. 호세는 자신의 변화 동기는 성공적인 가족 및 결혼 생활을 이끌어 가기 위한 열망 그리고 이민자로서 희망했던 그 모든 것을 잃지 않기 위한 열망에 근거한 것이라 설명하였다. 선생은 음주 욕구가 올라올 때면 이러한 목표와 변화의 이유 등을 상기할 것을 당부하였다. 호세는 알았다고 말했고 만족스러워했다.

공황장애는 교감신경계 각성을 낮추는 약물로도 치료될 수 있다. 특정 항우울제(선택적 세로토닌 재흡수 억제제)(SSRIs)나 특정 항불안제(벤조디아제핀)를 처방받은 사람의 적어도 2/3가 상당한 호전을 나타내었다(Baldwin & Huneke, 2020; Roy-Byrne, 2020). SSRI는 현재 최일선 치료법이며, 벤조디아제핀은 이 약물의 만성 사용과 관련된 위험으로 인해 정기적 사용이 추천되고 있지 않다(Kriegel & Azrak, 2020).

이와 더불어 호세는 지난 한 주간 낮 동안에는 공황발작을 경험하지 않은 것으로 보고하였다. 하지만 여전히 티타가 동행하지 않으면 외출은 피하고 있었으며, 밤에는 매일 호흡곤란, 심계항진, 비현실감, 통제감 상실에 대한 두려움으로 잠에서 깨는 것으로 보고하였다. 빌라누에바 선생은 이들 불안 증상이 나타났을 때 무엇을 했는지 물었고 호세는 증상들이 사라지길 열망하며 침대에 그냥 누워 있었다고 대답했다. 호세가 자신의 인지적 오해석을 인지하고 수정하도록 돕기 위해 박사는 다음의 대화를 진행하였다.

빌라누에바 선생 : 한밤중 발작을 보였을 때 침대에 그냥 누워 계셨다고 말씀하셨죠. 왜 그러셨나요?

호세 : 글쎄요. 일어나면 위험할 것 같아서요.

빌라누에바 선생 : 왜 일어나는 것이 위험한가요?

호세 : 심장발작이 일어나고 있거나 뭔가 위험한 일이 벌어지고 있다고 생각되어서요.

빌라누에바 선생 : 심장 전문의는 당신 심장에 대해 뭐라고 말하던가요?

호세 : 의사는 괜찮다고 말해요. 모든 검사 결과들이 정상이라고 하네요. 하지만 심장이 너무 빨리 뛰고 숨을 쉴 수 없어요. 제 입장에서는 심장발작 혹은 위험한 일 이외에는 다른 설명을 찾을 수 없었어요.

빌라누에바 선생 : 그럼 우리 지난주에 이야기한 공황발작의 생리학과 왜 사람들이 발작 시 특정 증상을 갖게 되는지에 대해 다시 한번 살펴보도록 합시다.

공황장애가 발병할 확률은 일반 인구보다 공황장애 환자의 가까운 생물학적 친척에게서 최대 6배 더 높다.

빌라누에바 선생은 싸움 혹은 도피 반응이 다양한 기관계에 만들어 내는 생리적 변화, 과호흡의 역할에 대해 상세히 설명해 주었다. 또한 호세가 남는 시간에 이런 자료를 학습할 수 있도록 이들 내용이 포함되어 있는 설명서를 주기도 했다. 선생은 학습 자료로부터 우리가 얻어 내야 할 가장 중요한 결론은 공황발작이 비록 매우 불유쾌한 경험이지만 개인의 신체적 그리고 정신적 안위에 해를 가하지 않는다는 사실이라고 설명하였다. 그런 다음 호세의 야간 공황발작에 대한 논의로 되돌아갔다.

빌라누에바 선생 : 우리가 지금까지 논의한 것들을 생각해 보세요. 이 내용들을 고
려한 상태에서 밤에 발작이 나타난다면 이번엔 어떻게 달리 반
응할 수 있을까요?

호세 : 글쎄요. 선생님 말씀대로라면 침대에서 일어나는 것은 전혀 위
험한 일이 아닌 것 같아요. 심장 전문의도 제 심장이 좋다고 했
어요. 하지만 공황발작 때문에 쓰러지면 어떡하지요?

빌라누에바 선생 : 이전 공황발작이 있었던 동안 앉거나 서 있어 본 적이 있었나
요? 그때는 어떤 일이 벌어졌나요?

호세 : 확실히 쓰러지지는 않았어요. 예전에 길에서 굉장히 큰 발작이
있었는데 그때 몇 블록이나 되는 길을 걸어 집으로 돌아올 수
있었어요.

빌라누에바 선생 : 그러고 보면 쓰러질지 모른다는 당신의 두려움은 근거가 없을
수도 있겠네요. 발작으로 잠에서 깼을 때 그냥 침대에 누워 있
기보다 잠시 서 있을 수 있겠어요?

호세 : 설득력이 있네요. 정상적 상황에서 수면에 들기 어려웠다면 전
그냥 침대에만 누워 있지는 않았을 거예요. 일어나 집 안을 돌
아다니거나 책상에서 몇 가지 서류 작업을 했을 거예요.

빌라누에바 선생 : 그럼 이제부터 발작으로 잠에서 깼을 때 일어나서 보통 하던
일을 해 보는 건 어떨까요? 이 시도가 어땠는지에 대해서는 다
음 주에 논의해 보기로 해요.

남은 시간 동안 빌라누에바 선생은 호세가 점진적 근육이완 운동을 수행하도
록 했다. 20분의 훈련 회기를 통해 모든 근육군을 이완시키는 것을 배울 목적으
로 호세는 박사의 지도하에 다양한 근육군의 긴장과 이완을 번갈아 시도했다. 이
널리 활용되고 있는 운동은 내담자에게 과한 근육 긴장을 인지할 수 있도록 만들
고 이러한 긴장을 자신의 의지대로 이완할 수 있도록 만든다. 빌라누에바 선생은
근육이완 운동이 만들어 낸 이완 상태가 호세에게 도움이 될 것으로 생각했으며,

이완 훈련이 이후 호세에게 시도될 추가적 호흡 통제 운동에 기본기가 될 거라 생각했다.

호흡 통제 운동은 내담자의 과호흡 발생을 막고 과호흡 발생 시 효과적 대처를 촉진한다. 호흡 통제 운동을 위해 내담자는 흉부가 아닌 횡격막을 사용하여 호흡하는 것을 연습한다. 호흡 시 흉부를 사용하는 것은 압박 호흡을 만들어 내고 과호흡을 조장하며 습관화될 시 흉부 통증 및 불편감을 야기할 수 있기 때문에 제지된다. 복식 호흡(소위 자연적 호흡법이라 불림)을 하게 되면, 가슴은 거의 움직이지 않게 되고 배만 숨을 들이쉴 때 부풀리고 내쉴 때 오므리는 식으로 움직이게 된다. 횡격막의 사용은 과호흡을 예방하거나 과호흡과 반대로 작동하는 느리고 압박이 가해지지 않는 호흡을 만들어 낸다.

빌라누에바 선생은 호세가 휴대전화나 태블릿에 점진적 근육이완 운동과 호흡 통제 운동 앱(app)을 깔도록 제안했다. 호세는 하루에 한 번씩 근육이완과 호흡을 연습해야 했고 연습 전후의 신체적 그리고 정신적 스트레스의 수준을 기록해야 했다.

3회기　호세와 빌라누에바 선생은 호세가 기록한 지난 한 주간의 기록지를 검토하였다. 지시받은 대로 호세는 계속적으로 알코올 사용을 줄여 나갔고 야간 공황발작 동안 자신의 반응을 변화시켰다. 침대에 누워 있기보다는 지금 경험하고 있는 신체 감각은 위험한 것이 아니라고 자신에게 되뇌며 일어나 집안일을 했다. 매일 밤 이런 연습이 있은 후 호세는 야간 공황발작 지속 시간이 점차 짧아지고 있음을 알아챘다. 발작 중 하나는 단 5분 만에 잠잠해졌는데, 이는 20분 정도 지속되던 보통의 발작과는 다른 것이었다.

빌라누에바 선생은 이 결과를 공황의 인지적 요소를 지적하는 기회로 삼았다. 특히 공황 감각의 위험에 대한 과대평가가 어떻게 공황발작을 부채질하고 있고, 감각에 대한 현실적 평가가 어떻게 공황 감각을 진정시키고 있는지 지적하는 기회로 삼았다. 야간 발작에 대한 호세의 현실적인 평가는 한 주 말미에는 보다 짧아지고 약해진 강도의 발작으로 귀결되었다.

4회기　다음 회기에서 호세는 자신이 아직도 매일 밤 공황 증상으로 잠에서 깬다고 보고하였다. 하지만 지시받은 대로 신체 감각을 최대한 현실적으로 평가하려 노력했고 공황 증상이 있음에도 불구하고 최대한 정상적으로 기능하려고 노력했다고 한다. 그 결과 증상의 강도와 지속 시간은 약해진 듯 보였다. 이제 대부분의 경우 공황발작은, 호세의 생각에는 느린 복식 호흡의 도움인 것으로 보이는데, 몇 분이면 진정되었다. 하지만 호세는 여전히 집 밖을 혼자 나가길 꺼리고 있었다.

빌라누에바 선생은 다음 한 주간을 위해 호세에게 몇 가지 지시를 내렸다. 첫째, 야간 공황발작을 다루는 현재의 전략을 계속 사용할 것과, 둘째, 매일 복식 호흡을 연습해 보는 것, 셋째, 적어도 세 번 혼자 밖에 나가서 블록 한끝에서 끝까지 걸어 보는 것이다. 만약 이 와중에 공황 증상이 나타나면 야간 공황 증상을 다루던 방식대로 대처해 보는 것이다. 즉 천천히 횡격막을 사용하여 호흡하고, 경험되는 신체 감각들을 현실적으로 평가하며, 정상인인 것처럼 행동해 보는 것이다. 알코올 사용에 있어서는 음주가 계속 드물다고 보고했으며 술을 마실 경우에도 가정에서의 인지행동 치료 훈련에 지장이 될 정도는 아니었다고 보고했다.

> 공황장애는 흔히 광장공포증 발병에 선행하여 나타난다. 말하자면, 예기치 못한 공황발작을 여러 차례 경험한 후 개인은 공공장소에서 공황발작을 경험할 것을 두려워하게 된다. DSM-5-TR에서는 광장공포증은 별도로 진단된다.

5회기 호세는 이번 주에는 밤 동안 깨지 않고 잠을 쭉 잔 적이 세 번 있었고 깬 때도 증상이 몇 분 만에 진정되었다고 보고했다. 또한 지시받은 대로 세 번 혼자 나가 동네를 걸어 보았다고 했다. 외출 시행 동안 심계항진, 호흡곤란, 어지럼증, 비현실감과 같은 전형적인 공황발작 증상을 경험했다. 첫 시행에서는 너무 두려워 활동을 끝마치기도 전에 집에 돌아올 뻔했다. 하지만 이들 증상에도 불구하고 빌라누에바 선생의 지시에 따르며 과제를 완수하였다. 두 번째와 세 번째 시행에서도 호세는 공황 증상들을 경험했다. 하지만 이번에는 증상들에 더 잘 준비가 되어 있었고 포기할 생각 없이 과제를 완수하였다.

다음으로 빌라누에바 선생은 신체감흥 노출 활동을 실시하였다. 신체감흥 노출은 통제된 상황에서 공황 관련 신체 감각들에 반복적으로 노출되는 활동이다. 선생은 호세에게 이제 자율신경계 각성으로부터 야기되는 신체적 감각과 유사한 감각을 만들어 내는 몇 가지 운동을 할 것이라 설명하였다. 고로 이 운동은 호세에게 공황 감각들을 촉발할 수 있다고 말했다. 신체감흥 노출 활동의 목표는 공황의 신체 감각에 대한 호세의 불안 반응을 점진적으로 소거하며, 이들 감각에

> 과호흡이나 다른 공황 관련 신체 감각을 야기하기 위해 연구자와 치료자들이 사용하는 절차를 '생물학적 도전 과제(biological challenge tests)'라 부른다.

표 1-4	신체감흥 노출 활동과 개인의 반응*			
활동	지속 시간 (초)	증상 강도	공황 증상과의 유사성	불안 수준
1. 몸 전체를 긴장시키기	60	3	0	0
2. 빨대를 통해 숨 쉬기	120	1	0	0
3. 머리를 좌우로 빨리 흔들기	30	6	1	1
4. 머리를 다리 사이에 둔 후 일으키기	30	3	2	2
5. 벽의 한 점 응시하기	90	2	2	0
6. 숨 참기	30	5	5	3
7. 제자리에서 뛰기	60	6	6	4
8. 과호흡하기	60	7	7	5

*0~10 척도에서의 호세의 평정. 활동의 출처는 다음과 같다. Craske, Wolitsky-Taylor, & Barlow, 2021; Craske & Barlow, 1993.

대한 좀 더 정확한 인지적 평가의 기회와 행동적 대처 기술 개발의 기회를 제공하는 데 있다. 치료실에서 시도된 활동 목록은 표 1-4에 제시되어 있다.

각 활동 후, 호세는 그가 경험한 구체적 신체 증상을 보고하였고, 이들 증상을 (1) 강도, (2) 공황 증상과의 유사성, (3) 야기된 불안 수준에서 평정하였다. 빌라누에바 선생은 호세에게 공황을 유발하는 세 가지 활동 중 가장 경미한 활동(30초간 숨을 참기)을 다음 한 주간 매일 하루 세 번씩 수행해 볼 것을 과제로 주었다. 또한 호세는 다음 한 주간 적어도 세 번 혼자 집 밖을 나가 인근 가게에 다녀와야만 했다.

6~9회기 호세는 이후 몇 주에 걸쳐 계속 상태가 호전되었다. 이제 음주는 그에게 전혀 문제가 되지 않았다. 호세는 버번위스키와 럼주를 집의 외진 장소에 갖다 두었고 빌라누에바 선생의 충고대로 술병에 왜 이제는 술을 이전만큼 마시지 않는지의 이유에 해당하는 "가족, 친구, 직장, 꿈의 성취"라는 메모를 붙여 놓았다. 9회기에는 세 가지 신체감흥 노출 활동(30초 동안 머리를 좌우로 빨리 흔들

기, 90초 동안 벽의 한 점을 응시하기, 60초 동안 과호흡하기)을 매일 시행하고 있었고, 이들 활동은 작은 공황 증상만을 초래했다. 게다가 야간에 잠에서 깨는 횟수도 줄었고 아내 없이도 집 밖 멀리까지 나갈 수 있게 되었다. 또한 9회기에는 처음으로 지하철을 타고 아내 없이 홀로 빌라누에바 선생에게 왔다. 비록 이전 회기들에서보다 좀 더 강한 신체적 증상을 보이며 치료실에 도착하긴 했으나 그는 담담하게 자신의 증상들을 선생에게 이야기했고 증상 자체가 별문제가 아닌 양 한 주간의 다른 일들을 묘사했다. 증상은 몇 분 안에 곧 진정이 되었다.

다음 회기까지 호세가 수행해야 할 과제는 계속해서 신체감흥 노출 활동을 하루 세 번 진행하는 것과 공황발작에 대한 두려움이 자신의 행동을 제한하지 않는 상태에서 자유롭게 외출을 하는 것이었다. 다음 회기는 2주 후로 잡혔다.

10회기 호세는 지난 2주 동안 공황발작이 없었다고 보고했다. 게다가 원하는 곳은 그 어디든 혼자 두려움 없이 갔었다고 보고했다. 신체감흥 노출 활동을 계속 수행했지만 이 활동은 이제 호세에게 어떠한 반응도 야기하지 않았다. 그것은 호세를 따분하게 할 뿐이었다.

호세는 이제 새로운 걱정이 생겼다. 아내 티타가 두 달 안에 마이애미로 여행을 가자고 제안했기 때문이다. 여행을 위해 부부는 비행기를 타야 할 것이고, 이런 생각은 문제의 시작이 된 플로리다로부터의 귀향 비행기에서 겪은 고통스러웠던 기억을 되살렸다. 호세는 그 끔찍한 사건을 다시 체험하는 듯한 환영을 가졌다. 빌라누에바 선생은 다음 2주간 점진적 노출 과제에 대한 계획을 세웠다. 여기에는 비행기가 나오는 영화를 시청하는 것과 매주 두 번 공항에 가는 것이 포함되어 있었다.

11~12회기 2주의 시간을 보낸 후 호세는 11회기에 참석했다. 호세는 지난 2주간을 비행기 관련 이미지와 상황들에 몰입하며 지냈다. 예상했듯 처음 비행기 영화를 보는 동안 호세는 불안을 경험했다. 하지만 2주째부터는 큰 반응 없이 영화를 볼 수 있게 되었다. 또한 호세와 티타는 세 번 공항에 갔고 갈 때마다 그 일이 좀 더 편해졌다. 2주 후 호세와 빌라누에바 선생은 마이애미 여행 전 마지막으로 한 번 더 만났다. 이 만남에서 호세는 공황 관련 문제를 보고하지 않았다. 하지만

여행에 대해서는 여전히 걱정하고 있었다. 회기를 마치며 한 말은 "만약 살아 있다면 한 달 후에 만나요."라는 말이었다. 회기를 끝내고 집으로 오는 도중, 호세는 마이애미 여행에 대해 생각했고 어떤 도전이 기다릴지 생각했다. 그러다가 문득 꽤 오랜 시간 동안 뭘 먹지 않았음을 깨달았고, 현기증을 느끼기 시작했다. 교통은 가다 서다를 반복했고 가슴에서 익숙한 감각을 감지해 냈다. 지금껏 많은 호전이 있었는데 이건 뭘까? 호흡이 빨라지기 시작했고 손에서 땀이 나기 시작했다. 마음은 출발대에서 뛰어내려 미친 듯이 이리저리를 횡보하고 있었다. 이게 공황발작이 아니라면? 이건 좀 달라. 아마도 실제 심장발작이 이렇지 않을까? 호세는 곧장 응급실로 가기로 결정했다. 접수를 하려 기다리는 동안, 호세는 빌라누에바 선생으로부터 배운 공황발작에 관한 지식을 총동원하려 노력했다. 선생이 가르쳐 준 것들을 조금씩 기억해 냈다. 호흡 훈련과 인지적 전략들을 기억해 냈다. 집중하려 눈을 감았고 최선을 다해 그동안 배운 인지적 그리고 행동적 대처 기술들을 활용해 보았다. 완벽하지는 않았지만, 자리에 앉아 각성 수준을 낮추고 사고를 재구조화하며 심장발작의 가능성이 낮다는 사실을 상기시켰다. 이러는 동안, 그의 이름이 불렸다. 쳐다보니, 응급실 직원이 자기에게 접수하라고 말하고 있었다. 그녀를 쳐다보며 정신을 집중하고는 다시 눈을 감고 숨을 깊이 들이마셨다. 느리기는 했지만 평정을 되찾게 됐다. 응급실 직원이 다시 그의 이름을 불렀을 때 호세는 그녀의 존재를 까맣게 잊고 있었다. 그리고 이 순간 자신이 경험하고 있는 것이 심장발작이 아님을 깨닫게 되었다. 그는 또한 그것이 공황발작이 아님을 알았고, 최악의 상황에서도 공황발작을 다룰 능력이 내게 있구나 하는 결론에 도달하게 되었다. 호세는 일어나 주위를 돌아본 후 이제 공황발작 때문에 응급실에 올 일은 없겠구나 하고 생각했다. 그는 스스로 공황발작을 다룰 기술을 가지게 되었고, 자신이 치료에서 배운 모든 것들을 방금 시험해 보았음을 알게 되었다. 주차해 놓은 차로 돌아가며 호세는 "그래. 난 통과했어."라고 말했다. 집으로 돌아온 후 호세는 아내에게 오늘 있었던 일을 말해 주었다. 그리고 지금까지의 변화를 생각하며 부부는 서로 부둥켜안고 울었다. 그러고는 마이애미로의 여행 계획을 마쳤다.

공황장애 환자의 60%가량이 장애 치료를 받고 있다 (NIMH, 2017a; Wang et al., 2005).

에필로그 최후의 승리

호세는 마이애미 여행을 성공적으로 마치고 돌아왔다. 비록 약간의 불안은 경험했으나, 비행기나 기타 다른 장소에서 큰 문제를 보이지 않았다. 이제 호세는 문제가 사라졌다고 느꼈다. 빌라누에바 선생은 호세와 여행에 대해 잠시 담소를 나눈 후 호세에게 치료 결과가 좋아 기쁘다고 말했다. 선생과 호세는 추후 증상 발생 시 사용할 수 있는 전략을 포함하여 지금까지 진행해 온 치료 프로그램을 다시 훑어보았다. 호세는 몇 달 전에 비해 기분이 훨씬 나아져 있다. 무엇보다 그는 자기 삶을 다시 통제할 수 있게 되었음을 느꼈다.

평가 문제

1. 호세의 사례에서 어떤 사건이 공황발작을 촉발했는가?

2. 호세의 사례는 왜 다른 대부분의 공황발작 사례와 다른가?

3. 공황발작의 주된 증상에는 무엇이 있는가?

4. 사람들은 왜 일반적 의학 상태를 먼저 의심하게 되는가?

5. 빌라누에바 선생은 왜 공황장애가 생물학적 요인과 인지적 요인의 결합으로 가장 잘 설명된다고 보았는가?

6. 호세의 공황발작 극복을 돕기 위해 빌라누에바 선생이 사용한 치료의 4단계는 무엇인가? 호세의 치료 일부분이었던 신체감흥 노출 활동에서 어떤 노출들이 사용되었는지 열거하라.

7. 호세는 집 밖을 홀로 나가길 꺼려 했다. 호세의 외출 기피가 그의 공황장애에 어떻게 기여했는가?

8. 호세의 이전 알코올 사용이 어떻게 그의 치료 과정을 복잡하게 만들었는가?

강박장애

표 2-1

진단 체크리스트

강박장애

1. 반복적인 강박사고, 강박행동, 혹은 둘 다가 나타난다.
2. 강박사고나 강박행동이 상당한 시간을 소모하게 한다.
3. 현저한 고통 혹은 기능상의 장해가 나타난다.

(APA, 2022, 2013)

31세 흑인 시스젠더 회계사 체리타는 출근을 위해 아파트를 나서며 복도에서 초조하게 노란 메모장에 펜을 두드리고 있었다. 해야 할 일의 목록, 확인해야 할 일의 목록, 출근 전 확실히 해야 할 일의 목록을 작성하고 있었다. 메모장의 첫 장은 깨끗이 잘 정돈된 그리고 자세히 기술된 한 주간 일일 과업들로 가득 차 있고 완성된 과업들의 왼편에는 체크 표시가 되어 있다. 체리타는 매일의 아침 일과로 마쳐야 할 일들을 이미 다 마쳤다. 그럼에도 아직 만족스럽지가 않다. 뒷문은 벌써 잠갔고 확실히 하기 위해 몇 번을 더 확인했다. 오븐도 껐다. 이도 재차 확인했다. 벽장은 응급 상황을 대비해 보급품들로 가득 차 있다. 여느 날과 같은 확인 목록이다. 여느 때와 마찬가지로 잊어버릴 수 있는 일들에 특별한 정성을 쏟았다. 뭔가 놓칠 수도 있었다. 중요한 뭔가를. 그리고 놓치면 심각한 결과가 뒤따를 것이다. 가능성이 희박하긴 하지만 그럴 가능성을 아예 무시할 수 없다. '비록 그럴 가능성이 낮다 해도' 뭔가를 간과한다면 난 나 자신을 용서할 수 없을 것이라고 스스로에게 되뇌었다. 체리타의 파국적 강박사고는 머리 한편을 임대하고 있는 반갑지 않고 멈출 수 없는 최후의 준비물과 같은 것이었다. 이런 생각은 체리타에게 고통과 소진을 안겨 주었으며 정시 출근을 방해했다. 좀 더 열심히 생각하며, 목록에 추가해야 할 필요가 있는 그 무언가, 그날 집을 나서기 전 완성해야 할 필요가 있는 그 무언가를 찾으며 몇 분을 더 서 있었다.

체리타와 남동생은 안정적 가정의 자녀로서 다양한 인종의 이웃이 모여 사는 동부 중산층 거주지에서 성장했다. 가족과 공동체는 체리타의 정체감을 구성하는 중요하고도 강력한 부분이었다. 흑인 여성으로서 그녀는 마치 작은 실수가 흑인에 대한 편견을 높이기라도 하듯 학교에서 공부 잘하고 나무랄 데 없는 처신을 해야만 할 것 같은 압력을 느꼈다. 이는 숫자보다도 단어에서 더 그러했다. 철자를 틀리게 적거나 발음을 틀리게 한 경우 체리타는 수정을 기다리며 반사적으로 숨을 참고 배에 힘을 주곤 했다. 더 안 좋은 때는 그녀가 얼마나 분명히 말하는지에 대한 평판이 지지될 때이다. 그녀의 또래들은 그렇게 명확하게 말하지 못할 가능성이 높다.

체리타는 아주 우수한 학생이었고 타의 모범이 되는 학생이었다. 체리타의 수학적 재능은 중학교 때 보다 확연히 드러났고 이때부터 체리타는 커서 회계사가 되어야겠다는 직업적 전망을 키우게 되었다. 학생으로서의 진지함은 고등학교에 가서도 이어졌고, 체리타는 고등학생 시절의 자신을 사회적으로 보수적인 학생이라 묘사했다. 대학에서 체리타는 수학과 회계학을 전공했고, 이전과 마찬가지로 학문에 열의를 보였다. 그녀는 성공 가도를 가고 있었고, 숫자에 유능했던 덕에 언젠가 고액 연봉을 받는 공인회계사가 되는 꿈, 더 나아가 자신의 회계 법인을 꾸리는 꿈까지 꾸게 되었다.

체리타 초기 걱정과 특이행동

체리타는 아주 어렸을 때부터 걱정꾼이라 할 수 있었다. 예로, 체리타는 남들보다 안전에 대한 염려가 더 컸다. 대학 시절 외출을 할 때면 체리타는 기숙사 방문을 제대로 잠갔는지 서너 번씩 확인하곤 했다. 확인을 했음에도 문을 제대로 안 잠근 사람처럼, 그리고 누군가를 방에 침입하도록 틈을 준 사람처럼 여전히 반신반의의 상태로 기숙사를 나서곤 했다. 체리타는 절도가 발생했을 때 룸메이트가 입을 손해에 대해 두려워했다. 하지만 이상하게도 자신이 입을 손해에 대해서는 별로 신경을 쓰지 않았다. 실상 체리타를 힘들게 만든 건 누군가의 불행이 자신 때문에 발생할 수 있다는 생각이었다.

다른 영역의 걱정 또한 체리타에게 어려움을 야기하곤 하였다. 예를 들어, 온라인으로 청구액을 납부할 때 문제가 발생하였다. 아무리 세심히 청구액을 확인하고 기입한 숫자를 확인해도 지불 버튼을 눌러야 할 때가 오면 모든 게 제대로 됐는지 자신을 의심하곤 했다. 이런 의심은 체리타로 하여금 지불 버튼을 클릭하기 전 액수와 지불 기일을 몇 번이고 다시 확인하게 만들었다. 확인 번호를 받은

> 강박장애는 청소년기나 성인기 초기에 시작되는 경향이 있으며, 시간의 흐름에 따라 증상 변동이 있기는 하나 대체로 여러 해 지속되는 것이 보통이다(Rosenberg, 2021; ADAA, 2020).

후에도 되돌릴 수 없는 일이 일어나기라도 한 듯 불안해했다. 의심이 심해질 때는 직접 회사에 전화를 걸어 지불한 것을 받았는지 확인해야만 했다. 가족과 친구들에게는 자신이 단지 부지런하고 조심성이 많기 때문이라고 설명했다. 그게 회계사가 하는 일이라고도 설명했다.

체리타 걱정을 넘어서

체리타의 걱정과 지나친 행동이 극단의 모습을 띠기 시작한 것은 대학을 막 졸업한 때인 지금으로부터 약 7년 전이었다. 이러한 변화는 체리타가 외상을 경험한 후 나타났다. 체리타는 성폭행 미수 사건의 피해자였다. 친구들과 영화 관람을 마치고 헤어져 홀로 주차장 쪽으로 걸어가던 중 안면이 있던 한 남성이 체리타의 뒤로 접근했고 차에 함께 타게 해 달라고 요구했다. 이를 거절하자 남성은 돌아서는 그녀의 팔을 잡아채고 얼굴을 거칠게 만지며 체리타를 강제로 차에 밀어넣었다. 체리타는 반항하며 그만하라고 소리를 질렀고, 이 소리에 남성은 물러섰다. 둘은 서로 잘 아는 사이는 아니었지만 친구를 통해 이전에 만난 적이 있던 사이였다. 남성은 그날 술에 너무 취했었다고 말했고 미안하다고 사과했다.

체리타는 자신이 성폭행을 당했는지 확신할 수 없었다. 하지만 벌어진 일에 대해서는 매우 화가 나 있었다. 남성은 체리타를 만졌고 강제로 차 안으로 들어오려 했다. 도대체 뭘 하려고 한 것일까? 만약 남성을 차에 태웠다면? 만약 그만하라고 그렇게 강력하게 말하지 않았다면? 도대체 무슨 일이 벌어졌을까? 시간이 지남에 따라 체리타는 사람들 앞에서 더 큰 불안감을 갖게 되었다. 차로 가는 동안 강박적으로 뒤를 확인하게 되었다. 심지어 대낮에도 이런 행동을 했다. 자기 전 대문 점검도 수차례 했다. 점차 이런 관행은 창문, 오븐, 수도꼭지, 전기기기, 기타 안전감을 높이기 위해 그녀가 통제할 수 있는 그 모든 것으로 확장되어 갔다.

체리타의 불안감과 그에 동반하는 확인 의례들은 다음 몇 년에 걸쳐 점차 증가하여 이제 정상적 삶을 방해하는 수준으로까지 발전했다. 아침은 특히 문제가 심했다. 체리타는 아파트를 나와 직장으로 출근하기가 점점 더 어려워지고 있음을 깨달았다. 매일 아침 체리타는 아파트 안 모든 것이 안전한 상태에 있는지 확

연구에 따르면 강박장애 환자들은 높은 책임감과 더불어 높은 수준의 행동 기준과 도덕성 기준을 가지고 있다(Taylor et al., 2020; Davey, 2019).

인하는 수많은 의례들을 거쳐야 했다. 체리타는 자신의 점검 소홀이 뭔가 끔찍한 사건(화재나 침수)을 초래해 종국에는 자기 아파트와 (더 중요하게는) 이웃 아파트에 피해를 주지 않을까 걱정했다.

이런 이유로 체리타는 가스 불이 꺼져 있는지, 수도꼭지가 잠겨 있는지, 창문이 닫혀 있는지, 전기기기의 플러그, 특히 헤어드라이어, 전자레인지, 노트북, TV의 플러그가 뽑혀 있는지 체크하곤 하였다. 한 번만 체크한다면 그냥 집안일이겠지만 체리타의 경우는 각 물건을 여러 번 체크하지 않고는 견딜 수가 없었다. 한 물건을 체크한 후 다시 돌아가야 할 것 같은 충동으로 이 모든 확인 과정을 다시 반복해야 하는 경우도 많았다.

어떤 때는 바로 몇 초 전에 체크하고도 또 체크를 해야 했다. 체리타에게는 완전한 안심이란 달성 불가능한 일만 같았다. '이건 충분히 확인했어.'라고 자신을 설득하기 위해 어떤 때는 물건 앞에서 5분을 기다리기도 했다. 하지만 이도 충분치 않아 수 분 이내 확인 의례를 반복해야만 했다.

상황이 안 좋은 때는 아침 의례로 두 시간을 쓰기도 했다. 모든 확인 의례를 마치고 아파트 건물을 나서는 순간 특정 물건에 대한 의심이 다시 발목을 잡기도 했다. 가스 불을 징말 제대로 확인했는가? 아니면 단지 확인했다고 생각한 것일까? 의심을 잠재우기 위해 체리타는 아파트로 되돌아가야만 했다. 이런 확인행동으로 체리타는 몇 번이나 직장을 결근했다. 의례 행위를 중간에 끊을 수 있는 경우에는 지각으로 마무리됐다.

다행히 체리타는 유동적인 직장 스케줄을 가지고 있어 일만 제때 마친다면 사무실에 얼굴을 비치지 않아도 되었다. 직장 일이야 밤을 새워 하면 되었다. 체리타는 직장에서 업무 능력을 인정받고 있었으며 2년 전 현 직장으로 이직한 후 승진도 몇 번 했다. 하지만 아침 동안의 그녀의 삶은 '살아 있는 지옥'이었다.

직장에서 돌아옴과 동시에 확인의 충동은 되살아나곤 했다. 잠자러 가기 전 체리타는 모든 것이 제 상태에 있는지 확인하고픈 충동을 느꼈다. 하지만 야간 확인행동은 아침 의례처럼 심각하지는 않았다. 어찌어찌해 체리타는 "아침에 이미 확인했잖아.", "가스나 전기기기를 쓰지 않았다면 조사는 덜 철저히 해도 돼."라는 말을 자신에게 할 수 있었다. 하지만 다음 날 아침이 되면 철저한 확인 의례를 수행하고픈 충동이 되살아나곤 하였다.

미국 내 강박장애(OCD)의 연간 유병률은 1.2%로, 이는 다른 나라들의 유병률과 유사하다(ADAA, 2020; NIMH, 2020b).

체리타는 또 다른 증상도 가지고 있었다. 이 증상은 직장으로 운전해 가는 도중 나타나곤 하는데, 얼마 전 경미한 교통사고 현장을 지나치면서 처음 생겨났다. 교통사고 현장을 지나친 뒤 얼마 안 되어 체리타는 도로의 둔덕을 쳤다. 백미러로 무엇을 쳤나 살펴보았지만 아무것도 발견하지 못하였다. 15분을 더 운전해 가다 체리타는 문득 자기가 다른 차 혹은 사람을 친 것이 아닐까 하는 생각이 들었다. 불안의 고통 속에서 체리타는 고속도로를 빠져나와 둔덕이 있었다고 생각된 장소로 되돌아갔다. 체리타는 자신이 느끼는 두려움의 진위를 확인하기 위해 부서진 차나 시체와 같은 교통사고의 흔적을 찾으려 노력했다. 그러나 아무것도 발견하지 못했고, 체리타는 여전히 자신이 어떤 사고에 책임이 있을지도 모른다는 불안을 안고 직장으로 향했다.

다음 날 아침 출근 중 유사한 의심이 일어났고, 이 문제는 이후 지속되었다. 이제 체리타는 운전 중이면 언제나 '실수로 사람이나 차를 치면 어떡하지.' 하는 걱정을 했다. 차의 감각이 조금만 다르다 싶으면 이내 체리타의 불안은 촉발되곤 하였다. 둔덕, 방향 전환, 심지어는 운전에 집중하지 못했다는 체리타 자신의 자각도 불안을 촉발했다. 안심을 얻기 위해 백미러로 길을 면밀히 살폈다. 대부분의 경우 체리타는 계속 운전을 해 나갈 정도로 자신을 안심시킬 수 있었다. 하지만 가끔은 사고가 없었다는 것을 확인하기 위해 왔던 길을 되돌아가야만 했다.

운전 중 의심 증상이 생긴 이후로 체리타는 재앙과 파괴의 침습적 이미지도 함께 경험했다. 사소한 것들이 이런 이미지를 촉발하였다. 예를 들면, 사무실 책상 위에서 성냥을 보면 회사 건물에 불을 지르는 이미지가 떠올랐다. 성냥으로부터 멀어진 후에도 정말 자신이 건물에 불을 지른 건 아닌지 반신반의했다. 재앙적 일이 일어나지 않았음을 확인하기 위해 그간의 자신의 행적을 마음속으로 되짚기도 했다. 가끔은 성냥이 책상 위에 안전히 놓여 있음을 눈으로 확인하기 위해 사무실로 되돌아가기도 했다. 또 다른 경우는 식당 테이블에서 칼을 보았을 때였다. 테이블 위 칼을 보자 누군가를 칼로 찌르는 이미지가 떠올랐다. 다시 그 자리를 떠났다. 떠나가면서 실제 누군가를 칼로 찌른 것은 아닌지 반신반의했다. 성냥 일화에서와 마찬가지로 자신의 행적을 머릿속으로 추적해 보았고 칼이 여전히 그 자리에 놓여 있는지 그리고 자신이 그 상상 속 행동을 실행에 옮겼는지 확인하기 위해 식당 테이블로 되돌아갔다. 또 다른 때에는 덜 재앙적인 사건, 예를

> 강박행동은 보통 강박사고 내에 포함된 근심에 대한 반응이다. 반복적으로 청결 의례를 수행하는 사람들은 오염에 대한 강박적 공포에 반응하는 것일 수 있다. 유사하게, 문은 잘 잠갔는가, 휴대전화는 가지고 나왔는가를 반복적으로 확인하는 사람들은 삶이 안전하지 않다는 강박적 공포에 반응하는 것일 수 있다.

들면 누군가를 모욕 준다거나 주차장 관리인에게 차 열쇠를 맡기는 것을 잊는다
든가 하는 사건을 상상하곤 하였다.

제임스 이해하려 노력하다

체리타와 제임스는 대학 4학년 때 만났다. 둘은 같은 회계학 수업을 들었고, 제임
스가 친구들에게 늘 말하듯 '숫자들은 빨리 더해졌다.' 제임스는 체리타의 매력
에 완전히 빠졌다. 제임스는 체리타가 아름답고 열정적이며 사려가 깊다고 생각
했다. 또한 긍정적 의미로 자기 자신에게 엄격하다고 생각했다. 즉 제임스는 체
리타가 남들에게 도움이 되기를 원하며 옳은 방식으로 옳은 일을 하길 원한다고
생각했다. 그리고 덤으로 둘은 유사한 관심사(특히 사업적 측면)를 가졌다. 체리
타는 회계사가 되기를 원했고 제임스는 작은 사업체를 경영하고 싶어 했다. 제임
스는 체리타가 완벽하다고, 그리고 자신들의 관계가 완벽하다고 생각했다.

　그러나 일은 그렇게 완벽하지 않았다. 실상 완벽이 문제의 일부였다. 둘의 관
계가 진전됨에 따라 제임스는 체리타가 매우 기이한 습관을 가지고 있음을 알게
되었다. 괜찮다는 확신이 들 때까지 특정한 방식으로 무언가를 반복적으로 하는
행동이 그것이었다. 처음에는 문단속을 여러 번 하고 빈틈없이 리스트를 작성하
는 체리타의 행동들이 기이한 성격처럼 느껴져 재미있다는 생각까지 들었다. 하
지만 시간이 지나자 이 행동들이 더 이상 재미있게 여겨지지 않았다. 제임스는 체
리타가 의례의 수감자라 생각했다. 의례는 체리타를 매우 불행하게 만들었고, 매
사 지각하게 만들었으며, 자발적인 삶을 사는 것을 방해했다. 하지만 체리타는
의례를 그만두지 못했다. 제임스가 왜 그러냐고 설명을 요구하면 체리타는 창피
해했다. 체리타는 "그냥 해야만 할 것같이 느껴져. 그리고 안 하면 불안해."라고
대답하며, 그 이상 답을 주지 않았다.

　걱정이 되기도 하고 때로는 짜증이 나 제임스는 체리타의 행동을 그만저만 참
을 만한 행동이라고 자기최면을 걸었다. 이 대단한 여성을 얻은 데 대해 지불해
야 할 대가라 여겼다. 둘은 계속 관계를 발전시켜 나갔고 마침내 약혼을 했다.

　불행히도 약혼녀의 습관은 약혼 이후 더 이상해졌다. 제임스가 목격한 반복적
확인행동은 자물쇠에만 그치지 않고 창문, 수도꼭지, 전기기기 등으로 확대되어

갔고, 이런 행동들은 확실히 이상했다. 하지만 더 큰 충격은 어느 날 저녁 체리타가 제임스에게 고백한, 아침마다 진행되는 끝도 없는 의례와 출근 때마다 보이는 반신반의의 확인 운전 행태였다. 그리고 수수께끼 영역이라 할 수 있는, 성냥이나 칼을 마주할 때마다 보이는 두려움에 얼어붙는 태도였다. 도대체 체리타의 머릿속에서는 무슨 일이 벌어지고 있는 것일까? 체리타는 도대체 뭘 걱정하는 것일까? 둘 사이의 관계가 더 가까워질수록, 그리고 체리타의 제임스에 대한 신뢰가 더 커져 갈수록 체리타는 이런 내용을 제임스에게 밝히려 들지 않았다. 체리타는 "이런 이야기는 논의하기에 너무 암울한 주제야."라고만 털어놨고, "당신이 날 사랑한다면 그냥 날 내버려둬."라고 말하여 논의를 끝냈다.

제임스는 진정으로 체리타를 사랑했다. 절친한 친구와의 허심탄회한 대화와 깊은 자기 고민 끝에 제임스는 체리타와의 관계를 계속 유지하기로 결심했다. 이제 결혼까지는 6개월이 남았고 제임스는 체리타의 긍정적인 측면에 집중하기로, 그리고 결혼 계획을 전속력으로 추진하기로 결심했다. 하지만 제임스는 체리타에게 한 가지만은 요청했다. 그것이 무엇이든 간에 문제를 위해 치료를 받는다는 조건이었다. 그의 요구는 최후통첩이나 결혼 조건과 같은 그런 성질의 것이 아니었다. 오히려 체리타를 진정으로 사랑하고 둘의 멋진 계획이 잘 풀려 나가길 기원하는 한 남자의 간청이었다. 체리타는 그의 요청을 충분히 이해했다. 체리타는 자신이 사람들에게 얼마나 충격적으로 비칠지 그리고 자신의 증상이 얼마나 빠르게 악화되어 가는지를 제임스보다도 더 잘 알고 있었다. 비록 제임스가 관계를 끝내자고 위협하지는 않았지만 상황이 계속 이렇게 흘러간다면 그가 더 이상 자신을 참아 내지 못할 거란 사실도 알고 있었다. 체리타는 제임스를 사랑했고 그를 잃고 싶지 않았다. 더군다나 체리타 자신도 더 이상은 이렇게 살고 싶지 않았다.

며칠 후 체리타는 예약을 위해 정신과 의사인 말린 래슬로 박사에게 전화를 걸었다. 온라인상에서 첫 번째로 검색된 사람이 래슬로 박사였고 그의 웹페이지가 가장 환영하는 듯한 인상을 주었다. 사무실로 전화를 걸었고 답이 오기까지 몇 주를 인내심을 가지고 기다렸다. 그럼에도 답신이 없자 체리타는 다시 박사에게 전화를 걸어 가능한 한 빨리 전화를 주십사 좀 더 강력하게 요청하는 메시지를 남겼다. 답신이 없이 또 몇 주가 지났다. 체리타와 제임스는 좌절했고, 제임스는 도움을 줄 다른 사람이 있을 것이라고 위로했다. 그러나 체리타는 "난 래슬로 박사로 결정했어."라고 말하며 서운해했다. 이후 제임스는 체리타에게 에린 노턴 박사에게 전화해 보라고 제안했다. 노턴 박사는 강박장애 치료로 온라인 뉴스 업데이트에서 관심을 받고 있는 인물이다. 다행히도, 노턴 박사는 며칠 안에 친절한 환영의 음성으로 메시지를 남겼다. 며칠을 더 음성 메시지로 소통을 하다 마침내 둘은 직접 통화를 하게 되었다. 노턴 박사는 체리타에게 대기가 길고 실제 박사와 만나기까지 몇 달, 아니 그보다 더 긴 시간을 기다려야 할지도 모른다고 침착하게 알려 주었다. 체리타는 크게 낙담하였다. 이번에는 제임스의 소개가 딱히 필요 없었다. 체리타는 스스로 전자의료기록을 찾아 주치의에게 전화를 하였고 진료 가능한 강박장애 치료자를 소개시켜 줄 것을 요청했다. 그날이 채 끝나기도 전에 전문 상담자인 조이스 선생을 소개받았다. 조이스는 종종 주치의로부터 불안이나 강박 장애의 치료를 의뢰받는다. 조이스 선생은 지역사회 클리닉에서 일하고 있고, 체리타가 가진 지불보험을 수용하고 있으며, 당장 다음 주부터 체리타를 만날 수 있었다. 이에 체리타는 조이스 선생과 약속을 잡았고, 강박사고와 강박행동으로부터 자유로워질 수 있지 않을까 하는 생각으로 생애 처음으로 희망에 부풀어 있었다.

체리타의 치료　강박사고 제거하기

체리타는 자신의 두려움과 의례들이 부조리하다는 것을 알고 있었다. 하지만 동시에 이에 저항하기가 너무 힘들다는 사실도 인정했다. 조이스 선생과의 첫 만남에서 체리타는 다음과 같이 표현했다. "여기서 선생님께 제 증상을 설명하고 있자니 전 웃지 않을 수가 없어요. 얼마나 바보 같은지 너무 잘 아니까요. 하지만 그 상황에 있을 때면 전 제 자신을 멈출 수 없어요. 그 느낌이 너무 강력해요."

　체리타의 사고와 의례에 대한 표현을 들은 후, 조이스 선생은 환자가 강박장애를 가졌다고 확신했다. 이 장애를 가진 대부분의 사람들처럼 환자는 강박사고와 강박행동 모두를 보이고 있었다. 체리타의 강박사고는, 특별한 주의를 기울이지 않는다면 재난(화재, 침수, 절도 사건)이 발생할 거라는 생각, 자신이 심각한 교통사고를 유발했을지도 모른다는 생각, 불을 지르거나 사람을 칼로 찌르거나 이보다는 다소 덜한 반사회적 혹은 태만한 행동을 자행하는 이미지나 사고로 구성

> 강박사고를 가진 사람들은 보통 자신의 강박적 사고가 과도하다는 사실을 인지하고 있다. 하지만 사고를 무시하거나 이에 저항하려 하면 불안이 증가하는 양상을 보인다 (Taylor et al., 2020).

되어 있었다. 체리타의 강박행동은 아침과 저녁에 진행되는 확인 의례, 기이한 운전 습관, 그리고 누군가를 차로 치지 않았고, 집에 불을 지르지 않았으며, 누군가를 찌르지 않았다는 확신을 얻기 위해 머릿속으로 자신의 행적을 추적해 가는 행동 등을 포함했다.

체리타는 언어 치료를 받아야 할지 약물 치료를 받아야 할지를 조이스 선생에게 물었다. 조이스 선생은 항우울제의 효과를 시사하는 연구 결과를 체리타에게 소개하며 항우울제, 특히 선택적 세로토닌 재흡수 억제제(SSRIs)가 강박장애 환자의 강박 사고와 행동을 감소하는 데 효과적이라 하였다. 하지만 경험적 근거가 가장 크고 효과 유지에도 유용한 치료는 노출 및 반응 방지를 포함한 인지행동 치료라고 소개하였다. 조이스 선생의 치료적 관행은 인지행동 치료를 먼저 시도해 본 후, 이 접근으로 호전되지 않을 때 환자를 정신과 의사에게 의뢰하여 약물 치료를 받게 하는 것이라고 했다. 그러고는 치료에 대한 자세한 설명을 이어 갔다.

노출 및 반응 방지에서 내담자들은 불안을 유발하는 자극들에 반복적으로 노출된다. 이러한 자극들은 전형적으로 내담자의 강박적 두려움과 강박적 사고의 주제가 되는 것들이다. 노출이 된 후 내담자들은 불안 감소를 위해 꼭 수행해야 할 것처럼 느껴지는 강박행동의 수행을 제지받는다. 반복적인 강박행동의 제지는 종국에는 내담자에게 강박행동이 특별히 유용하지 않음을 깨닫게 한다. 조이스 선생은 흥분된 어조로 "체리타, 우리는 당신의 뇌를 재훈련시킬 거예요."라고 말했다. 의례들은 내담자의 강박적 걱정을 제지하거나 무효로 만드는 데 필요치 않을 뿐만 아니라 불안을 감소시키는 데도 필요치 않다. 간단히 말해 내담자는 강박행동을 취하지 않아도 나쁜 일이 일어나지 않음을 배우게 될 것이며, 강박적 걱정이 근거가 없고 해가 되지도 않는다는 사실을 배우게 될 것이다. 이렇게 되면 강박사고에 대한 내담자의 불안 반응은 줄게 될 것이다.

노출 및 반응 방지에 더해 조이스 선생은 인지적 접근이 어떤 치료적 효과를 낼지에 대해서도 설명했다. 인지적 접근을 통해 체리타는 많은 사람이 침습적 사고를 공공연히 경험하고 있음을 인지하게 될 것이며, 문제는 침습적 사고 그 자체가 아니라 침습적 사고에 대한 해석에 있음을 이해하게 될 것이다. 또한, 인지적 접근을 통해 체리타는 침습적 사고나 이미지를 갖는 것이 그 사고를 실제 수행하는 것과 같지 않음도 깨닫게 될 것이다. 조이스 선생은 자신이 어떻게 체리타의 현실적 평가를 도울 수 있을지도 소개했다. 자신과 타인에 대한 과도한 책임감을 경감시키기 위해 치료를 통해 다양한 상황에서 체리타가 자기의 책임 정도를 현실적으로 평가하도록 요구할 것이다.

1회기 1회기에서 체리타는 증상 및 증상과 관련한 배경 정보를 제공하였다. 이어 조이스 선생은 체리타의 강박사고가 야기하는 위험이 정말 무엇인지 탐색하는 작업을 진행했다. 체리타는 자신의 아침 의례가 과하다는 사실을 잘 알고 있었다. 플러그가 꽂혀 있는 전기기기나 물이 새는 수도꼭지가 주는 위험이 아주 작을 수 있다는 사실을 인정했다. 하지만 '만약 일이 잘못되면 결과가 끔찍할 수 있기 때문에 만약을 대비하여' 조치를 취해야만 할 것 같은 강한 충동을 느낀다고 하였다. 체리타는 인지하지 못한 상태에서 자신이 누군가를 차로 치거나 칼로 찌르거나 방화할 리는 만무하다는 사실 또한 잘 알고 있었다. "사실이 아님을 확실히 알고 싶었던 것 같아요. 마음속으로 사건을 되짚어 보거나 차를 돌려 현장에 가 보면 마음이 놓이거든요."라고 말했다.

폭력적 사고와 침습적 이미지에 대해서는 더 자신감이 없었다. 가끔 누군가와 이야기할 때면 그 사람 가슴에 칼이 박혀 있는 심상이 떠오르곤 했다. 또한 성냥을 보면 빌딩에 불을 지르는 심상이 떠올랐다. 평생 법과 규칙을 잘 지킨 사람이었음에도 체리타는 생각과 행동이 관련이 있다고 믿어(이미지나 생각을 실제 그런 행동을 자행할 수 있다는 것으로 해석하여) 이런 이미지와 생각이 떠오를 때면 겁에 질리곤 했다. 체리타는 가스레인지에 불을 붙여 본 적이나 야영장에서 불을 피워 본 적이 없는 사람이었다. 또한 고의로 누군가를 해치려는 꿈을 꾸어 본 적도 없었다.

조이스 선생은 이런 이미지들이 물이 새는 수도나 전류가 흐르는 헤어드라이어와 동일한 맥락에서 이해될 수 있다고 설명했다. 이런 이미지들은 불안을 야기하지만 실제적인 위험을 야기하지는 않는다. 조이스 선생은 많은 사람들이 때때로 기이한 무언가를 혹은 파괴적인 무언가를 하는 이미지나 생각을 경험한다고 지적했다. 하지만 대부분은 이런 이미지를 '의미 없다', '중요치 않다'고 생각하며 떨쳐 버린다. 하지만 체리타의 경우는 이런 이미지에 과도한 중요성을 부여하

사고-행위 융합(thought-action fusion, TAF)은 강박장애 환자가 보이는 대표적인 인지적 오류이다. TAF 개념은 (1) 생각하면 실제 그 사건이 발생할 확률이 높아진다는 믿음과 (2) 생각은 행동을 하는 것만큼이나 나쁘다는 믿음 모두를 포함하고 있다(Taylor et al., 2020; Davey, 2019).

여 이미지의 발생 여부를 면밀히 관찰하고 이런 이미지가 나타날 때마다 극도로 불안해하고 있다.

체리타 : 하지만 이런 생각들에 문제가 있는 것은 아니지 않습니까? 제 말은, 이런 생각을 했다 해서 제가 이런 것을 할 수 있다거나 이런 것을 원한다고 말할 수는 없지 않습니까?

조이스 선생 : 이런 것들을 하고 싶다고 의식적으로 원한 적은 있었습니까?

체리타 : 아니요. 제가 죽어도 하지 않을 일이 바로 이런 일일 것입니다.

조이스 선생 : 당신은 생각을 행동과 동일시하고 있는 것 같습니다. 그리고 이 때문에 이런 생각들이 두려운 거고요. 무언가를 생각한다는 것이 이를 수행한다거나 이를 앞으로 수행할 것임을 의미하지는 않습니다. 이런 생각을 수백 번 했음에도 당신은 사실상 이런 생각과 관련이 있는 조그마한 제스처도 취한 적이 없었습니다.

체리타 : 사실이에요. 하지만 어떤 때는 생각이 너무 실제 같아서 누군가가 놀러 오면 칼을 치워야 할 것 같고, 사람 앞에서 칼을 만진다면 통제력을 잃을 것만 같습니다.

조이스 선생 : 반복하지만 그건 당신의 가정이지요. 진짜 문제는 생각이나 이미지가 아닙니다. 문제는 당신이 가진 잘못된 가정과 당신이 보이는 지나친 불안 반응이지요. 치료를 받는 동안 당신은 이런 가정들이 근거가 없음을 경험을 통해 배울 것입니다. 준비가 되면 우리는 칼을 보다 자주 접해 보는 다양한 활동들을 수행할 것입니다. 실상 보통 사람보다 더 자주 칼을 접해 볼 것입니다. 이런 활동을 통해 당신의 두려움이 근거가 없음을 배우게 될 것이고 그래서 이런 사고와 이미지들이 일어날 때 덜 두려워하게 될 것입니다. 덜 불안해지면 이런 생각과 이미지에 덜 몰두하게 될 것이고 이런 생각과 이미지를 덜 자주 갖게 될 것입니다.

체리타 : 저와 같은 문제를 가진 사람들도 있나요? 누군가를 찌르거나 불을 지르는 그런 사고나 심상이 떠오르는 사람 말이에요.

조이스 선생 : 예. 많습니다. 사실 당신이 기술한 생각과 이미지들은 강박장애 환

자들이 흔히 보고하는 내용들이지요.

체리타 : 어쩐지 그 말씀이 위로가 되네요. 전 이런 이상하고 삐딱한 생각을 가진 사람이 저 혼자뿐인 줄 알았어요.

조이스 선생 : 아니요. 전혀 그렇지 않습니다. 앞서 말씀드렸듯 소위 정상이라는 사람들도 이상하고 삐딱한 생각들을 합니다. 차이는, 당신은 이런 생각들에 지나치게 몰두하는 데 반해 다른 사람들은 이런 생각들을 쉽게 떨쳐 버린다는 데 있지요.

남은 시간 동안 조이스 선생은 체리타에게 노출 및 반응 방지 치료에 대해 소개했다. 치료 원리를 소개했고 이 접근이 체리타에게 어떻게 적용될 것인가도 설명했다. 체리타는 치료 계획이 충분히 이해가 되며 이를 따를 준비가 되어 있노라고 대답했다.

조이스 선생은 다음 한 주간의 체리타의 강박사고 및 강박행동의 모니터링을 위해 체리타에게 관련 앱을 다운로드할 것을 제안했다. 이 앱을 통해 체리타는 한 주의 증상기록 자료를 인쇄하여 회기로 가져올 수 있었다.

2회기 체리타는 증상 모니터링 과제를 성실히 수행하여 왔다. 강박사고와 강박행동을 자기관찰하였고, 정확하게 추적하여 기록해 왔다. 체리타의 강박적 불안은 (1) 가정 내 불안, (2) 운전 중 불안, (3) 파괴적 사고나 이미지에 대한 불안의 세 영역으로 구분되었다. 두 사람은 가정 내 불안을 극복하는 활동의 기획으로 두 번째 회기를 보냈다.

먼저, 두 사람은 체리타의 가정 내 확인강박행동의 전체 리스트를 작성했다. 플러그를 빼지 않고는 못 견디는 항목들에는 헤어드라이어, 전자레인지, 토스터, 노트북, TV, 그리고 에어컨이 포함되어 있다. 전등 스위치나 램프는 그냥 소등 상태에 있으면 되었지 굳이 플러그까지 뺄 필요는 없었다. 확인하지 않고는 못 견디는 또 다른 항목들에는 가스레인지(가스는 꺼져 있는가), 수도(물은 새지 않는가), 문(문은 잠겨 있는가)이 있었다.

초반 노출 및 반응 방지 활동으로 선생은 플러그를 뽑아야만 하거나 스위치를 꺼야만 하는 항목들에 집중할 것을 제안했다. 그러고는 체리타에게 출근하기 전

강박장애의 인지행동 치료에서는 흔히 지역사회 및 실험실 표본의 90% 이상의 사람들이 침습적 사고를 경험한다는 연구 결과를 인용하고 있다. 그리고 이들의 침습적 사고는 강박장애 환자들의 침습적 사고와 그 내용 면에서 대부분 유사하다(Taylor et al., 2020; Salkovskis & Harrison, 1984).

강박장애 환자의 50~70%는 인지행동 치료로 치료된 후 유의한 호전을 보인다(Rosenberg, 2021; Kulz et al., 2020).

전기기기의 플러그를 꽂아 놓은 채 나가고 이 중 일부(TV, 에어컨, 전등)는 전원을 종일 켜 놓으라고 지시했다.

체리타는 상담자가 제안한 것을 자신이 해내지 못할 것이라 말했다. 이에 다소 덜 극단적인 절차가 고안되었다. 체리타는 어떤 항목에 대해서도 전원을 켜 놓고 갈 필요는 없었다. 하지만 기기들의 플러그는 꽂아 놓고 나가야만 했다. 다음 날 아침부터 체리타는 전기기기들의 플러그를 꽂아 놓은 채 두려워하며 하루를 보내야만 했다. 할 수 있겠다고 느낀 체리타는 이들 활동을 과제로 할 것에 동의했다. 아침에 진행되는 전등, 수도, 가스레인지, 잠금 장치에 대한 확인 또한 단 한 번으로 제한되었다.

선생은 체리타에게 확인 충동이 아무리 강해도 그 충동에 굴복하지 말 것을 당부했다. 또한 강박장애를 연료를 필요로 하는 기계에 비유했다. 확인강박행동에 굴복할 때마다 강박 기계에 연료를 공급하는 것과 같고, 반대로 충동에 저항할 때마다 강박 기계에서 연료를 빼내는 것과 같다고 설명했다. 확인 충동에 항복하면 노출 활동으로부터 얻은 이득은 무효화될 거란 설명도 덧붙였다. 또한, 이런 계획을 제임스와도 공유할 것을 지시했는데, 그래야 제임스가 무심코 체리타의 강박 의례에 참여하는 일이 없을 것이기 때문이었다.

3회기 체리타는 지난 한 주 동안 지시된 과제를 빠짐없이 수행했다고 보고했다. 한 주가 끝나 갈 무렵, 체리타는 놀랍게도 전기기기의 플러그를 꽂아 두는 것이 어떤 불안도 만들어 내지 않음을 깨달았다. 하지만 가스레인지, 전등, 수도, 잠금 장치를 재확인하고자 하는 충동은, 비록 그 정도는 줄었지만, 여전히 남아 있었다. 그럼에도 체리타는 지시된 대로 한 항목을 한 번만 확인하도록 자신을 제어할 수 있었다.

체리타는 자신의 수행에 만족했고 새로운 절차로부터 얻은 이득에 고무되었다. 확인 의례로 한 시간 이상을 쓰는 대신, 몇 분만을 쓰게 되었다. 전기기기 플러그를 뽑고 다시 꽂는 데 필요한 시간은 단 몇 분이었기 때문이다. 이 절차로 체리타의 삶의 질은 벌써 상당히 올라간 상태였다. 조이스 선생은 지금이 확인행동을 좀 더 제한해 볼 때라고 했다. 체리타는 전등 스위치에 대한 확인행동을 그만둘 것을 다음 주 과제로 선택했다. 그럼에도 가스레인지, 수도, 문 잠금에는 여전히 한 번의 확인이 허용되었다.

조이스 선생은 가정 내 확인행동의 기저에 있는 체리타의 두려움의 본질이 무엇인지 검토하기 위해 회기의 일부를 썼다. 체리타는 첫 면담에서 말한 것들을 되풀이했다. 가장 큰 두려움은 자신의 부주의로 화재나 침수가 발생하는 상황이라고 고백했다. 이로 인해 야기될 재난 혹은 파괴 상태와 사람들로부터의 비난이 생생하게 그려진다고도 했다. 그리고 이런 생각들은 체리타를 분명히 불안하게 만들었다.

이런 생각에의 몰두를 극복하기 위해서는 생각에 결부된 정서를 줄여야 한다는 것이 상담자의 제안이었다. 상담자는 파괴된 건물 이미지에 대한 장시간 (prolonged)의 반복적 노출이 체리타의 불안 극복에 도움이 될 것이라 주장했다.

체리타 : 파괴되는 빌딩을 상상하는 것이 제 불안 문제의 감소나 제거에 도움이 될 거란 말씀이시지요? 하지만 이런 불안은 적절한 것이 아닙니까? 제 말은, 빌딩이 파괴되길 원치 않는 것이 정상 아닙니까?

조이스 선생 : 예. 물론 그것이 정상이지요. 하지만 빌딩이 파괴되길 원치 않는 것과 빌딩이 파괴되는 이미지 혹은 그런 생각에 불안해하는 것 사이에는 상당한 차이가 있어요. 전자는 적절한 바람이지만 후자는 당신에게 어려움을 초래하고 있습니다. 물론 당신은 빌딩이 파괴되길 원치 않습니다. 하지만 동시에 당신은 이런 생각에 불안해지길 원치도 않지요.

상담자는 불안을 야기하는 사고/이미지에 대한 노출이 어떤 과정을 통해 강박장애 치료에 효과를 내게 되는지 설명해 주었다. 체리타는 화재와 침수에 의해 파괴되고 있는 빌딩에 대한 자세한 기술 혹은 시나리오를 만들어야 할 것이다. 이런 기술 속에는 끔찍한 후유증, 재난으로 인생을 잃거나 인생이 망가진 사람들, 체리타를 비난하는 사람들, 체리타를 끝도 없이 미워하는 사람들과 관련한 내용이 포함되어야 할 것이다. 체리타와 상담자는 함께 시나리오 만드는 작업을 했다. 다음 회기는 이 사건과 관련된 50분 분량의 기술을 녹음하는 작업으로 채워질 것이다. 그리고 휴대전화에 녹음된 재난의 내용을 수차례 듣는 활동으로 채

강박사고는 강박적 소망(배우자가 죽기를 반복적으로 희망하는 것과 같은 소망), 충동(교회에서 욕설을 내뱉고 싶은 반복적 충동), 심상(순식간에 지나가는 금지된 성적 장면의 환영), 생각(세균이 도처에 숨어 있다는 생각), 의심(잘못된 결정을 할지도 모른다는 근심) 등의 형태를 띠고 있다.

워질 것이다.

　다음 한 주의 과제는 모든 전기기기 플러그를 꽂아 두는 것과 가스레인지, 수도, 문 잠금 장치의 확인을 한 번 이하로 하는 것이다. 체리타는 취침 전에도 같은 절차를 반복해야만 했다. 이전과 마찬가지로 체리타는 이 모든 계획에 순응했으며, 강박사고를 다루는 새로운 방법에 대한 양가감정과 고통이 있었음에도 이것이 앞으로 나아가는 최선의 길이라 믿고 계속해서 상담자를 신뢰하였다.

항우울제(예 : 클로미프라민, 플루옥세틴, 플루복사민)도 강박장애 환자의 50~60%에게 호전을 가져다준다(Rosenberg, 2021; Szechtman et al., 2020). 선택적 세로토닌 재흡수 억제제(SSRIs)는 강박장애 약물치료에서 보통 일차로 고려되고 있는 약물이다.

4회기　체리타는 지난 한 주 동안 95%의 비율로 새롭게 약정한 아침/저녁 확인절차를 준수했다고 보고했다. 전기기기의 플러그를 계속 꽂아 놓을 수 있었고, 이런 행동이 자신에게 아주 일상적인 것처럼 느껴졌다고 보고했다. 하지만 가스레인지에 대해서는 두 번 정도 승인받지 않은 확인행동을 했다고 한다. 아침이나 저녁에 가스레인지를 쓴 것이 이런 여분의 확인행동을 만들어 냈던 것 같다는 분석도 내놓았다.

　조이스 선생은 새로운 노출 및 반응 방지 활동을 체리타에게 지시했다. 그냥 켜고 끄는 한이 있더라도 아침에 적어도 한 번, 그리고 저녁에 또 한 번 가스레인지를 써 보라는 주문이었다. 사용 후에는 더 이상의 확인행동 없이 가스레인지로부터 떠나는 것이 다음 주의 과제였다.

　회기의 나머지 시간은 파괴된 아파트 시나리오를 휴대전화에 녹음하는 작업으로 채워졌다. 이 절차에 따르면 체리타는 눈을 감고 편하게 앉은 채 가능한 한 생생하게 이 장면을 상상해야만 했다. 그런 다음 말로 상상한 장면을 생생하게 기술하여야만 했다. "전 아파트를 나설 때 실수로 수도를 잠그지 않고 떠났습니다. 물이 넘쳐 전기 콘센트에 들어가고 합선이 일어납니다. 벽에 불이 붙습니다. 불꽃이 위층 아파트로 급속히 번지기 시작합니다. 사람들이 갇히고…." 체리타는 10분 정도 이야기를 이어 갔고 이야기는 빌딩의 파괴와 생존자들의 비난으로 끝났다. 다음으로 박사가 두 번째 이야기를 진행했다. 세 번째 이야기는 체리타가 했다. 최종 50분의 녹음이 완성될 때까지 같은 절차가 반복되었다.

　회기 초반 논의된 가스레인지의 사용과 파괴된 아파트 이야기의 청취가 다음 주의 과제로 주어졌다. 이야기 상상 전, 상상 동안 불안이 최고조가 됐을 때, 상상 후의 불안 수준 평정이 또 다른 과제로 주어졌다.

5회기 체리타는 지난 한 주 동안 녹음을 다섯 번 들을 수 있었고 녹음을 들을 때마다 시나리오에 덜 반응적이 되었다고 보고했다. 또한, 녹음 청취 결과 재난에 대한 감정이 변한 것 같다고도 언급했는데, 재난의 책임을 추궁받는 대목에서 좀 더 '건강한 해명'을 생각해 낼 수 있었다고 말했다. '전 재난을 초래할 수 있어요. 하지만 남들도 그럴 수 있다고 봐요. 만약 제가 재난을 일으켰다면 그건 결코 고의가 아니었을 거예요. 따라서 재난 때문에 절 미워하는 것은 터무니없는 처사라 생각돼요.'라고 생각할 수 있었다고 한다.

체리타는 녹음이 자신에게 미친 긍정적 영향에 열광했고, 청취할수록 태도가 더 긍정적이 되어 감을 느끼며 이번 주의 녹음 청취 활동을 고대하고 있는 것만 같았다. 녹음을 들을 때마다 체리타는 점점 더 이런 종류의 재난이 일어나지 않을 것만 같이 생각되었다. 실제 재난이 발생해도 재난을 막기 위해 그녀가 했던 이 모든 행동들을 고려할 때 그건 그녀의 책임이 아닐 거란 생각이 들기 시작했다.

기타 노출 활동에 관해서는, 체리타는 전기기기 플러그 꽂아 놓는 활동을 지속했다. 가스레인지, 수도, 잠금 장치의 확인을 아침과 저녁 각각 한 차례로 제한했으며, 이런 원칙을 철저히 지켰다. 이에 상담자는 다음 주부터는 외출 동안 집 안 전등을 모두 켜 놓을 것을 요구했다. 그리고 수도는 더 이상 확인하지 말 것을 지시했다.

상담자는 운전강박행동(도로 상황을 백미러를 통해 과도하게 점검하는 행동, 자기 안도를 위해 길에서의 사건을 정신적으로 되짚는 행동, 차선 변경을 최소화하는 행동)에 대한 개입을 시작하자는 제안을 했다. 조이스 선생은 이제 운전 습관을 정상화할 때라 말하며, 고속도로에서 시속 80km 이상으로 운전할 것과 출퇴근 시 차선을 5회 이상 변경할 것을 요구했다. 또한 도로 교통 사정을 점검할 때만 백미러를 볼 것을 지시했다.

6~7회기 여섯 번째 회기에서 체리타는 상담자가 지시한 운전 습관과 관련한 모든 사항을 잘 따랐다고 보고했다. 이제 체리타의 운전 습관은 외견상 정상으로 보였다. 더 중요한 것은 '사고를 냈다'는 체리타의 강박사고가 이런 운전 습관의 변화와 더불어 같이 감소했다는 사실이다.

다음의 두 주는 체리타의 긍정적 변화를 보다 공고히 하기 위한 시간들이라 할

강박행동을 보이는 사람들의 대부분은 자신의 반복적 행동이 비합리적이라는 사실을 인지하고 있다. 하지만 그럼에도 이런 강박행동을 하지 않으면 끔찍한 일이 벌어질 것이라 믿고 있다.

수 있었다. 처음 한 주 동안은 일할 때 가정 내 노트북 전원을 켜 놓는 과제로 작업했고, 그다음 한 주 동안은 일할 때 가정 내 TV 전원을 켜 놓는 과제로 작업했다. 운전에 관해서는 지금의 절차를 계속 유지하였다.

녹음 관련해서 체리타는 7회기에 이르러 재난 시나리오를 정서적 반응 없이 들을 수 있게 되었다. 반응이 있었어도 이내 곧 지루해졌다. 이에 상담자는 원한다면 체리타가 이 활동을 중단해도 좋다고 알려 주었다.

종합해 보면, 체리타의 가정 내 강박 사고와 행동은 7회기에 이르러 실질적으로 사라지게 되었다. 운전 중에는 백미러를 훨씬 덜 보게 되었고, 사고의 가능성에 집착하기보다는 아침 라디오 방송에 집중하는 식으로 보다 편한 마음을 먹을 수 있었다. 개입의 다음 목표는 찌르고 방화할 것을 두려워하는, 즉 파괴적 행동의 실행 가능성을 두려워하는 체리타의 불안을 다루는 일이었다. 이 작업과 관련한 다음 한 주의 과제는 앱을 사용하여 관련 사고와 행동을 관찰해 오는 것이었다.

> 반복적 씻기와 반복적 확인은 강박행동의 가장 흔한 유형이다.

8회기 체리타는 가정과 운전 상황에서 얻은 치료적 이득을 지난 한 주간 잘 유지했다고 보고했다. 이전과 비교해 달라진 모습, 특히 가정 내 확인행동의 측면에서 달라진 자신의 모습을 보고는 크게 놀랐다고 한다.

지시된 대로, 체리타는 지난 한 주의 파괴적 생각과 불안을 기록해 왔다. 전형적 사건 몇 개가 보고되었다. 함께 식사하던 사람을 칼로 찌르는 침습적 사고가 지난 한 주 동안 두 번 있었다고 보고했다. 두렵게도, 이런 생각이 약혼자가 저녁 식사를 위해 자신의 아파트를 들렀을 때도 떠올랐다는 것이다. 침습적 사고는 성냥을 볼 때도 보고되었는데, 성냥을 볼 때마다 방화의 생각이나 심상들이 떠올랐다고 한다.

체리타는 강박 사고나 심상이 떠올랐을 때 자신이 이에 어떻게 반응하는지 관찰하려 노력했다. 집에 있을 때는, 특히 일행과 함께일 때는 일부러 칼들을 서랍 속에 넣어 둔다고 보고했다. 또한, 되도록이면 집에 성냥을 사다 놓지 않으려 노력한다고도 말해 주었다.

조이스 선생은 체리타에게 실제 노출을 이용해 체리타의 문제를 다루어 보자고 제안했다. 먼저, 반응 방지의 일환으로, 체리타는 칼과 성냥에 대한 회피를 멈춰야만 했다. 오히려 자신을 칼과 성냥에 의도적으로 노출시키는 그런 노력을 해야만 했다. 대표적으로, 서랍 속 칼들을 부엌 조리대 위에 꺼내 놓고 이를 보면서 한 주를 보내야만 했다. 또한, 성냥을 사서 이를 각 방의 가장 잘 보이는 장소에 놓아두어야만 했다.

9회기 체리타는 지난 한 주 동안 칼과 성냥에 대한 노출 모두를 시행했다고 보고했다. 칼과 성냥을 눈에 잘 띄는 곳에 두는 것은 처음에는 많은 불안을 일으켰다고 한다. 하지만 시간이 지남에 따라 불안은 사그라졌고 체리타는 이들 물건에 익숙하게 되었다. 그럼에도 칼과 관련해서는 여전히 의구심이 남아 있었는데, 칼이 있는 상태에서 누군가 집에 오면 과연 어떤 일이 벌어질까 궁금했다고 한다. 체리타는 누군가를 칼로 찌르는 생각이 자신을 압도할까 봐 걱정하고 있었다.

이 시점에서 조이스 선생은 다음 주를 위한 몇 가지 새로운 노출 계획을 제안했다. 그 하나가 주머니에 스위스 군용 칼을 넣어 다니는 노출이다. 이 방법은 체리타에게 위협 상황(가까이 위치한 칼)에 대한 지연된 노출(prolonged exposure)의 기회를 제공한다. 다른 하나는 부엌 조리대 위에 칼들을 내놓은 상태에서 제임스를 저녁 식사에 초대하는 노출이다. 노출이 제대로 되기 위해서는, 체리타가 제임스 바로 앞에서 날카로운 칼들을 사용해야만 한다. 야채를 썰고 있는 동안 제임스를 앞에 두고 제임스와 이야기하는 것이 그 한 예가 될 것이다.

이와 더불어, 체리타는 성냥에 대한 노출 강도도 증가시켜야 했다. 이에 체리타는 다음 한 주 동안 성냥불을 붙이고 끄는 행동을 매일 몇 번씩 시행하도록 요구받았다.

마지막으로 조이스 선생은 다음 회기에 또 다른 상상 노출을 위한 이야기를 녹음하자고 제안했다. 이 이야기에는 칼이나 성냥과 관련된 폭력 혹은 파괴의 내용이 포함되어 있어야 한다. 상상 노출에서 체리타는 시나리오에 약혼자를 포함시킬 것을 자발적으로 제안했다. 만약 폭력의 피해자가 약혼자라면 자신이 느낄 고통이 더 커질 것이고 그러면 노출의 강도 또한 높아질 것이기 때문이었다.

10~13회기 10회기에서 체리타와 조이스 선생은 새로운 상상 노출을 위한 녹음을 진행했다. 약혼자인 제임스를 칼로 찌른 후 아파트에 불을 지르는 50분짜리 시나리오였다. 첫 활동에서와 마찬가지로, 체리타는 장면을 상상하는 초반 시

행에서 높은 불안을 보고했다. 하지만 노출이 진행되어 감에 따라 초반의 불안은 조금씩 줄어들었다. 다음 2주 동안 체리타는 이 녹음을 매일 들었다. 첫 상상 활동에서와 마찬가지로, 시나리오를 들을 때마다 체리타의 불안은 감소했다. 아니, 자신이 제임스 혹은 그 누군가를 정말 해할 수는 있을까 하는 생각에 이야기 속 상황이 우습기까지 했다. 13회기에 이르러서는 시나리오를 들어도 특별한 반응이 나타나지 않는다고 보고했다.

이 2주의 기간 동안 체리타는 스위스 군용 칼을 항시 호주머니에 지니고 다녔다. 처음에 칼은 '은밀한 살인자'라는 심상을 불러일으켰고, 이는 체리타를 불안하게 만들었다. 하지만 시간이 지남에 따라 칼은 체리타에게 자동차 열쇠나 지갑 이상의 그 어떤 것이 되지 못하였다. 그냥 주머니 속 물건의 하나였다. 심지어 점심시간에는 토마토를 자르기 위해 이 칼을 사용하기도 했다.

체리타는 약혼자와의 치명적 저녁 식사를 계획하기도 했다. 저녁 식사를 위해 제임스가 체리타의 아파트에 들렀고 체리타는 일부러 그의 앞에서 칼을 사용했다. 이러는 동안 체리타는 여느 때와 마찬가지로 폭력적 심상을 경험했다. 제임스를 칼로 찌르는 심상 말이다. 하지만 체리타는 이런 심상을 과거처럼 억지로 밀어내지 말라는 상담자의 지시에 순응했다. 심상을 있는 그대로 둔 채 제임스와의 대화를 이어 갔고 저녁 식사 준비도 계속해 나갔다. 이렇게 하자 종국에는 불안이 사라졌다. 체리타는 이 2주의 기간 동안 제임스를 두 번 더 초대했다. 그때마다 여전히 제임스를 칼로 찌르는 심상을 보았지만 체리타는 이전보다 덜 불안했고 덜 집착하게 되었다.

이 외의 영역인 가정과 운전에서도 체리타는 지시된 절차를 성실히 따랐다. 이들 절차가 아주 간단하고 자연스러운 일같이 느껴지기 시작했다. 이제 체리타는 확인해야겠다는 아침의 과도한 충동을 느끼지 않았고, 가스레인지나 잠금 장치에 부여된 확인행동의 제한(한 번만 확인할 수 있음)에도 짜증을 덜 내게 되었다. 출퇴근 운전 시에도 여느 자동차 통근자들처럼 따분함을 느꼈다. 때때로 교통사고를 낸 듯한 플래시백을 갖기도 하나 이제 그것은 단지 모호한 기억의 하나로 느껴졌다.

호전에 힘입어 13회기에 와서는 적극적 치료 절차(지금껏 해 왔던 출근 전 집안의 전등 켜 놓기와 체리타가 이름 붙인 '찌르고 방화하는 시나리오' 듣기로 구

치료자들은 '심상을 마음으로부터 몰아내려는 시도'가 어떻게 반작용을 일으키게 되는지 내담자에게 설명하곤 한다. 심상을 제거하려는 시도로 내담자는 그 생각에 더 주의를 주게 되고 이는 불안을 증가시킨다. 심상을 마음으로부터 몰아내야 한다고 믿는 것은 애초에 생각이 나쁘고 위험하다는 신념을 강화한다.

성된 치료 절차)를 더 이상 진행하지 않기로 결정했다.

14회기 체리타는 생애 첫 '정상적 삶'이었던 지난 한 주의 삶을 보고했다. 제어할 수 있는 일상적 확인 충동 외의 다른 충동은 느끼지 않았으며 이런 일상적 충동도 물리칠 수 있었다고 보고했다. 이에 앞으로의 두 회기는 2주 간격으로, 그다음 두 회기는 3주 간격으로 만나기로 계획했다. 남은 회기들은 현 상태를 계속 지켜보고 새로운 상황이 발생했을 때 이에 적절히 대처하게 준비시키는 데 그 목적이 있었다. 3주 후면 체리타와 약혼자는 결혼하여 새로운 아파트에서 새 삶을 시작하게 될 것이다. 모든 게 계획대로 잘 진행되었다. 타이밍도 완벽했다.

15~18회기 다음의 네 회기는 두 달 반이라는 기간에 걸쳐 진행되었다. 이 기간 동안 체리타는 가정과 운전 상황 모두에서 강박 문제를 나타내지 않았다. 남편인 제임스와의 동거는 예상치 못한 도전을 야기했다. 예상대로(조이스 선생은 이를 사전에 조언했지만), 체리타는 결혼 초반에 폭력적 심상을 더 자주 경험했다. 하지만 이미 배운 것들을 지켜 가면서, 체리타는 이런 심상을 머리에서 억지로 밀어내지도 위협으로 받아들이지도 않았다. 남편과 2주를 보낸 후, 이런 심상들은 현저히 줄었다.

이 기간 동안 모든 것이 계속적으로 좋았기 때문에 체리타와 조이스 선생은 치료를 종결하기로 결정했다. 증상 체크를 위해 그리고 추가적 추후 회기의 필요성을 고려하기 위해 선생은 체리타에게 6개월 후 자신을 한 번 더 방문할 것을 요청했다.

에필로그

6개월 후의 추후 회기에서 체리타는 상태가 계속 좋다고 보고했다. 남아 있는 증상은 때때로 떠오르는 폭력적 심상이 전부라 보고했다. 하지만 놀랍게도 이런 심상들조차 더 이상은 자신을 불안하게 만들지 않는다고 말했다. 체리타는 치료 결과에 대해 대단히 만족하고 있었고, 이런 심상들도 시간이 지나면 더 줄게 될 것으로 기대하고 있었다. 자신이 다른 사람인 양 느껴진다고도 보고했다. 지금의

강박장애 환자의 약 40%
는 치료를 받는다(NIMH,
2017b; Phillips, 2015).

자신은 1년 전 치료에 처음 왔을 때의 자신과 확연히 다른 사람이고, 그 이전 강박 문제가 덜 심각했을 때의 자신과도 다른 사람이라고 보고했다. 공포를 불러일으키는 생각이나 심상의 계속적 침습 없이, 그리고 강박행동을 수행해야 한다는 부담 없이 사건이나 활동에 집중할 수 있게 된 현 상태에서, 체리타는 인생이 자신이 상상한 것 이상으로 더 수월하고 더 즐길 만하다는 사실을 발견하게 되었다.

평가 문제

1. 대부분의 사람들에 있어 강박행동은 언제 시작되는가?

2. 체리타의 주된 강박 사고와 행동은 무엇이었는가?

3. 체리타는 왜 치료를 받기로 결심했는가?

4. 체리타의 강박장애 극복을 돕기 위해 조이스 선생이 선택한 치료 유형은 무엇인가? 왜 인지행동치료가 선택되었는가?

5. 조이스 선생은 체리타에게 강박사고와 강박행동을 관찰하도록 하였다. 사고와 행동을 관찰하는 과정에서 체리타가 배운 것은 무엇인가? 조이스 선생은 이 정보를 체리타의 치료에 어떤 방식으로 활용했는가?

6. 체리타의 상상 속 생생한 재난 장면을 녹음한 목적은 무엇인가?

7. 가정에서의 강박사고 및 강박행동을 극복하는 데 체리타는 얼마의 회기를 소요하였는가?

8. 강박사고는 다양한 형태를 띨 수 있다. 본문에서 인용된 강박사고의 세 가지 형태를 열거하라.

9. 강박장애 극복에 체리타는 얼마의 회기가 필요했는가?

사회불안장애

표 3-1

진단 체크리스트

사회불안장애

1. 타인에 의해 면밀하게 관찰될 수 있는, 하나 이상의 사회적 상황에 노출되는 것에 대한 현저하고 과도하며 반복적인 불안이 전형적으로 6개월 이상 지속된다.
2. 다른 사람들에게 부정적으로 평가될까 봐 혹은 다른 사람을 불쾌하게 할까 봐 두려워한다.
3. 사회적 상황에의 노출은 거의 항상 불안을 야기한다.
4. 사회적 상황을 회피한다.
5. 현저한 고통 혹은 기능상의 장해가 나타난다.

(APA, 2022, 2013)

시안은 24세 미혼 시스젠더인 베이징 출신 중국 시민권자로, 학생비자를 받아 로스앤젤레스에서 거주하고 있다. 현재 미국 대학 인지신경과학 박사 과정에 재학하고 있으며 혼자 살고 있다. 학교 과제, 수업 및 미팅 참석, 논문 읽기, 실험, 자료 분석, 논문 쓰기로 대부분의 시간을 쓰고 있다. 현재 일을 매우 좋아하고, 박사 학위를 받은 후에는 중국으로 돌아가 교수로 일하길 희망하고 있다. 시안은 돈독한 관계를 자랑하는 가정에서 왔으며, 비록 외동이긴 하나 실질적으로 자매라 할 수 있는 또래 여자 사촌 두 명과 어울리며 커 왔다. 이들은 현재 시안의 부모님, 작고 하얀 반려견 캐시디와 함께 베이징에서 살고 있다.

시안은 여러 해 동안 미국에서 생활하고 있으며, 일생을 관심과 사랑으로 돌보아 주고 키워 주신 부모님을 그리워하며 지내고 있다. 오랜 시간 동안 함께 앉아 책을 읽던 어머니의 모습과 스트레스로 힘들어할 때마다 '너의 내면에서 힘을 찾으라'고 충고해 주시던 아버지의 모습이 특히 그리웠다. 두 사촌도 그리웠는데, 이들만이 시안이 맘 편히 어울릴 수 있는 사람들이었다. 고향으로 돌아가 이들과 하고픈 일들이 너무나 많았다. 만개한 모란과 튤립을 보기 위해 4월의 베이징 경산공원을 산책하고도 싶었고, 해가 질 녘까지 신차하이 근처 후통(베이징의 좁은 골목)의 향기로운 미로를 헤매고도 싶었으며, 그녀가 가장 좋아하는 달콤한 팔보차를 천천히 홀짝이고도 싶었다. 무엇보다, 자신이 태어나고 자란 하이뎬 지구의 익숙한 쇼핑몰과 시장, 끝도 없이 늘어선 가족 소유의 음식점 거리를 사촌들과 함께 거닐고 싶었다.

시안의 부모님은 학구적인 분들이시다. 어머니는 도심 북쪽에 위치한 큰 대학에서 영어를 가르치는 선생이고, 아버지는 도시의 여섯 번째 외곽순환도로 근처, 랑샹의 성장하는 외곽 지역 내 한 대학에서 심리학 교수로 일하고 계신다. 시안은 부모님처럼 교수나 선생(중국어로 라오시)이 되고 싶었다. 그녀는 과학과 해부학에 집중함으로써 관련 분야 전문가의 길을 가고 있었다. 중국 명문대학의 학부생으로서 시안은 내과 의사의 꿈을 꾸었으나, 실험방법론이나 이상심리학 수업을 수강한 후에는 이 꿈에 변화가 생겼다. 시안은 이들 과목이 좋았고 공부도 쉬웠으며 A라는 성적까지 받았다. 교수도 그녀가 과학적 추론에 매우 뛰어나며 적성이 있다고 말해 주었다. 그리고 이런 말은 부모님에게서도 익히 들은 바 있었다. 이에 시안은 의대 진학의 계획을 바꿔 뇌를 연구하는 과학자가 되기로 결심했다. 몇 년 후, 시안은 대학원 3학년 외국인 학생으로서 자신이 신진 과학자의 경력을 착실히 쌓고 있다고 확신하게 되었다.

이러한 성취에도, 시안은 정서적 고통을 야기하고 정상적 삶을 방해하는 진행형의 문제를 가지고 있었다. 이 문제는 아주 오래전부터 있었고, 시안이 부끄러워하는 문제이다. 간단히 말해 시안은 사회적 상황을 끔찍이 겁낸다. 어렸을 때의 시안은 부모님, 사촌, 몇몇 절친한 친구들 속에서 걱정 없고 편안한 아이였다. 그럼에도 사람들 안에서는 부끄럼이 많고 불안이 높으며 다소 냉담한 아이라 할 수 있었다. 모르는 사람들 사이에서는 뭔가 안 좋은 일이 일어날 것을 걱정하는 아이였다. 안 좋은 일에는 남들이 놀리면, 평가하면, 혹은 굴욕감을 주면 어떡하나하는 걱정이 포함되어 있었다. 시안이 가장 무서워하는 두려움의 상황은 누군가가 그녀의 불안을 알아차려 그것으로 창피를 주는 상황이었다. 그녀는 항상 이런 걱정을 달고 다녔고, 걱정은 '상황이 안전하다, 어떤 위협도 없다, 남들은 날 거부하거나 외면하거나 놀리지 않을 것이다' 확신할 때조차도 나아지지 않았다.

시안은 어릴 때 외부인의 출입이 제한된 아파트의 15층에서 살았다. 같은 층 이웃과 안면이 있었고 그들에게 항상 친절했다. 이웃은 그녀보다 나이가 어린 아들을 둔 조용하고 친절한 가족이었다. 시안과 이웃은 자주 엘리베이터에서 만나곤 했다. 대면할 때면 미소를 지으며 인사했지만 이내 곧 숨을 멈추고 어금니를 꽉 문 채 바닥을 응시하곤 했다. 어떤 때는 엘리베이터에서 눈을 감고 어깨를 내

> 수줍음은 아동기에 나타나는 정상적 상태로, 수줍음이 있다고 반드시 사회불안장애로 발달하는 것은 아니다.

려뜨린 채 지친 기색을 하며 이웃이 그냥 그녀를 내버려두기를 바라는 식의 행동을 취하기도 했다. 이웃은 시안을 불안하게 만들었다. 시안은 이웃이 자기에 대해 어떤 인상을 가지고 있는지 몰랐다. 아주 어린 소녀였을 때조차 시안은 이웃이 말을 걸면 어떻게 대응해야 할지, 혹은 어떻게 행동하고 말해야 할지 모를까 봐 걱정했다. 그것이 바보 같고 멍청하다고 생각했다. 하지만 지금까지 시안은 이웃의 행동이나 말로부터 그들이 자신을 부정적으로 평가하거나 비판하고 있다는 인상을 받은 적이 없었다. 시안을 초조하게 만든 것은 비단 이웃만이 아니었다. 대부분의 사람들이 그녀를 초조하게 만들었다. 여전히 이웃을 볼 때마다 대화를 피하고 싶은 마음이 굴뚝 같았다.

시안의 초등학교와 중고등학교는 모두 집에서 도보 통학이 가능한 거리에 있었다. 거주지와 학교 근처 빌딩에는 시안 또래의 여자애들이 많았다. 시안은 이들 중 몇몇과는 아는 사이였지만 무슨 말을 할지 몰라 직접적인 접촉을 피하곤 했다. 시안은 똑같은 일상을 좋아했다. 방과 후에는 안진(사촌의 이름)이 교실에서 나오기를 기다려 함께 하교했다. 안진은 사람들과 쉽게 사귀고 편하게 말하는 아이였다. 안진이 있으면 시안은 모든 게 편했다. 걱정할 필요가 없었다. 누군가가 질문을 하면 안진이 대답할 것이기 때문이었다. 둘이 있을 때 친구나 동급생을 만나면, 안진은 무엇을 말할지 알고 있었다. 시안의 불안이 무엇이든 간에 안진이 있으면 그것은 문제가 되지 않았다. 매일 방과 후 시안과 안진은 자전거와 스쿠터 타는 사람들을 가뿐히 피해 가며 운하 다리를 건너 피트니스 공원을 지나 분주한 제3순환로 교차로를 건너 익숙한 아파트 철문과 빠진 치아로 미소를 지으며 환대하는 경비원이 있는 집으로 돌아오곤 했다.

집은 안전한 장소였다. 부모님은 항시 시안의 편이었으며 여러모로 지원을 아끼지 않으셨다. 다양한 악기를 배우게 하셨고, 이중언어자로 만들기 위해 가정에서 영어와 중국어를 모두 사용하셨으며, 주중 저녁에는 과외 수업을 받을 수 있게 자원을 동원하셨다. 시안은 부모님께 감사하고 있고 이들의 사랑을 절실히 느끼고 있다. 사촌인 안진과 그녀의 동생인 징보를 제외하고는 이 아파트 안에는 다른 아이들이 거의 없었다. 불행히도, 대부분의 시간을 사촌들과만 보냈기 때문에, 시안은 다른 사람과의 상호작용과 관련한 불안을 극복할 만한 다양한 사회적 상황에 충분히 노출되지 못했다.

시안   학교에서의 문제

시안은 잘 훈육된 똑똑한 아이였다. 학업적 성공은 자연스러운 일이었으며 시안은 언제나 학급에서 1등이었다. 시안에게 있어 학교에서의 도전이란 학업적인 것이라기보다는 사회적인 것이었다. 소그룹 활동이라든지 학급 발표라든지 자기소개 등이 시안에게는 문제가 되었다. 부모님은 크면 사회적 상황에 더 잘 대응해 나가리라 기대하며 시안의 문제를 심각하게 여기지 않으셨다. 하지만 고등학교 1학년이 되어서는 사회불안이 시안의 주요 문제로 급부상했다. 학급에서 발표를 해야 하는 프로젝트가 있었을 때 시안은 급우들과 친한 사이가 아니었고 이들이 자신을 부정적으로 볼까 겁에 질렸다. 말을 더듬거나 하고 싶은 말을 잊어버리면 어떻게 될까? 혹은 다른 학생들이 내 불안을 눈치채고 놀리면 어쩌나? 물론 아이들이 또래 판단을 걱정하는 것은 지극히 정상이다. 학급 친구들 중 많은 이가 발표 후 또래가 어떻게 평가할지 걱정한다. 하지만 시안의 반응은 걱정이나 긴장 그 이상의 수준이었다. 사람을 쇠약하게 만드는 공포에 휩싸여 있었고 발표를 생각할 때마다 정신적 마비를 경험했다. 그 결과, 발표를 준비해야 할 때면 다른 것을 공부한다든가 다른 중요한 일을 하는 식으로 발표와의 직면을 피했다. 시안은 너무 겁이 나 발표를 준비하지 못했다.

발표 당일 시안은 임박한 종말과 공포감을 느끼며 잠을 제대로 못 자고 일어났다. 발표할 말이 없었다. 생애 처음으로 전혀 준비가 되어 있지 못했고 프로젝트를 망칠 위기에 있었다. 시안은 준비 없이 교사와 학생들을 만나야 할 생각으로 속이 메스꺼웠다. 부모님은 시안의 행동이 평소와 다름을 보고 어디 아프냐고 물었다. 시안은 충동적으로 몸이 좋지 않다고 거짓말을 했다. 아팠던 경우가 드물었기 때문에 부모님은 시안의 이 말을 심각하게 받아들였다. 집에 있으라고 말하고는 학교로 전화를 걸어 오늘 시안이 결석할 예정이라고 통지했다.

시안은 발표를 하지 않아도 된다는 사실에 안도했다. 하지만 기분은 빠르게 죄책감과 무력감에 압도되었다. 부모님이 출근한 후 시안은 울었다. 눈물이 수치심이라는 익숙한 샘으로부터 끊임없이 흘러나왔다. 시안의 사회불안은 과거 그녀로 하여금 많은 일들을 못 하게 했다. 생일 파티를 건너뛰게 했으며, 여러 사회적 행사 초청에 공손히 거절하게 했으며, 버스에서 자는 척하게 했고, 그룹에서 침

> 대부분의 경우, 사회불안장애는 아동기 후기나 청소년기에 처음 나타나고 성인기까지 지속되는 경향이 있다(ADAA, 2020).

묵을 지키게 했다. 하지만 학업적 측면에서의 지장은 이번이 처음이었다.

더는 울 수 없을 정도로 기진맥진할 때까지 울었다. 순간 고개를 들었고 어머니가 출근을 하지 않았음을 알게 되었다. 문가에 서 계신 어머니는 딸의 행동에 놀란 듯 보였다. 극도의 굴욕감을 느끼며 시안은 완전히 무너졌다. 수치심과 불안감은 이전에 경험해 보지 못한 절정에 이르러 있었다. 어머니는 안쓰러워하셨지만 딸이 진정되자 아프다고 거짓말한 데 대해 꾸짖으시고 같이 학교로 가서 선생님께 이실직고를 하자고 말했다. 시안을 자비를 구했으나 소용이 없었다.

이 사건으로 부모님은 시안의 문제가 생각보다 더 심각한 수준임을 깨닫게 되었다. 그들은 시안이 새로운 사람들과 친해지는 데 시간이 걸리고 사회적 상황에서 과묵함을 알고 있었으며 이런 행동을 공손하고 얌전하고 성실하기 때문으로 해석하고 있었다. 하지만 딸과 이야기한 후, 그리고 왜 학급 프로젝트를 하지 않았는지 이유를 들은 후에는 딸이 다른 사람들의 평가가 두려워 발표 준비를 피하고 학교를 결석하고 그래서 선생님께 이제야 이 모든 사실을 이실직고하게 되었음을 알게 되었다. 시안의 불안은 치료를 받아야 할 문제였다.

부모님은 시안을 어머니가 재직 중인 대학의 심리 치료 센터로 보냈다. 센터에 시안이 사회불안을 가지고 있다고 보고한 후 불안장애 평가를 의뢰했다. 시안은 오랫동안 생각하고 있었던 자신의 핵심 신념이 사실이라는 통보를 받는 것 같아 모멸감을 느꼈다. 즉 자신에게 큰 문제가 있다는 신념이 확정된 것 같았다. 시안은 생물학적으로 뭔가 망가졌을까 봐, 혹은 자신이 선천적 결함을 가지고 무능하게 태어났을까 봐 두려웠다. 그리고 무엇보다 자신과 부모님을 실망시켰고 이제 이것을 낯선 이에게 말해야만 하는 상황에 두려움을 느꼈다.

상담자는 교수급 심리학자에게 슈퍼비전을 받는 임상심리 대학원생 여성이었다. 시안과 상담자는 한 시간쯤 이야기를 나눴다. 시안은 상담자의 질문들에 소심하게 대답했고 회기가 끝나자마자 부리나케 자리를 떠났다. 수련생 상담자는 시안이 사회불안장애 진단기준을 충족한다고 이야기해 주었다. 사회불안장애에 잘 작용하는 근거 기반 치료인 인지행동 치료(CBT)를 받아 보는 것이 좋겠다고도 추천했다. 시안은 부모님과 이야기해 보겠다고 말하며 승낙도 거절도 하지 않았다. 이후 시안은 치료가 필요 없다고 부모님을 설득했고 대신 불안을 다스리기 위해 뭔가 큰 시도를 해 보겠다고 설득했다. 이때가 시안이 부모님 앞에서 최초

미국과 다른 서구 국가들에서 사회불안장애의 연간 유병률은 약 7%이다(ADAA, 2020).

로 자신의 사회불안을 공식적으로 인정한 때였고, 부모님은 치료를 다니는 것이 상황을 더 악화시킬 것 같다는 시안의 항변에 굴복했다. 시안에게는 그때가 인생 최저점인 것처럼 느껴졌다. 하지만 몇 년이 지난 지금, 대학원생인 시안에게는 그때의 상담자와의 경험이 인생에서 가장 중요한 순간인 것처럼 회상되고 있다. 그때 처음으로 자신이 치료가 필요한 사회불안 문제를 가지고 있음을 알게 되었고 왜 자신이 사람들 사이에서 그렇게 힘들었는지를 이해하게 되었기 때문이었다.

이 경험이 있은 후, 시안은 다시는 사회불안이 학업에 방해가 되게 놔두지 않겠다고 다짐했다. 새로운 헌신과 결단을 가지고 학교로 돌아갔으나, 주된 이유는 두려움 때문이었다. 남들이 자신을 부정적으로 평가할까 봐 두려워 학업을 회피하는 일을 더는 허용하지 않았다. 시안은 교사와 부모님께 사과했고 다시는 해야할 학교 일을 피하지 않겠다고 약속했다. 이 모든 게 끔찍하게 느껴졌다. 그리고 이것이 남은 학창 시절 동안 그녀가 숙제를 하고 학교 과제를 준비하며 시험이나 퀴즈에 대비하도록 만들었다. 수업 중에는 사회불안을 낮추기 위해 가능하면 노트나 교사를 보면서 다른 학생들과의 눈 맞춤을 피했다. 수업이 아닌 때에는 바닥을 보며 걷거나 불안을 높이는 그 무언가를 듣지 않기 위해 헤드폰을 끼고 다니곤 했다. 이렇게 함으로써 시안은 말하기 싫은 사람들을 마주칠 걱정을 떨쳐버렸고, 해석 불가능한 얼굴 표정과 웃음(날 비웃나?)을 피할 수 있었다. 대신, 시안은 사촌 안진과 함께 귀가하는 의례를 고수했다. 친숙한 운하 다리, 운동하는 은퇴자들과 아이들을 데리고 나온 부모들로 북적이는 공원, 집 근처 모퉁이에 위치한 청두식 음식점의 익숙한 냄새와 소리를 거쳐 웃고 재잘거리며 집으로 돌아오는 그 의례를 고수했다. 아파트 철문을 보면서 내가 아는 그 경비원 아저씨와 그 아저씨의 담배를 입에 문 비뚤어진 미소를 곧 보게 되리라 예상하는 그런 의례를 고수했다.

> 시안의 사례와 유사하게, 사회불안장애 환자는 사람들과 상호작용할 가능성을 막거나 줄이기 위해, 혹은 예견된 사회적 재난(예 : 창피당하기)을 막거나 줄이기 위해 '회피'행동을 하는 경향이 있다(Kleberg et al., 2021; Ashbaugh et al., 2020).

시안 미국에서의 삶에 적응하다

훌륭한 성적으로 학교를 졸업한 시안은 미국 로스앤젤레스 외곽에 위치한 대학원에 입학 허가를 받았다. 그녀에겐 이 학교의 박사 과정에 입학할 수 있었던 것이 너무 기뻤다. 명문 대학으로 입학이 어려운 학교였기 때문이다. 시안은 미국에

도착하자마자 곧장 일할 준비가 되어 있었다. 여행 비용과 거주 경비는 부모님이 대 주셨다. 학교에서 도보 통학이 가능한 위치에 아파트를 빌렸고 아파트 내부를 스파르타식으로 꾸몄다. TV나 소파가 없는 침대 하나짜리 스튜디오로 꾸미고 거기에 접이식 플라스틱 테이블과 의자만을 놓았고, 야외에는 선베드 라운지만을 만들었다. 중고 침대는 온라인 메신저를 통해 찾았고 공대 대학원생인 중국인 이웃에게 구매했다. 새로운 이웃은 가끔 친구들과 함께 식사도 하고 영화도 보며 만남을 갖자고 제안했다. 시안은 이전처럼 제안에 감사를 표했으나 제안 자체는 사양했다. 시안은 이후 그 중국인과 친구가 되지 못한 것이 당혹스럽고 후회가 되어 그를 다시 보지 않았다. 그 이웃과 친해져 감정 상태를 변화시키려 하기보다는 또 봤을 때 그가 자신을 무시하거나 나쁜 말을 할까 봐 오히려 거리를 두었다. 그 이웃이 사는 아파트 건물을 지나지 않기 위해 눈을 길가나 휴대전화에 고정시킨 후 몇 블록을 더 걸어 집에 돌아오곤 했다.

시안의 대학원 프로그램은 규모가 작았고 동료가 모두 미국인이었다. 시안은 영어가 유창했지만(어머니가 영어 선생님이었기에) 미국에서 산 적은 지금껏 한 번도 없었다. 매일의 행동 규범(사람들이 그녀에게 기대하는 것)은 모두 낯설었고 어떤 때는 이해가 안 됐다. 한 예로, 수업이 끝날 때면 시안은 손을 들고 교수에게 질문을 했다. 다른 학생들이 자신의 행동에 집중하는 것을 보는 게 싫어 눈을 교수에게 맞춘 뒤 교수에 집중하였다. 이는 낯선 사람들 속에서 용감하게 말하기 위해, 그리고 교수들에게 좋은 인상을 주기 위해 그녀가 고안한 전략이었다. 시안은 자신이 수업 말미에 질문을 하는 유일한 학생임을 눈치챘다. 수업이 끝나기로 한 시간에서 5분이나 10분, 아니 15분까지 여전히 수업 시간인 것처럼 빈틈없이 메모하며 교수와 이야기하고 있는 유일한 학생이었다. 어떤 때 교실을 둘러보면 대부분의 학생은 이미 교실을 떠났고 몇 명만 남아 있는 것을 볼 수 있었다. 하지만 시안은 수업 말미가 질문을 할 최적의 시간이고 그것이 예의 있는 행동이라고 생각하고 있었다. 중국에서는 그게 정상이었다. 그러나 미국에서는 그게 적절한 행동이 아니었다. 하루는 같은 수업을 듣는 학생이 시안에게, 미국에서는 수업을 마치기로 한 시간이 실제 수업이 종료되는 시간이라고 설명해 주었다. "우리는 수업이 끝나면 나가고 싶어 해. 그러니 교실에 너만 남았다고 너무 놀라지 않았으면 좋겠어."라고 말해 주었다. 이 말을 듣자, 시안은 창피함에 얼

사회불안장애 환자는 사회적 상황이 안 좋게 흘러갈 것에 대해 과대평가하는 특징이 있다(Hofmann, 2021; Tonge et al., 2020).

굴이 하얗게 질렸다. 그녀는 중국에서 통하는 전통을 따르고 있었고 이런 행동이 다른 학생들에게 어떻게 비치는지 인식하지 못하고 있었다. 교수에게만 너무 집중한 나머지 다른 학생들이 자신에게 어떻게 반응하고 있는지 보지 못했다. 다시 한번 시안은 사회불안으로 압도되었다. 이번에는 외국에서, 그리고 익숙하지 못한 전통 속에서 사회불안에 압도되어 있었다. 시안은 사회적 과실을 의식하고는 또 뭘 잘못했는지 살피기 시작했다. '아마 반 학생들은 날 이기적이라 생각하고 있을 거야. 다른 학생들이 다 날 싫어하는 것이 분명해.'라는 결론에 도달할 때까지 반추하고 생각에 생각을 거듭하면서 자신이 이기적이라 추측하였다.

시안은 대학원에서도 공부를 잘했다. 고등학교 때와 대학 때처럼 엄격한 학문에의 태도를 견지해 갔다. 집에서의 거의 모든 시간은 논문 게재를 위한 결과 집필, 자료 분석, 다음 연구 지원서 작성을 위해 쓰였다. 과학자로서 그녀는 자신이 넘쳤고 지도교수와 동료 대학원생들로부터도 지원과 찬사를 받았다. 시안은 확실히 학자로 성공할 운명이었다. 하지만 지도교수와 동료들은 모두 여러 차례 시안에게 '자신을 좀 돌보고' '균형이 있는 삶을 살 것'을 충고했다. 하지만 시안은 이들이 자신의 사생활에 대해 언급하는 게 싫었다. 이런 말은 마치 그들이 그녀의 일거수일투족을 감시하고 심지어 습관과 성격까지도 지켜보고 있는 것은 아닐까 의심하게 하였다. 나에게 무슨 문제가 있다고 생각하는 게 아닐까? 시안은 이들에게 매번 "아니, 내 생활은 균형이 잡혀 있어. 그리고 난 행복해." 라고 대답했다. 하지만 시안은 균형 잡힌 삶을 살고 있지 않았다. 그녀는 매일 열두 시간 이상을 일하고 있었다. 밤 시간이나 일을 시작하기 전 이른 아침 시간을 중국에서의 편안함과 안전감을 상기시키는 온라인상의 정보들을 보며 보내고 있었다.

딱히 행복한 것도 아니었다. 시안은 도시를 쉽게 돌아다닐 수 있는 형편도 못 됐다. 차도 없었고 자전거로 갈 수 있는 정도만 돌아다닐 수 있었다. 시안은 고향의 모든 것이 그리웠다. 가장 좋아하는 베이징식 국수도 먹고 싶었고 사촌들과 옷 구경도 다니고 싶었다. 부모님과 반려견도 보고 싶었다. 시안은 주로 혼자 시간을 보냈기 때문에 외로웠다. 불안 때문에 접근이 어려운 만큼, 친구도 사귀고 싶었다. 편하고 일상적이며 즐거움이 있는 시간이 그리웠다. 아파트도 지겨웠다. 집에 혼자 있는 것은 시안을 슬프게 만들었다. 그렇다고 친구를 사귀는 것은 시

사회불안장애 환자의 약 60%는 여성이다(ADAA, 2020).

안에겐 정신적 소진이 너무 큰 일이었다. 모순되게도, 사회불안에도 불구하고 시안은 또래에게 호감을 얻고 싶었다. 그녀는 학과 동료들에게 친절하고 우애가 있었고 친한 친구도 하나 사귀었다. 마라라는 친구는 사회심리 프로그램에 있는 대학원생이었다. 연구 발표를 통해 만났는데, 시안은 연설이 끝난 후 연사에게 질문을 했고 마라는 시안이 질문하는 동안 함께 있어 주었다. 결국 연사와 시안, 마라는 인지신경과학의 최근 추세에 대한 대화를 이어 가기 위해 함께 방을 나섰다. 갑자기 연사가 다른 미팅이 있어 가야 한다고 말했고 시안은 마라와 둘만 남게 되었다. 그럼에도 둘만의 시간은 괜찮았다. 둘은 학문적 관심사, 각자의 연구실과 대학원 과정에 대해 이야기를 나눴고 각자의 출신 배경과 가족들에 대해서도 이야기했다. 시안은 마라를 편안하게 느꼈다. 비록 문화적 배경은 서로 다르지만 마라 또한 독일에서 온 외국인 학생이었고, 이런 면에서 시안은 마라에게 동질감을 느꼈다. 좀 지나 시안은 마라에게 자신이 사회불안을 가지고 있다고 고백했고 마라는 이 말에 놀라는 눈치였다.

시안 도움을 요청하다

비밀을 공개한 후 시안은 마라와 가까운 친구가 되었다. 둘 다 일을 최우선시했고, 휴일이나 주말에는 함께 시간을 보내기도 했다. 마라는 시안보다는 더 외향적이었으며 친구 그룹도 있었다. 덴마크에서 온 키가 크고 외향적이며 아이스하키를 좋아하는 영화연구 프로그램 대학원생인 앤더라는 남자친구도 있었다. 마라는 앤더와 1년 정도를 만나고 있었고 그를 시안에게 소개시켜 주고 싶어 했다. "우리 함께 저녁이나 하자."라고 마라는 제안했고 "음 좋아."라고 시안은 대답했다. 마라는 친구인 시안이 앤더와 만나는 것을 편하게 여기지 않을 것을 알고 있었다. "그 친구를 만나는 게 스트레스인 것 알아. 하지만 만나 주면 나에게 큰 의미가 될 거야. 그리고 내 생각엔 너도 앤더를 좋아할 것 같아. 앤더는 나랑 많이 비슷해."라고 마라는 말했다. 시안은 반사적으로 턱에 힘을 주었고 얼굴이 빨개지기 시작했다. 그러고는 마치 중요한 문자라도 받은 것처럼 휴대전화로 얼굴을 돌렸다. 어색한 침묵의 시간이 지난 후 시안은 얼굴을 들고 마라를 보며 미소를 지었다. "물론 나도 그를 만나 보고 싶어."라며 거짓을 말했다. 마라는 불편했지만 그래도 시안이 진심이길 희망했다. 마라가 시안을 쳐다보자 시안이 미소로 화답했다. 몇 주 후 미국 추수감사절에 이들은 함께 식사를 하기로 약속했다. 명절에 가까워지자 시안은 앤더와 함께할 저녁이 불안해지기 시작했다. 만나서 뭘 말할까? 만약 마라가 화장실에 가고 자기와 앤더만 남으면 어떻게 행동해야 할까? 만약 영화나 연극, 혹은 최악의 경우 아이스하키에 대해 이야기하길 원한다면 어떡하지? 시안은 이런 주제들에 대해 아는 바가 없었다. 시안은 앤더가 자기를 바보로 혹은 똑똑하지 않은 여자로 생각할까 봐 두려웠다. 마라를 좋아하는 만큼, 앤더가 자기를 부정적으로 평가할 것에 대한 걱정은 커져만 갔고, 종국에는 그러한 걱정이 그녀를 압도하고 겁을 집어먹게 했다. 감당할 수 없다는 느낌이 들었다. 시안은 마라에게 문자를 보냈다. 아파서 집에 있어야겠다고 말하며, 사무적으로 사과의 말을 전했다. 마라는 화가 났다. 하지만 이해한다, 빨리 낫기를 바란다며 답장을 했다.

시안은 안도했으나 큰 실수를 한 것만 같다는 생각이 들었다. 딴 생각으로 지금의 불안을 낮춰 보려 했으나 소용이 없었다. 정신적 고통만 커져 갔다. 남자친구를 만나 주는 것이 자신에게 얼마나 의미가 있는지 고백한 친구와의 약속을 회피한 꼴이었다. 현재 시안은 미국에 있고 부모님이 계신 중국으로 돌아갈 수도 없다. 사촌 안진과 징보도 없고, 사촌이나 부모님에게 이 일을 이야기하는 것조차 너무 창피하다. 유일한 친구인 마라를 잃었고, 누군가를 알아 가기 위해서는 이 모든 과정을 처음부터 다시 시작해야만 한다. 마라만이 필요할 때 곁에 있어 준 진정한 친구였다. 시안은 공포에 완전히 반대되는 행동을 할 능력, 마라와 앤더와 함께 저녁 식사를 할 능력이 자신에게 있었으면 하고 희망했다. 눈을 감고 그렇게 하는 것을 상상했다. 어릴 때 아버지가 해 주었던 격려의 말을 자신에게 되뇌며 함께 저녁을 먹는 상상을 했다. 그런 용기를 불러오려 노력했지만 결국 '나한텐 그런 능력이 없어.'라는 결론으로 끝났다. 그녀는 불안이 자신의 삶을 와해시키고 있다는 사실을 인정하게 됐다. 불안은 행동을 얼어붙게 만들었고, 친구를 위해 진정으로 해 주고 싶었던 일을 하지 못하게 했다. 마치 빙하 위에 굶주린 북극곰과 단둘이 남겨진 듯 불안은 그녀의 몸을 굴복시켰다. 심장은 마구 뛰고 온몸에선 땀이 났다. 자신의 안위를 위협하는 진짜 임박한 위협이 있었다. 자신에게 본질적으로 문제가 있기 때문에 남들과 어울리게 되면 앤더도 다른 사람

대부분의 사회불안장애 환자는 사회적 상황에서 자신이 무능하게 행동할 것이라 믿고 이러한 무능한 행동이 자신에게 끔찍한 결과를 초래할 것이라 믿는다(Kleberg et al., 2021; Mobach et al., 2020).

들처럼 자신의 문제를 쉽게 알아차릴 거란 생각이 시안의 마음을 강타했다. 이 모든 것이 그녀에게 책임을 묻듯이 시안의 마음을 강타했다. 공포의 파도는 너무 컸다. 시안은 베개에 얼굴을 묻고 울었다. 학급 프로젝트를 피했던 고등학생 때와는 달리, 시안은 이제는 불안 문제를 위해 뭔가를 해야 할 때라는 것을 알았다. 사회불안장애 진단을 내렸던 훈련생 상담자와의 시간이 떠올랐다. 시안은 이 문제와 관련하여 도움을 받겠다고 자신과 굳게 약속했다.

시안 과정 기반 CBT를 활용한 치료

추수감사절 저녁을 놓친 지 몇 주가 지난 후 시안은 일에 몰두하고 있었다. 연구 지원금 신청 마감이 두 달 앞으로 다가왔고 이를 위해 총력을 기울이고 있었다. 시안과 마라는 몇 개 문자 메시지만을 교환하고는 서로 통화하거나 만나지 못했다. 시안은 연구 지원금이나 기타 중요한 일을 위한 작업을 하고 있지 않을 때에는 불안 문제를 위해 어떤 도움을 받아 볼까 생각하고 있다. 온라인을 통해 관련 내용을 찾아봤지만 너무 많은 치료 제공자들이 나와 있어 선택이 어려웠다. 게다가 다들 똑같은 말을 하고 있었다. "여러분의 요구에 맞는 맞춤형의 따뜻하고 근거 있는 도움을 드리겠습니다." 혹은 그와 비슷한 문구였다. 어떻게 선택할지 몰랐다. 하지만 그렇다고 아무나에게 전화를 걸고 싶지도 않았다.

무료로 서비스를 제공받을 수 있는 교내 심리건강 서비스 센터를 살펴보았다. 그러나 경험이 없는 훈련생에게 치료를 받고 싶지는 않았다. 이 시간들을 거쳐 시안은 결국 치료를 받아야겠다고 결심했으니 전문가를 구하는 것이 맞다고 생각하였다. 대학 의료 센터 웹페이지를 살펴보던 중, 정신과 부교수이면서 자신을 사회불안 전문가라 소개하는 한 심리학자를 발견하게 되었다. 로버트 위어라는 이름의 심리학자로, 그는 연구도 하고 정신과 레지던트들도 가르치는 현직 교수이며 불안장애 치료 전문 클리닉도 운영하고 있다. 이 사람이 적임자라 생각하며 시안은 흥분했다. 기본적 심리사회 평가를 위해 클리닉의 접수 면담 코디네이터에게 연락을 취했고 약속을 잡았다. 이 평가를 통해 시안은 건강 전반, 과거력, 현재 정신건강 증상 등에 관해 많은 질문을 받을 것이었다. 첫 면담은 2주 후에 있었다. 평가 결과, 접수 면담 코디네이터는 시안이 사회불안장애 진단기준을 충

사회불안장애 환자의 약 40%가 현재 치료를 받고 있다(NIMH, 2017c).

족한다고 알려 주었다. 이전 베이징의 훈련생 상담자처럼 접수 면담 코디네이터도 시안에게 사회불안장애의 근거 기반 치료인 인지행동 치료를 받아 볼 것을 제안했다. 이전에 이 진단을 받았던 때와는 달리 지금의 시안은 치료를 받아야겠다는 확고한 결심이 서 있는 상태였다. 위어 박사에게 치료를 받고 싶다고 강력히 요청했고, 박사와의 약속을 잡았다. 클리닉을 떠나면서 시안은 앞으로 있을 위어 박사와의 치료에 대해 흥분과 희망을 느꼈다. 이 모든 세월이 흘러 마침내 시안은 치료를 받게 되었다.

1~2회기 시안은 위어 박사와 의료 센터에서 만났다. 박사는 시안에게 전자의료기록과 초기 면담 리포트를 봤다고 말해 주었다. 그런 다음 기밀 유지에 대한 한계(예를 들면, 자신과 타인에게 해를 가할 계획이 있는 경우 기밀 유지를 희생해서라도 시안과 이러한 계획에 대해 이야기해야 할 윤리적 의무가 있다), 캘리포니아 면허 소지 심리학자로서의 자격 및 인지행동 치료자로서의 훈련 배경 등을 말해 주며 치료 과정에 대해 소개해 주었다. 본격적인 치료에 들어가기 전에 시안의 사회불안 문제를 좀 더 자세히 평가할 것이며 만약 적절하다면 사회불안장애를 위해 고안된 인지행동 치료를 그녀에게 사용할 것이라고 설명해 주었다. 박사는 시안에게 어떻게 치료에 오게 되었냐고 물었다. 시안은 망설이며 숨을 깊게 들이쉬고는 "전 인생 전반에 걸쳐 사람들이 저에 대해 어떻게 생각할지를 걱정해 왔어요. 평가될까 봐, 놀림을 당할까 봐, 얼마나 불안한지 알아챌까 봐, 그리고 그것으로 절 부정적으로 평가할까 봐 걱정해 왔어요. 이런 문제를 너무도 오랜 기간 동안 가지고 있었고 이제는 뭔가를 해 볼 준비가 됐어요."라고 대답했다. 박사는 어렵게 치료에 오게 된 시안의 사연을 듣고 그 의지를 지지하며 시안의 말을 경청했다. 그러고는 사회불안 과거력에 대해 이야기해 달라고 요청했다. 시안은 자신이 얼마나 오래전부터 사회적 상황을 피해 왔는지 조심스럽게 털어놨고, 회피가 어려울 때는 대화에 참여하지 않기 위해 혹은 남들의 관심을 받지 않기 위해 얼마나 열심히 행동을 억제해 왔는지 설명했다. 어린 시절 사회적 경험에 한계가 있었던 사연을 이야기했고, 고등학생 때 학급 발표 프로젝트를 피했던 일, 추수감사절 마라의 남자친구와 했던 저녁 약속을 취소한 일도 다 이야기했다.

위어 박사는 사회불안장애가 어렸을 때 수줍음이 많고 억제 성향이 높았던 사연구는 사회불안장애가 여러 요인 중 유전적 취약성, 과활동적 뇌 공포 회로, 아동기 외상 경험, 그리고/혹은 과보호적 부모-자녀 상호작용과 관련이 있음을 시사하고 있다(Buzzell et al., 2021; Rose & Tadi, 2021; Schneier, 2021; Lai, 2020).

람에게서 잘 발전한다고 설명해 주었다. 그리고 인간의 신경생물학적 방어·동기 체계 그리고 그와 관련된 외부 위협 자극에의 얼어붙음, 도망, 투쟁 반응에 대해 설명해 주었다. 시안은 정중하게 자신이 신경과학을 연구하는 박사 과정생이라는 점 그리고 위협 단서 지각과 관련된 중추신경계 및 말초신경계 활동을 잘 알고 있다는 점을 박사에게 상기시켰다. 박사는 호흡을 놓치지 않고, 심리교육이 사회불안 치료의 일부라 말하며 시안이 이미 이런 부분을 잘 알고 있어 잘됐다고 칭찬하였다. 박사는 뇌의 기능 방식을 아는 것과 위협 단서에 대한 몸의 자동적 반응 방식을 바꾸는 것은 다른 일이라고 지적했다. "아는 것은 중요해요. 하지만 사회불안을 개선하기 위해서는 아는 것만으로 충분하지 않습니다." 시안은 수긍했고 박사는 말을 이어 갔다. "사회불안 문제에 인지행동 치료를 사용하기로 결정했다면, 불안 반응을 촉발하고 정상적 삶을 방해하는 사회적 단서를 찾고 이에 이전과는 다른 방식으로 반응하는 법을 배우는 것은 중요합니다." 박사는 시안에게 사회불안을 야기하는 촉발 단서에 대해 이야기할 수 있겠느냐고 물었고 시안은 주저하며 할 수 있다고 동의했다.

기능 분석이라 불리는 작업을 하면서, 박사는 시안에게 강한 사회불안을 경험하기 전, 경험하는 동안, 경험한 직후에 무슨 일이 있었는지 말해 달라고 요구했다. 어떤 종류의 사람들, 장소, 사물, 경험들이 있었는지 질문했다. 시안은 지난 한 주 동안 있었던 일을 가지고 설명해도 괜찮겠냐고 물었고 박사는 그게 일어나고 있는 일의 전형적 사례라면 그래도 좋다고 대답했다. 시안은 먼저 상황을 설명했다. 동료 및 교수와 함께 실험실 미팅을 시작하려 하고 있었다. 모르는 사람 하나가 자신들과 함께 회의실에 앉아 있었고 교수에게 뭔가를 이야기하고 있었다. 미팅이 시작되자 교수는 오늘 손님 한 분이 실험실 미팅에 함께 하게 됐다고 소개했다. 그분은 계산식 의사결정 분야 전문가이자 동료이며 오후에는 학내에서 강연을 할 연사라고 했다. 시안은 자신이 얼마나 빨리 그리고 자동적으로 숨을 참았고 근육들에 힘을 주었으며 심박의 변화를 감지했는지 설명했다. 그리고 그 당시 누구와도 눈을 맞추지 못한 채 얼어붙은 상태로 앉아 자기소개나 연구 관심사 소개를 해야 할지 모른다는 생각에 불안에 떨었다. 이런 생각은 심장을 더 빨리 뛰게 만들었고, 얼굴 홍조와 발한으로 이어졌다고 한다.

"그다음엔 무슨 일이 일어났나요?" 위어 박사는 탐색을 이어 갔다. 참석한 학생들이 각자 자신을 소개하고 대학원 몇 학기째인지 말했다고 한다. 하지만 누구도 연구 관심사에 대해서는 질문받지 않았다. "그러고는요? 몸과 사고에서 뭘 탐지할 수 있었나요? 어떻게 행동했습니까?"라고 박사는 물었다. 당황했지만, 시안은 보고를 이어 갔다. 연구 프로그램에 대해 연사가 뭔가를 말했다. 시안은 연사의 말을 들으려 했으나 잘 들리지 않았다. 연사는 약 30분 동안 이야기했고 시안은 그중 한 단어도 제대로 기억할 수 없었다. 대신 생리적 변화를 강박적으로 살피고 있었고 누군가가 자신의 불안을 눈치챌 것이라 강박적으로 생각하고 있었다.

상황에 대한 기능적 분석을 완성하기까지 약 25분이 걸렸다. 위어 박사는 관련 정보를 메모했다. 회기 종료 몇 분 전에 기능 분석이 끝났고, 박사는 메모한 내용을 시안에게 보여 주었다. 3개 칼럼이 있는 표로, 칼럼 위에는 이전, 도중, 이후라는 표기가 있었고 행에는 사고, 감정, 생리적 감각, 행동이라는 표기가 있었다. 공유된 정보들에 기반하여 표 내용이 채워져 있었다. 박사는 시안이 표를 볼 수 있도록 종이를 세워 들었고, 표에 근거할 때 무엇이 그녀에게 불안을 촉발했고 유지시켰는지 설명이 가능하다고 전했다. 이런 설명은 일종의 가설들로, 박사는 시안에게 불안 문제를 이해하기 위해 이 가설들을 함께 탐색해 가자고 제안했다.

첫 회기 말미에 위어 박사는 시안이 사회불안장애 준거를 충족시키고 있다고 전했다. 그리고 CBT에 기반한 방법을 통해 그녀를 도울 수 있을 것 같다고 말했다. 박사는 완벽히 치유가 가능하다는 보장을 하지 않으려 노력하는 듯했다. CBT가 사회불안에 효과가 인정된 방법이긴 하나 항상 완치로 이끄는 것은 아님을 알고 있었기 때문이었다. 하지만 위어 박사는 치료가 유의한 정서적 안도와 사회적 기능 향상은 가져다줄 것임을 확신하고 있었다. 시안은 흥분했고 희망을 느꼈다.

2회기에서 위어 박사는 사회불안의 인지행동 모델을 시안에게 설명해 주었다. 걱정이 근거가 없음을 보여 줄/확인시켜 줄 사회적 단서들로부터 회피하거나 도망했던 과거가 시안의 현재 사회불안에 주요한 원인으로 작용했을 가능성이 있다고 설명했다. 사회불안에 취약한 생물학적 기질을 가졌을 수 있고, 사회적 상황으로부터의 상습적인 회피나 도피가 사회 상황에서 덜 불안해지는 법을 배

인지행동 치료는 사회불안장애 환자의 55% 정도에서 증상 호전을 야기했다(Stein, 2020b; Stein & Taylor, 2019).

울 기회를 차단했을 수 있다는 설명이었다. 박사는 사회불안이 비합리적 신념과 회피/도피 행동의 조합으로 탄생했음을 보여 주는 경험적 증거가 많다고 했다. CBT는 학습된 이러한 인지적, 행동적 패턴을 변화시키는 데 그 목표가 있다고도 설명해 주었다. 시안은 혼란스러웠고, 비난받는 것 같은 느낌을 받았다.

시안 : 이게 제 잘못이라는 말씀이신가요?

위어 박사 : 아니요. 전혀 아닙니다. 사회불안을 발달시키는 사람들은 거부나 부정적 평가의 걱정이 생기면 그 불안으로부터 도망가려거나 회피하려는 특징이 있습니다.

시안 : 그래요, 제 경우도 그래요. 하지만 박사님은 제 문제가 자업자득이라 말씀하고 계시잖아요.

위어 박사 : 아니요. 자라면서 우리가 배운 겁니다. 우리는 인생을 통해 뭔가를 계속 배워 나갑니다. 학습은 매우 복잡한 현상이며 다양한 학습 과정이 우리 인생에 관여합니다. 당신이 의식적으로 한 게 아니라는 말입니다. 사회 상황에서의 걱정과 불안에 대응하기 위해 기본 전략으로 도피나 회피 행동을 배운 것이라는 말입니다. 당신의 사고방식 역시 배운 것이라 할 수 있지요. 안타깝게도, 사회적 상황에 대한 당신의 가정, 해석, 자동적 사고는 그 사실 여부가 충분히 검증될 기회를 갖지 못했습니다. 사고가 사실이 아님을 알았다면 당신은 이런 사고를 더 이상 가지지 않았을 겁니다. 그리고 실제 결과가 좋지 못했어도 당신은 이런 생각들로 인해 크게 고통을 받지는 않았을 것입니다. 당신과 제가 할 일은 이런 자동적 사고를 찾고 도전하는 법을 배워 가면서 동시에 사회적 상황에서 도피나 회피를 하지 않고 오히려 그것에 접근하는 법을 배워 가는 작업입니다. 우리가 이것을 해내고 향상을 추적해 갈 수만 있다면 전 당신을 확실히 도울 수 있습니다.

시안 : 나아지고 싶어요, 박사님. 그리고 박사님을 믿어요. 하지만 어렵게 들리네요. 이게 그냥 말로만 하는 치료와 어떻게 다르나요?

위어 박사 : CBT도 말로 하는 치료입니다. 단, 구조와 초점을 가지고 하는 치료라는 특징이 있습니다. 변화의 목표가 명확하고 향상/호전에 대한 평가

연구는 항불안제 혹은 항우울제가 사회불안장애 환자의 55%에서 사회적 공포 감소에 도움이 됨을 시사하고 있다(Rappaport et al., 2021; Neufeld et al., 2020). 인지행동 치료로 치료된 사람들은 이후 재발을 경험할 확률이 낮다(Stein, 2020b).

가 함께 이루어지는 구조를 가진 치료가 바로 CBT이지요. 이 모든 것을 해결하기 위해 우리는 함께 협력할 겁니다. 지난 회기 기능 분석을 했을 때처럼요.

시안 : 얼마나 오래 걸릴까요?

위어 박사 : 글쎄요. 우리 의료 기관에서는 한 시간까지 진행할 수 있는 주별 회기를 10회기까지 허용하고 있어요. 이 회기들이 끝나고 추가적 회기가 필요하다 판단되면, 내담자 의료보험으로 보장이 가능한 자원을 찾아 드릴 겁니다.

시안 : 10회기로 충분할까요?

위어 박사 : 좋은 질문입니다. 지금이 두 번째 회기이니 변화를 위해 8회기가 남아 있는 셈이네요. 우린 구체적인 주별 매뉴얼을 따라가진 않을 겁니다. 대신 과정 기반 CBT라 불리는 치료를 해 나갈 겁니다. 당신의 필요에 맞게, 그러면서 기관의 10회기 정책에 어긋나지 않게 사회불안에 잘 작동하는 CBT적 개입만을 취사 선별해 융통적으로 사용해 갈 것입니다. 전 우리가 할 수 있을 거라 확신합니다. 하지만 효과를 내기 위해서는 당신의 노력이 필요해요. 회기 사이사이 집에서 할 과업을 매우 열심히 해 나가셔야 합니다. 이 활동에서 대부분의 변화가 일어나지요. 물리 치료에서 진짜 변화는 물리 치료실을 떠나 매일 집에서 스트레칭을 했을 때 나오는 것처럼요. 사회불안을 위한 CBT에서도 마찬가지입니다. 각 회기에서 배운 것을 토대로 전 당신에게 숙제를 줄 겁니다. 그리고 이 숙제를 완수했을 때 당신은 호전을 맛보게 될 것입니다.

시안 : 예. 노력할게요. 불안하긴 해도 이게 제게 필요한 것인지 아니까요. 다음으론 뭘 하죠?

위어 박사 : 시도해 볼 수 있는 핵심적 치료 과정 중 하나는 '인지적 재평가'라 불리는 것입니다. 사회적 상황과 관련하여 학습한 문제적 사고들을 모니터링하고 명명한 후 이 사고들에 반하는 사실 혹은 대안이 되는 사실들을 찾아 이런 사고의 타당성에 도전을 가하는 치료입니다. 이 인지적 재평가는 연구를 통해 그 효과가 인정된 근거 기반 개입 방식입

니다. 오늘 이 방을 나가실 때, 전 당신에게 사회 상황에 대한 자동적 사고를 추적하고 도전하는 데 도움이 되는 일일 자기 모니터링 형식을 완성하라는 과제를 줄 겁니다. 할 수 있겠습니까?

시안 : 솔직히, 모르겠습니다. 저의 경우에는 제 부정적 생각을 지지하는 증거들이 너무 많습니다. 사람들이 절 부정적으로 평가하고 있다는 생각이 사실이라 믿을 수 있을 만큼 안 좋은 일들이 저한테는 많았습니다. 실제 그런 일이 있었기 때문에 제 자신에게 그게 사실이 아니라 말하기가 쉽지 않습니다.

위어 박사 : 사람들은 어떤 때는 남들에게 부정적으로 평가돼요. 그게 사실입니다. 하지만 자세히 살펴보면, 당신 뇌가 말하는 것처럼 그렇게 자주는 아닐 수 있고 그렇게 부정적으로 판단되지도 않았을 수 있습니다. 불안한 생각을 다루는 또 다른 근거 기반 과정이 있습니다. 수용에 기반한 전략이지요. 이 전략도 효과가 있는데 이 전략에는 근심의 진위 평가를 위한 팩트 체크 과정이 포함되어 있지 않습니다. 생각의 진위를 평가하는 대신 수용 기반 전략에서는 생각하는 방식에 관한 맥락을 변화시키려 노력합니다. 즉, 생각의 내용을 바꾸려 하기보다 생각을 바라보는 방식, 보는 관점이나 눈을 변화시키려 노력하지요. 당신 자신과 거리를 둔다든지, 사고나 내적 경험들에 대한 관점을 바꾼다든지, 진실과 줄다리기할 필요를 내버린다든지. 이런 방법들을 수용 기반 CBT에서 배울 겁니다.

시안 : 마음챙김처럼 들리네요. 전 이 개념에 좀 익숙합니다.

위어 박사 : 알려 주셔서 감사합니다. 만약 이 방법이 좀 더 맘에 든다 생각되시면 저희는 인지 재평가 대신 이 접근을 취할 겁니다. CBT의 수용 기반 접근은 전 세계적으로 많은 사람들에게 사용되어 왔고 그 효과도 인정되어 왔습니다. 그리고 이 접근은 마음챙김과 관련이 있습니다.

시안 : 그럼 그 방법을 먼저 써 보고 싶습니다.

위어 박사 : 좋아요. 그래 봅시다. 또 저희가 써 볼 수 있는 핵심 과정은 노출 치료라 불리는 것입니다.

시안 : 그 말씀을 하시니 겁이 나네요. 노출 치료에 대해 읽은 적이 있어요.

노출 치료란 공포 극복을 위해 공포에 직면하도록 요구받는 것으로
이해하고 있어요. 그건 제게 통할 것 같지 않네요. 이전에도 제 두려
움에 직면해 보려고 여러 차례 노력해 봤지만 도움이 되지 않았어요.

위어 박사 : 충분히 이해합니다. 맞아요. 쉽지 않지요. 만약 그런 방법이 효과가
있었다면 전문가가 필요 없겠지요. 노출 치료는 당신이 방금 말씀하
신 것보다 훨씬 더 복잡한 절차랍니다. 노출 치료란 사람들에게 새로
운 연합을 학습시키고 이들의 기대와 가정을 변화시키며 사회불안과
관련이 있는 사람, 장소, 사물과의 직면에서 덜 반응적이 되도록 돕는
일군의 개입을 말합니다. 노출 치료는 안전하고, 구조화되고, 체계적
이라는 특성이 있지요. 당신이 알고 있는 그런 단순한 과정이 아닙니
다. 수영에 대한 공포를 극복하도록 돕는다고 가정해 봅시다. 이를 위
해 제가 당신을 대양 깊은 곳에 빠트릴 것 같습니까? 아닙니다. 불안
을 야기하는 여러 단서들의 위계를 만들어 점진적으로 접근할 것입니
다. 불안을 가장 덜 야기하고 비교적 쉬운 단서에 대한 노출로부터 시
작할 것이고, 동시에 수영을 배울 기회를 주면서 진행할 것입니다. 당
신의 경우에 적용한다면, 이전에 회피했던 사회적 상황에 직면하여
그 상황에서 뭔가를 하도록 만들겠지요. 점진적으로 그리고 안전하게
회피하던 단서나 상황들에 접근해 가게 만들 겁니다. 접근하면 할수
록 당신은 더 많은 다양한 상황에서 무언가를 할 수 있게 될 것이고,
이런 노출 기반 접근은 당신의 불안을 잠재우는 데 도움이 될 겁니다.
이에 못지않게 중요한 것은 사회적 상황에 더 오래 머무를 수 있어야
한다는 것입니다. 상황에 완전히 참여하게 만듦과 동시에 도피나 회
피의 역결과가 발생하는 것을 막으면서요.

시안 : 무슨 말씀이신지 알겠습니다. 하지만 겁이 나네요.

위어 박사 : 만약 노출이 당신을 겁나게 만들지 않거나 불안하게 만들지 않는다면
그건 노출 작업을 할 필요가 없다는 것을 의미합니다. 이 내용에 대해
서는 다음 주에 더 자세히 이야기해 보도록 하지요. 노출은 행동적 개
입으로, 두려워하는 상황에 대한 당신의 감정과 사고를 변화시켜야
합니다. 우리가 시도할 마음챙김과 수용 기반 개입은 생각하는 방식

노출 치료는 여러 장애 중 공
포증, 공황장애, 강박장애, 외
상후스트레스장애 사례들에
성공적으로 적용되고 있다.

과 느끼는 방식에 대한 보다 새롭고 융통적인 관점을 발전시킬 수 있
도록 당신을 도울 것입니다. 두 인지행동적 개입은 모두 가치에 부합
한 삶을 살 수 있도록, 진정으로 원하는 방식의 삶을 살 수 있도록 당
신을 도울 것입니다. 당신이 만들어 가길 원하는, 마음에 어긋남이 없
는 삶이 되도록 당신을 도울 것이며, 따라서 비록 불안은 있다 하여도
중요하게 생각하는 일들을 할 수 있게, 그리고 학교나 직장, 관계 모
두에서 잘 기능할 수 있게 만들 것입니다. 이해가 됩니까?

시안 : 예. 이해할 수 있을 것 같아요. 그러나 여전히 겁이 나네요.

위어 박사 : 치료에 온 이상, 그리고 열심히 과제를 해 오는 이상 당신의 불안과
불안을 이해하는 방식은 꼭 변하게 될 겁니다. 우리가 할 작업은 불안
을 경험할 때조차 당신이 행동을 취할 수 있도록, 대응을 할 수 있도
록, 중요한 결정을 내릴 수 있도록 당신을 변화시키는 겁니다.

3회기 위어 박사는 시안의 삶 여러 영역(예 : 이성 관계, 가족, 친구, 직장, 건강
영역)에 흐르는 공통된 가치는 무엇인지, 이런 가치들에 얼마나 부합한 삶을 살
고 있는지, 가치 실현에 방해가 되는 요인은 무엇인지 이해하려 노력했다. 시안
이 불안 때문에 친구 삼고 싶은 사람 앞에서 자신의 진심과 진짜 모습을 드러내
지 못했다는 사실을 알게 됐다. 부정적 평가에 대한 근심은 시안을 도피 혹은 회
피하게 만들었고, 이런 시안의 도피 및 회피 행동은 새로운 음식, 공원, 박물관의
탐색과 경험, 그리고 호기심, 개방성, 문화 및 역사에 대한 관심을 반영하는 장소
나 대상에 대한 탐색과 경험을 방해했다. 공개 연애에 개방적인 시안이었음에도,
걱정으로 가득한 사고 때문에 자신의 연애 능력을 부정적으로 평가하기도 했다.
마지막 행동은 생각은 해 봤으나 지금까지 그 누군가에게도 말해 본 적 없는 행
동이었다. 시안은 이런 내용을 박사에게 말하고 있는 자신에 놀랐다.

삶의 가치를 확인하고 가치 실현에 불안이 어떻게 방해 요소로 작용했는지 확
인한 후, 박사는 마음챙김과 수용의 역할에 대해 다시 소개했다. 박사는 마음챙
김과 수용이 시안이 배워 보고 싶다고 한 그 치료 요소라 강조했다. 그리고 치료
동안 먼저 마음챙김과 수용 훈련을 진행하고 그다음 노출 기반 절차를 시작할 것
이라 설명해 주었다. 시안은 자신이 치료자를 신뢰하고 있음에 흥분했다. 둘은

다음 한 주 동안 가치 실현 행동들을 어떻게 모니터링할지에 관해 논의했다. 다음 회기에서는, 모니터링 결과에 기초해 사회불안이 시안의 삶 영역에서 또 어떻게 기능 장해를 유발했는지 확인해 볼 예정이다.

4~5회기 4회기와 5회기는 시안에게 심리적 융통성(psychological flexibility)이라 불리는 기술들을 가르치는 데 투자됐다. 박사는 시안에게 마음챙김 기술과 인지적 탈융합 기술을 가르쳤다. 두 기술 모두 자기에 대한 감각을 사고와 분리시키는 기술들이다. 박사와 시안은 이런 개념들을 연습했다. 위어 박사는 마음챙김과 탈융합의 경우, 이를 말로 설명하는 것과 실제 수행하는 것이 같지 않다고 주장했다. 질문에 대답은 해 주었으나 박사는 질문보다는 실제 연습에 더 치중했다. 마음챙김 기법은 인식을 높이는 연습(awareness exercise)이라 할 수 있다. 박사는 시안에게 눈을 감은 상태에서 순간순간 일어나는 신체 감각의 변화와 사고의 변화를 알아차리도록 연습시켰다. 순간순간 일어나는 신체 감각이나 사고의 변화는 마치 혼잡한 고속도로를 쌩쌩 달리는 차들과 같다. 시안은 사고의 사실 여부에 집착하지 않은 채 내부 감각과 사고를 관찰하고 이들을 기술하는 방법을 알아챘다. 즉 '생각이 항상 사실은 아니다'라는 관점을 가지고 자신의 생각을 경험하는 법을 배우게 됐다. 생각은 현실을 대변한다기보다 그런 생각을 촉발한 특정 대상에게 보이는 학습된 반응일 뿐이다. 위어 박사는 자신에 대한 정의(definition)로서가 아닌 경험(experience)되는 것으로서 시안이 자신의 생각들을 단순히 관찰하고 지켜보도록 연습시켰고, 이를 통해 시안이 마음챙김과 수용 기술을 사용할 수 있게 도왔다.

6~9회기 이 회기에서 위어 박사는 노출 기반 절차를 사용하였다. 먼저, 둘은 공포 위계를 작성하였다. 시안은 워크시트를 이용해 불안과 회피를 야기하는 사람, 장소, 물건, 내적 경험(예 : 사람들과 만날 것에 대한 생각, 남자친구를 만들 것에 대한 생각)의 위계를 작성해 보았다. 그런 다음, 함께 이 목록에 대해 이야기했고 목록을 더 알차고 철저하게 구성하기 위해 몇 가지 항목을 추가하였다. 각 항목에 대해서는 주관적 고통 수준(SUDs)을 1(아주 작음)에서 10(일생에서 가장 큼) 중 하나로 평정하도록 요구했다. 이에 각 항목에는 해당 고통 평정치가 함께

표시되어 있었다. 위계가 만들어진 후, 노출 시행이 시도되었다. 가장 낮은 고통, 적은 고통을 야기하는 항목으로부터 시작하여 점진적으로 각 항목에 노출되도록 요구되었다. 위계에 있는 항목에 대한 매일의 노출을 위해 시안은 워크시트를 활용하였다. 노출마다 노출 이전, 도중, 이후의 고통 수준을 평정했고, 같은 노출을 수차례 반복했다. 마음챙김과 탈융합 기술을 앞서 훈련받았기에 시안은 노출과 함께 마음챙김 기술을 활용해 볼 것을 요구받았다. 노출 동안 발생하는 생각을 현실로 혹은 자기 정체감의 일부로 받아들이지 않는 상태에서 이를 관찰할 수 있는 능력 정도를 함께 평정하도록 요구받았다.

회기 중에는 불안 위계에 있는 사회적 시나리오를 상상하거나 시연하거나 역할극 하는 방식으로 노출을 시행하였다. 위어 박사는 각 노출 시행마다 시안으로부터 노출 이전, 도중, 이후의 SUDs를 얻었다. 새로운 친구 만나기, 데이트에서 가공의 인물과 대화 시작하기, 새 친구에게 내 불안한 혹은 불안정한 감정 이야기하기 등의 역할극을 수행하면서 시안은 박사의 눈을 똑바로 쳐다보는 연습도 함께 했다. 시안은 이런 과정을 통해 가장 두려워하는 상황의 발생 가능성이 낮음을 배우게 되었다. 사회적인 자신감도 생기고 있음을 감지했다. 마음챙김과 탈융합은 노출로부터 야기된 걱정 관련 사고를 다루는 데 도움이 되었다. 이는 단지 생각일 뿐이지 진실은 아니다. 그리고 시안은 이 둘 사이의 차이를 이해하기 시작했다. 사실, 시안은 매 노출 시행마다 불안을 느꼈다. 불안을 느끼긴 해도 여전히 두려워하는 상황에 접근할 수 있음을, 그리고 상황을 회피하지 않고 마주할 수 있음을 깨닫게 되었다.

9회기에 이르러서는 위계의 최상위 항목에까지 도달했다. 그녀가 가장 두려워하는 상황인 마라, 앤더와의 저녁 식사가 지난 한 주의 노출 과제로 주어졌다. 거부되고 배척될 두려움에도 시안은 마라의 남자친구인 앤더에게 자신의 고민을 털어놓았다. 미래에 대해 그리고 결혼 가능성에 대해 자신이 얼마나 불확실하게 느끼고 있는지 그리고 신경과학자로서 성공할 가능성에 대해 자신이 얼마나 걱정하고 있는지 등을 털어놓았다. 놀랍게도, 앤더는 이런 시안의 고백에 동정적이었고 자신도 이런 경험이 있으며 자기가 아는 사람들 모두가 이런 고민을 가지고 있다고 말해 주었다. 또한, 우울 문제로 치료를 받은 적이 있다며 자신의 불안정함을 고백하였고, 덴마크 사람들은 추위로부터 몸을 따뜻하게 하는 데 정신이 팔려 우울한데도 우울한지조차 모른다고 농담을 했다. 그러고는 자기 친구들 중 몇을 만나 볼 것을 제안하기도 했다. 현재 싱글인 시안이 좋아할 만한 친구 이야기도 하며 한번 만나 괜찮은지 보라고도 말했다. 시안은 SUDs가 8까지 올라갔으나 식사가 끝나 갈 무렵에는 안정이 되었고 수치는 4로 떨어졌다. 귀가한 후 시안은 저녁 식사 상황에 대한 자신의 평가가 진실도 거짓도 아니며 마음의 관찰자로서 자신이 알아챈 그 순간에 들어오고 나가는 사고들에 지나지 않는다는 사실을 깨닫게 되었다. 즉, 자신의 행동에 대한 통제 없이 그냥 들어오고 나가는 순간적인 경험들을 알아챈 것에 불과하다는 사실을 깨닫게 되었다. 시안은 마라에게 문자를 보내 함께 또 저녁을 하고 싶다는 말을 전했다. 그리고 놀랍게도 다음에는 앤더의 친구도 만나 보고 싶다고 요청했다. 시안의 문자에 마라는 포옹과 하트 이모지로 답했다.

10회기 시안은 총 10회기의 단기 과정 기반 CBT를 모두 끝냈다. 시안은 기능과 증상에 대한 자기보고 평가지도 완성했다. 위어 박사는 이 결과를 치료 시작 전 점수와 비교했다. 시안의 불안은 호전되었다. 시안이 매주 집에서 수행한 과제들에 대한 자료도 검토했다. 주마다 SUDs가 들쑥날쑥했다. 하지만 전반적 경향은 시간이 지남에 따라 최고 SUDs가 감소하는 모습이었다. 노출은 이전만큼 시안에게 큰 고통을 불러일으키지 않았다. 박사는 시안과 함께 시안의 마음챙김과 탈융합 기술을 점검했고 이들 기술이 그녀의 불안에 어떤 도움을 줬는지도 검토했다. 앞으로 발생할지도 모르는 사회불안 증상의 재발에 관해서도 이야기했고 필요한 경우 추후 치료로 돌아오는 방법에 대해서도 논의했다.

평가 문제

1. 시안의 아동기 특성들 중 사회불안장애를 발달시키는 개인에게서 흔하게 관찰되는 특성은 무엇인가?

2. 사회불안장애의 주요 발병 연령은 언제인가?

3. 시안이 보였던 행동 중 부적 강화의 예가 될 수 있는 행동은 무엇인가?

4. 시안의 불안 및 불안 관련 행동이 친구 마라와의 관계에 어떤 영향을 미쳤는가?

5. 연구에서 밝혀진 사회불안장애와 관련이 있는 생물학적 요인 및 아동기 요인에는 어떤 것이 있는가?

6. 사회불안장애 치료를 위한 인지행동 접근에서 사용되는 치료적 과정들에 대해 기술하시오.

7. 연구에 따르면, 인지행동 치료는 사회불안장애 환자에게 얼마나 도움이 되는가?

8. 사회적 상황에 대한 시안의 신념들 중 사회불안장애에 핵심을 이루는 신념 몇 개를 열거하시오.

9. 시안의 치료자는 시안의 사회불안 극복을 돕기 위해 어떤 행동 변화 원칙들을 사용했는가?

사례 4

외상후스트레스장애

표 4-1

진단 체크리스트

외상후스트레스장애

1. 외상적 사건(죽음, 죽음의 위협, 심각한 부상, 또는 성폭력)에 노출된다.
2. 다음의 침투 증상 중 최소 한 가지 이상을 경험한다.
   - 반복적이고 통제 불능인 고통스러운 기억들
   - 반복적이고 고통스러운 외상 관련 꿈들
   - 플래시백과 같은 해리 경험들
   - 외상 관련 신호에 노출 시 상당한 불안
   - 사건이 재경험되었을 때 확연한 신체적 반응들
3. 외상 관련 자극을 지속적으로 회피한다.
4. 그 사건에 대한 중요한 특징을 기억하지 못하는 등 외상 관련 인지의 변화 혹은 반복되는 부정적인 감정들을 경험한다.
5. 과도한 각성, 극도의 놀람 반응 또는 수면장애와 같은 각성과 반응성의 현저한 변화를 보인다.
6. 한 달 이상 증상들이 지속되고 그로 인해 유의한 스트레스와 손상을 경험한다.

(APA, 2022, 2013)

35세에 커뮤니케이션 전공 조교수가 된 줄리는 20대에 이직을 하고 박사 학위를 받은 후에 마침내 자신이 늘 꿈꿔 오던 삶을 살기 시작했다. 그녀는 친구들과 깊은 대화를 즐기고 이국적인 오지를 여행하는 것을 좋아하고 새로운 음식을 시도하는 활기차고 외향적이고 사교적인 여성이었다. 워싱턴 DC의 외곽 지역에서 자랐기에, 그녀는 스스로 도시 여자라고 생각했다. 도시에서 사는 법, 안전하게 지내는 법, 그리고 도시를 즐기는 법을 알고 있었으며, 그 후 다시 집의 친근함과 익숙함으로 돌아오는 방법 또한 알고 있었다. 하지만 그녀는 도시에서 온전히 안전하다고 느끼지는 않았다.

그녀의 첫 직장은 버지니아 쪽 워싱턴 DC의 외곽에 있는 대규모 컨설팅 회사였다. 그녀는 그 회사를 싫어했다. 물론 좋은 돈벌이가 되었지만, 무슨 의미가 있었을까? 구조조정을 통해 기업이 이익을 극대화하는 결정을 내리도록 도와주는 것? 사람들을 해고할 때면, 그녀는 프랜차이즈 바에서 술을 마시며 친구들에게 말하곤 했다. "나는 기업 CEO들에게 그들이 직원을 해고할 때 쓰는 스프레드시트와 발표 슬라이드를 주는 대가로 돈을 받아… 하, 이건 아니야." 그녀는 박사

여성은 남성보다 스트레스 장애를 겪을 가능성이 더 높다. 남성의 경우(8%)와 달리 심각한 외상에 노출된 여성의 약 20%에서 그러한 장애가 발생한다(Carroll & Banks, 2020; Tortella-Feliu et al., 2019).

학위를 받은 후, 교수로서 첫 직장이 있는 노스캐롤라이나의 작은 대학가로 이사했다. 컨설턴트로서 일할 때와는 달리, 가르치는 일은 보람이 있었다. 그녀는 캠퍼스 생활의 느낌과 활기를 좋아했으며 학생들을 사랑했다. 즐겁고 낙관적으로 반복해 말하곤 했던 그녀가 가장 좋아하는 순간은 학생들이 그들 스스로 목적의식과 의미를 발견하는 때였다. 그녀 스스로 학부생일 때 가졌다면 더 좋았으리라 생각하는 어떤 불꽃이 학생들의 내면에서 타오르는 것이 보인다면, 학생들이 찾은 그 새로운 길이 어디를 향하든 그건 중요하지 않았다.

줄리 밝은 미래

어린 시절, 줄리는 신체적으로나 정신적으로 아무런 문제 없이 건강하게 자랐다. 하지만 그녀의 부모는 그녀만큼 운이 좋지는 않았다. 아프리카계 미국인인 줄리의 아버지 로저는 아동기와 청소년기를 시민평등권 운동 시기의 앨라배마에서 보냈다. 로저가 고등학교 졸업반일 때, 비폭력시위에 참여하기 시작했으며, 사회정의를 쟁취할 투쟁을 위한 계획을 세우기 위해 만들어진 지역 지도자들의 회의에 참석하기 시작했다. 수년 후 로저가 줄리에게 말하듯이, 이 기간 동안 로저는 그가 평생 두려워한 많은 상황들을 겪었다.

14세에 로저는 또래들 중 가장 어린 나이로 이웃들과 함께 지방 법원 바깥쪽에서 시위에 참여했다. 그 군중 속에 처음으로 섰을 때, 그는 소속감을 느꼈다. 그는 무서웠지만 한편으로 자기 자신보다 큰 무언가를 지향하는 것의 의미를 찾은 것 같았다. 그는 훗날 줄리에게 대부분 어린 흑인들로 구성된 군중 속에서 목사가 대의를 믿으며, 비폭력을 유지하라고 촉구하는 것을 들으며 느꼈던 자부심에 대해 이야기하곤 했다. 그는 그 대의를 지지하는 시위에 기회가 될 때마다 참석했다. 그 행사들은 그를 폭력의 희생양이 될 위험에 빠뜨리기도 했다. 15세까지, 그는 시위에 반대하는 백인 남성들에게 쫓기고, 붙잡히고, 땅바닥에 밀쳐지곤 했다. 16세 때, 로저는 친구의 형이 두 남성에게 심하게 구타당해 죽어 가는 것을 보았는데, 그들은 철심이 박힌 부츠로 그의 갈비뼈를 부러뜨리고, 너클을 낀 주먹으로 피를 흘리는 얼굴을 쳤다. 나이가 든 후에도, 로저는 줄리에게 이 기억을 말할 때면 눈물을 글썽였다. 그는 그 순간을 평생 잊지 못했다. 그 여름의 열기 속 아스팔트 냄새, 습한 공기, 그 섬뜩한 광경을 보기 위해 속력을 늦춘 후 신난 듯 경적을 울리던 운전자까지. 로저는 돕고 싶었지만 얼어붙었다. 그는 나무 뒤에 혼자 서서 그가 다음 차례가 될 수 있다는 두려움 속에서 도움을 구하기 위해 미친 듯이 두리번거렸다. 슬프게도, 이것은 로저가 직접 목격하게 될 수많은 폭력적인 사건 중의 하나에 불과했다. 그는 버지니아 북쪽으로 이사하고 줄리의 어머니와 결혼할 때까지 열두 번도 넘는 외상적 경험에 노출되었다. 로저는 그의 남은 생애에 영향을 미칠 많은 감정적 상흔들(그가 이후 줄리에게 말해 줄 이야기들)을 축적했다.

줄리는 자라나면서 아버지의 이야기를 여러 번 들었다. 로저는 딸이 가족의 역사를 알고, 그녀 이전에 있었던 투쟁과 희생을 알고, 아버지가 어떤 사람인지 알게 되어 그녀 또한 가장 중요한 일에 집중하고 열정을 쏟을 수 있기를 원했다. 그는 그가 목격한 것들에서 엄청난 영향을 받아 왔다. 그는 생존자의 죄책감을 느꼈고, 왜 그 자신은 폭력의 희생양이 된 적이 없는지 의문을 가졌다. 그는 끔찍한 일들을 목격했지만, 신체적으로 직접 다친 적이 없었다. 그는 이 이야기들을 줄리에게 이야기하고 또 했다. 플래시백의 특성대로, 그의 이야기는 놀라울 정도로 명확하고 일관성이 있었다. 그 이야기의 세부적인 부분들은 자전적인 기억들에 공통으로 나타나는 왜곡들이 무색하게 정확히 보존되었다.

히스패닉계 미국인, 아프리카계 미국인, 아메리칸 인디언은 히스패닉계가 아닌 백인 미국인보다 심각한 외상에 직면한 후 스트레스장애가 발생할 가능성이 더 높다(Ellickson-Larew et al., 2020). 이러한 인종-민족 간 차이의 이유는 명확하지 않다.

줄리는 아버지가 가장 자랑스러워하는 부분인, 사회적 및 윤리적 격동의 시기에 신념을 가지고서 흔들리지 않고 강하며 확고하게 견디어 내는 방법을 알았고, 그녀의 삶에서도 의미 있는 일을 해야 한다는 동기를 부여받았다. 그녀는 또한 그의 이야기들에서 그가 가장 슬퍼하는 부분인, 그 모든 상실과 황폐화, 트라우마, 그리고 그의 삶에 임박해 있던 두려움들을 알았다. 그녀는 그의 기억들 중 이 부분들에 가장 깊게 공감했다. 그가 자신의 친구가 총에 맞은 것을 본 것에 관해 이야기할 때, 줄리는 아버지가 묘사하는 대로 그것을 볼 수 있었고 그가 느꼈던 것을 느낄 수 있었다. 때때로 그녀는 그의 이야기에 너무 빠져들어 그녀가 어디에 있는지 잊고, 로저가 겪었던 바로 그 폭력을 목격하는 것을 견디러 시간을 거슬러 여행하는 듯한 느낌이 들었다. 어떤 때에 그녀는 그때 아버지와 함께 있었으면 하고 바랐다. 그녀는 아버지를 너무나 사랑했기에, 그가 수십 년 전에 그의 인생에 있었던 일들로 인해 계속해서 깊은 영향을 받는 것을 보고 마음이 아팠다.

대학에서, 그녀는 교육과 연구 및 저술에 몰두하면서 직업적인 부분에 전적으로 스스로를 바쳤다. 일에 대한 그녀의 열정은 주변 사람들에게도 명백하게 보였다. 부임하고 처음 몇 달 동안, 동료들은 그녀가 그들보다 얼마나 더 열심히 일하는지에 대해 이야기했다. 그들은 농담 삼아 말했지만, 줄리가 신임교수로서 긴 시간 동안 헌신적으로 일했음은 분명했다. 그것은 무척 재밌었으며, 그 과정에서 그녀는 친구들을 사귀기 시작했다. 이것은 놀랄 만한 일은 아니다. 줄리는 항상 사교적이고 쉽게 친구들을 사귀곤 했다.

그녀의 삶이 바라던 대로 구체화되면서, 줄리는 자신의 미래에 대해 기대에 차 있었다. 워싱턴 DC에 있는 가족과 친구들이 그리웠지만, 노스캐롤라이나에서 그녀만을 위한 새로운 삶을 만들어 가고 있었다. 그녀는 달고 시큼한 동부식 전통 바비큐를 먹어 봤으며, 자주 마을 중심의 농산물 직판장을 찾았다. 그녀는 현지 음악을 맛보기 위해 친구들과 외출했으며, 술 한두 잔을 손에 들고 낯선 싱어송라이터가 부르는 행복한 가사가 담긴 어쿠스틱 노래들을 들으면서 그녀 자신이 올바른 길로 가고 있다는 느낌을 받았다. 그녀는 신입 컨설턴트로 일했던 비참하던 시절부터 그녀가 원해 왔던 것들을 할 참이었다. 그녀는 남들에게도 영감을 주곤 하였다. 시간이 흐르면서, 동료들과 학생들은 그녀에게 가족과도 같아졌다. 그녀의 헌신을 느낀 학생들은 강의실을 꽉 채웠으며 그녀에게 그들의 지도교수가 되어 달라고 요청했다. 대학에 부임한 지 겨우 2년 차에 그녀는 교수상을 받았는데, 이는 신임교수로서는 거의 기록적인 것이었다. 모든 것들이 그녀에게 잘 흘러가고 있었다. 그러나 어느 날 밤, 그녀는 그녀의 삶과 마음 상태를 전혀 기대하거나 상상하지도 못했던 방향으로 가져갈 재앙에 부딪히게 되었다.

> 삶의 불확실성을 견디는 데 더 큰 어려움을 겪고 있는 사람들과 일반적으로 삶의 부정적인 사건을 통제할 수 없는 것으로 보는 사람들은 충격적인 사건에 직면했을 때 스트레스장애가 발생하기 쉽다(McGuire et al., 2021; Hancock & Bryant, 2020; Leonard, 2019). 그럼에도 불구하고 강인한 태도와 성격을 가진 줄리와 같은 사람들도 스트레스장애를 겪을 수 있다.

줄리 재앙에 부딪히다

줄리는 인근 마을에서 친구들과 늦은 밤 모임을 즐긴 후 차로 돌아가고 있었다. 그녀는 그들이 마지막으로 머물던 술집에서 몇 블록 떨어진 곳에 차를 주차했지만, 혼자 걸어가도 괜찮으리라 생각했다. 어쨌든 워싱턴 DC 같은 큰 도시에서도 그녀는 스스로를 돌봤던 경험이 많았으니, 당연히 노스캐롤라이나 같은 작은 도시에서 어떤 문제를 겪을 거라 생각하지 않았다. 그녀는 주변을 바짝 경계하며 차를 향해 씩씩하게 걸어갔다. 주변은 그녀의 예상보다 더 어두웠으며, 섬뜩하게 고요했고, 심지어 기물파손의 흔적도 발견됐다. 차를 주차해 둔 곳에 가까워질수록 그녀는 무의식적으로 속력을 높였다. 그녀는 차에 타자마자 재빨리 문을 잠근 후에 깊게 심호흡했으며, 아드레날린이 치솟는 것같이 느꼈다. 그녀는 생각한 것보다 더 두려웠지만 집을 향해 출발하면서 긴장을 풀기 시작했다.

첫 번째 빨간색 신호등 앞에 섰을 때, 그녀는 격렬하게 논쟁을 벌이고 있는 것 같은 두 남자가 횡단보도로 들어오는 것을 보았다. 불안하게도, 둘은 길 한가운데에 멈춰 서서, 고함을 지르고 과격한 몸짓을 하며, 서로에게 손가락질하며 화를 내는 자세를 취했다. 줄리는 얼어붙었다. 그들은 그녀를 알아차리지도 못한 것 같았지만, 그럼에도 그녀는 본능적으로 목숨의 위협을 느꼈다. 그들에게 경적을 울리고 싶었지만, 그것이 그들의 공격성을 그녀에게로 돌릴까 봐 두려웠다. 그녀가 그녀의 자동차로 빠르게 다가오는 또 다른 두 남자를 봤을 때 시간이 극적으로 느려지는 기분이었다. 잠시 후에 그녀는 다섯 발의 터무니없이 큰 총성을 들었다. 신호등이 녹색으로 바뀌자마자 차 앞쪽에 있던 두 남자는 어둠 속으로 달아났으며, 다른 두 남자는 그녀의 차를 지나쳐 달려갔다. 그들의 고함과 욕설이 차에 틀어 놓은 음악 소리 너머로 들려왔다. 완전한 혼돈이었다. 신호등은 다시 빨간색으로 바뀌었지만 그녀는 움직이지도 않았다. 아무런 생각도 하지 않은 채, 그녀는 가속 페달을 밟고 속력을 높였다. 마을로부터 꽤 떨어진 고속도로로 나간 후에야 그녀는 흐느끼기 시작했다.

그녀는 두려웠다. 만약 그녀가 총에 맞았다면? 만약 죽을 만큼 피를 흘렸는데, 아무도 그녀에게 올 수 없었다면? 만약 그들이 그녀의 차를 탈취해 갔다면? 그녀를 인질로 삼았다면? 너무 큰 두려움에 휩싸여 사실은 그녀가 총에 맞았던 것은 아닌지조차 가늠할 수 없었다. 그녀는 아무것도 느껴지지 않아서 총에 맞았더라도 바로 그것을 느끼지 못했을 것 같았다. 그녀는 살아 있음을 알았고, 운이 좋았다고 느꼈다.

그녀가 집에 도착했을 때, 경찰에 전화를 했다. 경찰들이 그녀의 진술을 받고 조사를 하기 위해 그녀의 집에 왔다. 기다리는 동안 그녀는 차를 확인했고, 차가 총격에 맞은 것을 발견했다. 총알은 차의 후면 쿼터패널을 통과하여 가스탱크를 빗나가 뒷좌석을 뚫었다. 그녀는 감각이 마비되는 것을 느꼈다. 범인이 손을 조

일반적으로 외상이 심각하거나 오래 지속되고 더 직접적으로 노출될수록 스트레스장애가 발생할 가능성이 높아진다(Hyland et al., 2020, 2017).

금만 다른 방향으로 움직였다면, 그녀는 죽었을 수도 있었다. 손은 떨리기 시작했으며 숨을 쉴 수 없었다. 그녀가 일해 온 모든 것, 그 모든 것이 눈 깜짝할 사이에 사라질 수도 있었다. 그녀는 도로 경계석에 앉아 경찰을 기다리며 흐느꼈다. 부모님에게 전화를 걸었지만 받지 않았다. 직장에서 만난 친구들에게도 문자를 보냈지만 답이 없었다. 날씨는 서늘했고, 그녀는 떨기 시작했다. 경찰이 도착했을 때 그들은 줄리가 매우 동요된 상태임을 알 수 있었다. 그들은 그녀와 함께 시간을 보냈고, 줄리는 가능한 한 자세하게 모든 것을 그들에게 말했다.

약 15분 정도 조심스러운 질문이 오간 후, 그녀는 그들이 약간 불편하게 만드는 질문을 하기 시작하는 것을 느꼈다. "그 지역에서 무엇을 하고 계셨습니까, 부인?" 그녀는 친구들과 외출 중이었다. "그렇다면 왜 그 밤에, 그 지역에서 혼자 계셨습니까?" 그녀는 그들에게 자신의 차가 주차된 곳까지 걸어갔었고, 친구들을 만났을 때 이곳이 가장 가까운 주차장이었다고 말했다. "부인." 그들은 계속 비인간적으로 느껴지는 방식으로 그녀를 불렀다. "괜찮으시다면 몇 가지 질문을 더 드리고 싶습니다." 사실 그 지역에서는 마약 밀매에 관련된 큰 문제가 있었고, 경찰은 줄리가 그와 연관되어 있는지 알아내고 싶어 했다. 줄리는 충격을 받고 분노했다. 그녀는 친구들과 외출 중이었다고 되풀이하며 "나는 단지 차를 몰아 집으로 가고 있었어요. 당신은 내가 마약 밀매와 총격 사건에 관련되었다고 생각하세요?"라고 말했다. 그녀는 이제 동요하고 있었다. "정중하게 말해 볼게요, 저처럼 갈색 피부를 갖지 않은 사람에게도 똑같이 질문하실 건가요?" 경찰은 그녀에게 진정하라고 말하며 상황을 더 악화시키기 시작했다. "부인, 우리는 발생한 사건의 본질을 이해하기 위해 누구에게나 물어볼 표준적인 질문을 하고 있습니다." 그녀는 이미 그들에게 말했던, 그녀가 알고 있는 모든 것을 반복했다. "알겠습니다, 부인." 그들은 말했다. "시간을 내어 주셔서 감사하며 부인께 일어난 일에 대해 매우 유감입니다." 그녀는 매우 화가 났다. 그녀는 거의 죽을 뻔했는데 기대했던 연민 어린 도움 대신, 혐의를 받거나 비난을 받는 기분을 느꼈다.

경찰은 떠나기 전, 그들이 몇 가지 질문을 더 하러 다음 날 다시 올 수도 있다고 말했다. 그녀는 그 후 세 시간을 경찰이 그녀를 심문한 방식에 대한 분노와 혼란이 복합된 매우 불안한 상태로 보냈다. 그녀는 변호사를 부르거나 지역 뉴스 매체에 연락을 할까 반복해서 생각했다. 그녀는 밤새 잠을 자지 못했고, 마침내

강도, 총격, 강간과 같은 심각한 외상을 겪은 후 형사 사법 체계에서 존중을 받은 사람들은 시련으로부터 더 성공적으로 회복되는 경향이 있다 (Palmer, Scott, & Ting, 2020).

아침이 되어서야 부모님과 친구들에게 무슨 일이 있었는지 이야기했다. 그들은 정서적으로 힘이 되어 주었고 경찰이 그녀를 심문한 것에 대한 그녀의 묘사에 똑같이 경악했다.

줄리는 무슨 일이 일어났는지에 대해 사람들에게 이야기하면서 다소 안도했다. 그녀는 가족과 친구들에게 이해받고 사랑받는다고 느꼈다. 하지만 그녀는 여전히 압도되고 지쳐 있었다. 이 경험을 어떻게 극복해 낼 수 있을지를 상상조차 할 수 없었다. 그녀는 '평생 다시 밤에 외출할 수 있을까?', '경찰이 그녀의 편이라고 믿을 수 있을까?', '만약 마약 밀매상이 그녀가 누군지 알아내고 쫓아온다면?' 이런 생각들은 또 다른 생각들을 낳았고, 마음은 초조하게 뛰었으며, 눈물은 분노의 폭발 사이에서 통제할 수 없이 흘러내렸다.

줄리   트라우마의 여파

그 외상적인 사건 후 몇 주 동안 줄리는 잠을 자는 데 어려움을 겪었으며, 밤의 휴식을 방해하는 침투적인 기억들과 악몽에 시달렸다. 그녀는 집을 나설 때마다 불안해하고 주변 환경에 지나치게 주의를 기울였다. 그녀는 차 수리를 마치고 더 이상 차의 총알 자국을 볼 필요가 없어진 후에도 운전을 하기 힘들었다. 친구들과 동료들의 권유로 그녀는 회복을 위해 일주일의 휴가를 냈다. 그 일주일 동안, 그녀는 일에 대해 거의 아무것도 생각하지 않고, 강박적으로 지역 뉴스를 읽고 인근 도시의 마약 밀매 문제들에 대한 정보를 검색했다.

친구들은 그녀를 동정했으며, 시간이 흐름에 따라 계속해서 그녀에게 필요한 것이나 도와줄 것이 있는지 물어봤다. 하지만 이상하게도, 줄리는 그들의 질문에 답하기 어렵다고 느꼈다. 그녀가 필요로 하고 알고 싶은 것이 뭘까? 그녀는 이 모든 것이 다시는 일어나지 않길 바랐다. 그녀는 그것을 다시는 생각하고 싶지 않았다. 그녀는 친구들에게 다른 이야기를 하고 싶다고 말했다. 그 충격적인 사건을 떠올릴 때면 느끼게 되는 복합적인 감정이 싫었다. 그녀의 경험은 생각 속에서 뒤섞였고 그것을 반복해서 설명하려면 상당한 노력이 필요했다. 그것에 대해 단지 몇 분 이야기하는 것조차 피곤했다. 그녀는 아버지에게 거의 매일 그 이야기를 했다. 그는 듣고 나서 그가 젊었을 때 경찰에게 불공평하게 위협받던 그 자신

개인의 스트레스 증상이 외상 사건 발생 4주 이내에 시작되어 한 달 미만 지속되면 급성 스트레스장애 진단이 적절하다. 증상이 한 달 이상 지속되면 외상후스트레스장애 진단이 적합하다. 급성스트레스장애의 많은 경우가 외상후스트레스장애로 발전한다.

의 이야기를 나눴다. 하지만 한 달이 지난 후에도 그녀가 정상적인 기능으로 돌아가기 힘들어하자, 아버지는 그녀에게 전문가의 도움이 필요하다고 말했다. 줄리는 그 말을 듣고 안도감을 느꼈고, 그 충고를 받아들이기로 결정했다.

줄리가 멀어지다 친구의 관점

사건이 있고 난 직후 몇 주 동안 줄리는 '비'라는 애칭으로 부르는 친구 베로니카와 정기적으로 전화 통화를 하며 그녀의 경험을 나눴다. 비는 처음엔 그녀를 도와주려 했지만, 시간이 지남에 따라 매일 이어지는 줄리의 문자 메시지와 전화 통화를 두려워하게 되었다. 이후 비는 언니와 이야기하면서 자신의 그러한 반응과 그 사건 이후 줄리와의 관계가 어떻게 변화되는지를 설명하려고 했다.

"처음에 나는 그녀에게 닥친 공포를 이해하려고 모든 말에 집중했어. 그녀에 대해 몹시 걱정했고, 그녀를 돕고 함께해 주고 싶었어. 그러나 몇 주가 지나자 우리의 대화는 모두 똑같이 들렸어. 우리가 무슨 이야기를 하든 줄리는 그 대화를 자신의 상황과 감정으로 되돌렸어. 만약 내가 재미있는 유튜브 채널에 대해 말하면, 그녀는 계속 경찰이나 이 지역의 마약 문제에 대해 이야기했어. 그런 다음 밤에 혼자 운전하는 것이 얼마나 위험한지, 이 지역에서 얼마나 많은 범죄가 일어났는지 또는 공포와 범죄에 대한 또 다른 이야기를 백 번도 넘게 말했어. 결국 나는 내가 그녀에게 중요하지 않다고 느꼈고, 그녀가 도처에서 보는 위험을 설명하기 위한 구실거리일 뿐이라고 느꼈어. 심지어는 때때로 그녀가 나에게 말하는 것 같아 보이지도 않았어. 단지 그녀의 분노와 공포를 큰 소리로 나열하는 것 같았어. 내가 그녀의 친구라는 것은 중요하지 않았어. 아무라도 상관없었을 거야. 나는 그녀에게 단지 하나의 대상인 것 같았어. 말할 이야기가 있는 사람이 아닌 단지 가져다 대고 말할 '귀'인 것 같았어. 금방 짜증이 났어. 무슨 일이 일어났는지 깨닫자마자 나는 그녀의 관심을 이러한 주제들로부터 돌리려고 시도했어. 나는 대학의 누군가에 대한 소문을 알려 줬고, 뉴스거리들을 가져오거나, 과거의 재밌거나 흥미로웠던 사건들을 상기시켰어. 그렇지만 아무것도 소용없었어. 줄리는 새로운 두려움 외에는 어떤 것에도 관심을 보이지 않았어."

"나는 그냥 전화로만 이야기하기보다는 직접 만나야겠다고 생각했어. 줄리는 연구에 따르면 사회 및 가족 지지 체계가 약한 사람들은 더 강한 지지 체계(배려, 공감, 사랑)를 가진 사람들보다 외상적 사건 후에 외상후 스트레스장애를 겪을 가능성이 더 높다(Sareen, 2021; Cowan et al., 2020).

영화관이나 레스토랑으로 외출하는 것은 고려하지 않았어. 하지만 그녀의 집을 방문하는 것은 '허락'했어. 물론, 이 방문 동안 우리는 그녀의 두려움에 대해 다시 이야기했겠지. 시간이 지남에 따라, 방문은 짧아지고 또 짧아졌어. 마침내, 나는 배달원이 된 것 같은 기분이 들기 시작했어. 줄리는 내가 식료품을 가져다주거나 세탁소에서 세탁물을 가져다주도록 '허락'했어. 우리의 관계는 전부 공허하고 표면적이었어. 나는 그녀의 두려움에 대해 실컷 털어놓도록 하려고도 해 봤고 그녀의 두려움에 대해 말하지 못하게 하려고도 해 봤어. 하지만 아무것도 그녀에게 도움이 되지 않는 것 같았어. 시간이 지나면서 그것도 의미 없는 부분이 되었어. 왜냐하면 그녀가 나를 그녀의 삶에서 밀어냈기 때문이야."

"총격 후 3개월이 지나자 그녀는 나에게 전화 거는 것을 멈췄고 가끔씩 내 전화를 받기만 했어. 우리의 소통은 짧고 피상적이었어. 그녀는 자신에게 일어난 일과, 더군다나 앞으로 일어날 일에 대해 매우 두려워하는 것처럼 보였어. 그녀를 사랑하기에, 나는 진실로 그녀를 느끼려고 했어. 하지만 그녀는 내가 알던 다정하고 따뜻한 여성이 아니라 점점 더 화를 내고, 심술궂고, 냉소적인 사람으로 변해 가는 것 같았어. 무엇에 대한 건지 나는 확신할 순 없지만, 그녀는 마치 내가 같은 시련을 겪지 않았거나 충분히 신경 쓰거나 충분히 조치를 취하지 않는다는 이유로 나를 비난하는 것처럼 행동했어. 내가 아는 것은 나와 잠깐 대화하는 것이나 상호작용하는 것이 줄리를 더욱 동요시키는 것 같았다는 것뿐이야. 만약 내가 그녀에게 진료를 받아 보라고 제안하거나 그녀에게 충고를 하면 줄리는 내가 그녀를 방해하고, 적절하지 않은 곳에서 코를 들이대는 것처럼 행동했어. 그래서 나는 거의 포기했어. 나는 그녀에게 제안을 하거나 그녀를 다시 세상으로 끌어들이려는 시도를 중단했어. 그게 줄리에게 더 편안해 보였고, 나에게는 확실히 더 편했어."

"있잖아, 특이하게도, 나도 피해자인 것 같은 기분이 들어. 나는 거의 친구를 잃었어. 나는 강제로 그녀가 떠내려가는 것을 지켜봐야만 했어. 내 삶에 많은 사랑을 더해 준 이 따뜻하고 활기차고 재미있는 여성은 나를 원망하고, 거의 나와 관계가 없어 보이는 강박적이고 자기중심적이며 화가 난 낯선 여성으로 바뀌었어. 너무 답답하고 슬프고, 약간 화가 나기도 한 것 같아. 일단 줄리와 나 사이에는 어느 정도 거리를 두어야 한다는 암묵적인 이해가 생겼어."

치료에서의 줄리 두려움에 도전하다

다음 몇 달 동안 줄리의 삶은 더욱 고립되었다. 그녀의 두려움은 나아지지 않았고, 아무것도 완전하게 안전하지 않다고 느꼈지만, 그나마 안전하다고 생각하는 제한된 외출만을 했다. 그녀는 정기 건강검진에서, 의사를 만나기 전에 일련의 표준 선별 설문지를 작성했다. 그 설문지는 신체적·정신적 건강에 대한 질문들을 포함하고 있었다. 몇몇 질문들은 지난 1년 동안 외상적인 사건을 경험했거나 삶이 위험에 빠졌다고 걱정한 적이 있는지 묻고 있었다. 의사는 줄리에게 이러한 설문지 항목들에 대해 물었다. 줄리는 의사에게 무슨 일이 있었는지 말했다. 이야기하며 그녀의 표정은 분노와 두려움 사이에서 흔들렸고, 절망적으로 들리는 자신의 미래에 대한 생각을 말했다. 그녀는 의사에게 그 사건 이후로 감각이 둔해지고, 일이나 친구들과 시간을 보내는 데 관심이 줄었다고 말했다. 악몽에 대한 고통과 사람들, 장소들, 그리고 그 사건과 연관된 것들을 피하는 것에 대해서도 이야기했다. 또한 오래도록 남아 있는 경찰을 향한 분노도 표현했다. 경찰이 더 이상 심문을 하러 돌아오지 않았음에도 그녀는 학대와 비난을 받는다고 느꼈다. 곧 자신의 환자에게 의학적 지식 이외에 심리적 도움이 필요하다는 것을 알게 된 의사는 줄리에게 외상후스트레스장애(PTSD) 전문가로, 면허가 있는 전문 상담자인 존 발로와 그녀의 상황에 대해 논의하고 혹시 그 상담자가 어떻게 해야 할지에 대한 유용한 제안을 하는지 확인해 보자고 제안했다. 그녀가 보기에 그 상담자는 굉장히 경험이 많았고, 대화를 잘 풀어냈다. 그녀는 그를 '말하는 것에 특별한 방식이 있는 사람'이라고 묘사했다. 줄리는 의사를 믿었다. 다음 날 아침, 또다시 옅은 잠을 잔 직후에, 그녀는 발로 선생에게 전화하기로 결심했다.

스트레스장애가 있는 사람의 절반 이상이 치료를 받지만 초반에 치료를 받는 사람은 상대적으로 적다(Korte et al., 2020).

상담실에서, 줄리는 '악몽 경험'과 그녀의 삶이 어떻게 하룻밤 사이에 흐트러졌는지에 대해 이야기했다. 그녀는 발로 선생에게 한편으론, 그녀의 상태가 그런 끔찍한 경험을 한 사람이라면 누구나 겪을 수 있는 이해할 만한 상태라고 느낀다고 말했다. 하지만 다른 한편으로, 그녀의 이전 능력 수준을 고려할 때, 객관적으로 상당히 우연적인 사건이라고 생각하는 일에 의해 그렇게 완전히 무너질 것이라고 예상하지 못했다. 그녀의 모든 정체성은 이 사건과 그 여파로 사라졌다. 그녀는 다른 사람이 된 기분이었다.

발로 선생은 줄리의 이야기를 들은 후 그녀의 상태가 외상후스트레스장애에 대한 DSM-5-TR 기준을 충족한다고 결론지었다. 첫째, 그녀는 사망이나 심각한 부상의 위협이 있는 충격적인 사건에 노출된 경험이 있다. 게다가, 그녀의 사건에 대한 반응은 극심한 공포를 수반했다. 둘째, 그 충격적인 사건 이후 몇 개월 동안 침투적인 증상이 따라왔다. 줄리의 경우, 원래의 트라우마와 유사한 단서들(이웃 지역, 신호등, 교통 그리고 거리의 낯선 사람들)에 대한 반응으로서 침투적인 기억과 극심한 심리적 고통이 나타났다. 셋째, 줄리는 지속적으로 트라우마와 관련된 자극을 피하거나 (활동에 대한 참여가 감소하고 미래가 단축되었다는 느낌을 받는 형태로) 무감각함을 경험했다. 넷째, 그녀는 지속적인 부정적 감정을 보였고, 자기 자신과 세상의 위험에 대한 생각에 상당한 변화를 보였다. 마지막으로, 줄리는 수면장애, 과잉경계 그리고 지나친 놀람 반응을 포함하여 각성이 증가하였다. 이것이 수 개월 동안 계속되었고 그 결과 그녀의 기능이 크게 손상되었다. 발로 선생은 줄리가 충격적인 사건 직후에 급성스트레스장애가 발생했고, 그녀의 초기 증상이 계속되고 첫 한 달 이후에도 심해져 이제 PTSD의 진단에 부합하게 되었다고 믿었다.

스트레스장애 전문가인 발로 선생은 PTSD를 치료하기 위한 강력한 증거 기반을 둔 두 종류의 인지행동 치료(CBT)가 있다는 것을 알고 있었다. 둘 다 동일한 CBT 범주에 속해 있지만, 하나는 더 행동적이고 다른 하나는 인지적인 변화에 더 집중하는 것이다. 지속 노출이라고 하는 행동적 접근 방식은 불안을 유발하지만 안전한 자극에 대한 '실제 노출'(즉, 실제로 노출하는 것)과 상상 노출을 이용해 사람을 노출시키는 것을 포함한다. 인지 처리 요법(cognitive processing therapy)이라고 불리는 인지적 접근은 개인으로 하여금 트라우마가 삶의 여러 영역에 영향을 미친 방식을 식별하고, 일상 기능을 방해하는 사고방식을 확인하여 수정하도록 안내한다. 두 치료법 모두 효과가 좋았고, 발로 선생은 두 가지 모두 줄리에게 옵션으로 제안했다.

실제 노출(in vivo exposure)은 내담자가 주변의 자극과 사건에 덜 두렵게 반응하도록 돕기 위해 사용된다. PTSD가 있는 내담자를 위한 실제 노출 과정은 공포증과 같은 다른 불안장애 환자에 사용되는 절차와 유사하다. 가장 작은 것부터 가장 위협적인 것까지 불안을 유발하는 상황들에 대한 위계는 내담자와 치료자

북미 인구의 약 3.5%에서 6%가 매년 급성 또는 외상후 스트레스장애를 진단받는다. 7~12%는 일생 동안 이러한 장애 중 하나를 겪는다 (Sareen, 2021; ADAA, 2020).

가 함께 구성한다. 그다음 개인이 이 상황들에 들어가 일정 시간 동안 일반적으로 개인의 불안이 크게 감소하거나 충분한 시간이 지날 때까지 머물도록 과제가 주어진다. 치료자는 일반적으로 개인이 노출 중에 견딜 수 있는 수준의 불안에 도달할 때까지 노출을 개인에게 반복하게 한다. 이러한 노출 과제는 위계에 따라 가장 위협적인 항목에 숙달될 때까지 진행된다.

상상 노출(imaginal exposure)은 PTSD가 있는 내담자가 원래의 트라우마를 회상할 때 덜 두렵게 반응하도록 돕기 위해 사용된다. 개인은 오랜 기간 동안 트라우마와 관련된 일련의 전체 사건을 반복적으로 떠올리며 시각화한다. 시각화 연습에서 내담자는 트라우마에 대한 설명을 길게 녹음한 후 듣는다. 이 노출의 목적은 누군가가 반복적인 노출을 통해 어떤 공포스러운 대상에 무감각해지는 것과 같은 방식으로 내담자를 트라우마 기억에 무감각하게 만드는 것이다. 본질적으로 위험 신호로서의 트라우마 기억의 의미가 노출을 통해 변하고, 결국에는 위협의 감각을 만드는 것을 멈추는 것이다. 궁극적으로 트라우마 기억은 다른 장기 기억처럼 통합될 수 있다.

개인의 부정적인 인지의 타당성에 보다 직접적으로 도전하는 인지 처리 요법은 PTSD를 가진 사람의 반응을 다른 방식으로 변화시킨다. 내담자는 영향 서술문(외상적 사건이 그들의 삶에 영향을 끼친 다양한 방식에 대한 상세한 묘사)을 작성하고, 시간이 지남에 따라 트라우마와 관련된 주제가 일상 경험에 얼마나 널리 퍼져 있는지 발견할 수 있도록 안내받는다. 주제는 예를 들자면, 힘, 자부심, 신뢰, 안전 및 친밀감에 초점을 맞출 수 있다. 발로 선생은 줄리에게 "귀하의 경우 일상적인 신호들에 대해 그것들이 안전하지 않은 것처럼 많은 생각과 반응을 보여 왔습니다."라고 말했다. "인지 처리 치료에서, 당신은 아마 일상적인 사건에 대해 덜 파국적이고 덜 자기 손상적인 해석을 연습하는 법을 배울 것입니다." 줄리는 몇 가지 질문들을 한 다음 발로 선생에게 두 치료법 중 가장 좋은 것을 원한다고 말했다. 그녀는 노출 작업을 원했지만 또한 생각의 방식도 바꾸고 싶었다. 발로 선생은 두 접근 방식에 대해 교육을 받았으며, 노출 및 인지 처리를 모두 포함하는 CBT 기반 치료를 수행할 수 있다는 데 동의했다. 그의 보살핌 아래 줄리는 19회 이상 확장된 치료 프로그램에 착수했다.

일부 연구들은 노출이 PTSD 환자에게 가장 유용한 단일 개입일 수 있음을 시사한다(Peterson et al., 2020; Stein, 2020a).

점점 더 많은 인지행동 치료자들은 PTSD가 있는 내담자가 반복되는 생각, 감정 및 기억을 더 수용하고 덜 판단하도록 돕기 위해 마음챙김 개입들을 포함하고 있다(Desormeau et al., 2020).

1회기 첫 번째 회기에서 줄리는 지난 몇 달 동안 느꼈던 불안을 설명했다. 그녀는 또한 트라우마 사건과 그 여파를 설명했다. 그 경험에서 비롯된 감정들(주로 부상이나 공격에 대한 두려움)이 삶에 대한 그녀의 접근 방식 전체에 영향을 미친 것 같다고 했다. "나는 이 끔찍한 경험을 그냥 지나칠 수 없을 것 같아요. 이건 내가 아니에요. 내가 다른 사람이 된 것 같아요. 나는 내 옛 모습을 되찾아야 해요."

발로 선생은 줄리가 이전 모습으로 돌아갈 수 있을 거라는 데 긍정적이라고 말했다. 그는 그녀가 자신의 생명이 위태로워지는 극도로 무서운 경험 후에 발생하는 일련의 증상인 PTSD를 가지고 있다고 설명했다. 또한 그러한 사건 이후에 대부분의 사람들은 그들 스스로가 유난히 취약하다고 느껴지는 스트레스가 많은 기간을 보낸다고 했다.

그런 다음 상담자는 기본적인 치료 전략의 윤곽을 설명했다. 그는 치료의 한 가지 구성 요소는 축소된 활동에 특별한 주의를 기울이면서 현재의 두려움과 불안으로 인해 줄리의 삶이 변화된 모든 다양한 방식을 조사하는 것이라고 말했다. 그런 다음 두 사람은 가장 작은 것부터 가장 위협적인 것까지 위계에 따라 활동들을 정렬했다. 그들은 함께 신중하게 지정된 절차에 따라, 줄리가 들어갈(그녀 스스로를 노출시킬) 그녀가 이전에 피하던 상황들에 대한 주간 연습 과제를 구성했다. 발로 선생은 줄리가 매주 지정된 기간과 빈도로 반복적으로 그 상황에 들어간다면 그녀의 불안은 궁극적으로 개선될 것이라고 설명했다.

치료의 두 번째 구성 요소에도 노출이 포함되지만, 이 경우에는 트라우마 기억 자체에 대한 노출이라고 상담자는 설명했다. 그는 그 트라우마의 기억이 줄리에게 강한 감정적 반응을 불러일으키고 있으며 이것이 사실인 한, 그녀가 깨어 있을 때나 잠잘 때 모두 영향을 미칠 것이라고 했다. 그는 트라우마 기억에 의해 유발된 정서적 반응이 기억 자체에 장기간 노출되면 감소될 수 있음을 지적했다.

줄리는 이러한 접근의 논리에 의아해했다. 그녀는 이미 트라우마 기억에 반복적으로 노출되었음을 언급했다. 실제로 그 기억은 매일 여러 번 침습해 오는 것 같았지만 그녀의 정서적 반응은 항상 그랬듯 강하게 남았다. 발로 선생은 이렇듯 자연적으로 발생하는 기억의 침습으로는 노출이 종종 오직 몇 분만 지속된다고 지적했다. 게다가 사람들은 그 침습에서 더 불안해지는 요소 중 일부를 차단하는 경향이 있다. 상담자는 일반적으로 한 번에 45분에서 60분 정도의 장기간의 노출

연구에 따르면 지속 노출 치료의 강렬한 기억 과정을 견딜 수 있는 내담자의 경우(많은 사람들이 할 수 없음) 해당 개입이 점진적 노출 개입보다 일반적으로 더 도움이 된다(Riggs et al., 2020; Sherrill et al., 2020).

과 가장 불안해지는 요소를 포함한 모든 요소를 직면했을 때만 개선이 나타난다고 설명했다.

그다음 주에 그는 줄리에게 그녀의 감정과 행동에 대한 관찰을 시작하도록 요청했다. 그녀는 특히 불안한 반응을 일으킨 상황과 관련된 생각을 포함한 두려움과 불안의 모든 사례를 기록해야 했다. 또한 상담자는 줄리에게 그들이 실제 행동 노출 연습을 구성할 수 있도록 그녀가 피하고 있는 다양한 활동을 기록해 두도록 요청했다.

2회기 줄리는 지난 회기에 요청받은 것을 아무것도 기록하지 않았다고 보고하면서 두 번째 회기를 시작했다. 그녀는 일에 집중하고 다시 일상으로 돌아가고 있다고 설명했다. 그녀는 상담자에게 하루에 치료 숙제를 할 시간이 너무 부족하다고 말하러 왔다. 발로 선생은 회피가 PTSD에 대한 모든 치료에서 공통적이며, 그 노출에서 암시되는 위험한 것이 전혀 없음에도 그 노출들이 두려움을 유발하기 때문에 그녀의 마음이 노출을 피해야 할 이유를 생각해 낼 것이라고 제안했다.

줄리는 자신의 회피행동이 실제 노출 연습(즉, 피하고 있던 일을 하는 것)을 합리적인 속도로 진행하는 것에 방해가 될 수 있다는 것을 이해했고 걱정했다. 그녀는 치료를 다음에 받아야 할지도 모르겠다고 생각했다. 발로 선생은 확고했다. 당분간은 상상 노출에 훨씬 중점을 두어야 하며, 다음 회기에는 트라우마 사건에 대해 더 자세히 논의하는 데 전념하기로 결정했다. 그래도 줄리는 몸이 괜찮다고 느끼면 그다음 주에 두어 번 짧은 쇼핑을 시도하기로 하였다.

그들은 또한 트라우마 경험이 그녀의 삶에 어떻게 영향을 미쳤는지 탐구하기 시작했다. 줄리는 그 경험이 자신과 타인, 미래에 대해 생각하는 방식을 어떻게 변화시켰는지 설명하는 영향 서술문을 작성하라고 요청받았다. 첫 번째로 그 사건이 그녀의 일상적인 기능에 어떤 영향을 미쳤는지 생각해 보라는 요청을 받았다. 그다음 그들은 줄리가 안전, 신뢰, 자부심 그리고 통제에 대해 어떻게 생각하는지를 포함한 일상적 반응에 관련된 광범위한 주제들에 대한 생각을 밝혀냈다. 줄리는 자신이 안전하지 않고, 권위 있는 사람들을 신뢰하지 못하고, 그녀의 삶에 대해 덜 희망차고 자부심이 부족하다고 만성적으로 느끼는 것을 인정했으며, 이제 삶 전반에 대한 그녀의 통제가 줄어들었다고 느꼈다. 그들은 이런 주제들을

스트레스장애가 있는 많은 내담자들은 항우울제 역시 처방받는다(Duek et al., 2021; Stein, 2021, 2020a). 일반적으로 이러한 약물은 증가된 각성 및 부정적인 감정의 증상에는 상대적으로 도움이 되고, 반복되는 부정적인 기억 및 회피행동에는 도움이 덜하다.

어떻게 탐구할지를 논의했고, 그녀는 주제와 관련이 있거나 그녀의 삶을 방해하는, 그가 '고착점(stuck point)'이라고 부르는 생각들에 도전하게 될 참이었다. 외상 관련 고착점을 식별하고 해결하는 것은 시간이 지남에 따라 그녀의 PTSD를 치료하는 데 사용된 CBT 접근 방식의 핵심적인 구성 요소가 될 것이다.

3회기 발로 선생은 줄리에게 경찰과 관련된 사건과 그 여파를 포함하여 외상적 사건의 모든 세부 사항에 대해 물었다. 발로 선생은 줄리가 사건을 사실적으로 설명하기 시작할 때 녹음을 했다. 그녀는 곧 극도로 고통스러운 일에 집중하는 것처럼 꿈 같은 흐름 속에 눈을 감았다. 그런 다음 약 45분 동안 이어진 자세한 독백으로 그 사건 전체를 설명했다. 그녀는 자세한 감각적 세부 사항들을 포함하였고, 일인칭 시점을 사용했다.

작업을 마쳤을 때, 줄리는 피곤해 보였다. 발로 선생은 그러한 경험들을 이야기하는 그녀의 힘겨운 노력을 칭찬했다. 그런 다음 그는 그녀에게 0에서 10까지의 척도를 사용하여 독백의 정점에서와 독백의 마지막에서의 불안 수준을 추정해 보도록 요청했다. 줄리는 8점과 5점으로 평정했는데, 이는 독백이 끝날 무렵 어느 정도의 불안이 감소했음을 나타낸다.

4회기 줄리와 상담자는 함께 녹음한 것을 들었다. 듣는 동안 줄리는 눈을 감고, 지시받은 대로 그 사건을 가능한 한 생생하게 상상하려고 노력했다. 이번에 그녀는 몇몇 새로운 통찰들을 얻은 것 같다고 말했다. 첫째, 그녀는 그 경험 전체에서 가장 문제가 되는 요소가 '통제력 상실감'이라는 것을 깨달았다고 했다. 남자들이 총을 쏘는 순간 신호에 걸려 자신을 전혀 방어할 수 없는 상태에 있었던 것이다. 그녀는 아버지의 트라우마 경험에 대한 장황한 설명을 들으면서 언젠가 그런 일이 자신에게도 일어날 수 있다고 믿어 온 어린 시절 경험과 직접적으로 연결되었다. 그녀는 또한 사건 자체와 뒤따른 경찰과의 경험이 안전하다고 믿었던 새로운 고향에서의 평범함과 안전감을 흔들고 있다는 것을 깨달았다. 그녀는 자신이 잃어 가고 있는 모든 것에 대해 슬픔, 상실 그리고 분노를 느꼈다.

발로 선생은 줄리에게 이따금 통제력을 상실하는 사건들은 정상적인 삶의 일부이며, 사람들이 이러한 일이 발생한다고 해서 반드시 위축되거나 비하되는 것

연구에 따르면 심각한 외상에 직면하기 전에도 나중에 PTSD가 발생하는 사람들은 뇌-신체 스트레스 경로[교감신경계 및 시상하부 뇌하수체 부신 축(HPA)]에 과민하게 반응하는 것으로 나타났다. 그런 경우 심각한 외상에 직면한 후 뇌-신체 스트레스 경로가 훨씬 더 과도하게 반응한다(Lopez-Duran et al., 2020; Zakreski & Pruessner, 2020; Speer et al., 2019).

은 아니라며, 경험을 덜 부정적인 시선으로 볼 수 있는 관점을 제공하려고 노력
했다. 이 말을 듣고 난 후, 줄리는 그 생각을 기꺼이 받아들일 준비가 된 것 같았
다. 그녀는 이제 어떻게 해야 최근에 일어난 총격 사건을 비슷한 관점에서 바라볼
수 있는지 알 것 같다고 말했다.

5~8회기 다음 4주 동안, 줄리는 거의 매일 그 녹음 내용을 듣도록 지시받았다.
그녀는 이러한 상상 노출의 절반 정도에 대해 최고 불안 수준을 기록했다. 줄리
의 불안 수준은 점진적으로 감소했으며, 4주가 끝날 무렵 녹음에 대한 그녀의 불
안 반응은 사실상 소멸되었다. 이러한 불안의 감소와 함께 줄리의 생각에 결정적
인 변화가 일어났다. 약 2주 후, 최고 불안이 상당히 줄어들었을 때, 줄리는 발로
선생에게 녹음을 듣다 보니 그녀의 두려움 중 많은 것들이 과장된 것처럼 느껴
진다고 말했다. 불안이 훨씬 더 줄어든 세 번째 주에, 그녀는 불안의 감소가 그녀
삶의 다른 부분으로 이어지는 것 같다고 말했다. 그녀는 처음에는 친구와 함께,
그다음에는 혼자서 그동안 기피해 오던 곳을 지나가는 운전을 재개했다. 게다가
그녀는 그녀의 회복에 대해 언급하고 기뻐하는 친구들과 훨씬 더 가까워진 기분
이라고 말했다. 줄리는 또한 녹음을 반복해서 듣는 것이 그 사건이 '이제 내 경험
의 일부'라고 느끼게 한다는 것을 관찰했다. 그 기억은 더 이상 끊임없이 '내 마
음 한구석에' 있지 않았으며, 그것을 생각했을 때 더 이상 그것을 밀어내야 한다
는 강박감을 느끼지도 않았다. 다시 말해, 그것의 침습적인 속성이 제거된 것이
었다. 여덟 번째 치료 회기에서 줄리는 녹음을 듣는 동안 몇 번 실제로 잠들었고
녹음이 너무 편안해졌다고 보고했다.

같은 4주 동안, 줄리는 사건이 발생한 주변 지역과 사건 발생 이후로 방문하지
않았던 장소들을 자발적으로(또 처음에는 친구들과, 그리고 나중에는 그녀 혼자)
방문하기 시작했다. 이와 거의 동시에 거리에 있는 사람들에 대한 두려움 또한
감소했다.

상담자는 줄리가 이 시점에서 더 이상 녹음을 들을 필요가 없다고 느꼈고, 실
제 노출을 통해 그녀의 활동의 범위를 늘리는 것이 더 큰 이득이 될 것이라고 제
안했다. 그 상담자와 내담자는 줄리가 여전히 피하고 있는 트라우마 관련 단서들
에 적어도 하루에 한 번 접근할 계획을 세웠다.

스트레스장애가 있는 일부 사람들은 다른 외상 생존자들과 함께 남아 있는 두려움과 기타 증상, 죄책감이나 분노, 외상이 개인 및 사회 생활에 미친 영향에 대해 논의할 수 있는 집단 치료를 통해 도움을 받을 수 있다.

9~13회기 4주 넘게 진행된 이 회기들 동안, 실제 노출 연습이 강조되었다. 줄리는 충격이 발생한 바로 그 장소에 가까이 운전하는 것이 점점 더 편안해졌다. 그러나 그녀는 경찰을 신뢰하는 데는 문제가 있었고 계속되는 불신에 대한 치료를 위해 무엇을 할 수 있는지 계속 질문했다.

사건 이후에 더 동정 어린 대우를 받았으면 좋았겠다는 바람은 있지만, 줄리는 이성적으로는 경찰이 그녀의 편이었다고 생각했다. 하지만 그녀는 경찰관을 보면 쉽게 화가 났고, 이런 반응을 바꾸고 싶었다. 따라서, 발로 선생은 경찰과 관련된 몇 개의 단서들에 대한 노출을 통해 이러한 불안을 줄일 수도 있다고 제안했다. 그들은 위계 구조를 만들고 실제 노출을 실행했다. 첫 번째 단계는 경찰서로 운전해 가서 45분 동안 경찰차와 경찰 관련 단서를 살펴보는 것이었다.

14~15회기 줄리는 과제를 수행하고 변화들을 보고했다. 그녀가 예상했던 것보다 덜 불안하고 덜 화가 났다. 그녀는 처음에 약간의 불안감을 느꼈지만 몇 번 경찰서 바깥의 주차장에 머물러 있고 난 후에 그 느낌은 사라졌다. 심지어 그녀는 지루해졌다. 그들은 노출 당시 그녀가 경찰에 대해 가졌던 생각을 탐색하고 인지 재구성 기술들을 사용하여 이러한 생각을 함께 바꾸었다.

16~19회기 이 회기들 동안, 줄리와 상담자는 일상적인 상황에 대한 반응으로 안전, 힘, 신뢰 등의 트라우마 관련 주제들에 대해 그녀의 생각들이 어떻게 나타나는지 탐색하는 데 거의 모든 시간을 보냈다. 그들은 이러한 생각에 대한 진실을 확인하기 위해 워크시트를 사용했으며, 줄리는 자신의 가정과 해석을 보다 유연한 방식으로 재구성하는 방법을 배웠다. 마지막 회기에서, 그들은 그녀의 진행 상황을 검토하고, 재발 방지 계획을 세웠으며, 그녀의 치료 과정에 대해 이야기했다. 그녀는 집에서 한 과제들이 얼마나 많은 도움이 되었는지 언급했다. 그녀는 물론 발로 선생과 이야기하는 것으로도 편안함이 커졌지만, 대부분의 진전이 일어난 것은 치료 회기 사이의 날들이었다. 노출 치료는 무엇보다도 그녀가 사건과 관련된 단서와 상황에 대한 반응으로 가지고 있던 자동적 사고가 반드시 정확하지는 않다는 것을 알게 했다. 그녀는 이러한 생각들이 그녀의 기분을 좌지우지하지 않도록 이 생각들에 도전할 수 있는 새로운 수단들을 가졌다. 그녀의 PTSD 증

스트레스장애에 대한 관심은 베트남 전쟁 중 임상의들이 점점 더 많은 재향 군인이 플래시백(전투 트라우마에 대한 강렬한 기억)을 경험하고 일반적으로 일상생활에서 소외되는 것을 관찰하면서 강화되었다.

상은 이제 상당히 감소했다. 줄리는 CBT로부터 많은 혜택을 입었다.

에필로그

치료가 끝나고 3개월 후에 발로 선생은 전자의료기록 시스템을 통해 줄리에게 연락했고 그녀가 계속해서 PTSD 증상이 없다는 것을 알게 되었다. 그들은 1년 추적 관찰 일정을 잡았으며, 그 사이에도 언제든 면담 예약을 할 수 있도록 하였다.

평가 문제

1. 줄리의 외상후스트레스장애를 촉발시킨 사건은 무엇인가?

2. PTSD 환자의 뇌–신체 스트레스 경로는 일반적으로 외상 사건 전후에 스트레스에 어떻게 반응하는가?

3. 왜 친구와 친척들은 충격적인 사건을 겪은 사람에게서 결국 멀어지게 되는가?

4. 줄리가 마침내 치료를 받기로 결정한 이유는 무엇인가?

5. 줄리가 급성스트레스장애가 아닌 외상후스트레스장애 진단을 받은 이유는 무엇인가?

6. 발로 선생은 줄리의 장애를 돕기 위해 어떤 치료법을 선택했는가? 각 유형의 치료에 대한 예를 제시하시오.

7. 치료 초기에 발로 선생은 줄리의 향후 치료의 다양한 구성 요소에 대해 설명했다. 해당 구성 요소에 대해 설명하시오.

8. 외상적 사건에 대한 기술을 녹음한 목적은 무엇인가?

9. 줄리가 처음에 치료 계획의 일부인 두려운 활동을 기록하지 않은 이유는 무엇인가? 발로 선생은 줄리와의 회기에서 이 문제를 어떻게 다루었는가?

10. 줄리가 어린 시절에 겪은 다른 어떤 사건이 그녀의 외상후스트레스장애에 기여했는가?

11. PTSD를 가진 사람들의 몇 퍼센트가 치료를 찾는가?

주요우울장애

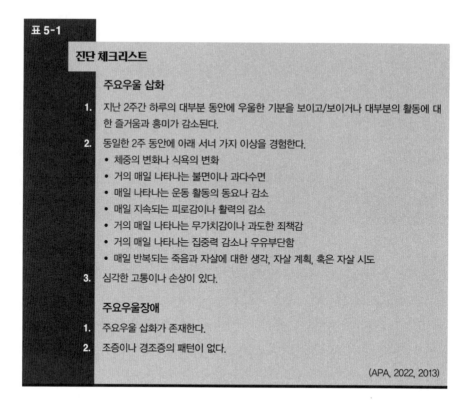

표 5-1

진단 체크리스트

주요우울 삽화

1. 지난 2주간 하루의 대부분 동안에 우울한 기분을 보이고/보이거나 대부분의 활동에 대한 즐거움과 흥미가 감소된다.

2. 동일한 2주 동안에 아래 서너 가지 이상을 경험한다.
   - 체중의 변화나 식욕의 변화
   - 거의 매일 나타나는 불면이나 과다수면
   - 매일 나타나는 운동 활동의 동요나 감소
   - 매일 지속되는 피로감이나 활력의 감소
   - 거의 매일 나타나는 무가치감이나 과도한 죄책감
   - 거의 매일 나타나는 집중력 감소나 우유부단함
   - 매일 반복되는 죽음과 자살에 대한 생각, 자살 계획, 혹은 자살 시도

3. 심각한 고통이나 손상이 있다.

주요우울장애

1. 주요우울 삽화가 존재한다.

2. 조증이나 경조증의 패턴이 없다.

(APA, 2022, 2013)

임상적 우울증을 겪는 사람들 대부분은 단극성 우울증, 그러니까 조증의 병력이 없고 우울증이 끝나면 정상 혹은 거의 정상적 기분으로 되돌아간다. 양극성 우울장애에서는 사람들이 우울증과 조증을 번갈아 겪는데, 사례 6을 참조하라.

필립은 1973년 일리노이주 시카고에서 태어나서 악명 높은 사우스사이드에서 성장했다. 그의 부모는 모두 시카고 출신이었고, 외가와 친가의 조부모들은 20세기 초반에 아일랜드에서 그 지역으로 이주했었다. 필립의 아버지는 벽돌공으로서 시카고 외곽 남쪽 그리고 남서쪽 일대 산업 지역의 여러 공장들을 돌아다니면서 일했다. 필립이 중학교에 다닐 때 그의 아버지는 웨스트사이드의 공장에서 감독관으로 일하게 되었다. 시간제로 임금을 받았던 다른 일자리에 비해 그 일은 월급제라서 더 좋았다. 안정된 수입과 일관된 일정을 유지하기 위해서 필립의 아버지는 감독관으로 성공하려고 열심히 일했다. 필립과 그의 세 동생들에게는 아버지가 이 일을 시작하고부터 모든 게 더 좋아졌다. 아버지가 감독관이 되기 전에는 집세나 공과금을 제때 내지 못할 수도 있었고, 전기가 끊기고, 어떤 때에는 가족들이 끼니를 때울 음식이 충분하지 못할 때도 있었다. 설상가상으로 필립의 부모는 가족이 필요로 하는 것을 채워 줄 돈이 충분치 않다고 소리를 지르고 고함을 치면서 싸우고는 했다. 힘든 아동기였고, 나중에 필립은 그게 상처를 남겼다고 말했다.

필립 벽돌공의 아들

필립은 고등학교 시절 아버지의 밑에서 석공 조수로 일하면서 그 직업의 기본기를 배웠다. 그러면서 그는 자기 기술에 자부심을 느꼈고 아버지와 보내는 시간을 즐겼다. 필립은 노동계급 동네 출신이었다. 그가 아는 애들의 대부분은 대학에 진학하지 않았다. 고등학교를 마치지 않은 애들도 많았다. 일부는 부실한 교육, 빈곤, 그리고 기회의 결여로 인한 다양한 범죄로 교도소에 드나들었다. 16세가 될 때쯤 필립은 주먹싸움에 휘말리기도 했으며, 갱단의 위험한 십자포화를 간신히 피한 적도 있었고 사람들이 얻어맞고 강탈당하는 것을 수십 번 봤다. 고등학교 졸업 후에 필립은 그의 아버지 회사에 신입 직원으로 취직하여 석공 사업에서 전일제로 일을 시작했다. 그는 창고의 원자재들을 압축한 팰릿들을 옮기는 것을 돕고 기계를 청소하며 상급 동료들이 잘 사용할 수 있도록 모든 도구들을 안전하게 고정시켰다. 회사는 수십 년 된 가족 회사로 3개 주의 건설업자, 토목공사자, 건축 청부업자에게 물자를 공급하였다. 필립의 가족은 그가 이 벽돌 공급 사업에서 경력을 쌓을 거라고 가정했다. 학교에서는 그저 평범한 학생이었던 그는 혼자서 일을 하는 것은 상상도 할 수 없었다. 그는 그 사업에서 자기 몫을 하는 데 자부심을 느꼈고 월급을 받으면서 언젠가 자기 가정을 이루겠다는 포부를 가졌다.

23세에 필립은 같은 사우스사이드 출신의 스칼릿과 결혼했다. 그녀는 놀기 좋아하고, 노래하는 목소리에 감정이 충만했으며 블루스를 좋아했다. 그들은 고등학교 시절에도 간혹 어울렸지만 결혼 1년 전까지는 진지하게 사귀지 않았었다. 필립은 졸업 후 그녀에게 끌렸다는 걸 깨달았고 언젠가 그녀와 결혼했으면 했다. 그는 처음에는 장난스럽게 구애를 했다. "넌 다른 여자애들과는 달라. 언젠가 우리에게 때가 올 거야. 두고 봐. 네가 그렇게 하는 게 좋다고 할 거야. 난 너도 그걸 알고 있다고 생각해. 오, 그렇다는 걸 너도 알 거야." 스칼릿은 사우스사이드 여성으로서 자기 입장을 고수하는 법을 알고 있었다. 그녀는 농담을 하면서 자기는 진지해질 준비가 안 되어 있다고 했다. 그러나 두 사람이 서로 끌렸고, 결국 그녀는 이 남자가 자기를 얼마나 많이 사랑하는지를 알게 되었다. 그녀는 존중받고 사랑받고 있다고 느꼈고 비록 자기들이 상당히 어리다고 생각했지만 그의 청혼을 받아들였다. 그들은 큰 교회에서 결혼식을 했다. 그들은 그녀가 자랐던 집에서 모퉁이를 돌아서 비교적 전통적인 가정을 꾸렸다. 필립은 벽돌 회사에서 일했고, 스칼릿은 인근 재개발 동네의 커피점에서 파트타임 종업원으로 일했다. 필립과는 달리 그녀는 온라인으로 대학 강의를 들으면서 그래픽 디자인 학위를 취득할 계획을 하고 있었다. 결혼 후 1년 내에 그녀는 딸을 낳았고, 5년 뒤에 둘째 딸, 그리고는 아들, 그리고 또 다른 아들을 낳았다.

필립   모든 것이 달라진다

필립은 오랫동안 그의 벽돌 회사에서 차츰 승진하여 41세에 그 사업의 감독관이자 관리자가 되었다. 필립은 1930년대 초반 아버지가 이루었던 그 회사에서의 성공을 넘어서 동료들과 상사들 사이에서 존경받는 지도자로 자리 잡았다. 아버지가 은퇴한 뒤, 필립은 벽돌 사업 전문가로서, 그리고 지도자로서의 자신의 지식과 기술에 자신감을 가지고 한층 더 빠르게 성공 가도를 달렸다. 스칼릿은 그래픽 디자이너로서 성공하였다. 그녀는 매우 재능이 있어서 재택근무를 허용하는 회사에서 풀타임으로 일했다. 필립은 그녀를 정말 사랑했고, 아이들이 어리고 자신은 일로 매일 집을 비우는데도 열심히 일해 온 아내를 존중했다. 또한 그는 가족의 부양을 위해서 그녀가 벌어들이는 수입도 고맙게 생각하고 있었다. 그들은 시카고의 남서쪽에 있는 중산층 교외에 집을 소유하고 있고, 차 두 대와 버사라고 부르는 오래된 클래스 B급 캠퍼 밴이 있었다. 아이들은 모두 학교에 다니고 건강했으며 친구들도 있었다. 필립이 스칼릿과 조용히 있을 때 말했듯이, 그건 정상적 생활이었다. 정말 필립과 그의 가족들에게 모든 게 순조롭게 흘러가고 있었다. 그러다가 모든 게 달라졌다.

필립보다 3세 어린 동생이 갑자기 세상을 떠났다. 처음에는 심장마비로 생각되었다. 그는 아무런 경고 증상도 없이 자는 도중에 사망했다. 필립의 가족 전체가 충격을 받고 깊은 슬픔에 빠졌다. 이해가 안 되는 일이었다. 그들의 가족에게는 심장병 이력이 없었고, 그들이 아는 사람 중 누구도 심장마비를 겪은 사람이 없었다. 하지만 그게 아니라면 그가 그렇게 젊은 나이에 자다가 죽었다는 걸 어떻게 설명할 수 있겠는가? 그는 필립과 가장 나이가 가까운 형제로, 그들은 어린 시절 많은 시간을 함께 보냈다. 필립은 슬픔에 휩싸였다. 그는 몇 주일간 직장을 쉬었는데, 아침에 일어나는 게 힘들어지기 시작했다. 그는 기분이 무미건조해지고 있었고 하루의 대부분을 무감각한 상태에서 지냈다. 평소에 그가 즐기던 보람이나 즐거움이 덜해졌다. 스칼릿은 그에게 우울해 보인다고 했지만 필립은 전에 우울했던 적이 없었고 자기의 변화를 애도와 슬픔의 탓으로 돌렸다. 그의 동생이 사망한 후 첫 달에는 이런 해석이 이해가 되었다. 그런데 몇 달이 지나도 필립은 계속 슬픔과 절망, 그리고 걱정이 뒤섞인 우울함을 느꼈다. 시간이 감에 따라 단순하게 애도라고 보는 해석은 점점 더 말이 안 되었다.

사랑하는 사람을 잃은 후의 상당한 애도 반응은 일반적으로 정상이다. 그러나 DSM-5-TR에 의하면 일부 유족들은 주요우울장애 진단기준을 충족시킨다. 만약 그들의 애도 증상이 1년 이상 매일 나타나서 심각한 고통이나 장애를 일으키면 연장된 애도장애로 진단될 수 있다.

장례를 치른 지 넉 달 후에 필립은 동생이 오랫동안 처방 약물을 주기적으로 사용했으며, 알코올과 합법적으로 처방되었으나 오용된 아편성 진통제의 조합으로 인한 호흡기 혹은 심부전으로 사망했을 가능성이 크다는 걸 알게 되었다. 필립은 충격을 받았다. 그는 자기 동생이 진통제에 중독되었다는 걸 몰랐지만 생각해 보니 동생이 동요된 상태에서 돈을 달라고 했던 일이 여러 번 있었다는 게 기억났다. 그의 동생은 몇 년 전 일하던 공장에서 사고를 당해서 허리 수술을 받았다. 그가 수술에서 회복되는 과정에서 진통제를 쓰기 시작했을 수 있다. 아니면 작년에 그가 오토바이 사고로 응급실로 갔을 때 시작되었을 수도 있다. 필립은 동생이 옥시콘틴을 썼는데, 그게 통증을 모두 나아지게 했다고 말했던 것을 기억해 냈다. 그게 언제 시작되었는지는 확실하게 알 수가 없다. 하지만 그는 자기 동생에 대한 생각을 중단할 수 없다는 것은 알았다. 그는 자기가 알고 도움을 주었더라면 얼마나 좋았을까 하는 생각을 멈출 수 없었다. 자기가 어쩌면 경고를 놓치지 않았을까 하는 의문이 들었다. 그에게는 자기 동생이 죽었다는 사실이 정말 끔찍하게 느껴졌다. 게다가 필립은 자기가 도움이 되지 못했다는 데 대한 죄책감까지 느꼈다.

일반 모집단의 10%가 우울증을 가진 데 비하여, 중증 우울증을 앓는 사람들의 생물학적 친척 중에서는 30%가 우울증을 앓는다(Krishnan, 2021a, 2021b, 2021c, 2020).

필립은 약물은 하지 않았고 약국에서 처방전 없이 살 수 있는 종류 말고는 진통제도 먹어 본 적이 없었다. 그리고 심장 문제의 병력도 없었다. 하지만 동생이 사망한 후 시간이 지나면서 필립은 자기와 아내, 그리고 아이들의 건강에 대해서 계속 의문을 갖게 되었다. 그는 매년 주치의에게 검진을 받도록 되어 있지만 수년간 가지 않았다. 스칼릿은 자기 의사에게 정기적으로 검진을 받고 있었고, 그들은 자녀들에 대해서는 부지런해서 매년 소아과 전문의에게 검진을 받고 있었다. 필립은 늘 예약을 하겠다고 말했지만 결국 실천은 하지 못하곤 했었다. 스칼릿은 매년 그걸 상기시켰다. 하지만 그가 의사에게 가지 않겠다는 건 아니었다. 단지 그는 그걸 우선순위에 두지 않는 것 같았다. 이제 동생의 죽음 후 거의 1년이 지나서, 필립이 검진 예약을 했다.

그는 집 근처 교외에 있는 클리닉에 갔다. 체크인을 하자 데스크에 있는 사람이 그에게서 본인부담금을 받고 그에게 태블릿을 건넨 뒤 대기실 옆의 키오스크에서 질문지에 답을 하게 하였다. 필립은 놀랐다. 그가 마지막으로 의사를 만났던 때 이후 달라진 게 많았다. 그는 태블릿을 이용해 자기 건강 이력, 그리고 현재 걱정되는 것이나 문제들에 관한 질문에 답했다. 스크린 하단에 있는 버튼을 누르자 정신건강에 대한 질문들이 나타났다. 필립은 불편해지기 시작했다. 질문들은 그의 기분, 불안, 술과 물질 사용, 트라우마 이력, 그리고 그가 스트레스에 어떻게 대처하는지 등에 대한 것이었다. 그 질문들에 답하면서 필립은 자신이 사실을 있는 대로 전부 말하지 않고 있다는 걸 알았다. 그는 슬픈 기분이 들고, 간혹 불안하기도 하다는 것은 인정했지만 전반적 스트레스 수준과 주당 음주량은 줄여서 이야기했다. 그는 태블릿을 데스크 직원에게 돌려주고는 의사를 기다렸다.

의사 대신에, 의사의 임상 조수라고 하는 젊은 여성이 필립에게 인사를 했다. 그 여성은 필립의 활력 징후들을 측정한 후 그를 진료실로 데리고 갔다. 그의 주치의가 도착하자 그들은 의례적인 인사를 나눈 뒤, 그의 시스템을 기본적으로 점검하는 일을 마쳤다. 그녀는 예약 전에 했던 필립의 관례적 혈액 검사는 정상으로 나왔다고 설명했다. 그리고 필립에게 건강에 대해 걱정되는 게 있는지 물었다. 필립은 자기가 운동을 더 할 필요가 있다고 하면서 안경을 맞추기 위해서 검안을 할 필요가 있는지 물었다. 그녀는 이 병원의 안과 전문의에게 의뢰하겠다고 했다. 그들은 그의 운동 부족에 대해서 이야기했다. 그러고는 앞서 그가 응답했던 선별 질문들에 대해서 주치의가 물었다. 그녀는 그의 운동 부족이 그의 저조한 기분과 관련이 있다고 했다. 필립은 어깨를 으쓱했다. "당신의 기분이 적어도 최근 2주 이상 정상에 비하여 나빴습니까?"라고 그녀가 물었다. 필립은 그렇다고 고개를 끄덕였다. 그녀는 계속해서 필립의 수면, 식욕, 그리고 체중에 대해서 질문했다. 필립은 정상보다 훨씬 더 많게 열 시간 가까이 잔다고 인정했다. 그의 식욕은 평상시보다 적었고 지난 6개월 동안 살을 빼려고 하지도 않았는데 대략 5~7kg 정도 체중이 줄었다. 그녀는 계속해서 "필립, 지난 2주 이상 평소에는

가정의, 내과의, 그리고 소아과 의사들은 자기 환자들이 겪은 우울한 사례들 중 최소 50%는 찾아내지 못한다(Lyness, 2021, 2020; Williams & Nieuwsma, 2020).

매년 미국 성인의 약 8%는 심각한 단극성 우울증을 겪고 있고, 추가적으로 5%는 경미한 형태의 우울증을 겪는다(Krishnan, 2021a, 2021b, 2021c, 2020; DBSA, 2020). 성인들의 20%가 평생 어느 시점에서 심각한 단극성 우울증 삽화를 경험한다.

즐거워했던 일들에 대한 관심이나 즐거움이 감소했나요?"라고 물었다. 필립은
분명 그러한데 왜 그런지, 뭐가 잘못되었는지 모르겠다고 답했다. 그의 주치의는
책상에서 필립이 앉은 쪽으로 몸을 기울였다. 그녀는 필립이 주요우울장애의 진
단기준을 충족시키는 것 같다고 하면서 여러 치료 대안 중에서 하나를 고려해 보
면 좋겠다고 했다.

 필립은 자신이 우울증일지도 모른다는 주치의의 소견에 동의할 수밖에 없었
다. 결국 애도로 시작되었던 것이 이제는 많은 증상이 되었다. 그의 기분은 침체
되어 있고, 더 이상 즐거움을 느끼지 못했다. 그는 잠을 잘 못 자고, 식사도 잘 못
하고 있었고 체중이 줄었다. 필립은 자살 생각을 하고 있지는 않지만 자신의 미
래에 대해서 절망적이었고 많은 시간을 자신의 죽음에 대해서 생각하면서 보냈
다. 직장에서 그는 움직임이 더 느려졌고 집중하기 힘들었다. 이 모든 게 그를 성
가시게 했고 그의 직장 상사와 아내 모두 그가 달라졌다고 느꼈다. 두 사람이 모
두 그가 에너지가 없다는 것과 그답지 않게 자기가 책임진 일을 잊는 경우가 많
다는 것에 짜증스러워했다. 필립은 주치의가 우울증이라고 했을 때 그녀가 맞았
다는 걸 알았다. 그는 우울하였다.

 그의 주치의는 치료 대안들을 설명했다. 에너지를 올리기 위해서 그녀는 항우
울제 — 아마도 세로토닌 재흡수 억제제(부프로피온) — 를 낮은 용량으로 처방할
수 있다고 했다. 그녀가 가능성 있는 부작용들(예를 들어서 두통, 변비, 불면증)
을 설명한 후, 필립은 다른 대안들에 대해서 물었다. 그는 자신은 늘 약물 복용을
싫어하는 사람이었고 자기 동생이 죽은 뒤에는 더 강력하게 그렇게 되었다고 했
다. 그녀는 다른 대안으로는 일종의 말로 하는 치료인 인지행동 치료(CBT)가 있
다고 했다. 항우울제에 여러 종류가 있듯이 우울증 치료에도 여러 유형의 CBT가
있다고 했다.

 그녀는 자신은 CBT 전문가가 아니고 전자의료기록에 제휴 클리닉의 동료에게
로 의뢰하는 의뢰서를 올려놓겠다고 했다. 필립은 "말로 하는 치료요? 정신과 의
사를 보는 것 같은 건가요? 그게 어떻게 도움이 되나요? 아니, 전 되었어요, 선생
님." 주치의는 필립에게 CBT는 말로 하는 구조화된 단기 치료인데 그 효과가 과
학적으로 입증되었다고 말해 주었다. 필립은 생각해 보겠다고 했다. 그녀는 심리
치료를 받는 게 처음에는 불편할 수 있겠지만 약물 치료에서 있을 수 있는 부작

단극성 우울증으로 항우울제
를 복용하는 사람들 중 60%
는 호전된다(Simon, 2019).
그들의 재발을 방지하기 위하
여 약물 치료자 대부분은 내
담자들에게 우울 증상이 없
어지고 난 후 최소한 5개월간
약물 복용을 계속하도록 한다
(DeRubeis et al., 2020).

용은 없다는 것을 확인해 주었다. 필립이 치료에 대해서 양가감정이 있다는 것을 눈치채고, 그가 확신이 없다고 해도 결정은 나중에 해도 되니까 CBT를 시도할 의사가 있다면 의뢰를 해도 될지 물었다. 그는 동의했다. 그가 가기 전에 그녀는 그 병원의 사회복지사 동료가 그와 이야기를 하면서 우울과 CBT에 관한 질문에 답해 주어도 될지 물었다. 그는 민망해하면서 말없이 고개를 끄덕였다.

몇 분 뒤 사회복지사가 노크를 하고 진료실에 들어왔다. 그녀는 페기 올슨이라는 이름의 금발 중년 여성으로 목걸이 줄에 은으로 된 비둘기 브로치를 하고 있었다. 그들은 약 15분 정도 이야기를 나누었다. 페기는 주로 그의 우울 증상에 대해, 그리고 그가 그 증상들을 고치고 싶은지에 대해 물었다. 그가 대답을 하면 그녀는 그걸 반영하고 그의 말을 자기가 이해한다는 것을 알려 주는 식으로 풀어서 말해 주었다. 그녀는 왜 그가 우울 증상을 줄이기를 원하는지, 그리고 그가 우울증을 줄이기 위해서 변화를 한다면 그의 삶이 어떻게 달라질 것인지 물었다. 필립은 스스로 변화하려는 동기가 더 높아졌고, 더욱 단호하게 변화할 필요성을 느꼈으며, 해 보겠다는 마음이 더 커졌다. 페기는 미소를 지으면서 우아하게 앞으로 그들이 다시 이야기할 수도 있지만, 그가 CBT 치료자와 정기적으로 만나기 시작하면 그에게 중요하다고 확인된 변화들을 이루는 데 도움을 받을 수 있을 거라고 했다. 필립은 아직도 말로 하는 치료에 대해서 양가감정이 있었지만 페기와의 긍정적인 경험 후에 CBT를 시도하기로 했다.

스칼릿의 관점 내 남편에게 무슨 일이 일어나고 있는가

필립의 우울증으로 영향을 받는 사람은 그 자신만이 아니었다. 그의 아내 스칼릿과 자녀들 — 그와 함께 살고 그를 걱정하는 사람들 — 도 그의 우울증으로 인해 상처를 받았다. 그리고 필립과 마찬가지로 그들도 그의 극적인 변화가 혼란스러웠다. 스칼릿은 자기 언니에게 이렇게 설명했다.

오랫동안 나는 좋은 아버지, 자상한 남편이고 우리 모두의 안락한 생활을 위해서 매일 열심히 일하던 힘 있는 남자와 살아왔어. 그런데 지난 몇 주 동안에 나는 그 사람이 자신의 고통과 건강, 불행 이외에는 아무것도 생각하지 못

연구에 의하면 사회적 지지가 약하고 고립되어 있으며 친밀감이 결여된 우울한 사람들은 지지적 파트너 혹은 따뜻한 친구가 있는 사람들보다 우울증이 더 오래 지속된다 (Pastor, 2020).

하는, 슬프고 겁에 질린, 희망을 잃은 사람으로 바뀌어 가는 것을 지켜봤어.

처음에는 별로 해롭지 않은 것 같았어. 그 사람 동생이 죽었을 때 우리는 모두 당황했지. 동생이 얼마나 젊었는지, 우리 중 누구에게나 비슷한 일이 생길 수 있다고 생각하는 게 당연했어. 필립을 제외한 나머지 사람들 — 그의 형들이나 사촌들, 나 자신 — 은 모두 그걸 극복하고 일상으로 돌아왔지만, 필립에게는 그게 무언가 그의 발목을 잡고 떨어지지 않는 것을 건드린 것 같았어.

처음에는 자기도 동생처럼 갑자기 죽을지도 모른다는 걱정을 끈질기게 이야기했지. 그리고 그는 나나 우리 애들의 죽음에 집착했어. 그다음에는 작은 일들 하나하나에 대해서 걱정하고, 어디에서나 끔찍한 운명을 보면서 자신을 과도하게 보호하려 했지. 거실에 들어가서 그가 흐느끼는 걸 보곤 했어. 도대체 왜? 그는 건강했고 성공했으며 멋진 가족이 있는데 말이야. 그런데 그는 울고 있는 거야.

몇 번이고 나는 낙관적인 측면들을 지적하면서 그에게 예전으로 돌아오라고 잔소리했지만 아무 소용이 없었어. 나는 정말 열심히 이야기했지만 대답은 항상 "그래, 하지만 이건 어쩌지?" 혹은 "그래. 그러나 저건 어떻게 해?" 이었어. 그는 눈앞이 캄캄하고 모든 일에 대해서 절망적으로 느꼈던 거야. 아무것도 소용이 없었어.

그가 그렇게 속상해하는 것을 보는 것도 끔찍했지만 아무것도 하지 않으려고 하는 건 더 싫었어. 집에서 그는 아버지이기를, 그리고 남편이기를 그만두었지. 아이들은 숙제할 때 도움이 필요했고 어딘가 태워다 줘야 했어. 싱크대나 차 수리도 필요했고 재무 상황에 대해서도 의논해야 했어. 그는 아무것도 할 수 없었지. 그는 그냥 거기 앉아서 허공을 쳐다보거나 한숨을 쉬고, 아니면 울고 있었어. 그는 막내 아이처럼 되어 버렸어. 아니 실제로 그것보다도 더 나빴어. 적어도 아이들에게는 설득을 하거나 무얼 하도록 시키고, 함께 즐거운 시간을 보낼 수는 있잖아.

직장에서도 마찬가지였지. 하루는 그의 상사가 전화해서 필립이 이틀 동안 출근을 안 했다고 어디에 있느냐고 물었어. 집에서나 직장에서 그는 뭔가를 잊어버리곤 했고, 시간이 가면서 집안일도 거의 안 했지. 우리 모두는 혹시나 그를 건드릴까 걱정되어서 조마조마해하면서 지냈어. 애들은 아빠에게 무슨 문제가 있느냐고 항상 물었어. 나는 그에게 "우리 남편에게 무슨 일이 일어나고 있는 거야?"라고 계속 물어봤지만, 그는 우울증이라는 걸 인정하지 않으려고 했지. 그는 이런 모든 변화들에 대해서 핑계나 이유를 댔어. 하지만 내가 그걸 믿을 만큼 어리석지는 않았어. 나는 마치 그 사람을 잃어버리는 것 같았어.

그가 드디어 병원에 가서 의사를 만나자 안도했어. 그가 집에 와서 어떻게 되었는지 이야기를 했을 때 나는 약물 처방을 받지 않았다는 데 정말 화가 났어. 그게 더 쉬운 해결책 같았으니까. 사실 나는 필립이 심리 치료를 진지하게 받아들일지 잘 모르겠어. 하지만 난 어떻게 할지를 모르겠어. 내가 했던 건 모두 별로 소용이 없었지. 만약 그가 자신에게 무슨 일을 저지르려고 하면 어쩌지? 그는 분명히 그쪽으로 가고 있었거든. 너무 무서워. 난 그저 내 남편을 되찾고 싶어.

> 심각한 단극성 우울증이 있는 사람들의 6∼15%는 자살로 죽음을 맞는다(Schreiber & Culpepper, 2021; Halverson, 2019).

치료에서의 필립　행동 활성화

주치의와 사회복지사를 만나고 몇 주일 뒤 필립은 로즈마리라는 CBT 치료자와 첫 치료 약속을 잡았다. 그 치료자는 임상심리학 석사를 마친 후 오랫동안 CBT 훈련을 받았다. 필립은 그녀를 만나기 전 온라인으로 자료를 찾아보았다. 그녀는 60대 후반이었는데 웹사이트 프로필에 따르면 로저스 방식의 치료, 게슈탈트, 로고테라피, 그리고 안구 운동 둔감화 및 재처리(EMDR) 등 필립이 전에는 들어보지 못했던 치료들을 포함한 다양한 심리 치료 훈련을 받은 경력이 있었다. 필립은 그녀의 전문 훈련과 치료 스타일에 대해서 계속 읽어 가면서 눈으로 열심히 훑어봤다. 주치의는 그를 주요우울장애로 진단했는데, 로즈마리가 자신이 우울증 치료에 전문적 지식이 있다고 적은 것을 보고 안심이 되었다. 그녀는 우울증에 보통 인지행동 치료(CBT)라는 것을 사용한다고 설명했다. 이건 그의 주치의가 말해 준 것과 같은 유형의 치료였다. 아직도 그게 뭔지는 모르지만 로즈마리도 그의 주치의가 권한 것과 동일한 접근을 사용한다고 하니 그는 그녀를 만나는 것이 덜 불안했다.

예약을 하면서도 그는 어떻게 생각해야 할지 확신이 없었다. 한편 그녀는 경험이 많고 전문성이 있는 것 같았다. 반면 필립에게는 심리 치료자 — 그의 표현으로는 'shrink' — 에게 도움을 받는 것이 처음이었다. 예약 신청에 '확인'을 누르기 전에 필립은 편안하게 앉아서 생각을 했다. 그가 자란 저소득층, 노동자 동네에서는 심리 치료자를 만나는 사람 이야기를 들어 본 적이 없었다. 사람들은 그저 겨우 먹고사는 데 급급했다. 필립이 기억하기에 자기가 아는 사람들은 머리 위에 비를 가려 줄 지붕과 괜찮은 직업, 식탁 위에 먹을 것 등 이런 것들을 걱정했다. 하지만 정신건강에 대한 낙인이 있었다는 것도 알았다. 모두들 스파즈(바보)라고 불렸던 6학년 아이는 약물 치료도 안 받고 항상 교실에서 행동 폭발을 했다. 그의 친구들이 '정신 나간 찰리'라고 불렀던 우울한 이웃은 필립이 10세 때 실직하고 아내가 떠난 뒤 자살로 생을 마감했다. 필립과 그의 친구들은 기차 승강장 밑에서 지내는 노숙자의 혼란스러운 말을 흉내 내면서 그를 놀렸다. 필립은 그들에게 공감하거나 동정심을 느끼지 않았는데, 이제 그가 그런 사람들 중 하나가 되었다. 그는 그가 살면서 만났던 사람들 중 우울증이나 다른 정신건강 문제의 가능성이 있었던 사람들을 생각하면서 눈물이 났다. 그는 '확인' 버튼을 누르고 로즈마리나 그녀의 직원이 치료 약속을 잡기 위해서 연락할 거라는 확인 이메일을 휴대전화로 확인했다.

1회기 필립은 로즈마리의 대기실에서 불안해하면서 기다렸다. 그는 고개를 숙이고 있었지만 로즈마리가 자기소개를 할 때 예의상 억지로 미소를 지었다. 그녀는 긴 은발에 천천히 목적을 가진 듯이 걸었다. 그녀가 필립에게 손을 내밀면서 미소를 짓자 그녀의 얼굴은 친근하고 다정해 보였다. 그녀는 바닐라와 카다몬 향기를 풍겼고 뚜렷한 눈가 주름을 지니고 있었다. 그들은 상담실로 함께 걸어갔다. 그 방은 아늑했다. 편안해 보이는 안락의자 2개가 서로 마주 보고 있었고, 그 옆에는 많은 다육이 식물들과 보석, 책들로 장식된 책장이 있었다. 그녀는 필립에게 앉으라고 하고 환영해 주면서 비밀보장의 한계와 클리닉 정책에 대해서 잘 준비된 오리엔테이션을 해 주었다. 그녀는 필립에게 뜨거운 차를 원하는지 묻고 자기 찻잔에 차를 더 따르려고 일어났다. 로즈마리는 그에게 유산균 페퍼민트 차를 건네면서 "자, 이제 시작할까요?"라고 했다.

첫 번째 심리 치료 회기에서는 필립의 현재 증상과 그 이전의 사건들을 이야기하는 데 대부분의 시간이 쓰였다. 힘들어하는 기색이 명백했지만 필립은 지난해의 일들을 논리정연하고 체계적으로 이야기했다. 동시에 그의 얼굴에 드러난 절망감은 거의 바라보기가 고통스러울 정도였고 목소리는 고통으로 떨렸다. 최근 필립의 주치의가 했던 것과 마찬가지로 로즈마리는 그의 주요우울 증상을 평가했다. 그의 답은 같았다. 그는 아직도 우울했고 로즈마리가 보기에 주요우울장애의 기준을 다섯 가지 이상 충족시켰다. 그녀는 이걸 주요우울장애로 진단할 것이며 자기 노트와 의료보험청구서에 그렇게 적을 것이라고 말했다. 필립은 고개를 끄덕이며 알겠다고 했다.

로즈마리는 우울증에 대한 일반적 접근으로 그녀가 제안한 CBT를 설명하기 시작했다. 그녀는 우선 우울증 CBT의 C에 대한 이야기를 시작했다. 그녀의 스타일은 거칠 것이 없고 마음을 끌어서, 필립은 비록 불안했고 아직도 치료받는 것 자체에 대해서 확신이 없었지만 로즈마리를 신뢰할 만하다고 생각했다. 로즈마리는 C는 인지적(cognitive)을 지칭하는데, 그건 생각(thinking)을 근사하게 말하는 것에 지나지 않는다고 설명했다. 그녀는 킥킥대고 웃었다. 필립은 그녀가 이야기를 하자 덜 불안해졌다. 인지적 개입을 사용해서 그녀는 주로 사람의 생각하는 방식에 초점을 두어서 우울증을 치료할 수 있었다. 그녀는 비록 기분의 장애가 우울증의 가장 두드러지는 증상이지만 인지의 장애가 우울증에서 중요한 — 어떤 이들에게는 일차적인 — 역할을 한다는 것을 보여 주는 연구들이 있다는 것을 강조했다. 우울증이 있는 사람들은 사건들의 지각과 해석에 심각한 부정적 편파로 인하여 자기 삶에서 일어나는 사건들과 그들의 미래를 아주 부정적인 — 우울한 — 방식으로 경험하게 된다. 인지적 개입의 목표는 그들의 해석의 이와 같은 부정적 편파와 방식을 바꿔서 우울증의 근원을 제거하는 것이다.

필립은 이에 귀를 기울이면서 따라갔다. 이건 분명해 보였다. 사고의 방식이 우울증의 핵심에 있으니까 사고의 방식을 바꾸어서 우울증을 완화시킬 수 있다. 필립이 뭘 말하기도 전에 로즈마리는 우울증 CBT에서의 B에 대한 설명으로 넘어갔다. 수십 년간에 걸친 연구에 의하면 행동 활성화[로즈마리가 BA(Behavioral Activation)라고 부르는]는 우울증을 감소시키는 근거 기반 방법이었다. 로즈마리는 행동 활성화 개입을 통해서 필립이 매일 자신의 가치와 일치하며 즐겁고 자신을 조절할 수 있고 그에게 숙달감을 주는 활동을 더 많이 해서 우울증을 감소시

연구에 의하면 우울한 사람들은 부정적 사건에 대한 주의, 해석, 기억에서 다양한 편파가 있다. 그들은 긍정적 경험보다 불유쾌한 경험을 더 쉽게 기억하고, 다양한 과제에서의 자신의 수행을 폄하하며 다양한 상황에서 실패를 예상한다(Krishnan, 2021a, 2021b, 2021c, 2020; APA 2020a).

키도록 도울 수 있다는 것이다. 로즈마리는 그들이 C 혹은 B 접근을 주로 사용할 수 있는데 그 두 가지는 마찬가지로 효과적일 수 있다고 설명했다. 그리고 그들이 함께 어떤 것을 선택하든 간에 우울증의 CBT 전략 사용에는 심리교육, 자기 모니터링, 새로운 것을 신뢰하고 기꺼이 시도하려는 태도, 그리고 자신의 문제가 있는 패턴을 밝히고 바꾸려는 열린 태도가 포함될 것이라고 했다.

필립은 신중한 태도로 귀를 기울이다가 로즈마리가 자신이 치료될 수 있다고 믿는지 알고 싶다고 대답했다. 그는 자신이 가족에게 부담이 되어 가고 있고 직장에서도 지탱하기가 힘겨운데 어떻게 해야 좋아질 수 있을지 모르겠다고 했다. 그는 솔직한 사실을 듣고 싶어 했다. "제가 정상으로 돌아갈 수가 있을까요?"

심각한 우울증 환자들을 대하는 정신건강 전문가 대부분이 그렇듯이 한순간 로즈마리는 과연 치료로 필립이 좋아질 것인가 의심스러웠다. 그 심리학자는 필립에게 아무것도 보장된 것은 없지만 그녀가 그를 치료하기로 한 것은 그가 완전히 회복되게 할 수 있다고 기대하기 때문이라고 말했다. 필립은 그 문제를 더 밀고 나가서 구체적으로 언제 자신이 정상으로 돌아갈 수 있겠는가를 알고 싶어 했다. "몇 달이요? 얼마나 오래 걸릴까요?"라고 물었다.

로즈마리는 일정에 대한 필립의 폐쇄형 질문(예/아니요로 답을 요구하는 질문)에서 적대감을 느끼지는 않았다. 그보다 그녀는 그 질문에 그의 절망감, 그가 희망이 없는 사례일지도 모른다는 두려움이 반영되어 있다는 걸 알았다. 분명히 그는 그녀가 하는 말 한마디 한마디에 매달려서 안심시켜 주는 말을 찾고 있었다.

그 심리학자는 균형을 잡는 줄타기를 해야 한다고 느꼈다. 한편으로 그녀는 필립이 나아질 거라는 자신감을 가졌으면 했다. 반면 치료를 시작하는 데 대한 필립의 양가감정과 일정에 대한 고집스러운 질문을 고려할 때 로즈마리는 특정한 날까지 좋아질 거라는 기대를 갖게 하는 것은 피하고 싶었다. 만약 기대대로 되지 않을 경우, 미래에 대한 필립의 부정적 기대에 불을 붙이는 결과가 되어서 그의 우울 증상을 악화시킬 것이 예견되기 때문이었다.

> 심각한 단극성 우울증이 있는 사람들의 69% 정도가 인지행동 치료에 성공적으로 반응한다. 연구에 의하면 만약 그런 내담자들이 치료에 이어 계속해서 '부스터' 치료 회기를 받는다면 우울증 재발의 가능성이 낮아진다(Jauhar, Laws, & Young, 2021; Krishnan, 2021a, 2021b, 2021c, 2020).

로즈마리 : 당신이 간절히 좋아지고 싶어 한다는 건 알겠어요. 당연한 일이지요. 이게 언제 끝날지 궁금해하는 게 당연하지요. 전에도 말했듯이 저는 당신이 우울증에서 회복되도록 도울 수 있을 것 같아서 만나기로 한

겁니다. 당신의 주치의에게도 그렇게 이야기했어요. 우리가 사용할 접근은 한두 달 정도로 짧게 끝날 수 있지만 그보다 시간이 더 오래 걸릴 수도 있어요. 하지만 저는 오랜 기간 이 일을 해 왔고, 치료가 얼마나 걸릴지 정확하게 예측할 수 없다는 걸 알게 되었어요. 그래서 저는 여기에 정확한 일정을 제시할 필요가 없다고 생각해요. 왜냐하면 제 경험상 회복의 속도는 사람마다 다르니까요. 물론 언제 좋아질지 짐작을 할 수는 있겠지요. 하지만 만약 그 날짜까지 당신이 완전히 회복되지 못하는 경우 실제보다 거기에 더 큰 의미를 둘 수 있어서 걱정됩니다.

필립 : 좋은 지적이시네요. 그래요. 그러면 어떻게 되는 거지요? 저는 영원히 치료를 받고 싶지는 않아요. 기분 나쁘시라고 하는 말은 아닙니다. 전 여기 오는 게 힘들어요. 그런데 선생님은 좋아지려면 오래 걸릴 수도 있다고 하시네요.

로즈마리 : 저는 지금 당장은 일정을 정하지 않고 열어 두는 게 최선이라고 생각합니다. 당신의 상태가 어떤지 잘 살펴보면서 당신에게 종종 우리의 진행 상황을 일관적 방식으로 점검하는 질문지를 작성해 달라고 할 겁니다. 당신이 아직 저에 대해서 이런 이야기를 할 수 있는지 모르겠지만 저는 상당히 솔직하게 말하는 사람입니다. 저는 보는 대로 말해 드릴 겁니다. 그리고 만약 우리가 진전이 없는 교착 상태에 빠졌다는 생각이 들면 당신에게 솔직하고 알려 주고 우리에게 가능한 대안들을 고려할 겁니다.

필립 : 좋아요. 그게 좋겠어요. 저도 솔직한 사람입니다. 그래서 다음에 무엇을 하지요?

로즈마리는 나머지 상담 시간 15분 동안에 우울증의 인지적·행동적 모델, 그리고 이러한 이론적 틀에 뿌리를 둔 관련 치료들을 전반적으로 개관했다. 그녀는 필립이 회복 일정에 민감한 것을 특정한 부정적 지각 혹은 해석이 기분에 강력한 영향을 미칠 수 있다는 것을 보여 주는 예로 사용했다. 구체적으로 그 심리학자는 정확한 일정을 덜 중요시하는 다른 관점을 취하면 특정한 날까지 완전히 회복되지 않았을 때 덜 파국적인 반응을 하게 될 거라고 했다.

로즈마리는 치료의 중요한 부분은 필립의 생각과 행동에서 기분 좋게 느끼는 능력을 손상시키는 측면을 발견해서 궁극적으로 그의 우울증을 완화시키는 대안적 사고 및 행동 방식을 기르도록 돕는 것이라고 설명했다. 그녀는 필립에게 다음 주 동안 자신의 정서적 반응을 모니터링하고 괴로움(슬픔, 분노, 불안 등)을 일으키는 생각과 사건을 모두 기록하고 그 강도를 평정하도록 할 거라고 설명했다. 그녀는 시간 단위로 무엇을 하면서 하루를 보내는지 알 수 있도록 일일 추적 서식에 매일 그의 활동을 적어 달라고 요청했다. 그녀는 이 정보를 이용해서 언제 어디에 그의 우울증을 감소시킬 수 있게 도움이 되는 다른 활동을 추가하기 시작할 수 있을지 알아낼 거라고 설명했다. 다음 회기에서 이 추적 기록지에 대해서 이야기하고 문제가 되는 구체적 사고 및 행동 패턴을 밝혀내기 시작할 거라고 로즈마리가 설명했다. 그러고는 그들이 함께 새롭고 보다 효율적인 사고방식을 도입하는 작업을 할 거라고 필립을 납득시켰다.

그 회기 마지막에 그녀는 필립에게 보다 인지적인 C 혹은 보다 행동적인 B CBT 접근을 사용하는 데 대해서 어떻게 생각하느냐고 물었다. 필립은 물어봐 주어서 고맙다고 하면서 자신은 행동적 접근, BA가 잘 맞는 것 같다고 밝혔다. "그게 좀 더 간단한 것 같아요."라고 로즈마리에게 이야기했다. 필립은 숨을 들이쉬면서 결심을 한 것처럼 말했다. "저는 항상 행위 위주의 사람이었어요. 그리고 BA가 더 행위 중심인 것 같네요. 선생님이 제 머릿속에 인지적인 것들을 주입하려고 하시는 걸 마다하지는 않을 겁니다. 오해하지는 마세요. 하지만 BA를 먼저 시도할 수 있을까요? 네, 그렇게 해요. 저는 그걸 더 잘할 거라고 생각해요." 로즈마리는 그에게 첫 주 자기 모니터링에 쓸 워크시트를 건네고 자기 모니터링을 하는 방법에 대해서 궁금한 게 있으면 전자의료기록을 통해서 자기에게 연락하라고 했다.

2회기 로즈마리는 필립의 기분과 활동 기록을 살펴보았고, 그게 논의의 초점이 되었다. 필립은 대부분의 날에 열 시간을 잤고 낮에는 일하러 갔으며 집에서는 주로 거실에서 TV를 보고 캠핑과 여행에 관한 웹사이트를 살펴보면서 시간을 보냈다. 그가 적어 놓은 활동에는 아이들과 스칼릿과 TV를 보는 것 말고는 다른 게 별로 없었다. 사회적 활동이나 취미도 없었고, 영적 혹은 종교적인 활동으로 보

우울하지 않은 연구 참여자들에게 본인들에 대한 부정적 이야기를 읽도록 하면 그들은 점점 더 우울해졌다(Bates et al., 1999).

내는 시간도 없었으며, 기분 전환용으로 즐기는 것도 없었다. 그의 기분은 그 주 내내 전반적으로 침체되어 있었고 직장에서 집으로 돌아올 때, 그리고 가족과 시간을 보낼 때에 약간 좋아졌다. 그녀가 자기 모니터링 서식을 살펴보는 동안 필립은 풀이 죽어 보였다. "로즈마리, 전 정말 엉망이네요. 전 어떻게 이 모양이 되었지요? 저는 일하고 자고 먹고 TV 보는 것 말고는 아무것도 하는 게 없네요." 로즈마리는 우울할 때 자기 자신의 패턴을 자세히 들여다보는 게 얼마나 고통스러운지 확인해 주었다. 그녀는 우울증 환자를 치료하기 시작할 때에는 보통 이렇다며 그를 안심시키고는 치료 회기의 초점으로 옮겨 갔다. 그들은 그에게 무엇이 중요한지 — 그녀는 이걸 가치명료화라고 부르는데 — 를 찾아내는 데 시간을 보낼 예정이었다.

우울증이 있는 사람들 다수는 불안, 분노, 혹은 짜증도 경험한다(Dozois et al., 2020).

로즈마리 : 당신의 일상 활동에 어떻게 변화를 주기 시작할지에 대해서 이야기합시다. 우리는 즐거움, 보상, 숙달감을 좀 더 많이 경험하도록 행동적으로 활성화시키는 데 도움이 될 것들을 할 겁니다.

필립 : 좋아요.

로즈마리 : 지난번에 우울증의 행동 모델에서 당신이 부정적 피드백 순환에 갇혀 있다고 한 것을 기억하시나요?

필립 : 다시 말씀해 주세요.

로즈마리 : 기분이 처지면 기쁨과 즐거움이나 숙달감을 주는 일, 혹은 당신에게 가장 중요한 일을 하는 걸 피하기 쉽지요. 하지만 이런 일들을 안 하면 당신의 기분은 계속 처져 있고 당신은 그런 일을 계속 더 피하게 되는 악순환이 일어납니다.

필립 : 네, 그건 사실입니다. 전 아무것도 안 하고 있어요. 동생이 죽은 후 저는 발이 콘크리트에 붙어 버린 것 같아요. 혹은 마치 헤어날 수 없는 모래 속에서 움직이는 것 같아요. 갇혀 있고 느려 터지고 아무것도 할 동기가 없는 것 같은 느낌이에요.

로즈마리 : 당신 기분을 좋아지게 하거나 당신이 잘하는 것, 그리고 했으면 하는 것을 한다면 인생이 어떨까요? 아니면 기분이 좋아지지는 않지만 당신이 잘하는 것, 아니면 당신이 신경을 쓰거나 가치를 두는 일들을 한

다면 말입니다.

필립　：무슨 말씀이세요?

로즈마리 : 이번 주 심리 치료 숙제로 몇 가지 목록을 작성했으면 좋겠어요. 하나
　　　　는 당신이 즐겼던 것들을 모두, 다른 하나는 당신이 할 필요가 있거나
　　　　하고 싶었지만 회피하고 있는 것, 그리고 당신이 능숙하게 하거나 할
　　　　수 있는 것들로요. 세 번째 목록은 이제 곧 우리가 해 볼 것인데, 가치
　　　　가 있는 행위, 말하자면 당신 인생의 다른 부분에서 가장 살고 싶고 되
　　　　고 싶은 방식을 말하는 거지요. 첫 번째 목록부터 시작합시다.

필립　：저는 이제는 재미있는 건 아무것도 안 해요. 하지만 가족과 캠핑하는
　　　　것을 좋아했어요. 우리는 정말 온갖 곳에 갔지요. 멀리 갈 필요도 없었
　　　　어요. 그냥 집에서 나와서 숲속으로 들어가는 게 즐거웠어요. 전 또 캠
　　　　핑카에서 작업을 하면서 캠핑에 쓰는 간단한 기계 장치들을 어떻게 쓰
　　　　는지 알아내는 것도 좋아했지요. 그리고 캠핑뿐 아니라 여행도 좋아해
　　　　요. 심지어는 여행에 대해서 생각하는 것도요. 혹은 여행을 계획하는
　　　　것도. 저는 그런 걸 하면서 갈 수 있는 여행들에 대해서 항상 가족과
　　　　이야기했었지요.

로즈마리 : 우리가 제 길에 들어섰네요. 캠핑과 여행처럼 당신에게 즐거움을 주었
　　　　던 것들을 가능한 한 많이 적어 봅시다.

　이야기를 계속하면서 로즈마리는 필립이 피하는 활동에 대한 긴 목록의 초안
을 잡는 것을 도와주었다. 그러고는 그에게 숙달감과 성취감을 주는 활동, 그가
마치고 싶고 마칠 필요가 있지만 회피하고 있는 활동의 목록을 작성하였다. 필립
은 고장이 난 싱크대를 고치는 것, 그리고 큰아들의 침실에서 나는 이상한 냄새
를 알아보는 것을 피하고 있었다고 보고했다. 그는 전기와 관련된 문제일지도 모
른다고 생각했지만 아직 소켓뚜껑을 열고 조사하지는 못했다. 그는 아마도 전기
소켓이 천천히 타고 있는데 그걸 방치하고 있었던 게 아닌가 걱정이 되었다. 집
전체가 불타 버릴 수도 있었다. 그들은 모든 걸 잃을 수도 있다. 그래도 필립은
아직도 그 문제를 조사하지 못했다는 건 자기가 얼마나 우울했는지를 보여 준다
고 강조했다.

그 두 사람은 필립이 할 능력이 있고, 마치길 원하고 있거나 숙달감과 유능감을 느끼려면 마칠 필요가 있지만 회피하고 있던 활동의 긴 목록을 만들었다. 필립은 멋쩍어하면서 그 모든 일을 할 생각을 했지만 자기 스스로 하지 못했었다고 인정했다. "그래서 당신이 여기 와 있는 거 아닌가요?" 로즈마리가 되받아쳤다. "우리는 이걸 같이 할 겁니다. 이게 쉬웠다면 당신이 벌써 내 도움 없이 모든 걸 했겠지요." 그 회기는 가치행동을 담은 세 번째 목록 이야기는 하지 못하고 끝났다. 그녀는 그에게 심리 치료 숙제를 내 주었다. 그는 자신의 일상 활동과 기분을 계속 모니터링하는 데 동의했다. 그에 더하여 그는 그의 목록들을 확정하고 마치기에 가장 쉬운 활동부터 가장 어려운 활동까지 위계적으로 조직하기로 했다.

3회기   필립은 세 번째 치료 시간에 들어올 때 약간 자랑스러워 보였다. 그는 치료 숙제를 마쳤고 자기 일과에 즐거운 활동을 추가하려고 여러 차례 시도했다. 그는 자신의 자기 모니터링 서식의 그 부분을 로즈마리에게 가리키면서 즐거운 활동을 할 때에 어떻게 그의 기분이 좋아지는지를 보여 주었다. "정말 잘되었네요. 필립, 우리는 이걸 기반으로 할 수 있어요." 로즈마리가 답했다. 그들은 한 주일을 살펴보고 앞으로 즐거운 활동이 추가될 수 있는 추가적인 날짜와 시간을 찾아냈다. 그리고 그들은 그가 숙달감을 강화시킬 수 있지만 회피하고 있던 활동 중 가장 쉬운 것을 언제 어떻게 공략하기 시작할 수 있을지 이야기하고 문제를 해결하였다. 로즈마리는 이렇게 하면 필립으로 하여금 더 이상 일을 미루지 않고 오랫동안 미루어 두었던 삶의 문제들을 다루는 일에 진전이 있다는 느낌을 갖게 만드는 데 도움이 될 거라고 설명했다. 필립은 자기 아들의 침실에서 나는 악취를 바로 알아보겠다고 동의했다. 그러고는 그 목록을 좀 더 명료화하여 반복했고, 직장에서 그가 하고 싶었지만 피하고 있던 것들을 새로 추가하였다. 그는 운동을 피하고 있었지만 다시 건강한 몸매를 만들고 싶다는 말을 했고 그들은 기분을 호전시키는 방안에 주 3~5회 운동하는 것을 포함시켰다. 그 회기는 이제 절반쯤 지났고 로즈마리는 가치에 대한 이야기로 옮겨 갔다.

연구에 의하면 경도에서 중등도 우울증 사례에서 운동은 특히 심리 치료나 약물 치료와 통합되었을 때, 심리 치료 혹은 항우울제 치료보다 더 좋은 효과를 보였다 (Dishman et al., 2021; Firth et al., 2020; Miller et al., 2020).

로즈마리 : 가치란 사실 삶의 여러 부분에서 당신이 가장 중요하게 생각하는 존재 방식을 말하는 겁니다. 당신은 가치를 가지고 있지요. 그러니까 마음

속으로 일, 가족, 친구, 결혼, 신체적 건강, 종교적 혹은 영적 안녕, 공동체 의식, 그리고 삶의 다른 영역에서 당신이 중요하게 생각하는 존재 방식을 말합니다. 그걸 찾아내기 위해서 형용사를 쓸 수 있지요. 예를 들어서 저는 심리 치료를 할 때 진솔함에 가치를 둡니다. 그래서 당신과 그렇게 되려고 노력하지요. 제가 여기 스태프와 상호작용할 때에는, 저는 그를 존중하고 비-판단적이 되려고 해요. 왜냐하면 저는 동료들과 그렇게 되는 것에 가치를 두니까요. 이해가 되나요? 우리는 모두 가치관이 있지만 항상 그게 무엇인지를 알고 있거나 그 지침에 따라 사는 건 아닙니다. 일이 순조로울 때에 가치란 우리의 도덕적 나침판과 같아서 매일 살아가면서 무엇을 할지를 알려 줍니다. 우리의 가치와 어긋난 삶을 살면 우리는 괴로움을 느끼지요. 그리고 삶의 여러 부분들을 각각 바라보면서 가치를 명료화해서 우리가 그와 일치하는 삶을 살고 있는지를 판단합니다. 우리의 가치관과 어긋나는 곳이 바로 우울을 완화시키고 가치 있는 삶을 영위하기 위해 행동을 변화시켜야 할 지점들이지요.

필립 : 로즈마리, 지금 많은 이야기를 하셨는데 저는 다 이해한 것 같아요.

로즈마리 : 이번 주 숙제로 워크시트를 한 장 드리지요. 거기에는 당신 삶의 여러 영역이 적혀 있는데, 각 영역에서의 당신의 가치를 적도록 되어 있습니다. 도움이 되도록 제가 일반적인 가치 목록을 드릴 겁니다. 하지만 당신 삶의 각 부분마다 자신의 가치가 무엇이든 그걸 적으셔야 합니다. 이 워크시트의 다음 단계에서는 근래 당신이 얼마나 자신의 가치와 가깝게 살고 있는지 평정하도록 되어 있습니다. 천천히 이걸 작성하세요. 그러면 다음 주에 당신의 매일 일과에 어떤 가치 활동을 추가할지, 언제 추가할지를 알아내는 데 지침이 될 겁니다.

그들은 남은 시간 동안 어떻게 이 숙제를 할지 그리고 다음 주에 구체적으로 어떤 시점에 어떻게 즐겁고 숙달감을 이끌어 낼 일들을 추가할지 함께 문제 해결을 하면서 보냈다. 필립은 우울증의 CBT 치료가 어떤 것인지 드디어 이해하기 시작했다고 느끼면서 클리닉에서 나갔다. 그는 아직도 그게 얼마나 오래 걸릴지는 확실히 몰랐다. 그리고 여전히 절망스럽고 슬펐다. 하지만 그는 집에 와서 스칼렛에게 진전이 있었다고 자랑스럽게 말할 수 있다는 것을 알았다.

4회기 로즈마리는 필립에게 우선 행동 숙제에 대해서 물었다. 필립은 자기 아들의 방을 체크했고 전기소켓이 정말로 탄 증거가 있었다고 보고했다. 그는 로즈마리에게 자기가 그걸 고쳐서 얼마나 다행인지 모르겠다고 말했다. 또한 그는 주말에 집 뒤 숲을 좀 치웠고 직장의 자기 책상을 정리했다. 그 두 가지는 그가 회피하던 활동이었다. 이 일들을 하니까 그의 기분도 약간 나아졌다. 그는 가치명료화 숙제를 그녀에게 건네주고, 그들은 함께 그가 적어 놓은 것을 검토했다. 그는 믿음직하고 사랑을 주고 도움이 되는 남편이 되는 것에 가치를 두었다. 아버지로서 그는 물리적으로 아이들 옆에 있으면서 원할 때 함께 있어 주는 것이 가치가 있다고 생각하는데, 동생이 죽은 뒤 거의 그렇게 하지 못했다. 목록은 필립의 삶의 각 영역을 걸쳐서 계속되었다. 그는 자기 삶의 각 영역에서 자신의 가치대로 살지 못하고 있으며 어떤 영역들에 대해서는 다른 영역만큼 우선순위를 두지 않았다는 걸 알게 되었다. 가족 관계는 그에게 가장 중요한 가치들이고 필립은 로즈마리에게 자신이 얼마나 남편과 아버지 역할을 제대로 하지 못하고 있었는지를 이야기하면서 울었다. 로즈마리는 필립이 자신의 가치들에 따라서 살지 못하고 있다는 그의 생각이 사실이냐 아니냐를 따지기보다 그의 행동 패턴을 바꾸려면 정말 많은 작업을 해야 한다는 것을 강조했다. 그녀의 어조 그리고 상담실의 차와 바닐라-카다몽 향기는 필립에게 위로가 되었다.

연구에 의하면 결혼 문제가 있는 사람들은 결혼 문제가 없는 사람들보다 우울장애의 가능성이 25배 큰 것으로 나타났다(Keitner, 2021). 어떤 사례에서는 우울증으로 인하여 가정불화가 생길 수 있지만 대인 관계 갈등과 힘든 관계로 인하여 사회적 지지가 부족해진 것이 우울증으로 이어지는 듯하다(Balderrama-Durbin et al., 2020; Williams & Nieuwsma, 2020).

이 회기의 많은 부분은 필립이 남편과 아버지로서 자신의 가치에 맞춰서 행동하는 날짜와 시간을 상세하게 알아내는 데 쓰였다. 그들은 방해되는 일들을 해결하고 필립의 연습에 도움이 되도록 역할극과 시연을 하면서 시간을 보냈다. 그는 직장에서 집으로 퇴근하면 다음과 같은 일과를 따르기로 결정했다. (1) 하루를 어떻게 지냈는지 아내에게 이야기하기, (2) 가족과 같이 저녁 식사를 하면서 자신의 걱정을 옆으로 제쳐 놓고 아이들에게 그날에 대해서 묻는 등 대화에 열심히 주의를 기울이기, (3) 아이들의 숙제를 도와주기, (4) 스칼렛과 함께 운동 삼아 산책하기, (5) 자기 전에 애들이 어떻게 지내는지 알아보고 함께 시간을 보내기, (6) 나머지 저녁 시간을 스칼렛과 같이 보내면서 그녀가 가장 최근에 하고 있거나 흥미를 가지게 된 일들에 대해서 물어보기. 부부는 같은 시간에 잠자리에 들고 아침에는 함께 아이들을 학교에 보내기로 한다.

다음 주 주요 과제들의 개요는 문서에 요약되어 있다. 그는 자기 일과와 기분을 계속 기록하고 매일 그의 세 가지 목록에 있는 활동을 하기로 했다.

5회기 필립은 집에서는 지시받은 일과들을 따를 수 있었다고 보고했다. 그는 자기 앞의 구체적 과제에 주의를 집중하는 게 우울한 느낌과 생각을 줄이는 방법이라는 것을 알게 되었다. 그는 로즈마리에게 자신이 이런 일들을 할 능력을 가졌다는 게 기쁘고 더 많은 활동들을 즐기기 시작했다고 말했다. 사실 그는 자발적으로 두어 번 밖으로 나가서 아이들과 농구를 하며 즐겁게 지냈다.

그다음에는 직장에서의 필립의 일과에 대한 이야기로 옮겨 갔다. 그는 직장에서 약 여섯 시간(오전 9시부터 오후 3시까지)을 보냈지만 자주 우울한 기분을 느꼈다. 그는 스트레스가 그의 상태를 악화시킬 거라고 가정하고 직장에서의 활동을 크게 줄였다. 그 결과 빈 시간이 많이 생겼는데 그 시간에 그는 자기 책상에 앉아서 컴퓨터를 들여다보면서 자신이 얼마나 무능력한지, 그렇게 되어 가는 속도가 얼마나 빠른지를 골똘히 생각하였다. 로즈마리는 직장에서 그가 가치를 두는 행위, 즐거운 일, 혹은 피하고 있던 과제들을 더 많이 할 수 있다고 지적했다.

> 지속적으로 반추하는, 즉 그걸 바꾸려는 행동이 없이 자기 기분을 반복적으로 곱씹는 사람들은 일반적으로 반추하지 않는 사람들에 비해서 임상적 우울증이 될 가능성이 높다(Watkins & Roberts, 2020; McLaughlin & Nolen-Hoeksema, 2011).

로즈마리 : 집에서는 잘하고 있네요. 직장에서도 그렇게 하실 수 있을까요?

필립　　 : 재미있는 일을 하는 거요? 그건 일인데요.

로즈마리 : 네, 하지만 낮 동안에도 여기저기 단 1, 2분이라도 기분이 좋아지는 것들을 할 수 있지 않을까요? 그리고 슈퍼바이저와 동료로서 당신이 가치를 두는 방식에 대해서 이야기해 보면 어떨까요? 지난번 이 이야기를 했을 때 당신은 긍정적으로 반응해 주는 상사, 도움이 되는 동료가 되고 싶다고 했지요? 하지만 동생이 죽은 후에는 그 두 가지를 모두 못 하고 있다고 했어요. 그리고 직장에서 당신이 회피하고 있지만 당신의 기분을 나아지게 할 만한 것이 있나요?

필립　　 : 그건 모두 사실이에요. 하지만 전 모르겠어요. 방금 이야기했듯이, 전 집에서 변화하려는 동기가 더 커요.

로즈마리 : 집에서는 정말로 큰 긍정적 변화를 보이셨어요. 그리고 집에서는 당신의 기분이 호전되는 걸 보고 있고요. 우리의 계획은 직장에서도 변화를 가져오는 것입니다. 그게 가족 다음으로 두 번째 우선순위였으니까요. 아직도 이걸 하실 용의가 있으세요?

필립 : 하고는 싶은데 전 그냥… 로즈마리, 이건 어려워요. 이런 변화를 이루는 게 얼마나 어려운지 아셔야 해요.

로즈마리 : 압니다. 여기 앉아서 당신과 꼭 같은 경험을 할 수는 없지요. 하지만 이 이야기는 할 수 있어요. 나는 많은 우울한 사람들이 이 동일한 과정을 거쳐 가는 걸 도와주었다고요. 나는…

필립은 직장에서의 활동을 점차 늘려 가기 시작하기로 했다. 구체적으로 그는 (1) 퇴근 시간을 오후 3시가 아닌 오후 5시로 한다. (2) 전에 피하던 부하 직원들과의 주간회의 일정을 잡는다. 그리고 (3) 회사의 고위급 동료들과의 일일회의에 다시 참석한다. 이전 회기에서 했던 것처럼 로즈마리와 필립은 다음 주에 일정이 잡혀 있는 일 전부를 회피하지 않게 할 수 있을지 해결책을 찾았다. 필립은 이 활동들을 하나씩 하면 그의 기분이 나아질 것임을 알았다. 그 목록은 점점 커지고 길어졌지만, 그가 가치를 두지만 별로 재미는 없는(하지만 그가 중요하게 생각하는) 것들 외에도 여러 가지 즐거운 일들이 포함되어 있었다. 다시 한번 그는 그 주에 그가 이룬 변화에 대해서 희망적으로 느끼면서 치료실을 나갔고, 스칼릿에게 자랑스럽게 치료의 다음 단계에 대해서 이야기했다.

6회기 이번 회기는 필립이 직장에서 보다 온전한 하루에 적응하도록 하는 데 집중되었다. 필립의 전반적 인상으로는 잘되고 있다고 했다. 특히 그가 실제 활동에 적극적으로 관여할 때 — 동료에게 전화로 이야기하거나 회의에 참석하고 자기 팀에게 회사의 일들에 대해서 이야기할 때 — 에는 그는 슬프거나 우울하지 않았다는 걸 언급했다. 반면 그 모든 걸 회피하고 자기 책상에 한가롭게 앉아 있으면 그는 우울한 생각과 느낌에 사로잡혔다.

로즈마리는 필립에게 이 관찰 결과를 이용해서 그가 생각에 잠겨 있는 걸 최소화하라고 제안했다. 그 심리학자는 필립에게 책상에 앉아 있을 때에는 일에 자신이 부여하는 가치를 기억나게 하는 리마인더를 앞에 두라고 권했다. 로즈마리는 필립에게 상기시킨다는 의미에서 자신의 가치를 매일 아침 읽고, 직장에서 하겠다고 약속한 것을 회피하지 않고 치료를 계속 따르겠다고 스칼릿에게 약속하라고 격려했다.

필립은 자기 가치들을 상기시켜 주는 구체적 리마인더가 있다는 걸 좋아했다. 하지만 왜 그는 그저 앉아서 아무것도 하지 않으면서도 우울해지지 않을 수는 없는 걸까? 로즈마리는 중요한 일 — 가치를 두는 행위 — 을 피하거나 억제하면 누구든지 스트레스를 받거나 우울해질 수 있다고 설명했다. 그녀는 자기도 직장에서 자신의 가치에 일치하지 않는 날을 보내면 스스로에게 짜증이 난다고 말했다. 필립은 그 이야기를 해 주어서 고맙다고 했다. 그녀도 완전하지 않다는 것, 그녀도 간혹 잘 못하기도 하는 보통 사람이라는 것을 아는 게 도움이 되었다. 그녀는 과학적 근거가 전혀 없는 치료법들을 시도했던 일 등 자신에 대해서 더 많은 걸 필립에게 말해 주었다. 그녀는 그걸 후회하였지만 근거 기반 치료 방식이 더 보편화되면서 시대에 적응해서 그걸 배워야겠다는 것을 깨달았다고 했다. 필립은 로즈마리와 마음이 통하고 그녀가 자신을 이해한다고 느꼈다. 그리고 로즈마리는 행동 활성화를 계속 적용하도록 했다. 숙제를 주고 문제를 해결하고, 필립은 점점 탄력을 받고 있다는 느낌을 가지고 치료실에서 나갔다. 시작한 지 몇 달밖에 안 되었는데, 그가 생각했던 것보다 더 단기간에, 그는 덜 우울해졌다.

7~9회기 그다음 3주 동안 필립과 로즈마리는 활동의 빈도와 다양성을 계속 더 늘렸다. 그들은 다양한 환경으로 가치를 일반화시켜서 그가 최대한 많은 연관된 상황에서 자신이 변화하고 있다는 자신감을 갖게 하였다. 그는 자기 가치들과 일관되는 삶을 살고 있었고, 집과 직장에서 일을 미루는 경향이 줄어들었다. 그리고 그는 매일 즐거운 일들을 여러 차례 하면서 시간을 보냈다. 그는 다시 즐거움을 느꼈고 자기 아내와 앉아서 함께 있는 것, 아이들과 노는 것, 그리고 다음 캠핑 모험을 계획하는 게 얼마나 즐거운지 알았다. 그 결과, 그는 대부분의 시간에서 예전같이 느꼈다. 그는 가족의 일과에 온전하게 참여하고 있었고, 직장에서는 스스로에게 부과한 책임을 다하고 있었다. 그의 기능이 점점 좋아지면서, 자신이 영원한 정신적 붕괴로 향하고 있는 게 아니라는 믿음은 더 강해졌다.

심각한 단극성 우울증이 있거나 경증 우울증이 지속되는 사람들의 2/3는 현재 치료를 받고 있다(NIMH, 2021a; Krishnan, 2020; Wang et al., 2005).

단극성 우울증 증상을 보이는 사람들 대부분은 6개월 이내에 — 어떤 경우에는 치료를 받지 않고도 — 호전된다. 심각한 우울증에서 회복된 사람들의 절반 이상은 나중에 최소한 한 번 이상의 우울증 삽화를 경험한다(NIMH, 2021; Coryell, 2020; Kessing, 2020).

10~12회기 10회기에서 12회기 사이의 3주 동안에 필립은 온전한 기능으로 돌아왔고, 대부분 시간에 좋은 기분으로 지냈다. 그의 가족은 1년 만에 처음으로 함께 캠핑까지 갔다. 그들은 북쪽 위스콘신델스로 갔는데 필립은 자기 가족들과 야외에 있는 즐거움을 다시 느꼈다. 따라서 이제는 치료 회기들도 전적으로 재발 방지에 집중되었다. 목표는 필립이 좋아진 것을 유지하고 시간이 지나면서 더욱 일반화시킬 방법을 계획하도록 돕는 것이었다. 마지막 회기에서 그들은 함께 해 온 시간을 회상하면서 필립이 배운 구체적 행동 전략을 정밀하게 짚어서 강조하였다. 필립은 우울증 자기보고 도구를 작성했다. 로즈마리는 그가 최소 임상적 우울증으로 간주하는 절단선 밑으로 내려갔다고 알려 주었다. 그들은 그가 다시 우울해지면 그녀에게 전화해서 약속을 잡기로 했다.

에필로그

동생의 사망 1주기에 필립은 다시 우울해지기 시작했다. 그는 로즈마리에게 전화를 했고, 그녀는 그들의 재발 방지 계획을 지킬 것을 상기시켰다. 그들은 이러한 기념일 반응에 대비해서 계획했었고, 로즈마리는 침착하게 필립이 그의 계획을 따를 능력이 있다는 것을 안다고 안심시켰다. 그는 안도감을 느꼈고, 그들은 치료 회기를 잡았다. 일주일 뒤 약속한 날에는 필립의 기분이 나아졌다. 그는 자기가 우울했을 때 도움이 되었던 것들을 하면서 재발 방지 계획을 실천에 옮겼다. 그는 스칼릿과 아이들과 시간을 더 많이 보내기로 한 것을 지켰고 그들은 같이 여행 계획을 세웠다. 이번에는 서쪽으로 가서 필립이 항상 보고 싶었던 유타주의 브라이스 캐니언에서 캠핑하기로 했다. 이 여행을 계획하는 것만으로도 너무 재미있어서 필립은 큰 기쁨을 느끼고 기분이 좋아졌다. 그는 동생 생각을 자주 하지만 그걸 두려워하지 않는다. 하지만 그가 동생 생각을 할 때에는 반드시 자기 집과 직장에서 자신이 가치를 두는 활동들을 적극적으로 하기로 했고, 물론 브라이스 캐니언 캠핑 여행 계획을 했다.

평가 문제

1. 우울증의 첫 번째 징후는 무엇인가?

2. 필립은 애초에 왜 가족 주치의를 만나러 갔었는가?

3. 필립의 어떤 증상들이 주치의로 하여금 심리학자를 만나라고 제안하게 만들었나?

4. 주치의 다음에 필립과 이야기한 사회복지사는 어떤 목적을 가지고 있었는가?

5. 필립은 왜 약물 치료보다 인지행동 치료를 선택했는가?

6. 무엇이 필립을 안심시키고 로즈마리를 신뢰하게 하는 데 도움이 되었는가?

7. 필립의 아내, 스칼릿은 남편의 우울증에 대해서 무엇을 걱정하였는가?

8. 로즈마리는 필립에게 어떤 유형의 심리 치료를 적용했는가?

9. 필립의 주요우울장애 진단의 기준은 무엇인가?

10. 행동 활성화의 일부분으로 사용된 방법들은 무엇인가?

11. 필립은 다시 정상적이라고 느끼기까지 시간이 얼마나 걸리는지 알기를 원했는데, 왜 로즈마리가 필립에게 확정적인 일정을 알려 주지 않으려 했나?

12. 필립이 치료 첫 주에 받은 첫 번째 숙제는 무엇이었는가?

13. 로즈마리는 왜 치료를 시작할 때 필립이 자기 가치들을 명료화하기를 바랐는가?

14. 2회기 때 주어진 숙제는 무엇이었는가? 이 숙제의 목적은 무엇이었는가?

15. 왜 필립이 저녁 시간의 일과 활동을 설정하는 게 중요했는가?

16. 로즈마리가 사용한 행동 활성화의 세 가지 주요 요소는 무엇이었는가?

17. 대략적으로 치료의 어느 시점에서 필립이 온전한 기능으로 돌아왔는가?

양극성장애

표 6-1

진단 체크리스트

조증 삽화

1. 일주일 또는 그 이상 개인은 하루의 대부분을 지속적으로 비정상적이고, 과도하며, 억제되지 않고 때로는 과민한 기분과 지속적으로 증가된 에너지나 활동을 보인다.

2. 또한 개인은 다음 증상 가운데 적어도 세 가지를 경험한다.
   - 과대감 혹은 지나친 자존감
   - 감소한 수면 욕구
   - 말이 지나치게 많아지거나 끊임없이 이야기를 하고자 하는 욕구
   - 사고의 빠른 전환 혹은 생각이 너무 빨리 떠오름
   - 다양한 방면으로 주의력이 분산됨
   - 흥분된 활동 혹은 초조한 행동
   - 위험하고 잠재적으로 문제를 일으킬 수 있는 활동을 지나치게 추구함

3. 유의미한 불편감 혹은 손상을 경험한다.

양극성 1형 장애

1. 조증 삽화가 나타난다.
2. 경조증 혹은 주요우울 삽화가 조증 삽화 전후에 나타난다.

양극성 2형 장애

1. 주요우울 삽화 혹은 병력이 있다.
2. 주요경조증 삽화 혹은 병력이 있다.
3. 조증 삽화 병력이 없다.

(APA, 2022, 2013)

두 자매 중 한 명인 한나는 교외에 위치한 상위 중산층 가정에서 성장했다. 의사인 아버지는 자선 단체를 지원하는 기부금 행사를 주최하는 데 많은 시간을 할애하였다. 이러한 행사들을 통해, 한나의 가족들은 다방면으로 중요한 사람들을 가족 친구와 지인으로 만들 수 있었다.

한나는 상당히 경쟁이 치열한 공립학교에 다녔으며, 졸업반 상위 1/4 성적에는 들지 못했지만 학업적으로 우수했다. 한나는 다른 소녀들과 별반 다르지 않게 성장했다. 아동기와 초기 청소년기에는 특별한 심리적 문제를 가진 것처럼 보이지 않았다. 한나는 다른 사람들과 잘 어울리는 사교적이고 인기 있는 소녀로서, 친구들이 많았다. 그런데 그녀가 17세가 되었을 때 그녀의 삶의 궤도를 바꾸게 된

양극성장애는 대개 15세에서 44세 사이에 발병한다 (Kessing, 2020; Stovall, 2020). 양극성장애는 남자와 여자 모두에서 동일하게 발생한다.

무언가가 일어났다.

한나 증상이 시작되었을 때

한나가 고등학교 졸업반이었을 때, 작은 역할을 맡았던 연극에 깊이 심취하게 되었다. 연극이 진행될수록 한나는 연극에 점점 더 빠져들었다. 리허설 동안 무대에서 그녀의 연기는 점차 극적으로 바뀌어, 한나는 의상이나 분장에 더욱 몰두하게 되었다. 다른 학생들은 처음에는 한나의 창의성이나 무대에서의 편안함에 경외심을 나타냈다. 그러나 시간이 지날수록 그녀의 행동은 기이해졌다. 예를 들면, 한번은 리허설이 끝나고 학생들이 모여 식당을 갔는데 한나는 너무 들뜨고 말이 많아졌으며, 낯선 사람한테 다가가 그녀가 매우 유명한 여배우라는 등의 장황한 이야기를 늘어놓았다. 다른 한번은 갑자기 노래를 부르면서 그녀가 받는 주변의 관심을 엄청 즐기며 떠들었는데 사실 별로 감탄할 만한 것은 아니었다.

이런 종류의 흥분이 계속되자, 다른 출연진들은 한나와 거리를 두기 시작했다. 시간이 지나면서 한나의 충동적이고 즐거운 모습은 더 이상 관찰되지 않았다. 대신 그녀는 자신에 대한 확신이 없어졌으며, 다른 사람들이 자신을 어떻게 생각하는지에 대해 과도하게 걱정하고, 심지어 편집적인 모습을 보였다. 그녀는 다른 학생들이 그녀에 대한 음모를 꾸미고 있으며, 명성과 성공으로 향하는 그녀의 앞날을 망치려 한다고 확신하게 되었다. 그녀는 지나치게 조심스러워졌으며, 결국 모든 사람들과 거리를 두면서 스스로 사회적으로 철수되었다. 몇 주 동안 그녀는 우울해졌으며, 하루 종일 울고 학교에 가기를 거부했다. 그녀는 모두가 자신을 미워한다고 믿었으며, 죽었으면 좋겠다고 말하곤 하였다. 그녀는 숙면을 취할 수가 없었고, 침대를 거의 떠나지 않았다. 이러한 극적인 사건에 대처할 수 없었던 그녀의 부모는 전문적인 도움을 구했고, 한나는 곧 정신과 병동에 입원하게 되었다.

입원해 있는 동안, 그녀는 저용량의 항정신병 약물(올란자핀 또는 자이프렉사) 및 항우울제(플루옥세틴 또는 프로작)를 처방받아 호전되었으며, 예전의 자신과 같다고 느끼며 몇 주 후에 퇴원하였다. 그녀는 입원 기간 동안 하지 못했던 일들을 여름 방학 동안 만회한 후 고등학교 졸업장을 받았으며 계획대로 가을에 대학에 입학하였다. 대학에서 첫 2년 동안 모든 것이 순조롭게 진행되었다. 한나는 중 항우울제는 양극성장애를 가진 일부 사람들에게 조증 삽화를 야기할 수 있다(Baldessarini, Vasquez, & Tondo, 2020; Carvalho, Firth, & Vieta, 2020). 따라서 임상가는 이러한 장애를 가진 사람에게 항우울제를 처방할 때, 약물이 미칠 수 있는 영향을 잘 관찰해야 한다.

간 수준의 학업 성취를 보였으며, 수업에서 만난 한 젊은 여성과 낭만적인 관계를 발전시켜 나갔다. 그러나 3학년이 되었을 때, 한나는 또 다른 우울 삽화를 경험하였으며, 의사는 그녀의 항우울제 용량을 증가시켰다. 여자친구와의 결별과 매우 어려운 수업을 듣는 학기가 맞물리면서, 항우울제 증량은 두 번째 조증 삽화에 기여하게 되었으며, 그녀는 다시 입원하게 되었다.

한나 기복이 더 심해지다

대학 3학년 때 한나는 경영 수업에 지나치게 몰두하게 되면서, 다른 수업들에 소홀해졌다. 그녀는 도서관에서 많은 시간을 보냈는데, 내년에 글로벌 경영 제국을 창업하려는 그녀의 계획에 귀를 기울일 것 같은 사람이면 누구하고나 이야기를 나누었다. 그녀의 에너지는 한계가 없는 것 같았으며, 이것이 밤에는 더욱 문제가 되었다. 다른 사람들이 자고 있을 때도 한나는 생각을 진정시킬 수 없었다. 그녀의 새로운 운명에 관련된 다양한 주제를 중심으로 생각은 미친 듯이 질주하였으며, 계속 머릿속을 맴돌고 속도를 냈다. 한나는 그녀에게 즉각적인 명성과 막대한 재산을 가져다줄 패러다임 전환을 통해 이러저러한 사업을 파산시키는 방법을 계획하면서 거의 잠을 자지 않고 자기 방에서 몇 날 며칠을 보냈다.

그녀의 아파트 룸메이트는 한나가 수업에 참석하지 않으며, 밤새 깨어 있다는 사실을 알게 되었다. 룸메이트 중 한 명이 그녀의 근황을 물었을 때, 한나는 그녀의 마케팅 전략에 대해 흥분하며 이야기를 늘어놓았으며, 그 전략이 애플과 나이키, 그리고 다른 성공적 전략들을 어떻게 능가할 것인지 이야기하였다. 무언가 잘못되었음을 깨달은 그녀의 룸메이트는 한나에게 지쳐 보인다고 말하면서 학교 보건소를 찾아갈 것을 강력하게 권하였다. 이에 대해 한나는 짜증을 내면서 펄쩍 뛰었다. 그녀의 룸메이트는 마침내 한나의 행동이 건강상의 응급 상황일 수 있다고 판단하여 그녀의 부모님에게 연락을 했다. 그들은 즉시 그녀의 아파트로 차를 몰고 갔으며, 한나가 고등학교 때 우울증 이전에 겪었던 증상과 유사한 상태에 있음을 깨달았다. 수일 내에 그녀의 부모는 한나를 정신과 병동에 데려갔고, 이것은 젊은 한나의 삶에 패턴이 되었다.

한나가 입원해 있는 동안, 그녀의 조증에 대한 정신약물학적 검토가 이루어졌다. 한나는 항정신병 약물인 팔리페리돈(인베가)을 투여받았는데, 며칠 내에 극적인 완화를 보이며 정상적인 상태로 돌아왔다. 그녀는 오랫동안 기분이 안정되기를 바라며 서방형 인베가를 처방받고 퇴원했다.

이 약물은 그녀에게 효과가 있는 것처럼 보였으며, 이후 몇 년 동안 치료의 중심이 되었다. 나중에 이 항정신병 약물이 추체외로 효과라고 불리는 운동 통제 및 신체 협응의 어려움을 야기하는 부작용을 유발하게 되자, 한나의 의사는 수면을 위한 에스조피클론(루네스타)과 함께 탄산리튬(리튬)으로 약물을 바꾸기로 결정했다. 그런데 한나가 지속적으로 약을 복용할 자신이 없다고 느끼는 점이 문제가 되었다. 약물의 장점을 알고는 있었지만, 한나는 자신이 복용하고 있는 약물로 인해 '속박'당한다고 종종 느꼈다. 약을 먹고 있으면 조증 삽화에서는 자유로웠지만, 활력을 잃어버린다고 느꼈다. 감정은 무디어졌으며, 가끔이라도 약간의 경미한 고조, 그녀의 표현으로는 흥분 또는 '살아 있다'는 느낌을 간절히 원했다. 이러한 갈망이 강해지면 한나는 약물 복용을 중단했으며, 부정적인 결과가 바로 나타나지 않는 감정의 최고치를 종종 경험하였다. 그러면서 안타깝지만 한나는 조증 삽화와 조증 삽화 후에 나타나는 우울증에 점점 취약해졌다.

그 결과 주기적인 양극성 삽화로 인해 한나의 삶은 점점 피폐해져 갔다. 그 후 몇 년 동안 한나는 몇 차례 더 입원했으며, 우울 및 경조증(약한 조증) 삽화로 인한 혼란 때문에 대학을 제때 마칠 수 없었다. 그녀는 부모님의 집으로 다시 이사했고 몇 년 동안 부모님과 함께 살면서, 수업 부담이 적은 커뮤니티 칼리지를 다녔다. 마침내 한나는 대학을 졸업하였으며, 얄궂게도 제약 회사의 영업 사원으로 일하게 되었다.

안타깝지만 취업 후에도 한나의 감정 기복은 계속되었다. 조증 삽화는 우울 삽화보다 더 빈번하게 나타났으며, 한나의 입장에서는 직업적 성취나 사회생활에 장애물이 되었다.

조증 삽화가 시작될 때, 무언가 잘못되었다는 분명한 조짐은 없었다. 오히려 첫 번째 징조는 행복감이었으며, 이 행복감은 점차 눈부시게 아름다운 삶의 전망으로 발전해 갔다. 이런 초기 단계에서 한나는 자신을 가장 똑똑하고, 섹시하며, 재능 있는 여성이라고 생각하면서 기분이 엄청 좋아졌다. 이러한 감정은, 그녀가 우울할 때 그녀 자신을 세상에서 가장 비참한 실패자라고 생각할 때와 정확히 대

리튬은 은빛을 띠는 흰색 금속 물질로, 무기염의 형태로 자연 속에 존재한다.

한나와는 다르게, 양극성장애를 가진 대부분의 사람들은 조증 삽화보다는 우울 삽화를 더 많이 보고한다(Baldessarini et al., 2020; Kessing, 2020). 또한 우울 삽화가 조증 삽화보다 대개 더 오래 지속된다.

조를 이루었으며, 처음에는 이러한 감정이 환영받았다. 우울하지 않을 때에도 한나는 자신의 일, 연애 생활, 외모에 불만을 품고 자신을 종종 저평가하였다.

조증 삽화 전의 감정은 즐거웠고, 일상적 불쾌감에서 벗어나게 하는 반가운 휴식이었다. 한나는 새 옷이나 전자제품을 사러 가서, 종종 수중에 있는 것보다 많은 돈을 썼다. 부유한 한나의 부모는 무분별한 한나의 지출에 익숙하여 한나가 과소비할 때마다 재정적 지원을 제공하였다. 또한 한나는 감당하기 어려울 만큼 외향적이고 사교적이 되어 버스나 지하철에서 낯선 사람과 수다를 떨었으며, 밤늦게 흥미로운 대화를 찾아 새로운 친구와 오래된 친구를 모두 불러 모았다.

행복한 감정이 지속되면서, 한나의 행동은 종종 사회적으로 허용되는 경계를 넘어섰다. 그녀는 사람들에게 매우 개인적인 문제에 대해 묻거나, 반대로 거의 알지 못하는 사람들에게 자신의 비밀을 공개하였다. 이런 행동은 대부분의 경우 사람들이 그녀를 피하게 만들었다. 그러나 어떤 맥락에서 일부 사람들, 특히 한나에게 성적으로 끌리는 남자나 여자들은 그녀의 조증행동에 더욱 이끌렸다. 조증일 때, 한나는 노출이 심한 옷을 입고 사람들에게 성적으로 도발적인 말을 하며, 그녀에게 관심을 보이는 남녀의 이목을 끌곤 하였다. 가족의 사회적 친분 때문에, 한나는 종종 자선 무도회나 갈라 사교 행사에 참석하였다. 조증 혹은 경조증일 때, 한나에게 이러한 파티는 그녀가 다른 사람들에게 관심을 받고, 다른 사람들이 그녀를 원하고 있다고 생각하게 만드는 환경이 되었다. 한나는 그 방에서 가장 매력적인 사람들과 장난치며 추파를 주고받았다. 두세 차례의 시도 후, 한나는 몇 분 전에 만난 남자와 정자 밑에서 성관계를 가졌다. 이것이 그녀의 조증 증상이 하룻밤에 낯선 사람을 유혹하고 성관계로 마무리하는 긴 패턴의 시작이 되었다. 이러한 행사에 한나는 매우 짧은 빨간 드레스를 입었는데, 여기에 화려한 화장을 더하는 것이 한나의 전형적인 전략이었다. 한나는 행사가 끝날 때마다 자신이 할리우드 여배우가 될 수 있다고 생각했다.

대부분의 파티와 사교 행사에서 그녀는 사람들의 이목을 끌기 위해 화려하게 등장했다. 한나는 다른 사람들이 그녀에게 관심을 기울일 때, 자신의 아드레날린이 치솟는 것을 좋아했으며, 그녀의 행복감과 자기 만족감은 시간이 지날수록 커져 갔다. 행사가 진행되면서, 누군가 필연적으로 한나에게 함께 파티를 떠나자고 제안하면, 한나는 자연스럽게 자리를 떠났다. 원하는 사람이 되는 것이 기분이

양극성장애는 모든 사회경제적 계층과 민족에게서 관찰된다. 그러나 낮은 사회경제적 계층에서 좀 더 자주 발생하는 것처럼 보인다(Bressert, 2018; Sareen et al., 2011).

좋았고, 그녀는 이러한 상황에서 통제감과 지배감을 느꼈다. 게다가 22세에 아버지와 결혼해 이듬해 아이를 낳은 자신의 어머니와는 다른 성적 표현 방식이기도 하였다. 그녀의 성적 행동과 통하는 이러한 방법으로 한나는 몇 년 동안 비슷한 상황에서 50명 이상의 사람들과 성관계를 가졌다.

그녀의 직업 활동 역시 조증 상태인 한나가 남자나 여자를 고르는 기회를 제공하였다. 제약 회사의 영업 사원으로서 그녀의 역할 중 하나는 영업을 촉진하기 위해 의사들과의 회의나 미팅을 조정하는 것이었다. 조증 상태에 있을 때 한나는 도발적인 빨간 드레스나 그와 유사한 복장을 입고 회의에 참석하였다. 그녀는 빠르고 화려하게 이야기하였다. 회의에서 종종 눈에 띄었으며, 회의가 끝난 후 가지는 관례적인 친교 시간에 한나는 자신의 존재감을 더욱 부각시켰다. 파티에서 그녀는 성관계를 가질 사람을 찾았고, 필연적으로 그들 중 하나와 연결되었다.

이 행동은 부정적인 결과를 초래하였다. 성병이라는 의학적 문제 이외에도, 그녀는 유명세를 타게 되었다. 따라서 그녀가 조증이 아니었을 때에도, 이전 만남에서 그녀와 즐거운 시간을 가진 사람들은 그녀에게 의도를 가지고 접근하였다. 또한 다음번 회의를 계획할 때, '좀 더 눈에 덜 띄는' 사람을 보내 달라는 의료 부서장의 요구가 그녀의 고용주에게 전달되기도 하였다. 또 한번은 한나와 성관계를 가졌던 여성이 다른 동료와 한나가 성적으로 부적절하다고 한나를 고소하기도 하였다. 이로 인해 회사 인사 부서의 내부 검토를 거쳐 한나는 지속적인 교육과 직무 변경을 겪게 되었고, 동료들이 그녀를 대하는 방식이 변화하는 것을 경험하게 되었다.

조증이 계속 진행되면서, 현실과의 접촉은 점점 더 멀어져 갔으며, 과대망상적 생각들이 늘어만 갔다. 예를 들어, 한나는 자신에게 인테리어 디자인에 대한 타고난 또 다른 재능이 있다고 확신하게 되었고, 휴가 중인 부모님을 위해 $460m^2$의 집 전체를 다시 장식하여 부모님을 놀라게 할 계획을 세웠다. 이 생각에 완전히 사로잡힌 한나는 차를 타고 나가서 며칠 동안 페인트, 벽지, 커튼, 다양한 가구를 구입하였다.

결국 한나는 수천 달러 상당의 물건과 가구를 구입하였으며, 이후 며칠 동안 하루에 두세 시간밖에 자지 않으면서 벽지를 벗기고 페인트를 섞고 카펫을 걷어냈다. 일주일 후 한나는 공항에서 내려 집으로 향하는 어머니로부터 전화를 받았

우울 삽화처럼, 일부 조증 삽화는 정신증적 증상을 포함한다. 예를 들어 조증일 때, 사람들은 과대망상을 보고한다. 그들은 자신이 특별한 능력을 가졌다거나 아주 중요한 존재, 심지어 신이라고 믿기도 한다.

다. 어머니는 한나가 부모님을 위해 준비한 '엄청난 놀라움'과, 그녀가 일주일 내내 그 일을 해 왔다는 것에 대해 들었을 때, 한나가 다시 조증 상태인 것을 알아차렸다. 어머니는 한걸음에 차를 몰아 집으로 달려갔고, 다른 행성에서 온 생물처럼 보이는 한나를 거실에서 발견하였다. 한나는 유령처럼 머리부터 발끝까지 다양한 색상의 페인트로 덮여 있는, 흰색의 석고상처럼 보였다. 거실과 주방은 알록달록한 색의 물방울 무늬로 칠해져 있었다. 한쪽 벽의 벽지는 반쯤 뜯겨 있었으며, 무엇인지 알아차리기 어려운 이상한 가구와 장식들로 가득 차 있었다.

한나는 어머니에게 인테리어 디자인 사업을 시작할 것이며 부모님의 집이 그녀의 포트폴리오에 포함될 것이라고 신이 나서 이야기하였다. 화가 나서 집중하기 힘듦에도, 한나의 어머니는 그녀의 아이디어가 비현실적이고 그녀에겐 인테리어 경험이 전무함을 설명하려 하였다. 그러나 한나는 어머니가 자신의 계획에 동의하지 않는 것에 짜증이 났다. 한나의 어머니는 정신과 의사에게 연락을 하자고 애원하였으나, 한나는 자신이 마침내 특별한 재능을 발견하였는데도 어머니는 자신을 멀리 보내려고만 한다며 이를 거부하였다. 결국 한나의 어머니는 정신과 의사에게 전화를 걸었으며, 정신과 의사는 어머니에게 구급차를 부르라고 조언하였다.

도착한 구급 대원들은 한나를 이전에 입원하였던 병원으로 데려가기 위해 설득하였다. 정신과 의사의 검사 결과 한나에게 아무런 문제가 없다고 밝혀지면, 즉시 퇴원시킬 것이라고 약속한 후에야 한나는 병원으로 떠났다.

의사 응급 자격은 법원의 명령 없이도 3일 동안 그녀를 입원시킬 수 있기 때문에 한나는 병원에 구금되었다. 한나는 다시 약물을 복용하였으며, 집 안을 새로 고치고자 하는 욕구가 터무니없음을 깨달았다. 한나는 부모님 집에 자신이 저지른 일에 대해 심한 죄책감을 느꼈다. 그녀의 어머니는 집을 새로 단장하고 싶었다며 그녀를 진정시키려 노력하였지만, 한나는 그녀의 어머니가 자신의 스트레스를 줄이려고 노력하고 있음을 알아차렸다.

우울해지자 한나는 조증 때와는 정반대의 기분에 빠졌다. 한나는 일상적인 활동에 대한 모든 흥미를 잃었으며, 직장에는 병가를 냈고, 매일 열여섯 시간 잠을 잤다. 또한 깨어 있을 때도 거의 침대에만 있었다. 그녀는 깨어 있는 대부분의 시간을 아무런 생각 없이 인터넷을 서핑하고 흐느껴 울거나 자신이 삶의 모든 측면

미국의 많은 주에서 의사는 응급 상황의 환자를 정신과 병동에 일시적으로 입원시킬 수 있는 자격을 가지고 있다. 이러한 자격을 의사 응급 자격이라고 한다. 오늘날에는 많은 주에서 의사가 아닌 정신건강 전문가들이 이러한 자격을 가지고 있다.

에서 비참하게 실패했다고 생각하면서 보냈다. 때때로 그녀는 낡은 옷을 입고 몇 가지 기본적인 물건을 사기 위해 가게에 가곤 했는데, 만나는 사람을 거의 쳐다보지 않았다. 또한 그럴 때마다 그녀는 외모에 신경 쓰지 않았고 하루를 지탱할 만큼만 먹었다.

기분 삽화가 없을 때의 한나는 고용주가 바라보았을 때 총명하고, 책임감 있으며, 자신의 일에 대해 진지하고, 유능한 영업 사원이었다. 그러나 그럴 때도 한나는 심리적 어려움에서 완전히 자유롭지는 못했다. 그녀는 만성적인 낮은 자존감, 수치심, 절망감에 시달렸다. 예를 들어, 그녀는 자신의 일을 완벽하게 해낼 능력을 가졌지만, 종종 자신을 의심하면서 그녀가 원하는 만큼 잘하지 못한 일이나, 하지 않은 특정 일에 대해 부끄러워하며 죄책감을 느꼈다. 성공적인 회의를 주선한 후에도, 한나는 스스로 생각하는 결점이나 실수를 반추하면서 상당한 시간과 에너지를 썼다. 마찬가지로 조금이라도 비난받는다는 생각은 한나가 일을 하면서 일반적으로 받는 칭찬을 무색하게 만들었다. 이러한 예민성으로 인해 한나는 큰 불안감과 고통감을 느꼈다. 연애에서도 낮아진 자존감으로 인해 한나는 적절한 파트너를 찾기 어려웠다. 한나는 장기적인 관계를 갈망했지만 한나의 대인 관계는 결국 조증 삽화 동안의 무모한 성적 행동으로 국한되었다.

> 양극성장애를 가진 일란성 쌍둥이의 형제자매 중 40~70%가 양극성장애를 경험한다. 반면에 이란성 쌍둥이의 형제자매 혹은 가까운 친척의 경우 이 비율은 5~10% 정도이다(Kessing, 2020; Mondimore, 2020).

친구의 관점 지켜보기 힘들어요

한나와 친구가 되는 것은, 과장 없이 말해도, 도전이다. 사실, 그녀와 친구가 되는 것은 쉽고 재미있는 일이다. 특히 한나가 조증 삽화의 초기라면 더욱 그렇다. 그녀의 재치, 매력적인 사회적 존재감, 낙관적인 기질은 사람들을 사로잡는다. 하지만 한나와 친구 관계를 유지하는 것은 매우 어려운 일이다. 한나의 조증이 극심해지면 친구들은 혼란스러워지고, 깜짝 놀라며, 결국 겁을 먹게 된다. 한나가 우울할 때면 친구들은 한나의 자기 의심, 절망, 자기의 결점과 타고난 결함에 대한 끝없는 집착 때문에 중압감을 느낀다. 한나의 조증이나 우울 삽화를 목격한 친구들 중 일부는 한나와의 관계를 끝내기도 한다. 다른 친구들은 한나가 심각한 문제를 가진 것을 이해하고, 관계가 중단된 시점에서 다시 관계를 시작하려고 한다. 그러나 많은 경우 그러한 노력은 좋은 결과를 가져오지 못한다. 왜냐하면 한나의 행동이 한계를 넘었기 때문이다. 한나와 한나의 안정성에 대한 친구들의 신뢰나 믿음이 깨졌기 때문에, 상황이 예전과 같지 않게 된다. 또한 한나가 받아들이기에도 역시 지나치게 한계를 넘었다. 한나는 그녀가 했던 행동들, 특히 조증 삽화 때의 행동들에 대해 창피함과 굴욕감을 느끼며, 나중에 그녀의 기이한 행동을 목격한 사람들 앞에서 편안함을 느끼거나 심지어 수용될 것이라고 느끼기 어려웠다.

직장의 다른 영업 사원인 이지는 그러한 사람 중에 하나였다. 한나와의 관계가 큰 기쁨으로 시작되었지만, 한나의 조증행동과 함께 괴롭고 고통스러우며 절박한 경험으로 발전하면서, 이지는 그녀를 잊는 것이 어려웠다. 이지는 결국 한나가 이러한 감정의 기복을 경험하는 것을 지켜보는 것이 어렵다고 말하였다. 이지는 제약 회사의 또 다른 영업 사원인 카티나에게 한나와의 관계에 대해 설명하였다.

> 처음에는 한나에 대해 별로 생각하지 않았어, 왜냐하면 한나는 혼자서 조용히 지내는 편이었으니까. 한나와 일을 같이 한 첫해에 우리는 거의 대화를 하지 않았어, 심지어 같은 영업 미팅에 참석하였을 때도. 사실, 한나가 대부분의 시간을 혼자서 조용히 지낸다는 소문이 있었거든. 한나와 가까운 사람들은 별로 없었어. 한나는 진짜 괜찮은 영업 사원이었고, 옷도 잘 입었어. 이런 게 내가 그녀에 대해 아는 전부였어. 사람들은 한나에 대해 저마다 이론을 가지고 있었어. 그녀에게 양극성장애 혹은 조울증이 있다는 이야기를 들었지만 단지 소문이라고 생각했어. 사람들은 다른 사람에 대해 이야기하는 것을 좋아하니까. 그런 소문을 믿기 전에 나 스스로 그녀에 대해 알아봐야겠다고 생각했어.
>
> 그래서 시카고 회의에 갔을 때 한나가 갑자기 나한테 다가와 말을 꺼내서 깜짝 놀랐어. 그건 매우 강렬했는데, 마치 그녀가 눈을 크게 뜨고, 내 일에 바싹 관심을 가진 것 같았거든. 공격적이거나 그런 것은 아니고, 갑자기 나를 방심하게 만들었어. 한나는 내 이름이 이사벨, 이사벨라, 아니면 프리지(곱슬머리라는 뜻 : 역자 주)와 같은 재미있는 이름의 줄임말인지 항상 물어보고 싶었다고 이야기했어. 왜냐하면 내 머리는 두꺼운, 갈색 곱슬머리니까. 내 이름은 머리카락과는 상관이 없지만, 초등학교 때도 곱슬머리 이지라고 불렸다고 이야기하고 우리는 같이 웃었어. 그때부터 우리는 가까워졌어. 알고 보니

생물학적 요인, 예를 들면 유전적 요인, 비정상적인 뇌 구조와 연결, 세포 내의 문제성 이온 활동, 비정상적 신경전달물질이 양극성장애의 원인으로 가장 많이 거론되지만, 양극성장애의 원인은 여전히 불분명하다(Nurnberger, 2021; Quide et al., 2021; Sato, 2021; Churchull et al., 2020; Phillips & Drevets, 2020).

우리는 같은 종류의 음악을 즐겼고 둘 다 클럽에서 춤추는 것을 좋아했어. 또한 우리는 영화와 좋아하는 TV 프로그램에 대해서도 이야기했어. 돌이켜 보면 우리가 이야기 나눈 내용보다는, 우리가 이야기를 나눈 방식이 중요했던 것 같아. 한나는 나를 알아 가는 것에 정말 신이 난 것 같았고, 나 역시 직장 내 친구를 만들게 되어서 정말 기뻤어. 곧 우리는 마케팅 회의에서 서로 옆에 앉기로 약속했고, 사소한 사적인 대화를 나누었지. 한나는 정말 멋졌어.

한나와 정말 재미있는 시간을 보냈어. 그러다가 우리가 진짜 친구가 되고 나서, 약 반년 전 즈음에, 뭔가 좀 이상하다는 것을 눈치챘어. 어느 날 밤 한나가 새벽 4시에 나에게 전화를 걸었는데, 그것은 매우 이례적인 일이라 나는 긴급 상황이라고 생각했어. 한나는 매우 흥분한 것 같아서, 나는 그녀를 진정시키면서 무슨 일인지 말해 달라고 했어. 그랬더니 한나는 "시애틀의 우리 회사 영업 사원이었던 데이브 기억하지? 글쎄, 상상도 못 할 거야. 데이브와 완전히 즐거운 시간을 보냈어. 데이브와 같이 집에 와서 멋진 시간을 보냈지."라는 이야기를 하는 거야. 나는 전화를 끊을 방법을 찾으려고 노력했지만, 한나는 내가 알고 싶지 않은 모든 세부 사항을 말하면서 쉴 새 없이 이야기를 이어 나갔어.

나는 한나가 거의 알지 못하는 직장 동료와 성관계를 가졌다는 사실에 상당히 충격을 받았어. 게다가 한나는 많은 직장 사람들과 즐거운 시간을 보냈었다고도 말했어. 몇 달 후 데이브가 우리 사무실로 전근해 왔는데, 전근한 첫 주에 한나는 데이브와 사랑에 빠졌다고 말하는 거야. 데이브와의 완벽한 관계에 대해 2주 동안 한나의 이야기를 듣는 것은 매우 지루했지만, 예의를 잃어버리지는 않았어. 그런데 한 달이 되어 갈 때, 한나는 결혼에 대해 이야기하기 시작했어. "들어 봐. 한나, 이건 좀 빠르다고 생각하지 않니? 내 말은, 아직 결혼에 대해 말할 시기는 아닌 것 같아." 한나는 그런데 당황하지 않았어. "데이브와 나는 결혼을 할 거야. 우리는 그렇게 될 거야." 한나는 심지어 결혼식의 꽃 장식에 대한 내 의견을 물어보기도 했어. 마침내 나는 한나에게 말했어. "들어 봐. 너무 서두르는 것 같아. 네 친구로서 말하는데, 넌 아직 결혼할 준비가 안 된 것 같아. 그건 데이브도 마찬가지야. 내 말은, 나 말고는 너희들이 사귀는 것을 직장 내 사람들이 아무도 모르고, 내가 안다는 것도 데이브에게 말하지 않았잖아."

유전학 연구에 따르면 양극성장애는 최소한 13개의 서로 다른 염색체의 비정상적 유전자와 관련 있다고 한다(Nurnberger, 2021; Stovall, 2020).

한나는 나에게 소리를 질렀어. "나는 그를 너무 사랑해! 그가 바로 그 사람이라고! 너는 내 평생의 절친이고, 너는 결혼식 대표 들러리가 될 거야. 그런데 왜 내가 결혼할 준비가 안 되었다고 이야기하는 거니?" 이건 정말 무서웠어. 우리는 좋은 친구였지만 한나가 나를 절친으로 생각하는 줄은 몰랐어.

나는 뭔가를 해야겠다고 결심했어. 한나는 언제나 불안해 보였지만, 그런 모습이 나까지 불안하게 만들기 시작했어. 한나는 그 관계에 간절하게 매달리는 것 같아 보였기 때문에, 나는 그것에 대해 데이브와 이야기하기로 결심했어.

그런데 데이브가 내 이야기를 듣고 처음으로 한 말은 "그걸 어떻게 알았어요?"였어.

나는 "자, 데이브, 알아요, 알았죠? 한나가 말해 줬어요. 그리고 한나는 내 친구이기 때문에 그녀가 결혼할 준비가 되었는지 잘 모르겠다는 점을 알아주었으면 해요."라고 말했어. 그랬더니 데이브는 나를 마치 화성에서 온 사람처럼 쳐다보았어. 데이브는 한나를 몇 번 만난 적은 있었지만, 별거 아니었다고 말했어.

이 말을 듣고 정말 놀라서, 한나에게 무슨 일이 있었는지 말했어. 그랬더니 한나는 나에게 화를 내면서, 전화기 너머로 소리를 질렀어. "네가 모든 것을 망쳤어. 우리 관계는 천천히 진행 중이었지만, 데이브는 나랑 결혼하고 싶어 한다구. 그런데 네가 망친 거야!" 그녀는 전화를 끊고 몇 달 동안 나에게 말을 걸지 않았어. 직장에서 그녀의 행동은 점점 더 이상해지고 걷잡을 수 없게 되었어. 말할 필요도 없이 데이브는 한나와 어떤 관계도 맺지 않으려고 했고, 솔직히 말하면 나 역시 데이브와 비슷하게 느꼈어. 한나가 너무 이상하고 무서웠어. 물론 그때 한나가 몹시 어려운 상태에 있다는 것을 알았어. 또한 내가 한나에게 무척 잘못했다는 생각을 한동안 떨쳐 낼 수가 없었어. 이제 한나의 문제에 대해 알았으니 모든 것이 이해가 돼. 우리는 여전히 친구라고 할 수 있지만, 예전과 같은 그런 친구는 더 이상 아니야. 나는 몇 달 동안 한나와 함께 감정의 파고를 넘었고, 그걸 절대 잊을 수 없을 거야. 그런데 한나는 계속 그런 감정들을 겪으며 살 텐데 그건 대체 한나에게 어떤 의미일까?

한나 다시 치료를 시작하다

한나가 32세가 되었을 때, 그녀는 새로운 정신과 의사에게 치료를 받기로 결심했다. 당시 한나의 감정은 주로 리튬과 에스조피클론의 조합으로 인해 안정적이었다. 그럼에도 불구하고 한나는 약물에 대한 반응의 변화나 약물 복용에 대한 마음의 변화로 인해 이러한 안정성이 결국 예기치 않게 변할 것임을 경험을 통해 알고 있었다. 그녀는 감정의 롤러코스터를 타는 것에 지쳤고, 친구를 사귀고 잃는 것에 지쳤으며, 모든 예측 불가능성과 고통에 지쳤다. 그녀는 새로운 정신과 의사가 자신의 증상을 더 잘 통제할 수 있게 도와주기를 희망하였다.

한나는 에인슬리 스탠리 박사에게 연락했다. 한나는 기분장애가 있는 사람들을 위한 페이스북 지지 모임에서 몇 년 전에 처음 만난 온라인 친구로부터 스탠리 박사에 대해 들었다. 그 친구는 스탠리 박사에게 치료를 받았는데, 스탠리 박사가 자신의 삶을 진정시키고 안정화하는 데 도움을 주었다고 이야기하였다. 그 친구는 더할 나위 없이 긍정적이었고, 한나는 평범한 삶을 살 시간이 얼마 남지 않았다고 느끼며, 스탠리 박사를 만나기로 결정하였다. 그건 시도할 만한 가치가 있는 일이었다. 이렇게 시작한 의사-환자 관계는 17년 동안 지속되었다.

양극성 조증 삽화를 경험하는 환자의 60% 이상은 리튬이나 기분 안정제를 복용하면 상태가 호전된다(Carvalho et al., 2020; Kessing, 2020). 그러한 약들은 양극성 우울증 삽화에는 크게 도움이 되지 않는다(Stovall, 2021; Vieta et al., 2020).

치료를 준비하는 정신과 의사 섬세한 균형

경험을 통해 스탠리 박사는 기분장애, 특히 양극성장애를 치료하는 것은 복잡하며 일련의 시행착오를 수반한다는 것을 알게 되었다. 증상에서 자유로워질 것이라고 생각하여 기분 안정제인 리튬을 복용하는 양극성장애 환자들의 고정 관념은, 안타깝지만 사실보다는 예외에 더 가깝다. 대부분의 이러한 환자들은 장애의 단계에 따라 다른 약물을 사용할 필요가 있다. 많은 사람들은 진정 및 항정신증 효과를 위해 항우울제와 항정신병 약물(보통 2세대 항정신병 약물)의 조합을 필요로 한다.

스탠리 박사는 리튬을 처방할 때 약물의 치료 효능과 불쾌한 부작용(종종 환자가 사용을 중단하게 만드는 부작용) 사이의 균형을 맞추는 것이 중요하다는 것을 알았다. 또한 양극성장애에 있어, 환자가 종종 조증 증상에서 얻는 즐거움이 특

항경련제인 라모트리진(라믹탈), 카르바마제핀(테그레톨), 발프로산(데파코트)은 양극성장애의 치료에도 사용된다. 각각은 리튬만큼 효과적이며 종종 더 적은 부작용을 나타낸다. 많은 경우 항정신병 약물이 이러한 기분 안정제와 같이 사용된다(Mondimore, 2020).

별히 문제가 된다. 리튬으로 인한 최소한의 부작용에도 불구하고, 환자는 최고의 기분을 얻기 위해 약물을 중단하고 싶은 유혹을 받는다.

여기에 더해, 양극성장애를 가진 환자는 평생 장애를 가지며, 평생 동안 약물을 복용해야 한다는 현실을 받아들이도록 도와야 한다. 스탠리 박사는 환자의 심리적 관리가 약물 관리의 중요한 부분이라는 것을 잘 알았다. 균형 잡힌 식사, 수면, 운동 및 사회적 상호작용과 같은 일상적이고 규칙적인 생활이 종합적으로 조증 삽화를 예방하고 우울 증상을 관리하는 데 중요한 역할을 한다. 이러한 행동 변화를 실천하고 유지하는 것이 어려울 수 있다. 또한 정신과 의사는 약물 부작용에 대한 환자의 우려와 약물로 인한 정서 변화 모두에 민감해야 한다. 여기에 더해 치료에는, 조증 삽화가 완전히 꽃을 피우기 전에 환자와 가족 구성원이 삽화를 인식하고 도움을 구하는 방법을 배우도록 하는 행동 전략이 종종 포함되어야 한다.

첫 번째 회기 한나의 증상과 과거력에 대해 설명을 들은 후, 스탠리 박사는 그녀의 상태가 DSM-5-TR의 제1형 양극성장애 진단기준을 만족한다는 것을 확신하였다. 한나는 조증과 우울증을 모두 가지고 있었다. 한나의 조증 삽화는 팽배한 자존감(때때로 과대감이라고 불림), 수면 욕구 감소, 말이 많아짐, 목표 지향적 활동 증가, 고통스러운 결과를 초래할 가능성이 높은 활동(특히 위험한 성적 행동 및 충동 구매)의 매진을 특징으로 한다. 반대로, 그녀의 우울 삽화는 심각한 수준의 우울한 기분, 거의 모든 활동에 대한 흥미 감소, 지나친 수면, 피로, 무가치함, 식욕 감소를 특징으로 한다. 게다가 이러한 삽화는 유의미한 고통과 손상을 야기한다.

스탠리 박사는 한나에게 양극성장애 치료를 위한 기본 계획을 설명하였다. 박사는 먼저 한나에게 양극성장애가 있는 사람들이 겪는 공통적인 문제, 즉 약물 치료 요법을 준수하는 데 어려움이 있음을 언급하였다. 이에 대해 논의하면서 스탠리 박사는 이 문제를 비판적인 방식으로 전달하지 않는 것이 중요하다고 느꼈다. 한나의 다소 소녀 같은 자기표현과 지금까지도 지속되는 부모와의 관계를 생각할 때, 박사는 환자가 약물 복용을 중단하는 일반적인 이유에 더해 한나의 약물 순응 문제에 반항하는 청소년 역할이 있는 것인지 궁금했다.

스탠리 박사는 권위 있는 인물 역할을 맡게 되기 때문에, 한나가 반항하는 방법으로 박사의 권고에 저항할 수도 있을 것이라는 걱정이 들었다. 그래서 박사의 첫 번째 전략은 한나의 지속적이지 않은 약물 순응에 공감하는 것이었다. 박사는 조증 삽화를 조절하기 위해 사용되는 약물이 종종 정상적인 좋은 기분마저 감소시키는 효과가 있으며, 그 결과 많은 환자들이 종종 약물 복용을 중단하고자 하는 유혹을 받는다고 이야기하였다.

한나는 흔쾌히 동의하면서, 약물로 인한 딜레마에 대해 이야기하기 시작했다. 약물 복용을 중단한 결과로 생기는 감정이 참으로 즐거우며, 일단 그녀의 감정이 조증 단계로 진행되면, 한나는 더 이상 약을 복용하거나 의학적 도움을 받는 것이 타당하다고 합리적으로 고려할 수 없음을 이야기하였다. 한나는 이런 딜레마에서 어떻게 도움을 받을 수 있을지 무척 궁금해했다. 그녀는 화학적 구속복과 파괴적인 양극성 삽화 중에 하나를 골라야만 하는 것 같았다.

스탠리 박사는 첫 단계로 다양한 감정을 느끼면서도 항조증 약물의 효과를 극대화하기 위해 무엇을 할 수 있는지 알아보자고 이야기하였다. 박사는 또한 한나의 치료를 따라가는 데 약간의 어려움이 있다고 하였다. 한나가 입원할 때마다 여러 명의 정신건강 전문가들이 도움을 주었는데, 그들 중 어느 누구도 오랜 기간 동안 그녀의 치료를 추적할 수 없었다고 말하였다. 박사는 한나의 문제를 다른 방향으로 설정하고 싶으며, 내년에도 본인에게 계속 치료를 받을 수 있는지를 한나에게 물어보았다. 한나는 이에 동의하였고, 치료의 첫 단계로 한나가 지킬 수 있는 약물 치료 요법을 찾는 데 전념하기로 하였다.

치료 1년 차

치료 첫 달 동안 스탠리 박사의 목표는 한나를 위한 최소치의 리튬 용량을 결정하는 것이었다. 특히 한나의 기분을 안정화시키면서 동시에 한나의 기분을 둔화시키거나 또는 참을 수 없는 부작용을 일으키지 않을 만큼 충분히 영향력 있는 용량을 결정하는 것이었다.

한나가 스탠리 박사와 처음 만났을 때, 그녀는 매일 900mg의 리튬과 수면을 위해 2mg의 에스조피클론을 처방받았다. 첫 혈액 검사 결과 이 정도의 리튬 용

한나는 전형적인 '완전한 조증 삽화'를 가졌다. 대조적으로 경조증 삽화는 완전한 조증 삽화와는 다르게 덜 심각하지만, 비정상적으로 고조된 기분 상태를 의미한다. 경조증 삽화는 덜 심각한 손상을 초래한다. 제1형 양극성장애에서 완전한 조증 삽화는 주요우울 삽화와 교대로 나타난다. 제2형 양극성장애에서 경조증 삽화는 주요우울 삽화와 교대로 나타난다.

전 세계 성인의 1%에서 2.8%가 생애 어느 시점에서 양극성장애를 가진다 (Carvalho et al., 2020; Stovall, 2020).

량은 적절한 치료 용량으로 보였다. 그러나 스탠리 박사는 한나의 이야기를 주의 깊게 들은 후, 작년의 약물 순응 문제는 한나의 반복적인 조증 삽화로 인한 판단력 저하 때문에 감정적 흥분을 추구한 결과가 아닐 수 있음을 의심하였다. 즉 한나가 지난 1년 동안 약을 제대로 복용하기 위해 정말로 노력했다고 반복해서 이야기하였기 때문에, 스탠리 박사는 그녀의 리튬 복용량이 너무 적은 것이 문제일 수 있다고 믿게 되었다.

스탠리 박사는 한나와 이 의견에 대해 논의하면서, 그녀가 약을 복용하는 한, 약물 복용의 이점을 얻을 수 있을 만큼의 충분한 용량을 복용하는 것이 좋을 것이라고 제안하였다. 박사는 한나의 치료적 혈중 농도를 더 높은 수준으로 올리는 것을 목표로, 그녀의 복용량을 점진적으로 늘릴 것을 제안하였다. 한나는 이 제안에 동의하였으며, 다음 몇 주 동안 일일 복용량을 점진적으로 증량하였다.

치료 2~3개월 차 안타깝게도 다음 몇 달 동안 더 높은 용량으로도 원하는 결과를 얻지 못하였다. 첫 번째 징후는 한나가 지난번보다 더 눈에 띄는 옷을 입고 스탠리 박사 앞에 나타난 것이었다. 한나의 외모가 이상한 것은 아니었다. 다만 평소보다 더 많은 보석을 걸치고 진한 화장을 하고 나타났다. 한나는 좀 더 프로페셔널한 이미지를 보여 주기 위해 조금 더 치장을 하기로 결정하였다고 했다. 한나는 외모에 더 많은 관심을 기울일수록 동료들이 그녀를 더 전문가처럼 대하는 것 같다고 덧붙였다. 사실 그녀는 곧 승진 대상이 될지도 모른다고 생각했으며, 이를 위해 자신을 좋게 보일 가능성을 높이려고 그러한 치장을 하게 되었다고 말하였다.

스탠리 박사는 한나에게 처방된 용량으로 리튬을 계속 복용하고 있는지 물었고 그녀는 그렇다고 대답하였다. 사실 그녀는 약에 매우 만족한다고 이야기하였다. 한나는 약을 정기적으로 복용하며, 약이 그녀의 기분을 조절하고, 그녀를 회복의 길로 가도록 돕는다고 느꼈다. 스탠리 박사는 신중을 기하기 위해, 한나에게 실험실을 방문하여 리튬 혈중 농도를 다시 테스트하자고 요청하였다.

며칠 후 한나의 혈중 농도가 이전과 동일하다는 실험실 보고서 결과가 나왔다. 약물의 증량에도 불구하고 리튬 혈중 농도는 증가하지 않았다. 그러는 동안 한나가 스탠리 박사와의 다음 면담에 나타나지 않았기 때문에, 행동적으로 무언가 잘

리튬 과복용으로 인해 나타날 수 있는 부작용은 소화기계 과민성, 구토, 설사, 떨림, 쇳내, 인지적 둔화, 체중 증가, 지나친 갈증, 근육 약화, 발작, 심장의 불규칙성, 신장 기능 저하 등이 있다(Fernandes et al., 2020).

충분한 잠이나 균형 잡힌 식사와 같은, 일상적이며 잘 조절된 행동 패턴은 양극성장애를 관리하는 데 도움이 된다.

못되었다는 것이 분명해졌다. 한나는 10일 동안 행복감과 성적인 행동이 현저히 증가한 조증 삽화를 경험하였으며, 회사에서 개최한 의료 콘퍼런스의 참가자와 하룻밤을 지내는 것으로 마무리되었다. 한나와 하룻밤을 보낸 그 사람이 다음 날 아침 자신의 파트너가 있는 집으로 향하고 있음을 알렸을 때, 한나는 화가 나서 호텔 가구를 주변으로 던지고, 램프와 TV를 부수기 시작하였다. 호텔 매니저에 의해 한나는 동료와 같이 호텔에서 강제 퇴실되었는데, 한나의 동료는 자신을 대신해 누군가 개입해 준 것에 감사해했다.

한나는 부모님의 집으로 갔고, 그곳에서 어머니를 만났다. 조증 삽화를 인식한 한나의 어머니는 그녀에게 정신과 의사를 마지막으로 본 것이 언제인지 물었고 스탠리 박사에게 즉시 연락하라고 말하였다. 한나는 자신은 괜찮으며, 박사님을 귀찮게 하고 싶지 않다고 하였다. 한나의 어머니는 연락드려야 한다고 주장하면서, 그러지 않으면 자신이 직접 전화를 걸겠다고 하였고, 이것은 한나를 화나게 만들었다. 자신은 성인인데, 어머니가 자신을 대신해 의사에게 전화를 하겠다는 것에 한나는 분노했다. 한나의 어머니가 전화로 이야기할 때, 스탠리 박사는 전화 너머로 한나가 비명 지르는 소리를 들을 수 있었다. 결국 한나는 전화를 받았으며, 그날 저녁 스탠리 박사와 만나기로 겸연쩍게 동의하였다.

한나는 약속을 잘 지키는지 확인하고 싶은 부모님과 함께 병원에 도착했다. 면담 동안 한나는 짜증을 내고 뿌루퉁해 있었다. 한나는 자신을 어린아이 취급하는 부모를 질책하였지만, 동시에 어린아이처럼 행동하였다. 한나의 부모님 입장에서, 특히 아버지는 한나가 '철이 들고 삶을 진지하게 받아들여야 할 필요성'을 언급하며 그들의 기대에 부응하지 못하는 한나의 일반적인 실패에 대해 비난하였다. 이런 이야기를 듣는 동안, 한나는 극도로 흥분하였다. 한나는 날카로운 목소리로 빠르게 이야기하였으며, 주기적으로 자리에서 일어나 요점을 강조하기 위해 격렬한 몸짓을 보였다. 마치 법정에서 소송을 다투는 것처럼, 스탠리 박사에게 자신의 정당함을 주장하려고 애쓰면서 매우 흥분하며 화를 냈다.

모든 사람의 이야기를 들은 후, 스탠리 박사는 한나와 단둘만의 대화를 요청하였다. 박사는 한나가 여전히 약을 복용하고 있는지 확인한 후, 복용량이 충분하지 않음을 이야기하였다. 한나는 처음에 이 이야기에 화를 내며, 자신이 하는 모든 좋은 일을 병이라 부른다고 불평하였다. 지난 10일 동안 있었던 일들을 한나

> 제1형 혹은 제2형 양극성장애를 가진 사람의 약 절반 정도만 매해 치료를 받는다 (Stovall, 2021; ADAA, 2020; Carvalho et al., 2020; Kessing, 2020; NIMH, 2020d, 2017d; Wang et al., 2005).

에게 직면시킬지를 고민한 스탠리 박사는, 직면 대신에 한나를 타당화하고 지지하기로 결정하였다. 스탠리 박사는 침착하게 한나의 현재 상태에 집중하며 기분이 어떤지, 출근할 준비가 되어 있는지를 질문하였다. 한나는 직장으로 돌아가려면 도움이 필요할 수 있음을 인정하였다. 스탠리 박사는 리튬 복용량을 늘리는 것을 제안하였다. 동시에 한나를 즉시 진정시키기 위해 강력한 항정신병 약물인 클로르프로마진을 처방하였다.

다음 날 저녁, 한나는 클로르프로마진 덕분에 훨씬 더 차분한 상태에서 스탠리 박사에게 전화를 걸었다. 그녀는 자신의 아파트로 돌아갔으며, 다음 주 월요일의 업무 약속을 다시 잡기 시작하였다. 한나는 규칙적인 수면, 신체 활동 및 균형 잡힌 식사를 하기 위해 시간을 할애하였다.

그 주 초에 스탠리 박사는 한나와 다시 한번 만났고, 그녀의 기분이 실제로 안정되었음을 확인하였다. 스탠리 박사는 혈액 검사를 지시했고, 이번에는 그녀의 리튬 혈중 수치가 치료 범위의 최고 수준이었다. 고용량의 리튬이 양극성 삽화를 예방할 수 있을 것이라는 희망을 가지고, 클로르프로마진의 복용량을 줄이기로 하였다.

치료 4~8개월 차 새로운 약물 요법은 한나의 기분 변화를 잘 조절하는 것처럼 보였다. 실제로 한나는 이후 4개월 동안 침착하게 모든 업무 요구 사항을 충족하고 조용하고 안정적인 개인 생활을 영위해 나갔다. 이 기간 동안 그녀는 저녁 사교 모임을 피하기 위해 모든 노력을 기울였다.

약 4개월이 지나, 한나는 그녀의 '지루한' 삶에 대해 점점 더 냉소적으로 되어 갔다. 한나는 더 많은 것을 즐기고, 더 많은 사람을 만나고, 더 많은 자극을 느끼기를 원하였다. 마침내 그녀는 리튬 복용을 중단하기로 결정하였다. 한나는 스탠리 박사에게 전화를 걸어, 자신이 이런 식으로 영원히 살 수는 없다고 이야기하였다. 한나는 부모님으로부터 충분한 '지배'를 받으며 자랐으며, 지금은 화학적으로 지배를 받고 있다고 말하였다. 한나는 자신의 자유를 박탈당했다고 느꼈다. 게다가 새로운 리튬 복용량은 엄청난 갈증을 일으켜, 그녀는 계속해서 물을 들이마시게 되고, 결국에는 화장실을 자주 가게 되었다. 한나는 더 이상 참을 수 없다고 선언하였다. 스탠리 박사는 한나에게 마지막 조증 삽화를 상기시키면서, 약을

리튬 및 다른 기분 안정제는 양극성 삽화, 특히 조증 삽화를 예방하기도 한다(Vieta et al., 2020). 따라서 임상가는 기분 삽화가 가라앉더라도 계속해서 이러한 약물을 처방한다.

계속 복용할 것을 강력히 권고하였다. 그러나 이 시점에서 스탠리 박사가 실제로 할 수 있는 일은 환자에게 어떻게 지내고 있는지 알려 달라고 하는 것과 조증이나 우울증 삽화의 초기 징후가 있을 때 전화를 걸도록 촉구하는 것뿐이었다.

치료 9~12개월 차 다음 몇 달 동안 한나는 기분이 괜찮았다. 그녀는 리튬을 끊은 후, 자기 자신이 '정상적인' 것처럼 느껴져서 행복했다. 그러나 몇 주가 지나면서 그녀의 만족감은 행복감과 조증으로 발전하였으며, 그녀의 인생에서 가장 충격적인 경험 중 하나로 이어졌다.

그 경험은 조증 상태에 있는 한나가 토론토에서 온 자선가와 치근덕거리기 시작한 사회 기금 모금 행사에서 시작되었다. 저녁이 되자 그 남자는 한나에게 그날 밤 자신의 전용기를 타고 자기 동네로 가자고 제안하였다. 기분이 좋아 거의 모든 일을 조금의 망설임도 없이 실행에 옮길 수 있었던 한나는 선뜻 동의했고, 두 사람은 파티에서 바로 공항으로 향하였다. 비행기에서 한나는 자신이 세계 정상에 있는 것처럼 들떠 있었다. 그 남자는 한나의 발랄함에 너무 매료되어 목적지에 도착하자마자 그들을 호화로운 호텔로 데려다줄 고급 리무진을 불렀다.

호텔에서 한나의 그 남자는 고급 식사, 술, 성관계를 즐기며 즐거운 시간을 보냈다. 3일 동안 사치스럽고 무모한 시간을 보낸 후, 그 남자는 한나가 그의 친구 몇 명을 '접대하는' 것을 제안하였다. 한나는 그 제안에 충격을 받았지만 결국 동의했고, 나중에 그녀가 '내 인생에서 가장 굴욕적인 한 주'라고 묘사한 순간을 마주하게 되었다.

접대를 조율하는 것에 지친 그 남자는 갑자기 호텔을 체크아웃한 후, 공항으로 돌아가는 택시 요금만 쥐여 주고, 한나를 남겨 두고 떠나면서 모든 것이 갑자기 끝나 버렸다. 낯선 도시에서 단 몇 달러만 가지고 혼자 남겨진 한나는, 부모님께 전화를 걸어 자신의 곤란한 상황을 설명하였다. 그녀의 아버지는 즉시 한나를 데려올 계획을 세웠다. 한나는 그 후 24시간 동안 아버지가 도착하기를 기다리며 공항 의자에 홀로 앉아, 화를 내고 근처 모든 물건을 발로 차며 시간을 보냈다.

집에 돌아온 한나는 부모님 집에서 2주를 보냈으며, 그 기간 동안 우울증에 압도당하고 말았다. 한나는 스스로 인생이나 사랑에서 결코 성공할 수 없는 완전한 부적응자라고 느꼈으며, 죽음만이 유일한 해결책이라고 생각하였다. 한나의 상

> 양극성장애를 가진 사람이 1년에 4회 이상의 기분 삽화를 경험한다면, 급속 순환(rapid cycling)으로 분류된다.

태를 염려한 부모는 그녀에게 스탠리 박사와 다시 연락하라고 간청하였다. 한나는 박사를 만나기로 동의했으며, 스탠리 박사에게 눈물을 흘리며 지난 이야기를 털어놓았다.

스탠리 박사는 한나의 급성 우울증을 치료하기 위해 항경련제인 라모트리진(라믹탈)을 처방하였으며, 높은 수준의 리튬도 처방하였다. 한나의 우울증은 몇 주가 지나 다소 완화되었다. 몇 달 후, 스탠리 박사는 한나의 기분이 이전처럼 리튬만으로 안정되기를 희망하며, 항경련제를 서서히 줄여 나갔다.

한나는 이렇게 해서 제자리로 돌아왔다. 그녀가 그토록 싫어했던 리튬을 다시 복용하였으며, 그녀의 기분 변화는 다시 한번 조절되었다. 누구나 짐작할 수 있듯이, 오래 지나지 않아 한나는 똑같은 불만을 다시 토로하였다. 한나는 부작용을 참을 수 없었으며, 마치 구속복을 입은 것처럼 느껴졌다. 그녀는 때때로 '이틀간의 자유'를 누릴 자격이 있다고 되뇌면서, 며칠 동안 리튬 복용을 중단하였다.

스탠리 박사는 한나가 자신의 현실을 직시하지 못하고 있다고 느꼈다. 그녀는 더 나쁜 대안을 피하기 위해 스스로 약을 복용하는 것이 아니라, 반항적인 청소년처럼 자신에게 부과된 약을 억지로 복용하는 것이었다. 게다가 스탠리 박사는 매주 한나를 만날 여력도 없었다. 그러나 이것이 한나에게 필요한 것이라는 확신이 들었다. 그래서 스탠리 박사는 한나가 자신의 감정을 조절하고, 행동 패턴을 바꾸기 위해 심리 치료를 받으면 도움이 될 것이라고 제안하였다. 스탠리 박사는 또한 심리 치료가 한나의 다른 문제들, 예를 들면 관계 문제에도 도움이 될 수 있다고 설명하였다. 한나는 심리학자인 마크 미들랜드와 상담을 하기로 동의하였다.

치료 2년 차

한나는 다음 12개월 동안 심리학자인 미들랜드 박사에게 '통찰력 기반' 치료를 받았다. 처음 3개월 동안 박사는 한나와 부모의 관계에 초점을 맞추었으며, 어린 시절부터 시작된 부모와의 관계 패턴을 살펴보는 데 많은 시간을 할애하였다. 한나는 부모님이 자신과 자신의 문제를 평가 절하한다고 불평하였다. 예를 들면, 한나는 그들의 잘 정리된 삶과 멋진 사회적 관심사에 자신이 방해가 된다고 믿었다. 한나는 자신의 존재를 부모님이 가끔은 원망하는 것 같다고 미들랜드 박사에게 말했다. 그녀는 그들에게 부담이 되는 느낌을 설명하고, 마치 한나가 의도적으로 조증이나 우울증 삽화를 일으키고, 이러한 삽화의 책임이 자신에게 있다고 어떻게 믿게 되었는지 이야기하였다. 이러한 통찰은 그녀에게는 처음이었으며, 한나는 미들랜드 박사에게 도움이 되었다고 말했다.

더 많은 대화를 나누면서 한나는 부모에 대한 분노가 얼마나 커졌는지를 깨닫게 되었다. 그녀는 복수에 열중하는 것처럼 보였는데, 몇 번이고 되풀이해서 부모에게 전화로 자신의 고통을 끊임없이 알렸다. 예를 들면 복용을 중단하는 등의 위기 상태를 유발하여 그들이 그녀를 돕도록 강요함으로써 자신의 문제를 부모님이 곱씹게 만들었다. 미들랜드 박사는 이런 패턴을 지적하면서, 그녀가 부모에 대한 반항이 주요 목표인 청소년처럼 그녀의 인생을 살고 있음을 이야기하였다. 한나는 부모에 대한 반항을 자신의 삶을 이끄는 주된 힘으로 사용하는 일을 중단할 필요가 있음을 고려하게 되었다.

한나는 다음 3개월 동안 몇 가지 중요한 변화를 시도하며 치료를 받았다. 예를 들면, 그녀는 부모님의 집에서 멀리 떨어진 새 아파트를 찾았는데, 이는 한나와 부모 사이의 빈번하고 즉흥적인 만남을 줄여 줄 것이었다. 또한 한나는 사소한 일에도 부모의 조언을 구하는 전화와 문자 메시지를 줄이기로 결정하였다. 때때로 통화의 유혹을 떨쳐 내기 어려웠지만, 한나는 간단한 일을 스스로 처리하거나, 친구나 미들랜드 박사와 이야기하면서 부모님이 그녀의 세부적인 일상생활에 덜 얽매이게 하였다. 부모님은 점차 한나의 생각과 행동에서 덜 중요한 존재가 되어 갔다. 한나의 부모님은 항상 그녀가 감정을 조절하는 데 끼어들었다. 한나는 자신이 어렸을 때나 10대일 때도, 부모님은 항상 그녀의 모든 일에 관여하였다고 미들랜드 박사에게 말하였다. 부모로부터 조금은 주도권과 거리를 찾게 되면서, 한나는 자신이 긍정적인 변화를 만들어 나가고 있다는 확신이 들었다.

다음 단계는 한나가 자신만의 인생 목표에 대해 생각해 보는 것이었다. 과거에 그녀는 부모님의 반응이 자신의 행동에 대한 강력한 동기가 되었기 때문에 자신의 필요와 욕구를 거의 고려하지 않았다는 것을 깨달았다. 다음 3개월의 치료 기간 동안, 한나는 자신이 가장 원하는 것이 '정상적인' 삶, 즉 과거를 뒤흔들었던 조증이나 우울증 삽화로 인해 방해받지 않는 삶임을 깨닫게 되었다. 이 주제에 대한 대화를 계속하면서, 한나는 그녀가 복용하고 있는 약이 이 끔찍한 삽화

현재 다수의 양극성장애 치료 프로그램은 약물 치료의 보조 치료로서 개인, 집단 혹은 가족 치료를 포함한다. 보조 치료는 적절한 약물 관리의 필요성, 심리교육, 사회성 및 관계 기술 향상, 장애 관련 문제를 해결하는 데 초점을 맞춘다(Post, 2021; Vieta et al., 2020).

를 통제할 수 있는 유일한 수단임을 인식하게 되었다. 치료가 계속됨에 따라, 한나는 약물을 부모의 통제 수단이 아니라 정상적인 삶에 대한 희망을 보장하는 수단으로 바라보게 되었다. 게다가 그녀는 약물이 그녀가 진정으로 독립적인 삶을 사는 데 도움이 된다는 것을 인정하게 되었다. 문제는 그녀가 약물 복용의 한계, 즉 조증 기간 초기의 즐거움과 흥분을 더 이상 느낄 수 없다는 절충안을 받아들일 수 있는지 여부였다.

이성적으로, 한나는 언젠가 더 나은 약이 발견되거나, 혹은 더 이상 약을 먹지 않을 수도 있다는 희망을 품고 이 절충안을 받아들일 준비가 되었다고 말했다. 한나는 리튬의 장점이 단점보다 훨씬 크다고 느꼈다.

그해의 나머지 기간은 한나가 조증 삽화 없이 더 만족스러운 생활을 할 수 있도록 돕는 데 사용되었다. 주된 초점은 친밀한 관계에 대한 것이었는데, 지금까지는 조증 상태에서 일회적 성관계를 위해 사람들을 찾는 것으로 제한되어 있었다. 우울한 상태에서 한나는 자신감이 떨어져서 사람들을 피할 가능성이 더 높았다. 미들랜드 박사의 격려와 지도로 한나는 어느 정도 진실된 감정으로 발전하기 전까지 성적 활동을 미루는, 좀 더 평범한 방식의 데이트를 시작했다.

치료 3년 차에서 7년 차

치료 3년째가 되자 한나의 삶은 진정으로 안정되기 시작하였다. 그녀는 부모로부터 안정과 독립성을 키워 나갔으며, 처음으로 안정적인 파트너를 찾았다. 그녀는 5년 동안 미들랜드 박사로부터 심리 치료를 받았으며, 한 달에 한 번씩 정신과 의사인 스탠리 박사도 계속 만났다. 이 기간 동안 한나는 약을 건너뛰는 경우가 있었지만, 약을 완전히 중단했다기보다는 한두 번 건너뛰는 정도였다. 약을 중단하고 싶은 유혹이 생길 때마다, 그녀는 토론토에서 겪었던 고통스러운 일화를 떠올렸다.

더 큰 정서적 안정과 더 성숙한 자아 개념을 가지고, 한나는 직업에서도 더 큰 발전을 이룰 수 있었다. 그녀는 자신의 일에 더 진지하게 임하기 시작했고, 비즈니스 과정을 수료하였으며, 마침내 지역 관리자로 승진하였다. 그녀는 직업적 성공을 경험하면서, 조증 삽화에서 오는 즐거움을 덜 중요하게 여기게 되었다. 이런 자부심은 한나로 하여금 더욱 안정적으로 약을 복용하도록 만들었다.

스탠리 박사에게 7년간 치료를 받은 후, 한나는 스탠리 박사와의 만남을 1년에 수차례로 줄이고, 심리학자인 미들랜드 박사와는 정기적으로 상담을 계속하였다.

에필로그

몇 년 후, 스탠리 박사를 방문하는 동안 한나는 리튬 휴가라는 아이디어를 제안했다. 그녀는 스탠리 박사에게 그녀가 약을 복용하지 않을 때 경험했던 '정상적인' 최고 기분을 여전히 그리워하며, 일주일 중 적어도 며칠 동안 리튬 없이 기능할 수 있는지 확인하고 싶다고 말했다. 그녀는 의학적 조언에 반대되는, 복용을 가끔 건너뛰었으나 나쁜 결과는 없었음을 언급하였다. 한나는 스탠리 박사의 감독하에서 좀 더 조절된 방식으로 이러한 시도를 해 보는 것도 괜찮다고 생각하였다. 스탠리 박사는 여기에 동의하여, 매주 주말 중 하루에 리튬을 중단하는 계획을 세웠다.

이 계획은 6개월 동안 아무 문제 없이 진행되어서, 주말 내내 리튬을 중단하는 계획을 세우게 되었다. 이번에도 한나는 별 어려움 없이 지냈다. 그녀는 계속해서 안정적이고 생산적인 삶을 유지하였다.

이후 10년 동안 한나는 미들랜드 박사를 만나는 것을 중단했지만, 약물 치료는 필요했기 때문에 스탠리 박사는 계속 만났다. 어떤 의미에서 그들은 함께 늙어 가고 성숙해 갔다. 임상 현장에서 양극성장애에 대해 더 많이 알게 되고, 몇 가지 대체 치료법이 개발되자, 스탠리 박사는 리튬을 줄이고 새로운 약물인 항정신병 약물인 아리피프라졸(아빌리파이)을 처방하였다. 새로운 약물 조합은 조증 삽화의 위험을 높이지 않으면서, 한나가 갈망하던 감정적 풍요로움을 그녀의 삶에서 다시 느끼게 하였다.

이러한 변화는 시행착오를 통해 천천히 이루어졌다. 성공의 열쇠는 한나가 현명하면서도 주의 깊은 관찰자가 되었다는 것이다. 그녀는 몇 년 동안 입지 않았던 옷장 속의 짧은 빨간 드레스가 다시 매력적으로 보이기 시작하면 스탠리 박사에게 전화해야 한다는 것을 항상 알고 있었다. 수년에 걸쳐 그녀는 비즈니스 학위를 취득하였고, 직업적으로도 더 성장하였으며, 장기적인 관계도 발전시켜 나갔다. 마침내 그녀의 감정과 삶이 안정되었다.

평가 문제

1. 어떤 사건이 한나의 첫 번째 양극성장애의 증상을 촉발하였는가?

2. 어떤 사건이 한나의 조증을 우울증으로 변화시켰는가?

3. 한나의 두 번째 입원의 이유는 무엇인가?

4. 치료 초반과 수년이 흐른 후 한나의 증상을 감소시키기 위해 사용된 약물은 무엇인가?

5. 한나는 왜 약물 복용을 중단하였으며, 그 결과는 어땠는가?

6. 한나의 어떤 조증행동이 부모님을 걱정스럽게 했는가?

7. 한나는 과대망상으로 힘들어하였는데, 어떤 과대망상이었는가?

8. 의사 응급 자격의 개념을 설명하시오. 한나의 사례에서 왜 이것이 필요하였는가?

9. 양극성장애를 가진 사람은 친구 관계를 유지하는 것이 왜 어려운가?

10. 한나가 스탠리 박사를 만나기로 한 이유는 무엇인가?

11. 스탠리 박사가 한나를 제1형 양극성장애로 진단한 이유는 무엇인가?

12. 스탠리 박사는 왜 한나의 리튬 용량을 증가시키려고 하였는가?

13. 급속 순환은 무슨 뜻인가?

14. 스탠리 박사는 왜 한나에게 미들랜드 박사와의 심리 치료를 제안하였는가?

15. 미들랜드 박사는 한나에게 어떤 종류의 심리 치료를 사용하였는가?

16. 한나의 기분이 안정화되는 데 몇 년이 걸렸는가?

17. 리튬을 대체한 새로운 약물은 무엇인가? 새로운 약물의 장점은 무엇인가?

심신 문제와 코로나19 : 신체증상장애

표 7-1

진단 체크리스트

신체증상장애

1. 혼란스럽거나 반복적으로 파괴적인 신체 증상을 적어도 한 가지 이상 경험한다.
2. 본질적이거나 그 의미가 신체 증상인 불합리한 생각, 감정 및 행동을 다음 중 하나 이상을 포함하여 경험한다.
   (1) 심각성에 대한 반복적이고 과도한 생각
   (2) 성격이나 건강 관련 사항에 대해 지속적으로 느끼는 높은 불안감
   (3) 증상이나 건강 관련 사항에 과한 시간과 에너지를 소비
3. 신체 증상은 일반적으로 6개월 이상 지속된다.

세부 사항 : 통증 우세형

이 세부 사항은 이 진단의 2번과 3번을 만족하면서, 주로 통증과 관련된 불편감을 호소할 때 사용한다.

(APA, 2022, 2013)

신체증상장애의 정확한 유병률은 결정되지 않았지만, 연구에 의하면 모든 연령에서 남성보다 여성에게서 더 많이 발생한다(Levenson, 2020).

뉴욕시 외곽 롱아일랜드의 의사와 간호사 집안에서 태어난 애슐리는 여러모로 특권을 누렸다. 애슐리는 신체적으로 건강하고 발달이 빨랐으며, 건강한 음식으로 영양을 충분히 섭취했고, 대문으로 둘러싸인 마을에 보안카메라로 보호되는 큰 집에 살았다. 의사인 부모님은 모두 고소득을 올리는 열정적인 직장인이었다. 두 사람의 연봉을 합치면 10억 원 이상이었기 때문에 애슐리와 여동생 앨리는 풍요롭게 지내면서 많은 경험을 할 기회가 있었다. 두 자매는 사립학교에 다녔고 과외 선생님을 두었으며, 입주 가정부인 카리사로부터 추가적인 코칭과 도움을 받았다. 두 자매는 모두 매우 똑똑하고 학업에 열심이었다. 다양한 재능을 가진 부모님의 영향으로 두 자매는 학업과 더불어 모델과 연기 활동을 병행했다. 스페인어 과외를 받았고, 부모님은 딸들에게 스페인어로만 말하라고 지시하여 두 자매는 2개 국어를 구사하는 사람이 되었다. 실제로 애슐리와 여동생은 상류로 헤엄쳐 올라갈 필요가 없을 정도로 이미 빠른 성공의 물결을 타고 태어난 것이다.

애슐리의 어머니인 사라는 심장 전문의이자 과학자로, 전일제 의사가 되기 전에 몇 년간 성공적인 연구자로 활동하며 대규모 연구팀을 운영했다. 지금은 병원 심장 센터의 선임 의사이다. 사라는 주로 비용이 많이 들고 복잡한 수술을 집

도하고, 수술 전과 후속 예약을 위해 환자들을 만나곤 한다. 사라의 돌아가신 어머니는 맨해튼의 소아 중환자실 간호사였다. 사라의 아버지는 호흡기 전문의였는데, 에콰도르 산간 오지 마을에 의료 서비스를 제공하던 중 감염으로 인한 합병증으로 사망하였다. 애슐리의 조부모는 모두 북유럽에서 미국으로 이민을 왔으며, 사라는 애슐리와 앨리에게 자신의 조상이 의료 분야에서 직업적 혈통이 길었다고 반복해서 말하곤 했다. 이러한 집안 내력과 의사인 부모님의 단호하고 강인한 성격을 생각할 때, 애슐리와 여동생은 자신들도 의사가 되어야 할 것이라고 생각하며 자랄 수밖에 없었다. 애슐리는 인체에 대한 이해는 'DNA에 새겨져 있고' 부모님과 조부모님의 발자취를 따르는 것이 자신의 '운명'이라고 농담하곤 했다.

애슐리의 아버지인 제리는 개인병원의 정형외과 의사이다. 제리는 키가 크고 근육질이어서 대학 시절에는 미식축구 공격수로 활약했다. 제리의 부모님은 둘 다 가정의학과 의사였고, 제리는 항상 특정 분야의 전문의가 되고 싶다는 생각을 가지고 있었다. 그는 주치의가 얼마나 많은 돈을 버는지 알고 있었고, 의대에 진학한다면 반드시 높은 연봉을 받을 수 있는 전공의 과정을 마치고 전문의가 되어야 한다고 생각했다. 그는 진지한 사람이었고, 환자와 진료에 집중했으며, 대체로 주당 70시간 이상 일했다. 사라와 제리는 모두 건강했다. 새벽 4시 30분에 일어나 운동이나 명상을 한 후, 저지방 고단백 아침 식사를 하고 아침 7시까지 출근했다. 딸들이 일어나면 대개 부모님은 출근하고 없었다. 카리사는 마이애미 출신의 활기차고 젊은 콜롬비아인이었고, 딸들의 등하교를 담당하였다.

애슐리는 학교에서 뛰어난 성적을 거뒀을 뿐 아니라 졸업반의 졸업생 대표를 맡기도 했다. 아이비리그 대학 여러 곳에 합격했지만 하버드, 예일, 프린스턴 대학에는 불합격하였다. 그녀는 항상 더 작은 규모의 대학에 진학하고 싶었기 때문에 불합격은 그리 중요하지 않았다. 그녀는 뉴욕 북부에 있는 작지만 유명한 학부 중심 여대에 진학하기로 결정했다. 고등학교 3학년까지 애슐리는 전 세계를 여행하며 다양한 문화를 접했다. 애슐리는 미국의 다양한 문화에 대해 이해하게 되었고, 오랫동안 꿈꿔 왔던 신경외과 의사가 되는 것에 대해 의문을 갖기 시작했다.

애슐리   코로나19가 애슐리의 세상을 완전히 바꾸다

애슐리가 고등학교 3학년이 되던 봄, 전 세계가 코로나19 팬데믹에 휩싸였다. 모든 것이 바뀌었다. 애슐리와 여동생은 집에서 원격교육을 받기 시작했다. 친구들을 직접 만나지 않게 되었다. 애슐리의 연기 활동을 하려던 계획이 취소되었고, 모든 모델 활동은 무기한 연기되었다. 이미 아이들과 집 안의 필요를 잘 파악하고 있던 카리사는 자신의 건강과 가족의 건강에 대해 강박 관념을 갖게 되었다. 그녀는 배달할 수 없는 음식과 기타 필수품을 사기 위해 가게에 갈 때 외에는 집에서 거의 나가지 않았다. 애슐리의 생각에 카리사는 극도로 불안해하고 과잉보호하는 사람이 되었다. 모든 사람이 사망자, 감염자, 지역, 미국, 세계, 예방법, 알려진 것과 알려지지 않은 것 등 코로나에 관한 이야기만 했다. 모든 것이 애슐리를 지치게 했지만 피할 방법은 없었다. 코로나19는 애슐리의 세상을 완전히 바꿔 놓았다.

> 코로나19 기간 동안 집에 격리된 사람의 60%가 상당한 수준의 외로움과 슬픔을 경험했다고 보고하였다(Brooks et al., 2020; Ornell et al., 2020).

사라와 제리는 코로나19 환자를 관리하는 최전선에 투입되었다. 하루 종일 일하고 저녁 늦게 귀가하는 날이 많았으며, 얼굴에는 슬픔이 가득했고 꽉 끼는 보호 장비로 인해 붉게 움푹 팬 자국이 있었다. 사라는 부서장으로부터 응급실과 중환자실 근무로 재배치된 상태였기 때문에 그 일을 가장 먼저 맡게 되었다. 그녀는 삽관, 인공호흡을 앞두고 환자들이 남긴 수많은 말들을 들었고, 공격적인 바이러스에 대한 냉혹한 패배로 인해 이 말들은 유언이 되곤 하였다. 시간이 지날수록, 사라는 사랑하는 사람들의 위로나 인간적인 존엄이 결여된 채 환자들이 생을 마감하는 것을 지켜보며 그들을 살리고자 노력하는 일과 떠나보내는 일에 점점 더 낙담하고 무력해졌다. 처음에는 애슐리에게 이 사실을 숨겼지만, 결국 애슐리가 의사가 되고 싶어 하고 곧 대학에 갈 예정이었기 때문에 자신의 경험에 대해 더 솔직해져야 할 때라고 판단했다. 늦은 밤, 둘은 주방에서 이야기를 나누기 시작했다. 사라는 애슐리에게 자신이 얼마나 무능한 사람이라고 생각했는지 털어놓았다. 또한 그녀는 업무에서 이렇게 소진된 적이 없었다는 사실도 털어놓았다. 항상 지칠 줄 모르고 기죽지 않는 여성이었던 그녀도 매일 발생하는 사망 사건으로 인해 정서적으로 고갈되고 병원의 자원 부족과 끝없는 관료적 절차에 분노했다. 어느 날 삽관하기 전 환자에게 작별 인사를 하기 위해 태블릿을 들어 보

> 코로나19 팬데믹 1개월 후 전 세계를 대상으로 실시한 조사에 따르면 의료 인력의 73%가 심각한 스트레스를 지속적으로 경험하였다(N. Liu et al., 2020; S. Liu et al., 2020; Wang et al., 2020).

이는 순간, 너무나도 무심하게 아무 느낌 없이 그 일을 하고 있다는 것을 깨닫게 된 사라는 집에 돌아와 감정적으로 무너지고 말았다. 사라는 제리, 애슐리와 함께 밤새도록 그 이야기를 하였다. 애슐리는 눈물을 참으려 했지만 어머니가 심하게 충격을 받은 모습에 매우 속상했다. 애슐리는 사라에게 심리학자나 정신과 의사와 상담해 보라고 제안했다. 평소 감정을 드러내지 않던 제리도 귀를 기울이고 해결책을 제시하고자 노력했다. 어떤 의미에서 코로나19는 애슐리를 부모님과 더 가깝게 만들었다. 이것은 애슐리에게 중요한 일이었다. 애슐리는 머리를 풀어 헤치고 감정을 투명하게 드러내는 어머니를 보며 자신과 특별하게 연결되어 있다고 느꼈다. 반면 앨리는 지하실에서 친구들과 영상 통화를 했을 뿐, 이런 것들을 잘 모르고 있었다.

팬데믹이 여름을 지나 계속 확대되는 동안 제리는 전형적인 남성적이고 금욕적인 모습을 유지했다. 애슐리는 이를 '독한 남성성'이라고 불렀다. 제리는 애슐리에게 '깨어 있는 Z세대'라고 부르며 대응했다. 코로나로 인해 제리의 환자 치료 방식도 바뀌었다. 임의로 방문하거나 정기적으로 방문하던 환자들은 꼭 필요한 경우나 복잡한 수술이 있을 때만 찾아오게 되었다. 평소에 성실하고 신뢰할 만했던 간호팀과 기술팀 팀원들도 질병이나 육아 문제로 결근하는 일이 늘어났다. 진료 중에 발생하는 오류가 증가했다. 환자의 만족도는 저하되었다. 치료의 질이 떨어지고 수익도 급격히 감소하였다. 제리는 이 모든 것이 매우 불안했지만, 걱정을 회피하거나 감정을 억제하는 것이 최선의 대처 방법이라고 믿는 실수를 저질렀다. 온 가족은 이것이 그의 대처 전략이라는 것을 알고 있었다. 대놓고 농담처럼 말하기도 했다. 당연히 애슐리와 앨리는 청소년기 초반에 이러한 습관을 익혔다. 그들은 불쾌한 주제나 강한 부정적 감정 표현을 교묘하게 피하기 위해 대화 주제를 바꾸는 것에는 전문가가 되었다.

애슐리가 가장 아끼는 간호사인 콘수엘라가 노모를 위한 실내 가족 행사에 참석한 후 코로나19에 감염되어 중태에 빠지면서 제리의 직장 상황은 악화일로로 치달았다. 제리는 애슐리에게 콘수엘라가 혼수상태에 빠졌으며 생사가 불분명하다고 이야기했다. 다음 날 애슐리는 친한 친구의 삼촌이 코로나19로 사망했다는 사실을 알게 되었다. 그때까지만 해도 팬데믹으로 인한 사망은 가슴 아프고 충격적인 일이기는 했어도 애슐리에게 직접적인 영향을 미치지는 않았다. 하지만 이제 가장 친한 친구가 코로나19로 인한 상실을 경험하고 있고, 콘수엘라가 그다음 차례가 될 수도 있었다. 애슐리의 세상이 뒤집어지고 있었다.

가을 학기가 다가오자 애슐리는 가족과 함께 집에 머무르기로 결정했다. 학교 기숙사는 집에서도 멀었고, 언젠가는 바이러스 전염을 막기 위해 학교에서 빌린 호텔 체인점에 격리될 가능성이 높았기 때문이다. 그녀는 가족 중 누군가가 코로나19에 감염될까 봐 불안해했다. 특히 다른 사람을 돌보기 위해 위험을 무릅쓰고 자신을 희생하는 부모님이 불안했다. 콘수엘라는 인공호흡기를 떼고 가족과 떨어져 고향 외곽의 한 병원에서 홀로 숨을 거뒀다. 이 사건은 애슐리에게 깊은 영향을 미쳤고, 애슐리는 스스로를 더욱 고립시키게 되었다. 마이애미에 사는 카리사의 부모님도 모두 코로나19에 감염되었고, 가족 중 누군가가 팬데믹의 직접적인 영향을 받은 친구들이 많았다. 고등학교 3학년인 앨리는 가족과 점점 더 멀어지고 있었고, 바이러스에 감염된 것에 대해 놀라울 정도로 무심해 보였다.

가을 학기가 시작되자 애슐리는 온라인 수업을 통해 새로운 일상을 시작했다. 애슐리는 친구들과 계속 연락을 주고받으며 습관적으로, 혹은 정상적이라는 느낌을 주기 위해 늘 하던 대로 학업에 열중하고 성실하게 생활했다. 애슐리는 성적이 좋았지만 점점 더 불안해하고 비사회적으로 변해 가고 있었다. 친구들과 사진을 찍고 문자를 주고받았지만 직접 만나는 일은 거의 없었다. 그녀는 진정한 친구가 있는지 의문스러워졌다. 그녀는 생애 처음으로 자신에게 회의적이 되었다. 반면 앨리는 조심스러운 태도를 취했다. 부모님이 일하고 있는 동안에는 안전에 대한 카리사의 경고를 무시하고 친구들을 만나기 위해 집을 나섰다. 이제 앨리보다 걱정이 많은 애슐리는 앨리가 코로나19에 감염될 수 있다는 걱정이 점점 더 커졌다. 애슐리는 그 생각만으로도 밤에 잠이 오지 않았고, 카리사처럼 앨리에게 매일 문자를 보내서 집에 머물고 밖에서는 마스크를 착용하고 물리적 거리를 유지하라고 부탁하곤 하였다.

남은 학기 동안 상황은 지속되어 스트레스가 계속되었다. 제리와 사라는 과로에 시달렸고 감정적으로 격앙된 상태와 분리된 상태를 오갔다. 제리는 자신의 불행을 감추려고 했지만 그러지 못했다. 사라는 자신의 감정을 더 솔직하게 표현했다. 카리사는 강박적으로 가정과 두 아이들을 보호하려고 노력했다. 앨리는 자신은 젊고 건강하므로 코로나19에 감염되더라도 괜찮을 것이라고 주장하며 반항적

태도로 위험을 감수하고 다녔다. 애슐리는 학업 성적은 뛰어났지만 친구들과 떨어져 집에서 사회적으로 고립된 채 지냈으며, 자신의 건강, 가족이나 카리사가 코로나19에 감염될 가능성 등에 대해 점점 더 불안해하고 걱정했다.

애슐리   대학에 새로운 인물이 등장하다

애슐리와 가족들은 백신을 접종한 후 걱정을 조금 덜게 되었다. 상황은 좀 더 희망적으로 보이기 시작했다. 부모님은 스트레스를 덜 받는 일상으로 돌아갔다. 그들은 알래스카로 가족 여름 여행을 다녀왔다. 애슐리와 앨리는 예전처럼 함께 즐거운 시간을 보냈다. 하지만 애슐리는 오랫동안 친구들과 떨어져 지낸 후 친구들에 대해 양가감정을 느끼게 되었다. 애슐리는 사람들을 직접 만나는 것을 계속해서 정중하게 거절하고, 대신 온라인에서 많은 시간을 보냈다. 연기와 모델 활동을 통해 인스타그램 팔로워가 상당히 증가하였고, 개인적으로 모르는 사람이라도 다이렉트 메시지를 통해 연락을 주고받으면서 사람들과 소통하는 것을 즐기게 되었다. 실제로 애슐리는 같은 대학에 다니는 친구가 있는 사람들과도 소통하게 되었다. 애슐리는 그들과 친해졌고, 다가오는 학기를 기대하며 그들과 대화하고 문자를 주고받는 것을 즐겼다.

애슐리의 부모님은 그녀를 열린 마음으로 다른 사람을 받아들이는 사람으로 키웠다. 예를 들어, 애슐리는 다른 사람의 인종, 민족, 성적 취향, 성 정체성 등에 대해 편견을 갖지 않았다. 하지만 어린 시절 친구들은 모두 시스젠더와 이성애자였고, 그녀는 백인이 주를 이루는 중상류층 커뮤니티에서 자랐다. 외곽에서 자란 탓에 항상 특권을 누리는 동시에 갇혀 있다고 느꼈던 그녀는 대학에서 다양한 배경을 가진 사람들을 만날 수 있다는 사실에 기대가 컸다. 애슐리가 어렸을 때, 카리사는 종종 "우리는 커다란 비눗방울 속에 살고 있어."라고 말했었다. 애슐리는 비눗방울 바깥의 삶이 어떤지 보고 싶어 했다. 반면 앨리는 비눗방울 속에서 더 잘 지내는 것처럼 보였다. 앨리는 외향적이고 자신감이 넘쳤으며 통통 튀는 성격으로 재미있었다. 앨리는 마을의 모든 사람을 아는 것 같았고, 이런 환경에서 잘 자랐다. 대학 진학을 준비하던 애슐리는 앨리를 잃는 슬픔이 다가오는 것을 느꼈다. 떠나기도 전에 앨리가 그리워진 것이다. 카리사는 몇 년 전 가족을 마이애미에 남겨 두고 풀타임 가정부가 되기 위해 떠날 때 치료자가 그녀에게 했던 말을 '미리 상실감을 경험하는 것(pre-miss)'이라고 불렀다.

대학에서 애슐리는 많은 새로운 사람들을 만났다. 그녀는 친절하고 매력적이었으며, 주눅 들거나 자신을 과시하는 것처럼 보이지 않기 위해 옷을 적당히 차려입었다. 그녀는 옷을 멋지게 차려입으면 남성들로부터 많은 관심을 받을 수 있고, 더 나아가 많은 여성들로부터도 관심을 받을 수 있다는 것을 알고 있었다. 하지만 애슐리는 지금 낯선 사람에 대해 긴장하고 있고, 연기와 모델 활동에서도 멀어져 있으며 자신의 비눗방울에서 벗어나 있다고 생각해서 그런 관심을 전혀 원하지 않았다. 그녀는 기숙사 방에 혼자 있을 때를 포함해 어디에서나 마스크를 착용했다. 마스크를 쓰지 않으면 자신의 안전이 쉽게 위협받을 만큼 취약하다고 느꼈다.

그 모든 과정 속에서도 애슐리는 대학 분위기를 좋아했다. 모두가 각기 다른 독특한 곳에서 왔기 때문이다. 모두 똑똑하고 공부도 잘했고, 최근 코로나19로 인한 제약과 두려움에서 벗어난 상태여서, 애슐리가 만난 학생들은 모두 재미있고 호기심이 많았으며 새로운 관계를 형성할 준비가 되어 있는 것처럼 보였다. 애슐리는 파티에 가고, 고등학교 때보다 더 많은 술을 마시고, 대마초 젤리를 먹어보고, 대마초를 피웠다. 새로운 친구를 사귀고 생물 수업에서 만난 귀여운 남학생과 사귀며 끝없이 관심을 받는 자신을 발견했다.

이런 모든 흥미로운 일들에도 불구하고 애슐리는 여전히 심리적으로는 코로나19의 영향을 느끼고 있었다. 애슐리의 전반적인 불안 수준은 팬데믹 이전보다 더 높았다. 자신이 아플까 불안하고, 코로나19에 감염될까 불안하며, 가족과 친구들이 병에 걸릴까 불안하고, 모르는 사람이 바이러스를 옮길까 불안해지는 등 코로나19와 연관된 많은 일들에 대해 불안해했다. 대부분의 학생들은 마스크를 거의 착용하지 않았지만, 그녀는 술을 마시거나 약물을 복용하지 않는 한 마스크를 벗지 않았다. 카리사는 불안감을 해소하기 위해 요가, 명상, 규칙적인 운동을 하라고 상기시켰다. 그녀의 부모님은 그녀에게 잘 먹고 규칙적인 생활을 하라고 말했다. 앨리는 애슐리가 모든 일에 과민하게 반응하고 있다고 말했다.

애슐리는 불안감을 없애기 위해 많은 노력을 기울였지만 여전히 매일 불안과 초조함, 공포를 느꼈다. 감염에 대한 걱정 때문에 교실의 표면을 닦고, 하루 종일 손을 씻고, 모르는 사람을 피했다. 그녀는 금방 친한 친구들을 사귀었고, 그들과 함께 있으면 가장 안전하다고 느꼈다. 하지만 친구들과 함께 외출할 때면 감염될지도 모른다는 극심한 불안감이 밀려왔다. 이에 대처하기 위해 그녀는 가능하면 새로운 상황을 피했고, 새로운 장소에 가거나 새로운 사람들과 외출할 때는 대마초 젤리를 먹고 술을 많이 마셔 걱정을 줄이고자 했다. 이것은 단기간에 효과가 있었고 그녀에게 새로운 패턴이 되었다.

어느 날 밤, 애슐리는 친구들과 외곽 지역의 파티에 갔다가 근처 기숙사에서 본 레이첼이라는 동급생에게 고백을 받았다. 애슐리는 레이첼의 대담한 스타일 감각에 이미 매료된 상태였다. 레이첼은 밝은 파란색으로 염색한 짧은 머리에 코걸이, 꽃 문신, 화려한 화장을 한 남성스러운 패션 감각을 가지고 있었다. 두 사람은 몇 시간 동안 이야기를 나눴고, 애슐리는 취기가 오른 상태에서 추파를 던지고 어느새 자신의 모든 비밀스러운 고민까지도 털어놓았다는 사실을 나중에야 알 정도로 빠져 있었다.

반면, 레이첼은 애슐리에게 자신이 논바이너리 및 퀴어임을 밝혔고 성 중립적인 용어들을 사용하는 것에 대해 충분히 편안함을 느꼈다. 레이첼은 자신감 넘치고 거칠 것 같지 않은 태도였지만 애슐리 앞에서는 긴장한 나머지 말을 더듬었다. 마찬가지로 애슐리도 완전히 매료되었다. 두 사람은 밤이 끝날 무렵 서툴지만 열정적인 키스를 나눴고, 애슐리의 경계심은 술과 대마초로 인해 약해졌다. 평소 같았으면 이런 밀접한 접촉이 코로나19에 대한 불안감을 불러일으켰을 테지만, 다음 날 아침에도 애슐리는 레이첼과 다시 만나고 싶다는 생각만 하게 되었다.

무슨 일이 벌어진 것일까? 애슐리는 대학에 진학해 새로운 사람이 되어 가고 있었다. 새로운 애슐리는 더욱 불안해하며 정기적으로 마약과 알코올을 사용했고, 이제는 자신이 매력을 느낄 거라고는 전혀 예상하지 못했던 사람과 사귀고 있었다. 그리고 그녀는 레이첼에 대한 생각을 멈출 수 없었다. 애슐리는 자신의 성 정체성에 의문을 품기 시작했다. 애슐리는 스스로 시스젠더이자 이성애자라고 생각하고 있었고, 고등학교 때 남자친구와 첫 성관계를 가졌었다. 모델로서 그녀는 어렸을 때부터 매력적인 여성이나 소녀들과 많은 시간을 보냈다. 하지만 이전에는 외모가 좋은 여성들을 동경하고 관심을 기울이기는 했어도 여성에 대한 성적 관심을 느낀 적이 없었다. 곰곰이 생각해 보니 그녀는 항상 짧은 머리의

코로나19 팬데믹 기간 동안 실시된 조사에 의하면 아동, 청소년 중 날선 감정(54%), 짜증(47%), 걱정(47%), 슬픔(44%), 무감동(54%)을 경험한 숫자가 증가하였다(Gindt et al., 2021; Zhou et al., 2020).

중세 유럽의 수포성 전염병 시기 이후로 줄곧 전염병이 창궐했던 나라 사회는 불안, 우울, 물질사용 장애의 발생률이 증가한다는 연구가 있어 왔다(Ren, Gao, & Chen, 2020; Usher, Durkin, & Bhullar, 2020).

여성이 매력적이라고 생각했었다는 것을 깨달았다. 모델 일을 할 때 런웨이에서 그녀들을 바라보는 것을 좋아했고, 과거에는 비슷한 외모의 모델 몇 명과 친구가 되려고 노력했던 적이 있었다.

애슐리와 레이첼은 몇 달이 지나면서 친해졌고, 사석에서는 자주 만나고, 공공장소에서는 항상 시시덕거렸다. 애슐리는 바이너리가 아닌 사람과 사귀는 것이 자신의 정체성에 어떤 의미가 있는지 궁금해했다. 양성애자(bisexual)일까 범성애자(pansexual)일까? 확실하지는 않았지만 애슐리는 자신이 레이첼과 좋은 감정을 느끼고 있다는 것은 알았다. 더 중요한 것은 둘이 함께 있을 때 안전하다고 느꼈다는 것이었다. 레이첼은 건강한 남성성과 여성성이 균형 있게 조화를 이룬 것 같았다. 애슐리는 둘의 관계가 발전하고 있다는 사실을 공개하는 것에도 안심이 되었다. 부모님도 지지해 주셨다. 카리사도 마찬가지였다. 하지만 앨리에게 이 사실을 알렸을 때, 앨리는 탐탁지 않은 태도로 대답했다.

위기가 닥침 앨리가 아프다

평균적으로 노인의 면역 체계는 젊은 사람보다 느리므로, 노인들은 독감, 폐렴, 코로나19와 같은 바이러스 감염 및 다른 심각한 의학적 질병을 극복하는 데 더 어려움이 있다(Bajaj et al., 2021; Begley, 2020).

팬데믹 이후 서로 거리가 멀어졌지만 자매는 여전히 가까웠다. 어렸을 때부터 끈끈한 유대감이 있었고 함께 보낸 시간이 너무 많았기 때문에 자매를 떼어 놓으려면 치명적인 사건이 일어나야 했다. 2학년 봄 학기, 애슐리는 어머니로부터 걱정하던 전화를 받았다. 앨리가 백신의 효과가 100%에 미치지 못하는 변종 코로나19에 감염되어 병에 걸렸다는 것이었다. 앨리는 사라가 근무하는 병원에 입원해 있었고 심각한 상태였다. 애슐리는 학교에서 바로 집으로 돌아와 동생을 보러 갔다. 앨리는 창백한 얼굴에 약을 많이 먹은 상태로 자고 있었고, 규칙적으로 침대와 종아리 마사지로부터 나는 삐 소리와 진동이 가끔씩 정적을 깨뜨릴 뿐이었다. 애슐리는 겁에 질린 채 조용히 앉아 울고 있었다. 애슐리는 어떻게 될까? 한때는 예측 가능했던 그녀의 삶이 어떻게 이렇게 궤도를 이탈했을까? 애슐리는 거울에 비친 자신을 바라보았다. 대학 입학 전과는 달라 보였다. 화장을 하지 않았고 헐렁한 학교 후드티와 헐렁한 레깅스를 입고 있었다. 코걸이도 새로 달았다.

애슐리는 이전에 앨리나 다른 가족이 병에 걸려 죽는 악몽을 많이 꿨다. 밤에 걱정하고, 수업 중에 걱정하고, 가족이 병에 걸릴까 봐 항상 걱정했다. 이제 앨리의 폐가 감염되어 호흡곤란을 겪고 있다. 만약 앨리가 완전히 회복되지 못하고 평생 호흡곤란을 겪게 된다면 어떨까? 아니면 더 심하게는 앨리가 죽으면 어떻게 하지?

다행히 앨리는 결국 건강한 상태로 퇴원했고 애슐리는 학교로 돌아가 학기를 마쳤다. 그녀는 흔들렸다. 병에 걸릴지도 모른다는 불안감이 커졌다. 애슐리는 몸이 조금이라도 불편하면 마치 위기가 온 것처럼 반응했다. 통증, 아픔, 기침, 재채기 등 모든 것을 면밀히 조사하고 불확실성을 없애는 방식으로 대응했다. 이로 인해 캠퍼스 보건소를 방문하는 횟수가 눈에 띄게 증가했다. 또한 대마초와 알코올 사용량도 증가했다. 애슐리는 사회적으로 주변 사람들과 어울리기가 더 어려워졌다. 한때 애슐리를 좋아했던 레이첼은 이제 애슐리와 어느 정도 거리를 두고 파티를 하거나 애슐리의 감정이 격하지 않아 곁에 있을 만할 때만 어울렸다.

최악의 상황은 소화기 문제가 새롭게 발생하면서부터였다. 애슐리의 복통은 캠퍼스에 도착한 직후부터 시작되었고 시간이 지날수록 악화되었다. 그녀는 캠퍼스 보건소에 여러 번 가서 검사를 받았지만 매번 기질적인 원인을 파악할 수 없었다. 그 결과 애슐리는 붉은 육류, 산성 및 매운 음식, 그리고 그녀가 가장 좋아하는 카페인을 피하는 위염 식단을 시작했다. 술은 계속 마셨지만 맥주는 멀리했다. 그럼에도 불구하고 그녀는 거의 매일 위와 장이 아팠다. 위장병 전문의에게 진찰을 받고 상부 내시경 검사를 받았지만 급성 의학적 문제는 발견되지 않았다. 그녀는 기능성 소화불량(기질적 원인이 아닌 소화불량)이라는 진단을 받았고 향후 과민성 대장 증후군이나 위궤양에 걸릴 위험이 있다는 사실을 알게 되었다. 하지만 불안감은 가라앉지 않았다. 오히려 그녀는 건강에 대한 예측 불가능성과 통제 불능의 불안감을 더욱 크게 느꼈다. 이런 악순환이 계속되면서 불안감이 커졌고, 불안감이 커지면 통증이 더 심해지는 경향이 있었다. 그녀의 위장병 전문의는 일반적으로 몸과 마음은 서로 밀접하게 연결되어 있으며 서로에게 영향을 미친다고 설명했다. 애슐리가 질문을 하자 의사는 마음과 신체가 분리되어 있지 않다고 설명했다. 우리가 경험하고 '마음'이라고 부르는 것은 신경생물학적이며, 뇌와 신체에서 일어나는 복잡한 과정이 우리 몸에서 생각하고 느끼는 방식과 감각에 영향을 미친다. 애슐리는 불안이 위장 문제를 악화시키는 것은 아닌지 궁금해했다. 아니면 위장 문제가 불안을 더 악화시키는 걸까? 위장 시스템에 아무런

코로나19 팬데믹의 시작 이후로 알코올과 약물 사용량, 알코올이나 약물 사용장애를 보이는 사람의 수, 치명적인 약물 과복용의 건수는 현저하게 증가하였다(Niles et al., 2021; CDC, 2020a; Valinsky, 2020).

문제가 없는데 왜 이렇게 통증이 심할까? 애슐리는 당황스러웠고 어떻게 해야 할지 막막했다.

레이첼 애슐리와 가까운 다른 사람의 관점

레이첼은 서로의 친구들에게 자신과 애슐리가 시간을 좀 필요로 한다고 말했다. "처음에 애슐리와 함께 시간을 보내는 게 정말 좋았어. 애슐리는 재미있고 귀엽고 나를 좋아했지. 애슐리는 나를 있는 그대로 받아들여 줬어. 아무것도 의심하지 않았어. 물론 애슐리는 좀 빡빡한 면이 있지. 하지만 그 당시 그렇지 않은 사람이 누가 있었겠어? 팬데믹의 봉쇄 국면에서 벗어나 드디어 학교로 돌아가는 중이었으니까. 모두에게 이상한 시기였지. 나도 그때 더 긴장했었고."

"하지만 동생이 코로나19에 걸렸다가 회복된 후 애슐리는 더 나빠진 것 같았어. 나는 애슐리를 위로하려고 노력했지만 소용이 없는 것 같았지. 술을 마시거나 약에 취하지 않는 한 애슐리는 곁에 있기가 어려웠어. 애슐리가 하는 이야기는 건강과 병에 대한 걱정뿐이었거든. 애슐리는 오로지 그 생각만 했어. 나는 애슐리와 함께 있는 것을 좋아하지만 그런 부정적인 생각과 걱정에 휩싸여 있을 수는 없었어. 이런 거지. 이봐, 넌 할 수 있어. 넌 누구나 원하는 모든 것을 다 가졌잖아. 그런데도 왜 계속 병에 걸리는 것만 생각하니? 난 여전히 애슐리의 친구고 애슐리는 괜찮은 애야. 좀 나아지면 더 많은 시간을 같이 보내겠지. 솔직히, 애슐리가 배가 아픈 것은 진짜 이상해. 유당을 소화시키지 못하는 것과는 달라. 마음의 문제지. 의사나 심리 치료자와 같은 전문가의 도움이 필요한 것 같아."

애슐리 도움의 손길

애슐리의 2학년 봄 학기 성적은 B학점 2개와 A학점 2개로 지금까지 가장 낮은 성적이었다. 그녀는 망연자실했다. 생물에서 B를 받았고 화학에서 B−를 받았다. 아마도 복통이 악화될까 봐 수업을 피한 것이 원인인 것 같았다. 수업 시간에 그녀는 강의에 집중하는 데 어려움을 겪었다. 정신이 혼미해졌고 몸에서 느껴지는 모든 새로운 감각에 신경을 썼다. 이것은 그녀가 의사가 될 가능성에 대해 무엇을 의미할까? 올해 너무 많이 변한 애슐리는 이제 전공과 장래희망을 바꿔야 할지 고민하고 있었다. 사라와 제리는 애슐리의 불안정한 모습을 보고 그해 여름 정신과 의사나 치료자에게 진찰을 받아 볼 것을 제안했다. 애슐리는 고민을 해결하기 위해 약을 복용하는 데는 관심이 없지만 심리학자를 만나겠다고 답했다.

사라는 정신건강의학과 동료들과 이야기를 나누고 몇 명의 치료자를 추천받았다. 애슐리는 어머니의 말을 존중하여 건강 불안에 대한 전문 지식을 갖춘 임상심리학자 자키르 후세인 박사에게 연락하기로 결정했다. 애슐리는 원격 정신건강 진료 방식을 사용하여 만나자고 요청했다. 그는 동의했고 몇 주 후 두 사람은 만나 초기 평가를 실시했다. 후세인 박사는 그녀의 병력, 성격, 대처 전략, 인간관계 등 생물심리사회학적 병력 정보를 수집한 후 불안, 약물 사용, 건강 문제와 관련된 여러 가지 진단적 질문을 던졌다. 그는 그녀의 불안이 코로나19 팬데믹이 심했을 때에 문제가 되기 시작했고, 불안은 신체적인 걱정에 국한되어 있다는 것을 알게 되었다. 애슐리는 매일 자신의 건강에 대해 반복적으로 걱정했지만 삶의 다른 부분에 대해서는 특별히 불안해하지 않았다. 그는 그녀가 신체증상장애의 진단기준을 충족할 가능성이 높지만, 이 진단을 확인하려면 더 많은 정보가 필요하다고 말했다. 그는 또한 그녀가 약물사용장애의 기준을 충족하는 것으로 보이지만 약물 사용의 기능은 주로 전반적인 건강 및 위장 증상과 관련된 불안을 줄이기 위한 것이라고 생각했다. 그는 애슐리의 건강 불안을 목표로 삼아 수용 전념 치료 또는 줄여서 ACT라고 하는 증거 기반 형태의 인지행동 치료를 사용하고자 하였다. 애슐리는 그의 결론을 듣고 슬펐지만 합리적이라고 생각했고, 나아질 수 있을 것이라는 사실에 안심이 되었다. "곧 나아질 거예요." 첫 회기를 마치면서 후세인 박사는 환하게 웃으며 이야기했다.

그다음 주, 두 사람은 두 번째 회기로 만나 ACT를 처음으로 시작하였다. 후세인 박사는 애슐리에게 이 치료법을 시도해 볼 의향이 있는지 물었고, 애슐리는 설레기도 하고 긴장되기도 했다고 말했다. "양가감정이 생기는군요."라고 그는 말했다. "당신이 양가감정을 가지고 있다는 것을 의식해 보세요." 애슐리는 그의 말을 무시하고 지난주에 있었던 일들에 대해 말하기 시작했다. 위장 통증, 건강 걱정, 어머니의 병원에서 자원봉사를 하며 어떻게 지냈는지 설명했다. 그녀는 그가 무슨 말을 할지 기다렸지만, 막상 그가 말을 시작하자 깜짝 놀라게 되었다. 후

십수 년간 원격의료 서비스에 대해 열정적인 사람들이 있었지만, 이것이 임상에서 주류 서비스로 편입되도록 촉진한 것은 코로나19 팬데믹과 사회적 거리두기였고, 이로 인해 보험이 부분적으로나마 확장 적용되었기 때문이다(APA, 2020b; Connolly et al., 2020; Wicklund, 2020).

세인 박사는 애슐리에게 더 자세한 이야기를 해 달라거나, 그녀가 말한 내용을 음미하고 다시 말하거나, 경험이나 불안에 대해 더 많이 이야기하도록 격려하는 등 영화나 TV에 나오는 치료자들의 행동을 보이지 않았고, 단지 애슐리의 정서적 고통을 빠르게 인정한 다음 부드럽게 몇 가지 질문을 하는 것에 대한 허락을 요청했다.

수년간 신체증상장애 및 유사한 문제(전환장애, 질병불안장애)는 히스테리장애로 언급되었는데, 이는 이들 장애에서 과도하거나 통제되지 않은 감정이 신체 증상의 기저에 있다는 과거의 믿음에 기인한 명칭이다(Stone & Sharpe, 2020).

후세인 박사 : 불안이나 우리를 괴롭히는 모든 것들에 대해 이야기하는 것은 정상입니다. 저도 그렇습니다. 제가 아는 모든 사람들이 그렇죠. 특히 서구 문화권에서는 흔한 일입니다. 하지만 이것을 생각해 보세요. 고민에 대해 이야기하는 것 자체가 바로 문제라면 어떨까요? 만약 그것이 해결책이 아니라면요?

애슐리 : 이해가 잘 안 되는데요.

후세인 박사 : 만약 당신은 그렇다고 하는데, 당신의 마음은 아니라고 한다면요?

애슐리 : 제 마음이 저예요.

후세인 박사 : 그래요? 마음이 무엇인데요?

애슐리 : 무슨 말씀이죠?

후세인 박사 : 문자 그대로, 만약 당신이, 당신의 마음이 생각하는 것을 그 내용에서 한 걸음 떨어져서 본다면 그것은 정확히 무엇일까요?

애슐리 : 모르겠어요… 음, 제 마음은… 제 생각?

후세인 박사 : 만약 당신의 마음이 당신의 생각이라면 당신이라는 사람은 당신의 생각과 같은 것인가요?

애슐리 : 아니죠. 나는 나예요. 뼈와 내장기관, 피… 다른 모든 신체가 있지요.

후세인 박사 : 그리고 당신의 몸은 배고픔이나 목마름, 피로와 같은 감각들을 만들어 내죠.

애슐리 : 못 알아들었어요.

연구에 의하면 신체 증상에 대한 민감도가 높은 사람들, 즉 자신의 신체에 주의를 기울이고, 신체적 각성이나 불편감에 신경을 많이 쓰는 사람들이 통증이나 통증 관련 불안을 경험하는 경향성이 높다(Burton et al., 2020; D'Souza & Hooten, 2020a).

후세인 박사 : 몸은 감각을 만들어 내고, 몸의 일부인 뇌는 생각을 만들어 내지요. 또는 적어도 뇌의 일부가 이 일을 합니다. 그리고 뇌의 다른 부분은 보고, 냄새 맡고, 듣는 것을 돕거나, 잠자는 동안 호흡을 유지하고, 걸을 때 서 있도록 하는 등의 다른 일을 합니다. 뇌에는 생각을 가

능하게 하는 부분이 있고, 동시에 생각하는 것을 관찰하거나 생각
하는 것을 알아차리는 능력도 있지요.

　후세인 박사는 이어서 ACT에 대한 오리엔테이션을 진행했다. 그는 듣기만 하
는 치료나 인지 재평가와 같은 기법을 사용하여 사람들의 생각을 바꾸어 도움을
주도록 고안된 치료와는 달리 ACT는 다른 방식으로 그녀를 도울 것이라고 설명
했다. 애슐리는 흥미를 느꼈다. 그녀는 치료에서 자신의 문제에 대해 이야기해야
하고, 후세인 박사나 다른 치료자가 자신의 이야기를 들어 주고, 지지해 주고, 문
제를 해결해 주고, 불안을 줄이기 위해 어떻게 해야 하는지 조언을 해 줄 것이라
고 생각했다. 후세인 박사는 ACT의 목표는 반드시 불안을 없애거나 걱정을 줄
이는 것이 아니라고 말하며 다른 버전의 인지행동 치료와 차별화했다. 그는 그
녀에게 걱정하는 생각의 진실을 뒷받침하거나 반박할 수 있는 증거를 요구할 생
각이 없었다. ACT는 인지 과정을 목표로 하기 때문에 인지행동 치료의 한 유형
으로 여겨진다. 하지만 후세인 박사가 설명한 것처럼 수용 기반 인지행동 치료이
다. 후세인 박사는 애슐리가 주어진 시간에 머리와 몸에서 일어나는 생각과 감정
을 주의 깊게 수용적으로 관찰하도록 안내한 다음, 그 생각과 감정에 대한 습관
적인 반응을 더 유용하고 '가치 기반'인 반응으로 대체하도록 가르침으로써 애슐
리의 행동 패턴을 변화시킬 수 있도록 도와주었다. 즉, 애슐리는 일반적으로 자
신의 생각을 '사실'로 받아들일 수 있지만, 의심할 여지가 없는 진실과 혼동하지
않고 그저 생각으로 받아들이는 법을 배우도록 박사는 도와주었다. 걱정스러운
생각의 진실과 줄다리기를 하는 대신, 그는 애슐리의 걱정거리가 무엇이든 상관
없이 그 줄을 놓아 일상적인 기능에 더 집중할 수 있도록 도와주었다. 그는 구멍
에 빠진 애슐리가 도구를 사용해 빠져나오려고 했지만 그것은 더 깊은 구멍을 파
는 데만 도움이 된다는 비유를 포함해 여러 가지 비유를 사용했다.

　그다음 주에 애슐리는 ACT에 대해 명료화하기 위해 설명을 요청했다. 후세인
박사는 그녀의 질문에 답했다. 그는 ACT는 CBT의 일종이지만, 애슐리가 자신의
가치관에 얼마나 가깝게 삶을 살고 있는지, 그리고 자신의 생각이 일상적인 기능
을 얼마나 방해하지 않는지에 따라 성공 여부를 측정한다고 말했다. 자기보고 척
도를 사용하여 주기적으로 건강 불안 증상을 평가하고, 매일매일 자신의 가치에

> 자신의 생각이나 신체적 감
> 각을 비판단적으로 관찰하
> 게 하는 마음챙김 기법들은
> Steven Hayes와 동료들이
> 이것을 보다 넓은 접근법인
> **수용 전념 치료**의 중요한 요
> 소로 가져옴에 따라 임상에서
> 의 주류로 여겨지게 되었다.

얼마나 가깝게 살아 가고 있는지를 평가하는 설문지를 통해 성공을 측정하였다. 애슐리는 가치의 개념에 대해 질문했다. 후세인 박사는 가치는 학습과 문화에 의해 형성된 것으로, 가족, 친구, 커뮤니티, 사회에서 비롯되는 경우가 많다고 설명했다. 가치는 우리가 우리 인생의 각 부분에서 살아 가기 원하고, 살아 가고자 노력하는 방식이다. 애슐리는 신경외과 의사가 되고 싶다는 것처럼 가치관이 목표와 같은 것인지 물었다. 후세인 박사는 "아니요."라고 대답했다. "목표는 우리가 원하는 것이지만, 가치는 우리가 열망하는 삶의 방식입니다. 목표는 우리가 원하는 것, 즉 얻고자 하는 결과입니다. 반면에 가치는 우리가 어떻게 살고 싶은지를 정의하는 과정과 방식입니다. 목표는 명사이고 가치는 대개 형용사입니다."라고 그는 사실적으로 설명했다.

그 회기와 다음 회기에는 그녀의 가치관을 탐색하고 명확히 하였다. 그들은 워크시트를 사용하여 가족 구성원으로서의 가치(예 : 의지할 수 있는, 사랑스러운), 친구로서의 가치(재미있는, 자발적인), 파트너로서의 가치(열정적인, 정서적인), 학생으로서의 가치(규범적인), 학교에서 커뮤니티 멤버로서의 가치(포용적인) 등 삶의 아홉 가지 주요 영역에서 애슐리의 가치를 구분했다. 이어서 신체적 건강에 대한 가치와 자신을 자비롭고 편견 없이 대하는 방법에 대해서도 설명했다. 가치가 정리된 후, 후세인 박사는 애슐리에게 최근 그녀가 자신의 가치관에 따라 삶을 얼마나 성공적으로 살았는지 평가해 달라고 요청했다. 0~10점 척도를 사용한 결과, 애슐리는 많은 영역에서 자신이 효과적이었지만 가족, 친구, 파트너로서 자신의 가치관에 훨씬 못 미치는 삶을 살고 있다는 것을 깨달았다. 이제 애슐리의 가치관에 가장 부합하지 않는 삶의 영역이 분명해지자, 후세인 박사는 애슐리에게 그녀의 불안, 그리고 그녀가 자신의 불안과 관계 맺는 방식으로 인해 가치와 행동이 일치되지 못하거나 그 불일치를 유지하도록 하고 있는지를 찾아보도록 요청했다.

다음 회기 초반에 애슐리는 다소 민망한 태도로 치료에서의 과제가 싫다고 말했다. 그녀는 원격 치료를 하고 있었기 때문에 그에게 말하기가 조금 더 쉬웠다는 것을 알았다. 만약 그녀가 그의 사무실에 있었다면 용기를 내어 말할 수 있었을지 잘 몰랐다. 하지만 원격으로 떨어져 있고 필요하면 언제든 '회의 종료'를 누를 수 있는 비상구가 있어서 그녀는 자신의 감정을 과감하게 털어놓았다. 그는 당황하며 설명을 요구했다. 그녀는 자신이 불안에 대처하는 방식이 자신의 문제를 유발할 수 있다고 생각하니 혐오스럽고 부끄러웠다고 했다. 후세인 박사는 애슐리에게 이러한 해석 역시 하나의 생각임을 알아차리고, 이러한 생각을 하는 것에 대해 "자신의 마음에 감사"하라고 격려했다. 애슐리는 짜증이 났지만, 이 비정상적인 접근 방식 같은 것 안에 무언가 설득력이 있었다. 후세인 박사는 애슐리에게 가장 중요한 가치 영역을 명확히 해 달라고 요청했고, 애슐리는 재빨리, 가족이 가장 중요하고 그다음은 우정, 그다음은 파트너가 되는 것이라고 말했다. 후세인 박사는 "그럼 애슐리에게 가족은 인생에서 가장 중요한 영역인 동시에 일상적인 행동과 가치관이 가장 밀접하게 맞닿아 있는 영역이기도 하군요?"라고 물었다. 애슐리는 고개를 끄덕였다. "우리가 변화를 위해 우선순위를 정할 수 있는 부분이 바로 이 부분이겠군요?" 애슐리는 다시 고개를 끄덕였다.

그 회기의 나머지 시간과 그 후 몇 번의 진료 시간 동안 두 사람은 마치 두 명의 궁수가 하나의 활에 손을 얹고 치료 결과라는 과녁을 향해 화살을 같이 겨누는 모습과도 같았다. 애슐리는 후세인 박사를 신뢰하고 존경했다. 그녀는 박사와 그의 가족적 배경, 훈련에 대해 궁금해졌다. 그러나 그녀는 그런 질문이 단지 그가 갈색 피부를 가졌다는 이유로 그에게 경멸적인 말이 될까 두려웠다. 흔히 학계에서 '미묘한 차별(microaggression)'이라고 부르는 행동이 될 것을 걱정한 것이다. 후세인 박사는 한번은 자신이 시애틀에서 태어났고 볼티모어 지역에서 자랐다고 밝히며 자신의 수련 과정에 대해 이야기해 주기도 했다.

애슐리와 후세인 박사는 치료 결과와 협력적인 치료 과정에 중점을 두고 가족, 친구, 카리사와의 상호작용에 대해 이야기를 나누었다. 어떤 생각을 했나요? 어떤 감정을 관찰했나요? 불안할 때 어떤 행동을 억제했나요? 호기심을 가지고 관찰할 것이 너무 많았다. 그는 마치 그녀가 인류학자라도 된 것처럼 그녀의 생각이라는 잘 몰랐던 '종족'이 말하는 것을 관찰하고 메모하도록 도와주었다. 그는 그녀에게 마음챙김에 대한 방향을 제시하고 함께 연습하면서, 현재 순간에 자신의 생각, 감정, 감각을 변화시키기 위한 시도를 멈추고 그것들을 알아차릴 수 있도록 하는 다양한 연습을 실시했다.

후세인 박사는 ACT의 기저에 '헥사플렉스(hexaflex)' 모델이 있다고 설명했는데, 이 모델에는 실제로 여섯 가지의 서로 다른 심리적 과정이 변화를 목표로 삼

한 연구에서 남자의 73%, 여자의 39%가 원격의료나 원격 정신건강 서비스를 받는 중에 웹서핑이나 이메일이나 문자 확인(25%), 소셜 미디어 사용(21%), 게임(19%)을 한 경험이 있다고 보고하였다(DF, 2020).

수용 전념 치료나 유사한 마음챙김 기반 치료들은 불안장애, 우울, 외상후스트레스장애, 성격장애, 물질사용장애 등의 다양한 심리적 문제에 도움이 된다(Jauhar et al., 2021; Zurita Ona, 2021).

고 있다. 여섯 가지 과정은 모두 이름이 있었고, 약간은 특수한 용어나 사이비 집단의 용어처럼도 들렸지만 그녀는 그가 의미하는 바가 무엇인지를 이해했다. (1) 현재의 순간을 피하지 않고 접촉하기, (2) 자신의 가치에 부합하는 행동을 하기, (3) 헌신적인 행동에 참여하기, (4) 맥락적 자기, 즉 자신과 자신이 생각하는 내용이 동일한 것이 아니라, 그 생각을 경험하는 존재가 자신이라는 것을 경험하기, (5) 인지적 탈융합, 즉 생각과 현실의 차이를 이해하기, (6) 경험적 수용, 즉 통제할 수 없는 경험과 생각을 받아들이는 연습이 그 여섯 가지이다. 이 모든 것의 핵심에는 '심리적 유연성'이라는 중요한 치료 목표, 즉 자신이 어떤 생각, 감정 또는 다른 경험을 하든 자신의 가치에 부합하는 방식으로 여러 상황에서 반응하고 효과적으로 대처할 수 있는 능력이 있다.

애슐리의 치료　이해되기 시작하다

후세인 박사는 ACT를 사용했기 때문에 사회적 대화에 흔히 사용되는 전통적인 대화 도구 대신 은유와 체험적 연습을 자주 사용했다. 애슐리가 그녀의 생각과 '자아'를 구분할 수 있도록 돕기 위해 박사는 생각을 '버스에 탄 요괴'로 묘사했다. 애슐리가 운전사이고 요괴들은 버스 뒤쪽에 앉아 소리를 지르며 애슐리가 하는 이런저런 행동에 대해, 그렇게 하면 재앙이 일어날 수 있다고 위협하고 소리를 지른다는 것이다. 후세인 박사는 요괴들은 그들이 가고자 하는 방향으로 가기 위해 자꾸 그녀에게 명령을 해서 그녀의 삶을 납치하고 있다고 설명했다. 사실 애슐리는 자신의 버스를 자신의 가치에 따라 얼마든지 운전할 수 있었지만, 요괴들의 말을 믿거나 그들의 요구에 따르느라 너무 바쁜 상태였다. 그 결과, 그녀는 자신이 소중히 여기는 삶의 방식에서 벗어나 요괴들이 옳다고 믿는 길을 따라 너무 많이 좌회전, 우회전을 했다. 후세인 박사의 안내에 따라 애슐리는 이러한 생각(버스 안의 요괴)에 주의를 기울이고, 자신의 해석과 가정을 살펴보며, 그 생각이 그녀의 삶을 어떻게 이끌고 있는지 관찰하기 시작했다. 그녀는 자신의 불안 패턴을 보게 되었다. 요괴들은 거의 항상 그녀가 접근하고 싶은 사람, 장소 또는 사물(종종 그녀에게 중요한 것들)을 피하도록 그녀를 설득했다. 요괴들은 그녀에게 가능한 모든 위험을 피하라고 설득했다. 실제로 그녀는 나중에 후세인 박사에게

알베르트 아인슈타인은 "우리는 문제를 유발한 것과 같은 방법으로는 그 문제를 해결할 수 없다."라고 말했다.

말했듯이, 자신이 자신의 생각에 인질로 잡혀 있었다는 사실을 깨닫게 되었다. 그녀는 자신의 생각에 융합되어 생각과 진실을 혼동하고 있었다.

또 다른 회기에서 후세인 박사는 그녀에게 '우유'라는 단어를 반복해서 큰 소리로 말하게 함으로써 그녀의 생각에서 벗어나도록 도와주려고 노력했다. 그들은 그 단어를 계속해서 함께 말했다. "우유, 우유, 우유, 우유, 우유, 우유, 우유, 우유, 우유, 우유, 우유, 우유, 우유." 결국 애슐리는 말을 멈추고 킥킥 웃으며 "단어를 너무 많이 반복하면 의미가 사라져요."라고 말하다가, 갑자기 이것이 요점이라는 것을 깨달았다. 그러자 후세인 박사는 애슐리에게 또 한 번의 기막힌 질문을 던졌다. "만약 우리의 생각이 단순히 음소와 입과 혀가 만들어 내는 임의적인 발화들로 구성된 단어에 불과하다면 어떨까요? 우리가 단어에서 얻는 의미가 우리의 고유한 학습 이력과 우리가 생각하거나 말하는 맥락에 따라 달라진다면 어떨까요?" 애슐리는 호기심이 생겼고 말이 되는 것 같았다. 그녀는 "버스 안의 요괴 이야기에서처럼 내가 원하는 대로 내 생각을 이해하고 반응할 수 있는 건가요?"라고 질문했다. "내가 단순히 내 생각만 하는 것이 아니라 그 생각을 보고 믿을지 아니면 그냥 놔둘지 선택할 수 있는 거군요?" 이번에는 후세인 박사가 고개를 끄덕였다.

여름이 끝나 갈 무렵, 그들은 치료의 종결 단계로 나아가기 시작했다. 후세인 박사는 그것을 '종결'이라고 불렀다가, 웃으며 그 단어가 마음에 들지 않으니 지금은 '치료를 마치기'라고 부르겠다고 말했다. 그는 애슐리의 불안, 가치행동, 내적 경험을 회피하려는 경향, 즉 '경험적 회피'를 평가하기 위해 지속적으로 자기보고 척도를 사용해 왔다. 모든 측정 항목에서 애슐리는 단 한 가지를 제외하면 크게 개선되고 있었다. 애슐리는 여전히 불안 증상을 측정하는 표준 척도에서 중등도 범위에 속하는 매우 불안한 상태였다. 하지만 가치 있는 행동이 증가했고, 불안을 회피하는 횟수가 줄었으며, 자신의 가치에 더 부합하는 삶을 살고 있었다. 복통은 약간 감소했지만, 복통이 발생했을 때 피하지 않고 대응하는 법을 배웠다. 물론 그녀는 모든 통증과 불편함이 멈추기를 원했고, 내장의 내부 감각을 계속 모니터링하고 민감하게 반응했다. 하지만 이로 인한 불편감은 예전보다 덜해졌다.

한 회기씩 치료를 마치는 방향으로 가면서, 애슐리는 학교로 돌아가는 것, 치료가 끝나는 것, 캠퍼스로 돌아갔을 때 아플 가능성에 대해 자신이 불안한 생각을 많이 하고 있는 것을 관찰했다. 동시에 그녀는 그해 여름에 배운 유용한 정보에 대한 통찰력을 눈물을 흘리며 공유했다. 그녀는 술을 많이 줄였고, 대마초를 거의 사용하지 않고, 자신에게 가장 소중한 사람들과 더 많은 시간을 보내고, 그들과 함께 있을 때 가능한 한 소중한 사람이 되기 위해 노력했다. 애슐리는 앨리와 부모님과 함께 시간을 보내고, 카리사를 더 솔직하게 인정하고, 자신이 진정한 모습이 될 수 있도록 도와주는 친구들과 함께 지내는 것에 노력했다. 또한 그녀는 자신이 양성애자이며 모든 성별의 사람들에게 성적 매력을 느낀다는 사실을 인식하고 공개하게 되었다. 그녀는 자신의 진정한 가치를 정직하고 솔직하게 표현할 수 있는 파트너를 찾아 대학으로 돌아갔다. 애슐리는 더 이상 자신의 생각과 감정에서 벗어나려고 애쓰지 않고 자신의 생각과 감정과 계속 접촉하는 법을 배웠다고 말했다. 그 결과, 그녀는 매 순간에 있을 수 있는 기회를 더 잘 인식하게 되었고, 감정적으로 괴로울 때에도 점점 더 생각에서 벗어나게 되었으며, 더 이상 버스 안의 요괴에 휘둘리지 않게 되었다. 정신적으로 감옥에 갇혀 있던 그녀는 이제 자유를 느꼈고, 후세인 박사에게 "항상 앞을 보지 못했지만 이제 보는 법을 배우고 있다."라고 기쁜 마음으로 말했다. 그 말은 그녀가 들은 노래의 가사였는데, 사실처럼 들렸다. 후세인 박사는 미소를 짓고 살짝 고개를 끄덕이며 '심리적 유연성'이라고 확신에 찬 목소리로 말했다.

　마지막 회기에서는 지금까지 배운 모든 것을 통합하여 치료 경과를 검토했다. 그리고 그녀의 내적 경험과 관련된 새로운 방식을 일반화하고 유지할 수 있는 방법을 계획했다. 그들은 계획을 수립하고 작성했다. 그녀의 회피와 심리적 경직성이 재발할 경우를 그는 '재발'이라고 불렀고, 이를 대비하여 그녀는 계획을 세웠다. 그녀는 수정된 가치명료화 워크시트를 작성하고, 자신의 가치에서 가장 멀어져 있는 부분을 파악하고, 현재 순간에 대한 마음챙김을 연습하고, 불안을 피하거나 벗어나려는 노력을 관찰하고, 휴대전화에 도움이 되었던 것을 기록해 두고, 후세인 박사와의 은유에 대한 강한 기억을 불러일으키는 특정 핵심 문구를 기억하기로 했다. 그들은 매달 후속 화상 상담 예약을 잡았고, 애슐리가 원하면 취소할 수 있도록 하였다. 애슐리는 취소하지 않고 잘 참여하였다.

미국 성인은 마음챙김 명상 프로그램에 매년 20억 달러를 쓴다. 미국 인구의 약 14%가 마음챙김 기법을 연습한다(LaRosa, 2019; Rakicevic, 2019; Ziegelstein, 2018).

에필로그

애슐리의 심각한 질병에 대한 불안감은 시간이 지남에 따라 점점 줄어들었다. 하지만 위장장애는 계속되었고 완전히 사라지지 않았다. 애슐리는 생물학 전공과 여성학 부전공으로 졸업했다. 후세인 박사는 대학 내내 그녀와 함께 부스터 회기를 할 수 있었고, 그녀는 그를 여러 번 더 만났다. ACT는 그녀가 불안해할 때 자신의 생각을 바꾸려고 노력할 필요가 없다는 것을 깨닫게 해 주었다. 대신, 그녀는 코로나19 팬데믹의 여파로 알게 된 마비와 회피에서 벗어나는 법을 배웠다. 타인에 대한 두려움과 질병 감염에 대한 걱정은 어느 정도 지속되었지만, 적절한 관점을 취할 수 있었다. 그녀는 자신을 조금 덜 심각하게 받아들이고 주변 사람들과 어울리기 쉬워졌으며 사회적으로도 뛰어난 능력을 발휘했다. 그녀는 심지어 자신의 불안사고에 대하여 장난기를 가지고 사랑스럽게 자기 인식을 할 수 있는 단계에까지 이르렀다. 이전 파트너였던 레이첼은 맨해튼에 있는 학교로 전학했지만 애슐리는 몇 년 동안 레이첼과 계속 연락을 주고받았다. 시간이 지나면서 애슐리와 레이첼은 절친한 친구가 되었고, 애슐리는 레이첼의 레즈비언 친구 중한 명과 사귀기 시작했다. 애슐리는 의대 지원 전 갭이어 기간 동안 뉴욕에서 연구코디네이터로 일했다. 애슐리는 불안과 주기적인 복통에도 불구하고 사랑에 빠졌고, 안전하다고 느꼈으며, 도시에서 온전히 생활하고 있었다. 그녀는 자신을 괴롭히던 내면의 인지적 경험을 받아들이는 법을 배웠다. 그녀는 그런 경험을 인정할 필요는 없었지만, 그런 일이 일어나고 있다는 사실을 받아들일 수 있었다. 결국 그것들은 그녀의 뇌가 만들어 낸 것들, 즉 진실로 받아들일 필요가 없는 것들일 뿐이었기 때문이다. 그녀는 자신의 감정을 받아들이고, 그 감정이 있는 그대로 존재하도록 하고, 그 순간에도 자신이 소중히 여기는 행동에 전념할 수 있었다. 그것은 해방감이었다. 항상 신경외과 의사가 되는 것이 꿈이었던 그녀는 새 여자친구에게 정신과 의사가 되는 것이 어떨지 큰 소리로 물어보았다.

평가 문제

1. 애슐리에게 신체증상장애가 나타나게 한 초기 위험 요소는 무엇인가?

2. 애슐리의 건강 관련 걱정이 시작되는 것에 대해 그녀의 가족과 가족력은 어떤 역할을 하였는가?

3. 코로나19 팬데믹이 애슐리의 삶에 어떤 영향을 미쳤는가?

4. 애슐리는 팬데믹으로 인해 심리적으로 어떻게 변화했는가?

5. 불안장애와 같은 다른 진단이 내려졌어야 했다고 생각하는가? 그렇다면, 불안장애 진단이 후세인 박사의 치료법 선택에 큰 영향을 미쳤는가?

6. 애슐리의 불안이 위장 질환에 어떤 영향을 미쳤는가? 그 반대의 경우는 어떠한가?

7. 수용 전념 치료는 인지행동 치료의 일종인가?

8. 애슐리의 치료에서 치료 메커니즘의 목표는 무엇이었는가? 다시 말해, 후세인 박사는 애슐리를 돕기 위해 어떤 심리적 과정을 변화시키려고 했는가?

9. 이 치료에서 수용은 무엇을 의미하는가?

10. 이 치료에서 변화는 무엇을 의미하는가?

11. 후세인 박사는 치료가 끝날 때 불안의 재발 위험을 감소시키기 위해 무엇을 했는가?

12. 애슐리에 대한 치료 효과를 평가하기 위해 어떤 도구와 접근 방식을 사용했는가?

처방약 남용

표 8-1

진단 체크리스트

물질사용장애

1. 임상적으로 현저한 손상이나 고통을 일으키는 부적응적인 약물 사용 양상을 보인다.
2. 1년 이내에 다음 중 최소 두 가지 이상의 물질로 인한 증상이 나타난다.
   - 더 많은 양의 물질을 자주 복용함
   - 물질 사용을 줄이거나 통제하려는 노력이 실패함
   - 물질을 얻거나 사용하거나, 혹은 물질의 효과로부터 회복하는 데 많은 시간을 소비함
   - 주요한 사회적 역할 의무를 이행하지 못함
   - 지속적인 대인 관계 문제에도 불구하고 계속 약물을 사용함
   - 중요한 활동이 감소됨
   - 위험한 상황에서 계속 사용함
   - 신체적 또는 심리적 문제의 악화에도 불구하고 계속 사용함
   - 물질에 대한 갈망
   - 내성 효과
   - 금단 반응

(APA, 2022, 2013)

차량 과실치사 및 음주 운전 혐의로 수감된 지미는 퀴퀴한 감옥 뒷구석에 구부정한 자세로 서서, 눈을 감고 "어떻게 내가 여기까지 오게 된 거지?"라고 숨죽여 말했다. 오하이오주 시골 출신의 53세 백인 남성으로 이성애자이면서 시스젠더인 지미는 어린 시절을 회상하며 자신의 인생이 이렇게 끝나서는 안 된다고 생각했다. 그는 모든 이들이 서로 알고 지내는 작은 시골 마을에서 자상한 어머니 아래 자랐다. 이사를 한 적도 없고 학교 성적도 괜찮았으며 건강에도 큰 문제가 없었다. 7세 때 아버지가 돌아가셨고 두 아들 중 장남으로 자란 그는 손재주가 아주 좋았다. 고등학교를 졸업할 무렵에는 배관, 전기, 엔진 등 거의 모든 것을 수리할 수 있었다. 고교 시절에는 지역 자동차 정비소인 힌쇼스에서 일했고, 잠시 동안은 마을의 전기 기술자인 버크너 씨의 견습생으로 일하기도 했다. 고등학교를 졸업한 후에는 숙련수리공 서비스 회사에서 10년 동안 일했다. 지미는 어렸을 때 자신이 잘해 왔던 많은 일들을 떠올리며 "도대체 어떻게 내가 진통제 중독에 빠진 범죄자가 되었을까?"라고 고개를 가로저으면서 혼잣말로 중얼거렸다.

지미에게는 문제 상황에 빠지지 않도록 보호 역할을 해 줄 수 있는 어린 시절

의 삶의 요인이 많았지만, 불리하게 작용할 수 있는 요소들 역시 그의 앞에 쌓여 있었다. 지미의 어머니는 심각한 음주 문제를 갖고 있어서 그를 잘 돌보지 못했다. 그녀는 만성 통증과 심각한 외상후스트레스로 거의 집에만 있었고, 대개 자기 방에 틀어박혀 지냈다. 술에 취하지 않았을 때는 다정하고 친절했지만, 대부분의 경우 지미와 그의 동생에게 의존하는 룸메이트 같았다. 지미와 동생은 늘 어머니와 집을 돌보았다. 어머니가 남자친구를 사귀었을 때 형제는 그에게 신체적 위협과 정서적 학대를 당했다. 형제는 마약, 음주, 범법 행위에 대한 이야기를 예사로 듣곤 했고, 어머니의 남자친구가 술이나 다양한 약물에 취해 있을 때 곁에 있었다. 그들에게 마약 사용과 과음은 동네 남자라면 누구나 하는 평범한 일이었다. 10대였을 때 지미는 어머니의 남자친구와 그 친구들이 마약에 취해 거칠게 행동하는 것을 보는 게 재미있다고 생각하곤 했다. 그들은 물건을 부수고, 총질을 하고, 음란한 이야기를 하곤 했다. 윌리, 멀, 조니와 같은 전설적인 뮤지션들의 무법자 컨트리 음악이 사운드트랙처럼 집에서 크게 흘러나왔다. 지미가 고개를 돌리는 곳마다 주변 사람들은 말썽을 일으키고, 규범에 도전하고, 법을 어기는 것에 대해 이야기하고 있었다. 16세 무렵 지미와 친구들은 주말 밤이면 숲속 공터에서 불을 피우고 음악을 들으며 싸구려 맥주를 마시고 대마초를 피우면서 시간을 보냈다.

지미는 동생보다 나이가 많았지만 현명하지는 못했다. 그의 동생은 16세 이후에는 마약을 피했고, 술도 훨씬 적게 마셨으며 체포된 기록도 없었다. 반면 지미는 21세에 치킨 브리지 바에서 싸움을 벌인 후 난동을 부려 처음으로 체포되었다. 26세에는 72km 제한도로에서 102km의 속도로 달리다가 단속에 걸렸다. (당시 차에는 28g 이상의 대마초가 실려 있었다.) 교통 법규 위반으로 인한 범칙금은 비쌌지만, 경찰은 차에 마약이 있는지 검사하지 않았다. 그는 자신이 운이 좋았음을 알았다. 그 무렵 지미의 동생은 대학에 진학했고, 고향을 탈출해야 한다는 것을 깨닫고 일을 시작하기 위해 신시내티로 이사했다. 반면 지미는 커뮤니티 칼리지를 한 학기를 다녔지만 수리공 업무와 겹치면서 수업에 빠지게 되자 학교를 그만두었다.

20대 시절 지미는 낮에는 일하고 주말에는 파티를 하며 보냈다. 당시 그는 자신이 멋진 삶을 살고 있다고 생각했다. 연애에 얽매이지 않았고 주말마다 재미

처방된 아편계 진통제의 오용 또는 남용은 미국에서 심각한 문제로, 매년 과다복용과 응급실 방문이 매우 많이 발생하고 있다. 미국에서 매년 약 3만 7000명이 처방 진통제 과다복용으로 사망하는 반면, 헤로인 과다복용으로 인한 사망자는 1만 5000명에 이른다(Niles et al., 2021; CDC, 2020a, 2020b; NIDA, 2020a).

물질사용장애에 대한 한 가지 중요한 접근 방식은 이를 예방하는 것이다. 약물 예방 프로그램은 계속 늘어나고 있으며 학교, 직장, 활동 센터 및 기타 커뮤니티 환경은 물론 소셜 미디어, 인터넷, TV 및 라디오에서 제공되고 있다 (SAMHSA, 2021, 2019; Tremblay et al., 2020).

있는 시간을 보냈다. 친구들과 함께 어울리며 웃고 떠들고 긴 여행을 계획하기도 했다. 그들은 차고를 돌아다니며 물건을 만들거나 고치고 가벼운 맥주를 마시며 줄담배를 피우곤 했다. 주말이면 일찍 일어나 작은 사냥감을 사냥하거나 근처 개울에서 낚시를 했다. 밤에는 깊은 숲속으로 들어가 야영을 하기도 했다. 게으름을 부리고 싶거나 별다른 계획이 없는 날에는 지미의 집 뒤 빈터에서 빈둥거리며, 술에 취한 채 애팔래치아 구릉에 엉뚱한 표적사격을 해 댔다. 숲에서든, 집에서든 저녁에는 항상 불을 피웠다. 지미와 그의 친구들은 보통 새벽녘까지 모닥불 주변에서 술과 가벼운 맥주를 마셨다. 일요일에는 늦게 일어나서 또 교회에 못 간다고 농담을 하고 숙취와 싸우면서 웃을 거리를 찾거나 다음 여행을 함께 계획하기도 했다.

그들 무리는 매번 모이는 소규모 멤버들로 구성되어 있었다. 리치 주니어는 지미의 가장 친한 친구였다. 리치는 침착하지 못하지만 운동신경이 뛰어났으며 다혈질에 순발력이 좋았다. 그는 자라면서 동네 친구들과 다툼을 자주 벌였다. 또한 자신과 그의 조상이 시골 출신의 진정한 미국인이라고 사람들에게 이야기하길 좋아했다. 그는 자랑스러운 미국인으로서, 할아버지, 할머니가 노스캐롤라이나에서 켄터키까지 서쪽으로 이동하는 동안 원주민의 공격을 어떻게 막아 냈는지에 대해 할머니께서 전해 주시던 말씀을 회상하며 이야기를 만들어 내곤 했다. 리치가 몰랐던 것은 그의 할머니에게 사실 체로키족의 피가 흐른다는 것이었다. 할머니의 증조모는 미군 병사에게 인질로 잡혀 강간을 당한 적이 있었던 것이다.

그리고 지미의 친구 중에는 조디가 있었다. 조디는 아일랜드인과 스코틀랜드인의 피가 섞여 있었고 근육질의 건장한 체격이었다. 조디의 형은 조디가 어렸을 때 계단에서 떨어져 머리를 부딪혔다고 농담을 하곤 했다. 조디가 어리석은 결정을 빨리 내리고 그다지 똑똑하지 않은 건 그 때문이라고 이야기했다. 고등학교 시절 조디는 위험을 즐겼고 마약을 많이 사용했다. 20대에 조디는 중요한 부수입원으로 마약 판매에 눈을 돌렸다. 그는 자치주에서 용역 업무를 했지만, 주로 대마초를 취급하는 마약 거래를 통해 훨씬 더 많은 돈을 벌었다. 조디가 30대 초반이었을 때, 지역 경찰이 대대적인 마약 단속을 벌여 9kg의 대마초를 압수한 적이 있다. 보안관 사무실은 압수한 마약을 자치주 매립지에 묻도록 조디의 작업반을 배정했다. 중장비 운전 경험이 가장 많은 조디가 그 일을 맡았다. 마약을 묻은 지

일주일 후, 조디는 밤늦게 혼자 돌아가 마약을 다시 파냈고 9kg 전량을 판매상에게 팔았다. 하지만 알고 보니 그 판매상은 FBI의 정보원이었고, 조디는 즉시 체포되었다. 그는 가석방으로 풀려나기 전까지 18년 동안 수감 생활을 했다.

지미 교통사고

35세 때 지미는 미혼으로 건강 상태가 좋지 않았고 혼자 살고 있었다. 그의 동생은 오래전에 집을 떠났고 어머니는 그가 30세였을 때 위암으로 돌아가셨다. 그는 부모님이 모두 돌아가시자, 그의 아버지가 그랬던 것처럼 자신이 자라 왔던 집을 물려받았다. 그는 당시 힌쇼스에서 수리 기술자로 일하고 있었는데, 일은 어렵지 않았지만 바쁘게 지냈다. 퇴근 후 지미와 리치는 엔진이 달린 모든 것을 차고에서 손보는 그들만의 전통을 이어 갔다. 1년 넘게 그들은 리치가 구해 온 1978년형 트랜스 AM을 수리했다. 원래 상태가 매우 나빴지만, 리치와 지미는 엔진 부품을 업그레이드하고 내부를 청소하고 페인트를 다시 칠했다. 수많은 주말 동안 가벼운 맥주와 줄담배를 이어 온 끝에, 마침내 매끈한 검은색 트랜스 AM이 도로를 달릴 준비가 되었다.

리치는 자신이 먼저 운전하기를 원했고 지미는 조수석에 앉았다. 그들은 진입로를 빠져나와 우회전하여 자갈길을 천천히 달렸고 주도로의 정지 신호에 이르렀다. 바람이 많이 부는 여름날이었고 창문은 내려져 있었다. 어느 방향에서도 오는 차가 없었다. 한 차례의 돌풍이 두껍고 습한 공기를 잠시 몰고 갔다. 그들은 지미가 전날 밤에 다 마신 버드라이트 맥주캔이 고속도로 가장자리를 따라 날아가는 것을 보며 웃었다. 리치는 지미를 향해 "준비됐어?"라고 물었다. 지미의 좌석은 높고, 앞쪽으로 당겨서 배치되어 있었다. 뒷좌석에서 작업한 후 좌석을 뒤로 옮기는 것을 잊어버렸기 때문이었다. 지미는 리치를 향해 미소를 지으며 오른손을 무릎에서 창틀 앞쪽으로 가져갔다. 그러고는 손바닥으로 앞 유리를 세 번 두드리며 "해 보자!"라고 말했다.

그들은 마력과 가속력을 높이기 위해 엔진을 개조했다. 리치는 바퀴를 중립에 놓고 엔진기어를 넣은 다음 시골길을 달렸고 자동차는 좌우로 크게 흔들렸다. 트랜스 AM이 앞으로 휘청이는 순간, 지미는 앞 유리와 유리창에서 문을 분리시키는 금속 프레임을 손으로 꽉 잡았다. 리치는 양손으로 핸들을 잡고 꽥꽥 소리를 질렀다. 트랜스 AM은 질주하며 으르렁거렸다.

　사고가 일어나는 데는 불과 몇 초밖에 걸리지 않았다. 차가 정지 상태에서 출발했을 때 지미는 그 소리로 엔진 작업이 성과를 거뒀다는 것을 즉시 알 수 있었다. 그는 뿌듯했다. 거의 1년에 걸친 작업의 결과이자 인상적인 성취였기 때문이다. 불행히도 그들은 출발하기 전에 후드에 걸쇠를 고정하는 것을 잊었다. 차가 시속 104km에 도달하는 데 불과 몇 초밖에 걸리지 않았다. 그 속도에서 후드는 격렬하게 뒤로 쾅 부딪혔다. 지미의 오른손은 피할 기회가 없었고 충격으로 손가락이 박살이 났다. 리치는 차를 멈추고 불안한 듯 웃기 시작했다. 어찌 된 일인지 앞 유리는 손상되지 않았다. 지미는 손을 가슴 위에 올리고, 심한 고통으로 움찔하며 비명을 질렀다. 리치는 차를 몰고 집으로 돌아와 지미를 트럭에 태우고 45분 거리에 있는 지역 응급실로 향했다. 병원에 도착했을 때 지미의 오른손은 왼손보다 훨씬 커져 있었다. 손은 부어올라 모양이 망가진 채 보라색으로 변해 있었고 손가락은 뒤틀리고 서로 엉켜 있었다.

　응급실에서 의료진은 즉시 지미에게 정맥 주사로 진통제를 투여했다. 지미는 병원에서 하룻밤을 지낸 후 다음 날 퇴원했다. 리치가 그를 집으로 데려다주었다. 지미는 통증 관리를 위해 옥시코돈을 처방받았고 손을 들어 올리고 움직이지 말라는 지시를 받았다. 그는 곧 수술을 받았고 몇 달 동안 손을 사용해 일을 하거나 운전을 할 수 없었다.

　집에서 지미는 지시에 따라 진통제를 복용했다. 약을 먹지 않으면 통증이 극심했다. 손목이나 손가락을 움직일 때 날카로운 통증이 느껴졌고, 다른 때는 둔한 욱신거림이 느껴졌다. 이 모든 것이 좌절스러웠다. 손으로 일을 할 수 없다면 무슨 소용이 있을까? 그것은 그가 할 줄 아는 유일한 일이었다. 그는 약을 먹을 때마다 안도감을 느꼈고, 약을 생명수처럼 생각하게 되었다. 통증이 심해지면 약을 추가로 더 먹었다. 의사는 필요에 따라 더 복용하라고 말했다. 옥시코돈이 지독한 고통에서 자신을 지켜 주는 유일한 약이라는 사실을 깨닫는 데는 그리 오랜 시간이 걸리지 않았다. 그는 옥시코돈을 복용한 적이 없었기 때문에 중독에 대해 걱정하지 않았다. 하지만 그의 동생은 걱정이 되어 정기적으로 지미를 확인했다. 리치와 친구들은 거의 매일 퇴근 후 집에 들렀다. 그들은 대부분 지미가 '옥시'에

처방약 남용은 부상을 입고 옥시코돈 또는 유사한 아편계 진통제를 처방받은 모든 사람에게 발생할 수 있다. 하지만 특정 유전적 소인, 실업 및 성격 문제 요인을 포함하여 특정 위험 요소는 남용 가능성을 더욱 증가시킨다(Duncan, 2020; NIDA, 2020b; Thomas, 2020).

취해 있다고 농담을 하거나 지미에게 약을 하나 먹어 봐도 되냐고 물어보곤 했
다. 지미는 재미있다고 생각했지만 자신이 진통제에 대해 소유욕을 느끼기 시작
했다는 것을 알아차렸다. 심지어 처방전이 붙어 있는 약병을 들고 라벨을 읽으려
고 하는 리치의 친구 섀넌에게 달려들어 윽박지르기도 했다. "그건 네 것이 아니
야, 섀넌. 내려놔!" 그는 다급하게 말했다. 지미의 옥시를 손에 넣을 수 있는 사
람은 아무도 없었다.

　몇 달 후 지미는 회복되어 다시 일을 시작하게 되었다. 그는 옥시코돈을 성공
적으로 줄였다. 그때부터 그는 "그 약이 얼마나 좋았던지."라고 농담하며 언젠가
또 사고를 당할지도 모른다고 우스갯소리를 했다. "그냥 하는 말이에요." 다음
사고는 10여 년 후에 일어났고, 고의적인 사고는 아니었다.

데자뷔　또 다른 사고, 더 많은 옥시코돈

45세에 지미는 용접공으로서 고도로 숙련된 기술자가 되었다. 그는 교량 건설을
도왔고 인근의 여러 제조 공장에서 일했다. 그는 용접공으로서 자신감이 있었고
종종 차고에서 혼자 용접을 하곤 했다. 그는 최근 파이프와 자동차 부품을 가져
다 이상한 각진 모양으로 용접하기 시작했다. 어느 날 밤 술에 취한 상태에서 재
미로 하나 만든 것을 보여 줬더니 친구들은 몇 개 더 만들어서 팔아 보라고 제안
했다. "도시 사람들은 시골의 독창적인 예술품이라고 생각하면 무엇이든 사 줄
거야. 가격을 올려, 제값을 매겨야지." 그는 정확히 그에 따랐고 작품은 팔렸다.
그는 엣시라는 인터넷 사이트에서 온라인 판매를 시작했고, 이것이 쉬운 부업이
될 수 있다고 생각했다. 어느 날 밤, 혼자 술을 많이 마신 지미는 새로운 프로젝
트의 일환으로 커다란 강철 파이프를 반으로 자르기로 결심했다. 그는 파이프의
한쪽 끝을 톱날 테이블에 올려놓고 다른 쪽 끝을 비스듬히 당겨서 양쪽 끝이 훨
씬 작은 나무 받침대 위에 엉성하게 놓일 때까지 위로 끌어 올렸다. 무게가 45kg
이 넘었을 것이다. 지미는 이마에서 땀이 뚝뚝 떨어지자 맥주를 하나 더 집어 들
고 몇 모금 크게 들이켰다. 지미가 이날 산 6개들이 맥주캔 중 마지막 맥주였다.
그는 버번위스키로 주종을 바꾸고 새로운 파이프 아트를 어느 정도 진전시킨 후
에 밤 동안 위스키를 마실 생각이었다.

지미는 토치에 불을 붙이고 파이프를 자르기 시작했다. 불꽃이 피어오를 때 지미는 파이프를 제대로 고정하지 않았다는 사실을 깨달았다. 이미 늦었다. 파이프가 반으로 갈라지면서 양쪽이 바닥에 떨어졌고 끔찍한 소리가 났다. 지미의 오른발은 파이프의 힘에 의해 순식간에 부러졌다. 신발을 신고 있었다는 것은 중요하지 않았다. 지미는 바로 응급실에 가야 한다는 것을 알았다. 10여 년이 지난 지금, 리치에게 전화를 걸고 그와 함께 동네 병원으로 가는 익숙한 길이 마치 데자뷔처럼 느껴졌다.

그전 사고 경험을 바탕으로 지미는 앞으로 일어날 일에 대비했다. 그는 의료진을 보자마자 옥시코돈을 달라고 요청했다. 의료진은 엑스레이를 찍고 그가 알지 못하는 이름의 진통제를 재빨리 투여했다. 이전과 마찬가지로 약은 즉시 통증을 완화해 주었다. 그리고 이전과 마찬가지로 퇴원 및 후속 수술 후 지미는 옥시코돈 처방을 받았다.

지미 문제가 무르익다

코로나19 팬데믹의 출현 이후, 아편계 물질사용장애를 보이는 환자 수가 급격히 증가했다. 이는 실업, 줄어든 사회적 상호작용, 약물 검사의 감소, 대면 치료의 축소 등과 같은 팬데믹 관련 요인에 기인하는 것으로 보인다(Niles et al., 2021).

발 부상으로 인한 회복은 순탄치 않았다. 10년 전 손이 부러졌을 때와 비교하면 지미의 몸 상태는 더 나빠졌다. 게다가 그는 독신이었고 여성과 지속적인 관계를 유지하지 못했다. 집 주변에서 그를 도와줄 사람도 없었다. 친구들은 모두 결혼해서 아이를 낳았다. 결과적으로, 지미는 발이 부러지기 전부터 외로움과 미래에 대한 절망감에 시달려 왔었다. 평소 친구들에게 내색하지 않으려고 노력했지만, 다시 젊은 시절로 돌아가 자유롭게 캠핑을 하고 사냥과 낚시를 하고, 자동차와 ATV, 오토바이를 고칠 수 있으면 좋겠다고 생각했다. 그는 그 시절을 그리워했지만 그 시절이 끝났다는 것도 알고 있었다. 음주도 더 심해졌다. 주말 밤에는 맥주 6개들이 한 팩을 마셨고, 평일 밤에도 차고에서 일하면서 자주 술을 마셨다. 이제 그는 실직의 고통 속에, 육체적 고통과 정서적 비참함이 모두 사라지길 바라며 몇 달 동안 집에 있었다. 그는 난생 처음 자살하면 어떻게 될지 생각하기 시작했다. 하지만 그것은 순간적인 생각이었고, 다른 것을 떠올리며 그 생각을 없애려고 노력했다. 하지만 가끔씩 자살 충동이 드는 것은 일종의 신호였다. 그는 자신의 상태가 좋지 않다는 것을 알았다.

병원의 정형외과 의사는 수술 후속 진료에서 지미에게 체중과 음주를 줄일 필요가 있다고 말했다. 그는 지미에게 옥시코돈을 복용하는 동안 술을 마시면 발생할 수 있는 문제에 대해 경고했다. 의사는 중독의 위험에 대해 상담하면서 옥시코돈에 의존하게 될 수 있다고 설명했다. 그는 옥시코돈이 헤로인이나 모르핀과 같은 아편계 진통제이며 화학 구조도 비슷하고 유사한 효과를 낸다고 하였다. 합법적으로 처방되었지만 흔히 오용 또는 남용되어 과다복용으로 인한 사망자가 많고 응급실 방문도 다수 초래한다는 것이다. 지미는 듣고 고개를 끄덕였지만 그것은 전에도 들어 본 적이 있는 말이었다. 그는 걱정하지 않았다. 스스로 감당할 수 있었다. 의사가 왜 그런 말을 하는지 알았기 때문이다. 그는 10년 전에 옥시코돈의 효과를 경험한 적이 있었다. 그는 이 약이 얼마나 기분을 좋게 하는지, 이 약이 통증을 얼마나 잘 없애 주는지 알고 있었다. 그러나 자신은 중독되지는 않을 것이라고 스스로에게 말했다.

마침내 지미는 의사의 지시에 따라 옥시코돈을 줄이기 시작했다. 지미는 자신감이 생겼고 통증도 예전보다 덜 심해졌다. 발에 깁스를 한 채로 많은 시간을 보내야 했지만 지미는 다시 일을 하기로 결심했다. 그가 도착하자 상사는 깁스와 목발을 보고는 고개를 절레절레 흔들었다. "아니, 미안해요. 지미, 그 상태로는 복귀할 수 없어요. 깁스나 목발 없이 걸을 수 있을 때까지 기다려야 해요. 미안해요." 지미는 큰 충격을 받았다. 그는 무엇보다도 집에서 나와 직장으로 돌아가고 싶었다. 그는 외롭고, 우울하고, 술을 마셨고, 여전히 옥시코돈을 복용하고 있었다. "제발요, 보스, 안 되나요? 진짜로요?" 간청에도 불구하고 그는 거절당했고 집으로 돌아갔다. 아직 운전을 해서는 안 되지만 운전대를 잡았다. 지미는 ABC 스토어에 들러 술을 좀 산 다음, 월마트에 식료품과 맥주를 사러 갔다.

그의 오랜 친구 조디는 이제 출소하여 마을로 돌아왔다. 두 사람은 월마트 주차장에서 만나 이야기를 나누었다. 지미는 조디와 어울리는 것이 위험하다는 것을 알면서도 정신적 고통에서 벗어나기 위해 무언가를 하고 싶었다. 조디는 그날 저녁에 또 다른 오랜 친구인 프레이저와 함께 오겠다고 말했다. "이런, 프레이저를 봤어?" 지미가 말했다. "몇 년 동안 난 그 친구를 못 봤는데. 프레이저를 데려와, 난 아직 같은 곳에 살아." 지미는 흥분이 밀려오는 것을 느꼈다.

그날 밤 늦게 조디와 프레이저가 도착했다. 세 사람은 차고에서 옛이야기를 하며 웃고 술을 마셨다. 조디는 지미에게 어떤 진통제를 복용하고 있는지 물었다. "아, 옥시코돈 먹고 있어?" 지미는 대화가 어디로 흘러갈지 알면서도 웃었다.

밤이 끝날 무렵, 조디는 지미에게 필요하면 옥시코돈을 더 구해 줄 수 있다고 귓속말로 말했다. 그는 시골의 응급 치료 클리닉에서 약을 빼돌릴 수 있는 친구를 알고 있었다. 감독은 느슨했고, 그 친구는 조디에게 판매할 수 있을 만큼의 옥시코돈을 확보하고 있었다. 게다가 조디는 어머니가 옥시코돈을 처방받은 친구를 알고 있었다. 그 친구는 동일 처방전으로 약을 계속 받아 어머니에게는 처방받은 용량의 절반을 주고 나머지는 판매했다. 지미는 곧 옥시코돈이 다 떨어질 것을 알기 때문에 조디에게 필요하면 전화하겠다고 말했다. 조디가 떠났을 때 지미는 그에게 전화할 필요를 느끼게 될지 궁금해졌다.

처방받은 약을 다 먹자 지미는 재처방을 받으러 갔다. 의사는 지시에 따라 복용량을 줄여야 하며 지금쯤이면 통증이 가라앉았을 것이라 재처방을 받을 수 없다고 말했다. 지미는 처방이 거부될 수 있다는 사실을 몰랐다. 그는 깜짝 놀랐다. 분노가 치솟았고 의사에게 폭발했다. 그는 진료실 밖에 있는 간호사의 주의를 끌 정도로 언성을 높여 약을 재처방해 달라고 요구했다. "여기 무슨 일 있나요?" 간호사가 물었다. 의사는 "다 괜찮습니다, 감사합니다."라고 대답했다. 지미는 충격을 받은 채 병원을 떠났다. 발에 심한 통증은 없었지만 여전히 약간의 통증이 있었고 옥시코돈이 유일하게 효과가 있었기 때문이었다. 옥시코돈을 제때 복용하지 않으면 통증이 심해지기 시작했다. 이제 약을 받을 수가 없다. 그렇다면 약을 얻을 다른 방법은 없을까?

그는 조디에게 전화를 걸어 그를 만났다. 조디는 그에게 옥시코돈을 할인된 가격에 판매했다. 그는 진지한 얼굴과 사무적인 어투로 "친구 요금."이라고 말했다. 지미는 '친구 요금'이 얼마나 비싼지 믿을 수 없을 정도였고, 처방전에 지불한 금액에 비해 바가지라고 생각했다. 그래도 그는 화가 났고 의사와의 진료로 인해 흥분한 상태였기 때문에 가격에 대해 아무 말도 하지 않고 바로 전날 마지막으로 복용했던 약의 2배를 복용했다. "따라잡아야겠어." 그는 차를 몰고 가면서 누구와도 말하지 않았다. 그는 집으로 돌아와 잠이 들었는데 마치 구름 안에 떠 있는 것 같았다. 온몸에 닿는 작은 전기 덩어리에 의해 공중에 떠 있는 것 같았고, 따뜻한 윙윙거림을 느꼈다. 고통은 사라졌고 분노와 우울한 기분은 과거의

조사에 따르면 한 해에 미국 청소년과 성인의 0.7%(약 200만 명)가 아편계 물질 사용장애를 보인다고 한다 (SAMHSA, 2021, 2019). 이들 중 약 75%는 처방 진통제에, 25%는 헤로인에 중독되어 있다.

일이었다.

다음 주부터 그는 점점 더 많은 양의 옥시코돈을 복용했다. 약이 거의 끝나 갈 무렵, 그는 더 많은 약이 필요할지, 조디에게 전화해야 할지 불안해졌다. 당연히 그는 조디를 만나 일주일 치 분량을 더 구입했고, 그다음 주에도 또 구입하고, 그 다음 주에도 또 구입하는 식으로 구매가 이어졌다. 같은 효과를 얻기 위해 점점 더 많은 양을 복용하고 있었다. 이쯤 되자 그는 자신이 중독되고 있다는 것을 알 았고 부끄러움을 느꼈다. 그는 그 어느 때보다 외로웠고, 직장을 잃고 우울했으 며 사회적으로 고립되어 있었다. 더 큰 문제는 통증이 심해질 때마다 절망감을 느꼈다는 것이다. 그럴 때마다 그는 짜증을 내고, 사소하고 무모한 결정을 내리 곤 했다.

지미는 집을 상속받았기 때문에 주택담보대출금이나 임대료를 지불할 필요가 없었다. 그 결과 그는 수년 동안 꽤 많은 돈을 모았다. 하지만 옥시코돈 중독으 로 인해 그 돈은 순식간에 사라지고 말았다. 몇 달이 지나 발이 회복되어 다시 일 할 수 있게 되었지만, 지미는 여전히 대부분의 시간에 정서적, 육체적 고통을 느 꼈다. 옥시코돈은 해독제 역할을 하며 매번 그를 고통에서 벗어날 수 있게 해 주 었다. 술을 마시고 늦잠을 자는 바람에 여러 번 결근한 지미는 결국 해고당했다. 상사는 발 부상 이후 그의 행동에 변화가 있음을 알아차렸다. 그는 지미를 해고 하기 전날 밤 아내에게 "그는 더 이상 예전과 같은 사람이 아니야."라고 말했다. 이제 직장도, 가족도 없고 친구도 자주 만나지 못하는 지미는 그 어느 때보다 우 울하였다. 기분이 나아지기 위해 그는 지난 몇 년 동안 마신 것보다 더 많은 술을 마시고 대마초와 담배를 더 많이 피웠다. 그는 자동차 할부금도 없었고 자녀도 없었기 때문에 다른 큰 지출이 없었다. 그는 장애 신청을 하고 매달 연금을 받기 시작했는데, 줄어드는 저축 계좌의 손실을 메우는 데 도움이 되었다.

그 후 몇 년 동안 지미는 서서히 상태가 악화되었다. 식사량이 줄고 체중이 감 소했으며 사회적으로 더욱 고립되었고 옥시코돈을 구할 방법을 찾는 데 점점 더 많은 시간을 보냈다. 조디에게 옥시코돈이 없을 때 지미는 모르핀이나 펜타닐을 구입했다. 여러 차례 헤로인을 구입하기도 했다. 이 약물들은 일반적인 효과가 동일했다. 신체적 고통과 불편함을 느낀 다음 아편계 약물을 복용하면 기분이 나 아지곤 했다. 그는 아편계 약물을 주사하는 것이 기분이 좋아지는 가장 빠른 방

가장 강력한 처방 진통제 중 하나는 펜타닐로, 헤로인 보다 20배 이상 강력하다 (Niles et al., 2021; CDC, 2020a, 2020b; NIDA, 2020b).

법이라는 것을 알게 되었고, 가능하면 주삿바늘을 사용해 투약하기 시작했다.

조디는 지미의 주요 마약 공급원이었지만, 경찰에게도 잘 알려져 있었다. 마약에 취한 상태로 규정 속도 시속 40km 구역에서 시속 88km로 달리다가 경찰에 붙잡힌 뒤, 조디는 감옥에 돌아가지 않기 위해 정보원이 되기로 동의했다. 이로 인해 지미에게는 불행한 일이 벌어졌다. 어느 날 밤, 지미는 ABC 스토어 주차장 건너편에서 조디를 기다리고 있었고, 조디가 가지고 있던 옥시코돈 혹은 다른 아편계 진통제를 일주일 치 더 사고 싶어 했다. 조디는 차를 세우고 근처에 주차된 다른 차량으로 걸어갔다. 그의 공급책이었다. 지미는 기다리지 않고 차에서 내려 절뚝거리며 조디에게 다가갔다. 그가 도착했을 때 조디는 이미 공급책인 퍼킨스와 이야기를 나누고 있었다. 조디는 둘을 소개했지만, 이내 지미에게는 떠나라고 단호하게 말했다. "잠시 후에 전화할게." 지미는 기분이 좋지 않았고 조디에게 그런 말투로 말하지 말라고 말했다. "나는 이 물건을 다른 사람에게서 살 수 있어, 조디. 넌 필요 없어. 퍼킨스에게 직접 사면 돼. 난 현금이 있어." 조디는 잠시 멈칫하다가 고개를 저었다. 그 순간 잠복 중이던 경찰차 세 대가 갑자기 나타났다. "모두 무릎 꿇어! 당신을 체포한다."

지미는 금단 증상을 느끼며 감옥에서의 첫날 밤을 보냈다. 둘째 날과 셋째 날 밤에는 고통스러운 비명을 지르며 배를 움켜쥐고 감방 구석에서 몸을 웅크리고 있었다. 그는 진통제를 달라고 애원했고, 그의 말에 귀를 기울이는 사람이라면 누구에게나 자신이 통증으로 인해 장애를 겪고 있으며 약이 필요하다고 말했다. 그는 그동안 경험한 최악의 장염보다 더 심한 통증을 느꼈다. 극심한 고통이었다.

리치는 지미의 보석을 신청했고 지미는 풀려났다. 지미가 집에 돌아온 후 가장 먼저 한 일은 이전에 숨겨 놓았을지도 모르는 옥시코돈을 필사적으로 찾는 것이었다. 아무것도 찾지 못했지만 벤조디아제핀 계열의 항불안제 몇 알을 발견했다. 이 약은 기분이 나아지는 데 도움이 되었지만, 지미는 더 많은 아편계 약물을 구하기로 마음먹었다. 그는 프레이저에게 전화를 걸어 헤로인과 펜타닐을 구입했다. 약 일주일 후, 지미는 또 다른 마약 구매를 위해 프레이저를 다시 만났고 이번에는 이웃 마을의 낯선 골목에서 구매가 이루어졌다. 지미는 안전하다고 느끼지 못했다. 예전처럼 프레이저를 잘 알지 못했고, 최근에 겪은 모든 일로 인해 누구를 믿을 수 있을지 의심스러워 거의 편집증에 가까운 상태였다. 두 사람은 어릴 적 친구라기보다는 감정 없는 비즈니스 계약을 맺은 낯선 두 사람처럼 마약을 교환했다.

집으로 돌아오는 길에 지미는 프레이저와의 관계가 변한 것이 얼마나 슬픈지 돌아보았다. 둘은 10대 시절 캠핑과 사냥, 낚시를 같이 하곤 했다. 그들은 늦은 밤과 주말에 많은 시간을 함께 보냈고, 켄터키의 레드강 협곡으로 캠핑 여행을 떠난 적도 있었다. 그 여행은 절친한 친구 무리와의 관계가 얼마나 변했는지 상기시켜 주었다. 그는 눈물을 흘리며 차를 세웠다. 그는 방금 구입한 헤로인을 몸에 주사하고 몇 분 동안 슬픔이 더없이 행복하게 사라지는 순간 속에 빠져 있다가 다시 운전을 시작했다. 얼마간 달린 후 지미는 차를 멈췄다. 그가 의심한 것은 옳았다. 경찰이 그를 미행하고 있었다. 그는 마약 소지 혐의로 체포되어 감옥에 갇혔고, 경찰을 돕기 위해 정보원이 되기로 동의할 때까지 구금되었다. 경찰과의 합의에 따르면 지미는 위치를 감시받는 전자발찌를 차야 하고, 경찰의 허가가 없다면 외출이 허용되지 않는 상태에서 집에 머물러야 했으며 법정 소송은 연기될 것이었다. 어느 검사는 지미에게 형이 선고되지 않을 수도 있다고 말했다. 더불어 지미는 아편계 진통제 의존증 치료를 시작하는 데 동의해야 했다. 만약 치료를 중단하면 감옥에 가게 될 것이었다.

치료 집중 외래 치료

지미는 이전에 치료를 받아 본 적이 없었다. 누군가와 이야기한다는 것은 별 도움이 되지 않고 불필요한 일처럼 보였다. 어떤 말이나 행동이 그에게 도움이 될 수 있을까 의심스러웠다. 그는 치료를 위해 약을 복용하는 것을 선호했고, 운 좋게도 지역 치료 센터에서는 약물 치료와 심리 치료를 모두 받는 것이 의무적인 치료 방법이었다. 그는 아편계 진통제 대체 약물인 서브옥손을 처방받았는데, 이는 부프레노르핀과 날록손이라는 두 가지 약물의 조합물이었다. 서브옥손은 오랫동안 사용되어 온 아편계 진통제 대체 약물인 메타돈의 대안으로 사용할 수 있는 새로운 약물이다. 서브옥손에서 부프레노르핀 성분은 뇌의 아편계 진통제 수용체에 부착하여 환자의 아편계 진통제 사용 충동을 감소시키는 약물 작용제로 작용하는 반면, 날록손 성분은 아편계 진통제 복용이 가져올 수 있는 바람직한 효

> 도서 지역에서는 서브옥손 복용처럼 중독에 대한 증거 기반 치료 개입을 받기가 쉽지 않다. 서브옥손은 고가의 약물이기에 사용이 제한적일 수 있지만, 연구에 따르면 서브옥손은 효과적이며 치명적 혹은 치명적이지 않은 과다복용의 위험을 줄이는 데 도움이 된다고 한다(Grinspoon, 2021).

과를 차단함으로써 약물 길항제로 작용한다. 그것은 영리한 약물이었고, 지미는 처방대로 기꺼이 약을 복용했다.

치료 센터는 그의 집에서 거의 45분 거리에 있었다. 지미는 몇 달 동안 IOP라고도 불리는 집중 외래 치료 프로그램에 참석해야 했다. IOP에서는 변증법적 행동 치료 기술 훈련이라는 일종의 인지행동 치료에 기반한 치료를 시행했고 매주 두 번씩 개별 치료 회기에 참석해야 했다. 또한 저녁에는 매주 네 번씩 집단 치료 회기에 참석해야 했다. 일주일 중 2회의 집단 회기는 수업과 같은 형태로 진행되었으며, 해당 회기에서 지미는 생활에서 부정적인 자극을 줄이고, 고통을 견디고, 감정을 조절하며, 대인 관계 행동과 선택을 개선하는 기술을 개발함으로써 약물 사용 욕구를 모니터링하고 관리하는 방법을 배웠다. 나머지 2회의 집단 회기는 동료 지지 기반의 집단으로 설계되었다. 그 시간에는 약물 사용자들이 자신의 이야기를 공유하고 어려운 회복 과정을 거치며 서로를 지원할 수 있도록 하였다. 지미는 매주 총 여섯 차례 치료 센터로 차를 몰고 가야 했다. 매주 3회 지미는 소변 검체를 제공해야 했는데, 치료팀이 광범위한 약물에 대해 양성 반응을 보이는지 정기적이고 객관적으로 평가하기 위해서였다. IOP는 금욕에 기반한 치료 프로그램이었기 때문에 지미가 약물 검사에서 양성 반응을 보이면 치료 프로그램에서 제외되어 감옥으로 돌아가야 했다.

지미의 첫 주 치료는 순조롭게 진행되었다. 지미는 서브옥손을 복용하면서 기분이 좋아졌다. 더 이상 마약을 사용하거나 사고 싶은 충동이 없었고 그 결과 정서적 고통도 덜 느꼈다. 그는 수감되지 않은 것이 행운이라는 것을 알았고 두 번째 기회가 주어진 것에 감사했다. 또한 지미는 자신에게 아편계 진통제 문제가 있다는 것을 알고 있었다. 그는 동생과 친구들, 경찰에게 그 사실을 인정했다. 치료가 시작되었을 때 지미는 조심스럽지만 낙관적인 기분을 느꼈고, 그 어느 때보다 더 많은 희망을 품고 변화할 준비가 되어 있다고 생각했다. 그는 마약 사용을 중단하고 싶었고 스스로 무력감을 느꼈다. 그러나 한편으로는 불안했고 치료를 받으려는 의욕이 상대적으로 떨어졌다. 사실 그는 치료에 어떤 것이 포함되는지 제대로 이해하지 못했고 설핏 이야기를 들어 본 적만 있었다. 이상한 모양의 잉크 얼룩을 해석하게 하거나, 어린 시절의 트라우마에 대해 이야기하거나, 꿈을 해석하게 하는 것이 아닐까? 그의 생각에 서브옥손은 신의 선물이었다. 그 외 나머지

아편계 물질사용장애가 있는 사람이 아편계 진통제 대체 약물을 복용하기 시작하면 평생은 아니더라도 수년 동안 이러한 약물을 복용해야 할 수 있다(Seligman et al., 2021; Strain, 2021b).

는 없어도 되었지만, 감옥으로 돌아가고 싶지 않았기 때문에 그는 어쨌든 치료를 받았다.

지미는 의구심에도 불구하고 IOP 요구 사항을 준수했다. 놀랍게도 그는 개인 치료자도 좋아했다. 페기라는 이름의 치료자는 석사 학위를 받은 중년 여성으로, 자신의 과거 중독 경험에 대해 솔직하게 이야기했다. 그녀의 성은 오닐이었는데, 지미는 최근 페그라는 마약 중독 여성과 하룻밤을 보낸 적이 있어서 그와 연관 지어 생각날까 봐 치료자를 페기가 아닌 페기-오라는 이름으로 불러도 되는지 물어보았다. 페기-오는 지미가 약물 사용과 관련된 사람, 장소, 사물에 주의를 기울이는 방법을 배우도록 도왔다. 예를 들어, 그는 조디, 프레이저, ABC 스토어가 모두 자신의 아편계 진통제 사용과 관련이 있다는 것을 인식하게 되었다. 이것들은 치료자가 말하는 고전적 조건화를 상기시키는 것으로, 갈망과 약물 사용의 유발 요인이었다. 지미는 이러한 사람과 장소 앞에서 아편계 진통제를 사용한 적이 있었기 때문에 지미의 뇌는 이들을 아편계 진통제의 쾌락적 효과와 연관 지었고, 갈망을 증가시켰다.

또한 페기-오는 그에게 내성, 금단, 의존 등 중독의 기본 개념에 대해 교육했다. 지미는 이러한 개념을 직관적으로 이해했지만 자신의 경험에 대해 명명을 하는 것은 도움이 되었다. 그는 같은 효과를 얻기 위해 더 많은 아편계 진통제를 사용해야 할 때 내성이 생긴다는 것을 알게 되었다. 마약을 사용하지 않을 때 느끼는 신체적 고통이 그의 주요 금단 현상이었다. 지미는 이것이 대부분의 사람들에게 아편계 진통제 중독의 가장 나쁜 부분이며 계속 약물을 사용하게 되는 주된 이유라는 것을 배웠다. 페기-오는 이를 부정적 강화라고 불렀다. 금단 반응 동안 아편계 진통제를 복용할 때마다 지미가 경험하는 안도감은 매우 강력해서 비슷한 상황에서 다시 사용할 확률을 높였다. 페기-오는 중독이라는 단어 대신 패턴 의존성이라고 불렀고, 지미가 아편계 진통제 없이는 일상생활을 할 수 없을 정도로 의존하게 되었다는 사실을 인식하도록 도왔다.

집단 기술 훈련 치료 회기에서 지미는 약물에 대한 갈망을 줄이기 위해 가정 환경을 변화시키는 방법에 대해 배웠다. 그는 마약과 관련된 도구를 모두 버렸다. 의식적으로 오래된 약병을 모두 폐기했고 휴대폰에서 조디와 프레이저의 전화번호를 삭제했다. 몇 주 동안 그는 원하는 것을 단호하게 요구하거나 효과적

> 아편계 물질 사용은 강렬한 쾌감을 유발하기도 하지만 많은 연구자들은 그보다는 아편계 물질이 신체적 고통을 없애 주는 것이 아편계 물질 의존성의 발달 및 범죄, 바늘 공동 사용 및 고위험 성행위와 같은 문제의 발생에 더 주요한 역할을 한다고 믿는다.

으로 거절하는 방법, 감정을 더 잘 조절하는 방법, 약물을 사용하지 않고 신체적, 정서적 불편함을 견디는 방법을 배웠다. 이러한 인지행동적 개입은 앞서 언급했듯이 모두 변증법적 행동 치료 기술 훈련 프로그램의 일부였다. 기술 훈련은 약 10인으로 구성된 집단으로 두 시간 동안 진행되었다. 첫 번째 시간에는 두 명의 공동 치료자가 방을 돌며 최근에 배운 기술을 실행하는 데 기울인 노력을 한 명씩 확인하고 검토했다. 두 번째 시간에는 집단 구성원들에게 새로운 기술을 가르쳤다. 참가자들은 삶의 스트레스와 약물 사용으로 인한 어려움에 대처하는 새로운 방법을 배우면서 메모를 했다. 참가자들은 커다란 원탁에 둘러앉아, 자신이 한 숙제를 집단원들과 공유했다. 그것은 지미가 이전에 치료에 대해 상상했던 것과 달리, 학교 수업을 더 많이 떠올리게 했다. 한 회기에서는 다음과 같은 일이 벌어졌다.

치료자 1 : 누가 먼저 자신의 숙제 연습을 공유하고 싶으신가요?

환자 1 : 제가 먼저 할게요. 감정 조절에 대해 주신 워크시트를 사용해 보려고 했는데 잘 안 되더라고요.

환자 2 : (웃음) 전 전혀 시도하지 않았어요. 저보다 더 잘하셨네요.

환자 3 : 저도요.

치료자 1 : 여러분이 한 것을 살펴봅시다. 처음부터 시작하세요. 우리는 감정 조절 워크시트 3 "감정에 대한 신화 다루기"라는 제목의 워크시트를 하고 있습니다.

환자 1 : 그래서 제가 말씀드린 대로 해 봤어요. 워크시트에서 3번과 6번에 동그라미를 쳤어요. 두 가지 신화, 아니면 뭐라고 부르든 간에요. 그런 다음 지침에 따라 도전해 보려고 했어요. 첫 번째는 "부정적인 감정은 나쁘고 파괴적이다."라고 되어 있어서 저는 "부정적인 감정은 삶의 일부일 뿐이다."라고 써서 도전했습니다. 나쁘지도 좋지도 않아요. 무슨 말인지 아시겠죠? 그냥 진짜예요. 또한 "어떤 일로 인해 화가 나거나 속상할 때 동기를 부여할 수 있고, 필요한 경우 의사소통에 도움이 될 수 있다."라고 적었습니다.

치료자 1 : 정말 잘했네요, 잘했어요.

치료자 2 : 동감입니다! 그 신화에 도전하는 데 정말 도움이 되는 방법이에요.

치료자 1 : 이 신화에 대해 혹은 그가 어떻게 도전했는지에 대해 연관 지어 이야기 할 사람이 있나요?

환자 2 : 저는 감정을 느끼는 것을 정말 싫어해요. 그래서 항상 약을 사용했어요. 무슨 말인지 아시겠어요?

치료자 2 : (환자 2를 바라보며) 그게 바로 감정을 다루기 위해 약물을 사용하는 일반적인 이유입니다. (다른 사람들을 둘러보며) 다른 분들은 이 신화와 관련지어 어떻게 과제에서 반박하고 도전했는지 궁금합니다.

환자 5 : 저는 이 부분이 힘들어요.

환자 6 : 오, 이건 저한테는 불가능해요.

치료자 1 : 이 치료 집단에 속한 사람들이 부정적인 감정이 반드시 나쁘고 파괴적이라는 신화와 싸우는 것은 정말 흔한 일입니다. 우리는 그런 이야기를 많이 듣습니다. 이 기술과 워크시트는 이러한 신화가 떠오를 때 적극적으로 식별하고 도전하는 방법을 배우는 데 도움이 될 수 있습니다. 신화는 우리가 어떤 상황에 반응하는 방식에 영향을 줄 수 있는 일반적인 사고방식과 비슷해요.

환자 1 : 네, 저는 항상 감정이 나쁘다고 생각했어요. 사실 어렸을 때 부모님으로부터 감정을 억제하는 것이 좋다는 말을 직접 들었던 기억이 납니다. 아예 감정을 갖지 않는 게 더 좋다고요.

환자 7 : 이해가 되네요. 저도 어렸을 때 똑같은 일을 겪었거든요. 부모님은 왜 우리에게 이러는 걸까요?

치료자 1 : 우리는 감정을 억제하는 법을 배우고, 감정을 속으로 삭이고, 감정을 전혀 느끼지 않으려고 노력하는 것이 일반적인 문화에 살고 있습니다. 약물과 알코올이 감정, 특히 부정적인 감정을 느끼지 않거나 회피하는 데 도움이 될 수 있기 때문에 남용되는 경우가 많은 것은 당연한 일입니다. 다른 사람들은 숙제를 어떻게 했는지 살펴봅시다. 공유해 주셔서 감사합니다(환자 1을 향하여). 방을 한 바퀴 돌면서 (환자 1 옆에 있는 환자 8을 바라보며) 숙제를 계속 공유해 봅시다.

지미는 동료 지지 기반의 집단에서 다른 사람들의 약물 사용 문제에 대한 이야기를 연이어 들었다. 그는 공통된 주제를 듣고 깜짝 놀랐다. 대부분의 사람들은 옥시코돈과 같은 합법적으로 처방된 약물을 사용하기 시작했지만 장기간 사용후 내성, 금단, 의존 문제가 발생했다고 보고했다. 지미처럼 헤로인이나 다른 길거리 마약에 손을 댄 사람들도 있었다. 다른 사람들은 처방받은 아편계 진통제나 벤조디아제핀을 계속 오용했다. 합법적이든 아니든 이들의 이야기는 놀라울 정도로 비슷했다. 지미는 조용히 경청하다가 자신의 차례가 되자 본인 이야기를 들려주었다.

지미는 IOP를 성공적으로 마쳤다. 그는 치료 기간 동안 모든 약물 검사에서 음성 판정을 받으면서 금욕을 유지했다. 또한 아편계 진통제를 끊을 수 있다는 자신감도 생겼다. 그동안 그는 전자발찌를 한 채 집에 머물렀다. 리치는 가끔씩 집에 와서 음식과 음료를 가져다주고, 자동차를 수리하고, 화로 옆에서 술을 마시며 늘 하던 대로 시간을 보내 주었다. 지미가 치료를 성공적으로 받고 경찰에게 지역 마약 공급책에 대한 정보를 제공한 후 결국 발찌는 제거되었다. 지미는 새로운 삶을 살게 되었다. 그는 오랜만에 건강해졌고, 서브옥손은 그의 갈망을 억제하는 데 도움이 되었다. 그는 장애가 여전히 있었지만, 오랜 친구, 이웃들과 더 많은 시간을 사교적으로 보냈다.

다양한 물질사용장애를 가진 사람들을 위한 또 다른 종류의 개입은 자조(또는 상호 도움) 집단 및 조직으로, 주로 임상의가 아닌 약물 남용 병력이 있는 사람들이 개발하고 주도한다(예 : 익명의 알코올 중독자 모임, 익명의 담배 중독자 모임, 익명의 코카인 중독자 모임). 또 다른 개입 프로그램으로는 거주형 치료 커뮤니티와 주거 치료 센터가 있다(Peavy, 2021; Saitz, 2021; Farrell et al., 2020).

리치 친구의 관점

저는 지미가 안타까웠어요. 평생 지미를 알아 왔고, 지미는 제 아내를 제외하고는 제 가장 친한 친구입니다. 어렸을 때 모든 것을 함께 했어요. 그가 많은 일을 겪고 강해지는 것을 보았습니다. 지미의 아버지는 돌아가셨고 지미 어머니의 늙은 남자친구는 지미를 엄하게 다루곤 했어요. 가끔 지미를 개처럼 대했죠. 무서웠어요. 그러다 어머니가 암에 걸렸어요. 그것도 정말 나빴어요. 그녀는 많이 고통스러워했죠. 지미는 강인했어요. 바위 같았지요. 동생이 고마워하는 것보다 더 많이 동생을 도와줬죠. 그런 동생이 마을을 떠난 건 지미에게 큰 상처였어요. 도시에서 더 많은 돈을 벌 수 있다는 건 알지만, 그렇다고 지미를 가족 없이 내버려두는 건 옳지 않았어요. 그리고 그는 돌아오지 않앉았어요. 지미의 손이나 발이 부러졌을 때 곁에 있어 주지 않았어요. 제 친구는 도움이 절실했는데 겨우 두 시간도 떨어지지 않은 곳에 사는 친동생이 고향으로 돌아와 도와주지 않았어요. 어쨌든 그건 지미에게 큰 충격을 준 것 같아요.

지미는 여자들과 잘 어울리지 못해 꾸준히 사귀는 여자친구가 없었습니다. 대부분의 여자들은 하룻밤이나 몇 주 정도의 짧은 관계였죠. 지미는 여성에 대해 진지하게 생각하고 싶지 않은 것 같았습니다. 그래서 그는 오랫동안 혼자였어요. 저는 아내와 아이들이 있어서 지미의 집을 떠나면 가족이 있는 집으로 돌아갔습니다. 지미는 어땠냐구요? 혼자 자고 혼자 일어나고 아무도 없었죠. 솔직히 말해서 저는 항상 지미가 안쓰러웠어요.

그래서 그가 옥시코돈에 중독된 건 놀라운 일이 아니었죠. 네, 돌이켜 보면 그럴 줄 알았다고 할 수 있겠죠. 하지만 발 부상 이후 그는 정말 변했어요. 정말 조용하고 사람들을 멀리하고 다른 사람이 된 것 같았어요. 솔직히 말해서 정말 비극이었어요. 정말 비극이었죠. 저는 항상 그의 곁에 있을 거예요. 제 친구니까요. 하지만 내 아이들과 가족 곁엔 못 가게 할 거예요. 대신 난 계속 그의 집에 갈 겁니다. 우리가 그의 차고에서 보낸 최고의 시간들이 그립습니다.

재발과 악화

집중 외래 치료 프로그램을 마친 후 지미는 몇 년 동안 금주했다. 그는 더 건강하게 먹고, 흡연과 음주를 줄였으며, 건강한 체중을 유지했다. 그는 자랑스러워했다. 그는 서브옥손 용량을 줄였다. 매주 외래 치료, 그가 '상담'이라고 부르는 치료를 IOP의 치료자 페기-오와 함께 했다. 그는 차고에서 리치와 함께 시간을 보냈고 엣시에서 산업 공예품을 판매했다. 그는 직장에 복귀하지 않았지만 공예품 판매, 장애 수당, 저축 등으로 그럭저럭 생활할 수 있는 충분한 돈을 벌었다.

지미는 심지어 데이트를 시작했다. 처음 몇 번의 데이트는 성공하지 못했지만, 그 후 키가 작고 빨간 머리의 중년 이혼녀인 태미를 만났다. 그녀는 20분 거리에 있는 더 작은 마을인 베어크리크에 살았고, 짙은 시골 억양과 함께 건강하게 살겠다는 굳은 의지를 가지고 있었다. 그녀의 자녀들은 모두 장성하여 독립했다.

> 아편계 물질사용장애에 대한 가장 효과적인 치료법도 재발률이 높으며, 이는 새롭고 더 효과적인 치료법이 필요하다는 것을 시사한다(Strain, 2021a, 2021b).

그녀는 정서적으로 안정되어 있었고, 직업이 있었으며, 부드럽고 사랑스러운 성격을 지니고 있었다. 그녀는 그가 알던 어떤 여성과도 달랐다. 그에게 꼭 필요한 여자였다. 그녀는 교회와 신앙에 헌신적이었고 일요일 아침에 교회에 빠지는 것에 대한 지미의 허튼소리를 용납하지 않았다. 지미는 교회가 의외로 견딜 만하다는 것을 알았고 시간이 지나면서 교회를 좋아하기까지 했다.

태미는 결혼하지 않는 한 함께 살기를 거부했다. 지미는 그녀에게 청혼을 하고 싶었지만 긴장한 나머지 계속 미루었다. 1년이 넘은 후 태미는 그에게 거리를 두기 시작했다. 지미가 전화나 문자를 보내도 더 이상 즉시 응답하지 않았다. 함께 있을 때는 그에게 다정하고 친절했지만, 온갖 이유를 대며 예전만큼 함께 시간을 보내지 않으려는 듯했다. 둘은 여전히 교회에 다녔지만, 그녀는 점점 더 산만해지고 그에게 냉담해졌다. 예배가 끝나면 그녀는 지미를 제외한 모든 사람과 밖에서 이야기를 나누며 오랜 시간 동안 그를 혼자 두곤 했다. 지미는 그녀가 왜 변했는지 강박적으로 궁금해했다. 지미는 이런 관계 갈등을 다뤄 본 경험이 없었다. 결과적으로 그는 단순 회피에 의존했다. 태미에게 전화하는 횟수를 줄였고, 문자는 더 짧고, 덜 따뜻해지고, 덜 빈번해졌다. 예배가 끝나면 그는 트럭으로 가서 그녀가 친구들과 이야기하는 동안 그녀를 기다리곤 했다. 멀리서 그녀가 다른 독신 남성들과 이야기하는 것을 보더라도 그는 어떻게 해야 할지 몰라 트럭에 머물러 있었다. 그는 그녀와 함께할 미래에 대해 무력감을 느끼기 시작했다.

태미와 헤어진 후 지미는 너무 우울해져서 집 밖으로 나가지도, 누구에게 말을 걸지도 않았다. 내면은 공허해지고 자신에게 화가 났으며 앞으로 어떻게 살아야 할지 막막했다. 이제 50대가 된 지미는 인생의 다음 단계에 대해 생각하기 시작했다. 그의 아버지는 48세에, 어머니는 57세에 사망했다. 과음을 하는 밤이면 자살 충동이 머릿속을 스쳐 지나갔다. 처음 그런 생각이 떠올랐을 때와 같지는 않았지만, 이런 생각은 그를 걱정스럽게 했다. 그는 상담을 위해 페기-오를 만나는 것을 중단했고, 리치를 더 이상 거의 만나지 않았다. 우울증에 점점 더 깊이 빠져들면서 지미는 점점 더 기분이 나빠졌다.

태미는 떠났지만 조디와 프레이저는 가석방으로 마을에 돌아와 있었다. 또한 프레이저와 섀넌은 지미의 집에 들러 퍼킨스가 주변에 있으며 필요한 것이 있으면 무엇이든 연결해 줄 수 있다고 알려 주었다. 그들은 그를 퍼크(Perk)라고 불렀

우울증과 약물 의존은 일반적으로 함께 발생한다. 어떤 것이 선행 원인인지 항상 명확하지는 않다. 약물 사용이 증가하면 우울증 증상이 악화되고 우울증이 증가하면 더 많은 약물 사용의 위험에 처하는 등 두 장애는 상호작용하여 서로 강화될 수 있다.

고 지미는 그것이 적절한 별명이라고 생각했다. 지미는 이 친구들을 오랫동안 보지 못했다. 낙담한 지미는 누군가가 자신을 만나고 싶어 한다는 사실에 기뻤다. "그래, 나도 너희들과 함께 퍼크를 만나러 갈게."

우울한 마음 상태와 심각한 부정적 영향이 재등장하면서, 그 시점부터 지미의 인생은 상당히 예측 가능한 방향으로 흘러갔다. 항상 그랬던 것처럼 마약은 그의 공허함에 즉각적인 탈출구를 가져다주었다. 그는 알약을 복용하거나 주사를 맞을 때마다 심리적 무게가 증발하는 것처럼 느꼈다. 자유처럼 느껴졌다. 그는 지난번 약물 의존으로 인한 부정적인 결과를 여전히 기억하고 있었지만, 현재 느끼는 공허함의 절박함에 비하면 그 기억은 하찮게 느껴졌다. 이번에는 이런 생활을 삶의 방식으로 받아들였다. 그는 새로운 사람들, 즉 친구의 친구들을 만났다. 그들은 함께 약물을 사용했다. 그는 더 이상 집에 혼자가 아니었다. 어떤 날은 조디와 프레이저를, 다른 날은 섀넌이나 퍼크를 만났다. 그는 다시 차고에서 예술 작품을 만들면서 자신의 창의력이 최고조에 달할 것이라고 믿었다. 처음에는 다시 의존하지 않기 위해 치료에서 배운 몇 가지 기술을 적용하려고 했지만, 결국 마약 사용이 어떤 면에서는 자신에게 좋다고 스스로를 설득했다. 더 많은 친구를 사귀고, 더 많은 에너지를 얻고, 부정적인 감정이 줄어들었기 때문이다. 궁극적으로 그것은 그의 인생도 끝내 버릴 것이었다. 하지만 알고 보니 그가 끝내 버린 건 자기 자신이 아니었다.

어느 늦은 가을 밤, 마을 근처 박람회장 인근에서 지미는 경찰이 자신을 따라오는 것을 보았다. 이미 헤로인과 술에 취해 있던 지미는 버번을 더 사러 ABC 스토어에 차를 몰고 가기로 결심했다. 섀넌과 프레이저가 오는 중이었고, 지미는 위스키를 나눠 마시고 싶었다. 경찰차는 거리를 유지한 채 지미가 방향을 바꾸는 곳을 따라 돌았다. 지미는 ABC 스토어 주차장에 차를 세웠고 경찰차는 계속 달렸다. 지미는 매장에 들어가 불릿, 잭, 그리고 그가 가장 좋아하는 버펄로트레이스 등 술을 샀다. 트럭에 앉아 섀넌과 퍼크에게 "다들 어디 있나?"라고 문자를 보냈다. 그는 상쾌한 공기와 깜박이는 별을 느끼며 두 사람의 답장을 잠시 기다렸다. 숨을 깊게 들이마시고 아무 감정도 느끼지 않은 채 그는 주차장을 빠져나왔다. 경찰도 없었다. 지미는 한숨을 쉬었다.

박람회장을 지나던 그는 불빛과 사람들의 모습에 매료되었다. 솜사탕을 먹는 아이들과 함께 있는 부모들, 시시덕거리며 웃는 10대들, 카니발에서 흥청대는 사람들, 놀이기구들, 오, 바로 놀이기구들의 불빛을 보았다! 놀이기구인 그래비트론은 지구에 심어진 UFO처럼 빙글빙글 돌며 빠르게 깜빡이는 불빛을 내뿜었다. 또 다른 놀이기구인 솔트 앤 페퍼 셰이커는 흔들거리는 금속 선실 안의 사람들을 거꾸로 뒤집고 오른쪽으로 뒤집으며 빠른 템포로 앞뒤로 번갈아 가며 움직였다. 기구가 수직으로 떨어질 때마다 즐거운 비명 소리가 들렸다. 그는 차의 속도를 늦추고 한 여성과 두 명의 어린이가 지나가도록 내버려두었다. 그는 창밖을 바라보다가 눈을 감았다. 자신이 공중에 떠 있는 것처럼, 꿈속에서 또는 잠에서 깨어나는 순간에 있는 것처럼 느꼈다. 그는 어렸을 때 같은 주 박람회에 갔던 기억이 떠올랐다. 그는 눈을 감고 자신의 손을 잡고 있는 어머니와 칠면조 다리와 튀긴 스니커즈를 사기 위해 그들 앞을 걸어가는 아버지를 보았다. 소리는 흐릿하고 끊겼다. 그는 그것이 자신의 기억인지 트럭 밖의 소리인지 알 수 없었다. 상관없었다. 그는 미소를 지으며 눈을 떴다.

충동적으로 출발한 지미는 길을 건너는 사람이 있는지 살피지 않고 가속 페달을 밟았다. 그의 트럭은 업그레이드된 시끄러운 배기음을 내며 박람회장을 향해 앞으로 쏜살같이 질주했다. 한 10대 소년이 장난스럽게 쫓아오는 친구들을 피하다가 빠른 속도로 트럭 앞에 뛰어들었다. 그 소년에게는 기회가 없었다. 소년은 등을 돌리고 친구들을 가리키고 고함을 지르며 뒤로 달리고 있었다. 순식간에 일어난 일이었다. 지미는 보름달 아래에서 빠르게 움직이는 구름을 올려다보고 있었다. 지미는 쿵 하는 소리와 함께 과속 방지턱이 있는 것처럼 부딪히는 느낌을 받았다. 그러나 그것은 그의 오른쪽에서 느껴졌고 뒷바퀴에서 일어난 것이었다. 사람들이 소리를 지르며 비명을 질렀고 그는 트럭을 멈췄다. 몇 초 만에 그는 자신이 무슨 짓을 했는지 알았다. 그는 백미러를 들여다보며 10대 소년 소녀들이 입을 틀어막고 생기 없는 소년의 시신 주위를 둘러싸고 있는 것을 지켜보았다.

에필로그

지미는 출소하기 전까지 10년을 감옥에서 보냈다. 수감 기간 동안 약물 남용 치료를 받았으며 교도소로 밀반입되는 마약의 유혹을 뿌리치고 금욕 생활을 유지했다. 그는 책을 읽고 커뮤니티 칼리지 수업을 들으며 문제없이 지냈다. 리치는 1년에 한 번 생일에 면회를 왔다. 그의 동생은 면회하러 오지 않았지만 카드를 보내며 연락을 유지했다. 교도소에서의 약물 사용 치료가 도움이 되었고, 수감된 덕분에 약물 사용 가능성은 줄어들었다. 약물에 대한 욕구가 가라앉자 지미의 우울증도 덜해졌다. 지미는 자신이 무슨 짓을 했는지 알았고 끔찍한 기분이 들었다. 동시에 그는 자신을 계속 개선하는 것 외에 다른 선택의 여지가 없다는 것을 알았다. 그는 자신이 빼앗은 생명을 되돌릴 수 없었다. 그가 망가뜨린 모든 관계를 바로잡을 수도 없었다. 그래서 그는 가능한 유일한 일, 즉 앞으로 나아가는 데 전념했다. 출소 후 60대 남성이 된 지미는 자신이 실수로 죽인 어린 소년의 가족에게 연락했다. 지미는 진심으로 사과했고 가족은 기꺼이 그의 사과를 받아들였지만, 그의 행동으로 인해 가족은 영원히 상처를 입게 될 것이며 지미도 그것을 알고 있었다. 그는 여생을 용접 예술품을 만들고 금욕을 유지하고 교회에 다니며 보냈다. 66세의 나이에 심장마비로 세상을 떠났을 때 그는 모든 재산과 집을 소년의 가족에게 남겼다.

> 일부 연구에 따르면, 아편계 물질사용장애 환자 중 치료받지 않은 사람의 사망률은 치료받은 사람의 사망률의 63배이다(Strain, 2021a).

평가 문제

1. 어린 시절과 청소년기에 지미의 보호 및 위험 요소는 무엇이었는가?

2. 지미가 어렸을 때 어머니의 남자친구들은 그에게 어떤 영향을 미쳤는가?

3. 옥시코돈은 지미의 약물 사용 행동에 어떤 강화 원리를 가지고 있었는가?

4. 지미의 처방약 의존증의 발달에 어떤 사회적, 문화적 요인이 작용했을 수 있는가?

5. IOP에서의 경험은 일반적인 외래 치료에서 예상할 수 있는 것과 어떻게 달랐는가?

6. 페기-오는 중독을 어떻게 정의했는가?

7. 지미가 경험한 의존의 주요 증상은 무엇이었는가?

8. 지미의 초기 약물 사용에는 어떤 심리적 요인이 기여했는가?

9. 작용제와 길항제 효과가 있는 약물의 차이점은 무엇인가? 서브옥손은 작용제였는가, 길항제였는가, 아니면 둘 다였는가?

10. 지미의 최종 재발로 이어진 요인은 무엇인가?

11. 법적으로 의무화된 프로그램에서의 치료가 효과가 있다고 생각하는가? 그렇다면, 그 이유는 무엇인가? 그렇지 않다면, 그 이유는 무엇인가?

신경성 폭식증

표 9-1

진단 체크리스트

신경성 폭식증

1. 폭식 삽화가 반복된다.
2. 체중 증가를 막기 위해 부적절한 보상행동을 반복적으로 수행한다(예 : 강제 구토).
3. 증상이 최소 3개월 동안 매주 발생한다.
4. 체중과 체형이 자신에 대한 평가에 부적절한 영향을 미친다.

(APA, 2022, 2013)

릴리는 농장에서 직접 식재료를 구입하여 요리에 사용하는 모던한 지역 식당에서 직원으로 일하는 젊은 여성이었다. 그녀는 남부 캘리포니아의 샌타바버라 인근 언덕에 위치한 작은 관광 도시에서 태어나고 자랐다. 그녀의 어린 시절은 행복하지 않았다. 부모님은 그녀가 12세일 때 이혼했다. 릴리와 두 오빠는 어머니와 함께 지냈는데, 어머니는 종종 감당하기 힘들어 보였고, 집을 잘 꾸려 나가지 못하는 것처럼 보였다. 릴리는 자신의 어린 시절을 정신없고 혼란스러웠으며, 매주 단위의 활동이 제대로 통제되지 않았다고 회상했다. 때때로 그녀는 학교 친구들에게 자기 집에는 책임을 지는 사람이 없는 것 같다고 말하곤 했다.

이러한 어려움에도 불구하고 릴리는 끈기와 침착함으로 버티어 냈다. 오빠들이 대학에 진학한 후 릴리는 고등학교에 입학했고, 어머니와 고양이 루벤, 체리스와 지냈는데 집안일도 제법 감당할 만했다. 그 몇 년 동안 릴리는 어머니와 친밀해졌고, 뒤늦게 깨닫기로는 지나칠 정도로 가까워졌다. 어머니는 릴리에게 가장 친한 친구이자 때로는 사회생활의 전부인 것처럼 보였다. AP 심리학 선생님이 헬리콥터 양육자, 즉 자녀의 삶 주변을 맴도는 부모에 대해 설명했을 때, 릴리는 그것이 자신과 어머니의 관계를 정확히 묘사한 것처럼 느꼈다. 두 사람은 위로와 지지를 주고받으며 서로에게 깊게 의지했고, 이는 릴리가 또래 여자아이들과 친밀한 우정을 쌓는 데 방해가 되었다. 두 사람은 함께 쇼핑을 하거나 외식을 하거나 여기저기 볼일을 보는 등 과하게 많은 시간을 같이 보냈다. 릴리의 어머니는 가능한 한 젊고 날씬하며 세련된 외모를 유지하는 데 집착했다. 그녀는 릴리에게 최신 패션 트렌드에 대해 이야기하면서 멋지고 단정하게 보이는 것이 얼마나 중요하며 늙어 보이거나 몸매가 좋지 않거나 노숙하게 옷을 입으면 사람들이 관심을 기울이지 않을 것이라고 말하곤 했다. 릴리는 어머니를 무척 사랑했고, 어머니가 쓰라린 이혼을 극복하고 세 아이를 키운 것에 대해 존경했다. 또한 어머니가 얼마나 멋있게 나이를 들었는지에 대해서도 존경하는 마음이 있었다. 53세인 릴리의 어머니는 30대 여성처럼 보였다. 요가를 하고 엄격한 채식 위주의 식단을 유지하며 어깨 길이의 갈색 머리를 정성스럽게 스타일링했다. 식당에서 릴리 어머니가 지나가면 남자들은 고개를 돌려 쳐다보기 일쑤였다. 어머니는 매력적이었고 릴리는 자신이 나이가 들면 어떻게 변할지 상상했던 모습을 어머니에게서 보았다. 그래서 릴리는 어머니가 메이크업, 옷, 피트니스에 대한 조언을 해도 전혀 꺼려 하지 않았다. 어머니가 자신을 사랑한다는 것을 알았고, 대부분 어머니가 자신을 위해 최선을 다하는 것이라고 생각했다. 하지만 어머니는 릴리와 오빠들에 대해서 상당히 비판적이고 평가적이었기 때문에, 때때로 어머니가 자신의 외모에 관심을 갖는 것이 딸의 외모가 좋지 않다고 생각해서인지 궁금했다.

릴리는 인근 주립대학에서 호텔경영학을 전공했다. 하지만 2학년 때 학교를 중퇴하고 식당에 취직했다. 1학년 때부터 식당에서 파트타임으로 일하기 시작한 그녀는 1년 후 주간 매니저 자리를 제안받았다. 보수가 좋은 직업이었고, 릴리의 관심사가 서비스업이었기 때문에 이력서에 추가할 수 있었으며 강의실보다 현장에서 더 많은 것을 배울 수 있다는 생각에 그 직업을 택하는 것이 합리적이라고 생각했다. 어머니는 대학을 그만두기로 한 릴리의 결정을 좋아하지 않았고 불만을 토로했다. 릴리는 한동안 일을 하고 돈을 모은 후에 다시 돌아가서 학업을 마무리 짓겠다고 어머니를 안심시켰다.

풀타임 근무직으로 일하기 시작한 지 얼마 지나지 않아 릴리는 일하면서 만난 스티븐과 사귀기 시작했다. 그 역시 요식업계에서 일하고 있었고 동료의 소개로 그녀와 만났다. 처음에 릴리의 어머니는 그를 좋아했지만 몇 달 후에는 등을 돌리기 시작했다. 그때까지 릴리는 사랑에 빠져 있었지만, 어머니는 그에 대한 경멸을 숨기지 않았다. 어머니는 스티븐이 다른 사람들 눈에 어떻게 보이는지 대놓고 비난하면서 탈모가 진행 중인 이마와 '아저씨 몸매'에 대해 언급했다. 그녀는 릴리에게 "넌 더 잘할 수 있어."라고 말했다. 어느 날 릴리와 스티븐은 점심 식사

초등학교 여학생의 60%가 자신의 체중과 과체중에 대해 우려를 한다(Ekern, 2020; NEDA, 2020).

를 위해 어머니를 만났다. 스티븐은 두 사람에게 정원에서 가져온 장미 한 송이를 각각 주었다. 릴리는 그의 손을 꼭 잡고 뺨에 키스하며 고마움을 표시했다. 어머니는 경멸의 미소를 지으며 날씨와 식당 테이블 위치에 대해 불평하기 시작했다. 릴리는 흥분해서 어머니에게 이제 충분하니까 그만하라고 말했다. "왜 항상제 하루를 망치세요? 스티븐이 장미 한 송이를 가져왔는데 고마워하지도 않잖아요!" 어머니는 맞받아쳤다. "그는 너에게 충분하지 않아. 그건 모두가 알고 있어. 미안하다, 스티븐. 하지만 사실이야." 릴리는 눈물을 흘리며 스티븐의 손을 잡고 일어섰고, 그와 함께 자리를 떠났다.

릴리와 스티븐은 1년을 더 사귀었고 마침내 약혼했다. 스티븐이 전과 다르게 행동하기 전까지는 모든 것이 잘 풀리는 듯 보였다. 믿음직스럽고 정서적으로 안정적이었던 그는 예측할 수 없고 쉽게 감정이 폭발하는 사람으로 변했다. 릴리는 곧 스티븐이 알코올 문제와 합법적으로 처방받은 진통제를 오남용하고 있다는 사실을 알게 되었다. 그는 직장에서 술을 마셨고, 릴리에게 거짓말을 하고, 식당에 온 손님들에게 옥시코돈을 사서 복용했다. 릴리는 이 모든 것을 견디기 위해 최선을 다했다. 풀타임으로 일하면서 그와 함께 사는 아파트를 관리하고, 매일 운동과 개 산책을 하고, 여자친구들과도 가깝게 지냈다. 하지만 스티븐의 음주와 약물 사용을 통제할 수 없었고, 그가 중독 치료 센터에 입원했을 때 릴리는 두 사람의 관계를 끝내야 할지도 모른다는 사실을 깨달았다. 그는 퇴원했지만 곧 재발했다. 릴리는 자신의 세상이 통제 불능으로 돌아가는 것처럼 느껴졌고 약혼을 끝내기로 결심했다. 그녀는 슬픔과 분노를 느꼈고 스티븐에 대한 어머니의 생각이 옳았다는 사실에 분개했다. 이제 모든 것을 정리하고 그 없이 살아가야 할 때였다.

심리 치료는 슬픔을 덜어 내고 비극적 상황에 적응하는 데 도움이 되었고, 결국 그녀는 새로운 삶을 살아갈 수 있었으며 데이트도 다시 시작할 수 있었다. 그러나 진지한 관계는 그녀를 피해 갔다. 릴리는 자신이 기분 변화가 심한 사람이란 것을 알았다. 그녀는 사람을 가혹하게 판단하고 자신이나 타인에 대해 비이성적이고 비판적인 태도를 쉽게 보였다. 릴리는 이런 모습이 잠재적인 파트너를 낙담시킨다고 생각했다. 그녀는 직원들이 자신이 상사라서가 아니라 그 외 다른 이유들로 자신을 좋아하지 않는다고 의심했고, 친한 친구를 새로 사귀는 것이 어렵다고 느꼈다.

릴리 체중과 외모에 대한 근본적인 고민

릴리는 청소년기 내내 자신의 외모와 체중에 대한 사람들의 의견, 특히 다른 여성들의 의견에 항상 민감했다. 릴리는 이러한 예민함이 자신의 외모에 대한 어머니의 섬세하지 못한 메시지에서 비롯된 것 같다고 생각했다. 그녀는 12세일 때 친구들과 동네 수영장에 갔던 날을 아직도 기억하고 있다. 릴리는 어머니가 다른 어머니들과 이야기하는 것을 우연히 들었는데, 릴리가 다른 여자아이들보다 통통해 보여서 '호르몬 문제'가 있는 건 아닌지 걱정된다는 것이었다. 릴리는 처음에는 자신이 뚱뚱하다고 생각하지 않았다. 하지만 그녀와 어울리는 친구들은 식사 조절이나 체중 조절에 너나없이 골몰하는 편이었다. 릴리가 보기에 그들의 집착은 허영심보다는 불안 때문이었다. 친구들은 체중과 먹는 양이 통제 불능으로 늘어날 것 같은 걱정 속에 지냈다. 일반적으로 볼 때 친구들은 체중 문제가 심각하지 않았고, 허영심이 많거나 인기를 얻으려고 애쓰는 편이 아니었다. 실제로 대부분의 친구들은 학업과 직업에 대해 진지한 목표를 갖고 있었다. 그래서 릴리는 친구들이 외모에 유난히 관심을 갖는 것이 아이러니해 보였다. 하지만 친구들처럼 릴리도 예외 없이 그렇게 되었다.

릴리는 14세부터 21세까지 항상 체중을 52.2kg에서 53.5kg 사이로 유지하려고 노력했는데, 이는 9학년 때 약간 과체중이라고 생각한 이후부터 시작된 기준이었다. 그녀는 같은 이름의 프로그램에 실제로 가 본 적은 없으나, 스스로 '체중 감시 계획'이라고 부르는 것을 엄격하게 따랐다. 식단 계획은 아침에는 아보카도와 물을 곁들인 토스트, 점심에는 퀴노아 또는 렌틸콩을 곁들인 샐러드, 저녁에는 저지방 고단백 식사로 구성되었다. '나쁜' 날에는 캔디바 두어 개나 커다란 고급 초콜릿 칩 쿠키 2개를 먹기도 했다. 릴리는 '나쁜' 날을 최소한으로 줄이려고 노력했지만, 매주 서너 번은 그런 날이 있었다. 하지만 릴리는 일주일에 적어도 3일은 헬스장에서 스피닝 수업을 듣거나 집에서 필라테스를 하는 등 규칙적으로 운동을 했기 때문에 그런 날들도 용인할 수 있다고 생각했다. 그러나 특별히 '나쁜' 주에는 혼자서 운동하기 위해 헬스장에 두어 번 더 가기도 했다.

더불어 그녀는 체중이 53.5kg을 넘지 않는다는 것을 확인하고 안심하기 위해 하루에도 여러 번 체중을 재는 습관이 생겼다. 체중계가 53.5kg이나 그 아래를 가

신체 불만족, 우울증, 스스로 보고한 섭식 제한은 섭식장애 발병의 중요한 위험 요소이다(Cooper & Mitchell, 2020; McElroy et al., 2020).

리키면, 릴리는 다른 사람들이 넉넉한 통장 잔고를 확인했을 때 느낄 법한 엄청난 만족감을 느꼈다. 그녀에게 53.5kg은 지속적이고 집중적인 노력에 대한 정당한 보상처럼 보였다. 마치 돈을 세고 또 세는 구두쇠처럼 그녀는 삶의 다른 측면이 만족스럽지 않을 때면 그 만족감을 되찾기 위해 체중계에 자주 올라갔다. 어느 날 밤 체중이 51.7kg인 것을 확인했을 때에는 그 수치가 주는 즐거움을 느끼려고 체중계에 수십 번이나 올라갔다.

동시에 빈번한 체중 측정은 단점이 있었다. 때로 체중이 54.4kg 이상이 되면 매우 부정적인 반응을 보이곤 했다. 여전히 건강한 체중임에도 불구하고 그녀는 뚱뚱해지고 부해졌다고 느끼고, 체중 감시 계획 중 좀 더 엄격한 버전을 적용하여 식단을 제한하기로 결심하였다. 또한 체중 감량을 위해 운동 시간을 추가로 늘리기도 했다. 그동안은 남들에게 자신의 '뚱뚱한' 몸매를 보여 주지 않기 위해 넉넉한 스웨터나 몸을 감출 수 있는 옷을 입었다. 그러면 최소한 다른 사람들이 자신에 대해 험담을 하지는 않을 것 같았다.

자신의 몸매에 대해 속상해할수록 자신의 체형과 사이즈를 확인하는 경향은 더 심해졌다. 그녀는 얼마나 몸에 맞는지 확인하기 위해 옷장 속 다양한 사이즈의 옷들을 입어 보곤 했다. 그녀는 몇 년 전에 아주 잠시 몸에 맞았던 '스키니진' 한 벌을 갖고 있었다. 언젠가 다시 맞게끔 몸을 만들겠다고 다짐하며 그 옷을 넣어 둔 것이다. 그녀는 거울 앞에 서서 될 수 있는 한 배를 쑥 넣어 보고 기분이 괜찮아지는지 확인했다. 오히려 기분이 더 나빠지기는 했지만, 다음 날을 진짜 '잘한' 날로 만들겠다는 동기가 좀 더 생기곤 했다.

릴리 폭식-구토 순환에 사로잡히다

23세 때 릴리의 식습관은 큰 문제가 되었다. 그녀는 일주일에 두세 번의 빈도로 폭식을 하기 시작하였다. 보통 일하는 도중인 오후에 폭식하고 싶은 충동이 느껴졌다. 낮 동안 음식 섭취를 최대한 제한했기 때문에 배가 고팠고, 일하는 식당의 음식은 너무나 맛있는 냄새를 풍겼다. 시간이 흐를수록 폭식 충동은 피할 수 없을 것처럼 커졌고 근무가 끝날 무렵에는 그날 밤 폭식을 하게 될 것을 알았다. 그러면 집에 가는 길에 사 갈 음식에 대해 상상을 하기 시작했다.

반복적으로 몸을 확인하는 행동(예 : 자신의 몸무게를 재거나, 거울을 보고 확인하거나, 자신의 몸과 다른 사람의 몸을 비교하거나, 옷이나 다른 기구를 사용하여 신체 사이즈를 측정하는 것)은 섭식장애의 유지 요인으로 밝혀졌다.

폭식은 비교적 짧은 시간(두 시간 미만) 동안 객관적으로 많은 양의 음식을 섭취하는 것으로 정의되며, 통제력 상실감을 동반하는 행동이다.

릴리의 폭식에는 보통 그녀가 '나쁜' 음식으로 분류한 음식, 즉 적정 체중을 유지하려면 절대 먹어서는 안 되는 음식이 포함되었다. 예를 들어 폭식하던 어느 날, 그녀는 퇴근 후 치즈버거와 감자튀김을 주문했다. 그녀는 동료들과 작별 인사를 나눈 후 곧바로 차를 몰고 자신이 좋아하는 초콜릿 코팅 와플콘에 오레오, 히스, 킷캣 토핑이 들어간 아이스크림 몇 스쿱을 사러 갔다. 마지막 목적지는 식료품점이었고, 릴리는 도넛 한 상자와 초콜릿 바 한 봉지를 샀다.

집에 돌아온 릴리는 문을 잠그고 휴대전화를 무음으로 바꿔 놓았다. 비밀스러움, 외로움, 그리고 릴리가 폭식의 타락한 무관심이라고 부르는 무언가가 마치 범죄를 저지르는 것 같은 기분을 느끼게 했다. 그러나 일단 폭식을 시작하면 도저히 먹는 것을 통제할 수 없었다. 처음 한 입을 먹고 나면 폭식은 끝을 보게 되어 있었다.

어느 날 저녁, 릴리는 주방에 앉아 휴대전화로 인스타그램, 틱톡, 스냅챗을 확인하면서 치즈버거를 뜯었다. 잠시도 쉬지 않고 빠르게 먹느라 소셜 미디어 속 글이나 사진에는 거의 주의를 기울이지 못했다. 치즈버거와 감자튀김을 먹은 후 아이스크림으로 향했다. 외출복을 갈아입은 뒤에는 도넛과 초콜릿을 집어 들었다. 릴리는 거실에서 TV로 리얼리티 데이트 쇼를 보면서 좀 더 느리고 여유로운 속도로 먹었다. 약 한 시간 반 만에 그녀는 모든 것을 먹었다. 실제로 릴리는 세 시간 동안 4,000칼로리 이상을 섭취했다.

이 젊은 여성은 폭식을 하는 동안 종종 의식 상태가 바뀐 것처럼 느꼈다. 이렇게 폭식하는 동안에는 세상 그 어떤 것도 중요하지 않은 것처럼 보였다. 그녀는 문자에 답하지 않았고 소셜 미디어 게시물에 응답하지 않았다. 어머니나 연애에 어려움을 겪고 있다는 생각도 하지 않았다. 그녀는 때때로 폭식이 일상적인 감정적 고통에서 잠시나마 벗어날 수 있는 마약과도 같다고 생각했다.

릴리는 뒤늦게 자신의 폭식을 혐오스러운 시선으로 바라보았지만, 폭식을 할 당시에는 즐거움이 있었다는 사실을 부인할 수 없었다. 자신이 좋아하는 음식을 먹을 수 있는 유일한 상황이었기 때문이다. 정상적인 상황에서는 식욕을 돋우지 않는 음식만 먹어야 했기 때문에 먹는 것이 즐거움의 원천이 될 수 없었다. 그녀에게 정상적인 식사는 자신이 좋아하는 모든 음식을 피하는 다이어트를 의미했다. 그녀는 자신이 좋아하는 음식을 규칙적으로 먹으면 이를 멈출 수 없게 될 것

설문조사에 따르면 소셜 미디어와 패션 및 음악 웹사이트에 더 많은 시간을 보내는 청소년과 청년은 섭식장애를 보이거나, 부정적인 신체 이미지를 갖거나, 역기능적인 방식으로 식사하며, 다이어트를 원할 가능성이 더 높다고 한다(Ioannidis et al., 2021; Latzer, Katz, & Spivak, 2011).

이라고 확신했다. 그리고 이제 폭식을 통해 그녀의 생각이 옳았다는 것이 입증된 듯했다.

폭식을 끝내고 릴리가 생각한 다음 단계는 섭취한 칼로리로 인한 손상을 복구하는 것이었다. 처음에는 아드레날린이 솟구치는 기분으로 폭식을 시작하여 잠시 동안은 스트레스를 불러오는 많은 일을 생각하거나 처리하지 않아도 되지만, 폭식이 끝날 무렵에는 역겨움과 속이 메스꺼운 느낌이 들었다. 신체적으로도 속이 더부룩하고 무겁게 느껴졌다. 먹은 음식의 양과 지방 함량으로 인해 밤새도록 위식도 역류를 느꼈다. 자존감이 입은 타격은 더 확연했다. 폭식은 평소 행동 스타일과 너무도 일치하지 않았고, 릴리는 자신이 유능하고 노력하는 릴리와 무책임하고 통제 불능인 릴리라는 두 인격으로 분열되고 있는 것은 아닌지 의심했다. 릴리는 자신의 정신건강이 걱정되기 시작했다. 어머니가 이 사실을 알면 매우 화를 내실 것 같았다.

가장 중요한 것은 폭식으로 인해 릴리가 인간으로서의 성공과 가치를 가늠하는 척도가 되었던 삶의 한 영역, 즉 체중이 심각하게 위협받고 있다는 점이었다. 폭식을 하고 나면 다음 날 아침 체중이 2kg 이상은 불어날 것 같았다. 폭식을 시작한 첫 2~3개월 동안 그녀는 하루나 이틀 동안 금식을 시도하여 체중 증가를 막으려고 노력했다. 그러던 중 그녀는 유튜브에서 신경성 폭식증에 걸린 여성들이 등장하는 다큐멘터리를 보고 폭식증에 대해 자세히 알아보았다. 다큐멘터리가 전달하고자 한 메시지는 어떤 대가를 치르더라도 이런 운명을 피하라는 것이었다. 하지만 폭식이 더욱 심해지고 체중이 56.2kg으로 사상 최고치를 기록하자, 릴리에게 구토는 원치 않은 결과를 피하면서도 원하는 것을 먹을 수 있는 문제 해결 방법으로 보였다.

그녀는 일주일에 여러 차례 집에서 구토를 하기 시작했다. 변기 앞에 서서 목구멍 안쪽에 손가락을 넣은 뒤, 폭식한 음식을 최대한 많이 게워 냈다. 처음 시도 때는 쉽지 않았다. 음식을 토해 낼 수 있을 만큼 구역반사를 일으키는 것이 정말 어려운 일이라는 사실에 놀랐다. 하지만 나중에는 손가락을 사용할 필요조차 없어졌다. 그녀가 변기 앞에 몸을 숙이면 음식이 거의 자동적으로 쏟아져 나오는 것처럼 보였다.

장애의 초기 단계에서 릴리는 구토행동에 대해 만족감을 느꼈다. 이는 끔찍한

일반적으로 폭식 후에는 극심한 자책감, 죄책감, 우울증과 함께 체중 증가와 발각에 대한 두려움이 뒤따른다(APA, 2022, 2013).

잘못이 바로잡힌 것 같은 즉각적인 해방감을 주었다. 더부룩한 느낌은 사라지고, 다음 날 체중이 증가하는 것을 피할 수 있었다. 몇 달이 지나면서 구토에 대한 욕구는 점점 커져 갔다. 일상적인 식사를 한 다음에도 릴리는 살이 찐 것 같은 느낌이 들었고 구토에 대한 생각에서 벗어날 수 없었다.

릴리는 구토 외에도 폭식의 영향을 되돌리기 위해 다른 방법을 시도했다. 예를 들어, 매일 헬스장에 가서 운동을 하려고 했다. 하지만 운동하러 가기 전에 그녀는 거울 앞에서 특정한 의식을 따라야 했다. 자신이 헬스장 환경에 어울릴 만큼 날씬해 보이는지 확신이 들어야 했다. 그녀는 운동복을 입고, 거울을 통해 모든 각도에서 자신의 모습을 점검했다. 릴리의 체중은 정상 범위 안이었으며, 165cm의 키에 몸무게는 56.7kg이었다. 체질량지수(BMI)는 20.8로, 정상 범위인 18.5~24.9의 하단에 속했다. 누구나 그녀를 날씬하다고 여겼을 것이다. 하지만 그녀가 계속 걱정하는 신체 부위가 있었다. 그녀는 자신의 무게중심이 너무 낮아서 자신의 엉덩이나 허벅지가 뚱뚱해 보인다고 생각했다. 거울에 비친 자신의 모습을 보고 자신이 뚱뚱해 보인다고 생각하면 헬스장에 갈 계획을 포기했다. 그녀는 '뚱뚱해 보이는' 모습을 감당할 수 없었다.

하지만 보통 거울 앞에서 충분히 시간을 보낸 다음에는 자신의 외모가 아주 혐오스럽지 않다고 확신할 수 있었다. 이를 위해 때때로 그녀는 몸매가 더 잘 가려지는 옷으로 갈아입어야 했다. 그녀는 러닝머신에서 조깅과 고강도 인터벌 트레이닝을 번갈아 하며 최소 두 시간을 헬스장에서 보냈다. 그녀 생각에 헬스장에 다니는 것은 두 가지 목표를 이루어 주었다. 우선 열량을 소모하고 음식을 멀리할 수 있었다. 집으로 돌아오면 대개 밤 9시 반 정도가 되었고, 코코넛 워터 두 캔을 마신 뒤 잠자리에 들었다. 안타깝게도 장시간의 운동으로 허기가 자주 몰려왔고, 그녀는 폭식과 구토를 다시 하기 위해 일어나는 자신을 발견하곤 했다.

폭식하거나 식사를 거르지 않을 때는 식이 조절 식단을 따르려고 노력했다. 가끔은 무지방 쿠키나 바닐라 프로즌 요거트를 간식으로 허용하기도 했다. 이런 식으로 식사를 할 때면 릴리는 자신이 세상과 묘한 조화를 이뤘다는 느낌이 들었다. 제한적인 식사는 그녀에게 통제감과 유능감, 성취감을 주었다. 그녀는 인간으로서 좀 더 가치 있고, 더 평화롭다고 느꼈다.

불행히도 통제감은 그리 오래가지 않았고 결국 그녀는 주기적인 폭식에 빠지

신경성 폭식증 환자는 종종 자신의 신체 크기와 체형에 대해 부정확하고 불안정한 태도를 보인다. 섭식장애가 없는 사람에 비해 신경성 폭식증 환자는 실험실 환경에서 자신의 신체 크기를 과대평가하는 경향이 있다(Artoni et al., 2020).

신경성 폭식증의 대부분은 강도 높은 다이어트 중 또는 그 이후에 시작되며, 종종 가족과 친구들로부터 칭찬을 받고 성공적인 다이어트 후에 시작된다(NEDA, 2020).

게 되었다. 그리고 폭식 후에는 또다시 이 순환을 시작하고 싶은 충동을 느꼈다.

친구의 관점 조각 맞추기

시간이 흐를수록 집에서 폭식과 구토를 반복하는 패턴은 심해졌지만, 직장에서는 통제를 유지할 수 있었다. 릴리는 이런 패턴이 직장 생활에까지 영향을 미치게 되면, 유망한 커리어가 끝나는 시작점이 될 것이라 생각했다. 물론 몇 번의 실수는 있었다. 예를 들어, 어느 날 오후 그녀는 휴게실에서 라자냐 한 판을 통째로 먹었다. 그 후의 포만감은 견딜 수 없을 정도로 커서, 릴리는 직원 화장실에 가서 토해 냈다. 하지만 그 뒤 누군가가 이를 목격하거나 그녀의 구토를 알게 될 수 있다는 생각에 겁이 났고, 앞으로는 이 모든 것을 집에서만 하도록 최선을 다하자고 스스로에게 약속했다. 쉽지 않았지만 대부분의 경우 폭식과 구토를 직장에서 하지 않을 수 있었다.

그렇다고 릴리의 문제가 직장 사람들의 눈에 완전히 띄지 않은 것은 아니었다. 동료들은 점점 릴리에게 문제가 있다는 것을 알아차렸고, 몇몇은 릴리의 상황을 짜 맞춰 보고자 했다. 서버이자 친구였던 22세 케이틀린도 그런 사람들 중 하나였다.

지난 1년 동안 식당에서 릴리 밑에서 일하면서 케이틀린은 릴리와 돈독한 관계를 맺어 왔다. 두 사람은 직장 밖에서 아주 친밀하게 지내지는 않았지만, 그래도 퇴근 후 여러 차례 함께 술을 한잔 하러 가기도 했다. 하지만 최근 몇 달 동안 케이틀린은 릴리가 직장에서 점점 더 멀어지고 위축되는 것을 느꼈고, 그녀의 안녕을 걱정하게 되었다. "릴리가 세상에서 가장 행복한 사람은 아니며 남자친구가 없는 것에 대해 항상 불행해한다는 것은 알고 있었어요."라고 케이틀린은 나중에 식당의 다른 매니저에게 말했다.

> 물론 많은 사람들이 그랬기 때문에 처음에는 대수롭게 생각하지 않았어요. 하지만 얼마 지나지 않아 릴리의 문제 패턴이 눈에 띄기 시작했어요. 제가 오전 11시 30분 정도에 교대근무를 위해 식당에 도착했을 때 그녀는 매우 밝고 다정해요. 하지만 시간이 흐를수록 그녀의 기분은 사람들과 동떨어지고 시큰

둔해져요. 오후 3시 정도에 이르면 그녀는 저나 다른 사람에게 거의 말을 하지 않아요. 마치 멀리 있는 무언가를 생각하는 것처럼 허공을 응시하는 경우가 많았습니다.

그런 모습이 시작된 지 얼마 되지 않아 릴리는 저와 퇴근 후 만나려고 하지 않았어요. 우리는 자주 만나는 건 아니었기 때문에 처음에는 그다지 이상하게 여기지 않았어요. 그녀는 항상 바쁘다고 해요. 너무 바빠서 식당 밖에서 저를 만날 수가 없다고요. 몇 번이나 무엇 때문에 그렇게 바쁜지 물어보았어요. 사생활을 캐물으려는 것은 아니었지만, 일 외에 다른 일이 없을 것 같았기 때문에 그녀가 무엇을 하는지 궁금했습니다. 그러나 제가 질문을 하면 그녀는 갑자기 긴장한 표정을 지으며 이런 식으로 말했어요. "음, 그냥 몇 가지 작업을 하고 있어요. 친구를 위한 이것저것이요."

저는 몰랐지만 그녀의 말투에서 더 이상 캐묻지 말아야 한다는 것은 분명히 느낄 수 있었어요. 두 달 정도 지나자 그녀가 업무 시간 외에는 저와 함께 시간을 보내고 싶지 않다는 것이 분명해졌어요. 그녀는 함께할 시간이 전혀 없었어요. 만약 제가 "우리 조만간 꼭 함께 만날 시간을 내자."라고 말해도 그녀는 그냥 모든 문제를 제쳐 두었습니다. 직장에서도 그녀의 기분 상태는 점점 더 나빠졌고, 그걸 눈치챈 사람은 저뿐만이 아니었어요. 물론 그녀가 그다지 쾌활한 매니저는 아니라는 것은 우리 모두 알고 있었지만, 지금 그녀는 완전히 거리감이 느껴지고 너무 긴장한 것처럼 보였습니다. 그리고 하루 일과가 끝나면 항상 서둘러 식당을 나갔어요. 저는 그녀의 사생활에서 무슨 일이 일어나고 있는지, 퇴근이 그렇게 급한 이유가 무엇인지, 왜 저를 그녀의 삶에서 완전히 배제하고 싶어 하는지 계속 궁금해졌습니다.

그녀의 외모 역시 힘들어 보였어요. 그녀의 피부는 건조하고 자극받은 것처럼 보이기 시작했고 머리카락은 손상되고 부스스해졌어요. 특히 눈 주위는 잠을 충분히 자지 못한 것처럼 퉁퉁 부어 보였습니다. 눈도 충혈되어 있었어요. 불행이 얼굴에 드러나는 것처럼 보였습니다. 또한 직장에서 매우 피곤해 보였습니다. 뭔가 잘못되었다는 것을 알았지만 무슨 일인지 물어보기가 두려웠습니다.

결국 너무 걱정이 되어 그녀의 반응과는 상관없이 그녀에게 무슨 일이 있는지 물어보기로 결심했어요. 친구 관계를 유지하는 것보다 그게 더 중요해

> 신경성 폭식증 환자는 다른 사람보다 슬픔, 낮은 자존감, 수치심, 비관론, 논리 오류 등 우울증 증상을 보일 가능성이 높다(ANAD, 2020; Cooper & Mitchell, 2020; McElroy et al., 2020).

보였지요. 그래서 어느 날 릴리에게 물어보았어요. "릴리, 당신에게 뭔가 속상한 일이 있는 걸로 보여요. 내내 불행하고 비밀스러운 것 같고, 솔직히 건강해 보이지 않고요. 나랑 얘기하고 싶은 일이 있나요? 걱정이 되네요. 당신이 나에 대해 어떻게 생각하든, 나는 당신을 친구로 생각하고 아끼고 있어요."

그녀는 저를 차갑게 바라보더니 이렇게 말했어요. "무슨 말을 하는지 모르겠네요. 어서 테이블이나 치워요." 하지만 차가운 반응을 보며 그녀는 내가 하는 말이 뭔지 잘 알고 있다는 확신이 들었어요. 그러다 그녀의 체중이 대체로 늘어 가는 추세였지만, 며칠에 한 번씩 오르락내리락하는 것 같다는 걸 알았어. 저는 섭식장애가 있는 게 아닐지 의심하기 시작했어요. 물론 저는 전문가는 아니지만, 무언가 우울한 일이 있어서 폭식이나 그런 것들을 하는 것 같은 느낌이 들어요. 그게 무척 위험하다는 것을 알았지만, 제가 무엇을 할 수 있을까요? 더 이상 그녀는 저와 우정을 쌓는 데 관심이 없고, 어떤 지원도 선뜻 받아들이려 하지 않았어요. 결국 저에 대한 그녀의 반응은 정말 불쾌해졌고, 저도 모든 상황에서 손을 떼고 도와주려는 걸 관둘 수밖에 없다는 결론을 내렸어요. 제가 할 수 있는 것은 다 했으니까요.

치료에서의 릴리 　진정한 통제감을 얻기

폭식이 시작된 지 6개월이 지나자 릴리는 자신이 점점 더 나빠지고 있다는 것을 알게 되었다. 폭식과 군것질이 더 일상적으로 되었고, 릴리의 몸무게는 점차 늘어나, 그녀의 표현대로 '풍선처럼' 60.3kg까지 불어났다. 이렇게 살이 많이 찐 적이 없었기 때문에 그녀는 살을 빼고 싶다는 생각이 절실했다. 구토, 식이 요법, 운동이 실패로 돌아가고 있었다. 어머니는 릴리가 살이 찌고 건강해 보이지 않는다는 사실을 여러 번 눈치채고 언급했다.

릴리는 체중 감량을 위해 직장에서 구토하는 것 같은 좀 더 극단적인 방법에 기대게 될까 봐 점점 더 걱정되었다. 아이러니하게도 릴리는 폭식을 통해서만 이러한 불안감을 일시적으로 해소할 수 있었다. 하지만 폭식과 구토가 끝나고 나면 릴리는 종종 흐느끼는 자신을 발견하곤 했다. 당황한 릴리는 지역 대학 병원의 섭식장애 클리닉에 연락했다. 병원에서는 릴리에게 검사를 받아 보라고 제안했

전체 인구의 약 1%가 일생 동안 신경성 폭식증 진단기준을 충족한다. 사례의 약 75%가 여성과 사춘기 소녀에게서 발생한다(NIMH, 2021b, 2017e; ANAD, 2020).

다. 그녀는 양가감정이 들었지만 온라인에서 클리닉에 대한 글을 읽은 후 치료를 시작하기로 결정했다. 일단 한번 가고, 마음에 들지 않으면 언제든 중단할 수 있다고 생각했기 때문이었다. 결심을 굳힌 그녀는 섭식장애 클리닉 웹사이트의 신규 환자 모집 링크를 클릭했다.

며칠을 기다렸지만 답변을 받지 못한 그녀는 클리닉에 전화를 걸었다. 전화를 받는 사람의 목소리가 너무 젊게 느껴져, 릴리는 고음의 목소리를 가진 젊은 여성이라고 생각했다. 릴리는 불안했고 자신이 노출되었다고 느꼈다. 무력감이 밀려왔다. 릴리는 이름, 전화번호 등 몇 가지 기본적인 질문에 대답하며 자신의 이야기를 들려줄 준비를 하고 있었다. 전화를 받은 여성이 마침내 질문을 던졌다. "저희 클리닉에서 치료를 통해 얻고자 하는 것이 무엇인가요?" 릴리는 숨을 들이마시고 이야기를 시작할 준비를 했다. 몇 문장 정도 말한 것 같은데, 전화기 너머의 여성이 부드럽게 말을 끊었다. 그러더니 약간 뻑뻑대는 목소리로 고맙다고 말하며, 지금으로서는 그것으로 충분하며, 치료자와 만나게 될 때는 자세하게 이야기할 충분한 시간이 있을 것이라고 하였다. 릴리는 안도감과 불안감이 뒤섞인 불편한 감정을 느꼈다. 그녀는 클리닉 예약 날짜와 시간을 적어 두었다. 그녀는 전국적으로 유명한 섭식장애 전문가이자 클리닉의 섭식장애 프로그램 책임자인 낸시 바인푸르트 박사를 만나기로 되어 있었다.

바인푸르트 박사는 릴리와의 첫 면담에서 그녀의 식습관과 음식 및 체중에 대한 태도가 DSM-5-TR의 신경성 폭식증 진단기준에 부합한다는 결론을 내렸다. 첫째, 릴리는 폭식증 삽화가 반복적으로 발생하며, 이를 거의 또는 전혀 통제할 수 없다고 느꼈다. 둘째, 폭식에 대한 부적절한 보상행동(주로 폭식과 간헐적 단식, 일부 부적절한 운동)을 보였다. 마지막으로, 릴리의 자아 개념은 체형과 체중에 크게 영향을 받고 있었다.

많은 치료자들이 신경성 폭식증의 치료 방법으로 인지행동 치료(CBT)라는 치료적 접근을 조합하여 사용하고 있으며, 바인푸르트 박사가 릴리를 치료하는 데 사용한 접근법도 이것이었다. 치료 계획은 두 가지 주요 요소로 구성되어 있다. (1) 릴리의 폭식과 보상행동을 바꾸는 것, (2) 체중, 체형, 기타 고통을 유발하고 폭식으로 이어질 수 있는 우려에 대한 가정, 해석, 신념 등 왜곡된 사고 패턴을 바꾸는 것이다. 바인푸르트 박사가 사용한 CBT 기법에는 릴리에게 섭식장애에 대

대부분의 경우 신경성 폭식증은 청소년기 또는 젊은 성인기에 시작되며, 보통 15~20세 무렵이다(NIMH, 2021b, 2017e; ANAD, 2020).

해 교육하고, 더 적절한 체중 측정과 식사행동을 하도록 돕고, 폭식을 조절하고 폭식을 없애는 방법을 가르치고, 인지적 개입을 통해 역기능적 사고방식을 식별하고 바꾸도록 유도하는 것이 포함되었다.

1회기　릴리는 자신의 문제를 주로 폭식의 관점에서 바라보았다. 폭식의 빈도가 점점 늘고 있고 이로 인해 체중이 증가하고 있다고 말했다. 가장 속상한 점은 현재로서는 폭식을 통제할 수 없을 것 같다는 점이었다. 체중은 점점 늘어나고 있었고, 도저히 이를 멈출 수 없을 것 같은 무력감이 느껴졌다.

　바인푸르트 박사는 릴리의 이야기를 공감하면서 경청하고, 그녀의 문제가 해결될 수 있다는 낙관적인 전망을 내비쳤다. 그다음 신경성 폭식증의 이론적 모델을 표현한 다이어그램(그림 9-1 참조)을 릴리에게 보여 주면서, 지금 릴리에게는 폭식이 주된 문제로 보이겠지만, 실제로 폭식은 이렇게 상호 연결된 구조의 한 부분이라고 설명하였다. 즉 폭식은 불쾌한 감정, 체중과 체형에 대한 걱정, 엄격한 섭식 제한과 같은 요소들의 결과물이며, 악순환 속에서 이 구조의 다른 부분을 강화하는 데 일조하고 있다는 것이다. 폭식은 이 구조의 또 다른 요소인 구토를 일으키기도 하고, 한편으로는 구토 때문에 폭식이 더 일어나기도 한다. 폭식 패턴을 멈추려면 이 구조의 모든 요소들을 변화시키는 치료가 필요했다. 치료를

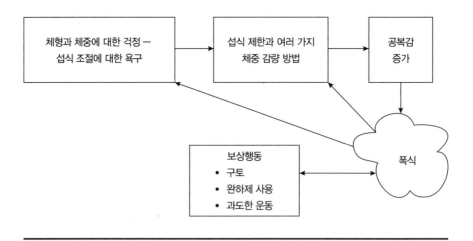

그림 9-1　신경성 폭식증 유지에 대한 인지행동 이론

위해서는 단지 폭식에만 초점을 맞출 수는 없었다.

바인푸르트 박사는 치료적 접근에 대해 개략적으로 정리하였다. 우선 폭식 욕구를 줄이는 데 도움이 되는 특정 단계에 대해 설명을 해 주었다. 그중 주요한 것은 신체적·행동적 박탈감을 최소화하는 방식으로 식사를 구조화하는 것이다. 더불어 바인푸르트 박사는 폭식에 대한 욕구가 올라올 때 이를 막을 수 있는 특정 방법을 개발하는 것이 도움이 된다고 언급했다. 마지막으로 바인푸르트 박사는 식사와 체중 문제에 덜 몰두하는 게 유용하다고 하였다. 박사는 폭식 문제가 있을 때에는 그 문제가 그 사람의 생각에서 지나치게 큰 역할을 차지하기 때문에 어려움이 생긴다고 설명했다.

바인푸르트 박사는 릴리에게 식사 및 그와 관련된 스트레스를 추적해서 기록했으면 좋겠다고 말했다. 바인푸르트 박사는 추천한 앱 중 하나를 사용하거나, 휴대전화에 자세한 메모를 남기거나, 혹은 종이 양식에 모든 것을 기록한 뒤 스캔하여 박사에게 이메일로 보내는 방법 중 가장 편한 방법을 릴리에게 선택하도록 했다. 릴리는 이러한 기록 보관에 대해 다소 거부감을 보였다. 과거에도 식사 기록을 남기려고 시도했지만 아무 도움이 되지 않았다고 설명하면서 오히려 식사에 더 집중하게 되었다고 말했다. 바인푸르트 박사는 릴리의 과거 기록이 도움이 되지 않았을 수도 있다는 점을 인정하면서도 지금은 더 건설적으로 사용할 수 있을 것이라고 제안했다. 이제 기록은 전반적인 치료 전략의 일부로, 임상 경험상 매우 중요했다. 이를 통해 치료자는 릴리의 식습관을 더 잘 이해할 수 있고 그녀가 적절한 변화를 할 수 있도록 돕게 될 것이다.

바인푸르트 박사는 릴리가 의심했던 것처럼 처음에는 기록 작성으로 인해 식사와 체중에 대한 집착이 증가할 수 있다는 점을 인정했지만, 이는 일시적일 것이라 말했다. 시간이 지나면 문제에 덜 집중하게 될 것이었다. 릴리는 추천 앱을 다운로드하여 다음 주 동안 사용해 보기로 동의했다.

2회기 릴리의 식사 기록에 따르면 일주일 동안 퇴근 후 저녁에 세 번 폭식을 한 것으로 나타났다. 치즈버거나 햄버거에 감자튀김을 곁들인 후 쿠키나 케이크를 먹고 저녁 늦게 아이스크림 한두 통을 먹는 것이었다. 릴리는 식사 후에는 항상 구토를 했다. 낮에는 식사량을 엄격하게 제한했고, 어느 날은 사실상 금식

신경성 폭식증 환자의 약 43%가 치료를 받는다(NIMH, 2021b, 2017e).

하면서 칼로리가 없는 음료(커피, 차, 물)만 섭취하다가 늦은 오후에 커다란 쿠키 몇 개를 먹었다. 폭식 후 3일 동안 릴리는 점심을 거르고 사과 한 알과 떡 2개를 먹은 후 다시 고칼로리 간식을 먹었다고 보고했다. '정상적인' 체중 관리 식단을 따랐던 날의 총칼로리 섭취량은 약 800칼로리로, 릴리와 같은 체중과 활동량을 가진 사람이 섭취해야 하는 칼로리의 절반 정도였다. 반면, 폭식하는 날에는 4,000~5,000칼로리를 섭취했다.

바인푸르트 박사는 신경성 폭식증 환자가 칼로리를 너무 세밀하게 모니터링하는 것은 역효과를 낼 수 있음을 알았기 때문에, 릴리와 구체적인 칼로리 수치에 대해 논의하지 않았다. 이는 치료가 막고자 하는, 섭식에 대한 잘못된 사고방식을 발달시킬 수 있기 때문이었다. 대신 박사는 이제 곧 릴리의 폭식 충동을 줄일 수 있도록 규칙적인 식사 패턴을 만드는 과정을 시작할 것이라고 언급했다.

두 사람은 두 번째 상담 시간의 대부분을 체중과 식습관에 대한 기초 사실을 검토하는 데 보냈다. 바인푸르트 박사는 첫째, 현재 체중인 57.2kg은 표준 기준치를 고려할 때 과체중이 아니라는 것을 인식하는 것이 중요하며, 두 번째로 '이상적인' 체중인 52.2kg을 유지하기 위해 겪는 박탈감이 오히려 신체적으로 음식에 대한 참을 수 없는 갈망을 불러일으킨다는 것을 깨닫는 것이 중요하다고 설명했다.

릴리는 52.2kg이 낮은 수치라는 것은 이해하지만 그 이상, 특히 57.2kg을 자신의 적정 체중으로 받아들이는 것에 대해서는 강한 의구심을 보였다. 바인푸르트 박사는 지금 당장 릴리의 적정 체중을 결정할 필요는 없으며, 다만 적정 체중에 대한 그녀의 가정을 조만간 다시 점검해 볼 필요가 있다는 것은 인식하는 게 좋겠다고 하였다.

그 뒤 박사는 잦은 체중 측정이 릴리의 체중에 대한 집착을 부추긴다고 설명하면서 일주일에 한 번 이상 체중을 측정하는 일은 중단할 것을 권유했다. 또한 잦은 체중 측정은 체지방에 따른 실제 체중 증가 또는 감소보다는 수분 보유량이나 배설 주기의 특정 상태를 반영하는 경우가 많기 때문에 잘못된 피드백을 준다고 설명했다. 릴리는 체중을 재지 않는 것은 자신에게 큰 변화가 될 것이라고 대답했지만, 다른 한편으로는 체중계에 얽매이지 않아도 된다는 점이 마음에 든다고 말했다.

바인푸르트 박사는 추가로 릴리에게 직장에서 점심을 거르는 습관을 고치라고

<aside>신경성 폭식증 환자의 체중은 일반적으로 정상 범위 내에 유지되지만 그 범위 내에서의 변동성이 현저하다.</aside>

권유했다. 체중 증가에 대한 걱정 때문이라는 것은 이해하지만 식사를 거르면 결국 과식이 유발된다고 설명했다.

릴리 : 제안하신 것을 어떻게 할 수 있을지 모르겠어요. 식사를 거르지 않으면 금세 살이 찔 거예요. 어차피 점심은 필요 없어요. 전 보통 일하느라 너무 바빠요. 미안해요. 박사님께 비판적으로 말하고 싶진 않지만 ― 사람들이 저를 이런 식으로 대하면 저도 정말 싫거든요 ― 폭식을 그만두라고 하는 것이 더 합리적이지 않을까요?

바인푸르트 박사 : 네, 폭식을 그만두라고도 할 수 있습니다. 하지만 폭식은 아마도 지금 당신이 가장 통제하기 어려운 일일 것입니다. 대신 점심을 먹을지 여부같이 좀 더 통제할 수 있는 것에 집중하는 것이 좋습니다. 점심을 거르는 것이 체중 유지에 도움이 된다고 생각하시겠지만, 실제로 식사를 거르면 간식을 먹거나 폭식을 하고 싶은 충동이 생깁니다. 식사를 거르지 않는 것이 결국 과식을 멈추는 데 도움이 됩니다.

릴리 : 매일 점심을 먹을 생각만 해도 긴장되네요.

바인푸르트 박사 : 익숙해지는 데 시간이 좀 걸릴 거라는 걸 알아요. 하지만 이번 주에 한번 시도해 보고 다음 번 왔을 때 느낌이 어땠는지 검토해 보도록 하죠.

릴리 : 알았어요, 해 볼게요.

바인푸르트 박사는 릴리에게 이번 주에 지켜야 할 세 가지 주요 지침을 제시하며 회기를 마무리했다. (1) 식사 기록을 계속할 것, (2) 몸무게를 한 번만 잴 것, (3) 매일 점심을 먹을 것.

3회기 릴리의 식사 기록에 따르면 그녀는 지난주 동안 밤에 두 번의 폭식을 한 것으로 나타났다. 그녀는 지침에 따라 매일 점심을 먹기 위해 노력했지만, 여전히 칼로리가 낮은 일상적인 다이어트 식단 중 하나를 섭취했고 저녁이면 극심한 공복감에 시달렸다. 또한 일주일에 단 한 번으로 체중 측정을 제한했다. 바인푸르트 박사는 릴리에게 이러한 변화에 대해 어떻게 생각하는지 물었다.

릴리 : 솔직히 말해서 매우 불안해요. 살이 찐 것 같아요. 여전히 군것질과 폭식을 하고 있을 뿐만 아니라 점심 식사도 규칙적으로 하고 있으니까요.

바인푸르트 박사 : 체중은 어느 정도인가요?

릴리 : 56.7kg입니다.

바인푸르트 박사 : 그럼 체중은 기본적으로 동일하군요. 설령 수치가 더 늘어났다고 해도, 그게 반드시 체중 증가를 의미하는 것은 아닙니다. 앞서 설명했듯이 한 주간의 체중 수치로는 전체적인 추세를 알 수 없습니다.

릴리 : 글쎄요, 가끔 점심을 거르지 않는 것도 잘못된 것 같아요.

바인푸르트 박사 : 얼마나 힘드셨을지 잘 알고 있고, 그간의 노력을 인정합니다. 하지만 결국에는 이 변화가 도움이 되실 겁니다. 다음으로 당신에게 요청할 일이 더 쉽지는 않을 것 같아 우려되지만, 저는 당신이 준비가 되었고 그렇게 앞으로 나아가는 게 중요하다고 생각합니다.

릴리 : 더 많이 먹으라는 말은 하지 마세요!

바인푸르트 박사 : 네. 바로 그거예요. 처음에 말씀드렸듯이, 소위 정상적인 날에 섭취하는 칼로리양이 너무 제한되어 있어서 폭식을 유발하고 있는 것입니다. 규칙적인 식사 과정에서 더 많은 칼로리를 섭취하기 시작해야 합니다.

릴리 : 하지만 어떻게 해야 하나요? 뭘 더 먹어야 할지 모르겠어요. 너무 오랫동안 이런 식으로 식사를 해 왔어요.

바인푸르트 박사 : 한 가지 방법은 다른 사람들이 먹는 음식에 맞춰서 식사하거나 친구, 동료 또는 레시피 책에서 힌트를 얻는 것입니다. 지금은 점심으로 샐러드 절반가량을 드시는 것 같습니다. 아시다시피 대부분의 사람들은 샐러드를 통째로 먹습니다. 그러니까 당신

연구자들이 정상적인 식사를 하는 사람 피험자, 동물 실험 대상에게 매우 제한적인 식단을 제공하자, 폭식경향성이 나타나는 것이 확인되었다. 이는 칼로리 제한으로 인해 스트레스가 증가한 것과 부분적으로 관련이 있는 것으로 보인다.

도 똑같이 해 보길 부탁드리고 싶습니다. 아침 식사로 토스트 외에 시리얼, 과일, 계란을 먹는 사람도 많으니 그런 음식도 더 추가하면 좋을 것 같습니다.

릴리 : 전 이 아이디어가 싫어요. 하지만 박사님은 전문가잖아요. 시 도해 볼 수 있을 것 같아요. 하지만 그래도 안 되면 제가 말씀 드릴게요.

4회기 릴리는 아침 식사에 시리얼을 추가하고 점심에는 단백질이 든 샐러드를 통째로 먹는 등 권유대로 식단 변화를 실천했다고 보고했지만, 그렇게 많이 먹으면 오후 내내 살이 찌고 있는 느낌이라고 불평했다. 바인푸르트 박사는 이러한 변화에 대해 칭찬하면서 뚱뚱하다고 느끼는 것과 실제로 살이 찌는 것에는 차이가 있음을 상기시켰다. 박사는 릴리에게 규칙적인 식사 후 경험하는 느낌을 실제 체중 증가와는 무관한 '포만감'으로 재명명해 보라고 제안했다. 박사는 이러한 감각은 신체가 포만감을 알리기 위해 생성하는 중요한 신호이지만, 이러한 감각에서 비롯된 해석과 귀인이 사실에 기반한 것이 아님을 인식하도록 릴리를 교육했다. 그녀는 포만감을 느꼈기 때문에 뚱뚱해지는 것이 아니라는 것을 배웠다. 살이 찌는 것과 포만감은 같지 않았다.

일주일 동안 릴리의 식사 기록에 따르면 스스로 폭식으로 분류한 두 번의 사건이 있었고, 각각 피자 두 조각과 아이스크림 한 통을 먹었다. 음식의 양은 과거 폭식 때보다 적었지만, 당시 들었던 마음 상태 때문에 여전히 폭식이라고 표현했다. 그녀는 먹는 것에만 집중했고, 습관적인 구토 후에는 죄책감과 수치심을 느꼈다. 바인푸르트 박사는 그럼에도 불구하고 낮에 조금 더 많은 양의 음식을 먹으면 저녁에 탐식하는 것이 줄어든다는 사실을 확인했다.

박사는 릴리의 식사를 더욱 정상화하고 밤중 폭식을 없애기 위해 두 가지 방향의 치료적 접근을 제안했다. 식단을 살펴보니, 릴리는 여전히 저녁 식사를 거의 또는 전혀 하지 않는 것으로 관찰되었다. 박사는 대신 밥이나 감자를 곁들인 단백질과 채소를 포함한 규칙적인 저녁 식사를 시작하라고 제안했다. 릴리는 규칙적인 저녁 식사를 준비한 지 꽤 오래되었기 때문에, 너무 많은 노력을 기울이면 예전 습관으로 돌아갈까 봐 걱정했다. 이에 박사는 릴리에게 주중 저녁을 위해 일요일 오후에 식사를 미리 준비할 것을 제안했다. 닭고기와 녹두를 곁들인 밥, 감자와 옥수수를 곁들인 칠면조 소시지 등의 식사를 만들어 냉장고에 보관하는 것이었다. 장기적인 해결책은 아니지만 단기적으로는 새로운 습관을 기르는 방법이 될 수 있다고 바인푸르트 박사는 믿었다.

다음으로 릴리와 바인푸르트 박사는 폭식 충동이 생길 때 이를 피할 수 있는 몇 가지 방법을 논의했다. 먼저 박사는 릴리에게 일주일에 최소 3일은 영화 관람, 외식, 적당한 운동 수업 등 저녁 활동을 계획하라고 조언했다. 둘째, 릴리는 가급적 주말에 한두 번의 쇼핑으로 일주일에 필요한 모든 식료품을 구입해야 하며, 목록에 따라 쇼핑하고 배부른 상태로 매장에 가야 했다. 셋째, 릴리는 평소 폭식할 음식을 구입하던 매장을 우회할 수 있도록 퇴근 경로를 변경해야 했다. 마지막으로, 릴리는 식당에서 먹은 음식을 집으로 가져가지 않기로 했다.

바인푸르트 박사는 이제 릴리가 구토를 그만해야 할 때가 되었다고 말했다. 그녀의 식습관이 좋아지면서 이미 폭식의 심각성이 줄어들었기 때문에 구토를 하기보다는 폭식으로 인한 칼로리 섭취의 결과를 받아들이는 것이 더 낫다는 것이었다. 박사는 구토가 폭식으로 인한 나쁜 결과를 막아 준다고 생각하기 때문에, 실제로 구토가 폭식을 하게끔 한다고 강조했다. 다시 말해, 구토를 할 수 있다고 생각하기 때문에 폭식하는 걸 좀 더 편하게 받아들인다는 것이다. 반면에 구토를 하지 않는 것은 폭식에 대한 통제감을 갖는 데 도움이 된다고 하였다. 또한 바인푸르트 박사는 릴리가 폭식을 통해 섭취한 칼로리를 유지하면 허기를 덜 느끼게 되어 나중에 폭식을 할 필요성을 덜 느끼게 된다고 설명했다.

릴리는 자신도 구토를 하면 역겨운 느낌이 든다며, 구토를 하지 않겠다는 목표에 동의했다. 하지만 다시 한번 체중 증가에 대해 우려했다. 바인푸르트 박사는 그간의 임상 경험에 비추어 보면, 지금 방법이 체중 증가를 유발하지는 않는다고 상기시켜 주었다. 즉, 구토를 하지 않아서 발생할 수 있는 섭취 칼로리 증가는 이후 과식이 줄어들면서 결국 상쇄된다는 것이다. 이는 릴리의 체중을 계속 확인해 보면 증명될 터였다. 릴리는 구토를 하지 않기 위해 최선을 다하겠다고 말했다.

5회기 릴리는 새로운 식사 계획을 따라 아침은 규칙적으로 먹고 점심에는 샌드위치를 통째로 먹었으며, 대부분의 저녁에는 미리 준비하거나 그날 밤에 만든 음

구토는 폭식 중에 섭취한 칼로리의 절반이 흡수되는 것을 막지 못한다. 마찬가지로 완하제나 이뇨제를 사용해도 폭식의 칼로리 효과를 크게 되돌리지 못한다(Mitchell, 2021).

식으로 온전한 식사를 했다고 보고했다. 간식으로는 과일과 떡을 먹었다. 또한 조언받은 대로 저녁 시간에 여러 번 일정을 잡아 활동을 했다.

그러나 여전히 릴리가 폭식이라고 설명한 두 번의 사건이 있었다. 어느 날 밤에는 아이스크림 한 통을 먹었고, 다른 날 밤에는 커다란 초콜릿 도넛 2개를 먹었다. '폭식'의 양은 그리 많지 않았고, 정상적인 식사가 음식에 대한 갈망을 어느 정도 억제해 준 것으로 보였다. 하지만 릴리는 이마저도 참을 수 없다고 생각하여 두 번 모두 구토를 했다.

그녀는 그런 음식을 먹은 후 너무 살이 찐 것 같아서 구토를 해야 했다고 말했다. 그럼에도 불구하고 릴리는 "저는 구토를 정말 멈추고 싶어요."라며 다음 주에 다시 한번 시도해 볼 기회를 달라고 했다. 바인푸르트 박사는 그녀가 다시 노력해 보려는 것을 격려하는 한편, 다음 회기에는 소위 나쁜 음식이라고 부르는 것을 가져와 달라고 요청했다. 박사는 릴리가 실제 상담 시간에 자신과 함께 음식을 먹어 보고 포만감을 견디어 내는 연습을 할 수 있다고 설명했다.

6회기 릴리는 저녁에 집에서 두 차례 '과식'을 한 후 구토를 했다고 보고했다. 한 번은 고급 초콜릿 한 상자를 먹고 토했고, 또 한 번은 트리플 크림 당근 케이크 두 조각을 먹은 뒤 게워 냈다. 이번 주에는 구토를 하지 않으려고 했지만, 그 음식을 먹고 난 뒤 살이 찐 것 같은 느낌이 들자 참을 수 없었다고 하였다.

바인푸르트 박사는 릴리에게 이전에 제안한 대로 '나쁜' 음식을 가져왔는지 물었다. 릴리는 처음에는 잊어버렸다고 말했지만, 곧 '먹는 연습'을 피하고 싶어서 일부러 음식을 가져오지 않았다고 인정했다. 박사는 이러한 상황을 예견했기에 직접 초콜릿 도넛을 가져왔다고 알려 주었다. 릴리는 마지못해 상담 회기 중에 '구토 없이 먹는 연습'을 하는 데 동의했다. 그녀는 당장 혼자서는 그 연습을 할 수 없을 것 같으니, 함께 해 보는 것이 좋겠다고 말했다.

바인푸르트 박사는 커다란 초콜릿 도넛 2개를 꺼내어 각자 1개씩 먹자고 제안했다. 릴리는 도넛이 이렇게 클 줄은 몰랐다며 망설이더니 반만 먹어도 되냐고 물었다. 박사는 릴리가 안전하다고 느껴질 정도의 양으로 식사량을 제한하면 이 연습이 아무 가치가 없다고 설명했다. 릴리는 "알겠어요."라고 대답하며 "하지만 살이 찌는 것이 두려워요."라고 말했다.

금기된 음식을 먹게 함으로써 내담자가 두려움에 직면하도록 하여, 실상 식사는 무해하며 심지어 건설적일 수 있음을 인식하게 하는 행동 치료적 기법은 강박장애에서 사용하는 노출 및 반응 방지 기법과 유사하다(Mitchell, 2021; Butler & Heimberg, 2020).

바인푸르트 박사는 릴리에게 도넛을 먹으면 체중이 얼마나 늘어날지 예상해 보라고 했다. "잘 모르겠어요, 0.9kg 정도?"라고 릴리는 추측했다. 이에 대해 박사는 릴리에게 식사와 체중 증가에 대한 몇 가지 사실을 알려 주었다. 첫째, 도넛 자체의 무게는 각각 85g을 넘지 않으므로 도넛 하나를 먹어도 체중이 85g 이상 늘어날 수 없다. 또한 모든 음식과 마찬가지로 도넛의 무게에는 수분량이 반영되어 있어 수분은 결국 몸 밖으로 배설되며, 나머지는 자연스러운 과정에 따라 대부분 칼로리로 연소된다. 바인푸르트 박사는 릴리에게 도넛을 먹기 직전과 직후에 각각 상담실 체중계로 몸무게를 재는 실험을 해 보자고 제안했다.

릴리는 도넛을 먹기로 동의하고 먼저 사무실 체중계로 몸무게를 쟀다. 그녀의 몸무게는 59.9kg이었다. 그런 다음 그녀는 쓰디쓴 허브를 먹는 것처럼 천천히 도넛을 먹었지만 동시에 도넛이 마음에 든다고 인정했다. 다 먹은 후 릴리는 정말 뚱뚱해진 것 같고 구토하고 싶은 강한 욕구가 든다고 말했다. 바인푸르트 박사는 그녀에게 체중계에 다시 올라가 볼 것을 제안했다. 릴리는 체중에 아무런 변화가 없다는 것을 확인했다. 바인푸르트 박사는 이 결과를 통해, 음식 섭취 후 뚱뚱해진 것 같다고 느끼는 것과 실제로 살이 찌거나 체중이 증가하는 것은 같지 않다는 점을 지적했다. 또한 때때로 많은 양의 음식을 먹으면 그 직후에는 실제 체중이 상당히 증가하지만, 이 증가분의 대부분은 수분이며 결국에는 배설된다고 설명했다. 하지만 여기에 익숙해지기 위해서는 릴리가 먼저 구토를 그만두어야 했다.

나머지 시간 동안 두 사람은 릴리의 식사 계획, 폭식 조절 전략, 저녁 활동 등을 검토하였다. 세 가지 영역 모두 순조롭게 진행되고 있는 것 같았다. 상담이 끝날 무렵 박사는 릴리에게 도넛을 먹고 난 기분이 어떤지 물었다. 릴리는 여전히 살찐 것처럼 느껴지지만 이전만큼 심한 것은 아니라고 대답했다. 그녀는 이런 음식을 먹고 난 뒤 구토 없이 살찐 듯한 느낌을 견디어 낸 것이 참으로 오랜만이라고 말했다. 바인푸르트 박사는 릴리가 상담실을 떠난 뒤에도 구토를 하지 않고 또 다른 보상행동을 취하지 않는 것이 중요하다고 반복해서 강조했다. 릴리는 자신이 따를 수 있을 것이라 생각한다고 말했다.

마지막으로 박사는 릴리에게 식사 후 '뚱뚱하다'는 느낌을 참아 내면서 음식 섭취 후 구토를 전혀 안 할 수 있겠는지 앞으로의 전망을 물었다. 릴리는 지금은 그럴 가능성이 좀 더 커진 것 같다고 대답했다. 이날 먹었던 도넛을 밤중에 다시

신경성 폭식증에 대한 인지행동 치료는 내담자의 75% 정도에게 중등도의 증상 개선을 가져온다(Mitchell, 2021; Cooper & Mitchell, 2020; McElroy et al., 2020).

토해 내지 않는다면, 이 경험이 앞으로의 구토를 참아 내는 데 도움이 될 것이라고 생각했다.

7회기 릴리는 일주일 내내 구토 없이 지냈다고 보고했다. 밤에 아이스크림 한 통을 통째로 먹은 후와 큰 초콜릿 칩 쿠키 2개를 먹은 후에는 두어 번 정도 심한 유혹을 느낀 적이 있었다. 처음 이 음식들을 선택했을 때만 해도 릴리는 사실 먹고 난 뒤 구토를 할 생각이었다. 그러나 그녀는 상담실에서 성공했던 것을 떠올리며 그렇게 하지 않겠다고 결심했다.

바인푸르트 박사는 릴리의 이러한 성취를 칭찬하며 다시 한번 '나쁜' 음식을 함께 먹음으로써 이런 결과를 공고하게 하면 좋겠다고 말했다. 박사는 오늘은 커다란 초콜릿 칩 쿠키를 가져왔다고 설명했다. 릴리는 "또 겁이 나네요."라고 대답했지만 이번 주에는 더 기꺼이 연습에 참여할 의향이 있었다.

다시 한번 두 사람은 함께 쿠키를 먹는 연습을 했고, 릴리는 다음 주까지 이 쿠키를 비롯해서 어떤 음식도 토해 내지 않겠다고 하였다. 평소처럼 그녀는 규칙적인 식사를 계속하고, 폭식 조절 전략을 준수하며, 밤에 활동 계획을 세웠다.

8~11회기 다음 네 번의 회기 동안 바인푸르트 박사와 릴리는 감자칩, 피자, 케이크 등 그녀가 평소라면 피했을 음식을 계속 먹었고 릴리는 구토를 참아 냈다. 실제로 릴리는 집에서 '나쁜' 음식을 여러 차례 먹었지만 3주 동안 구토를 하지 않는 데 성공했다.

이 기간 동안 규칙적인 식사와 구토 금지가 함께 이루어지면서 폭식에 대한 욕구도 자연스럽게 줄어드는 듯했다. 11회기 즈음에는 릴리는 아주 가끔씩만 폭식을 한다고 보고했으며 그 양도 실제로는 적은 편이었다.

또한 이 기간 동안 바인푸르트 박사는 릴리에게 금기하는 음식 몇 가지를 식단에 추가하도록 했다. 11회기까지 그녀는 점심으로 피자나 소시지와 고추를 곁들인 샌드위치, 오후 간식으로는 칩이나 캔디바, 저녁에는 바비큐 치킨을 의도적으로 먹었다. 이 기간 내내 릴리는 체중이 늘어날까 봐 걱정했지만 체중은 55.8~57.2kg으로 그대로 유지되는 것으로 나타났다. 하지만 릴리는 이러한 식사 패턴이 살을 찌게 만든다고 불평했다.

| 릴리 | : 체중계에는 제 몸무게가 똑같다고 나와요. 하지만 낮 동안 그렇게 많이 먹으면 뚱뚱하고 더부룩한 느낌이 들어요. 옷이 꽉 끼고 사람들이 저에게 뚱뚱하다고 말할 것 같아요. 예전에는 이런 느낌이 들지 않았어요. 통제할 수 있다는 그 느낌이 그리워요. |

바인푸르트 박사 : 전에는 어떻게 통제감을 느낄 수 있었나요?

릴리 : 음식을 조절해서… 모르겠어요. 그냥 모든 것을 통제하고 있다고 느꼈어요.

바인푸르트 박사 : 하지만 폭식은 어땠나요? 통제할 수 있었나요?

릴리 : 음, 폭식만 빼고요.

바인푸르트 박사 : 폭식과 다른 것을 분리할 수는 없을 것 같습니다. 당신의 식사 패턴이 폭식을 유발한 거죠. 게다가, '통제'라는 말은 실제로 당신이 섭식 조절을 할 때 했던 행동들을 설명하지 못합니다. 당신은 음식을 통제하는 것이 아니라 비효율적인 식사 패턴, 폭식, 구토로 이어지는 악순환에 의해 통제되고 있었던 것입니다.

릴리 : 저는 대부분의 시간을 통제하고 있다는 느낌을 받았어요. 무언가를 성취한 것 같은 기분이 들었죠.

바인푸르트 박사 : 음식에 대한 통제 또는 통제라고 생각했던 것을 성취감과 동일시하는 것 같군요.

미국인들은 체중 감량 식품, 제품 및 서비스에 매년 720억 달러 이상을 지출한다(Business Wire, 2020, 2019).

릴리 : 글쎄요, 어쩌면 그것은 통제 부분이 아닐 수도 있어요. 음식을 통제한다는 생각 자체가 어리석다는 건 알아요. 그런다고 해서 성취감을 느끼거나 하는 건 아니니까요. 중요한 건 제 체중이죠. 저도 이게 최선의 방법이라고 생각하지는 않지만 그래도 56.7kg은 너무 뚱뚱해서 걱정이 안 될 수가 없어요. 그 체중만큼은 줄여야 한다는 사실에 대해서는 세상 어떤 것보다도 확신해요.

바인푸르트 박사 : 56.7kg이 문제가 되나요?

릴리 : 제가 유지해야 할 몸무게보다 많아요.

바인푸르트 박사 : 하지만 56.7kg이 당신 키에는 정상적이란 걸 우리는 알고 있

어요.

릴리 : 상관없어요. 제게 56.7kg은 뚱뚱해요.

바인푸르트 박사 : 이러한 당신의 생각이 문제의 일부일 가능성을 고려해 보셨으면 합니다. 예를 들어, 자신이 뚱뚱하다는 생각을 뒷받침할 수 있는 증거가 있습니까?

릴리 : 제가 뚱뚱하다고 느껴요.

바인푸르트 박사 : 뚱뚱하다는 것은 느낌이 아닙니다. 그것은 생각입니다. 해석이죠. 우리는 그 생각이 타당한지 알아보고자 하는 것입니다. 증거나 사실을 함께 살펴본다면 어떤 증거가 있을까요?

릴리 : 글쎄요, 예전에 몸무게가 이보다 덜 나갔다는 것이 증거가 되겠지만, 그럼 그때는 너무 말랐다고 말할 것 같네요. 제가 연애를 못했다는 사실은 어떤가요? 몇 달 동안 데이트를 한 적이 없어요.

바인푸르트 박사 : 몸무게가 52.2kg이었을 때의 연애는 어땠나요?

릴리 : 그다지 좋지는 않았던 것 같아요. 사람들은 제가 뚱뚱해서라기보다는 너무 침울해서 저와 데이트하기를 원치 않았어요.

바인푸르트 박사 : 하지만 당신은 여전히 자신이 뚱뚱하다고 믿잖아요.

릴리 : 글쎄요, 전 실제로 비만은 아닌 것 같아요. 예전 모습과 비교했을 때 이 몸무게가 많이 나가는 것으로 보일 뿐이에요.

이 대화를 통해 릴리는 자신의 체중에 대한 생각이 조금씩 바뀌는 것 같았다. 그녀는 자신이 뚱뚱하다고 확신했었지만 이제는 예전보다 다소 비대해 보이는 것일지도 모른다는 생각으로 바뀐 것이다. 하지만 바인푸르트 박사는 릴리의 생각이 아직 충분히 바뀌지 않았다고 느꼈다. 릴리가 자신의 체중에 대해 보다 중립적인 시각을 갖게 하는 것이 중요했다.

박사는 릴리에게 53.5kg일 때의 행동과 현재의 행동이 어떻게 다른지 생각해 보자고 했다. 릴리는 현재 체중에서는 (1) 자신을 만나고 싶어 하는 친구들을 외면하고, 사람들과의 만남을 꺼리고, (2) 집을 나서기 전에 전신 거울로 장시간 자신의 체형을 확인하고, (3) 몸을 가리는 옷을 입고, (4) 자기가 일하는 식당 안에서의 시간을 제외하고는 대부분 혼자 시간을 보내며, 외모에 대해 언급할 어머니를 피하고, (5) 직장이나 헬스장에서 남성이 SNS 계정을 물어볼 때 거의 응답하지 않는 경향이 있다고 언급했다.

바인푸르트 박사는 이러한 행동이 자신이 과체중이고 바람직하지 않은 모습이라는 릴리의 믿음을 강화하는 작용을 한다고 설명했다. 따라서 박사는 이러한 행동을 변화시키는 데 도움이 되는 행동 훈련을 제안했고, 두 사람은 다음 회기에서 첫 번째 훈련 과제를 생각해 보기로 합의했다.

12~15회기 릴리와 바인푸르트 박사는 다음 4회기 동안 다양한 활동에 대한 릴리의 두려움과 회피를 없애기 위해 행동 노출 훈련과 인지적 재해석 훈련을 계획하고 실행하는 데 전념했다. 바인푸르트 박사는 지난주 목록에서 릴리가 기피하거나 하지 못했던 활동을 확인한 뒤, 이를 수행하고 재해석하도록 체계적으로 릴리를 지도했다.

첫 번째 훈련은 릴리가 직장에서 스웨터를 벗고 매일 최소 한 시간, 나중에는 두 시간 동안 식당 주변을 돌아다니도록 하는 것이었다. 처음에 이 계획을 실행했을 때 릴리는 엄청난 불안을 느꼈다. 지침대로 릴리는 자신의 부정적인 생각을 기록했고, 글을 써서 이를 반박하려고 노력했다. 예를 들어, '날씬한' 동료인 티아는 릴리가 몸에 딱 맞는 블라우스를 입고 지나가는 것을 보고 두 번이나 쳐다본 적이 있었다. 릴리의 첫 느낌은, 티아가 릴리가 살이 쪘다고 생각하는 것이 틀림없다는 것이었다. 글쓰기 훈련의 일환으로 릴리는 티아가 실제로는 자신의 외모에 대해 아무 말도 하지 않았다는 상반된 증거도 고려했다. 그런 다음 릴리는 동료와의 상호작용에 대한 다른 해석, 즉 티아가 지나가면서 자신을 두 번 쳐다본 것은 무의미한 눈길일 수도 있고 또 다른 관심사를 반영한 것일 수도 있다는 해석을 내놓았다.

처음에는 이러한 반론이 릴리에게 그다지 설득력 있게 느껴지지 않았다. 하지만 글쓰기 훈련을 계속하고 행동 노출을 지속하면서 릴리의 생각과 감정이 바뀌기 시작했다. 실제로 2주 동안 자신의 몸매를 숨기지 않은 뒤 릴리는 더 이상 이 활동에 대해 크게 의식하지 않게 되었다. 릴리는 여전히 사람들이 자신의 외모를 평가할지도 모른다는 생각을 가끔씩 했지만, 이러한 생각을 인식하고 반박하는

연구에 따르면 신경성 폭식증 환자는 체중 문제에 극도로 몰두하며 사실상 그 관점에서 자신의 가치를 정의한다(Cooper & Mitchell, 2020; McElroy et al., 2020).

데 능숙해지면서 덜 상처받고, 스트레스도 줄어들게 되었다.

사고 훈련과 함께 여러 가지 활동들에 대해 지속적으로 행동 노출 훈련을 한 뒤 릴리의 불안감도 감소했다. 15회기가 끝날 무렵, 릴리는 더 이상 직장이나 헬스장에서 몸을 가리는 옷을 입을 필요성을 느끼지 않았고, 거울을 한 번 쳐다보는 것만으로 집을 나설 수 있었다. 심지어 릴리는 헬스장에서 다른 사람들이 있을 때 여러 번 수영을 하기도 했고, 수영하는 것이 꽤 편안해졌다.

릴리 : 이런 일을 반복해서 하다 보니 익숙해졌어요. 지금 체중이 늘었음에도 불구하고 다시 일상적인 일을 하던 때로 돌아가고 있어요. 사람들은 저를 다르게 보는 것 같지 않아요. 오히려 어떤 식으로든 타인에게 신경 쓰지 않는 것 같아요. 제가 왜 그렇게 신경을 쓰는지 생각해 봐야 할 것 같아요.

바인푸르트 박사 : 당신 생각은 어떤가요?

릴리 : 날씬하지 않으면 아무것도 누릴 자격이 없다는 식으로 제 몸무게와 제 가치를 동일시하고 있는 것 같아요. 제가 어떻게 그런 생각을 갖게 되었다고 생각하시나요?

바인푸르트 박사 : 그건 정확히 알 수 없지만, 우리 문화가 어느 정도 그런 관점을 조장하는 것은 분명합니다. 한 가지 가능성은 이전에 이야기하신 것처럼 어머니의 외모에 대한 지나친 관심과 외모에 대한 비판이 영향을 미쳤을 수 있다는 것입니다. 또한 당신은 모든 사람이 온라인으로 소통하는 문화에서 성장했고, 대부분의 온라인 플랫폼은 날것이나 필터링되지 않은 순간을 보여 주지 않아요. 그러면서 당신에게 기대되는 아름다움의 특정 기준이 있고, 필터링된 소셜 미디어 게시물에서 타인들이 보여 주는 모습이 바로 내가 노력해서 도달해야 하는 모습이라고 스스로를 내면화했을 수 있습니다. 원인이 무엇인지 정확하게 알기는 어렵지만, 주변 환경으로 인해 이러한 패턴을 형성했을 가능성이 높습니다. 어쨌든 중요한 것은 원인이 무엇이든 이제 해결책이 있다는 것을 인식하는 것입니다.

릴리 : 네. 다 맞는 말이네요. 이 훈련이 어느 정도 도움이 된 것 같아요. 하지만 성공이나 가치 있는 삶이 마른 것과 연관되어 있다는 느낌을 지울 수가 없어요.

바이푸르트 박사는 릴리에게 날씬함이 성공의 징표라는 믿음에 대한 찬성과 반대의 주장을 모두 고려하게 했다. 릴리는 적어도 어느 정도는 외모 측면에서 날씬한 것이 바람직할 수 있다는 결론을 내렸다. 박사는 이를 더 알아보기 위해 릴리에게 새로운 훈련 과제를 주었다. 릴리는 특히 헬스장과 수영장에서 매력적이거나 성공적이라고 보이는 여성들의 외모를 조사하는 과제에 동의했다. 릴리는 관찰 대상이 되는 여성들이 가지고 있을 수 있는 체형의 결점을 구체적으로 관찰해야 했다. 이러한 관찰을 통해 릴리는 그동안 스스로의 체형적 결점을 부당하게 강조했을 수 있음을 인식하게 될 것이었다.

신경성 폭식증 치료를 성공적으로 받은 사람들도 재발을 경험할 수 있다. 회복된 사람들의 1/3 정도가 2년 이내에 재발할 수 있다(Engel et al., 2021; Mulheim, 2020).

16~17회기 16회기가 끝날 무렵 릴리는 8주 동안 폭식이나 구토를 거의 하지 않았다. 이전에 금지되었던 음식을 포함하여 규칙적인 식사를 계속하고 있었다. 그리고 체중과 체형에 대한 불안 때문에 보였던 행동 대부분이 사라졌다.

17회기까지 릴리는 다른 여성의 체형에 주목하는 훈련을 2주간 수행했다. 이 훈련은 그동안 그녀가 다른 여성에게 주의를 기울이던 방식과는 매우 다른 것이었다. 평소 그녀는 상대방의 가장 매력적인 특징에 집중했다. 허리가 잘록한 여성은 허리에 집중하고, 다리가 탄탄한 여성은 다리를 바라보면서 자신을 불공정하게 비교하곤 했다. 이 새로운 훈련을 통해 그녀는 정반대의 방식으로 주변을 보려고 노력했고, 그것은 새로운 눈을 뜨게 해 준 계기가 되었다. 예를 들어, 릴리가 늘 마른 체형의 전형이라고 생각했던 동료 티아는 실제로는 종아리가 꽤 굵고 발이 크다는 사실을 알게 되었다. 마찬가지로 릴리가 늘 동경하던 수영장의 한 여성은 한쪽 가슴이 다른 쪽보다 눈에 띄게 큰 것을 발견했다. 이러한 관찰은 지속적인 행동 노출 훈련과 함께 릴리가 자신의 상황을 다른 시각으로 바라보는 데 도움이 되었다. 그녀는 56.7kg에 대한 자신의 생각이 과장된 것일지도 모른다는 생각을 하기 시작했다. 여전히 54.4kg에 가까운 몸무게를 선호하지만, 더 이상의 체중 감량은 보류하고 싶다는 생각을 하고 있었다. 그런 노력이 결과를 정당화해 주지 못할 듯했다.

바인푸르트 박사는 릴리의 의견을 적극 지지하면서 적어도 몇 달 동안은 체중 감량 문제를 보류하는 것이 최선이라고 제안했다. 그동안 릴리는 체중과 체형에 대해 보다 현실적인 관점을 정립할 시간을 가질 수 있을 것이었다. 그런 뒤, 그녀는 체중 감량 문제에 대해 객관적으로 고려할 수 있게 될 것이었다.

18~22회기 다음 5회기 동안은 릴리의 행동과 태도 변화를 공고히 하고 재발을 방지하는 데 집중했다. 이 기간 동안 릴리는 매일의 식사 기록과 행동 훈련을 중단하라는 지시를 받았다. 또한 릴리가 치료자의 감독 없이도 좀 더 오랜 기간 동안 잘 지내는 연습을 할 수 있도록 상담 회기 간격을 점점 더 벌렸다. 모든 것이 매우 순조로웠고 치료는 22회기로 마무리되었다. 마지막 회기에서 바인푸르트 박사는 릴리에게 식사를 거르거나, 많은 음식을 피하거나, 체중을 과도하게 측정하거나, 절식을 하는 등의 오래된 습관에 빠지는 징후가 없는지 계속 살펴보라고 조언했다. 이러한 징후를 발견하면 즉시 대응하고, 혼자서 해결하기 어려운 경우 바인푸르트 박사에게 연락하여 추후 회기 상담을 받기로 하였다.

에필로그

마지막 회기 후 4개월이 지나, 릴리는 바인푸르트 박사에게 연락했다. 그녀는 치료가 끝나고 약 2개월 후에 한 차례 구토를 한 적이 있었지만 이를 제외하고는 그간의 상태를 성공적으로 유지했다고 말했다. 릴리는 구토를 하자마자 바로 후회했고, 그 뒤 몇 달 동안 구토를 하지 않았다고 했다. 그녀는 규칙적인 식사 계획을 계속 따르고 있지만, 예전 식습관의 유혹이 종종 있다는 것은 인정해야 했다. 이 기간 동안 그녀의 체중은 거의 동일하게 유지되었다.

릴리가 바인푸르트 박사에게 연락을 취한 주된 이유는 이성 관계를 잘 맺지 못하는 것 때문이었다. 그녀는 너무 비판적이고 변덕스러운 성격으로 남자를 떠나보낸 적이 여러 번 있었다. 그녀는 바인푸르트 박사에게 자신이 자신의 어머니처럼 행동하고 있고 앞으로 성공적인 결혼과 가정을 이루지 못할까 봐 걱정된다고 말했다. 그녀는 대인 관계 문제에 경험이 있는 치료자가 있는지 문의하였다. 박

> 신경성 폭식증 치료 후 수년이 지나서 실시된 후속 연구에 따르면, 75%에 달하는 사람들이 완전히 또는 부분적으로 회복된 것으로 나타났다 (Engel et al., 2021).

사는 동료를 추천하고 릴리에게 계속 연락해 달라고 부탁했다. 바인푸르트 박사는 릴리가 여전히 대인 관계에 어려움을 겪고 있다는 사실을 알게 되어 안타까웠다. 하지만 릴리가 식사와 외모 면에서는 치료적 성과를 유지하고 있다는 사실에 매우 만족했다. 이러한 문제를 조절할 수 있게 되면서, 릴리는 대인 관계 문제나 다른 문제를 해결할 수 있는 기회를 얻게 되었다.

평가 문제

1. 신경성 폭식증을 앓고 있는 다른 많은 사람들과 유사한 릴리의 고민은 무엇이었는가?

2. 릴리가 말하는 '좋은' 식습관과 '나쁜' 식습관을 포함하여 릴리의 식사 계획에 대해 설명하라. 릴리의 식사 계획이 합리적이었다고 생각하는가?

3. 릴리의 식사행동이 병리적으로 변한 시기는 언제인가?

4. 릴리가 폭식 후 구토를 하게 된 계기는 무엇인가?

5. 구토를 제외하고, 체중 감량을 위한 릴리의 또 다른 행동은 무엇이었는가?

6. 본문에 제공된 정보에 따르면, 신경성 폭식증 환자들은 일반 대조군 피험자들에 비해 일반적으로 자신의 신체 크기를 어떻게 인식하는가?

7. 릴리의 섭식장애가 동료들과의 관계에 어떤 영향을 미쳤는가?

8. 릴리가 마침내 치료를 받기로 결정한 이유는 무엇인가?

9. 신경성 폭식증 유지에 대한 인지행동 이론을 설명하라.

10. 바인푸르트 박사는 릴리에게 그녀의 식사행동을 기록해 달라고 요청했다. 바인푸르트 박사는 이러한 훈련의 장점을 무엇이라고 생각했으며 릴리가 이 과제에 참여하기를 꺼려 한 이유는 무엇이 있었는가?

11. 신경성 폭식증이 가장 빈번하게 발생하는 연령은 몇 세인가?

12. 릴리의 사례를 읽으면서 릴리가 신경성 폭식증에 해당된다고 생각하는 이유를 모두 나열하라.

알코올사용장애와
결혼 생활 스트레스

표 10-1

진단 체크리스트

알코올사용장애

1. 사람들은 유의미한 손상 혹은 스트레스를 유도하는 부적응적인 알코올 사용 패턴을 나타낸다.

2. 1년 내에 다음 중 적어도 두 가지가 나타난다.
   (1) 알코올을 의도한 바에 비해 다량으로 혹은 장기간 섭취하는 경우가 많음
   (2) 알코올 사용을 줄이거나 조절하려는 노력 및 지속적인 소망의 실패
   (3) 알코올의 영향을 받고 사용하거나 그 영향으로부터 회복되는 데 너무 많은 시간 소요
   (4) 반복되는 알코올 사용으로 인해 직장, 학교 혹은 가정에서 주요 역할에 책임을 다하는 데 실패
   (5) 알코올로 인한 지속적인 사회적 문제 혹은 대인 간 문제에도 불구하고 알코올을 지속적으로 사용
   (6) 알코올 사용 때문에 중요한 사회, 직업, 여가 활동이 감소 혹은 중단
   (7) 알코올 사용으로 실질적 위험에 처한 상황에서 알코올 사용을 지속
   (8) 신체 혹은 심리적 문제를 일으키거나 악화시킨다는 인식에도 불구하고 알코올 사용을 지속
   (9) 알코올에 대한 갈망
   (10) 내성 효과
   (11) 금단 반응

(APA, 2022, 2013)

랜디는 술을 마시기 시작할 때부터 술을 많이 마시는 사람이었다. 그는 고등학교 1학년 때 처음 음주를 시작했고, 곧 친구들과 파티에서 다량의 술을 마셨다. 고등학교에 다니는 동안에는 주말에만 음주를 했다. 그와 친구들은 가짜 신분증을 사용하여 맥주 한 상자와 싸구려 보드카나 럼을 구한 다음 야외에 있는 숲속 주차장으로 차를 몰고 갔다. 그곳에서 그들은 음악을 틀고 가끔 작은 불도 피우며 트럭 뒷자리에 앉아 밤늦게까지 폭음을 즐겼다.

대부분 랜디는 부모님이 잠든 후에 집으로 돌아왔기 때문에 부모님은 그의 음주 정도를 제대로 파악하지 못했다. 그저 사교를 목적으로 음주를 했던 부모님은 아들의 음주에 대해 주의를 기울이지 않았다. 그들은 가끔 자신들도 어렸을 때 술을 마셨지만 별일 없었던 것을 떠올리고 괜찮을 것이라고 생각했다. 게다가 랜디와 친구들은 음주로 인해 어떤 말썽도 부리지 않았다. 정말 말썽을 부리지 않았든, 적어도 부모님이 모르든 말이다.

중학생의 1/4이 약간의 알코올을 마신다고 응답했다. 고등학교 3학년의 29%는 한 달에 한 번 이상, 2%는 매일 술을 마신다(Johnston et al., 2020).

랜디 음주 증가

대학에서 랜디는 파티를 주목적으로 하는 남성 연합 동아리에 참여했고, 고등학생 시절의 음주 패턴을 지속하였다. 집이나 고등학교의 구조적인 통제가 없고 동아리의 문화에 익숙해지다 보니, 랜디의 음주는 정기적이 되었다. 거의 매주 금요일과 토요일 밤마다 동호회의 남성들은 술 파티를 열었고, 밤늦게까지 술을 마셔 새벽까지 지속했다. 몇몇은 랜디의 음주량과 동급이거나 그를 넘어선 상태였으므로, 랜디는 자신의 음주량이 정상이라고 생각하거나 적어도 그들과 유사한 수준이라고만 생각했다.

졸업 후 3년째에 랜디는 대학 시절 만난 켈리와 결혼했다. 켈리는 음악 동아리였고 가끔 파티에 참여했다. 켈리는 가끔 음주를 했지만 머리가 붕 뜨거나 통제감을 잃는 것이 싫어서 언제나 1차에서 중단했다. 그녀는 랜디가 심한 음주를 한다는 점을 알고 있었지만, 모든 남자 대학생들이 랜디만큼 마신다고 생각했고, 그가 가족이나 직장에 대한 책임감을 갖게 되면 음주 패턴이 바뀔 거라고 예상했다. 음주 패턴이 나중에 바뀌기는 했는데, 랜디는 음주량이 줄어든 것이 아니라 늘어났다.

랜디는 세일즈 분야에서 좋은 직업을 잡았다. 직장은 집에서 멀었고, 돌아오는 길에 거의 매일 술을 마실 기회가 생겼다. 일 때문에 돌아다니면서도 점심시간에는 동료나 고객들과 거의 매일 음주를 했다. 또한 젊은 남성인 랜디는 근무하는 날마다 값비싼 보드카와 럼을 집에서 퍼마시면서 자신에게 '보상'을 해 주었다. 졸업 후 몇 년 사이에 그는 매일 여덟 잔에서 열 잔의 술을 마셨다. 그리고 이 패턴은 이후 17년간 지속되었다.

높은 수준의 음주에도 불구하고 랜디는 17년 내내 긍정적인 업무 평가를 받았고 승진을 했다. 음주로 인해 어떠한 법적 문제도 겪지 않았다. 그는 법정 제한선 이상의 혈중 알코올 농도 상태에서 정기적으로 운전을 했지만 교통사고를 내거나 체포를 당한 일도 없었다. 그는 직장과 집에서 잘 지낸 고기능 알코올 중독자였다.

> 한 번에 다섯 잔 이상을 마시면 폭음 삽화라 할 수 있다. 전일제 대학생의 38%가 매주 폭음을 하고, 1/3은 한 달에 여섯 번 폭음을 한다(NIAAA, 2021a; SAMHSA, 2021, 2019).

> 미국에서 알코올은 자살, 살인, 폭력, 강간, 치명적인 교통사고의 1/3에서 중요한 역할을 한다(NSC, 2020a; Orpana et al., 2020).

켈리 알아차리기 시작하다

랜디는 결혼 생활을 하면서 계속해서 음주의 대가를 피할 수는 없었다. 처음 몇 년간 켈리는 남편의 문제를 인내했고 음주를 문제로 인식하지 않았다. 그녀가 생각하기로 음주 문제가 있는 남자는 직장을 구하지 못하고 싸움에 휘말리며 바에 밤새 머물거나 음주 상태에서 아내를 폭행하는 남자였다. 하지만 랜디는 매일 다정한 대화를 했고 집에서 혹은 레스토랑에서 자신과의 오붓한 저녁 식사를 즐겼다. 물론 저녁 식사에 항상 한두 잔씩 술을 마시기는 했지만, 특별한 문제는 없었다. 적어도 몇 년간 문제는 발생하지 않았었다.

결혼하고 처음 5년간 켈리는 컨설팅 회사에서 풀타임 근무를 했다. 그녀는 오랫동안 일했고 급여에 만족하며 이를 즐겼다. 그들은 미래를 위해 약간의 저축을 할 수 있었고, 그녀는 젊은 나이에 남편보다 많은 돈을 벌 수 있는 것이 자랑스러웠다. 하지만 딸을 낳은 후 그녀는 집에서 파트타임으로 일을 하기 시작했고, 수입이 현저하게 감소하였다. 몇 년 후에는 아들도 낳았고, 켈리는 전업주부가 되었다. 그녀가 컨설팅 회사에서 일하는 동안은 경제적인 도움이 많이 되었으나 랜디는 오히려 켈리가 일을 적게 하고 집에서 아이들을 돌보는 것이 더 좋았다.

아이들이 모두 학교에 들어가자 켈리는 원격 컨설팅 일을 다시 시작했다. 고되긴 했지만 그녀는 그 일이 즐거웠고, 추가적이 소득이 생기는 것도 기분이 좋았다. 하지만 시간이 지나며 랜디가 술로 인해 저녁에 친근하게 대해 주지 못하거나 도움을 주지 못한다는 것을 알게 되었다. 켈리는 이미 몇 년 전부터 이런 식이었음을 새삼 알게 되었지만, 그동안은 아이를 돌보고 재우는 일들을 했기 때문이라고 생각했다. 둘 다 잠자리에 들었을 때 켈리는 피곤해서 랜디보다 먼저 곯아떨어졌기 때문이었다. 그러나 이제는 생활에 루틴이 생기고 집안일로 인한 스트레스가 줄어들면서 켈리는 아이들이 잠자리에 든 이후의 저녁 시간에 랜디와 좀 더 교류하고 싶어졌다. 그러나 랜디는 정서적으로 도움이 되지 않았다. 그는 지하실에 있는 '남자의 동굴'에서 스포츠를 보며 이메일에 답하고 술을 마시곤 하였다. 켈리는 랜디가 있는 남자의 동굴에 가면 환대받는 느낌이 들지 않았다. 그녀는 항상 그에게 가면 무시당하는 느낌이 들었다. 사회적인 접촉을 시도하기 위한 방법으로 켈리는 지역사회 내 봉사 단체에 참여하기 시작했다. 머지않아 그녀는 매주 밤마다 이런저런 자원 단체에 참여하러 외출했다. 랜디는 전혀 문제가 없다고 말했지만, 더 심한 음주에 빠져드는 것으로 반응하게 되었다.

알코올 중독과 결혼은 공존할 수 없다

40세가 된 랜디는 표면적으로는 성공한 것처럼 보였다. 9세인 딸과 5세인 아들을 둔 아버지였던 그는 회사에서 판매부를 책임지는 부사장이 되었고 고액 임금에 정기적인 보너스도 받았다. 그는 같은 직장에 오랫동안 일하면서 영업 사원에서 매니저를 거쳐 지금은 임원급까지 승진하였다. 그는 조직도의 거의 최상층에 있었고 동료들의 존경을 받았다. 그는 항상 오전 8시에 일터에 도착했고, 중요한 회의에 빠지는 경우는 드물었으며, 일반적으로 마감 기한과 판매 할당량을 지켰다.

동시에 랜디는 매일 맥주와 함께 대부분 보드카나 럼, 또는 버번이나 위스키를 마시는 장기적인 패턴을 지속하고 있었다. 그는 동료나 고객과 함께 식사를 하러 외출하는 점심에 낮술을 처음 마셨다. 비즈니스맨인 랜디는 식사를 기다리며 보드카를 두어 잔 마셨다. 음식이 나오면 맥주를 같이 마셨다. 식사가 길어지면 한 번 더 마셨다. 랜디는 점심을 함께 한 사람들과 비슷한 음주를 했다고 느꼈다. 하지만 실제로는 2배를 마신 것이었고, 함께 마신 사람들은 그의 음주량을 특별히 눈치채지 못했다. 활발하고 사교적인 랜디의 행동은 타인의 행동과 크게 다르지 않았다. 몇 년에 걸친 심한 음주로 인해 그는 알코올에 대한 내성이 생겼고, 다른 사람에게 한두 잔의 음주가 미치는 영향이 그에게는 서너 잔은 되어야 비슷한 영향을 미쳤다.

> DSM-5-TR은 물질사용장애와 물질의존을 구분하지 않는다. 대신, 이전 진단 체계에서의 남용과 의존을 한 체계에 통합하였다(APA, 2022, 2013).

일주일에 적어도 2일간 랜디는 업무와 관련된 음주 기회가 있었다. 그의 회사는 비밀 클럽에서 중요한 고객들을 접대하곤 했다. 클럽은 오픈바였으며, 웨이터들은 주문을 받고 나면 빈 술잔을 가능한 한 빨리 다시 채워 줬다. 랜디는 한때 그런 장소에서라면 음주를 하지 않는 게 오히려 더 어렵다고 생각했다. 물론 랜디는 금주를 할 의향은 없었다.

파티의 목적은 고객 접대였다. 이런 방식으로 고객들과 개인적 혹은 비즈니스적 관계를 맺었다. 랜디의 회사는 비즈니스 면에서 우위에 설 모든 가능성을 모색했으며, 몇백 달러짜리 파티로 수백만 달러를 벌 수 있다면 당연히 투자를 했다.

랜디는 그러한 파티에서 친해지고 즐거워지고 호감을 사는 방법을 잘 알았다. 실제로 그런 일은 그에게 단순한 테스트였다. 그는 접대에 대한 기대치가 높았고, 매번 자신이 잘해 낼지 걱정했다. 알코올은 그의 불안을 가라앉히고 느슨하게 해 주었고, 그는 자유롭게 술을 섞어 마셨다. 그가 안정된 지점에 도달하기 위해서는 적어도 세 잔은 마셔야 했고, 파티의 나머지 시간에 기분을 내려면 적어도 두 잔은 더 마셔야 했다.

파티가 열린 밤이든 아니든, 일단 직장에서 집으로 돌아오면 랜디는 느긋이 쉬고 싶었다. 어느 화요일 저녁이 바로 그런 날이었다. 그는 집에 오면 아내와 두 자녀와 저녁 식사를 하기 전에 두 잔의 럼과 콜라를 마셨다. 본래는 저녁 식사와 함께 맥주 두 잔을 마시고 나서 남은 저녁 시간 동안 더 이상 음주를 할 계획은 없었다. 하지만 평소처럼 계획한 대로 되지 않았다. 저녁 식사 후 켈리는 PTA 모임(교사와 부모가 함께 하는 학교 모임 : 역자 주)에 가야 했는데, 그녀가 떠나면 랜디는 무시당한 듯하고 지루해지는 느낌을 받았다. 외출한 동안 아내는 그가 설거지를 하거나 아이를 돌봐 주길 바란다는 점을 그도 알고 있었지만, 주방에 있는 냄비와 프라이팬 더미를 보고 나면 그럴 기분이 사라졌다. 아이들은 거실에서 TV 보는 것에 완전히 만족하는 것 같았다. 그는 아이들에게 게임을 하거나 이야기를 듣고 싶은지 억지로 물어보았지만, 아이들은 TV 쇼에서 눈을 돌리는 법이 거의 없었다.

자신의 의무를 다했다고 느낀 랜디는 술을 퍼마셨고 후미진 방으로 가서 느긋이 음악을 들었다. 그는 인터넷 서핑을 하면서 한 시간 반 동안 두어 잔의 술을 더 마셨다.

집에 돌아온 켈리는 조용한 집을 보고 화가 났다. 주방에 있는 접시는 손도 대지 않은 상태였고 아이들은 외출복을 입은 채 아무 데서나 자려 하였다. 그리고 평소처럼 랜디는 지하실에서 술을 마시고 있었다. 예전 같으면 켈리는 이런 상황을 그냥 무시하고 아이들이 자러 가도록 한 다음 설거지를 했을 것이다. 하지만 그날 밤 그녀는 남편을 비난하며 그가 게으르고 무책임하며 자기중심적이라고 소리를 질렀다. 랜디는 '자기중심적'이란 말을 트집 잡으며, 그런 꼬리표는 당신에게나 붙이라고 말했다. 아내는 개인적 관심사 때문에 매일 밤 나가지만 자신은 아니라고 했다. 켈리는 집에서 술을 마시며 아무 일도 안 하는 게 잘한 일이냐

혈중 알코올 농도가 0.09% 가 되면 중독의 기준선을 넘은 것이다. 0.55% 이상이 되면 거의 사망한다.

고 물었다. 랜디는 음주를 한 점을 부인하며, 자신은 기분을 풀기 위해 두 잔 정도 음주를 할 권리가 있다고 말했다. 그리고 그녀에게 집에 있지도 않았으면서 뭘 신경 쓰는 척하냐고 되물었다.

전화벨이 울렸고 켈리가 전화를 받으러 갔다. 전화를 건 사람은 랜디의 동료였다. 켈리는 남편에게 전화를 바꿔 줄 생각조차 안 했다. 그녀는 이처럼 늦은 밤 남편에게 전화가 올 때마다 남편을 숨겼다. 전화를 건 사람에게 남편이 친구를 만나러 나갔다고 말해 줬던 것이다. 수화기를 든 그녀는 남편의 문제를 덮지 않기로 했다. 자신이 왜 맨땅에 머리를 박으며 시간을 낭비해야 하나 생각했다.

이와 같은 생각을 하면서 켈리는 자신들의 함께하는 삶이 점점 더 행복하지 않다고 느꼈다. 실제로 그녀와 랜디는 이제 공유하는 삶이 거의 없었다. 저녁이 되면 그들은 각자 생활했다. 주말이면 그들(주로 켈리)은 집안일을 가족에게 맡기고 여가를 위해 자원봉사 활동에 참여했다. 랜디는 TV로 스포츠를 보거나 음악을 들으며 휴대전화를 보고, 그릴에 음식을 만들어 먹으면서 혼자 술을 마시곤 하였다. 아이들은 켈리의 심부름을 하거나 집 안에서 돌아다녔고, 랜디로부터 약간의 돌봄만 받았다. 시간이 지나면서 켈리는 그를 떠나야겠다는 생각을 하기 시작했다.

> 문제성 음주자의 배우자나 가족들은 종종 음주의 부정적 결과로부터 음주자를 감싸 주곤 한다. 예를 들어 배우자는 음주자를 대신하여 변명을 하거나 사회적, 사업적으로 해야 하기 때문이라고 말한다. 이것은 종종 조장행동(enabling)이라 불린다.

일상의 종말

랜디와 켈리는 어느 날 저녁, 자리에 앉아 세금 관련 서류 작업을 하고 있었다. 평소처럼 랜디는 저녁 내내 음주를 했지만 정신은 멀쩡했으며, 영수증을 분류하고 기록물을 정리하고 계산하는 데 아무런 문제가 없었다. 그 일을 하는 데 두 시간이 걸렸고 부부는 실제로 효과적으로 협업을 했으며, 일을 하는 내내 수다를 떨고 농담도 했다. 그것은 그들이 함께하는 드문 경우 중 하나였다. 켈리는 세금 관련 일 처리를 하러 집에 있어야 한다는 게 아이러니하다고 생각했다. 그들은 그날 밤 일을 완료하고 재미있는 유머를 던지며 침대로 갔다.

하지만 다음 날 아침, 랜디는 아내를 당황시킬 만한 말을 했다. 그는 아내에게 세금 처리를 하길 원하는 시간이 언제냐고 물었다. 그녀는 이상하다는 눈길로 남편을 응시하였고 곧이어 그가 정말로 진지하게 말하는 중이란 점을 깨달았다. 그는 지난밤 문서 처리를 완료한 일을 기억하지 못했다. 켈리는 랜디에게 이미 세금 처리를 완료했다고 말했으나 그는 아내의 말을 믿지 않았다. "어떻게 세금 처리한 걸 잊을 수 있겠어?" 남편이 물었다. 그때 켈리가 달려가 증거, 즉 지난밤 처리한 문서를 가져왔다. 랜디는 충격을 받은 듯 비틀거렸다. 켈리의 말이 맞았던 것이다. 그는 세금 처리를 했지만 도통 그 일을 기억할 수 없었다. 마치 다른 누군가가 그를 위해 모든 일을 처리한 것 같았다.

정말로 당황한 랜디는 저녁에 맥주 두 잔 이상은 마시지 않기로 결심했다. 하지만 며칠 후 그의 결심은 무너졌고 평소의 음주 패턴으로 돌아갔다.

세금 관련 사고가 있은 후 켈리는 정기적으로 전날 있었던 일에 관해 랜디에게 퀴즈를 냈고, 곧 세금 사건만이 문제가 아니란 점이 명백해졌다. 랜디는 전날 밤에 있었던 상세한 일을 다음 날 아침에 기억하지 못하는 경우가 많았다. 켈리는 결국 남편에게 음주 문제와 관련해 전문가의 도움을 구하자고 설득했다. 알코올사용장애 및 그와 관련된 부부 문제를 치료하는 지역사회의 전문 부부 치료 클리닉 홍보 광고를 보았다. 켈리는 관련 정보를 요청했고, 랜디의 동의를 구해 예약을 잡았다.

랜디와 켈리의 치료   부부 치료적 접근법

물질에 내성이 생기기 시작하면 원하는 효과를 얻기 위해 그 물질의 양을 증가시켜야 한다.

랜디와 켈리를 인터뷰하면서 20년간 진료를 해 온 심리학자인 어거스트 웨스트 박사는 랜디에게 알코올사용장애가 있음을 명백히 알게 되었다. 랜디는 알코올에 내성이 생긴 상태였다. 랜디는 자신이 의도한 것보다 많은 양의 술을 자주 마셨다. 또한 알코올에 대한 지속적인 욕구를 지니고 있었고, 매일 취할 정도로 마셨으며, 여러 해 동안 그렇게 해 왔다. 그는 음주 때문에 가정의 의무를 저버렸다. 음주가 기억에 문제를 야기할 수 있음을 인식하면서도 음주를 계속했다.

웨스트 박사는 음주 문제에 관한 진료 시 행동 모델, 소위 말하는 SORC 모델을 사용했다. 약자인 SORC는 사건들의 연쇄, 즉 어떤 주어진 패턴의 행동을 유도하는 자극, 유기체, 반응, 결과를 의미한다. 알코올 중독의 SORC 모델에서 자극(stimulus)이란 술집에 다니기, 특정 친구들과 함께 있기, 배우자와 논쟁하기와 같이 음주를 촉진하는 외부 상황을 말한다. 유기체(organism)란 생각, 정서, 금단 증상과 같이 개인 안에서 발생하는 사건들을 의미한다. 반응(response)이란 자극 사건 및 유기적 상태에 의해 촉진되는 특정 음주행동을 일컫는다. 그리고 결과(consequence)란 불안 감소 혹은 생산성 감소와 같은 음주행동의 결과를 말한다.

SORC 모델에 따르면 각각의 음주 사례는 자극 사건 혹은 유기적 상태들에 대한 반응이며, 음주가 유지되는 이유는 결과가 어떤 면에서 음주를 강화하기 때문이다. 이에 따라 과도한 음주를 제거하고 사람들이 보다 적응적 행동을 하도록 도우려면 치료자들은 SORC 연쇄 내 각 요소를 변경시키려 시도해야 한다.

내담자의 음주로 인해 내담자의 결혼 생활이 파괴될 때마다 웨스트 박사는 인지 및 행동 기법을 조합하여 이 기법을 3단계로 적용하는 부부 치료를 시행할 것이다. 첫 번째 단계에는 음주자들에게 과도한 음주를 줄이거나 없애는 기술을 가르칠 것이다. 두 번째 단계에는 음주의 촉발 요인이자 결과인 배우자의 역할을 직시하도록 도움을 줄 것이다. 세 번째 단계에는 부부 기능의 개선을 돕기 위해 의사소통 및 문제 해결 훈련을 제안할 것이다. 치료를 하는 내내 그는 SORC 모델의 언어와 원리를 사용할 것이다.

> 파트너 중 한 사람이 알코올 남용을 시작하면 부부 갈등, 외도, 결혼 생활 스트레스, 질투, 이혼과 같은 문제들이 흔히 발생한다(NIAAA, 2021b; Watkins, 2021).

1회기 랜디의 문제 및 부부간의 문제에 대한 전반적인 상황을 파악한 후 웨스트 박사는 그들에게 자신의 치료 접근법 이면의 논리를 설명했다. 특히 그는 SORC 모델을 제시하면서 음주를 심리학자가 촉발 요인이라 이름 붙인, 특정 상황이나 느낌에 한 개인이 반응하여 움직이는 행동으로 볼 수 있다고 말했다. 때때로 음주는 습관에 의해 발생할 수 있다. 그 밖의 경우 그것은 촉발 요인 자체에 대한 대처 수단일 수 있다. 가령 음주는 불안, 외로움, 사회성에 대한 욕구에 대처하는 방법일 수 있다. 웨스트 박사는 랜디의 경우 치료의 목표가 이런 촉발 요인에 반응할 대안적 방법을 개발하는 것이라고 설명했다.

웨스트 박사는 때때로 촉발 요인 자체가 변경되어야 한다고도 말했다. 부부 생활 혹은 직장에서의 특정 상황이 음주를 촉진할 뿐 아니라 바람직하지 않은 특징을 지닐 수 있다는 것이다. 그는 랜디가 음주를 하지 않고 그런 상황에 대응하는 법을 배우는 게 중요하지만, 바람직하지 않은 특징 자체를 없애거나 줄이는 것도 똑같이 중요할 수 있다는 점을 지적했다. 예를 들어 랜디가 외로워서 음주를 했다면 외로움을 줄임으로써 어떤 일이 이뤄질 수 있는지 확인하는 것이 도움이 될 수 있다.

이에 대해 켈리는 랜디의 음주 때문에 자신이 비난받는다는 것에 대한 고민거리를 말했다. 그녀는 만일 랜디가 외롭다면 랜디만 비난을 받아야 한다고 했다. 랜디의 음주를 다루는 것만으로도 켈리에겐 매우 어려운 일이고, 결과적으로는 행동한 사람이 문제라는 것이다. 그리고 켈리는 음주를 촉발하는 것들을 집 안에서 치우고자 했으나, 너무 많아서 불가능하다고 했다. 그녀는 화를 냈다. "랜디는 너무 오랫동안 집에서 술을 마셔서 촉발 요인을 없애려면 새 집으로 가야만 할 거예요!" 랜디는 머리를 푹 숙이고 절망감에 관자놀이만 문지르고 있었다. 치료자 역시 좌절감이 생겼지만, 그의 경험으로부터 알코올 사용에 대한 촉발 요인이 얼마나 많은지를 알 수 있었다. 이것은 랜디에 대한 인지행동 치료에서 아주 일부분에 지나지 않는 기법이었다.

웨스트 박사는 치료적 관점에서 음주 문제가 있는 사람은 전적으로 자신의 음주에 책임이 있는 것으로 보아야 한다고 설명하면서 논점을 명확히 했다. 동시에 랜디와 켈리 모두 랜디가 알코올을 피하도록 돕기 위해 각자 해야 할 변화들을 조사하는 게 중요하다고 말했다. 하지만 어떤 경우이든 켈리에게는 그녀가 변화해야 한다는 요청이 불공정하게 여겨질 것이다.

다음으로 박사는 치료의 전반에 걸쳐 사용될 치료적 관찰법을 설명했다. 켈리와 랜디는 모두 매일 관찰 기록을 완료했다. 두 사람은 휴대전화를 지니고 있었고, 가장 쉬운 관찰 방법은 기록을 하기 위해 매일 알람이 울리는 자기관찰 앱을 사용하는 것이라는 데 동의했다. 랜디는 음주에 대한 충동(1~7점 척도), 충동의 강도, 섭취한 술의 유형과 양, 기록 당일 부부 만족도(1~7점 척도)를 자신의 앱에 기록해야 했다. 켈리는 자신의 앱에 랜디의 음주 충동에 대한 자신의 인식, 기록 당일 그녀가 인식한 음주 수준, 그녀의 부부 만족 수준을 기록했다.

또한 웨스트 박사는 랜디에게 첫 일주일간, 촉발 요인 시트(그림 10-1)를 완료하도록 지시하고, 둘 다 SORC 측면에서 랜디의 음주를 평가하고, 그가 자신의 음주 촉발 요인과 음주로 인한 결과를 확인하도록 도왔다. 랜디가 자신의 기억 오류로 인해 충격을 받았고, 자신의 종합적인 건강을 우려했기 때문에 웨스트 박사는 금주에 대한 그의 동기가 강하다고 느꼈다. 그럼에도 박사는 내담자에게 랜디의 입장에서 본 지속적인 음주 대 금주의 장단점 모두를 목록으로 작성하는 추

연간 미국 성인의 5.4%가 알코올사용장애 패턴을 보인다 (SAMHSA, 2021, 2019).

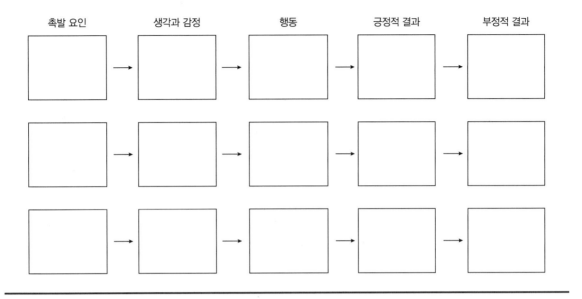

| 촉발 요인 | 생각과 감정 | 행동 | 긍정적 결과 | 부정적 결과 |

그림 10-1 랜디가 사용한 '촉발 요인' 시트 (McCrady et al., 2022; McCrady, 1990)

가적인 과제를 제공했다.

2회기 웨스트 박사, 랜디, 켈리는 지난주의 기록을 토대로 랜디의 음주를 상세히 조사했다. 촉발 요인 시트는 그의 음주가 발생하는 세 가지 주요 상황이 업무를 겸한 점심 식사, 업무를 겸한 파티, 저녁 시간 TV 시청이란 점을 시사했다. 비즈니스 상황에서 다음과 같은 생각들이 자주 발생했다.

'다들 술을 마신다.'
'나는 술을 마셔야 한다. 아니면 부정적인 사람으로 눈에 띌 것이다.'
'내가 음주를 하지 않고 다른 사람만 마시면 나는 소외감을 느끼게 될 것이다.'

촉발 요인 시트에 따르면 그런 상황에서 그의 음주는 두 가지 긍정적인 결과, 즉 그가 자신의 기대에 부응하는 행동을 한다는 느낌과 고객과 더욱 친해지는 능력을 얻게 해 줬다. 랜디는 어떤 부정적인 결과도 언급할 수 없었지만 웨스트 박사는 비즈니스 상황에서 지속적으로 음주를 하면 랜디가 음주의 필요성에 관한 자신의 가설이 타당한지 파악할 수 없게 된다고 말했다. 아마도 랜디는 비즈니스 기능 면에서 음주에 대한 외부 압력을 과대평가하고 있었던 것 같다. 웨스트 박사는 랜디에게 타인, 즉 단지 심한 술고래만이 아닌 다른 사람들의 음주를 관찰함으로써 모든 사람이 자신만큼 음주를 하는지 확인해 볼 것을 제안했다.

미국 아동 2700만 명의 부모 중 한 명이 알코올사용장애를 가졌고, 그로 인해 많은 가족 갈등이 발생할 수 있다 (AAMFT, 2021b).

촉발 요인 시트에 따르면 랜디는 켈리가 외출을 했을 때 집에서 TV를 보거나 그 밖의 주요 음주 상황에서 두 가지 생각, 즉 '다른 걸 할 게 없다.'와 '느긋이 쉬려면 음주를 해야 한다.'는 생각이 자주 떠올랐다. 랜디는 가정에서 음주의 긍정적 결과는 편안하고 이완되는 느낌인 반면, 부정적인 결과로는 자기 시간에 어떤 건설적인 일도 하지 못한다는 점, 아이들과 거리가 멀어진다는 점, 켈리를 당황시킨다는 점이 있다고도 말했다.

웨스트 박사는 랜디에게 다음 주에 비즈니스 상황이나 가정에서 음주를 줄이기 시작하자고 제안했다. 랜디는 가정에서 음주를 자발적으로 줄였다. 그는 가정에서의 음주를, 저녁 먹기 전 한 잔까지로 제한하려고 노력하는 데 동의했다. 그는 가정의 책임을 소홀히 하는 게 나쁘다고 느끼며, 가정에서 음주를 줄여서 켈리와 다시 가까워지기를 희망한다고 말했다. 켈리는 자신들의 관계를 개선하려는 남편의 소망에 감동을 받은 게 분명했다. 그녀는 남편의 노력을 돕는 데 도움이 된다면 자발적으로 집에 머무르기로 했다. 그녀는 여전히 매월 한 번 PTA 모임에 가기로 했다.

웨스트 박사는 가정 내 이런 변화와 함께 저녁 시간의 구조를 어느 정도 살펴봐야 한다고 말했다. 랜디가 평소의 TV 시청 패턴을 따르려고 하는 것만으로도 켈리는 무시당한다고 여기고 분노했을 것이며, 그로 인해 랜디는 곧 다시 알코올로 빠져들었을 것이다. 따라서 랜디는 다음 주 동안 혼자 TV 시청하는 시간을 없애기로 결심했다. 그 대신 저녁 식사 후 부부가 함께 설거지를 했다. 그리고 나서 랜디는 딸의 숙제를 도와주었다. 켈리는 아이들을 목욕시켰고 랜디는 잠자리에서 이야기를 들려주었다. 아이들이 잠을 잘 때 부부는 나머지 집안일을 하거나 자기 전까지 함께 책을 읽거나 TV 시청을 했다. 이것은 랜디가 밤에 술을 적게 마시고, 동시에 켈리와 시간을 보냄으로써 그가 부모의 역할을 잘하지 못한다는 죄책감을 덜어 주는 역할을 했다. 시도할 가치가 있었다.

3회기 부부는 랜디가 집에서 술을 저녁 식사 전 한 잔만 마시는 것으로 제한하는 것에 성공했다고 보고했다. 또한 두 사람 모두 새로운 저녁 일정을 따랐다. 켈리는 남편의 진전, 특히 새로운 저녁 일정이 생산적이라는 점과 두 사람이 함께한다는 것에 의미가 있다는 점을 새롭게 여기며 매우 만족스러워했다.

동시에 랜디는 몇 가지 우려를 표명했다. 음주는 감소했지만 음주에 대한 충동이 자주 강렬하게, 아마도 전보다 더 강렬하게 나타나는 듯했던 것이다. 실제로 그의 기록들은 거의 며칠간 자신의 충동을 7점 척도에서 5~7점으로 평가했음을 보여 주었다. 그는 이 새로운 패턴을 유지하지 못할까 봐 걱정했다.

웨스트 박사는 랜디에게 그처럼 강렬한 충동은 음주 감소에 대한 공통적이며 예측 가능한 결과라고 설명했다. 이 심리학자는 사람들이 특정 상황에서 습관적으로 약물을 사용할 때, 그런 상황이 발생할 때마다 약물에 대한 갈망을 키울 수 있다고 지적했다. 만일 그 갈망이 약물 섭취(이 경우에는 음주)로 충족되지 않으면 그 갈망이 더 상승하거나 강렬해질 수 있다. 바로 이것이 랜디가 저녁에 경험하는 것이었다. 다른 한편 웨스트 박사는 랜디가 계속 음주에 저항하면 충동이 점차 약해질 것이란 점을 강조했다.

치료 회기의 막바지에 이르러 랜디는 업무를 겸한 점심에 혼자 마시는 주량을 줄였다고도 말했다. 지시된 대로 그는 점심에 동료의 음주 행태를 관찰했으며, 그가 타인보다 훨씬 더 많이 마신다는 점에 놀라워했다. 무엇보다도 그가 가장 존경하는 동료들 중 한 사람이 점심에 알코올을 일절 마시지 않는다는 점을 알고 깜짝 놀랐다. 그는 점심 전에 스카치를 한 잔만 마시기 시작했고 반주로 맥주 한 잔만 마시기로 했다.

가정에서의 점심과 업무를 겸한 점심에서 랜디는 일일 평균 음주량을 열두 잔에서 네 잔으로 줄였다. 변화 정도가 컸기 때문에 웨스트 박사는 다음 주 동안 추가적으로 음주량을 줄이도록 압박감을 주지는 않았다.

4회기 부부는 여러 가지 일들이 저녁 일정에 맞춰 잘 진행되고 있다고 보고했다. 랜디는 저녁 전에 한 번의 음주만 했고 부부는 집안일과 아이를 돌보는 일을 나눠 했다. 켈리가 매일 저녁 집에 계속 머물자 랜디는 아내가 되돌아왔다고 느꼈다. 랜디가 술에 취하지 않은 채 집안일에 대한 책임을 분담하자 켈리는 남편

> 연구에 따르면 알코올을 남용하는 사람들을 위한 치료의 일부 측면에 배우자를 포함시키면 성공적인 결과를 얻을 확률이 증가한다(AAMFT, 2021a).

을 되찾았다고 느끼기 시작했다. 새로운 일정으로 인해 얻은 보상은 부부의 (서로에 대한) 헌신이 돈독해진 점인 듯했다.

랜디는 자신의 음주를 더 줄였다고 보고했다. 이제 그는 점심에 맥주를 마시지 않는다. 이런 음주 감소로 그는 하루에 평균 2~3회의 음주만 한다.

하지만 랜디는 음주를 추가로 감소할 수 있을지에 대해 우려를 표명했다. 지금까지 그는 일주일에 2~3일간 발생하는 비즈니스 관련 저녁 식사 및 칵테일파티에서 음주와 관련한 변화를 시도한 적이 없다. 그는 행사 때마다 4~5회의 음주를 지속했다. 그런 상황에서 음주를 줄이는 건 불가능한 일처럼 보인다고 말했다. 랜디는 동료와 고객들이 폭음을 하면서 자신도 함께 하기를 기대한다고 말했다. 만일 그가 음주를 하지 않으면 그들은 자신이 그와 덜 친하다고 인식할 수 있었고, 실제로 그는 알코올 없이는 별로 친해지지 않았다.

웨스트 박사는 랜디와 켈리에게 이런 딜레마에 대한 해법을 함께 강구하도록 독려했다. 지금까지 치료 중 그들의 경험은 물론, 각자 과거에 다른 어려운 상황에 대처한 방식을 이용하도록 제안했다. 랜디는 자신은 보통 논리적 접근법을 선호하며, 하나의 문제를 특정 목표들로 쪼갠 다음, 그런 목표 달성을 위해 개별적 단계들을 제안한다고 말했다. 켈리는 친구와 가족에게 받는 정서적 지원의 중요성을 언급했다.

요컨대 랜디는 가까운 목표, 즉 음주를 하지 않고도 친한 상태를 유지하는 비즈니스 행사를 구별하여 참여하고자 하였다. 그는 자신이 저녁 내내 한 잔의 탄산수를 손에 들고 있을 수 있다고 생각했지만, 알코올 없이 효과적으로 사교적인 활동을 할 수 있을지는 의문이었다. 그는 상황이 이전과 같지 않을 것임을 알았다.

웨스트 박사 : 이전과 같지 않을 거란 걸 어떻게 아시나요?

랜디 : 이런 상황에서 기분이 풀어지려면 저는 알코올이 필요합니다. 저는 보통 사람처럼 되려면 압박감이 커요. 아시다시피, 고객을 즐겁게 하고 기분 좋게 해야 해요. 저는 재미있어야 하고 모든 사람에게 말을 걸어야 해요. 일을 하는 거죠.

웨스트 박사 : 그런 행사에서 술을 마시지 않은 적이 있나요?

랜디 : 없습니다.

웨스트 박사 : 그럼, 음주를 하지 않을 경우 어떤 사교적인 문제가 생길지 확실히 알 방법은 없겠군요.

랜디　　 : 아마 그럴 겁니다.

웨스트 박사 : 음주를 통해 얻는 기분이나 행동만이 그런 파티에서 허용된다고 가정하시는 모양입니다. 생각하시는 것만큼 사교적이실 필요는 없지 않을까요?

랜디　　 : 무례하게 말하고 싶지는 않지만, 박사님이 좀 이해하셔야 해요…. 사교적인 자세는 아주 중요합니다. 엄청난 돈이 오가거든요. 회사의 기대치는 매우 높아요. 그것을 맞추려면 압박감이 매우 큽니다.

웨스트 박사 : 알겠어요. 쉽다고 말한 것은 아니에요. 모든 사람이 랜디 씨만큼 사교적인지 여쭤 본 것이지요.

랜디　　 : 모두 그런 건 아닙니다. 제 상사는 과묵한 사람이죠. 그는 편안하고 신뢰를 주는 유형입니다. 그런 사람은 말을 많이 하지는 않아요. 부드럽게 말하지만 강력한 영향력이 있는 사람이죠.

웨스트 박사 : 고객들이 그 상사의 행동에 괴로워하거나 불쾌해한다고 생각합니까?

랜디　　 : 아니요. 사실 그 상사는 고객들을 편안하게 해 주는 것 같습니다. 전 절대 그렇게 못할 겁니다. 저는 그 장소에 에너지를 불러오는 사람이에요. 항상 그렇죠. 제 나름대로의 방식이에요.

웨스트 박사 : 상사의 과묵한 스타일과 랜디 씨가 보여 주는 스타일 사이에 적절한 중간 지점이 있을 겁니다.

> 알코올사용장애가 있는 사람의 남녀 비율은 적어도 2:1 이상 남자가 많다(SAMHSA, 2021, 2019).

　랜디는 간단한 실험을 하는 데 동의했다. 그는 한 손에 탄산수 한 잔을 쥔 채 알코올을 삼갈 경우 비즈니스 행사에서 그의 행동으로 인해 발생할 문제점을 관찰했다. 만일 그가 음주에 대한 강한 충동을 경험한다면 그는 그 실험을 떠올림으로써 그런 충동을 다룰 수 있다.

　켈리는 과거에 자신이 비즈니스 행사에 거의 참석하지 않았던 이유는 오랫동안 자신의 사회생활을 랜디의 사회생활과 연결 짓지 않기로 결심했기 때문이라고 덧붙였다. 하지만 랜디의 계획을 들은 그녀는 그가 아무 도움 없이 그 계획을 성공적으로 수행하기가 어려울 것이라고 생각했다. 이에 따라 켈리는 행사에 남편과 동행해야겠다고 생각했다. 랜디는 그 제안을 환영했다.

웨스트 박사는 그들 스스로 하나의 전략에 도달한 점을 칭찬했다. 그는 한 가지 추가적인 조언을 했다. 랜디와 켈리에게 매번 파티에 가기 전 그곳에서 보낼 시간을 구체적으로 정하라는 것이었다. 그로 인해 그들은 과제를 더욱 명백하게 관리할 수 있게 될 것이다. 그들은 대화를 끊기 어려운 상황에서 그곳을 벗어나기 위한 암호를 정했다. 한 사람이 다른 사람에게 그 단어를 말하면 이제 돌아갈 시간이 되었음을 서로 알게 되는 것이다.

5회기 랜디는 자신과 켈리가 이번 주에 참여한 두 번의 비즈니스 파티에서 금주에 성공했다고 보고했다. 그는 두 번의 파티에서 음주에 대한 충동이 강렬했지만 켈리가 그의 관심을 딴 곳으로 돌리고 목표를 상기시켜 주어서 충동을 이겨 낼 수 있었다고 말했다.

랜디는 탄산수를 들고 다닌 탓에 어색함이 줄어들었다고 말했다. 게다가 예상과 달리 알코올 없이도 알코올을 마실 때만큼 사교적이란 점을 알게 되었다. 지금껏 내내 그는 그런 파티에서 자신의 사교적 기술이 알코올 덕분에 발휘된다고 생각해 왔다. 이제 그는 음주를 하든 안 하든 자신이 사람들과 잘 섞인다는 점을 깨달았다.

가정에서의 점심시간 및 두 번의 비즈니스 파티에서 랜디는 주간 음주량을 단 열 잔, 즉 하루 약 한 잔 반으로 줄였다. 게다가 음주에 대한 충동이 잦아들었다. 비록 충동의 강도는 여전히 높았지만 말이다. 마지막으로 그와 켈리가 가사 책임을 분담하기 위한 정기적인 일정을 마련함에 따라 가정에서 여러 일들이 잘되어 간다고 느꼈다.

이런 성공을 토대로 웨스트 박사는 랜디가 완전한 금주를 고려할 준비가 됐는지 물었다. 랜디는 "모르겠어요. 너무 힘든 시도인 것 같네요."라고 대답했다. 하지만 켈리는 자기 남편이 얼마나 잘해 왔는지 감안하면 여러 측면에서 금주로 가는 길이 멀지 않다고 말했다. 랜디는 금주란 것이 단지 남아 있는 술을 매일 두 잔씩 없애는 일이란 점은 알고 있지만, 그런 추가 조치는 너무 극단적이라고 말했다. 그는 자신의 안전밸브를 잃어버리는 것 같다고 말했다.

켈리는 랜디가 아직 자신의 음주 문제의 심각성을 충분히 대면하지 않고 있다고 대답했다. 그녀는 남편이 지금까지 한 모든 노력은 인정했지만, 그가 안전밸브를 유지할 수 있는 것처럼 우쭐대고 있다고 생각했다. 그러나 그가 설명하는 것은 안전밸브가 아니라 함정이었다.

어느 정도 생각을 정리한 후 랜디는 자신을 실제로 괴롭히는 것은 완전히 금주한다는 것이 오히려 현재의 자신을 '알코올 중독자'라고 생각하게 한다는 것이라고 말했다. 켈리는 그가 용어에 너무 구애받고 있다고 대답했다. 쉽게 생각해서 자신이 알코올에 알레르기가 있다고 보면 안 되느냐고 대답했다. 마치 몇몇 사람들이 유제품을 견디지 못하는 것처럼 말이다. 웨스트 박사의 말투로 그녀는 랜디가 금주를 하나의 실험으로 볼 것을 제안하기도 했다. "남편은 왜 금주를 시도하지 않을까요? 실험을 통해 완전한 금주가 정말 어려울 것인지 아니면 두려움으로 인해 그렇게 생각하는 것인지 확인할 수 있을 텐데 말입니다."

그녀의 제안에 랜디는 동의하는 듯 보였다. 아니, 이 새로운 단계를 실험해 보면 그는 앞으로 전진할 수 있을 듯했다. 그는 하나의 계획을 고안했다. 그는 다음 주에 무릎 수술을 받을 예정이었고, 그로 인해 어쩔 수 없이 일주일간 집에서 회복하는 시간을 보내야 했다. 그는 그 시간이 음주를 완전히 중단하면 어떻게 될지 확인하기에 이상적인 시간이라고 생각했다.

웨스트 박사의 지침에 따라 부부는 세부적인 노력을 했다. 첫째, 그들은 수술 하루 전, 집에 있는 모든 알코올을 치웠다. 또한 랜디는 회복 중 재미로 볼 추리소설을 사 왔다. 그리고 켈리는 그 주 동안 자발적으로 아이들의 양육 시간을 줄임으로써 남편과 더 많은 시간을 보낼 수 있었다.

웨스트 박사는 그 시기에 랜디에게 스스로 특별한 보상을 해 줄 것을 권장했다. 왜냐하면 완전한 금주란 곧 중요한 만족감의 상실을 의미하기 때문이었다. 내담자인 랜디는 자신과 아내가 원하는 새 그릴을 구매하기로 했다.

6회기 랜디는 금주를 지속해 왔다고 보고했다. 그는 완전한 금주가, 그가 처음 치료를 시작했던 6주 전에 상상했던 것만큼 어렵지 않다는 것을 발견했다. 물론 자신의 충동을 관리하고, 음주를 줄이기 위해 배워 온 기술들이 이런 금주의 완성을 준비시켜 줬다. 동시에 그는 일주일 동안 촉발 요인들이 제한되어 왔으며, 가정이나 직장에서 자신의 일상으로 돌아올 때 도전 과제들이 늘어난다는 점을

임상 영역에서 논쟁이 가장 많은 영역 중 하나는 알코올 사용장애를 가진 사람이 이를 극복하기 위해서는 알코올을 전혀 마시지 않아야 하는가 아니면 이를 통제하는 능력을 가지고 적절히 사용할 수 있는가 하는 문제이다. 연구 결과는 각 사람이나 그들의 특정한 음주 문제에 따라 음주를 조절하는 것과 금주를 하는 것에 각각의 유용성이 있다고 제시한다(van den Brink & Kiefer, 2020; von Greiff & Skogens, 2020).

자조 집단인 '익명의 알코올 중독자(AA)'는 전 세계적으로 11만 8000개 집단에 200만 명이 넘는 회원이 있다(AA, 2020).

인정했다.

웨스트 박사는 이에 동의했다. 하지만 그는 음주 충동이 계속 약해지고 랜디가 다양한 상황에서 음주에 저항하면, 충동이 소멸될 것이란 원칙을 반복해서 말했다. 심리학자인 웨스트 박사는 지금부터 하는 치료는 재발 방지 모드를 따를 것이며, 이는 랜디가 항상 금주를 유지할 방안을 강구해야 함을 의미한다고 설명했다. 음주 충동이 발생할 때마다 그는 그 충동들을 자신의 나약함의 신호가 아닌, 어떤 상황에 대처할 대안적 방안을 고안하라는 신호로 보려 했다. 또한 웨스트 박사는 랜디와 켈리 모두에게 실수가 발생하더라도 불안하게 반응해서는 안 된다고 주의를 주었다. 그들은 단지 그런 실수를 특정 상황에서 더욱 주의를 기울이고, 보다 나은 대처 기술을 개발할 필요성을 시사하는 것으로 보아야 한다.

7~9회기 7회기에 랜디는 비음주자로서 정상적인 활동을 한 첫 일주일에 관해 보고했다. 예측한 대로 음주 충동은 증가했지만 그가 예측한 만큼은 아니었다. 업무를 겸한 점심시간에 처음 음주를 하지 않았을 때 안도의 기분이 느껴졌다. 그는 탄산수를 주문하면 동료들에게 조롱을 받을까 염려했다. 하지만 아무도 그런 사실을 알아차리지 못한 것 같았다. 다른 사람들은 그저 평소처럼 술을 주문했고, 랜디에게 신경을 쓰지 않았다. 그가 두 번째로 탄산수를 주문했을 때, 한 동료는 음주를 포기한 건지 물었다. 랜디는 "알코올이 나랑 정말로 맞지 않는다는 판단을 내렸어."라고 대답했다. 그 동료는 그런 판단을 아주 합리적인 것으로 받아들였다. 랜디에게는 그것이 중대한 계시처럼 여겨졌지만 말이다.

8회기와 9회기에서 그는 음주 충동의 빈도와 강도가 약간 감소했다고 보고했다. 이제 그는 하루에 약 두 번 정도의 음주 충동만 나타낼 뿐이었고, 그 충동의 강도도 보통 수준이었다. 또한 그는 계속해서 충동에 대처할 새로운 방안을 고안하고 있었다. 가령 그는 음주 충동이 사교적 활동이 소강상태에 접어드는 파티에서 자주 발생한다는 점을 발견했다. 과거에 그는 그런 상황에서 술을 리필하러 갔지만 이제는 그런 충동을 켈리나 다른 누군가와 대화하고자 하는 신호로 받아들였고, 이를 통해 충동이 사라지게 할 수 있었다. 그가 도움이 된다고 여긴 또 다른 전략은 과도한 굶주림을 피하는 것이었다. 낮에 보다 골고루 음식을 먹을 경우 음주에 대한 강한 충동을 덜 느꼈다.

7~9회기도 랜디와 켈리의 관계에 직접적인 초점이 맞춰졌다. 치료 과정을 거치며 웨스트 박사는 그들의 관계가 기본적으로 사랑과 지원의 관계이지만, 랜디의 음주 때문에 긍정적 상호작용을 거의 하지 않았다는 결론을 내렸다. 보다 긍정적인 감정을 재확립하는 데 도움을 주기 위해 심리학자인 웨스트 박사는 두 부부가 매주 각자의 활동을 접고 함께 게임하기, 산책하기, 저녁에 외식하러 가기 같은 재미있는 활동을 하도록 권장했다. 부부는 이에 동의했다. 처음에 그 활동들이 강제적인 것처럼 보였지만 몇 번 하고 나니 그런 활동을 기다리게 되고 함께할 또 다른 기회를 찾게 되었다.

웨스트 박사가 제안한 그다음 할 일은 부부가 처음 만났을 때처럼 해 보는 것이었다. 그는 부부에게 매주 특정 일을 정해 일과에서 벗어나 서로를 즐겁게 해 주도록 했다. 예를 들어 침대를 정리해서 켈리가 기뻐할 것이라고 생각한다면 침대를 정리하고, 랜디에게 커피를 내려서 가져다주면 좋아할 것이라는 생각이 들면 커피를 가져다주는 등의 일을 하는 것이다. 이 연습의 목적은 파트너의 관점이나 욕구에 초점을 맞추고 서로 간의 긍정적인 상호작용을 증가시키는 것이었다.

10~15회기 치료의 마지막 6주는 세 가지 주된 방향성을 가지고 진행하였다. (1) 랜디가 부정적인 감정을 보다 효과적으로 조절할 수 있도록 돕는 인지 치료, (2) 랜디와 켈리가 결혼 생활에서의 어려움을 잘 해결하도록 돕는 의사소통 훈련, (3) 재발 방지였다.

인지적 전략 종종 랜디는 일을 하다가 저지르는 실수들을 곱씹어 생각하곤 하였다. 예를 들면, 고객의 답변 전화가 늦어지는 것에 대해 과도하게 걱정했다. 랜디는 대개 자신이 전화를 했을 때 뭔가 서투른 점이 있어서 고객의 기분을 상하게 했고, 고객을 잃게 될 것이라고 이야기했다. 곧이어 그는 다른 고객을 또 잃게 되어 결국 직장과 수입을 잃게 될 것을 걱정했다.

랜디가 이러한 생각을 또 하게 되었을 때, 웨스트 박사는 랜디의 사고 오류를 인식하게 하였다. 첫째로는 그가 생각한 부정적인 결론을 지지하는 증거와 반대되는 증거를 찾게 하였다. 또한 랜디에게 문제가 되는 사건에 대한 대안적인 해석이 있는지 생각해 보도록 하였다. 이 연습을 통해 랜디는 자신이 고객의 기분

커플 치료를 받은 사람들의 반 이상이 치료 종결 시에는 '행복한' 결혼 생활을 하게 되었다고 말했다(Lebow & Kelly, 2020; Wampler, 2020).

을 상하게 할 만한 고의적인 행동을 한 적이 없음을 알게 되었다. 그리고 고객이 바쁜 일이 있거나 아프거나 우울하거나 아니면 그저 게을러서 답변이 늦어질 수도 있다는 것을 인식하게 되었다. 결과적으로 랜디는 고객이 다른 곳에서 뭔가 다른 일을 하고 있다면 그것이 랜디와의 일에 크게 영향을 미치지 않을 것이라고 생각하게 되었다. 이와 비슷한 사건들에 대한 인지적인 고찰은 비슷한 결과를 낳게 되었다.

웨스트 박사는 혼자 있을 때 생각한 비합리적인 사고들을 적고 그것에 대한 대안적이고 보다 균형 잡힌 해석을 생각해 보는 연습을 규칙적으로 하도록 하였다. 랜디는 이러한 연습이 생각을 논리적으로 만들고, 정서 또한 향상시켜 주는 것을 알게 되었다.

미국에서 자녀가 있는 결혼한 부부의 60%가 맞벌이이다 (BLS, 2021).

결혼 생활에서의 어려움에 대한 의사소통 훈련   랜디와 켈리의 훈련은 잘 진행되었지만 몇몇 근본적인 이슈들은 계속 다루어야 했다. 그중 하나는 켈리가 하는 자문 업무의 문제였다. 켈리는 풀타임으로 일하고 있었는데, 업무로 인해 점차 지쳐 가고 있었다. 랜디가 도와준다 하더라도 랜디의 치료의 일부로 진행하는 즐거운 일 하기 시간을 내기 어려울 뿐 아니라, 쉴 시간도 거의 없었다. 켈리는 랜디를 원망하고 싶지는 않았다.

랜디는 켈리의 일이 많아질수록 자신이 떠맡아야 하는 책임도 점차 증가한다는 것을 알게 되었고, 일주일에 이틀 동안 아이를 돌보는 것이 켈리의 최대치라고 생각하게 되었다. 분명한 사실은 그들이 경제적 형편으로 인해 일을 더 해야 하는 것은 아니었다는 것이다. 하지만 자발적인 활동을 통해 무엇인가 일을 하고자 하는 켈리의 욕구는 쉽사리 사라지지 않았다. 켈리는 랜디와의 동반자 의식이 그녀를 더 행복하게 함에도 불구하고 자신은 주기적으로 생활을 돌아보고 보다 의미 있는 일들을 해 나가야 할 필요성을 절감한다고 말했다.

랜디 : 무슨 말이야? 더 의미 있는 일들이라니? 가족보다 더 의미 있는 것이 뭐가 있어? 난 우리가 이 부분에서 많이 나아졌다고 생각했는데.

켈리 : 여보, 그렇지. 하지만 난 좀 나가고 싶어. 당신은 일하는 동안 집에서 열 시간은 나가 있잖아. 나도 밖에 좀 나갔으면 좋겠어.

랜디 : 난 우리 가족을 먹여 살리기 위해서 일하는 거야. 그 직업이 없으면 우린 어떻게 되겠어?

켈리 : 알지. 하지만 당신은 대부분의 시간 동안 집에 없잖아. 나 혼자 집에서 지내. 나도 삶이 있어야지. 이건 당신과 당신의 욕구에 대해서 말하는 것이 아니잖아.

랜디 : 내가 이기적이라는 거야?

켈리 : 당신은 문제가 있어, 랜디. 알코올 사용. 우리는 그 문제를 풀어내기 위해 노력했고, 나도 내 삶을 바꿨어. 우리가 건강한 결혼 생활을 하려면, 나도 내 욕구를 채워야 해. 이 이야기가 왜 이렇게 어려운지 모르겠네.

랜디 : 그러니까, 당신은 우리가 건강하지 못한 결혼 생활을 한다는 거지? 당신이 결혼 생활을 유지하는 것에 대해 내가 어떻게 생각하느냐고 묻는 건가?

웨스트 박사는 두 사람이 이야기의 핵심에서 얼마나 많이 벗어나고 있는지를 지적하였다. 그들은 켈리의 의미 있는 일들을 이야기하는 것에서 시작했는데 결혼 생활을 유지할지에 대해 이야기하면서 끝을 맺고 있었다.

웨스트 박사는 그들이 서로 상대가 불만족스럽게 말하는 것들을 모두 공격으로 받아들이고 반격을 하기 위해 말을 한다는 점을 지적하였다. 예를 들면, 켈리가 랜디의 일을 밖에서 재미를 보기 위한 일로 생각하는 듯한 표현을 발견하자마자 랜디는 켈리를 더 이해하려고 노력하기보다는 재빨리 자기 자신을 방어했다. 그러자 켈리는 그녀를 이해 못 하는 랜디에게 화를 냈다. 이런 과정을 거치며, 켈리는 이해받기 위해 노력을 더 했고, 반대로 랜디는 켈리가 마음속에 가지고 있을 가정이나 해석을 더 만들어 내게 되었다.

웨스트 박사는 이런 오해와 갈등을 피할 수 있는 의사소통 전략을 가르치기 시작했다. 랜디와 켈리는 자신의 감정을 표현하기 전에 상대가 직전에 했던 말들을 요약하고 상대가 그 요약의 정확성을 인정하거나 틀렸다고 말하는 것을 기다려야 했다. 웨스트 박사는 켈리가 "당신은 직업이 있잖아. 나도 밖에서 뭔가 관심을 쏟을 것이 필요해."라고 하면 랜디는 대답을 하기 전에 그녀의 말을 요약하도록 요청했다.

랜디는 "내 생각에, 당신의 말은 당신이 집에 묶여 있는 것이 내가 생각하는 것보다 훨씬 어렵다는 말 같아. 당신은 내가 직업상 사람들을 만나면서 사회적인 교류를 한다고 보는데, 나는 그것을 당연하게 생각하고 있는 듯해. 사실일 수 있지."라고 말했다.

웨스트 박사는 켈리에게 랜디의 다음과 같은 진술의 의미를 요약하도록 부탁했다. "난 우리 가족을 먹여 살리기 위해서 일하는 거야. 누군가는 생활비를 벌어야 하잖아." 이에 대해 그녀는 다음과 같이 대답했다.

켈리 : 당신은 당신의 직업이 우리 가족에게 얼마나 중요한지 내가 모르고 있다고 느끼는 것 같아. 내 말은, 당신의 일이 중요하지 않다는 게 아니야. 당신이 열심히 일하고 있고 당신의 즐거움을 위해 일하는 게 아닌 거 알아. 하지만 당신의 직업에는 생활비를 버는 것 이상의 의미가 있는 것 같아. 당신은 사람들을 만나고 즐거운 시간을 보내잖아. 나 역시 비슷한 것을 원하는 거야.

랜디 : 가족은 당신에게 충분한 의미가 되지 않나?

켈리 : 내 가족은 내게 가장 큰 의미가 있어. 당신한테도 그렇겠지. 하지만 그렇다고 다른 데 관심을 전혀 두지 말아야 하는 건 아니잖아. 당신은 그릴에 요리를 하는 것과 스포츠 보는 걸 좋아하잖아. 나는 스포츠 시청이 가족과 관련 없는 일이니 그만두라고 말하지는 않지.

랜디 : 당신 말을 알겠어. 내가 일을 하면서 그 이외의 만족감도 얻는 것처럼 당신도 집안일 외에서 뭔가 다른 것을 찾고 있다는 것 같아. 나도 내가 하루 종일 집에만 있으면 미쳐 버릴 것 같다고 생각해.

이 부부는 결국 켈리가 일주일에 하룻밤은 자원봉사를 하거나 친구를 만나는 데 동의했다. 그들은 자신들이 논쟁을 시작한다고 느낄 때마다 서로의 의미를 요약하는 연습을 계속했다.

재발 방지   치료의 종결을 준비하면서 웨스트 박사는 재발 방지를 특히 강조했다. 가장 중요한 과제는 랜디와 켈리가 재발을 경고하는 신호, 특히 랜디가 음주를 할 위험에 주의하는 것이었다. 웨스트 박사는 그 경고 신호를 행동, 인지, 기분으로 나누었다. 행동 신호의 예는 랜디가 업무를 겸한 식사를 오래 하는 것이다. 인지 신호는 과거에 음주가 심각한 문제가 아니었다는 랜디의 생각이다. 기분 신호는 랜디가 더욱 불안하거나 우울해지는 것이었다. 이런 각각의 경고 신호에 대해 웨스트 박사는 두 사람과 상황을 관리하기 위한 논의 전략을 세웠다. 그들은 랜디가 다시 음주할 경우 곧바로 치료 회기를 요청하고 예약하기로 했다. 또한 웨스트 박사는 네 번의 추가 회기, 즉 마지막 치료 회기 후 1개월, 3개월, 6개월, 1년 시점에 회기 일정을 잡았다.

마지막으로 치료 말미에 웨스트 박사는 랜디와 켈리가 같은 유형의 치료를 완료한 부부들을 위한 모임에 등록하도록 했다. 이것은 치료 모임이 아니라 부부들을 위한 모임으로, 음주 문제 경력이 있는 부부들이 모여서 지속적인 고민을 논의하고 서로를 지원하는 곳이었다. 그 모임은 한때 음주 문제가 있었지만 10년간 금주하고 있는, 비전문 상담자로서 훈련을 받은 부부가 주도했다.

에필로그

15회기 종료 시 랜디는 두 달 이상 음주를 하지 않았고, 금주에 대한 의무를 다했다. 또한 랜디와 켈리는 소통 수준이 나아졌고 자신들의 문제를 더욱 효과적으로 해결한다고 보고했다.

웨스트 박사는 그 후 1년간 그들을 네 차례 만났다. 랜디는 1년 내내 금주를 했고, 매주 약간의 음주 충동이 생긴다고 보고했다. 게다가 부부의 만족 상태는 여전히 높았다. 그들은 랜디의 재발 방지 전략의 일환으로 일주일에 한 번씩 부부 모임에 참석했다. 전반적으로 알코올이 없는 삶이 좋았다. 랜디가 자주 말하듯 그는 괴물을 다시 병 속에 넣었고 자신의 아내, 자식, 삶이 가져다주는 여러 가지 즐거움을 재발견했다.

> 알코올사용장애가 있는 사람의 근친에서는 알코올사용장애 비율이 3배 이상 높게 나타난다(Duncan, 2020; NIDA, 2020c, 2019).

평가 문제

1. 미국 고등학교 3학년들의 음주량에 대한 통계는 어떠한가?

2. 랜디의 음주는 언제 음주 패턴으로 발전했는가?

3. 랜디가 알코올에 대한 내성을 키웠다고 생각하는가? 답변에 대한 이유를 제시하라.

4. 랜디의 아내인 켈리는 어째서 랜디의 음주가 문제가 아니라고 생각했었는가?

5. 켈리는 언제 알코올 중독과 결혼이 공존할 수 없다고 깨닫기 시작했는가?

6. 무엇 때문에 켈리는 랜디가 음주 문제에 대해 전문적인 도움이 필요하다고 인식했는가?

7. 웨스트 박사가 랜디와 켈리를 대상으로 시도한 SORC 모델을 설명하라.

8. 웨스트 박사는 왜 켈리가 랜디와 함께 치료에 참여하는 게 중요하다고 생각했는가?

9. 랜디가 사용한 촉발 요인 시트의 다섯 가지 요소를 설명하라.

10. 알코올 사용 혹은 남용에 관한 놀랄 만한 통계 자료는 무엇인가?

11. 알코올사용장애가 생길 경우 알코올 사용에 관한 논쟁의 대상인 두 가지 영역은 무엇인가?

12. 치료 중 부부가 알코올 의존성으로 고통받는 가족 구성원과 함께 해야 할 활동은 무엇인가?

13. 재발 방지의 핵심적 특징은 무엇인가?

14. 랜디의 최종 결과는 어떠했는가?

성기능부전 : 발기장애

표 11-1

진단 체크리스트

발기장애

1. 성관계에 필요한 발기의 도달과 유지 및 경화가 어려운 상태이며, 이러한 상태가 6개월
간 지속된다.
2. 이로 인한 심각한 고충을 겪는다.

(APA, 2022, 2013)

성기능장애는 중요한 성기능
영역에서 정상적으로 반응하
지 못하여 성관계를 즐기기
어렵거나 성관계가 불가능하
게 되는 장애들의 집합이다.

브라이스는 53세 이성애자이며 시스젠더로, 기혼이며 전국적으로 유명한 온라인
신문사의 경제 부문 에디터이다. 그는 엘패소 근처의 서부 텍사스 지역에서 자랐
다. 그의 부모는 엄격하고 보수적이며 사회적, 정치적으로 하나님과 신앙과 가족
에 대한 가치를 설교하는 규범적인 분들이었다. 브라이스의 아버지는 범죄에 철
저한 태도를 보이는 유명한 지역 보안관이었다. 그의 어머니는 바깥일을 하지는
않았지만 브라이스의 형제자매들에게 교육의 가치를 이해시키기 위해 노력하는
진지한 여성이었다. 그녀는 자녀들이 법을 잘 지키는 시민으로 자라나게 하기 위
해서 집에서 꽤 먼 학교를 보내는 등 최선을 다해 노력하였다. 브라이스는 가족
기능이나 훈육의 측면에서 매우 기본적이고 질서가 잡힌 진지한 가정에서 자라
난 것이다.

브라이스는 청소년기 동안 주변에 친구들만큼 성에 관심이 많지는 않았다. 작
고 보수적인 마을에서 부모님으로부터 교육받은 메시지로 인해 그는 10대 시절
데이트를 하거나 성관계를 하는 데 많은 시간을 들이지 않았다. 인터넷이나 온라
인 포르노의 접속이 많아지기 전에 자라나서 그는 10대 시절에 여성들의 누드 사
진을 본 일도 별로 없었다. 그의 부모는 누드와 관련된 어떤 것을 보는 것에 대
해서 금지하였고 집에는 그런 책이나 잡지도 없었다. 그는 펜트하우스나 허슬러
와 같은 종이 잡지 또는 엘패소 주유소 뒤에서 판매하는 조금 더 야한 포르노 잡
지들을 유통하는 친구들과 놀러 나가는 것에도 크게 관심이 없었고, 만약 들킨다
면 부모님의 엄청난 분노를 감당했어야 할 것에 대한 두려움도 있었다. 고등학교
를 마친 후 그는 대학 등록금에 도움을 받기 위해 군에 입대하였다. 군대 안에 있
는 젊은이들은 다들 성관계 이야기를 했다. 그가 살아온 방식과는 달랐다. 그는

성 경험이 없었는데, 군대 친구들은 마치 전문가인 것처럼 그들의 성적인 경험을 이야기했다. 그는 부끄러웠고 기초 군사 훈련이 끝난 후 첫 번째 성 경험을 하게 되었다. 상대는 기지에서 조금 떨어진 모텔에서 일하는 긴 갈색 머리의 성매매 여성이었다. 그녀는 그가 성 경험이 없다는 것을 상상하지 못했고, 그 역시 마치 잘 아는 것처럼 행동했다. 그가 기지로 돌아왔을 때 그는 어떤 일이 있었는지에 대해 자랑스럽게 이야기했다. 대담해진 그는 다시 성관계를 하고 싶어졌고, 몇 차례 모텔에 혼자 또는 군대 전우들과 함께 가서 다시 성 경험을 하곤 했다. 그는 그 지역의 여성과 데이트도 하고 그중 몇몇과는 성관계를 맺고 다음 날 들어가기도 하였다. 당시 브라이스는 젊었고 데이트를 하면서 다른 여성들과 시험 삼아 즐기곤 하였다. 시간이 지나면서 그는 성매매 여성과 관계를 맺는 것은 그만두었고, 만약 그의 어머니가 이 사실을 알면 다시는 어머니를 만나러 집에 오지 못하게 할 것이라고 생각했다.

브라이스와 메리

군 복무를 마친 브라이스는 대학에 들어가 경제학을 전공했다. 그는 그곳에서 처음으로 긴 시간 여자친구로 지내게 된 앨리슨을 만났다. 앨리슨은 매력적이고 외향적인 여성으로 금발과 헤이즐넛 색의 눈과 유혹적인 자태를 가지고 있어서 브라이스가 그냥 지나칠 수 없는 사람이었다. 앨리슨은 애리조나에서 왔고, 그 지역 금광 운영자의 딸이었다. 유명한 무법자인 클레이 앨리슨의 5대손이라고 전해졌다. 그들의 관계는 재미있었고, 많은 규칙들로부터 자유로웠으며, 규칙적이면서도 자발적인 성관계로 가득 차 있었다. 그는 앨리슨과의 관계가 즐거웠다. 그녀는 야생적인 영혼과 삶에 대한 열정이 있었다. 그러나 4년이 지나자 두 사람 다 남은 인생을 서로와 같이 살고 싶지 않아졌다. 갑자기 그들은 헤어졌다. 그 후 브라이스는 데이트 상대에 대해 진지해졌다. 그는 자신의 직업적 발전에 신경을 썼고, 저널리즘에 대한 관심사를 확대시켜 나가며 신문사에서 더 높은 책임자로 안정되게 자리를 잡게 되었다. 경제학에 대한 지식을 통해 그는 경제 뉴스도 담당하게 되었다.

이 시기 동안 그는 데이트를 하면서 몇몇 짧은 만남을 가졌다. 그가 메리 존스를 만났을 때, 그는 31세, 메리는 26세이었다. 메리는 지금까지 브라이스가 데이트를 했던 사람들, 즉 브라이스의 표현에 의하면 '보다 야생적인 유형'들과는 달랐다. 그녀는 단정하고 진지하여 브라이스의 어머니를 떠올리게 했고, 지역 병원의 금융 분석가였다. 그들은 독립기념일 파티에서 서로를 아는 친구를 통해 만나게 되었다. 그들은 1년 정도 데이트를 했고, 그 후 브라이스가 프러포즈를 했다. 그들은 2년 후 딸을 낳았고, 그로부터 18개월 후에 둘째 딸을, 다시 2년 후에 아들을 낳았다.

브라이스의 회상에 따르면 결혼 생활 중 처음 20년 동안 그들 사이에 심각한 성적 문제는 없었다고 한다. 사실 그들의 초기 성관계에서 브라이스는 한동안 조기사정(조루)을 경험하기도 했으나, 이는 그가 새로운 파트너에게 적응할 때마다 나타난 현상이었다. 몇 주 후에는 메리가 절정에 이를 때까지 성관계를 유지할 수 있었고 그때까지 브라이스가 잘 유지할 수 있다는 것에 기분이 좋았으며, 그들은 브라이스가 오르가슴을 느끼는 것으로 마무리하였다. 메리는 브라이스의 이전 파트너들에 비해 성적으로 모험적이지 않았다. 메리는 성관계를 시작하고자 하는 힌트를 준 적은 있지만, 그녀가 부부 관계에 관심을 보이더라도 대개 브라이스가 시작하곤 했다.

브라이스는 메리를 사랑했다. 메리는 나눌 줄 알았고, 친절하며 사려 깊어서 그렇지 않았던 브라이스의 이전 여자친구들과 대조적이었다. 그녀는 갈색 눈과 둥근 얼굴, 도톰한 입술을 가지고 있었다. 그녀의 피부는 옅은 캐러멜 색이어서 아마도 아메리칸인디언과 멕시코인 조상으로부터 온 것 같았다. 그녀는 브라이스가 자라난 곳과 가까운 빅풋 카운티에서 자랐다. 성장 환경도 비슷했다. 메리의 아버지는 양조장을 운영하며 위스키를 만들었고, 메리에 의하면 위스키를 잘 만들었다. 어머니는 메리와 메리의 언니를 잘 양육했지만 어느 날 눈보라가 창고에 몰아치며 더 이상 아이를 돌볼 수 없었다. 지붕이 무너져 내린 것이다. 메리와 언니는 홀아버지에게서 자라게 되었고, 그는 슬픔에 빠져 이전과는 다른 사람이 되었다. 그는 술독에 빠져 매일 폭음하였고, 화가 나면 메리와 언니 앞에서도 격분을 쏟아 내곤 했다. 메리는 아버지를 무서워하고 어머니를 그리워하며 성장했다. 브라이스는 아버지의 양육 방식에 의해 메리가 남자들과 만나거나 성관계를 갖는 데 어려움이 있었음을 잘 이해했다. 브라이스는 메리를 사랑했고, 그녀의

전 세계 남성의 약 30%가 한 번쯤 조기사정을 경험한다. 남자의 4%는 조기사정의 진단기준을 모두 만족한다(Snyder & Rosen, 2020).

삶에서 경험하고 극복해야 했던 것들을 존중하였다.

메리는 가톨릭 고등학교를 다녔고, 졸업 후 대학에 진학하여 금융학 학사를 취득했다. 그녀의 최초 성관계 상대는 대학의 심리학 수업에서 만난 친구였다. 그들은 몇 주 동안 진지하게 만났지만 오래가지는 못했다. 메리는 그가 삶의 방향과 초점이 없는 것 같아 불만스러웠기 때문이다. 대학생 시절부터 메리는 욕구와 야망이 있는 남자를 기대했다. 그가 워싱턴 DC에서 여름 인턴십을 준비하는 동안 메리는 그 관계를 끝내기로 마음먹었다. 메리는 그 후 몇몇 남자를 만났지만 브라이스를 만날 때까지 성관계를 가진 사람은 거의 없었다. 결혼 이후에도 메리는 성관계가 결혼 생활에서 매우 중요한 요소라고 생각하지 않았다. 메리는 브라이스와의 성관계를 즐기기는 했지만 대부분 그녀가 주도적으로 시작한 것은 아니었다.

성기능부전의 발단

브라이스는 53세가 되던 해, 자신이 일하던 신문사 편집부서의 인원 감축 때문에 극도의 스트레스를 받았다. 이 일이 그에게 직접적인 영향을 주지는 않았으나 그의 부하 직원 일부가 퇴직을 당했고, 브라이스는 온라인 뉴스가 인쇄 매체를 대체하기 전인 도시 야간 리포터 시기 이후로 가장 많은 시간을 일해야 했다. 그는 지난 몇 년간과 비교해 극심한 피로감과 함께 다소간의 고용 불안을 느끼기 시작했다. 자신의 직업이 안전하다는 말을 듣고 있었지만, 그는 신문업계의 속사정을 알 만큼 이 분야에서 오랜 시간 일해 왔다. 설상가상으로 두 자녀가 대학에 다니고 있으며 막내도 곧 대학 진학을 앞두고 있어 그의 재정 부담이 증가되고 있었다.

브라이스의 업무적 압박감으로 인해 메리와 브라이스의 취침 시간이 달라졌다. 브라이스는 밤늦게까지 잠자리에 들지 못하고 이메일이나 서류를 살펴보곤 했다. 그는 갈수록 지쳐 갔고 메리와 브라이스의 성관계 횟수도 한 달에 한 번 정도로 감소했다. 하지만 2월 어느 날 밤, 메리가 적극적으로 성관계를 원했고, 평소와는 달리 남편의 거절을 받아들이고자 하지 않았다. 그녀의 성적 도발이 시작되었을 때 브라이스는 일 때문에 너무 지쳤다고 말하며 만류했지만, 그녀는 단념하지 않았다. 남편의 긴장을 풀기 위해 메리는 큰 잔에 와인을 따라서 브라이스

> 심각한 우울증이 있는 남자의 90%가 다소간의 발기부전을 경험한다(Rosen & Khera, 2021; Snyder & Rosen, 2020; Yang et al., 2019).

에게 건네주고 컴퓨터 앞에 함께 앉았다. 브라이스는 아직 동조할 마음이 없어서, 그 대신 자신이 검토 중인 기사의 문제점들에 대해 메리에게 모두 이야기하였다. 메리는 브라이스가 느끼는 만큼의 감정을 느끼지는 못했지만, 브라이스가 자신의 마음을 표현하며 화를 내는 것들에 대해 반응하며 깊은 관심을 보이는 척해 주었다. 그들은 함께 앉아 이야기를 나누었다. 와인을 한 잔 더 마시자, 브라이스는 업무에 관해 몰두했던 자신의 생각을 내려놓을 수 있었고, 메리에게 집중할 준비가 되었다. 그들은 함께 침실로 들어갔고 메리는 브라이스의 앞에서 옷을 벗었다. 침대 너머로 그의 눈을 바라보며 메리는 손을 뻗어 처음에는 배를, 그다음에는 속옷 밖 성기의 불룩한 부분을 만지기 시작했다. 브라이스가 흥분하기 시작했다.

평소 메리와의 성관계에는 공식이 있었다. 토요일 밤 침대에서 저녁 뉴스를 시청하고, 브라이스가 원하면 메리에게 돌아누워 그녀에게 키스와 애무를 하는 수순이었다. 메리도 비슷한 마음이 들면 팔다리의 긴장을 풀고, 돌아누워 브라이스의 키스를 받아들였다. 몇 분간의 전희 후 브라이스는 남성 상위 자세로 성관계를 마무리하고자 생각하고 있었다.

하지만 그날 밤 메리는 보다 적극적이었다. 브라이스가 침대에 누워 있는 동안 메리는 계속해서 그에게 접촉을 시도했고, 결국 그녀의 손길에 반응하여 그의 성기가 커지기 시작하는 것을 눈치채고 그의 바지를 내렸다. 그녀는 그가 거의 완전히 발기할 때까지 속옷을 벗기면서 손으로 그를 계속 자극했다. 메리는 머리를 브라이스의 배 쪽으로 움직여 몇 차례 키스한 후, 입과 혀로 몇 분 동안 그를 만족시켰다. 그는 완전히 발기했다. 메리는 침대에 다시 누워 브라이스에게 성관계를 시작하라고 권했다. 브라이스에게는 흥미로운 경험이었다.

브라이스가 아내에게 삽입을 시도하는 순간 그는 자신의 성기가 부드러워지고 있음을 감지했다. 완전히 당황한 브라이스는 다른 각도로 삽입을 해 보려고 성기의 위치를 바꿔서 시도하였다. 그는 엄지와 집게 손가락으로 귀두를 잡아 그녀 안에 단단히 밀어 넣는 등 여러 번 다시 시도하였다. 하지만 성관계 지속이 가능한 수준으로 성기는 단단해지지 않았다. 메리는 남편을 흥분시키고자 계속해서 그를 도발했다. 하지만 브라이스의 노력이 계속될수록 성기는 더욱 약해짐을 느꼈다. 결국 메리는 남편에게 무엇이 문제인지 물었고, 그는 잘 모르겠지만 아마

조사에 의하면, 전체 남성의 절반 정도가 일생에 한 번 이상 발기의 어려움을 경험한다. 전 세계 남성의 16% 정도가 발기장애 진단을 받는데, 그중 8%는 20대, 37%는 70대이다(Snyder & Rosen, 2020).

도 업무 스트레스가 커서 그런 것 같다고 말했다. 그들은 새로 웹사이트를 만들고 레이아웃을 수정하고 경제 뉴스를 작성하는 방식도 개선하고 있었다. 그가 그일의 책임자였고, 브라이스는 메리에게 이러한 상황과 압박감을 이야기했다. 메리는 이 모든 것을 받아들이고 싶었으나 동시에 무엇을 어떻게 해야 할지 잘 몰랐다. 왜 지금일까? 뭐가 잘못된 걸까? 브라이스도 같은 생각을 하고 있었지만 뭐라 말할 수 없었다. 그들은 자리에 누웠다. 각자 눈을 감은 채 마음은 혼란스러웠고, 불안하게 잠에 들고자 노력했다.

이튿날 직장에 출근한 브라이스는 근심스러운 마음이 들었다. 최근 성관계에 대한 관심이 크지는 않았지만, 메리가 먼저 원하고 주도적으로 이끌어 간 어젯밤, 자신이 왜 발기에 실패했는지에 대한 의문이 머릿속을 떠나지 않았다. 다음에는 성공할 수 있을지에 대한 의구심이 생겼고, 결국 기회가 될 때 다시 한번 메리와 성관계 기회를 가져 이러한 의문을 끝내고자 결심했다.

그날 밤 그들은 일상적인 저녁 일과를 보냈고, 마감 뉴스 시청을 위해 2층으로 올라갔다. TV 시청 중 메리는 지난밤에 보였던 성적 욕망을 전혀 나타내지 않았다. 브라이스는 성관계를 시도하기 위해 추가적 노력이 필요하지 않다고 생각했다. 뉴스가 끝나자 아내에게 몸을 돌려 평소대로 그녀를 어루만졌다. 그녀는 팔다리의 긴장을 풀었고, 브라이스는 그녀를 계속 애무했다. 그는 이 성관계가 평소의 방식에 따라 진행되고 있음에 기뻐했지만, 머릿속에서 진행되고 있는 그의 생각은 전혀 익숙한 내용이 아니었다. 관계 내내 그는 자신의 성기 상태와 자신이 충분한 반응을 보이고 있는지를 계속 생각했다. 삽입 후 약 5분간 그는 자신의 성기가 완전히 발기되어 있지 않다는 사실을 깨달았고, 전희 중에 나타나는 이러한 현상이 과거에도 발생했던 정상적인 상황인지 아닌지를 기억하려고 애썼다. 그는 본경기에 들어감으로써 이러한 의구심을 떨쳐 버리고자 했다. 하지만 이러한 생각이 계속되자 발기가 연화되었고, 삽입을 위해 애썼던 모든 노력이 1분도 안 되어 수포로 돌아갔다. 그는 아내를 오르가슴 상태로 흥분시켜 이러한 상황을 극복하고자 했지만, 왜 또 발기에 실패했는지에 대한 의문이 머릿속에 가득했다.

이후 남편의 고충을 알아차린 메리는 그를 이해하고 부담을 덜어 주고자 노력했다. 그녀는 남편에게 당분간 이 문제를 잊고 지내자고 이야기했다. 그가 이 기간 중 성욕을 갖고자 지나친 스트레스를 받았을 수도 있고, 다음 날 밤 아내가 이 문제에 대해 너무 빠른 결정을 내린 것이 잘못이었을 수도 있다. 그래서 그는 문제 해결을 위한 당장의 결정을 피했을 것이다.

하지만 브라이스는 이 문제를 잊고 지낼 수 없었다. 그다음 주에 그는 아내와의 성관계를 매일 밤 시도했고, 매번 비슷한 결과로 끝이 났다. 전희 중에는 중간 정도로 발기가 되었지만 삽입 순간에는 문제의 징후를 너무도 또렷이 느끼게 되었고, 이렇게 신경 쓰는 것이 발기가 풀리는 원인이 되는 것 같았다.

그는 결국 메리의 조언을 받아들여 당분간 이 문제를 잊고 지내려고 노력했다. 그는 호기심에 자위를 시도했고 정상적 발기가 가능하다는 사실을 알아냈다. 그래서 그는 자신이 메리와 성적으로 맞지 않아 이러한 문제가 발생된 것이 아닐까 하는 의문을 갖게 됐지만, 20년간 행복한 결혼 생활과 관계를 유지해 왔다는 점을 상기하며 이를 터무니없는 생각으로 치부하고 의문을 떨쳤다.

2개월 뒤 다소간의 진전이 있었다. 브라이스는 평균 주 1회가량 아내와의 성관계를 시도했다. 처음 두 번의 시도에서 그는 삽입하기에 충분한 수준의 경도로 발기에 성공했으나, 성기가 연화되기 전 오르가슴에 오르고자 하는 필사의 노력에도 불구하고 발기 상태 유지는 거의 불가능했다. 더욱이 매번 새롭게 성관계를 시도하는 것이 점차 참기 힘든 고통으로 느껴지게 되었다. 수차례의 실망 끝에 브라이스는 자신의 시도와 그 결과를 깊이 숙고해 보았다.

이 기간 동안 메리는 이는 중요한 문제가 아니며 모든 것이 잘되리라는 말로 남편을 위로했다. 브라이스는 그제야 아내가 무슨 일이 일어나고 있는지를 깨닫고 있음을 알게 되었다. 아내는 브라이스에게 휴식이 필요하다고 말하며, 어쩌면 의사가 필요할 수도 있다고 이야기했다.

메리는 남편의 성 문제가 그의 여생에 얼마나 큰 문제로 영향을 미치기 시작했는지를 모르고 있었다. 브라이스는 직장에서 자신이 처한 문제를 생각하며 고통스러워했다. 그는 자신이 보통 사람보다 못한 허약자로 느껴졌고, 만일 다른 이들이 이 사실을 알면 자신을 조롱하거나 불쌍하게 여길 것이라고 확신했다. 남자 동료들과의 회의에서 그는 거리감과 열등감을 느꼈고, 이는 거칠고 경쟁적인 신문사 현장에서 일을 시작하며 두려움을 가졌던 인턴 사원 시절 이후에는 단 한 번도 겪어 보지 못한 감정이었다. 그는 스스로가 어른의 세계에 속하지 못한 못난이처럼 느껴졌다.

> 만약 남자가 발기장애가 있으면서도 자위나 특정 파트너와의 상황이나 수면 중 등 어떤 상황에서라도 발기가 가능한 경우가 있다면, 적어도 부분적으로는 심리적인 요인에 원인이 있다는 결론에 이르곤 한다.

브라이스는 6개월간의 실망 끝에 의사의 도움을 받기로 결심했다. 당시 TV와 인터넷에서는 '발기부전에 탁월한 신상품 치료제'라는 그럴싸한 문구의 광고들이 홍수를 이루고 있었다. 브라이스는 주치의를 통해 한 달을 기다려서 검진을 받을 수 있었다. 예약 시간에 의사는 놀랍게도 그의 증상이 50대 이상의 남자에게서는 흔한 문제라고 이야기해 주었다. 브라이스는 약간 안심이 되었으나 그래도 도움을 받고 싶었다. 비뇨기과 의사의 진료도 받기 원했으나 주치의는 다학제 팀이 있는 특수 클리닉에 가 보는 것을 추천했다. 브라이스는 팀 단위로 이 문제를 다룬다니 좀 당황스러웠다.

"그냥 비뇨기과 의사만 보면 안 될까요? 그 사람들이 전문가잖아요." 브라이스가 이야기했다. "여러 사람이 있는 팀에서 제 문제를 이야기하는 것이 꽤 불편할 것 같아요. 괜찮다면 비뇨기과 의사만 만나면 좋겠어요."

주치의는 브라이스를 안심시켰다. "불편한 마음 충분히 이해해요. 남자들이 다들 그럴 겁니다. 그 클리닉에서 비뇨기과 의사를 만날 것이고, 정신과 의사나 심리학자와 같은 다른 사람들을 만날 수도 있다는 거예요. 그 팀은 당신의 문제가 기질적인 것인지 심리적인 것인지, 둘 다인지를 잘 살펴볼 수 있을 거예요." 브라이스는 주치의에 대한 신뢰가 있었기 때문에 자신의 의견을 철회했다. "네, 그렇게 해 보죠." 수줍게 대답했다. 주치의는 '디어 크릭 클리닉'이라는 곳에 대한 안내지를 건네줬다. 그리고 컴퓨터로 의뢰서를 작성했다. "여기, 의뢰서가 있어요. 곧 예약 시간을 연락해 줄 거예요. 첫날 비뇨기과 의사를 만나고, 이후 다른 팀원들도 만날 것 같아요."

몇 주 후 브라이스는 디어 크릭 클리닉에 방문했고, 젊은 직원이 그를 맞이했다. 그는 여자 직원이 아닌 점에 안심하였다. 성기능, 신체 상태, 관계 만족도, 불안 등에 대해 대기실에 마련된 태블릿을 통해 자기보고식 검사를 실시했다. 남성 간호보조사가 그를 불렀고, 브라이스는 진료실로 들어갔다. 신체 계측 후 혈압, 맥박을 측정하고 그에 대한 각종 정보를 컴퓨터에 입력한 간호보조사는 곧 의사가 올 것이라고 말했다. 브라이스는 다시 조금 더 안심이 되었다. 지금까지는 일상적인 병원 절차와 큰 차이가 없었다. 곧 남성 비뇨기과 의사인 브랜트 박사가 방으로 들어왔다. 간단한 인사를 한 후 브랜트 박사는 브라이스의 발기 시 어려움과 유지 곤란 및 그의 일생에 걸친 의료적 역사와 성적 경험에 대해 청취했다.

> 대부분의 발기장애 사례는 생물학적, 심리사회적, 사회문화적 요소들의 상호작용의 결과이다.

실데나필(비아그라)은 우연히 발견되었다. 심장약의 가능성에 대한 실험 도중, 그 약이 피험자의 심장보다 음경에서의 혈류량을 증가시키는 것을 발견한 것이다.

브랜트 박사는 진단되지 않는 신체적 요인이 있을 수 있겠으나 검사 결과 브라이스의 증상과 관련된 신체적 문제는 발견되지 않았다고 설명했다. 그는 또한 세 가지 치료 옵션을 제시했다. 첫 번째는 음경 확대술로, 브라이스의 증상에 비해 지나치게 급진적인 경향이 있었다. 두 번째 옵션은 진공 압축기이며, 이는 기계적으로 성기에 혈액을 유입시켜 발기를 유발한 뒤, 성기 하단에 위치한 수축 고무줄을 통해 발기 유지를 돕는 장치이다. 세 번째 옵션은 약물 치료, 즉 실데나필(비아그라)의 복용이었다. 브라이스는 이미 이 약에 대해 들은 바 있었다. 이 사회의 그 누가 이 약에 대해 모르겠는가? 의사는 비아그라 복용 후 한 시간 내에 성기의 혈액 공급이 증가되어 성관계 시 발기가 유발된다고 설명했다. 브라이스에게 심장 질환의 징후가 없다는 점을 고려하여 의사는 간편하고 안전한 문제 해결책인 약물 치료를 권했다.

또한 의사는 다른 팀원들을 만나 보기를 제안했고 브라이스는 심리 치료에 실데나필 투약을 추가할지 말지 고민했다. 결과적으로는 브라이스가 자위행위를 통한 만족스러운 발기가 가능했기 때문에, 의사는 그의 문제가 상황 요소에 좌우될 가능성이 높다고 판단했다. 심리 치료는 기존에 가지고 있는 발기 능력을 아내와의 성관계 상황으로 확장시키도록 도움을 주리라 기대되었다.

실데나필(비아그라)은 1998년의 판매 첫 달에 내과 의사의 처방 12만 건을 받아 역사상 가장 빠르게 판매된 약이 되었다(Adler, 1998). 최근에는 발기장애 등에 연간 300만 건 이상 처방이 된다(Marsh, 2017).

브라이스는 이를 고려해 보겠다고 대답했다. 그는 비아그라 복용 옵션에 혹해 있었다. 이 치료법은 매우 간편하며, 즉각적인 증상 개선이 가능할 것 같았다. 하지만 한편으로 그는 인위적인 치료책을 피하고 싶어 했다. 그는 성관계를 위해 평생 약을 복용하고 싶지는 않았다. 진료 후 그는 이 다양한 치료 옵션을 메리에게 설명했다. 며칠 뒤 그들은 심리 치료를 가장 먼저 시도해 보기로 결정했다. 브라이스는 다음 날 의사가 추천했던 심리학자 스텔라 카시디 박사에게 전화를 걸어 본인과 아내의 상담을 예약했다.

배우자의 관점　염려는 되지만 다행스럽다

브라이스가 병원 진료를 받았다고 처음 이야기했을 때 그녀는 걱정과 안도가 복합된 이상한 감정을 느꼈다. 병원 진료를 받았다는 것은, 남편의 문제가 현실이며 저절로 해결되지 않고 치료가 필요하다는 것이므로 걱정이 되었지만 한편으로는 수개월간 마음속에 자라고 있던 수많은 의심과 염려가 사라졌으므로 안도할 수 있었다. 메리는 며칠 뒤 언니에게 전화를 걸어 자신의 심경을 털어놓았다.

처음에 난 그 사람이 바람을 피우는 줄 알았어. 평생 동안 그렇게 외로웠던 적이 없었거든. 나는 스스로에게 "너 너무 바보 같다. 그걸 미리 예상하고 있었어야지."라고 말했어. 그 사람은 늘 섹스광이었는 걸. 글쎄 뭐, 섹스광까지는 아니어도, 분명한 건 성욕이 항상 강했던 사람이야. 그 사람을 사랑했는데도 그 사람에 대해 제대로 알지 못했어. 그 사람은 늘 더 많은 것을 바라는 것처럼 보였고, 그래서 결국 나에게 싫증이 났다고 생각했어.

'내가 뭘 잘못하고 있는 건가?' 하고 생각했어. 그 사람한테 더 섹시해 보이려고 노력했지만, 대부분 역효과만 있었던 것 같아. 내 머릿속에는 항상 그 사람이 스무 살짜리 신입 사원이나 인턴, 아니면 비서와 함께 있는 모습이 그려졌어. 그 두 사람이 함께 하는 행위들과 그 사람이 나에게 원했던 모든 일, 그리고 내가 결코 하지 않았을 일들을 상상했어. 나는 그 사람이랑 잠자리를 함께 하는, 실제로 존재하지도 않는 금발 미녀를 증오했어.

그 사람에게 보여 주려고 옷을 차려입고 그 사람이 좋아할 만한 말들을 하려고 노력했는데도 그는 나에게 흥미조차 없었어. 나는 이 모든 것이 그 사람이 금발 미녀를 생각하고 있기 때문이라고 단정 짓곤 했어. 그런데 그때 그 사람이 나하고의 성관계에 실패를 했고, 그것 때문에 진짜로 괴로워하더라고. 그 사람이 그 일로 진짜 혼란스러워해서 화를 낼 수도 없었어. 나는 그 사람에게 문제가 있다는 게 사실이고, 그 사람은 나를 사랑하고 나를 원하지만 단지 문제가 있는 것이라고 믿고 싶었어. 나는 거의 항상 그 사실을 믿고 있었어. 물론 그 사람을 걱정했지. 그래서 걱정하지 말라고 이야기도 했는걸.

그러는 동안 나는 다른 어떤 것도 생각할 여유가 없었어. 몇 년간 가지 않던 헬스장에 다시 다니기 시작했어. 그 사람이 알아차리지도 못했지만 새 옷을 여러 번 장만하기도 했어. 그런데도 그 사람은 계속 관계에 실패했어. 그 사람에게 다른 여자가 있든 없든 간에 나는 실패자이고, 내 남편은 나에게 다시는 성욕을 느끼지 못할 것이며, 나는 못생기고 따분한 여자라는 생각을 떨칠 수가 없었어. 그 사람이 용기를 내서 나하고 성관계를 시도하고, 정말 열심히 노력하는데도 계속 발기에 실패했고, 내 남편이 결코 만족하지 못한다

한 이성애 커플 대상의 연구에 의하면 여성들은 전희에 19분을 원하지만 실제로는 11분의 시간만 사용한다고 응답하였다. 남성들은 18분을 원하지만 13분을 사용한다고 응답했다(Castleman, 2017).

는 사실을 인정해야 될까 봐 밤에 침대에 눕는 일조차 두려웠어.

내가 그 사람을 만족시키지 못한다는 생각, 아니면 나보다 훨씬 흥미로운 상대를 찾았다는 생각에 힘이 들었지만, 그 사람한테는 내가 얼마나 힘들어하는지 말하지 않았어. 그 사람이 나를 안을 수 있도록 만드는 서로 간의 밀착감도 사라졌어. 정말 미친 소리로 들리겠지만 나는 정말 브라이스가 날 떠날 거라고 생각했어. 나는 그 사람에게 용기를 주고 그 사람을 이해하려고 최대한 노력했지만 내 마음속은 만신창이가 되어 있었어. 그 사람에게 다 잘될 것이고, 이건 정상적인 일이라고 이야기했지만, 당시 나는 모든 게 다 잘되어 가고 있지 않고, 뭔가 끔찍하게 잘못되고 있다는 사실을 마음속 깊이 알고 있었어. 그 사람한테 약간의 휴식, 어쩌면 휴가, 아니면 의사의 도움이 필요할 수도 있다고 이야기했어.

그리고 월요일에 브라이스가 나한테 의사를 만나고 왔다고 이야기를 한 거야. 그때 그 사람이 얼마나 겁에 질려 있는지를 봤고, 그 즉시 나는 그이에게 다른 여자는 없고 그런 생각을 했다는 것조차 얼마나 말도 안 되는 일인지를 깨달았어. 그때서야 나는 안심을 했어. 아니, 그보다는 나 스스로가 정말 바보처럼 느껴졌어. 그렇게 질투를 했던 것도 그렇고, 내 남편을 그렇게 모르고 있었던 내가 얼마나 멍청한 사람인지를 깨달았어. 그리고 그 사람이 겪었을 공포와 고통을 충분히 이해하지 못했던 것도 정말 바보 같았어. 심리 치료자는 카시디 박사라는 사람인데, 그 사람을 통해서 변화가 생겼으면 좋겠어. 아무것도 하지 않거나 사실이 아닌 것을 상상하는 것보다는 훨씬 낫잖아.

브라이스와 메리의 성적 장애 치료　주고받는 즐거움

성기능부전 치료의 변혁은 1970년 William Masters와 Virginia Johnson의 저서 *Human Sexual Inadequacy*의 출간과 함께 시작되었다. 당시 성기능부전 치료에 이용되던 인지 중재, 행동 중재, 부부 중재 및 가족 중재의 병행은 오늘날 성적 장애 치료의 기초가 되었다.

카시디 박사는 2회기 동안의 심리 치료를 통해 브라이스와 메리의 정보를 수집했다. 1회기에서 그녀는 브라이스와 메리를 함께 면담했고, 일주일 후 2회기에는 각각 30분가량 별도의 면담을 진행했다.

두 차례의 면담 말미에 카시디 박사는 브라이스의 성적 문제가 DSM-5-TR 성기능부전의 하나인 발기장애에 부합한다고 결론지었다. 장애의 두 가지 핵심 특징은 다음과 같다. (1) 성행위가 완료될 때까지 적절한 발기 및 유지의 실패가 반복된다. (2) 이러한 발기 실패로 인한 심각한 스트레스 또는 증상 악화가 발생

된다.

카시디 박사는 발기장애에 관한 다양한 연구를 근거로 많은 경우 심리적 요인이 이러한 장애 유발을 촉진한다는 결론을 내렸다. 이러한 남성은 처음 성관계 시 스트레스, 피로감, 경도의 신체장애, 음주, 파트너에 대한 불편감 등의 이유로 발기 실패를 경험했을 가능성이 있다. 이러한 실패를 경험한 남성은 이를 성공시키고자 하는 열망에 휩싸여 스스로를 혹독하게 압박한다. 하지만 이러한 자기 압박은 남성의 부정적 예측을 유발하는 경향을 가진다. 예를 들어, 그 남성은 실패, 실망, 조롱을 예측하게 될 것이다. 마음속에 자리하게 되는 이러한 부정적 예측 때문에 자신이 성관계 중 적절한 역할을 하고 있지 못한다는 징후를 찾으며 자신의 행위에 온 신경을 집중하게 된다. 이러한 필요 이상의 집중으로 인해 실제적이고 정신적인 발기 능력 감소가 나타나게 된다. 지속적인 걱정 그리고 성행위 역할 수행에 대한 집중은 오히려 실제적인 발기 능력 감소를 유발하며, 남성은 자신의 성행위에 더욱 집중하게 된다. 이러한 악순환은 발기 능력이 완전히 소멸될 때까지 지속된다.

남성은 이러한 실패의 경험으로 인해 또 다른 성관계 시 유사한 결과를 예측하게 된다. 모든 성관계는 이후 갖게 될 성관계의 기초가 되며, 이는 부정적 예측, 성행위 역할 수행에 대한 지나친 감시, 발기 실패를 유발하여 이러한 상태가 점차 고착된다. 카시디 박사는 발기장애 극복을 위해서 이러한 심리적 과정이 반전되어야 한다고 믿었다. 그녀가 시행한 성적 장애 치료는 인지 치료 기법과 행동 치료 기법을 병행하고 있었으며, 이는 성행위 역할 수행에 집중되어 있는 남성의 초점을 성행위 자체로 이동시킨다는 근본적 치료 목표 달성을 위함이었다. 그녀는 또한 치료의 일환으로, 성 문제에 관해 내담자를 재교육하고 내담자가 경험하게 될 성관계에 대한 부적응적 사고방식을 바로잡고자 하였다.

> 성관계 시 수행 불안을 경험하는 사람들은 자신이 적절한 성행위 역할을 수행하지 못할 것을 염려한다. 그들은 결국 성관계 중 방관자 역할을 취하게 된다. 즉 긴장을 풀고 성적 즐거움을 즐기기보다는, 자신이 성행위 역할을 어떻게 수행하고 있는지를 지속적으로 관찰한다.

1~2회기 1~2회기에서는 브라이스와 메리의 현황과 개인 정보 수집이 이루어졌다. 2회기가 끝날 무렵 카시디 박사는 부부에게 치료 계획을 설명해 주었다. 브라이스와 메리는 성관계 상황 중의 역할 수행 불안을 최소화할 수 있는 훈련을 지시받았다. 이 훈련은 다양한 종류의 특정 메시지와 성적인 교감에서 시작하여 점차 노골적인 성적 활동으로 진행된다.

또한 치료자는 그들에게 '허락되지 않은' 성행위를 삼가는 것이 중요하다고 설명했다. 당분간의 성 접촉은 앞으로의 치료 과정을 위해 고안된 특정 훈련 활동에 국한되어야 했다. 브라이스와 메리는 함께 안도의 한숨을 쉬었다. 현시점에서 모든 성적 시도들은 자신들에 대한 시험이 되었다. 사실 성관계를 맺어야 한다는 의무감은 실망스러운 결과와 함께 견딜 수 없는 부담으로 다가왔다. 이러한 시도를 중단하라는 카시디 박사의 권고 덕에 그들은 책임감에서 벗어날 수 있었다. 특히 브라이스는 단순히 지시 사항만 따르면 된다는 점에 반색을 표했다. 치료자가 그에게 지시한 내용들은 그 자신이 스스로에게 요구했던 일보다 훨씬 중압감이 덜한 활동들이었기 때문이다.

또한 카시디 박사는 브라이스와 메리에게 다음 주에 수행해야 할 활동을 설명했다. 그들에게 '감각 집중(sensate focus)'이라는 훈련을 지시했으며, 이 훈련의 목표는 나체 상태로 성기 부위 외의 모든 신체를 즐거운 마음으로 만지고 애무하는 것이었다. 치료자는 이 훈련의 중점 사항은 그들로 하여금 중압감 없이 신체적 교감을 할 수 있도록 돕는 것이라고 설명했다. 또한 훈련 수행 시 애무 중 느껴지는 자신의 감각에 집중하고, 상대를 애무하는 즐거움을 발견할 것을 요청했다. 카시디 박사는 브라이스와 메리에게 서면 훈련 지침서가 동봉된 이메일을 각각 전송했고, 지침서에는 그림이 첨부된 신체 부위에 따른 애무 순서가 포함되어 있었다. 치료자는 부부에게 이 훈련을 주 3회 이상 실시하도록 권고했다.

3회기 브라이스와 메리는 치료자의 지시에 따라 성관계를 하지 않았다고 보고했다. 아울러 감각 집중 훈련을 3회 시행하였다. 메리는 자발적으로 훈련을 즐겼다. 브라이스도 아내의 말에 동의하긴 했으나 첫 번째 훈련 중 과거의 실패가 떠올라 매우 긴장했다고 말했다. 이후 두 차례의 훈련에서 그는 자신의 불안을 잊고 훈련 과정에 집중했으며 결국 이를 즐길 수 있었다.

카시디 박사는 다음 단계 훈련에 대해 설명했다. 이 훈련은 감각 집중 훈련과 유사했지만 성기가 애무 부위에 포함된다는 점이 달랐다. 메리와 브라이스는 이전 훈련 때처럼 번갈아 서로를 애무하되, 성기 애무를 순서에 따라 진행하도록 지시받았다. 치료자는 성기 애무가 '감각 즐기기'라는 이전 훈련 목표에 부합한다고 설명했다.

감각 집중 훈련은 종종 요구 없는 쾌락, 또는 애무 연습이라 불린다.

성 문제에는 두 파트너가 모두 관여되어 있기 때문에, 실제 기능장애가 있는 사람이 누구인지와 상관없이 둘 다 치료에 참여할 때 치료의 성공 가능성이 더 높다고 성 치료자들은 믿고 있다 (Shifren, 2020).

이전 훈련 때와 마찬가지로 치료자는 부부에게 다음 단계 훈련을 위한 서면 지침서를 주었다. 메리의 지침서에는 다음과 같은 내용이 포함되었다.

> 시작과 함께 상대의 몸 전체를 자신이 원하는 만큼 애무한다. 그 후 상대의 성기를 애무한다. 그런 뒤 몸의 다른 부위, 즉 상대가 원하는 부위로 이동한다. 예를 들어 상대의 복부, 귀, 또는 허벅지를 애무한다. 그리고 다시 성기로 돌아온다. 자신 또는 상대의 취향에 따라 손가락이나 입술을 사용해 애무한다. (Kaplan, 1987, p. 46)

브라이스의 서면 지침서는 다음과 같았다.

> 가장 먼저 상대의 몸 전체를 만진다. 상대가 준비되었다고 판단되거나 '준비됐다'는 말을 들었을 때 가슴을 애무한다. 젖꼭지에 부드럽게 키스하고 마사지를 한다. 클리토리스 주변의 음모를 만져 준다. 질 주변을 만져 준다. 질에 손가락을 넣지는 않는다. 가볍게 클리토리스에 손을 댄다. 다른 부위로 이동한다. 다시 클리토리스로 돌아온다. 최대한 부드럽게 애무한다. (Kaplan, 1987, p. 49)

카시디 박사는 감각 집중 훈련 시 가장 중요한 점은 그 이상도 이하도 아닌 감각 자체만을 즐기는 것이라고 강조했다. 브라이스와 메리는 미소를 지으며 '임무를 수행'하겠노라 대답했다.

4회기 브라이스와 메리의 4차 방문 시 그들의 기분이 언짢아 보였다. 브라이스는 카시디 박사에게 새로운 훈련을 시도했으나 제대로 진행되지 않았다고 말했다. 치료자는 구체적인 설명을 요구했다. 브라이스는 지시받은 대로 성기 애무를 포함한 훈련을 시행했으나 발기에 성공하지 못했다고 설명했다. "뭐가 문제죠?"라며 답을 요구했다.

카시디 박사는 아무런 문제도 없다고 대답했다. 그녀는 이미 이전 상담에서 발기에 신경 쓰지 말라고 브라이스에게 지시한 바 있었다. 하지만 성적 상황에 노출된 남성이 이러한 지시를 성실히 수행하기란 쉽지 않다. 치료자는 브라이스의 치료 상황이 이율배반적이라는 점을 잘 알고 있었다. 즉 훈련 중 자신의 발기 관

많은 성 치료자들은 성적 영역에 대한 치료에서도 마음챙김 훈련을 제공하여 성관계 도중 마음을 어지럽히는 부정적인 생각이나 감정을 알아차리고, 그런 생각을 받아들이거나 무시하여 에로틱한 감각에 더 잘 조율하도록 한다(Graham & Bancroft, 2020).

찰을 피해야 하는데, 이 치료의 핵심은 결국 발기 촉진에 있다는 점이다.

카시디 박사는 동일한 훈련을 한 주 더 반복하라고 지시했고 발기의 문제는 모두 잊어야 한다고 강조했다. 그녀는 또한 브라이스와 메리에게 성관계가 배제됐던 이전 훈련과 동일하게 즐거움을 주고받으라고 권고했다. 또한 즐거움을 느끼는 동안 눈을 감으면 애무의 손길을 온전히 유지하는 데 도움이 된다고 귀띔했다. 그리고 브라이스에게 발기에 대한 생각에서 벗어나기 힘들다면 훈련 동안 발기 억제 방안을 고안해 보라고 제안하기도 했다.

5회기 메리와 브라이스는 좋은 컨디션으로 상담을 시작했다. 그들은 4회기 때와 마찬가지로 발기 실패에 대해 이야기했지만, 이번 경우는 성기 애무 훈련 중 발기를 피하고자 하는 브라이스의 노력 덕에 무사히 훈련을 마칠 수 있었다. 카시디 박사의 모순적 지시가 효과를 보였던 것이다. 브라이스는 발기 억제를 위해 노력하는 중 교감의 감각에 다시금 몰두할 수 있는 기술을 습득했다. 이 기술을 적용한 두 번째 훈련까지 그는 발기 억제가 불가능하다는 사실을 깨달았다. 세 번째 훈련 내내 발기 상태가 계속 유지되었다.

브라이스는 이러한 결과에 흡족해하며, 당장이라도 중재 단계를 건너뛰고 곧바로 성관계 단계에 돌입할 수 있을 것 같다고 말했다. 치료자는 브라이스의 만족스러운 기분에 찬물을 끼얹는다거나 그가 새롭게 얻은 자신감을 빼앗고 싶지 않았다. 하지만 그녀는 단계를 건너뛴 성적 장애 치료는 결국 문제를 야기하게 되며, 내담자는 실망하고 불안증이 다시 수면 위로 올라오게 된다는 사실을 오랜 경험으로부터 알고 있었다. 그녀는 다음과 같이 설명했다. "마지막 단계로 빨리 이동하고 싶어 하시는 걸 이해합니다. 지금 당장이라도 성관계를 맺는 것은 아주 가능한 일입니다. 아마 별 무리 없이 진행되리라 예상돼요. 하지만 기존 계획대로 진행할 것을 권해 드립니다. 이런 진전 속도라면 앞으로 불과 몇 주면 마지막 단계에 돌입할 수 있을 것 같습니다. 혹시 계획된 결과가 나오지 않으면 좀 더 오래 걸릴 수도 있고요."

그런 뒤 카시디 박사는 다음 훈련을 단계에 따라 설명하기 시작했다. 다음 주부터 브라이스와 메리는 그들이 이미 시행했던 내용과 유사한 훈련을 하게 된다. 하지만 이번 훈련의 경우 성기와 성기가 서로 접촉하는 활동이 포함되었다. 구체적으로 브라이스가 먼저 메리에게 전신 및 성기 애무를 시행한 뒤, 메리도 동일한 내용을 남편에게 시행하는 것이다. 하지만 이번 경우 메리는 침대에 등을 대고 누워 있는 남편을 향해 다리를 벌려 앉은 자세를 취하고, 그의 성기를 자신의 질 바깥쪽에 문지르며 자극하는 과제를 갖게 된다. 이 훈련 중 브라이스는 철저히 수동적인 자세로 임해야 하며, 이전과 동일하게 마사지를 받고 있는 자신에게 집중하고 발기 여부에는 관심을 기울이지 말아야 한다. 훈련의 목표는 이전과 동일하게 감각에 모든 신경을 쏟는 것이며, 발기를 억제해야 하는 상황이 되면 자신의 기술을 사용해야 했다. 치료자는 메리가 손과 더불어 성기를 사용하게 된다는 점에서 이 훈련이 이전 훈련들과는 완전히 다르다고 강조했다. 메리와 브라이스는 이 훈련을 일주일간 3회 이상 실시할 것을 약속했다.

6회기 메리와 브라이스는 처방받은 훈련을 4회 시행했다고 보고했다. 첫 번째 훈련 중 메리가 성기 대 성기 접촉을 시행했을 때 브라이스는 긴장을 했고, 메리가 손으로 애무할 때 습득했던 비자발적 발기 방지 기술을 사용해야 했다. 하지만 두 번째 훈련에서 브라이스의 긴장은 훨씬 완화되어 있었고, 아내가 자신의 성기를 질 외부에 접촉시키는 자극 활동이 그를 불안하게 만들지도 않았다. 세번째와 네 번째 훈련에서는 긍정적인 결과가 나타났다. 두 훈련을 마친 뒤 브라이스와 메리는 손으로 상대방을 흥분시켜 오르가슴을 느끼게 했으며, 이는 지침서에 기재되어 있는 내용이기도 했다.

> 성에 관한 잘못된 상식 :
> (1) 남자는 항상 성관계를 원하고, 성관계할 준비가 되어 있다. (2) 성관계를 위해서는 남성의 단단한 성기가 필수이다. (3) 성관계는 삽입성교와 동일한 의미를 갖는다.

카시디 박사 : 두 분은 훌륭하게 훈련을 수행하셨습니다. 다음 단계는 신체적인 면에서 지금껏 두 분이 시행했던 훈련들과는 조금 다릅니다. 이 훈련은 사용되는 방식 때문에 '질 내부에 보유하기'라고도 불립니다. 이는 근본적으로 이전과 동일한 훈련을 하되, 이번 훈련에서는 아내분께서 질 외부뿐 아니라 질 내부로 남편의 성기를 자극시키는 방법을 사용하는 거죠. 다시 한번 말씀드리자면 아내분은 다리를 벌린 상태로 앉은 자세를 취한 뒤 이 자극을 주도하는 겁니다. 아내가 남편의 성기 삽입을 조절하고, 남편은 자기 자신이 아닌 아내의 몸에 의지하여 아내가 조금씩 몸을 움직임에 따라 흥분을 유지합니

다. 그러면 아내분은 몇 분 뒤 남편의 성기를 빼고 손을 이용한 자
극을 시작하는 거죠.

브라이스 : (잠시 침묵 후) 그러면 이제 진짜로 하게 되는 거죠?

카시디 박사 : 무슨 의미죠?

브라이스 : 그러니까 우리가 결국 하게 된다는 말씀이잖아요. 잘됐으면 좋겠
네요.

카시디 박사 : 뭐가 잘된다는 말씀이죠?

브라이스 : 제 말은, 제가 발기를 유지할 수 있었으면 좋겠다는 이야기예요. 이
번 훈련은 이제껏 우리가 해 왔던 지난 훈련의 실전 테스트가 되겠
네요.

카시디 박사 : 그 심정 이해해요. 이 훈련을 테스트나 뭐 그런 종류라고 생각하지
않기란 쉽지 않죠. 하지만 제 관점에서 이 훈련은 테스트가 아니에
요. 저는 이 훈련을 그저 전체 치료 과정의 한 부분으로 보고 있어
요. 남편분이 다른 훈련 때와 동일한 마음가짐으로 이 훈련에 임했
으면 좋겠습니다. 다르게 말씀드리자면 이 훈련은 남편분의 발기
유지 여부를 알아보기 위한 테스트가 아니고, 스스로를 감각의 즐
거움으로 이끌 수 있도록 돕는 과정인 거죠. 이 훈련을 하며 감각의
즐거움에 집중한다면 성공입니다.

브라이스 : 무슨 뜻인지 알겠어요. 잘할 수 있을지 걱정이네요. 하지만 최선을
다하겠습니다.

치료자는 브라이스와 의견을 교환한 뒤 그가 적절한 마음가짐으로 훈련에 임
할 것이라는 확신이 서지 않았다. 하지만 그에게 더 이상 해 줄 말이 없었고, 그저
기다리며 그가 이를 어떻게 진행시키는지를 지켜보는 것이 최선이라고 생각했다.

7회기 안타깝게도 중재 치료 주간에 카시디 박사의 염려가 현실이 되었다. 브라
이스와 메리는 결국 좌절감 속에서 훈련을 포기했다. 그들은 이전처럼 훈련을 시
작했지만, 메리가 남편의 발기된 성기를 질 속으로 삽입한 직후 발기가 풀리기 시
작했다. 그가 다시 발기를 위해 성기를 아내의 질로 밀어 넣으려 했지만 소용이

없었고 그들은 훈련을 중단했다. 다음 날에도 이 훈련을 시도했으나 전날과 유사한 실패를 경험한 뒤 훈련을 중단했고, 그 후로는 더 이상 이를 시도하지 않았다. 그들은, 특히 브라이스는 매우 상심해 있었다. 그는 이러한 자신의 상태가 결국 치료를 통해 해결할 수 없다는 조짐이 아닐까 하는 의문이 들었다. 치료자는 브라이스와 메리의 경험을 정상화하는 것이 중요하다고 판단했다.

카시디 박사 : 남편분이 경험한 결과는 이 치료 단계에서 매우 흔히 나타나는 현상이고, 여기에 너무 큰 의미를 두시면 안 됩니다. 성기를 삽입하는 그 순간이 의미 있는 사건이 아니라고 생각하고 자신의 몸이 어떻게 반응하는지 신경 쓰지 않는 것이 쉽지는 않겠지만, 노력하지 않으면 결과가 이렇게 나타날 수밖에 없어요. 그 결과 감각의 즐거움에 빠져들 수 있는 남편분의 능력이 감소됐고, 또 발기가 중단되어 사기가 너무나 저하돼서 결국 훈련이 완성되지도 않은 채 끝나 버렸습니다.

메리 : 이제 어떻게 해야 하죠?

카시디 박사 : 보통, 무슨 일이 있었든 간에 이 훈련을 순서에 따라 마무리하는 게 가장 중요합니다. 기억하실지 모르겠지만 남편의 성기를 질 내에 삽입한 뒤에 이를 다시 꺼내 손으로 애무하도록 권해 드렸습니다. 이런 경우 질 내 삽입이 생각보다 일찍 끝난다고 해도, 가령 남편의 성기가 연화돼서 질 내에 고정되지 못하는 등의 이유가 되겠지요, 그래도 아내분은 손으로 애무를 시작할 수 있었을 겁니다.

메리 : 네, 저는 그렇게 하려고 했는데 남편이 너무 상심을 하더라구요. 손으로 애무를 하면 남편이 싫어할 것 같았어요.

브라이스 : 그러게요. 제가 그렇게 반응하지 말았어야 했어요. 그렇지만 발기가 연화되는 게 느껴지자 성기가 질 밖으로 빠져나왔고 더 이상은 그 과정을 지속하고 싶지 않았습니다.

치료자는 발기 소실에 대한 심리적 내성을 향상시킴으로써 증상이 호전되리라 판단했다. 지난 경험 때문에 브라이스는 심한 중압감을 느끼게 되었다. 그가 발

성기에 유입되는 혈류량을 감소시키는 모든 내과적 문제가 발기의 어려움에 영향을 미친다. 공통적인 생물학적 원인들로는 심장병, 혈관 문제, 당뇨나 척추 손상, 신장 기능 부전 등으로 인해 유발되는 신경 체계 손상, 담배나 술과 같은 다양한 물질 남용 등이 있다(Rosen & Khera, 2021).

기에 대해 성공했다가도 실패하고 또다시 성공할 수도 있다는 생각을 받아들이지 못한다면, 성관계 시 자신의 역할 수행에 지나치게 민감한 상태에서 벗어나지 못할 것이다.

카시디 박사 : 과거에 이 모든 문제가 시작되기 전에는 관계 중 발기가 소실될 때 어떤 조치를 취했나요?

브라이스 : 예전에는 발기가 소실된 적이 없었습니다.

메리 : (말을 끊으며) 사실, 제 생각은 달라요.

브라이스 : 뭐? 무슨 이야기야?

메리 : 글쎄, 당신이 예전에는 별로 신경을 안 써서 몰랐던 것 같은데, 예전에도 전희 중에 우리가 번갈아 가면서 애무를 했을 때 잠깐 동안 발기가 멈춘 적이 여러 번 있었어.

브라이스 : 정말이야?

메리 : 응. 그런 일은 늘 있었어. 그냥 당신이 몰랐거나 신경을 쓰지 않아서 그게 문제가 된 적이 없었던 거야.

카시디 박사 : 제 생각에는 아내분이 중요한 관찰을 했던 것 같네요. 중요한 점은 발기 여부가 아니라 그런 일이 발생했을 때, 남편분께서 이를 어떻게 해석하는가인 것 같습니다. 남편분이 결코 몰랐고, 이게 아무런 문제도 되지 않았었다는 사실이 확인됐군요. 이러한 생각이 자리 잡힐 수 있도록 훈련을 하면 좋겠네요.

성적 장애 치료 기법이란, 남성의 발기 시 여성이 애무를 멈추고, 발기가 소실될 때까지 애무를 재개하지 않는 방식이며, 희롱 기법이라고도 불린다.

치료자는 부부가 다음 주 동안 시행할 새로운 훈련에 관해 설명했다. 부부는 손을 사용한 애무와 성기 애무가 포함된 이전 훈련으로 복귀한다. 하지만 이번 훈련의 경우 새로운 활동이 포함된다. 메리가 남편을 애무하는 동안 남편이 발기를 하게 되면 발기 소실을 시도하며 잠시 애무를 멈춘다. 발기가 소실되면 남편은 다시 아내를 애무하는 것에 집중하고, 잠시 뒤 아내는 다시 남편을 애무한다. 브라이스를 위한 지침서에는 이전과 마찬가지로 감각의 즐거움에 집중하고 어떠한 단계에서든 발기 여부에는 관심을 기울이지 않도록 명시되었다. 이 훈련의 중점 사항은 브라이스가 발기 소실에 대한 내성을 키우고, 이를 성관계를 끝내야 하는 신호가 아닌 경험의 일부로 받아들이도록 하는 것이었다.

8회기 부부는 행복한 기분으로 상담을 시작했다. 그들은 지난 훈련을 성실히 수행했다고 말했다. 네 차례에 걸쳐 훈련을 수행하며, 메리가 애무를 멈추면 브라이스는 의도적으로 발기를 소실시킨 뒤, 아내의 손길과 애무에만 정신을 집중했다. 그러면 아내는 남편에 대한 애무를 다시 시작했고, 그러자 브라이스는 점차적으로 발기가 다시 시작되는 것을 느꼈다. 이 훈련을 통해 브라이스는 활력을 되찾았다. 네 번째 훈련을 수행하며, 그는 자신에게 발기를 재개할 능력이 있다는 완전한 확신을 갖게 됐으며, 그와 아내는 이전에 완수하지 못했던 질 내부에 보유하기 훈련을 재개할 것을 결심했다. 이전과 마찬가지로 성기 삽입 직후 발기가 다소 연화되었다. 그러자 브라이스는 삽입을 멈추고 다시 아내를 애무했다. 그 뒤 메리는 남편을 향한 성기 애무를 재개했고, 다시 발기가 이루어지자 질 내부에 보유하기를 재시도했다. 이번에는 메리가 위에 올라앉아 계속 몸을 움직였음에도 발기의 강도가 유지되었다. 그는 아내의 질 내에 사정을 하며 성관계를 끝낼 수 있었다. 다음 날 메리와 브라이스는 이 활동을 반복했고, 결과는 전날과 비슷했다. 그리고 그다음 날 그들은 아무 어려움 없이 예전과 같은 성관계를 할 수 있었다.

이러한 경험은 그들의 사기를 진작시켰다. 이제 브라이스와 메리는 다시 정상적인 자유 형식의 성관계를 원했다. 치료자는 부부가 준비된 상태라고 판단을 하고 이 계획에 동의했다. 하지만 그녀는 두 사람에게 다음과 같은 몇 가지 기본 지침을 제시했다. (1) 성행위 역할 수행 능력을 테스트하려는 의도가 아닌, 오직 성관계를 하고자 하는 순수한 욕망으로부터 관계를 가져야 한다. (2) 성관계 중 남편의 발기가 소실되는 경우, 중단이 아니라 이를 대신할 대안적 성행위로 전환해야 한다. (3) 특정 상황에서 대안적 성행위로 전환이 되면, 원하는 경우 성관계를 재개할 수 있으나 이는 편안한 마음일 때만 가능하다. (4) 편안한 마음이 회복되지 않는 경우 대안적 성행위로 성관계를 마무리한다.

9~11회기 브라이스와 메리는 지난주 2회의 성관계를 가졌음을 보고했다. 브라이스가 한 번 더 성관계를 하려고 시도했으나, 메리가 남편의 의도가 자신의

> 한 조사에 의하면 성관계 직후, 74%가 포옹을 하고, 50%가 TV를 보고, 14%가 SNS를 한다(Emery, 2018).

반응성을 테스트해 보기 위함이라는 것을 눈치채고는 이를 만류했다. 두 차례의 성관계 중 두 번째 성관계 시 브라이스가 삽입을 시도하는 과정에서 성기가 다소 연화되기는 했으나 두 번의 관계 모두 성공적으로 마무리되었다. 이 경우 잠시 전희 단계로 전환함으로써 그가 마음의 안정을 되찾을 수 있었고, 다시 발기가 회복되어 삽입에 성공할 수 있었다.

2주간의 시간차를 두었던 10~11회기에서 브라이스와 메리는 비슷한 경험을 보고했다. 그들은 4회의 성관계를 가졌고, 그중 한 번은 브라이스가 발기 소실 후 '욕망이 되살아나지 않는다'는 이유로 성기 삽입을 다시 시도하지 않았다. 하지만 전반적으로 부부는 자신들의 성생활이 매우 만족스러운 수준으로 회복되었다고 느꼈고, 브라이스는 치료 지침을 준수함으로써 이전에 그를 괴롭혔던 성행위 역할 수행 불안에서 벗어날 수 있었다. 그들은 성 상담 치료를 중단하고 당분간 자신들의 힘으로 극복해 보겠다는 입장을 밝혔다.

카시디 박사는 그 의견에 동의했고, 문제가 생기면 그녀에게 전화를 해야 하며 그들이 어떻게 지내고 있는지를 보고하는 명목으로 한 달 내에 문자 메시지를 보내도록 브라이스에게 제안했다.

에필로그

한 달 뒤 브라이스와 메리는 치료 결과가 잘 유지되고 있다는 내용의 문자 메시지를 보냈다. 그들은 일주일에 2회가량 관계를 가졌고, 거의 매번 이를 완전한 성관계로 마무리했다. 예전처럼 브라이스의 성기 삽입 시 발기가 연화되었던 경우가 한 차례 있었으나, 대안적 성행위로 전환하여 이를 만족스럽게 마무리했다. 그들은 브라이스가 이런 경우에도 당황하거나 속상해하며 이를 다음으로 미루지 않았던 것을 가장 중요한 발전으로 꼽았다. 브라이스의 표현을 빌리자면 두 사람 모두 '즐거운 행사'에 다시 참여할 수 있게 되었다.

문자 메시지를 주고받은 지 10개월 후 브라이스는 카시디 박사에게 문자를 보내 지난 몇 주 사이 발기 유지 문제가 다시 나타나기 시작했고, 곧 의사를 만날 계획이라고 밝혔다. 그는 더 이상 자신의 문제가 불안감에 의해 야기되는 것이 아니라고 판단했고, 또한 자위행위 시에도 발기 유지에 어려움을 겪었기 때문에 의학적 치료를 선택했다.

브라이스의 담당의는 그에게 수많은 검사를 실시했고, 그 결과 경중 정맥 누출이 발견되었으며, 이것으로 최근 그의 발기 유지 곤란이 설명되었다. 이는 브라이스의 나이에 자주 발생되는 질환으로, 성기에 유입되는 혈류가 발기 발생에 충분한 양이지만 전체 혈류 중 일부가 정맥으로부터 유출되어 발기를 연화시키는 현상이다. 담당의는 브라이스가 그간 수행했던 방식, 즉 성관계 시 성교보다는 손과 입을 이용한 아내의 자극법을 사용하는 방법을 고수해도 좋고, 의학적 치료법 중 한 가지를 선택해 시도해 보는 것도 괜찮다고 제안했다. 브라이스의 건강이 매우 양호한 상태인 점을 고려하여 담당의는 상태 증진이나 대비책의 방편으로 비아그라의 간헐적 사용을 권했다. 이번에는 브라이스도 이에 동의했다.

그 후 몇 달간 브라이스와 메리 모두 약물 치료 결과에 만족했다. 약물을 복용했을 때 브라이스는 항상 발기에 성공해, 만족스러운 성관계를 가질 수 있었다. 이와 동시에 브라이스는 전체 성관계 횟수 중 약 절반의 경우에만 약물 복용이 필요하다는 점을 깨달았고, 가능하면 약물 복용을 배제한 성관계를 선호했다. 결론적으로 그는 심리 치료와 약물 복용의 병행을 통해 주기적으로 발생하는 문제에 대한 매우 효과적인 해결책을 얻게 되었다고 생각했다. 메리와 브라이스는 다시 한번 '즐거운 행사'로 복귀하게 되었다.

> 실데나필(비아그라)을 비롯한 발기장애 치료제가 발기를 회복시켜 성관계를 가능하게 하는 비율은 60~80%인 것에 비해 위약에서의 비율은 21%이다(Khera, 2021; Graham & Bancroft, 2020).

평가 문제

1. 성기능부전을 정의하라.
2. 브라이스의 성기능부전은 어떠한 이유로 발현되었는가?
3. 브라이스가 메리와의 성관계를 마무리할 수 없었던 요인은 무엇인가?
4. 한 번 이상의 발기장애를 경험한 남성의 비율은 몇 퍼센트인가?
5. 발기장애를 유발하는 신체적 요인은 무엇인가?
6. 브라이스가 심리 상담을 비아그라 복용보다 더 나

은 치료 옵션이라고 생각했던 이유는 무엇인가?
7. 메리가 남편의 발기장애에 관해 걱정했던 부분은 무엇이었나?
8. Masters와 Johnson은 발기장애 치료를 위해 어떤 종류의 치료법을 사용했는가?
9. 발기장애를 결정짓는 DSM-5-TR 진단기준의 가장 중요한 특징 두 가지는 무엇인가?
10. 카시디 박사가 브라이스와 메리의 치료 시작 시 성관계를 금했던 이유는 무엇인가?

11. 감각 집중 훈련의 목적을 기술하라.

12. 발기장애가 신체적 원인인지 심리적 원인인지를 결정짓는 요인은 무엇인가?

13. 메리와 브라이스가 성공적인 성관계를 재개할 수 있게 되자 카시디 박사가 제시했던 기본 지침은 무엇이었나?

14. 브라이스가 결국 간헐적 비아그라 복용을 시작했던 이유는 무엇인가?

성별 불쾌감

표 12-1	
진단 체크리스트	

청소년기 및 성인기의 성별 불쾌감

1. 성별과 관련된 감정 및 행동이 6개월 이상 자신의 타고난 성별과 반대로 표출되며, 다음 증상 중 두 가지 이상의 특징을 갖는다.
   - 성별 관련 감정 및 행동이 1차 또는 2차 성징과 확연히 상반됨
   - 자신의 성징을 제거하고자 하는 강력한 바람
   - 반대 성의 성징을 간절히 원함
   - 반대 성의 일원이 되기를 희망함
   - 반대 성으로 취급받기를 원함
   - 자신의 감정과 반응이 반대 성의 특징과 일치한다는 강한 믿음
2. 심각한 스트레스와 장애를 경험한다.

(APA, 2022, 2013)

네이선   잘못된 몸에 살다

시스젠더라 불리는 대부분의 사람은 자신에게 부여된 성별(또는 출생 시 해부학적 성별)과 같은 정체감을 느끼는 반면, 트랜스젠더로 태어난 사람들은 부여된 성별과 다른 성 정체성(성별에 대한 개인적 경험)을 느낀다.

우크라이나와 폴란드 계열의 자손인 네이선은 보스턴 외곽의 작은 마을에서 태어났다. 해부학적으로 여성의 몸을 받은 그는 나탈리라는 여자아이의 이름으로 자라났다. 부모인 줄리아와 폴은 재혼한 사이였다. 줄리아는 희귀병이 있는 사람과 보건 관련 전문가들을 온라인으로 연결해 주는 스타트업을 운영하고 있었다. 폴은 중학교 교사였다. 네이선은 두 명의 누나와 폴이 첫 번째 결혼에서 얻은 이복형이 있는 막내였다. 네이선은 자유로운 어린 시절을 많은 친구들과 친절한 가족 중심의 이웃 사이에서 안전하게 보냈다. 그는 바로 위 누나와 4세 터울이었고, 부모님과 형제자매 모두 친하게 지냈다. 사실 자라나면서 네이선은 자신이 그러한 가족을 가졌다는 점에 운이 좋다고 생각했다.

네이선의 어머니는 그의 우상과도 같았다. 의학적으로 희귀한 문제들을 어떻게 진단하는지 이해하여 지구상의 가장 먼 곳에 있는 사람들도 정보를 얻을 수 있도록 도움으로써 세상을 변화시키는 명석하고 성공적인 사람이기 때문이다. 아버지는 안정되고 신뢰를 주며 자식들이 의지할 수 있는 존재였다. 특히 여름방학에 출근을 하지 않고 집에 있으면 더욱 그러했다. 그들은 로키산맥을 지나 중서부로 자동차 여행을 떠나곤 했다. 어떤 해에는 와이오밍주의 잭슨에도 갔었

다. 다른 해에는 몬태나주에 가서 길에서 수많은 곰과 사슴을 만나기도 하였다. 한번은 알비노 영양이 고속도로를 건너 건조한 들판으로 질주하는 장면을 보기도 하였다. 그는 영양이 지평선 너머로 사라질 때까지 눈을 뗄 수 없었다. 네이선은 그 영양에게 마음을 빼앗겼고, 따라가서 계속 지켜 줄 수 있으면 좋겠다고 생각했다. 그 이후에도 영양이 어떻게 되었을지 상상하곤 했다.

네이선은 자신이 또래 여자아이들과 다르다고 생각한 첫 순간을 기억할 수는 없었다. 그가 기억하는 한 그는 다른 여자아이들과 동질감을 느끼지 않았다. 걸음마 시기에 그는 아주 여성스러운 드레스를 입는 것을 거부하고 흔히 남자아이들이 가지고 노는 장난감을 가지고 놀았다. 그는 다른 남자아이들처럼 놀고 행동하고 말하고 입는 것을 늘 상상했다.

네이선은 어렸을 때 사람들이 자신에 대해 지칭하는 단어들도 마음에 들지 않았다. 사람들이 그에게 '예쁘다'고 하거나 '꼬마 공주님'이라고 하면 화가 났고, 자신이 공주가 아니라는 것을 큰 목소리로 알려 줬다. 그의 어머니나 다른 어른들은 처음엔 별명이나 칭찬에 대한 그의 이런 반응에 화를 냈다. 하지만 네이선이 지속적으로 드레스나 스커트를 입는 것을 거부하자 그와 그의 어머니는 몇 년간 의지를 가지고 싸웠다. 그의 어머니는 지역 교회에서 직분을 맡고 있었고, 그들은 일요일 아침에 드레스를 입는 불문율이 있었다. 소녀들은 항상 드레스를 입었고, 소년들은 항상 바지를 입었다. 네이선의 어머니는 주중에는 네이선이 바지를 입는 것을 참을 수 있었지만, 교회 사람들은 네이선(당시 어머니와 교회 사람들에게는 나탈리였다)의 바지 차림에 경악을 금치 못했고 어머니는 이를 참지 못했다. 3세 때부터 네이선은 매주 토요일에 다음 날 교회에 입고 갈 옷 때문에 어머니와 싸우기 일쑤였다. 어머니는 벌을 주겠다고 으름장을 놓거나 선물을 주겠다는 약속을 하며 싸움에 이기곤 했다. 하지만 '적합한' 옷을 못 입힌 날에는 교회에 불참하는 일이 잦았다. 어머니는 딸이 바지를 입고 교회에 나타나 사람들에게 욕을 먹느니 교회에 빠지는 것이 낫다고 생각했다.

그즈음 네이선은 어머니에게 남자가 되고 싶다고 말하기 시작했다. 부모님은 혼란스러웠지만 수용하고자 했다. 일시적일 것이라 가정했다. 그들은 누군가가 트랜스젠더가 될 수 있다는 것이 의미하는 바가 무엇인지 잘 몰랐지만 네이선은 모든 면에서 소녀보다는 소년에 가까웠고, 그를 여자애보다는 남자애로 생각할

대부분의 트랜스젠더들은 공식적으로 성전환이 되기 전부터도, 출생 시 성별보다 자신의 성 정체성에 맞는 성별 이름이나 대명사를 강하게 선호한다. 이에 따라, 이 장에 소개한 네이선의 사례도 처음부터 계속 남성 대명사를 사용한다.

수 있다는 것을 알게 되었다. 네이선은 심지어 자신이 남자가 되기를 마음속으로만 비는 것이 아니라, 자신이 남성이라고 진정으로 믿었으며 자신을 남자로 보아주지 않는 사람들에게 미움이 생긴다고 말했다.

취학 전 네이선은 액션 장난감과 액션 활동을 매우 좋아했다. 원하는 선물을 말로 표현할 수 있는 나이가 될 때까지는 생일과 크리스마스 때 아기 인형이나 바비 인형을 선물로 받았다. 그는 액션 장난감, 자동차/트럭, 장난감 총, 집 짓기 세트를 요구했다. 이미 가지고 있던 인형 장난감은 전쟁 놀이의 적군으로 전락시키거나 인형에 남성스러운 옷을 입히고 남자 이름을 붙였다. 또한 액션 장난감을 가지고 놀며 스스로 '네이선 장군'이라 이름 붙였고, 전쟁을 이끄는 남자 군인이 되어 상상 속의 게임을 즐기곤 했다. 초기에 어머니와 다른 가족들은 그저 네이선이 오빠의 영향을 받아 남자 장난감과 놀이를 좋아한다고만 생각했다. 그들은 네이선이 보다 적합한 놀이와 장난감을 고를 수 있도록 많은 노력을 기울였고, 동네에 사는 언니들을 자주 초대해 함께 놀 수 있도록 자리를 마련하기도 했다. 하지만 다른 여자아이들이 좋아하는 놀이 방식이 네이선의 방식과 너무도 달라 즐겁게 마무리되는 일이 거의 없었다. 네이선은 어린 시절에조차 모든 사람들이 그녀에게 '자신에게 맞지 않는 누군가'가 되기를 요구한다고 느끼고 있었다.

시간이 지나면서 줄리아와 폴은 새로운 현실을 받아들이기 시작했다. 그들에게는 남자나 여자에 대한 일반적인 기대에 따라 살고 있는 네이선보다 나이 많은 아이들이 있었다. 네이선의 누나들은 여성적이었고, 형은 '전형적인' 사내아이였다. 네이선이 초등학교를 다니는 동안 그가 다르다는 것은 점점 더 명확해졌다.

네이선은 어머니가 머리핀, 머리끈, 리본으로 머리 손질해 주는 것을 싫어했다. 그는 머리를 하나로 질끈 묶고는, 머리를 짧게 자르겠다고 몇 년간 어머니를 졸랐다. 네이선은 어머니를 좋아하고 우상화하고 있었지만, 어머니가 자신을 이해하지 못하는 것은 싫어했다. 8세가 되던 해, 어머니는 매일 아침 딸의 머리 때문에 싸우는 데 지쳐 폴에게 네이선을 이발소에 데리고 가도록 하고 몇 년간 다니던 줄리아의 고급 미용실 예약은 취소했다. 네이선의 남성적 성향에 조금 더 편안하게 대했던 폴은 자신의 생각을 버리고 네이선의 생각대로 하기로 하였다. 그들이 들어선 곳은 남자들의 이발소였다. 폴이 어렸을 때부터 머리를 잘라 주던 이발사 마리오는 깜짝 놀라며 말했다. "오, 예쁜 아가씨, 여긴 웬일인가?" 네이

종종 트랜스젠더라는 느낌은 아동기에 시작된다(Olson-Kennedy & Forcier, 2020). 아동기의 이러한 패턴은 청소년기나 성인기에 사라질 수도 있지만 많은 수가 트랜스젠더 성인이 된다(Elaut & Heylens, 2020).

선은 그냥 넘어갈 수 없었다. "나는 아빠처럼 머리를 자르고 싶어요." 마리오는 잠시 혼란스러워했지만 곧 친절하게 대답했다. 네이선은 이발소를 편안하고 기분 좋게 나와 집으로 오는 내내 유리창에 자신의 모습을 비춰 보며 돌아왔다. 집에 돌아와 어머니와 누나들에게 보여 주자 그들은 괜찮아 보인다고 말해 줬다. 그들은 나탈리가 자신을 찾고 다른 사람도 그를 받아들일 수 있도록 하기 위해 많은 투쟁을 해야 한다는 것을 두려워하면서도 '나탈리'가 여자로 자라나면 많은 곤란을 겪을 것이라는 생각에 마음이 복잡했다.

초등학생 시절 내내 네이선은 학교 운동장에서 이루어지는 모든 스포츠에 두각을 나타냈다. 그는 야구, 피구, 소프트볼을 했다. 달리기가 매우 빨랐고, 팀을 나눌 때 친구들이 가장 먼저 선택하는 아이였다. 초기에는 남학생과 여학생이 모두 팀을 이뤄 스포츠를 즐겼지만, 고학년이 되어 갈수록 스포츠에 참여하는 여학생 수가 점차 줄었고, 결국 쉬는 시간에 남학생들과 스포츠를 하는 유일한 여학생이 되었다. 그는 성별에 따른 구분을 신경 쓰지 않았지만, 반 친구들은 그를 여전히 나탈리이자 여자아이로 생각하고 있었다.

그 당시 네이선의 단짝친구는 인도계 미국인이자 집 근처에 사는 라즈였다. 그들은 같이 자랐고, 숨바꼭질이나 술래잡기를 하며 놀았다. 하지만 5학년이 되자 라즈는 다른 남자아이들과 놀면서 네이선과는 뚜렷이 거리를 두기 시작했다. 네이선이 라즈에게 왜 자신을 피하냐고 묻자 그는 눈을 피하면서 대답했다. "나는 다른 남자아이들과 같이 놀고 싶어. 그리고 엄마, 아빠가 여자아이와 나다니면 안 된다고 이야기했어." 네이선은 충격을 받았다. 해부학적으로 여자로 태어난 것은 그의 잘못이 아니었다. 그는 자신이 통제할 수 없는 일로 인해 친구를 잃는 것은 불공정하다고 생각했다.

동시에 네이선은 다른 여자아이들이 부정적인 이야기를 하는 것을 들었다. 그들은 뒷담화를 하면서 급식실이나 학교 버스에서 그를 피하기 시작했다. 그는 여자아이들의 생일 파티에 초대받지 못하게 되었다. 그는 거절당하는 느낌과 슬픔을 느꼈다. 그 나이의 남자애들은 여자애들과 잘 놀지 않았고, 여자애들은 그를 배제했다. 초등학생 시절이 끝나 갈 무렵, 네이선은 외로움이 부쩍 늘었다. 따돌림과 무시로 인해 그는 집에 틀어박혀서 밖에서 놀지 않고, 아버지와 형, 누나와 함께 서부로 여행을 가기로 한 여름 방학만 기다리고 있었다.

어머니들을 대상으로 한 연구에 의하면 어린 남자아이의 약 1%가 여자아이가 되고 싶어 하고, 어린 여자아이의 약 4%가 남자아이가 되고 싶어 한다(Forcier & Olson-Kennedy, 2020a). 하지만 성인의 0.6%만이 트랜스젠더가 된다. 나이에 따른 이러한 변화는 많은 전문가들이 극히 일부 사례를 제외하고는 모든 종류의 불가역적인 신체적 트랜스젠더 절차에 대해 16세 이후에 시도하도록 권고하는 이유 중 일부이다(Endocrine Society, 2020, 2017).

10대 충격이 닥치다

전부는 아니지만 일부 트랜스젠더들은 자신의 불일치감으로 인해 극도의 스트레스를 경험하거나 자신이 사회적 관계, 직장, 학교 등에서 실패했다고 느끼기 때문에, DSM-5는 이들을 성별 불쾌감을 갖고 있다고 명명하였다. 그들은 종종 심한 불안이나 우울을 경험하고, 약물 남용을 하거나 자살사고를 갖게 된다(Guzman-Gonzalez et al., 2020; MHA, 2020).

12세가 되던 해에 네이선은 가슴이 부풀어 오르는 것을 발견하고는 경악했다. 어머니가 이 사실을 알아차려 그녀에게 브래지어를 입힐까 봐 겁이 났고, 그래서 몸의 변화가 생겼다는 사실을 숨기기 위해 항상 두껍고 헐렁한 티셔츠를 입고 다녔다. 신체적 변화가 더욱 진행되자 그녀는 점점 더 신경을 써야 했다. 급기야 압박 붕대를 찾아 가슴이 납작해 보이도록 가슴을 꽁꽁 싸매기 시작했다. 12세가 되어 생리가 시작되었을 때, 그녀는 극도의 혐오감을 느꼈다. 어머니는 폴에게 딸이 사춘기가 되어 '호르몬이 요동치면' 남자를 좋아하고 귀여운 옷과 화장, 헤어스타일에 관심을 보일 것이고, 자연히 자신의 성을 받아들이게 될 것이라고 말했었다. 폴과 줄리아는 네이선이 남자아이처럼 입고 살아가는 것을 반대하지는 않았지만 다른 부모처럼 자신의 아이가 극도의 어려움을 겪으며 살 것을 걱정하고 있었다. 사춘기에 접어들며 '여성스러운' 모든 것에 대한 네이선의 혐오감이 증폭되자, 줄리아와 폴은 남자아이의 마음을 가지고 생물학적인 여성으로 살고 있는 그들의 아이가 경험하는 정서적 스트레스의 현실을 받아들이기 시작했다.

네이선은 스포츠를 좋아했고, 나이를 먹으며 소프트볼에서 두각을 나타냈다. 그는 여자 소프트볼 팀의 팀원이었는데, 팔 힘이 좋고 공을 잘 쳐 냈다. 그의 힘과 스피드는 집중력과 경쟁력이 있었다. 그는 게임을 하는 동안 자연스러움과 자유를 느꼈다. 그의 부모와 가족은 큰 소리로 응원했다. 그는 땀이 나고 더러워지는 것이 좋았다. 그가 가장 좋아하는 순간은 홈으로 슬라이딩을 해 들어오거나 수비를 하기 위해 잔디에 다이빙하는 때였다. 하지만 경기 시작 전과 종료 후, 선수들이 라커 룸에 들어와 옷을 갈아입는 시간은 그에게 악몽과 같았다. 라커 룸은 벽에 흔들리는 나무 문이 달린 커다란 공간이었다. 네이선은 가장 안쪽 멀리 붙어 있는 라커를 골라 문 뒤에 숨어 옷을 갈아입곤 했다. 그는 다른 선수들이 자신의 몸을 보게 될까 봐 겁이 났고 가슴을 숨기기 위한 자신의 노력을 들키고 싶지 않았다. 당시 그는 압박 붕대 위에 이중으로 이루어진 두꺼운 스포츠 브라를 껴입었다. 다행히 그의 가슴은 크지 않았고 길게 내려 입은 헐렁한 셔츠 밖으로 가슴이 납작해 보이도록 안전히 숨겼다. 게다가 그는 다른 선수들의 나체를 보는 것이 매우 불편했다. 자신이 다른 여학생들이 옷을 갈아입는 동안 그들을 몰

연구에 의하면 90%의 트랜스젠더들은 가정, 직장, 학교, 사회적 관계에서 적어도 중등도의 스트레스나 기능장애를 경험하고, 이는 특히 청소년기에 심하다(Lobato et al., 2019; Billard, 2018).

래 훔쳐보기 시작했다는 사실에 수치심을 느꼈다. 그들은 많은 면으로 네이선에게 생소한 느낌을 주었지만, 동시에 그들의 몸을 보며 성적 관심이 생기기 시작했다. 필드에서 그의 실력은 월등했지만 필드 밖 동료들과의 관계는 힘들었다.

고등학교 졸업 후 그는 작은 마을을 간절히 떠나고 싶어 했다. 그는 그들만의 기준으로 타인을 판단하는 작은 마을에서 자랐기 때문에 그곳에서 친한 친구를 만들 수 없었다고 생각했다. 그는 대학에 가지 않고, 인근 제조업 공장에서 노동자로 일하고자 하였다. 부모는 여름에 그와 같이 지내기를 원했고, 다른 자녀들처럼 네이선이 대학에 가기를 강하게 원하고 있었다. 그들은 네이선을 사랑하고 그의 결정을 지지했지만 걱정이 많았다. 네이선은 고등학교에 다니면서 인근 잡화점에서 2년 동안 파트타임을 하여 약간의 돈을 모았다. 그는 그 돈으로 중고차와 작은 원룸의 첫 달 방세를 지불했다. 그가 기억하는 한 가장 희망적인 시간이라고 느꼈다.

하지만 곧 그의 근심이 고향 땅에만 있지 않다는 사실을 깨닫게 되었다. 고등학교 시절과 마찬가지로 직장에서도 친구를 사귀는 일은 쉽지 않았다. 그는 다시 한번 세상은 성별로 사람을 분류하고 있으며, 자신은 그 어느 곳에도 속하지 않는다는 현실을 깨달았다. 새 삶과 과거의 삶의 유일한 차이는 그가 큰 도시에 살고 있다는 점이었다. 다시금 외로움을 느꼈다. 아직도 그는 아파트에서 아파트로, 도시 이쪽에서 저쪽으로 옮겨 다닐 뿐이었다. 그는 능숙한 작업자였고 공장에서 일하면서 작업을 즐겼다. 직장에서 만나는 대부분의 사람들을 사랑했다. 동시에 그들은 그를 아직 여성으로 보았기에 그들이 그에게 집적거리거나 성적인 농담을 하는 것이 싫었다.

그는 21세 생일에 아무런 할 일이 없는 외로운 자신을 발견했다. 어머니와 아버지가 생일 축하 전화를 했다. 그는 전화를 끊고 하염없이 방 안을 서성이다가 결국 차 열쇠를 들고 밖으로 나갔다. 몇 년간 직장을 다니며 술집 한 곳을 매일 지나쳤고, 늘 그 내부가 어떻게 생겼을지 궁금했다. 술집 안은 이곳에 '소속된' 듯 보이는 사람들로 가득 차 보였고, 그곳을 지날 때마다 부러움과 동경의 마음이 들었다. 오늘은 '특별한' 날이었기 때문에 바에 들러서 술을 한두 잔 마시고 싶었다. 술을 마시면 긴장이 풀리고 이상한 기분이 든다는 점이 매우 흥미로웠다. 그는 자신이 단 한 번도 '정상적인' 사회 경험을 한 적이 없다는 생각이 들었

> 세계적으로 2500만 명이 트랜스젠더인 것으로 추산되고, 이는 성인 인구의 0.6%에 해당한다(Elaut & Heylens, 2020; Tangpricha & Safer, 2021, 2020).

성 지향성은 누구에게 성적으로 끌리는가 하는 것이다. 성 정체성은 자신이 남성, 여성, 또는 그 혼합이나 둘 다 아니라는 것에 대해 스스로 생각하는 것이다. 네이선과 같은 대부분의 트랜스젠더 성인들은 자신이 경험하는 성별의 반대 성에게 성적인 매력을 느낀다(APA, 2013; Lawrence, 2010). 하지만 트랜스젠더들은 다양한 성 지향성을 경험할 수 있다.

고, 불현듯 술 한잔 마시지 않고 스물한 번째 생일을 지나쳐 버린다는 생각에 참을 수가 없었다.

그는 용기를 내 술집으로 들어갔다. 술집에 들어서자, 모든 사람이 그를 쳐다보는 것 같아 발길을 돌려 그곳을 나오고 싶었지만 바로 걸어가 맥주를 주문했다. 그는 바텐더에게 오늘이 생일이라고 말했다. 옆에 있던 사람이 듣고 그를 위해 한 잔을 대신 주문해 주었다. 그들은 생일에 대해 약간의 이야기를 나누고 생맥주를 주문했다. 몇 시간이 지나자 네이선은 편안하고 안도감이 들었다. 공공장소에서 이 정도로 편안했던 적이 없었다. 그는 다음 주, 그다음 주에도 또 찾아오다가 규칙적으로 바에 찾아오는 단골이 되었다. 거기에는 프랭키와 칼, 이안이 있었다. 종종 주인인 베로니카와 케빈이 데킬라나 위스키를 서비스로 줬다. 알코올은 그가 보다 수용되고 정상적이라는 느낌을 주었다. 이를 진정한 우정으로 발전시키지는 못했지만, 적어도 사람들을 만나고 최근 토트넘의 축구선수 이적과 감독의 결정, 해리 케인과 엘링 홀란의 축구 스타일에 대해 이야기하였다. 그는 점차 자신의 안전한 지역을 넘어 레즈비언들이 자주 들른다는 바에도 들르게 되었다. 그는 고등학교 시절부터 자신이 여자들에게 성적으로 끌린다는 사실을 알고 있었지만, 자신에게 레즈비언이라는 단어를 적용해 본 일은 없었는데, 이는 스스로를 여자로 생각하지 않았기 때문이었다.

네이선은 몇 년 동안 주기적으로 술을 마시고 술집에서 만난 여자들과 하룻밤씩 자며 가족과는 최소한의 연락만을 주고받았다. 그의 형은 대학을 중퇴하고 소방관으로 일하고 있었다. 누나 소피아는 매사추세츠대학교를 졸업하고 자메이카플레인의 보훈병원에서 일하고 있었다. 둘째 누나인 마리아는 보스턴대학교를 졸업하고 은행에서 일하고 있었다. 네이선은 그들에 대해 잘 알고 있다고 생각하지는 않았지만 자신의 형제자매가 자랑스러웠다.

네이선은 어느 날 밤, 레즈비언 바에서 나와 집에 오다가 음주 운전으로 연행되었다. 그 경험을 통해 그는 자신이 사람들과의 사회적 상황에서 교류하는 용기를 얻기 위해 알코올에 의존하고 있다는 사실을 깨달았다. 그는 자신이 술을 마시고 억제에서 해방되었을 때에만 여자들을 만나고 성적인 관계를 맺어 왔다는 사실도 알게 되었다. 그렇다 하더라도 그는 자신이 레즈비언이라고 생각해 본 적은 없었다. 성적인 만남을 통해 만족감을 느끼지도 못했다. 며칠 후 그는 온라인

서핑을 하다가 광고 문구에 주의가 끌렸다. 이는 성별 불쾌감 치료 전문 병원의 광고였다. 그 병원은 보스턴에 있었고 성별 불쾌감이라는 용어가 그의 호기심을 자극했다. 그는 곧 이 용어로 구글 검색을 실시했고 수천 건의 검색 결과에 압도 당했다. 그는 링크들을 클릭하기 시작했고 관련 정보를 빠르게 읽으며 심장이 요동치는 것을 느꼈다. 성별 불쾌감 증상에 대해 읽자, 자신의 과거 경험들이 주마등처럼 스쳐 지나갔다. 어린 시절 어머니가 보였던 반응 때문에 그는 자신의 내적 감정을 이야기할 엄두조차 못 내고 살았다. 평생 느꼈던 스트레스와 혼란감이 그 혼자만 느끼는 감정이 아니라는 사실을 믿을 수가 없었다. 다른 사람들, 즉 수많은 사람들이 자신과 똑같은 생각과 감정을 경험했다는 사실은 너무도 충격적일 뿐 아니라, 그의 일생에서 가장 큰 안도감을 선사했다. 그는 성별 불쾌감에 대한 정보와 사연들이 가득한 여러 웹사이트의 게시글을 읽으며 밤을 새웠다.

성별 불쾌감을 가진 사람들을 응원하는 온라인 지원 모임도 발견했다. 그는 수많은 사연을 읽으며 주체할 수 없는 눈물을 흘렸다. 이는 마치 자신의 삶을 정확히 이해해 주는 사람들을 찾기 위해 이 세상에 완전히 홀로 서 있는 악몽으로부터 깨어난 기분이었다. 그는 여러 주 동안 직장을 마치면 곧바로 집으로 돌아와 더 많은 정보를 검색했다. 그는 점차 용기가 생겨 지원 모임 웹사이트에 온라인 프로필을 작성하고 최초의 게시글을 올렸다. 그는 자신의 상황과 과거 경험에 관한 내용을 몇 문장의 짧은 글로 작성했다. 그는 누군가 올릴 댓글을 기다리며, 혹은 그 댓글이 공격적이거나 비판적인 내용일까 봐 걱정하며 초조하게 지켜봤다. 놀랍게도 게시글에 대한 다양한 사람들의 댓글이 쏟아지기 시작했다. 모든 사람이 그를 응원하고 이해하고 있었으며, 그는 생애 최초로 환영과 인정을 받았다.

네이션은 온라인 지원 모임에 글을 게시하고 댓글을 달며 몇 주를 더 보냈다. 성별 불쾌감에 대한 치료법이 여러 가지 있다는 것도 알게 되었다. 처음에 그는 치료를 받으며 편안한 인생을 살 수 있을 거란 희망에 가득 찼다. 하지만 검색 결과 치료비가 상당히 비쌌고, 그가 가진 기초 의료보험은 이 비용을 부담해 주지 않을 것이라는 사실을 깨달았다. 그의 희망은 곧 사라졌고 최소한 지원 모임을 찾았다는 사실에 만족하자고 스스로를 위로했다.

그러던 어느 날 지원 모임의 온라인 친구가 그에게 링크를 보내 주었고, 그 링크는 매사추세츠 종합병원에서 실시하는 트랜스젠더를 위한 성별 불쾌감 치료에

최근의 긍정적인 발전 중 하나는 트랜스젠더들을 위한 지지 프로그램이 증가했다는 점이다(Boskey, 2020; NCTE, 2020). 연구에 따르면 이런 프로그램은 트랜스젠더들에게서 성별 불쾌감을 예방하거나 감소시키는 효과가 있다(Selkie et al., 2020; Johns et al., 2018).

관한 새로운 연구 공지였다. 그는 신이 나서 링크를 클릭했다. 해당 링크는 성별 불쾌감 치료 연구를 위한 피실험 지원자를 찾는 웹사이트로 연결되었다. 연구 참가자는 남녀 상관없이 18~45세 연령이어야 했고 치료 비용은 무료였다. 네이선은 1분 동안 숨을 쉬기조차 어려웠다. 천천히 주머니에 손을 뻗어 전화기를 꺼내 들고 화면 속의 번호로 전화를 걸었다.

치료 1단계(심리 치료)

네이선은 두려움에 떨며 상담 센터 대기실에 앉았다. 대기실에는 어린아이들과 그들의 부모, 부부나 애인, 그리고 여러 사람들로 북적였고, 대기실의 모든 사람이 자신을 쳐다보고 있는 것만 같았다. 마음을 진정시키기 위해 모든 사람은 자신의 치료 차례를 기다리고 있을 뿐이라고 스스로에게 말했지만, 시간은 너무나 천천히 흐르고 있었다. 그때 한 여자가 자신의 이름을 불러서 깜짝 놀랐다. 그녀는 "안녕하세요. 저는 슬론 박사입니다."라고 말하며 사무실로 그를 데리고 갔다. "편안하게 생각하시고, 아무 데나 앉으시면 됩니다. 커피 한잔 드릴까요? 디카페인으로 드릴까요?"라고 말했다.

네이선은 자신을 나탈리라고 소개했다. 그는 가죽 소파에 앉았고, 편안하면서도 전문적인 느낌이 완벽히 조화된 사무실 인테리어가 훌륭하다고 생각했다. 그는 심리 상담자에게 한 시간가량 자신의 과거에 대해 이야기했다. 처음에는 어린 시절과 병원을 찾을 수밖에 없었던 사건들에 관해 이야기하는 것이 편치 않았지만, 슬론 박사는 거슬리지 않는 수준으로 자세한 질문을 던지며 전문가답게 이야기를 이끌었다. 한 시간의 상담이 짧게 느껴졌다. 심리 상담자는 네이선이 치료 연구에 적합한지를 논의한 후, 추가 상담이 필요하다고 언급했다.

네이선은 치료연구 외에는 아무것도 생각할 여력이 없었기 때문에 한 주가 너무 길게 느껴졌다. 그는 강한 낙관과 완전한 비관 사이를 오갔다. 거의 한숨도 못 자고 신경이 예민한 상태로 일주일을 보낸 뒤 병원으로 갔다. 그 순간 그는 결과에 관계없이 그저 어떤 대답이든 빨리 듣고 싶었다. 슬론 박사가 그의 이름을 불렀고, 함께 사무실로 걸어가며 그에게 미소를 보냈다. 네이선은 몸을 떨며 자리에 앉아 판결을 기다렸다. 슬론 박사는 "연구팀이 모여서 당신이 성별 불쾌감 진

DSM-5의 성별 불쾌감 범주는 논쟁의 여지가 있다. 많은 사람들은 트랜스젠더 패턴이 흔하지는 않지만, 자기 성 정체성에 대한 병리적이지 않은 건강한 경험이어서 심각한 불행감이 동반된다 하더라도 심리적 장애로 생각되어서는 안 된다고 주장한다.

단기준에 부합하며 치료연구에 이상적인 지원자라는 결론을 내렸어요. 물론 본인이 참가에 동의를 한다면 말이죠."라고 말했다. 일주일간의 불안이 가라앉았고, 네이선은 안도감에 빠졌다.

　나머지 한 시간의 회기는 치료 절차 계획에 관한 논의로 이루어졌다. 슬론 박사는 치료팀을 '다학제 팀'이라고 묘사하고, 이 용어를 치료 전반에 걸친 의사, 심리학자, 사회복지사, 간호사가 네이선의 치료에 참여하는 것이라고 정의했다. 이 치료는 4개의 옵션으로 구성되며, 네이선은 이 4단계 중 일부 또는 전체 치료를 받을 수 있다고 했다. 이 옵션은 심리 치료, 호르몬 치료, '현실 경험'이라고 불리는 치료, 그리고 성별 확정 수술을 포함했다. 그는 목표 설정, 갈등 해소, 문제행동 및 생각 등을 다루는 개인 심리 치료를 받게 되었다. 네이선은 즉시 단계별 심리 치료를 시작하기 위한 다수의 예약을 잡았다. 호르몬 치료 시작 전의 심리 치료 기간은 보통 최소 3개월이라고 했다. 긴 치료 일정이 네이선의 의지를 꺾지는 못했다. 그는 이미 오랜 시간 동안 자신의 '진정한' 자아를 찾고자 기다려왔기 때문이다. 실제로 심리 치료 단계 중 많은 문제들이 언급되었고, 호르몬 치료에 대한 그의 생각과 느낌은 아직 충분히 정립되지 않았다.

　이후 4개월간 네이선은 매주 슬론 박사와 만났고, 모든 심리 치료는 미래에 대한 현실적 목표 설정에 초점이 맞춰져 있었다. 그들은 네이선의 가족, 직장 동료, 미래의 연애 생활 등 대인 관계의 목표에 관해 논의했다. 치료자는 그에게 어머니와 형제자매에게 연락해 심리 치료에 초대할 것을 권했다. 네이선은 가족들에게 성별 불쾌감 진단에 관해 이야기하는 것을 두려워했지만, 치료자의 도움을 받으며 이야기할 수 있는 기회가 생긴다는 점에 안도했다. 그는 2주 동안 전화기를 들었다 놓기를 반복하며 가족들에게 전화하는 것을 망설였다. 그는 결국 이를 포기하고 부모와 형제자매에게 단체 문자를 보내 다음 주 '진료 예약'에 와 줄 수 있는지를 물었다. 어머니는 네이선이 혹시 암이나 다른 불치병에 걸린 게 아닌지를 걱정하며 즉시 전화를 걸었다. 네이선은 곧 자신은 건강하다고 말한 뒤, 다음 주 진료 예약은 심리 치료자와의 약속이며 가족이 이 치료에 동참해 주기를 진심으로 바란다고 말했다. 어머니는 망설이고 혼란스러워하는 듯 보였지만, 다음 주에 폴과 함께 오겠다고 이야기했다.

　다음 주가 되어 가족 모두가 도착했고, 네이선은 안도감과 함께 약간의 두려움 점점 더 많은 연구에서, 트랜스젠더들이 그들의 가족이나 친구에게서 지지를 받으면 심각한 정신건강 문제를 덜 경험하게 되는 것으로 밝혀지고 있다(Herman, Brown, & Haas, 2019; Johns et al., 2018).

을 느꼈다. 그는 이 치료가 어떻게 진행되며 가족들이 어떤 반응을 보일지 알지 못했다. 그는 성별 불쾌감에 관한 기초적인 내용을 가족들에게 설명하며 슬론 박사가 치료를 시작할 수 있도록 도왔다. 슬론 박사는 네이선에게 그간 겪었던 일들을 가족들에게 이야기하라고 부탁했다. 그의 얼굴은 붉게 변했고, 진땀이 나기 시작했다. 하지만 그는 주저하며 어린 시절부터 몸은 여성이지만 실제로는 남성이라고 느꼈던 경험들을 이야기했다. 그들의 시선을 피하며 말을 마친 그가 고개를 들어 가족들을 바라보자, 어머니의 얼굴은 일그러져 눈물로 덮여 있었고, 아버지는 눈을 크게 뜨고 끄덕거리고 있었다. 처음에는 아무 말이 없었지만, 곧 줄리아가 코를 훔치고 나서 이야기했다. "나는 너를 사랑해, 계속 알고 있었어."

슬론 박사 : 여러분도 동의하시겠지만, 네이선은 평생 아주 힘든 경험을 했고 가족들 앞에서 과거에 관해 이야기하는 것도 아주 힘들었을 겁니다. 가족 여러분 모두 이 정보를 받아들일 시간이 필요할 거예요. 하지만 그간 네이선이 겪었던 일을 듣고 어떤 감정이 생기는지를 그에게 이야기해 주셨으면 합니다.

폴 : 나탈리, 난 널 사랑한다. 어떤 일이 있더라도 말야. 너의 엄마처럼 나도 항상 내가 이 모든 걸 알고 있었다고 생각했어. 그런데 이게 너에게 얼마나 큰 아픔이었을지는 생각하지 못했고, 네가 늘 우울해하는 게 정말 싫었다. 그게 무슨 의미이든 간에 네가 행복해졌으면 좋겠어.

슬론 박사 : 폴, 나는 당신과 줄리아가 네이선에 대한 사랑과 지지를 보여 줘서 매우 기쁩니다. 성별 불쾌감이나 트랜스젠더 기능의 가장 큰 어려움은 고립감이고, 네이선 역시 평생 고립감을 느끼며 살아왔습니다. 이해와 응원은 네이선에게 큰 안도감을 줄 거예요. 하지만 나머지 가족분들은 아마 그렇게 낙관적으로 생각하지는 못하고 계신 것 같군요. 네이선의 치료가 진행될 때 여러분의 감정과 실제적 걱정이 무엇인지 찾아보셨으면 합니다.

네이선의 어머니는 네이선이 어렸을 때 자신이 더 좋은 어머니가 되지 못했었음에 대해 많은 이야기를 했다. 폴은 아내를 위로하고, 자신이 네이선의 자기 감각에 대해 무엇을 해야 하는지를 알기 위해 늘 고민했다는 이야기를 하였다. 그들은 모두 그가 어린아이일 때 더 순조롭게 이 문제를 해결하기 위해 무엇을 하고 어떻게 사람들을 수용해야 하는지에 대해 부끄러운 마음으로 되돌아보았다. 상담은 수많은 풀리지 않는 문제를 남긴 채 끝났지만, 그럼에도 네이선은 최소한 이러한 대화가 시작될 수 있었다는 사실에 감사했다.

네이선과 슬론 박사는 수차례 상담을 통해 그의 걱정과 미래에 대한 희망에 관해 이야기했다. 성전환에 대한 장단점을 논의하고, 그의 과거와 미래를 모두 고려하며 수많은 시간을 보낸 끝에, 네이선은 남자로 살겠다고 결심했다. 이러한 결정 후 그는 큰 안도감과 기대감을 갖게 되었다. 슬론 박사는 항상 결국 완전한 남성이 된다면 삶의 모든 부분이 향상될 것이라는 네이선의 기대를 날카롭게 지적하곤 했다. 더 나아가 슬론 박사는 자기 자신이 10대와 성인기에 성별 불쾌감을 경험하였고, 트랜스젠더라는 사실을 밝혀 네이선은 크게 놀랐다. 슬론 박사는 남자아이로 태어났고, 지금 네이선이 받으려는 수술을 통해 여자가 되었다. 네이선은 경외감이 들었다. 그는 슬론 박사가 트랜스젠더라고는 전혀 생각해 보지 않았고, 이는 네이선에게 자신도 슬론 박사와 같이 될 수 있다는 엄청난 희망을 주었다.

> 트랜스젠더 여성(출생 시 남성이었지만 여성으로서의 정체성을 가진 사람)의 숫자는 트랜스젠더 남성(출생 시 여성이었지만 남성으로서의 정체성을 가진 사람)의 숫자보다 2배 정도 더 많다(Nolan, Kuhner, & Dy, 2019).

슬론 박사는 수술이 그의 모든 문제를 마법처럼 해결해 주지 못한다는 점을 강조했다. 사실 음주는 치료의 주요 쟁점 사안이었으며, 네이선은 4개월간 금주 상태로 치료에 임했다는 사실이 너무나 자랑스러웠다. 가족 문제도 완전히 해결되지 않았다. 형은 그가 여성으로 태어났는데 왜 남성으로 살기를 '선택'해야 하는지 동의할 수 없었다. 그는 네이선이 선택을 했다고 잘못 생각했고, 이것은 존재에 대한 깊은 느낌이 아니라 변덕처럼 느껴졌다. 반면 누나인 소피아의 지지적 반응은 의외였고 그들의 관계는 점차 친밀해졌다. 둘째 누나인 마리아는 말로는 지지적이었지만 시간이 지나면서 자신의 일에 몰두하여 조금씩 거리감이 느껴지게 되었다. 네이선은 마리아가 바쁘기 때문이라고 생각하기로 했지만, 마리아 역시 그의 결정에 불편하거나 동의하지 못하는 것처럼 느껴졌다. 어머니는 언제나 그의 성별 불쾌감에 대한 이야기를 하고 싶어 했고, 네이선이 이야기의 주제를 바꾸려 하면 그의 성 정체성이나 치료에 대한 질문들을 재빨리 덧붙이곤 했다. 슬론 박사는 그가 현재의 가족 관계를 잘 받아들이는 것에 집중하고, 나아가 이를 더욱 향상시킬 수 있도록 도왔다.

치료   2단계(호르몬 치료)

호르몬 치료에서 내과 의사는 트랜스젠더 남성에게는 남성 호르몬 테스토스테론을 처방하고, 트랜스젠더 여성에게는 여성 호르몬 에스트로겐을 처방한다. 트랜스젠더 여성은 그들의 신체에서 생성하는 남성 호르몬을 억제하는 항남성 호르몬을 처방받기도 한다(Elaut & Heylens, 2020; Ferrando, Zhao, & Nikolavsky, 2020).

5개월 후 네이선과 슬론 박사는 그가 2단계 치료에 돌입할 준비가 되었다는 점에 동의했다. 그는 내분비학 전문의인 스프랏 박사를 만나 호르몬 치료에 대해 논의했다. 단순한 진료 예약이라고 생각했으나 네이선이 예상했던 것보다 훨씬 복잡한 대화가 오갔다. 남성 호르몬 주사를 원하긴 했지만 호르몬 주사와 관련된 수많은 문제점을 알지 못했다. 스프랏 박사는 우선 임신 가능성에 관한 논의를 시작했다. 스프랏 박사는 테스토스테론 주사의 주요한 부작용은 불임이라고 언급했다. 네이선은 단 한 번도 임신과 출산을 원한 적이 없었다. 하지만 스프랏 박사는 그가 생각해 보지도 않았던 흥미로운 양자택일 문제를 제시했다. 혹시라도 미래에 자신의 생물학적 자녀를 원하게 될 경우를 대비해, 네이선의 난자를 채취 및 냉동할 수 있었다. 한편으로 그는 이 문제를 잊고 호르몬 치료를 당장 시작하고 싶었지만, 다음 진료 예약 때 지금 시행하지 않았던 이 일로 인해 후회할 날이 오는 것이 아닌가 걱정이 되기도 했다. 하지만 이 시술은 매우 고가였고 치료연구의 지원 항목도 아니었다. 게다가 채취 가능한 난자의 수를 늘리기 위해 여성 호르몬을 투약해야 한다고 했다. 네이선은 며칠 밤을 뒤척이며 난자 채취는 생략하기로 결심했다. 만일 미래에 아이를 원한다면, 입양을 고려하기로 결심하자 마음이 편해졌다. 다음 주에 그는 호르몬 치료를 시작했다.

네이선은 테스토스테론 주사 치료를 시작했다. 그는 항상 바늘에 대한 두려움이 있었는데, 다행히 일반적인 주사 대신 피부에 패치를 붙일 수 있었다. 네이선은 테스토스테론을 통해 큰 변화를 얻기를 갈망하며 자신의 몸을 면밀히 관찰하기 시작했다. 2주 후 몸에 나타난 변화는 매우 적었고 그는 이에 실망했다. 그는 스프랏 박사를 찾아갔고, 박사는 눈에 띄는 변화를 위해서는 몇 개월이 걸릴 것이라고 대답했다.

그 후 3개월간 네이선은 자신의 목소리가 굵어졌다는 사실을 발견했다. 전화 통화 시 그를 모르는 상대방이 그에게 'sir' 또는 'Mr.'라는 남성에 대한 경칭을 사용한다는 사실에 몹시 흥분했다. 그는 또한 가슴 크기가 줄어들어 가슴 모양이 옷 밖으로 크게 드러나지 않는다는 변화도 느끼기 시작했다. 하지만 여전히 가슴 크기에 만족하지 못했고 계속해서 가슴을 동여맸다. 얼굴과 가슴을 비롯한 온

몸에는 새롭게 털이 자라기 시작했고, 약국의 면도용품 코너에 관심을 갖게 되었다. 이러한 변화에 당황스러운 감정이 들기도 했지만, 남성적인 뭔가를 하고 있다는 사실이 너무도 즐거웠다. 얼굴과 가슴에 자라기 시작한 털 때문에 기뻤지만, 동시에 머리카락이 빠지기 시작했다. 그는 머리를 더 짧게 자르고, 자신이 남성들에게 나타나는 고유한 탈모를 경험하고 있음을 감지했다. 이 때문에 복합적인 감정이 들었다. 그는 대머리가 되고 싶지 않았지만 다른 한편으로 남자들만 겪는 문제를 경험하고 있다는 사실에 안도했다. 다행스러운 점은 호르몬 부작용이 매우 적게 나타난다는 사실이었다. 여드름, 정서 불안, 성욕 증가 등의 부작용에 대한 정보를 읽은 적이 있었지만, 그에게 이런 문제는 발견되지 않았다. 호르몬 치료 6주 후 스프랏 박사는 호르몬 효과가 극대화됐으며, 치료의 다음 단계를 시작할 때라고 설명했다.

> "당신이 알고 있는 그 자신의 존재를 부정당하는 말을 듣는 것은 트라우마이다"(일라이저 닐리, 치료자).

치료   3단계(현실 경험)

이 단계는 지금까지의 모든 치료 과정 중 가장 힘든 동시에 가장 신나는 부분이었다. 이 치료 단계에서 공식적이며 공개적으로 네이선의 성 정체성이 바뀌는 것이었다. 이를 기점으로 그는 네이선이 되어 공식적인 남성으로서의 삶을 살기 시작했다.

치료 다음 날 네이선은 잠에서 깨자마자 이게 정말 현실인지를 확인하려고 볼을 꼬집어 보았다. 침대에서 일어나 샤워를 하고 옷장 문을 열었다. 이 순간을 위해 구입했던 새 옷이 있었다. 그는 새로 산 바지와 셔츠를 입고 구두를 신으며 몸을 떨었다. 그날 아침엔 면도를 하지 않기로 결정했다. 얼굴에 난 적은 수염이 그를 '진짜' 남자로 느껴지게 했기 때문이다. 그는 걱정에 휩싸여 출근길에 세 차례나 차를 돌려 집으로 돌아가려 했다. 그는 15분 동안 주차장에 앉아 직장 안으로 걸어 들어갈 용기를 모으고 있었다. 그는 몇 주 전 직장 상사에게 자신의 치료에 대해 이야기했다. 직장 상사의 얼굴에는 충격과 혐오가 가득해 보였지만 그의 대답은 말끔했다. 그는 '업무 능력에 방해를 주지 않는다면' 네이선을 응원하겠다고 말했다.

네이선이 몇 년째 여성의 모습으로 일해 왔던 이 작업장은 그가 환경에 잘 섞여 들어갈 수 있는 곳이었다. 그는 열심히 일했고, 직원들 사이에서 모범이 되었다. 하지만 다른 직원들이 사다리를 타고 오르는 동안 그는 단 한 번의 승진을 했을 뿐이었다. 그는 단 한 번도 동료들을 '친구'라 느낀 적은 없었지만 점차 가깝고 편안한 관계로 진전되고 있었다. 그가 일터로 걸어 들어가자 다양한 반응이 나타났다. 일부 동료들은 네이선의 기념비적 변화에 어떠한 관심도 보이지 않았고, 다른 동료들은 예상대로 그를 쳐다보고는 휴게실을 떠나기도 했다. 그는 이미 직장 상사에게 나탈리가 아닌 네이선이라는 이름이 적힌 새로운 이름표를 요청한 바 있고, 그 이름표를 달고 있는 자신이 의식되었다.

변화 이후 일주일간 단 한 사람의 동료도 그를 '네이선'이라 부르지 않았다. 그들은 호칭을 생략한 채 용무를 진행했다. 네이선은 험담꾼으로 유명한 두 여자 동료가 자신에 관해 이야기하는 것을 우연히 듣게 되었다. 한 여자가 "그 남자/여자를 뭐라고 불러야 할지 모르겠어. 그 남자라고 해야 되는 거야, 아니면 그 여자라고 불러야 하는 거야?"라고 말하자, 다른 한 사람이 깔깔거렸고 그제서야 자신들 뒤에 네이선이 서 있다는 것을 알아차렸다. 그는 얼굴이 붉게 변한 채로, 두 여자가 당황하여 그곳을 빠져나가는 모습을 지켜봤다. 그는 자신이 직장에서 누구와도 가까이 지내지 않았고, 그 덕에 '전'과 '후'가 크게 다르지 않다는 점에 감사한 마음이 들기조차 했다. 그의 성별 변화가 모든 문제를 해결해 주지 않을 것이라는 슬론 박사의 말이 결단코 옳았다.

네이선은 남자의 모습으로 가족을 만나는 노력의 일환으로 가장 먼저 누나 소피아를 택했다. 최근 그녀와의 대화를 돌이켜 봤을 때, 소피아는 크게 놀라지 않을 것 같았고, 자신의 사기 진작을 위해서 가장 편한 가족부터 시작하는 것이 좋을 것이라 판단했다. 누나가 회의 때문에 근처에 방문하는 동안 네이선은 누나를 점심 식사에 초대했다. 그는 약속 시간 직전에 누나에게 문자 메시지를 보냈다. "놀라게 하고 싶지 않지만, 난 지금 공식적으로 네이선이 됐어." 소피아는 주먹을 쥐고 웃고 있는 이모지를 보냈고, 그는 곧 마음이 편안해졌다. 소피아는 제시간에 약속 장소에 도착했고, 그들은 식사 내내 네이선이 받은 치료와 성별을 바꾸는 일이 네이선에게 얼마나 힘든 과정이었는지에 대해 이야기했다. 소피아는 부모님에게 이 사실을 알렸는지를 물어봤고, 네이선은 가족 모두가 알고 있다고 이야기하였다. 소피아는 그의 형에게 이야기하라는 격려도 했지만 형이 긍정적인

조사에 의하면 트랜스젠더의 90%는 학교나 직장, 지역사회에서 괴롭힘이나 공격을 받았고, 50%는 해고되거나 채용되지 않거나 승진을 하지 못했고, 20%는 입주를 거부당했으며, 30%는 빈곤하게 살고 있다(Rutherford-Morrison & Polish, 2020). 많은 사람들이 낙인을 찍히고 사회 집단에서 배제되었으며, 적절한 건강 관련 돌봄을 받지 못한다(Forcier & Olson-Kennedy, 2020b; Seelman et al., 2018).

반응을 보이지 않을 것을 알았기에 반쯤은 진심이 아니었다. 소피아는 형에게 문자를 보내 가족 모두가 있는 모임에 오라고 초대하기를 권했다. 네이선은 자신을 지지하지 않고 인정하지 않는 유일한 사람인 형을 혼자 만나는 것이 아니라는 점에서 이 제안이 마음에 들었다. 집으로 돌아오는 길에 네이선은 부모님에게 전화를 하여 다음 주말에 가족 모임을 하자고 이야기하였다.

가족을 만나기로 한 날이 다가올수록 네이선은 실제 그들이 네이선을 보고 어떻게 반응할지 걱정이 되었다. 그들과 마지막으로 만난 이후 그의 모습은 매우 달라졌다. 그들은 나탈리로서의 그를 알고 있었지만 이제는 100% 네이선이었다. 그는 가족 모임 전날 그의 방에서 맥주를 몇 잔 마셨다. 1년 만에 그에게 술이 필요했던 첫 번째 순간이었지만, 그날 밤만큼은 많은 생각과 감정으로부터 달아날 무언가가 필요했다. 그는 다음 날 아침 슬론 박사에게 문자를 보냈다. 박사는 그날 가족과 만나기 전에 바로 응답하였고, 네이선의 음주가 부적절한 대처 방법임을 지적하고 다음 예약도 잡았다.

그날 그는 가족과의 저녁 식사를 위해 집에 갔다. 그의 부모님은 그가 들어서자 사랑스럽게 맞이했다. 그들은 함께 울었다. 소피아는 그를 끌어안고 머리에 키스를 하고, 그녀가 그를 얼마나 자랑스러워하는지 말했다. 마리아 역시 지지적이었고 친절하게 지난 몇 년간 그를 더 많이 찾아보지 못했던 것을 후회하고, 그녀가 그를 얼마나 사랑하는지 이야기해 주었다. 불행히도 형은 그날 아침, 출근을 해야 한다며 모임에 오는 것을 취소했다. 네이선은 형을 만나기 위해서 또 다른 기회를 만들어야 했다. 그럼에도 불구하고 그의 성전환은 가족에게 공식적인 사항이 되었고, 가장 중요한 이정표가 만들어졌다는 느낌이 들었다.

이 모든 난관에도 네이선은 남자로 살기 시작한 6개월간 생애 가장 행복한 시간을 보내고 있었다. 그는 거리를 걸을 때 모든 이들이 자신을 남자로 인식한다는 사실에 행복했다. 이는 마치 사람들이 이제야 진정한 그를 알아봐 주는 느낌이었다. 그는 남성복 매장에서 공공연하게 쇼핑을 하고, 남자 화장실을 이용하는 것이 즐거웠다. 그는 심지어 온라인 만남 사이트 프로필에 자신의 성별을 트랜스젠더로 수정했다. 아직 완벽한 상대를 찾지는 못했지만, 몇 차례의 만남을 가지며 자신감을 얻고 있었다.

치료 4단계(수술)

성별 적합 수술(성별 재지정 수술, 성별 확정 수술, 성전환 수술이라고도 불림)은 대개 호르몬 치료를 1~2년 시행한 후에 진행된다(Ferrando & Thomas, 2020; Ferrando et al., 2020).

네이선이라는 남자로 산 지 1년 만에 치료팀은 그에게 가능한 수술 옵션을 제시했다. 네이선은 여러 가지 이유로 수술에 대한 감정이 엇갈렸다. 그는 가장 먼저 수술과 관련된 재정 부담을 걱정했다. 치료연구는 수술 치료의 일부 비용만을 지원했다. 보험으로 나머지 비용을 충당할 수도 있겠으나, 그는 당시 적당한 보험에 가입되어 있지 않았다. 그래서 자비로 나머지 50%의 비용을 부담해야 했으며, 수술부터 회복에 이르는 기간 중 발생되는 급여 손실도 걱정이 됐다.

그는 외과 의사 및 슬론 박사와 몇 차례 회의를 하며 모든 옵션에 관해 논의했다. 유방 절제술에는 관심이 갔지만, 생식기 수술에 대해서는 덜 낙관적이었다. 질 절제술과 음경 재건술에는 최소 1년이 소요되는 긴 치료 과정이 필요했다. 네이선은 우선 유방 절제술만을 계획하고 음경 재건술은 이후에 다시 고려해 보기로 했다. 적금 통장의 돈으로 유방 절제술 비용을 충당할 수 있었고, 많은 걱정에도 불구하고 합병증 없이 수술이 완료되었다. 그는 4주 후 직장에 복귀했고 그간 적립해 놓은 휴가 일수를 이용한 덕에 조금의 급여 손실도 없었다.

에필로그

호르몬 치료와 성별 적합 수술 중 하나 또는 둘 다를 적용한 트랜스젠더에 대한 28개의 연구를 분석한 결과, 참여자의 80%에서 성별 불쾌감 증상의 현저한 완화가 나타났다(Tangpricha & Safer, 2021, 2020; Bränström & Pachankis, 2019).

수술 6개월 후 네이선은 슬론 박사와 만나 그간의 진행 상황을 점검했다. 네이선은 형과 화해 중에 있다는 소식을 전하며 기뻐했다. 형은 1년 후 마침내 그에게 연락을 해 왔고, 시내에서 만나 저녁 식사를 하는 것에 동의했다. 이후 그들은 두 차례 만남을 가졌고 가끔 문자 메시지를 주고받았다. 이미 형과의 관계가 끝이 났다고 생각을 했었기 때문에, 약간의 긍정적인 움직임조차 그에게는 보너스처럼 여겨졌다. 부모님과 누나들은 계속 지지적이었다. 그는 아주 적은 양의 음주 생활을 유지했다. 가장 중요한 사건은, 네이선이 트랜스젠더 만남 주선 서비스를 통해 한 여성을 만나게 된 일이다. 그녀는 그와 지난 3개월간 만남을 지속해 오고 있다. 네이선은 치료를 통한 자신의 변화에 대체적으로 매우 만족스러웠고, 과거 겪었던 최악의 날들이 모두 막을 내렸다는 희망을 품게 되었다.

평가 문제

1. 네이선이 반대의 성 정체성을 경험하고 있다는 초기 징후에는 어떤 것들이 있었는가?

2. 네이선의 어린 시절에 부모님은 딸의 성별 불쾌감에 어떤 반응을 보였는가?

3. 네이선의 성별 불쾌감은 어린 시절의 사회생활에 어떠한 영향을 미쳤는가?

4. 사춘기 시절 네이선은 자신의 신체 발달을 숨기기 위해 어떠한 노력을 했는가?

5. 호르몬 치료 전 심리 치료 시 성별 불쾌감 외에 네이선이 해결하고자 했던 다른 문제들은 무엇이었는가?

6. 호르몬 치료를 통해 네이선이 얻은 결과는 무엇인가?

7. 네이선이 난자 냉동 보관을 선택하지 않은 이유는 무엇인가?

8. 치료의 '현실 경험' 단계 중 네이선이 겪은 가장 힘든 문제는 무엇이었는가?

9. 네이선이 음경 재건술을 하지 않은 이유는 무엇인가?

조현병

표 13-1

진단 체크리스트

조현병

1. 1개월 동안 대부분의 시간에서, 개인은 다음 중 두 가지 이상의 증상을 보인다.
   (1) 망상
   (2) 환각
   (3) 와해된 언어
   (4) 매우 비정상적인 운동행동(긴장증 포함)
   (5) 음성 증상
2. 최소한 개인의 증상 중 하나는 망상, 환각, 또는 와해된 언어이어야 한다.
3. 개인의 기능은 일상생활의 다양한 영역에서 증상이 발병하기 전보다 현저하게 저하된다.
4. 1개월 동안 심각한 증상을 보인 후, 개인은 최소한 5개월 동안 어느 정도 손상된 기능을 지속적으로 나타낸다.

(APA, 2022, 2013)

전 세계적으로 조현병은 평생 동안 100명 중 한 명에게 발병한다(Fischer & Buchanan, 2020a; Hany et al., 2020).

루카스의 부모님은 브라질의 작은 도시에서 태어나고 자랐다. 루카스의 아버지가 36세, 어머니가 21세일 때 그들은 만났으며, 어머니가 임신하여 곧 결혼하였다. 부모님은 새로운 사업을 시작하리라는 희망을 가지고 미국으로 이민을 갔다. 미국에서의 첫 몇 해는 매우 행복하였으나 경제적으로는 어려웠다. 부부는 몇 차례의 실패를 경험하다가 루카스의 아버지가 가죽 의류 제조 회사를 시작하면서 성공하기 시작했다.

미국에 도착 후, 루카스의 어머니인 마리아는 건강한 세 아들을 긴 터울 없이 출산하였다. 루카스는 1973년에 태어났으며 막내였다. 마리아의 장남은 특이한 질병으로 인해 루카스가 2세일 때 죽었다. 이 비극으로 루카스의 아버지인 안토니오는 크게 낙담하여 식음을 전폐하고, 술만 입에 대기 시작했다.

직장에서 그의 수행은 시간이 갈수록 악화되었고 직원들에게 화를 내는 상황들이 절정에 달했다. 그는 결국 너무 우울해져서 제대로 기능할 수 없게 되어, 잠시 입원해야 했다. 브라질에 있는 안토니오의 어머니와 남동생 모두 정신과 시설에 반복적으로 입원했었기 때문에 정신건강상의 이유로 입원한다는 사실이 특히 안토니오를 괴롭혔다. 안토니오의 입원 기간 동안, 마리아는 집안일을 모두 챙겼다.

마리아 본인의 끝이 없는 슬픔에도 불구하고 가정과 아이들을 보살폈으며, 병원을 방문해서도 가능한 한 많은 시간을 남편 곁에 머물렀다. 밤에 모든 사람들이 잠자리에 들었을 때 마리아는 침실 문을 잠그고 아이의 죽음에 눈물을 흘렸다.

안토니오의 입원 후 2년이 지났을 때, 루카스의 어머니는 다시 임신하였다. 이로 인해 안토니오는 장기간의 우울증에서 벗어나게 되었으며, 술도 끊게 되었다. 아기가 태어날 즈음, 안토니오는 예전의 자신을 되찾은 것처럼 보였다. 아기는 남자아이였으며, 안토니오는 다른 가족들에게 아이의 탄생이 자신에게는 구원이었다고 말했다. 마리아 역시 아기의 등장에 기쁨과 흥분을 감추지 못하였다.

루카스 실현되지 않은 약속

성장기 동안, 루카스와 루카스의 남동생은 삼형제 중에 가장 모범적인 학생이었으며, 이로 인해 부모님으로부터 가장 많은 관심을 받았다. 루카스는 선생님에게도 우등생인 제자였다. 루카스는 열정적이고 동기가 높았으며, 반 아이들 중에서 최고의 성적을 보여 주었다. 고등학교 때는 토론 클럽 회장으로서, 여러 대회에 나가 1등을 거머쥐었다. 루카스는 또한 주 전체에서 실시되는 학업 성취도 검사에서도 최고점을 받았다. 루카스는 똑똑하고 분석적이며 성공할 것이라고 여겨졌다. 루카스를 아는 누구든 루카스의 미래에 대해 높은 기대를 가졌다.

루카스는 학업에 비해 사회적으로는 덜 성공적이었다. 그는 친구가 적었고, 대부분의 시간을 집에서 보냈으며, 숙제를 하거나 형제들과 함께 시간을 보냈다. 루카스는 자신이 잘 아는 무엇에 대해 이야기할 때 빠르게 이야기하거나, 다른 사람들과 대화하지 않고 20분 동안 자신만 이야기하는 경우가 종종 있었다. 루카스가 매우 똑똑했기 때문에 사람들은 그를 천재라고 생각하였으나, 사실은 그가 오해를 받는 대부분의 시간 동안 루카스가 항상 이치에 맞는 것은 아니었다. 우원적 사고나 이탈적 사고로 인해 천재로 보인 것뿐이었다.

그런데 고등학교 막바지 때 루카스의 아버지 안토니오가 심장마비로 쓰러지자, 모든 것이 변하기 시작했다. 그는 수술을 받고 퇴원하였으며 앞으로의 심장 문제를 예방하기 위해 몇 가지 약물을 투여받았다. 이 사건은 루카스를 무섭게 만들었다. 루카스는 아버지, 어머니, 가족에 대해 강박적으로 걱정하기 시작했

만약 일란성 쌍둥이 중 한 명에게 조현병이 발병할 경우, 다른 쌍둥이에게도 조현병이 나타날 확률은 48%이다(Hany et al., 2020; Gottesman, 1991). 이란성 쌍둥이의 경우, 다른 쌍둥이에게 조현병이 발병할 확률은 17%이다.

다. 그의 머릿속은 하루 종일 생각으로 가득 찼다. 만약 아버지가 죽으면 가족 모두 어떻게 될까? 가족들은 경제적으로 문제없이 살아갈 수 있을까? 다른 곳으로 이사 가야 하나? 그는 예전만큼 집중하거나 공부할 수 없게 되면서 학업에 어려움을 겪게 되었다. 그는 매일 기도하고 교회에 자주 참석하는 것으로 최선을 다해 대처하였다. 몇 주 동안 그는 하루 종일 기도하고 저녁에는 교회에 갔다. 그의 아버지는 결국 회복되었고, 루카스는 그것이 자신의 기도 덕분이라고 확신하게 되었다.

마지막 학기의 낮은 성적에도 불구하고, 루카스는 좋은 성적으로 고등학교를 졸업하였다. 그러나 루카스는 삶의 방향을 잃어버린 것처럼 보였다. 루카스는 가을에 지역 전문대학에 등록하였으나, 몇 주가 지나자 수업에 열심히 참석하지 않기 시작했다. 그는 학교를 지루하게 느끼며, 더 이상의 교육이 필요한지 의심하였다. 결국 모든 수업에 참석하지 않은 채, 전문대학에서 만났던 소수의 친구들과 더 많은 시간을 보내기 시작했다. 그들은 차에서 시간을 보내거나, 동네 숲길이나 공원에서 술을 마시거나 대마초를 피우면서 시간을 보냈다. 루카스는 고등학교 때 몇 번 대마초를 피운 적이 있었으나 다른 친구들과 같이 피운 적은 한 번도 없었다. 지금은 새로운 친구들과 함께 피우는 것이 일상이 되었다. 대마초를 피우는 것은 불법이었지만, 루카스의 나이대에서 상당히 흔한 일이었다. 그의 또래는 대부분 대마초를 피우고 싶을 때 누구를 찾아야 할지 알고 있었다.

시간이 흐르면서 루카스는 대마초를 더 많이 사용하였고, 가끔은 한 주에 수차례를 사용하기도 하였다. 어떤 날은 친구들과 함께 실로시빈 버섯(환각을 유발하는 버섯 : 역자 주)을 먹기도 하였다. 다른 날은 그의 방에서 TV를 보며 하루 종일 시간을 보냈다. 스트리밍이나 SNS를 보며 끊임없이 시간을 보내는 이유는 게을러서도, 야망이 없어서도, 사람에게 관심이 없어서도 아니었다. 루카스는 자기에게 특별한 힘이 생겼다고 믿기 시작했다. 화면 속 사람들의 움직임을 자세히 관찰하면서 그들과 대화할 수 있다고 상상하기 시작했으며, 자신의 영향력이 어느 정도인지를 확인하고자 하였다. 보면 볼수록, 루카스의 의심은 확신이 되었다. 루카스는 자신의 생각이 다른 사람들의 말이나 행동에 영향을 미치는 것을 알게 되었다. 때로는 사람들이 입는 옷이나 그들의 문신에서 자신을 위한 숨은 메시지를 알아차렸다. 사람들에게 미치는 그 자신의 영향은 부인할 수 없을 만큼

망상은 이상하고 잘못된 믿음으로, 이를 지지하는 증거가 없음에도 불구하고 굳게 유지된다. 피해망상은 조현병 환자들이 가장 흔하게 보고하는 망상의 한 종류이다.

명백하였다.

처음에는 이러한 믿음이 단지 의심에 불과했지만, 결국 루카스는 특별한 변화가 일어났다고 결론지었다. 그는 다른 사람의 감정과 행동을 통제할 수 있는 능력을 습득하고 있었다. 그는 영화관이나 쇼핑몰에 가서 자신이 사람들을 생각할 때, 그들이 어떻게 행동하는지 관찰함으로써 그의 능력을 살펴보기로 하였다. 루카스가 사람들을 충분히 오래 바라보면 눈을 비비거나 코를 긁거나 다른 간단한 몸짓을 하게 할 수 있다는 것을 알아차렸다. 처음에는 이러한 효과를 발휘하려면 가까운 거리에 있어야 한다고 생각하였다. 그러나 시간이 흐르면서, 이 영향력을 먼 거리까지 투사할 수 있다는 결론을 내렸다. 이것은 어느 날 아침 뉴스를 보다가 발견했다. 뉴스를 보고 있는 동안, 루카스는 기자가 주기적으로 노트를 내려다보는 것을 관찰하였다. 루카스는 자신이 이러한 움직임을 지시하고 있음을 깨달았다. 그 순간부터 그는 TV에 등장하는 인물들이 평소에는 하지 않는 방식으로 움직이도록 지시할 수 있다고 믿게 되었다. 점차적으로 그는 사람뿐만 아니라 교통 신호나 자동차와 같은 사물도 자신의 영향력에 반응하고 있음을 확신하게 되었다. 예를 들어 만약 루카스가 골목 귀퉁이에 서서 교통 흐름을 보고 있다면, 자신이 자동차의 움직임을 조종할 수 있다고 믿게 되었다.

처음에는 루카스도 자기가 사람이나 물건들을 조종할 수 있다는 것에 확신을 갖지 못하였다. 그러나 자신의 상황을 곰곰이 생각하다가, 한 줄기의 통찰이 찾아왔다. 루카스는 마치 하나님처럼 자신의 호흡(입김)에 생명력이 있다고 결론 내리게 되었다. 실제로 루카스는 호흡을 통해 사람들과 물건에 영향력을 발휘하였다.

이것은 그에게 중대한 계시였다. 이것은 평범한 흑마술이나 마법이 아니라는 것을 의미하였다. 오히려 그는 일종의 거룩한 사명을 위해 선택되었다는 뜻이었다. 루카스가 자신이 메시아로 선택되었다고 속삭이는 천사들의 음성을 들었을 때, 의심은 확신이 되었다.

이 발견으로 루카스는 사람들이 공개적으로 자신에 대해 이야기하고 있다고 점점 더 확신하게 되었다. 예를 들어, 어느 날 그는 피자를 고르는 동안 식당에 있는 손님들 중 일부가 자신에 대해 이야기하고 있으며, 다른 사람들은 그를 흘끗 쳐다보며 가리키고 있다는 결론을 내렸다. 이것은 그들이 그의 힘에 대해 알고 있다는 것을 의미한다고 루카스는 생각했다. 또 한번은 TV 광고에서 가죽 옷을 광고하는 유명한 영화배우가 자신에게 직접 이야기하고 있다고 느껴졌다. 이 경우 그는 유명인이 자신에게 말을 걸고 있다는 자신감과 자부심을 느꼈다. 루카스는 새롭게 발견한 이러한 능력으로 인해 사람들에게 명성을 얻고 있다고 확신하였다.

루카스는 레스토랑이나 기타 공공장소에서 사람들이 자신에 대해 이야기하는 것을 여러 번 목격한 후 극도로 불안해졌다. 사람들의 마음에 영향을 미치는 자기 힘의 긍정적인 잠재력에 대해 확신하는 만큼, 그는 다른 사람들, 특히 악의를 가진 사람들이 어떻게든 자신의 힘을 통제하고 파괴적인 목적으로 사용할까 봐 두려워졌다. 그가 생각한 최선의 해결책은 가능한 한 사람들과 거리를 두는 것이었다. 그는 또한 점점 더 많은 양의 대마초를 사용하기 시작했는데, 그 이유는 '그것이 호흡의 산소를 감소시켜, 능력의 효과를 감소시킬 수 있다'고 믿었기 때문이다.

자신의 특별한 능력이 목소리를 듣는 것으로 발전하고, 그런 다음 자신이 메시아가 될 것이라는 이해로 발전했으며, 마침내 다른 사람들이 자신에 대해 이야기하고 있다는 깨달음으로 발전하면서 그는 점점 더 혼란스러워졌다. 어느 날, 거의 24시간 동안 혼자 있다가 방에서 나왔을 때 어머니가 기분이 어떠냐고 묻자, 루카스는 '천사'와 '생명력'에 대해 앞뒤가 맞지 않는 횡설수설한 대답을 할 수밖에 없었다. 그는 부스스한 차림에 턱에는 긴 수염이 자라 있었으며, 몸에서는 냄새도 났다. 이전에 루카스가 사회적으로 약간 어색하고 내성적이라고만 생각했던 그의 부모는 놀라움을 금치 못했고 루카스가 주치의를 만나도록 약속을 잡았다. 주치의는 루카스의 행동과 말투가 이상하다는 것을 재빨리 알아차렸다. 주치의는 사실 과거에 루카스가 자폐스펙트럼에 속하지 않을까 걱정했는데, 이번에는 그의 생각과 말이 이상하고 다소 편집증적이라는 걱정이 들었다. 루카스는 기본적인 욕구를 챙기지 않았으며, 통찰력이 거의 없었고, 망상 같은 것을 보고 듣는다고 기술하였다. 의사는 여러 번의 정신과 입원 중 첫 번째에 해당하는 입원을 루카스에게 권유하게 되었다.

병원에서 루카스는 조현병 진단을 받았는데, 처음에는 그의 가족에게 아무런 의미가 없었지만 결국에는 가족 모두가 너무 잘 알게 된 진단이었다. 병원에서 루카스는 항정신병 약물인 소라진으로 치료를 받았다. 일주일 안에 그의 말은 다

환각은 다른 외부의 자극 없이 경험되는 시각, 청각, 기타 다른 감각을 의미한다. 환청(소리나 목소리를 듣는 것)이 조현병 환자들이 경험하는 가장 흔한 환각이다.

시 일관성을 찾았고, 환청도 듣지 않게 되었다. 그는 자신의 특별한 능력을 계속 믿었지만, 그에 대한 집착은 줄어들었다. 4주간의 입원 후 루카스는 상당히 호전되어 퇴원하였다.

집에서 루카스는 한동안 소라진을 계속 복용하였고, 그 결과 증상에 덜 시달렸다. 그러나 그는 이전의 생활 방식으로 돌아갔다. 대부분의 시간 동안 TV를 보거나 잠을 잤고 밥을 먹기 위해서만 밖으로 나왔다. 그는 부모님의 권유에도 불구하고, 학교로 돌아가거나 다른 건설적인 일을 하는 데 관심이 없었다.

몇 주가 흐른 후, 루카스는 피곤하고 어지러워 약 복용을 중단하기로 결정하였다. 몇 주 안에 그의 망상, 극심한 불안, 혼란이 되살아났다. 한 번 더 그는 입원해야만 했다.

불행하게도 이 패턴은 10년 동안 반복되었다. 루카스는 갑작스럽게 주요 증상이 재발하여 주기적으로 입원하였다. 항정신병 약물로 안정되었지만, 증상이 경감되고 나면(때로는 몇 주, 때로는 1년) 약물 복용을 중단하거나 아니면 약물이 더 이상 효과적이지 않았다. 약물이 도움이 되었을 때에도, 증상 중 환각과 일관성 없는 말 두 가지만 사라졌다. 호흡으로 사람과 사물을 통제할 수 있다는 망상은 약간 줄어들었을 뿐, 정상적인 사건과 활동에서 고립된 상태가 유지되었다.

10년간의 치료에 실망한 29세의 루카스는 몇 년 동안 어떤 생산적인 일도 하지 않은 채 집에서 대부분의 시간을 보냈다. 그에게는 초등학교 때부터 알고 지냈던 친구가 하나 있었는데, 그는 자신의 호흡에 영향을 받지 않는 것 같았다. 그 친구와의 관계는 대마초를 함께 피우며 대부분의 시간을 보내는 것이었다. 그렇지 않은 경우, 루카스는 직계 가족들하고만 어울렸다.

루카스의 어머니   마치 아이를 또다시 잃은 것 같아요

루카스의 부모는 루카스의 조현병에 처음엔 엄청난 충격을 받았고, 시간이 흐를수록 그의 상태로 인해 지쳐 갔다. 특히 루카스의 어머니인 마리아의 상심이 가장 컸다. 어린 나이에 여러 가지 힘든 일을 경험하였던 그녀에게 루카스의 악화는 버틸 수 있는 최대한의 한계와도 같았다. 종종 마리아는 심각한 정신장애를 가진 가족들의 지지 모임에 참석하였다. 모임에서 만난 사람들은 친절하였으며 마리

> 정신증으로 인해 사람들은 현실과의 접촉을 상실한다. 다양한 장애나 조건(예를 들면, 약물 오용)도 정신증을 유발할 수 있다. 조현병은 정신증을 유발하는 가장 흔한 원인이다.

아가 루카스의 상태에 대처하는 데 도움을 주기도 하였다. 어느 날, 모임의 관심이 마리아에게 쏠렸고 마리아는 지난 수년간 루카스의 상태에 대한 자신의 행동을 되돌아보았다.

처음에는, 루카스의 문제가 심각하다는 사실을 믿고 싶지 않았어요. 너무 많은 일들을 겪었기 때문에, 저는 아무것도 생각하고 싶지 않았어요. 루카스는 제 삶에서 유일하게 괜찮은 사건이었거든요. 루카스는 저의 희망이었어요. 미래의 어느 날 자부심과 성취감으로 제 과거를 돌아볼 수 있을 거라고 믿었어요.

그러던 어느 날 안토니오가 심장마비로 쓰러졌어요. 루카스는 자신이 아버지를 어떻게 살렸는지에 대해 계속 이야기하기 시작했고, 저는 루카스의 이야기에 푹 빠졌어요. 한편으로는 그 이야기를 믿었거든요. 안토니오의 심장마비로 모두 속상하고 불안하였던 터라, 신에 대한 우리의 사랑과 기도로 안토니오가 살아났다고 믿었어요. 심지어 루카스가 자신의 기도만이 아버지를 살렸다고 이야기하였을 때도, 하나님과 직접 이야기를 한다고 말하였을 때도, 저는 아이가 그 상황에 지나치게 감정적이라고만 생각하였어요. 아버지가 죽을지도 모른다는 두려움에 압도되었다가 안토니오가 회복되자 너무 기쁘고 안도감을 느껴서 그렇게 이야기한다고 생각했어요.

얼마 지나지 않아, 저는 루카스가 대마초를 피운다는 것을 알게 되었어요. 그러나 역시 저는 이 문제를 심각하게 받아들이지 않았어요. 저도 젊었을 때 해 보았기 때문이에요. 루카스가 점점 더 많이 피운다는 것을 알게 되기 전까지는 문제라고 생각하지 않았어요. 그리고 방에서 보내는 시간도 문제였어요. 그는 방에서 너무 많은 시간을 혼자서 보냈어요. 저는 이 문제를 충분히 자세하게 들여다보지 않았던 것 같아요. 10대 소년에게 일어날 수 있는 일이라고 생각했어요. 루카스의 큰형도 그랬으니까요. 그러나 그렇게 심하지는 않았죠. 저는 루카스에게 혼자만의 시간이 필요한 거라고 생각했어요. 저는 한 번도 루카스의 칩거를 막으려 하지 않았고, 돌이켜 보면 저는 그의 문제가 얼마나 심각한지 알지 못했어요.

이러한 상황이 있고 난 후, 나의 자랑스럽고 빛나던 아들이 갑자기 자신의 세계에만 살게 되었어요. 엄마로서 당연하지만 저는 루카스가 크면 세상에 선한 일을 할, 중요한 사람이 되길 바랐어요. 바보 같은 소리지만, 저는 루카스가 유명한 과학자나 의사가 될 것이라고 생각했어요. 그는 충분히 똑똑하기 때문에 그렇게 될 수밖에 없다고 생각했어요. 그런데 루카스는 그냥 포기하는 것처럼 보였어요. 안토니오나 제가 도울 수 있는 것은 없었어요. 저녁 식사 때 루카스는 대화에서 벗어나서, 우리가 질문을 하면 음식을 노려보며 혼자 중얼거렸어요. 그렇지 않으면 우리와 이야기하지 않는, 아니, 우리의 존재는 안중에도 없는 것 같았어요. 루카스는 감정 기복이 심해져, 우리가 오랫동안 알던 아들이 더 이상 아니었어요. 무엇인지는 모르지만, 마음속 깊이 무언가 크게 잘못되었다는 것을 알았어요. 루카스가 우리를 무시하는 것 같지는 않았어요. 물론 이것만으로도 우리에게는 힘든 일이었지만요. 루카스는 무언가 다른 것에 관심을 쏟고 있는 것처럼 보였어요. 우리가 감지할 수 없는 그 무엇을요.

마침내, 어느 날 밤 루카스가 방에서 나왔는데, 방에서 누군가와 이야기를 나누는 것 같았어요. 그는 복도에 서 있는 제 옆을 지나갔는데, 제가 거기에 있는 것을 모르는 것 같았어요. 마치 저를 못 본 것처럼요. 그가 지나가고 나서, 그의 방을 들여다보았는데 TV 속 누군가가 이야기를 하고 있었어요. 저는 복도를 따라 거실로 내려가 루카스에게 누구와 이야기했는지 물어보았어요. 그랬더니 그는 고개를 들었다가 잠깐 멈추더니 TV 속 사람과 이야기하였다고 답했어요. 그는 사무적으로 저에게 답하고 나서 다른 무언가에 대해서 이야기하기 시작했어요. 저는 TV 속 사람과 무슨 이야기를 했는지 물어보았어요. 루카스는 화면 속 사람들을 그가 움직일 수 있으며, 이런 능력을 확인해 주는 목소리가 들린다고 이야기해 주었어요. 저는 얼어붙고 말았어요. 무슨 말을 해야 할지 몰랐어요. 저는 겁에 질리고 말았어요. 저는 안토니오에게 전화를 걸었고, 바로 다음 날 루카스를 데리고 주치의를 만나러 갔어요. 루카스의 문제가 무엇이든 주치의가 고칠 수 있을 거라는 생각을 가지고요. 그러나 그렇게 쉬운 것이 아니었어요. 주치의는 루카스가 조현병의 증상을 가진 것 같다고 이야기해 줬어요. 우리는 그게 무슨 말인지 정확히 몰랐지만, 안 좋다는 것을 알았어요. 주치의는 저의 소중한 아들이 정신적으로 많이 아프며, 항정신병 약물이 필요할 수 있다고 했어요. 저는 그게 틀린 말이길 정말로 바랐어요. 주치의가 맞는다는 것을 감당할 수가 없었어요. 동시에 지금 일

조현병 환자의 직계 가족(부모, 형제자매, 자녀) 중 약 10%가 동일한 장애를 보인다(Fischer & Buchanan, 2020b; Hany et al., 2020; Gottesman, 1991). 일반적으로 조현병 환자와 더 가까울수록, 조현병의 발병 가능성도 더 높아진다.

어나고 있는 일에 대한 다른 설명도 생각할 수가 없었어요.

그 후로 거의 10년이 흘러갔지만, 문제들이 끝이 없어요. 그동안 루카스는 약을 먹으면 우울해하고 느려졌어요. 그러면서도 루카스는 여전히 어딘가를 쳐다봐요. 그러다 어떨 때는 재발해요. 상황이 아주 나빠져서 끔찍한 정신증적 삽화를 경험하기도 해요. 목소리도 듣고 때로는 그 목소리에 고함을 치기도 해요. 엄마로서 그걸 지켜보는 것은 정말 끔찍해요.

지난 몇 년간 우리는 루카스를 입원시키고 퇴원시키는 비용과 약값을 치르는 데 너무 많은 돈을 써 버려서 거의 빚을 낼 지경이에요. 아마도 우리가 그토록 원했던 집이나, 가 보고 싶었던 곳에 가 보지 못할 거예요. 루카스나 우리는 다시는 정상적인 삶을 살 수 없을 거예요.

지지 모임이 끝난 후, 지난 모임에서는 보지 못했던 한 남자 회원이 마리아에게 다가왔다. 그 남자는 그와 그의 가족들이 1년 전 즈음에 이 지역으로 이사를 왔으며, 당시에 자신의 23세인 딸의 치료자를 찾고 있었다고 이야기하였다. 그 딸의 문제도 루카스와 상당히 비슷해 보였다. 그들은 의사, 심각한 정신과 문제를 가진 사람들을 위한 의뢰 서비스를 제공하는 기관, 지지 모임의 지도자, 대학교수 등 여기저기 전화를 걸어 보았다고 하였다. 통화를 할 때마다 마이클 하트라는 의사의 이름이 계속 언급되었다고 하였다. 확실히, 이 정신과 의사가 조현병 환자를 성공적으로 치료하여 명성을 쌓아 온 것 같았다. 심지어 예전 치료에서는 진전이 없었던 조현병 환자라도 말이다. 하트 박사는 조현병 환자를 성공적으로 치료하고 그 효과가 유지되기 위해서는, 항정신병 약물 치료와 더불어 반드시 근거 기반 심리적 개입이 병행되어야 한다는 강한 신념을 가지고 있다고 하였다.

그 남자는 자신의 딸이 하트 박사를 지난 6개월 동안 만나고 있으며 수년 만에 처음으로 상태가 호전되고 있다고 말하였다. 그 남자는 마리아의 이야기를 들으면서 자신의 상황이 떠올랐고, 마리아가 하트 박사를 한번 만나 보기를 바랐다.

마리아는 희망을 막 포기하려는 참이었기 때문에, 그 남자의 제안을 무시하려고 하였다. 그러나 그 제안에서는 뭔가 열정과 기쁨, 또는 희망 같은 것이 느껴졌다. 그날 밤, 마리아는 남편인 안토니오와 상의한 후, 한 번 더 치료를 시도해 보

한때 조현병 환자는 차갑고 지배적이며 자녀들의 욕구에 귀를 기울이지 않는, 소위 조현병을 만드는 어머니를 두었다는 이론이 있었다. 그러나 연구는 이러한 이론을 지지하지 않는다.

기로 결심하였다. 다음 날, 그들은 하트 박사를 한번 만나 보자고 설득하는 긴 대화를 루카스와 나누었다.

루카스는 새로운 방법에 관심을 보이지 않았다. 또 다른 실망으로 끝날 것이라고 확신하였기 때문이다. 루카스는 조용히 "고맙지만 됐어요. 저는 더 이상의 약물이나 부작용, 혹은 제가 무슨 말을 하는지 모르고 있다고 말하는 또 다른 사람을 만나고 싶지 않아요."라며 거절하였다. 마리아는 루카스에게 사랑한다고 말하며 그녀를 위해서 새로운 정신과 의사를 한번 만나 보자고 제안하였다. 루카스는 다른 사람은 몰라도 언제나 어머니의 말에 귀를 기울였기 때문에, 마침내 고집을 꺾었다. 조현병으로 인해 지친 루카스는 쉽게 고집을 꺾고 부모가 지시하는 대로 따라갔다. 그래서 루카스는 부모가 하트 박사를 만나는 약속을 잡도록 내버려두었다.

치료에서의 루카스   회복의 길

하트 박사가 새로운 환자인 루카스에게 질문을 하였을 때, 루카스는 짧은 대답만 하였다. 비참하고 두려운 것처럼 보이는 루카스는 대부분의 시간을 박사의 눈길을 피하는 데 사용하였다. 그러나 하트 박사가 '진짜 문제'가 무엇이라고 생각하는지 루카스에게 묻는, 새로운 시도를 하자 루카스는 반짝하는 관심을 보였다. 루카스는 19세일 때부터 여러 치료자를 만나 봤지만 자신의 문제에 대해 자신이 어떻게 생각하는지를 물어보는 치료자는 처음이라고 하였다. "그들은 단지 내가 듣는 소리에 대해서만 궁금해했어요."라고 작은 목소리로 이야기하였다.

루카스는 자신이 가진 특별한 힘과 이러한 힘이 만들어 낸 문제에 대해 하트 박사에게 상세하게 이야기하였다. 루카스는 자신도 방에만 갇혀 있는 것을 좋아하지는 않지만, 공공장소에 있는 것은 안전하지 않으며, 방에 혼자 있을 때 자신의 특별한 힘을 더 쉽게 사용할 수 있는 것 같다고 설명하였다. "하나님의 능력을 가진 것과 같아요. 처음에는 재미있었지만, 결국 더 이상 원하지 않는, 부담이 되었어요."라고 말하였다. 이러한 곤경에 대처하기 위해서, 루카스는 식사할 때, 화장실에 갈 때, 일요일 오전에 교회에 갈 때를 빼고는 자신의 방 밖으로 나올 수 없었다. 자신의 활동을 이렇게 제한함으로써, 루카스는 누군가에게 의도하지 않은 해를 끼칠 가능성을 최소화하고, 자신의 특별한 힘이 나쁜 사람의 손에 들어가는 것을 막는다고 이야기하였다.

루카스는 여전히 천사의 목소리를 듣고 있으며, 다른 사람들이 그에 대해 이야기하기 때문에 불안하다고도 이야기하였다. 최근에는 자신의 상황을 이해하기 위해서 성경 공부에 몰두하고 있으며, 특별한 사명을 위해 자신이 선택된 성경적 증거를 찾고 있다고 말하였다. 루카스는 이러한 노력에 점점 더 많은 시간을 쏟기 시작했으며, 루카스의 부모 역시 루카스가 새벽까지 성경 공부를 하며, 성경 문구로 방이 어지럽혀 있다고 묘사하였다.

처음에는 새로운 치료자를 만나는 것에 회의적이었지만, 루카스는 하트 박사가 자신의 종교적 관심사에 대해 물어봐 준 것에 대해서 고맙게 여겼다. 루카스는 부모님 생각대로 자신이 미친 것이 아니며, 최근 들어 성경 공부에 몰두하는 이유를 정신과 의사가 잘 설명해 줄 수 있을 거라고 생각하였다.

루카스와 그 부모님과 자세한 이야기를 나누고 루카스의 과거력을 살펴본 후 하트 박사는 루카스의 상태가 DSM-5-TR의 조현병 진단기준에 부합함을 확신하였다. 루카스는 자신의 호흡으로 다른 사람을 조종할 수 있다는 망상을 보이고 있으며, 환청을 경험하고 있었다. 또한 일, 교육, 사회적 생활 등과 같은 정상적이고 목표 지향적인 활동을 시작하거나 유지할 수 없는 무욕증에 시달리고 있었다. 게다가 루카스의 사회적, 직업적 기능은 아동기 및 청소년기에 보였던 그의 역량에 한참 미치지 못하였다. 또한 수년간 지속된 증상으로 인해 루카스의 삶은 유의미한 손상과 고통을 경험하고 있었다.

많은 임상가와 연구자들처럼, 하트 박사도 조현병이 소인-스트레스 모델(diathesis-stress model)로 가장 잘 설명된다고 보았다. 즉 개인은 조현병의 소인적 취약성(기질)을 가지고 있으며, 스트레스의 정도에 따라 조현병으로 발병하게 된다는 것이다. 이론적으로 조현병이 발현되려면 조현병의 소인이 어느 정도는 반드시 존재해야 한다. 그러나 소인의 심각도는 매우 다양하다. 상당히 심각한 소인을 가지고 있는 개인에게는 경미한 스트레스 환경에서도 발병할 수 있다. 그러나 경미한 소인을 가지고 있는 개인에게는 매우 스트레스가 높은 환경에서만 발병한다. 그리고 소인이 없는 대부분의 사람에게는 스트레스가 아무리 높아도 조현병이 발병하지 않는다.

"내가 다른 선택을 할 수 있었다면, 광기를 선택하지 않았을 것이다. 그러나 광기가 일단 당신을 사로잡으면, 당신은 거기서 벗어날 수 없다"(빈센트 반 고흐, 1889).

연구자들은 조현병 환자들이 신경전달물질인 도파민의 과다한 활동 혹은 도파민과 다른 신경전달물질인 세로토닌, 글루타민산염, 그리고 GABA 등과의 비정상적인 상호작용을 보인다고 밝혔다(Reid, 2021; Correll & Schooler, 2020).

조현병에 대한 이러한 견해를 고려하여, 하트 박사는 치료법으로 심리사회적
개입과 약물 관리를 통합한 접근을 사용하기로 하였다. 이 치료법은 루카스의 삶
에 보호 요인으로 작용할 수 있는 요인들을 포함하는 것으로, 조현병에 대한 루
카스의 취약성을 잠재적으로 감소시키거나 그에게 영향을 미치는 스트레스의 영
향력을 감소시키는 것이다. 약물은 루카스의 생물학적 취약성을 감소시킬 수 있
으며, 사회 기술과 독립적으로 사는 기술을 훈련하는 행동 훈련은 루카스의 행동
취약성을 감소시킬 수 있을 것이다. 또한 수용 기반 인지 기술은 루카스가 망상
적 사고나 환각에 의해 덜 고통받도록 도울 수 있을 것이다. 유사하게, 루카스의
삶에서 스트레스의 정도는 가족 상담과 지지적 서비스(예를 들면 사례 관리, 특
별한 그룹 홈, 그리고 보호받는 직장 환경)를 통해서 감소될 수 있다.

> 조현병에 대한 하트 박사의 치
> 료법은 1980년대 후반에 만들
> 어진 생물행동학적 프로그램
> (Psychiatric Rehabilitation
> Consultants, 1991)을 따
> 른다. 이 프로그램은 조현병
> 환자가 종종 결손을 보이는
> 기본 능력, 즉 약물 및 증상
> 관리, 몸단장 및 자기 관리,
> 레크리에이션, 직업 찾기, 기
> 본적인 대화 기술을 가르치는
> 5개의 행동 훈련 모듈로 구성
> 되어 있다. 이 접근법은 또한
> 환자를 치료 프로그램의 조력
> 자로 참여시킨다.

1단계 : 루카스를 조력자로서 참여시키기   하트 박사는 루카스와 그 부모에게 조
현병 및 소인–스트레스 모델에 대하여 가능한 한 자세히 교육하였다. 박사는 또
한 꾸준한 약물 복용과 인지, 행동, 가족, 사례 관리의 통합적 개입 없이는 증상
이 재발할 것이라는 점도 설명하였다.

여기서 가장 어려운 부분은 루카스가 다시 한번 약물 복용을 시도하도록 하는
것이었다. 당시 루카스는 어떠한 약물도 복용하지 않고 있었으며 자신에게 부작
용 외에는 아무런 이득이 없었던 예전의 접근법으로 돌아가는 것에 별다른 흥미
를 가지지 않았다. 그래서 하트 박사는 루카스를 힘들게 하는 '특별한 힘'이 주는
부담감을 덜어 주는 방법을 찾기 위해 자신과 루카스가 협력해야 한다고 제안하
였다.

하트 박사 : 당신의 특별한 힘이 오랫동안 당신에게 큰 문제였다는 것을 알고 있
습니다. 저는 당신에게 도움이 되고 싶습니다. 당신은 조현병을 앓고
있으며, 당신이 느끼는 호흡의 특별한 힘도 이러한 질병 때문에 생기
는 겁니다. 만약 우리가 당신의 질병을 적절히 치료할 수 있다면, 당
신의 특별한 힘은 사라지거나, 최소한 약화될 것입니다. 당신은 이러
한 결과가 바람직하다고 생각하나요?

루카스   : 네, 그러나 저는 약물 복용을 하고 싶지 않습니다. 약물은 저를 너무

피곤하게 만들고 모든 것에 대한 흥미를 떨어지게 합니다. 생각도 제대로 할 수 없게 합니다. 저는 정말 다양한 약물을 복용했었어요. 매번 의사들은 약물이 도움이 된다고 했지만, 어땠는지 아세요? 처음에는 도움이 되었지만, 계속 먹다 보면 느끼고 생각하는 것이 싫어집니다. 또는 약물 복용을 잊어버리거나 아니면 약물을 잃어버립니다. 또한 앞으로 일어나겠지만, 나에게 있는 좋은 것을 빼앗아 가려는 사악한 방법 중 하나입니다. 선생님, 약물은 저에게 듣지 않아요. 약물은 어떤 목소리도 사라지게 하지 못했고, 목소리들은 어떤 약물보다도 강력합니다. 당신은 모를 겁니다. 그러나 한 가지는 당신도 반드시 아셔야 합니다. 내 힘도 어느 때보다 강력하다는 점을 말입니다.

하트 박사 : 다시 한번 약물을 시도해 보는 것에 대해 당신이 주저하는 것을 충분히 이해합니다. 그러나 저는 조금 다른 접근을 취해 보도록 하겠습니다. 제가 처방하는 약물이 당신한테 도움이 된다고 느끼는 게 중요합니다. 그렇지 않다면 당신이 약을 먹지 않아도 당신을 비난하지는 않겠습니다. 따라서 당신이 무슨 약을 먹어야 하는지 지시하기보다는, 당신의 의견을 들어 가며 약을 처방하도록 하겠습니다.

루카스 : 정확히 제가 어떻게 하기를 원하는 건가요?

하트 박사 : 저는 당신에게 어떤 약을 먹으라고 이야기할 겁니다. 그리고 그 약이 특정 증상에 어떤 영향을 미치는지 특별한 기록지를 사용하여 적도록 부탁할 겁니다. 이런 방법으로 우리는 약이 효과가 있는지 없는지를 알 수 있을 겁니다.

루카스 : 만약 그 약이 효과가 없다고 생각되면 어떻게 하실 건가요?

하트 박사 : 저는 당신의 의견을 진지하게 받아들일 겁니다. 만약 그 약이 효과가 없다는 생각이 들면, 그 사실을 받아들이고 다른 선택을 고려할 겁니다. 그러나 대신에 당신도 약물 복용을 제대로 해야 합니다. 이것은 시행착오의 과정과 비슷할 겁니다. 그렇지만 약물이 얼마나 효과가 있는지 알아내기까지, 당신이 이 과정을 참을성을 가지고 견디기를 바랍니다. 즉 일정 기간 동안 약물이 최대치가 될 때까지 효과가 있는지 혹은 전혀 없는지를 살펴보는 시간을 겪어 내야 합니다. 각 단계마

항정신병 약물은 조현병의 증상을 사례의 최소한 70%에서 감소시키거나 제거한다. 비정형(2세대) 항정신병 약물은 정형(1세대) 항정신병 약물보다 더 효과적인 경향이 있는데, 왜냐하면 그들은 조현병의 양성 증상과 음성 증상 모두를 감소시키기 때문이다(Jibson, 2021; Stroup & Marder, 2020).

다 적절한 약물 용량을 처방하고, 각 단계에서 증상이 얼마나 감소하

였는지 당신의 의견을 물어볼 것입니다.

루카스 : 괜찮을 것 같습니다. 그러나 미리 이야기해 두지만 약이 효과가 없으

면 약을 먹지 않을 겁니다.

하트 박사 : 그럼요. 그렇지만 약물이 효과가 있는지를 알려면 한 달 정도의 시간

이 필요할 수 있어요. 한 달 동안 참아 볼 수 있겠어요? 그리고 나서

당신의 판단을 따르겠습니다.

루카스 : 알겠습니다. 한 달 동안 해 보죠.

초기 면담 과정을 지켜본 루카스의 부모는 루카스가 약을 복용하기로 한 것을 알고 안도감이 들었다. 그러나 루카스의 어머니는 루카스가 약을 꾸준히 먹을 수 있을지 의구심이 들었다. 루카스의 어머니는 루카스가 약물을 복용하는 것을 지켜봐도 되는지 루카스에게 물어보았고, 루카스는 마지못해 잠자리에 들 때 아버지가 자신이 약을 복용하는 것을 확인해도 된다고 동의하였다.

2단계 : 루카스의 증상에 반격하기　치료의 두 번째 단계는 루카스의 정신증적 증상을 약화시키는 약물의 적절한 복용량을 찾는 것이었다. 항정신병 약물이 도움이 되는 증상은 크게 세 가지가 있다. 환각(천사의 목소리를 듣는 것), 망상적 사고(루카스의 호흡이 다른 사람을 조종할 수 있다는 믿음), 그리고 의심(다른 사람들이 루카스의 특별한 힘을 알고 있고 그래서 자신에게 적대적으로 대한다는 염려)이다. 루카스의 증상 완화를 추적하기 위해, 하트 박사와 루카스는 증상의 심각도를 평가 척도로 측정하였다.

하트 박사가 루카스에게 처방한 약물은 리스페리돈(리스페달)이라는 비정형 항정신병 약물이었다. 첫 2주 동안, 루카스의 협조하에 증상과 부작용을 조심히 살펴 가면서 하트 박사는 천천히 리스페리돈의 용량을 증가시켰다. 2주가 끝날 즈음, 루카스는 그의 특별한 힘은 전혀 영향을 받지 않았을뿐더러 어지러움과 피로감 같은 불쾌한 부작용을 경험하고 있다고 불평하였다. 루카스는 약물 복용을 중단할 것이라고 이야기하였다. 하트 박사는 약물이 효과적인지 아닌지 살펴보기 위해서는 4주간의 시간이 필요하다는 원래 계획을 루카스에게 상기시켰다. 그

러나 부작용에 대한 그의 염려를 존중하여, 약물 용량을 천천히 늘려서 루카스가 약물에 보다 잘 적응할 수 있도록 하겠다고 이야기하였다.

넷째 주가 되었을 때 루카스의 복용량은 최대치에 도달하였으며 부작용은 최소 수준이 되었다. 반면에 목표로 삼았던 증상은 조금밖에 변화하지 않았다. 루카스는 약속한 4주가 되었다며, 복용을 중단하려고 하였다.

하트 박사는 루카스가 목표로 했던 용량을 충분한 기간 동안 복용하지 않았기 때문에 그 약물이 증상에 도움이 되는지를 확인하기에 시간이 부족하다는 생각이 들었다. 그렇지만 4주가 지나면 약물 복용을 중단하겠다는 루카스의 결정을 존중하겠다고 약속했다는 것도 알고 있었다. 하트 박사는 중요한 시점에 도달하였음을 깨달았다.

하트 박사 : 우리는 4주간 약물 복용을 시행해 보기로 약속했었지요. 그러나 부작용 문제를 해결하느라 제가 생각했던 것보다 시간이 더 걸린 것 같습니다. 그래서 지금 용량으로 2주만 더 약물 복용을 해 보자는 요청을 하고 싶어요. 적정 용량에 도달한 후 약물의 잠재적 효과를 결정하기 위해서는 이 정도의 시간이 종종 필요하기도 합니다. 약물의 효과가 빨리 나타나기를 바랐지만, 그렇게 되지 않았어요. 그러나 약물 효과를 드디어 발견할 수 있는 이 시점에서 포기해 버리는 것은 진짜 아쉽네요.

리스페리돈과 다른 비정형 항정신병 약물은 두뇌의 도파민 수용체에 작용하여, 정형 항정신병 약물과는 다르게 조현병 환자의 도파민 활동에 영향을 미친다. 따라서 파킨슨 증상과 같은 부작용을 크게 만들어 내지 않는다(Liang & Tarsy, 2021; D'Souza & Hooten, 2020b).

루카스는 하트 박사의 요청을 다시 생각해 보았다. 루카스는 "선생님은 날 돕기 위해서 최선을 다하고 있는 걸 알아요. 그리고 당신이 좋은 의사라는 것도 알겠습니다. 당신은 악마가 아니라는 것도 압니다. 2주 더 시도해 보죠. 그러나 악마가 당신을 통제한다거나 내가 잘못된 길로 가고 있다는 것을 알게 되면, 당신은 다시는 나를 보지 못할 거예요."라고 답하였다.

루카스는 2주간 목표 용량을 지속하였으며, 2주가 끝나 갈 즈음 루카스는 자신의 평가 척도상 의미 있는 증상의 감소를 경험하였다. 루카스는 자신의 호흡에 특별한 힘이 있다고 여전히 믿지만, 그 힘이 많이 약해져서 특별한 힘에 대해 항상 생각하지는 않는다고 말하였다. 또한 천사들의 소리가 더 이상 들리지 않으며 다른 사람들도 자신에 대해 덜 이야기하는 것 같다고 하였다. 따라서 루카스는 기꺼이 약물 복용을 지속하기로 마음먹었다.

같은 기간 동안, 하트 박사는 루카스가 근처 정신건강 센터의 심리사회 기술 훈련 프로그램에 등록하도록 요청하였다. 루카스는 약물 자기 관리 집단과 증상 자기 관리 집단에 참석하였다. 이 집단은 일주일에 두 번씩 3개월 동안 만남이 이루어졌으며, 루카스는 ⑴ 지속적인 약물 요법의 중요성(즉, 약물의 효과는 약물의 일시적인 복용이 아닌 지속적인 복용의 축적된 결과로 인해 나타난다는 것), ⑵ 정신과 의사와 함께 약물 복용의 문제를 해결하기, ⑶ 재발의 위험성을 경고하는 징후 알아차리기, ⑷ 이러한 징후가 나타나면 초기에 개입하기, ⑸ 약물 복용에도 불구하고 나타나는 정신증적 증상에 대처하기, 그리고 ⑹ 조현병의 증상을 악화시키는 알코올과 기타 약물을 회피하기 등에 대해 배웠다.

마리아와 안토니오의 재촉하에 루카스는 이런 집단에 정기적으로 참여하였으며, 지난 몇 년 동안 처음으로 새로운 주별 활동을 가지게 되었다. 무엇보다도 루카스는 자신이 배우는 기술 훈련이 그의 상황에 직접적으로 관련된다는 것을 알게 되었다. 예를 들면, 그는 자신의 망상에서 대마초가 중요한 위치를 차지하고, 대마초가 불안을 낮추기 때문에 대마초를 피우는 것이 자신에게 유익하다고 생각했다. 그러나 기술 훈련을 통해 약물과 알코올은 조현병의 증상을 증가시키며, 또한 정상적인 활동에 대한 동기나 흥미를 감소시킨다는 것을 알게 되었다.

3개월 동안의 프로그램 참여를 통해 루카스는 항정신병 약물의 목적과 혜택을 더욱 인식하게 되었으며, 책임감을 가지고 약물을 꾸준히 복용하게 되었다. 결국 루카스의 가족은 더 이상 루카스의 약물 복용을 감시하지 않게 되었으며, 루카스 또한 대마초 사용을 중단하게 되었다.

3단계 : 안정화 리스페리돈을 복용한 지 3개월이 지나자, 루카스의 증상은 훨씬 경미한 수준에서 지속되었다. 그의 호흡에 특별한 힘이 있다는 망상은 남아 있었지만, 루카스는 훨씬 신경을 덜 쓰게 되었고 그러한 믿음도 덜 나타났다. 그 결과, 비록 대부분의 시간을 성경을 읽는 데 보내기는 하지만, 자신이 메시아라는 신호를 찾기 위해 성경을 보는 것을 멈추게 되었다. 가장 중요한 것은 아마도 이 기간 동안 루카스가 입원하지 않았다는 것이었다. 루카스의 삶은 안정화되기 시

점점 더 많은 치료자들이 조현병 환자를 치료할 때 사례 관리자로서의 역할을 담당한다. 그들은 환자들을 치료하는 것뿐만 아니라, 가용한 지역사회 서비스를 조정하고, 지역사회 서비스의 복잡성을 환자에게 안내하며, 환자의 법적 권리를 보호한다(NIMH, 2020e; Bustillo & Weil, 2019; Schneeberger et al., 2017).

연구에 따르면, 조현병 환자의 사회적, 개인적 어려움을 다루는 개입은 환자들의 회복률을 높이고, 재발률을 낮춘다(Jones et al., 2020; NIMH, 2020e). 이러한 접근은 실용적인 조언을 제공하는데, 문제 해결, 의사결정, 사회 기술을 가르치며 환자들이 약물을 잘 복용하도록 만든다. 또한 환자들이 직업, 경제적인 도움, 적절한 집을 찾도록 도와준다.

작하였다.

다음 목표는 루카스가 장기적인 목표를 세우며, 이 목표를 달성하기 위한 기술을 가르치는 것이었다. 잠재적인 목표는 취업, 경제적 안정, 적절한 주거, 친구 사귀기, 데이트하기, 건강하고 즐거운 취미 찾기, 그리고 가족의 지지였다. 하트 박사와 이러한 문제에 대해 논의하면서, 루카스는 가족 관계를 향상시키고, 독립적으로 생활할 수 있는 능력을 개발하는 두 가지 목표를 우선순위로 꼽았다. 하트 박사는 행동주의적 가족 관리 회기를 루카스와 그의 가족에게 진행하기로 하였으며, 루카스는 개별 행동 기술 훈련 집단에 참석하였다.

행동주의적 가족 관리

가족 기능을 향상시키기 위해 고안된 일련의 과정인 행동주의적 가족 관리의 초기 회기 시간에, 하트 박사는 루카스와 그의 가족들에게 지금까지 그들이 경험한 어려움에 대해 토의해 보자고 하였다. 부모들은 루카스가 하루 종일 방에 있는 것에 대해 이야기를 시작하였으며, 결국 서로에게 소리 지르는 난장판이 된다고 이야기하였다. 루카스는 성경을 읽어야 하기 때문에 방에서 시간을 보내는 것이라고 설명하였지만, 안토니오는 루카스가 게으르기 때문이라고 주장하였다. 마리아가 끼어들어 남편이 대부분의 시간을 직장에서 보내기 때문에 집에서 무슨 일이 일어나는지 모르는 것이라고 말하였다. 그러나 안토니오는 루카스가 '아무 데에도 쓸모없는 천하의 게으름뱅이'가 되어 가고 있는 것쯤은 알아차릴 수 있다고 답하였으며, 아내가 그렇게 조장한다고 말하였다. 루카스는 눈을 크게 뜨고 '세상에 맙소사'라는 표정으로 대부분의 대화에 귀를 기울였으며, 때로는 눈을 내리깔고 카펫을 노려보았다. 결국 루카스는 이런 아버지의 '말도 안 되는 헛소리'를 듣지 않기 위해 방에 있는 거라고 말해 버렸다. 안토니오는 '그런 헛소리'는 순전히 루카스의 문제 때문에 생긴 좌절로 인한 것이라며 소리를 질렀다. 곧이어 모든 식구들은 상대방에게 고함을 지르기 시작했다.

하트 박사는 가족 간의 상호작용이 격앙된 표출 정서임을 깨달았다. 연구에 따르면 종종 비판적이고, 적대적이며, 침투적인 내용의 강한 표출 정서를 표현하는 가족이, 낮은 표출 정서를 보이는 가족에 비해 조현병 재발을 더 많이 경험한다고 보고한다.

하트 박사 : 가족분들 모두 루카스의 문제로 인해 의사소통에 많은 좌절감을 경험
하고 있으며, 이로 인해 잦은 말다툼을 하게 된다는 것을 알겠습니다.
루카스와 같은 병을 가진 사람이 가족이면, 상당한 스트레스를 경험
합니다. 가족 간 긴장감이나 부정적인 감정을 줄일 수 있다면 가족 모
두에게 큰 도움이 될 겁니다. 특히 가정 내 비판이나 적대감의 표현을
줄인다면, 루카스나 여러분 모두에게 도움이 될 것입니다. 이러한 종
류의 가정 내 대화는 조현병으로부터 회복되는 것을 더욱 어렵게 만
든다고 많은 연구를 통해 밝혀졌습니다. 여러분이 논쟁을 줄이고, 의
사소통을 향상시키는 데 초점을 맞춘 몇 회기를 진행하고 싶습니다.

가족들은 이에 동의하였으며, 하트 박사가 이끄는 12회에 걸친 행동주의적 가족
관리 프로그램에 참여하였다.

첫 몇 회기는 주로 교육에 초점을 맞추었다. 하트 박사는 루카스의 가족에게
조현병에 대한 최신 과학적 정보를 제공하였다. 하트 박사는 가족 전체에게 조현
병으로 인해 생기는 어려움을 기술하는 인쇄물을 나누어 주었다. 또한 하트 박사
는 루카스의 가족에게 조현병 환자가 일상적인 활동을 수행하는 데 어려움이 있
다는 것을 설명하는 비디오를 보여 주었다. 일도 못 하고, 학교도 가지 못하며,
식사나 샤워 같은 일상의 기초적인 것을 수행하는 데 어려움을 겪는 조현병 환자
들의 모습이 비디오에 담겨 있었다.

루카스의 부모님은 영상 속의 사람들과 루카스와의 유사점을 인정하였다. 루
카스의 부모님은 루카스의 한계를 루카스가 최선을 다하지 않는다거나 혹은 순
전히 책임감을 거부하는 것으로 생각했었다. 루카스의 부모님은 루카스의 실패
를 꾸준하게 비판해 온 것에 대해 후회하였다. 하트 박사는 부모에게 그들의 반
응이나 루카스의 병에 대해 비난하지 말 것을 부탁하였다. 하트 박사는 비디오를
보면서 한때는 무슨 일이든지 할 수 있는 능력을 지녔던 사람이, 이제는 아무것
도 할 수 없는 상태가 되었음을 다른 가족들이 이해하는 것이 얼마나 어려운 일
이며, 가족들이 그러한 가족 구성원의 한계에 대해 스트레스를 받는다는 것을 상

뇌영상 사진을 통해 조현
병 환자들은 전전두엽, 해
마, 편도핵, 시상, 선조체, 혹
질의 뇌신경 회로에 역기능
이 있음이 밝혀졌다(He et
al., 2021; Bristow et al.,
2020).

기시켰다. 하트 박사는 조현병에 대한 새로운 지식을 토대로, 가족 의사소통 기술을 향상시키는 가족 치료의 새로운 단계로 넘어가자고 제안하였다.

의사소통 기술 훈련 동안, 하트 박사는 가족 구성원의 긍정적인 활동을 인정해 주기, 긍정적으로 요구하기, 자신의 부정적인 감정을 건설적으로 표현하기를 가족들에게 가르쳤다. 가족들은 또한 루카스의 한계 및 자율성을 존중하면서 어떻게 그와 잘 의사소통할 수 있는지를 배웠다.

하트 박사는 어려움을 겪는 많은 가족들이 다른 가족 구성원의 긍정적인 활동을 칭찬하지 않는다고 이야기하였다. 가족의 단점이나 실수를 비판하는 것이 유일한 피드백이 되어, 긍정적인 활동은 당연한 것이 되거나 종종 무시되기도 한다고 설명하였다. 예를 들면, 루카스의 부모님은 루카스가 옷 정리를 하지 않고, 쓰레기를 내다 버리는 것을 잊거나, 루카스가 하루 종일 자기 방에 있는 것에 대해서만 지적하였다. 반대로 루카스가 잔디를 깎거나 약물 복용을 꾸준히 하는 것과 같은 긍정적인 활동에 대해서는 칭찬하지 않았다. 동일하게 루카스도 부모님이 자신을 위해 하지 못한 것만 지적하고, 그들의 긍정적인 노력은 무시한다고 하였다.

따라서 하트 박사는 가족들에게 연습을 시켰다. 지난 며칠 동안 다른 가족을 위해 긍정적인 활동을 한 것이 무엇인지 살펴보도록 하였다. 그다음엔 하트 박사 앞에서 긍정적인 활동에 대해 감사의 마음을 표현하도록 하였다. 먼저 루카스가 적절한 눈 맞춤과 목소리로 감사의 마음을 표현하도록 지도받았다. "엄마, 지난 밤 저녁 식사로 제가 제일 좋아하는 음식을 만들어 주셔서 정말 감사해요. 정말 기분이 좋았어요." 이러한 과제를 매일 할 수 있도록, 온 가족은 2주 동안 성공적으로 칭찬한 모든 활동을 잘 기록하도록 요청받았다. 시간이 갈수록 이러한 의사소통의 빈도가 증가하고 점점 더 자연스럽게 되었다.

또 다른 기술인 가족들에게 긍정적으로 요구하기가 무엇인지 가르치기 위해, 하트 박사는 그들을 짜증 나게 하는 것이 무엇인지 물었으며 짜증 날 때 어떻게 의사소통하는지를 구체적으로 질문하였다. 자발적으로 루카스의 어머니가 그날 아침 루카스의 방에 쌓여 있던 빨래 더미 때문에 짜증이 났던 것을 이야기하였다. 루카스에게 어떻게 이야기하였는지 묻자, 루카스의 어머니는 "네 방에 있는 빨래 더미는 정말 구역질 난다. 제대로 좀 해라."라고 말했다고 답하였다. 하트 박사는 이 예를 이용하여 가족들에게 부정적이고 모호한 용어보다는 긍정적이고 구체적인 용어를 사용하는 바꾸어 말하기에 대해 설명하였다. '긍정적인' 표현이 란 그러한 상황에서 개인이 하지 말거나 멈춰야 할 것이 아니라, 해야 할 행동을 의미한다. '구체적인' 표현이란 상황을 개선할 모호한 표현보다는 그 상황에서 마땅히 해야 할 행동을 의미한다. 마리아는 이러한 안내 지침에 따라 자신의 염려 를 다시 표현하였다. 마리아는 "루카스, 주말에는 네 방의 빨랫감을 지하 세탁실 로 가지고 내려오렴."이라고 다시 말하였다. 루카스의 가족들은 다음 몇 주간 이 렇듯 성공한 기술들을 기록할 것을 요청받았다.

부정적인 감정을 건설적으로 표현하는 기술 훈련, 즉 다른 사람의 행동이 나 를 언짢게 하는 것을 상대방에게 효율적으로 표현하는 일련의 기술 훈련도 실시 되었다. 이것은 종종 가족 구성원들이 간과하는 의사소통으로, 상대방에 대한 불 만족감이나 실망을 혼자만 가지고 있다가, 직접적으로 상대방을 비난하고 모욕 하는 것이다. 감정을 표현하는 적절한 방법은 잘못된 추정이나 비난을 하지 않은 채, 문제가 있음을 상대방에게 이야기하는 것이다. 예를 들면, 루카스의 아버지 가 루카스에게 "너는 내 말에 전혀 신경 쓰지 않는구나."라고 말하기보다는 "내 가 이야기할 때 네가 딴 데를 보면, 내가 말하는 것을 신경 쓰지 않는다는 느낌이 들어."라고 말하도록 지도받았다.

> 연구에 따르면 가족 치료, 특 히 약물 치료와 결합된 가족 치료는 조현병 환자의 가족 내 긴장을 낮추며, 따라서 조 현병의 재발을 줄이는 데 기 여한다(Worthington et al., 2020).

이어지는 6회기 동안, 루카스의 가족은 새로운 의사소통 기술을 잘 사용할 수 있게 되었으며, 그 기술은 자연스럽게 가족 간 대화 방식이 되었다.

드디어 가족들은 행동주의적 가족 관리 기술의 마지막 단계인 문제 해결을 배 우는 단계에 도달하였다. 이 기술을 소개하기 위해, 하트 박사는 루카스와 그 가 족들에게 해결해야 할 문제를 하나 고르도록 하였다. 루카스의 가족들은 루카스 가 계속 방에만 있는 문제에 대해 이야기하기로 결정하였다. 루카스는 종교적인 이유만이 아니라, 부모의 언쟁이나 자신에 대한 비판을 피하기 위해서도 매일 방 에 있다는 것을 인정하였다. 루카스가 방을 나오면, 부모님의 언쟁을 듣거나, 아 니면 루카스의 불충분한 행동과 때로는 너무 과한 행동에 대해 비난을 받는다고 하였다. 루카스의 부모는 집에 많은 종류의 언쟁이 있지만, 루카스의 칩거행동이 그 언쟁의 이유라고 말하였다. 만약 루카스가 가족 활동에 좀 더 참여하게 된다 면, 언쟁의 상당 부분은 해소될 것이라고 이야기하였다.

하트 박사는 문제 해결의 원칙을 설명하였다. 모든 가족 구성원은 그 문제의 해결책에 대해 몇 분간 생각해 볼 시간을 가진 다음 몇 가지 구체적인 아이디어를 제안하지만, 적절한 대안이 나오기 전까지는 그 아이디어에 대한 비판을 보류하기로 하였다. 마리아는 루카스가 하루에 세 번 식사하러 내려올 것을 제안하였다. 안토니오 역시 같은 제안을 하였으며, 루카스가 불안하거나 불편해지면 언제든지 식탁에서 떠나도 된다고 덧붙였다. 루카스 역시 일주일에 한 번 저녁 외식에 동참하겠다고 제안하였다. 왜냐하면 밖에서는 부모님이 덜 다투시는 것 같다고 느꼈기 때문이었다. 또한 루카스는 정신건강 센터의 자기 관리 집단에서 알게 된 새로운 친구를 주중 저녁 식사 때 초대하기를 제안하였다. 그 외에도 몇 가지 대안들이 제시되었으며, 가족들은 각 대안들의 장단점에 대해 이야기하였다. 하트 박사는 가족 간 합의를 통해 해결책을 찾도록 이끌었다. 결국 루카스는 매일 저녁 식사에 동참하기로 하였으며, 한 주에 한 번은 밖에서 저녁 식사를, 다른 저녁 식사에는 자신의 친구를 집으로 초대하기로 결정하였다.

루카스의 가족들은 이 계획을 실천에 옮겼으며 루카스의 가족 활동 참여에 대한 언쟁은 줄어들게 되었다. 가족 치료의 다른 회기는 같은 형식을 가지고 유사한 문제 해결 연습으로 진행되었다. 시간이 지남에 따라, 가족 구성원들은 스스로 문제를 해결하는 기술을 터득하게 되었다.

개별 행동주의적 기술 훈련

"조현병 때문에 나는 내 인생이 사기당했다는 기분이 든다"
(어떤 조현병 환자, 1996).

약물 치료와 행동주의적 가족 관리를 통해 일상생활의 상당한 스트레스에서 벗어나게 되면서, 또한 자기 관리 집단에서 만나게 된 다른 환자들을 보면서 루카스는 독립적으로 생활하고자 하는 욕구를 점점 표현하게 되었다. 자기 관리 집단에서 만난 존은 노숙자에게 거처를 제공하는 작은 사회 서비스 센터인 '도움의 손길(Helping Hands)'에서 돈을 받으며 사무 보조로 일할 만큼 상태가 호전된 친구였다. 루카스는 존의 직장을 방문하였는데, 자기 책상에서 존경을 받으며 책임감을 가지고 일하는 존을 보면서 루카스는 감명을 받았다. 루카스는 일할 수 있는 기술을 개발해서, 언젠가는 자신도 독립적으로 생활할 수 있으리라는 기대를 가지게 되었다. 루카스는 이러한 희망을 하트 박사와 키워 나갔다. 하트 박사는 루카스를 격려해 주었으며, 정신건강 센터에서 개인의 효율성을 증진시켜 성공적인 삶을 살아갈 수 있도록 도와주는 훈련 집단에 루카스를 등록시켰다.

이 집단은 루카스가 이미 참여하고 있는 약물과 증상 관리 집단과 유사한 성격을 가진 집단이었지만, 보다 개인의 문제에 초점을 맞추고 있었다. 사회복지사가 그 집단을 이끌었는데, 모델링, 역할극, 교정적 피드백, 행동주의에 입각한 훈련 등 전통적인 행동주의적 테크닉에 기반하여 집단원이 세상살이에 대처할 수 있는 기술을 가르쳤다. 그 집단은 또한 집단 구성원에게 거리를 두고 불쾌한 생각을 견딜 수 있는 새로운 근거 기반 수용 개입을 가르쳤다.

몇 회기가 지난 후, 루카스는 사회복지사인 캔디스 씨와 다른 집단원에게 자신의 단기 목표는 온라인에서 광고하는 회사에 면접을 보는 것이며, 자신은 이런 것을 해 본 적이 한 번도 없어서 어떻게 접근해야 할지 전혀 모른다고 이야기하였다. 집단은 지원 과정을 세부적인 기술로 세분화하였다. (1) 적절한 온라인 광고를 찾기, (2) 전화나 이메일을 이용하여 자세한 정보를 얻고 면접을 요청하기, (3) 적절한 시간과 장소에 도착하기, (4) 면접 보기. 첫 번째로 집단은 전화나 이메일 면접에 초점을 맞추었다. 면접 경험이 상당히 많은 한 집단 구성원이 장래의 면접관 역할을, 루카스는 지원자 역할을 하였다. 두 사람은 그 과정을 반복하여 연습하였으며, 캔디스 씨와 집단 구성원들은 루카스의 전화 면접에 대한 교정적 피드백을 제공하였다. 루카스는 또한 면접을 요청하는 이메일 샘플을 몇 개 쓴 후, 이를 고치고 수정할 수 있도록 집단에 가져왔다.

루카스는 숙제로 입사 광고를 보고 다섯 군데에 전화를 한 후 그 결과를 다음 회기 때 보고하기로 하였다. 이 숙제의 목적은 실제 면접 기회를 얻는 것보다는, 전화 면접 기술을 연습하는 것이었다. 루카스가 면접 기회를 실제로 얻었다 하더라도, 면접이 주는 부담감을 줄이기 위해서 루카스는 사실 면접에 가지 않아도 되었다. 그냥 면접을 취소하면 되는 것이었다.

다음 회기에 루카스는 흥분된 어조로 다섯 군데에 전화를 걸었다고 보고하였다. 그중 세 군데는 이미 채용이 끝났으며, 다른 두 곳은 온라인 지원을 했다고 보고하였다. 루카스는 다섯 번째 전화를 걸 때는 상당히 편안해졌으며, 이제부터는 매주 다섯 통의 전화를 걸어 보겠다고 결심하였다.

면접을 연습하는 동안, 하트 박사는 다른 사람에게 영향력을 미칠 수 있다는 루카스의 믿음을 약화시킬 약물을 찾는 개인 치료를 병행하였다. 리스페리돈을 복용하는 동안 루카스의 상태는 매우 호전되었지만, 여전히 자신의 호흡에 다른 사람들에게 영향을 미치는 힘이 남아 있다고 느꼈다. 하트 박사는 리스페리돈의 용량을 줄이거나 늘리면서 다른 추가 약물을 가감하는 시도를 계속하였다. 약물의 효과인지, 개인 효율성 증진 프로그램의 효과인지, 아니면 둘 다의 효과인지는 모르지만, 어느 순간부터 약물 혼합이 큰 효과를 나타내기 시작했음을 하트 박사와 루카스는 알아차리게 되었다. 루카스는 자신의 주된 증상의 강도와 빈도가 의미 있게 줄어들었음을 알게 되었다. 루카스는 약물을 통해 다른 사람에게 영향을 미치는 호흡의 영향력이 중화된 것 같다고 하트 박사에게 이야기하였다. 루카스는 또한 밖에 나갔을 때 다른 사람들이 자신에 대해 더 이상 이야기하지 않는다고 보고하였다.

약물 치료에 추가하여, 하트 박사는 루카스가 수용 기반 기술을 연습할 수 있도록 도움을 주었다. 하트 박사는 생각이 이상하거나 망상적일 때 루카스가 이를 알아차릴 수 있도록 가르쳤다. 일단 루카스가 그러한 생각을 알아차린다면, 그는 그러한 생각이 사실이 아니며 그가 관찰하고 기술할 수 있는, 뇌에서 만들어진 경험임을 인식하는 것을 배워 나갔다. 이것 때문에 생각 자체가 덜 힘들어지는 것은 아니었지만, 괴로운 생각을 사실이라고 믿을 필요는 없다는 것을 깨닫게 되었다. 따라서 루카스는 자신을 위한 최선의 행동과 결정을 할 수 있게 되었다.

안정화 단계 이러한 변화를 통해 루카스는 한참 동안 느껴 보지 못했던 자신감과 낙관론을 느끼게 되었다. 태어나서 처음으로 루카스는 구직 활동을 할 준비가 되었음을 깨달았다. 루카스는 집단 구성원들과 구직 활동에 대해 상의하였으며, 구직 활동에 대한 발판으로 자원봉사직에 지원해 보기로 하였다. 루카스는 '도움의 손길'에서 일하는 친구 존의 안내를 따르기로 하였다. 존은 독거노인에게 따뜻한 식사를 제공하는 단체에 대해 루카스에게 이야기해 주었다. 조현병으로 인한 오랜 세월의 장애에도 불구하고, 루카스는 운전면허증을 유지하고 있었으며 운전도 할 수 있었다.

루카스는 초기 면접 전화, 면접, 직장에서의 첫날 등 직업을 구하는 다양한 과정을 집단 세팅에서 연습하였다. 집단 구성원들은 전화로 초기 면접자를 선별하

정신증을 위한 수용 기반 개입은 대부분 인지행동적 접근인 수용 전념 치료에서 유래한다. 이 개입은 환각과 같은 양성 증상을 감소시키는 데 특히 도움이 되는 경향이 있다(Yildiz, 2020).

는 역할, 면접관 역할, 동료 역할 등 다양한 역할들을 연기하였다.

루카스는 초기 면접을 위한 전화를 걸었으며 며칠이 지나 드디어 면접을 보게 되었다. 루카스는 질문과 대답을 잘 준비하여 면접을 보았다. 면접관은 루카스의 성실성과 열정에 감탄하여, 유급 운전자를 도와주는 자원봉사 도우미로 루카스를 한번 써 보기로 하였다. 루카스는 다음 월요일부터 반나절씩 3일 동안 일하게 되었다.

다음 월요일 정오에 루카스는 센터에 도착하여 자신에게 할당된 노선의 운전자를 만났다. 루카스는 처음에는 굉장히 긴장이 되었으나, 일단 일을 시작해 보니 자신이 일할 준비가 되어 있음을 깨닫고, 자신감을 되찾았다. 그 후 몇 주 동안 루카스는 매우 열심히 일하였으며 결국 유급 운전자로 취직하게 되었다.

에필로그

이후 몇 년간 루카스는 약물 복용을 유지하였고 일주일에 한 번씩 열리는 집단 모임에 지속적으로 참석하였다. 루카스가 완전하게 기능하는, 생산적인 예전의 생활 방식으로 돌아갔다고 이야기할 수는 없을 것이다. 사실 루카스는 다른 사람에게 영향을 미칠 수 있는 힘을 지녔다는 생각과 다른 사람들이 자신에 대해 이야기한다는 믿음을 정도의 차이만 있을 뿐 몇 차례 경험하기도 하였다. 그러나 그러한 믿음이 예전처럼 루카스의 삶 전체를 사로잡지 못하였으며, 언제나 일시적으로 나타났다가 사라졌다. 약물에 적응한 결과 이러한 믿음들은 수일 혹은 기껏해야 수 주간 나타났다가 사라졌으며, 동시에 루카스는 이러한 생각들로 인해 일상에서 벗어나지 않도록, 수용 기반 기술을 이용할 수 있었다.

루카스는 독립을 간절히 원하였지만, 부모님의 집에서 독립하여 자신만의 아파트로 이사하지는 못하였다. 실제로 몇 차례 독립을 시도하였으나, 혼자서 사는 것이 루카스에게는 너무 큰 스트레스였다. 식사를 준비하고, 빨래하고, 정리정돈을 하는 것들이 너무 힘들어서 결국은 부모님의 도움이 필요하다는 결론을 내리게 되었다. 게다가 오랜 기간의 실직 상태에 비해서는 엄청난 발전이지만, 루카스의 현재 직업은 어린 시절 그의 운명이라고 여겼던 일이나 책임감에는 훨씬 미치지 못하는 것이었다. 예전의 상태로 완전히 돌아가지는 못했지만, 성과는 확실하

> 직업 훈련과 직장을 얻을 수 있는 기회는 조현병의 회복에 있어 매우 중요한 요소이다(Wang et al., 2020). 조현병 환자의 20% 미만이 경쟁이 치열한 직업 시장에서 일자리를 얻는다(Holm et al., 2021; Bustillo & Weil, 2019).

였다. 10년간 반복되었던 입원, 활성화된 망상, 고립, 혼란들은 드디어 막을 내리게 되었다. 루카스는 훨씬 평범한 삶을 살아가고 있으며 루카스와 루카스의 부모는 안도하고 감사하였다.

평가 문제

1. 일란성 쌍둥이의 경우 조현병의 발병 통계는 어떻게 되는가?

2. 정신병을 나타내는 루카스의 세 가지 초기 증상은 무엇인가?

3. 입원 후 루카스의 진단명은 무엇이었는가?

4. 루카스는 왜 약물 복용을 중단하였으며, 약물 복용을 중단하였을 때 어떤 증상들이 나타났는가?

5. 조현병의 소인-스트레스 모델에 대한 하트 박사의 이론을 설명하시오.

6. 하트 박사가 사용한 생물의학 및 행동 치료의 조합을 기술하시오.

7. 조현병 환자의 뇌가 보이는 이상성은 무엇인가?

8. 항정신병 약물은 조현병의 증상을 어떻게 감소시키는가? 이러한 약물을 사용할 때의 부작용은 무엇인가?

9. 정형적 항정신병 약물보다는 새로운 비정형적 항정신병 약물을 선호하는 이유는 무엇인가?

10. 약물 치료와 병행하여 루카스를 위한 심리사회적 기술 훈련 프로그램의 여섯 가지 요소는 무엇인가?

11. 루카스의 일부 증상들이 안정화된 후 루카스의 새로운 두 가지 목표는 무엇인가?

12. 루카스의 재활에 루카스의 가족이 동참하는 것이 왜 중요한가?

13. 루카스의 가족이 배워야 할 중요한 의사소통 훈련은 무엇인가?

14. 보다 독립적이 되기 위해서 루카스가 배운 개별 행동주의적 기술은 무엇인가?

15. 루카스가 독립하여 살지 않고 최종적으로 부모님과 같이 살기로 결정한 이유는 무엇인가?

반사회적 성격장애

표 14-1

진단 체크리스트

반사회적 성격장애

1. 타인의 권리를 다음 세 가지 이상의 방식으로 무시하거나 침해한다.
   (1) 사회적, 법적 규준을 거의 혹은 전혀 준수하지 않음
   (2) 사기성
   (3) 충동성 혹은 계획성의 부족
   (4) 반복적인 싸움으로 표출되는 성마름과 적개심
   (5) 업무나 재정에서 책임감을 가지고 행동하지 못함
   (6) 자신이나 타인의 안전을 부주의하게 무시함
   (7) 타인을 다치게 하거나 학대하는 데 대한 후회가 없음
2. 최소한 18세 이상으로, 15세 이전에 품행장애 징후를 보인다.

(APA, 2022, 2013)

미국 성인의 약 3.6%가 반사회적 성격장애의 진단기준을 충족한다(Fisher & Hany, 2021; Alarcon & Palmer, 2020). 반사회적 성격장애는 여성보다 남성에서 4배 정도 더 흔하다.

디는 24세의 독신 여성으로 혼혈이고, 시스젠더 양성애자로 최근 미니애폴리스의 대학병원 정신과 병동에 입원하였다. 그녀는 자살사고를 표현했고 전날 밤 여자친구와 싸우면서 그걸 행동에 옮기겠다고 위협했다. 여자친구의 납작한 가슴에 대하여 디가 한 농담이 불씨가 되어 그 여자친구가 디가 잔인하고 공감 능력이 없으며 자기 어머니로부터 큰돈을 훔쳤다고 비난하면서 신체적 폭력으로 번졌다. 디는 자기가 저지른 범죄로 잡힐까 두려워서 아니라고 고함을 쳤고 그 돈을 가져간 적이 없다고 거짓 주장을 했다. 자기 여자친구가 맞고함을 치자 디는 그녀를 바닥으로 넘어뜨리고 그 위에 서서 손가락질을 하면서 다시는 그렇게 하지 말라고 했다.

옆 아파트의 이웃 사람들이 그 소동을 듣고 경찰을 불렀다. 경찰이 도착했을 때 디의 여자친구는 흥분해서 격앙되어 있었다. 디는 침착했다. 그녀는 경찰에게 여자친구가 대마초를 피우고 피해망상이 생겨서 자신에게 말도 안 되는 혐의를 씌우고 신체적으로 위협했다고 거짓 진술을 했다. 그녀의 여자친구는 화를 내면서 이 혐의들을 부인했다. 경찰이 그녀의 팔에 있는 상처를 보고 디에게 설명을 요구하자 그녀는 격분하면서 방어적이 되어서 "차라리 내가 자살하는 게 낫겠다."라고 했다. 경찰관이 그녀에게 자해 생각을 하고 있었느냐고 묻자 그녀는 또 다른 거짓말을 꾸며 내서 자기는 오래전부터 자살 생각을 했으며, 자기 여자친구

와의 이런 다툼 뒤에는 그냥 저질러 버릴지도 모른다고 말했다. 경찰관은 사실 여부는 확신할 수 없지만 디가 자해를 할까 염려가 되어서 그녀를 응급실로 데려다줄 필요가 있는지 물었다. 디는 그게 아니면 폭행이나 절도로 교도소에 갈 수도 있겠다고 믿고 경찰관에게 자신의 안전이 염려된다면서 병원으로 가기를 원한다고 말했다.

응급실에서 디는 정신과 간호사에게 자기는 삶을 더 이상 견딜 수가 없고 그걸 끝장낼 생각을 하고 있었다고 말했다. 디는 지난달에는 계획을 세우고 자살 수단을 모으면서 보냈다고 했다. 그녀는 눈물을 글썽거리면서 어려서 삼촌에게 성적 학대를 당했었고 아버지가 자신과 자기 어머니를 버리기 전에 수년 동안 아버지로부터 신체적 학대를 당했다고 했다. 그녀는 전에도 자살을 시도했던 적이 있었고, 감정을 진정시키기 위해서 무엇을 해야 할지 모를 때 여러 번 자기 손목을 그었다고 설명했다. 정신과 간호사는 열심히 듣고 메모를 했다. 디는 이 병원에 온 게 처음이었고 이 정보를 확증할 전자의료기록도 없었다. 응급실 상황에서는 환자와의 상호 신뢰 관계 형성을 위해서 큰 노력을 기울이도록 훈련받은 정신과 간호사가 디의 말을 액면 그대로 받아들였다. 그녀로서는 그러지 않을 이유가 없었다.

디는 21세 때부터 적극적으로 자살을 생각하고 계획해 왔다고 보고했다. 18세 때 그녀는 죽을 생각으로 약물을 과다 사용했었다. 그녀가 22세 때에는 미니애폴리스에서 자해행동을 해서 입원했었는데, 그때는 손목과 다리를 그었었다. 결국 정신과 간호사는 다른 환자를 돌보느라고 나가야 했고 나중에 임상사회복지사가 디가 있는 응급실 대기실에 들어왔다. 사회복지사는 젊은 도미니카 여성으로 디와 대략 같은 나이처럼 보였다. 그녀의 이름은 테레사로 최근에 학위와 자격증을 받았다고 밝혔다.

테레사는 태도가 진지했고 열정적으로 디의 개인력에 대해서 물었다. 그녀는 세심하게 노트를 했고 자해 위험성에 대해 질문을 많이 했다. 테레사에게는 디가 심하게 불편한 것 같았다. 간혹 그녀는 말을 멈추고 손에 얼굴을 파묻었다. 사회복지사가 과거에 어떤 정신장애로 진단받았었는지 물었을 때, 디는 "뭐든지 다요."라고 답했다. 그녀는 최근 실직을 했는데 이제 여자친구도 잃었으며 현재는 이런저런 일 와중에 어머니가 심각한 병을 앓고 있다고 했다. 그녀는 도움을 받지 못하면 깊은 나락으로 떨어져서 자기 자신에게 끔찍한 짓을 저지를 것 같아

어느 연구에서 임상심리학자들이 비디오를 보고 사람들이 하는 말의 진위를 가려내게 한 결과 임상가들은 62% 정도의 거짓말을 찾아낼 수 있었다. 이는 연방 재판관들과 비슷한 수준이었다(Ekman et al., 1999).

두렵다고 했다.

테레사와 정신과 간호사는 간호사실에 함께 모여서 디를 정신과 응급 병동 대기실에 있게 하는 게 최선일 거라고 결정했다. 이렇게 하면 의료진이 다음 단계에 대해서 의논하는 동안 그녀가 안전할 수 있었다. 그녀는 이 병원 체계에 처음 온 환자였기 때문에 담당 팀은 그날 밤 늦게 안전한 길을 택해서 디를 그 병원 정신과 병동에 입원시키기로 결정했다. 다행히 여성 환자 자리가 하나 있었다. 디는 안전하게 그 병동으로 옮겨져서 입원 절차를 밟아 방을 배정받고 병동 규칙과 일정에 대한 지침을 들었다.

디 자기 패를 돌리다

반사회적 성격장애가 있는 사람들은 흔히 충동적이고, 가능한 결과에 대한 생각이 없이 행동한다(Lykken, 2019).

입원 병동에 도착하자마자 디는 자격증을 소지한 다른 임상사회복지사와 면담을 했다. 이 사회복지사는 그녀의 가족과 사회력, 현재와 과거의 건강 상태, 그 밖에 어떤 일들이 그녀에게 스트레스가 되고 그녀는 그에 어떻게 대처했는지에 대해서 수많은 질문을 했다. 그 병동의 정신과 주치의와 전공의가 문을 두드리고 끼어들었다. 두 의사가 디와 이야기를 시작했고 의대생 하나가 그 뒤에 조용히 서 있었다. 사회복지사는 남아서 디의 퇴원 계획과 그녀가 자기 지역사회로 순조롭게 복귀하는 데 도움이 될 중요한 정보를 얻을 수 있을까 귀를 기울였다. 정신과 주치의는 자신을 소개한 후 전공의인 크리슈난 박사가 대화를 이끌어 가는 것을 관찰했다. 디가 보기에 두 정신과 의사들은 자기가 다시 자살을 생각할까 걱정하는 게 분명했다. 그녀가 자해행동을 자제할 수 없다고 앞서 말했던 것을 생각할 때 놀랍지 않았다. 하지만 사실 디는 자살 생각은 하고 있지 않았다. 자해할 계획도 없었다. 그녀는 여자친구의 어머니로부터 돈을 훔친 자기 범죄에 대한 경찰관의 질문을 피하기 위해 충동적으로 이 이야기를 만들어 냈었다. 디는 할 필요가 있는 이야기를 하고 있었고 자기가 머리로는 의사들을 이길 수 있다고 생각했다.

나중에 병동 스태프 한 사람이 디를 안전유리로 둘러싸인 큰 반원형 공간의 간호사실로 데려갔다. 간호사실에서는 대여섯 명의 스태프가 바쁘게 환자 노트를 컴퓨터에 입력하고 있었다. 디를 보고 간호사 하나가 간호사실에서 나와서 자신을 소개하고 장식 없는 긴 복도를 지나 간호사실 앞의 주 TV방에 인접한 식당구역으로 그녀를 데려갔다. 식당구역에서는 간호사 하나가 디에게 음식과 음료를 받는 방법, 그리고 쓰레기 버리는 장소를 보여 주었다. 디는 다른 여성 옆에서 말없이 식사를 했다. 음식이 심심하고 부드러워서 마치 교도소 음식 같다고 건너편의 또 다른 여성이 말했다.

식사 후에 디는 자기 침대 위에 털썩 엎어져서 베개에 얼굴을 묻었다. 한 시간 뒤, 정신과 전공의인 크리슈난 박사가 디에게 일상의 신체 검사를 하러 왔을 때 그녀는 약간 생기가 돌았다. 디는 의사에게 붙임성 있게 "선생님, 안녕."이라고 인사를 했고 그 의사는 그녀의 심장, 폐, 그리고 혈압 등의 활력 징후들을 진찰했다. 대화를 하려고 그 의사는 그녀의 팔에 있는 이해하기 어려운 켈틱 상징의 문신에 대해서 언급했다. 명백하게 자랑스러운 기색으로, 환자는 "네, 그건 우리 엄마를 기리기 위해서 한 거예요."라고 설명했다. 그 의사가 나간 후 디는 병원 파자마로 갈아입고 침대에 들어가서 밤새도록 숙면을 했다.

그다음 날 아침 그녀는 식당에서 다른 환자들과 함께 아침 식사를 했다. 식탁에 자리를 잡으면서 그녀는 "배가 되게 고프네."라고 하며 보란 듯이 먹기 시작했다. 자기 음식을 다 먹고 건너편에 앉은 환자를 흘깃 보니 그 조현병 환자는 자기 계란과 토스트를 깨작깨작 먹고 있었다. 디는 "저 형씨, 내가 그쪽 성찬을 좀 먹어도 괜찮지요?"라고 큰 소리로 말했다. 디는 답을 기다리지도 않고 그 환자가 멍하니 바라보는 가운데 그의 음식을 자기 접시로 긁어 담았다.

같은 식탁에 앉았던 다른 환자 하나가 디가 나이가 더 위인 환자의 음식을 먹는 걸 나무랐다. "음식을 같이 먹는 건 안 됩니다. 그건 규칙에 어긋나요. 더구나 저 친구는 상당히 많이 아프다고요. 며칠 동안 토하고 아무것도 먹지 못하고 있지. 그 친구가 손댄 것은 먹지 않는 게 좋을 거요."

그 환자의 비난에도 디는 개의치 않았다. "당신이 이 병동의 경찰이신가? 아마 그쪽이 이 음식을 전부 독차지하고 싶은가 본데, 미안하지만 친구, 내가 먼저요." 다른 환자들은 호기심을 가지고 그 대결을 바라보았다. 몇몇은 겁을 내면서 그 자리를 떴다. 그 밖의 여럿은 남아서 디에게서 눈을 떼지 않았다. 그녀는 그들에게 볼 만한 구경거리였다. 그들보다 젊었고 솔처럼 빳빳이 서 있으며 개성이 넘쳤다. 디는 확실히 주의를 끌었다. 그리고 그녀의 눈이 대단했다. 그녀는 연한 갈색 피부에 빠르게 움직이는 날카로운 푸른 눈을 가졌다. 그녀의 어머니는 스코틀

> 19세기에는 반사회적 성격장애가 '도덕적 광증'이라고 불렸다.

랜드 출신으로 푸른 눈을 가졌고 아버지는 혼혈로 모계는 프랑스 출신, 부계는 세네갈 출신이었다. 그래서 디와 그녀의 오빠는 캐러멜 색의 피부와 검은 곱슬머리, 긴 팔다리와 큰 키, 그리고 마른 체형을 가졌다. 그녀는 기세가 당당한 사람으로, 다른 환자들은 곧 두 집단 — 그녀를 두려워하는 사람들과 그녀에게 억지로 강요당하는 사람들 — 으로 나뉘었다.

치료에서의 디 치료를 자신에게 유리하게 이용하다

그날 아침 늦게 크리슈난 박사가 디를 만나러 왔다. 크리슈난 박사가 왔을 때 디는 TV방의 의자 위에 서서 여러 환자들에게 자신이 어떻게 그들의 권리를 되찾아 줄 수 있는지 말해 주고 있었다. 그 환자들은 자기 의사에 반해서 그곳에 잡혀 있고 갇혀서 움직일 수 없으며 시민권을 박탈당했다고 느꼈다. 그날 아침 그녀는 많은 환자들의 주요 불만이 이것이라는 걸 알아챘다. 환자들의 환심을 사는 방법으로 그녀는 그들에게는 아무런 선택의 기회도 없었고 권리도 없었으며, 이게 얼마나 불법적이고 비윤리적인지를 강조했다. 크리슈난 박사가 다가오자 디가 고개를 들고 미소를 지었다. 디는 매력적이고 쾌활한 특질이 있어서 크리슈난 박사는 처음에는 그녀가 누구인지 확신할 수 없었다. 그녀는 의자에 우뚝 서서 명쾌하고 열정적으로 연설을 했다. 그 모습을 보니 크리슈난 박사는 예전 의과 대학 시절 런던의 하이드파크에서 일요일 아침에 런던 주민들이 임시 연단에 서서 하던 독백 연설이 기억났다. 디를 보면서 그는 본능적으로 멈추어 귀를 기울였다. 자살 생각과 자살 위협으로 인하여 입원을 하게 되었지만 그 환자는 감정과 에너지가 넘치는 종교 지도자처럼 보였다. 디는 돌아서서 그를 보고, 설교를 중단하고 내려와서 신참 정신과 의사로서 그가 본 가장 따뜻하고 기분 좋은 인사를 건넸다.

"의사 선생님, 반가워요. 전 여기에서 그저 솔직한 이야기를 좀 하고 있었어요." 그녀가 말했다. 크리슈난 박사는 자신은 디가 입원해 있는 동안 주치의로서 그녀를 매일 만나고 싶다고 설명했다. 그들은 함께 디의 방으로 걸어갔다. 방에 들어서자 크리슈난 박사는 디에게 자리에 앉으라고 하고 자기는 그동안 그녀가 겪어 온 모든 문제들과 왜 그녀가 자살을 생각하게 되었는지를 모두 알고 싶다고 했다. 디는 자기가 '정말 우울했다'고 확인해 주면서 인생이 살 가치가 있는지 모르겠더라고 했다. 그 정신과 의사가 무엇이 우울했는지 묻자 환자는 '모든 것'이라고 답했다. 그러고는 주로 자기 여자친구 때문이었지만 기본적으로 '그냥 포기하고 싶어졌다'고 했다. "솔직히, 선생님, 이야기하기가 너무 힘들어요."라고 했다. 하지만 디는 딱히 고통스러워하는 것처럼 보이지는 않았다.

크리슈난 박사는 도움을 받으려면 결국 그 이야기를 해야 할 거라고 말했다. 그러자 디는 이야기해 봤자 별 도움이 안 될 거라고 생각했다고 말했다. "우울증에는 약이 있지 않아요? 기분이 좋아지려면 약만 먹으면 되는데 이야기할 게 뭐가 있어요? 프로작이나 좀 줘요. 아니면 팍실(선택적 세로토닌 재흡수 억제제)을 주거나."

"프로작을 먹어 본 일이 있나요?"라고 크리슈난 박사가 물었다.

"저요? 아니요."

"정신과 치료약을 먹어 본 적은 있어요?" 크리슈난 박사가 물었다.

"아니요, 정신과에 입원한 건 처음이에요. 정신과 의사와 이야기하는 것도 처음이고."

"그럼, 신종 마약은 어때요? 해 본 적이 있나요?" 정신과 의사가 물었다.

"솔직하게 말하면 대마초는 해 봤지만 — 그건 누구나 그냥 하는 거니까. 하지만 나는 더 강한 습관성 마약은 손 안 대요."

디가 자기 감정 이야기를 하지 않으려고 하자 크리슈난 박사는 다른 전략을 써서 그녀의 생활 환경, 직장, 그리고 가족에 대해서 물었다. 디는 여자친구와 함께 살았지만 그것도 "저번에 일어난 일로 인해서 끝장났을 것 같아요."라고 간단히 말했다. 그녀는 윌러드-헤이에서 바텐더로 일했었는데 최근에 다른 직원이 돈을 훔치고 디에게 덮어씌우는 바람에 그만두게 되었다고 했다. 크리슈난 박사는 그 일에 대해서 더 알아보려고 했지만 디는 너무 속상해서 그 이야기는 못 하겠다며 피곤한 기색을 비쳤다. 그녀는 누워서 낮잠을 자고 싶다고 했다.

크리슈난 박사는 나가기 전에 그녀에게 아직도 자살사고가 있느냐고 물었다. 디는 지금은 병원에 있으니까 더 안전하다고 느낀다고 했고 크리슈난 박사가 자기를 도울 수 있기를 바란다고 대답했다. 크리슈난 박사는 그녀를 도울 수 있으려면 그녀가 자신의 감정에 대해서 더 이야기를 해야 한다고 했다. 환자는 조만

반사회적 성격장애를 가진 사람들 대부분은 치료를 받는 데 관심이 없다. 치료를 받는 사람들은 보통 고용주, 학교, 혹은 법률에 의해서 강제적으로 치료에 참여하게 된다(Fisher & Hany, 2021; Black, 2020).

간 그러겠다고 약속했다. 그러면서 우선 크리슈난 박사와 더 '신뢰 관계'가 형성되어야 한다고 했다. 그녀는 얼굴을 가리고 울기 시작하다가 돌아섰다.

디는 누워서 머리를 베개에 두었다가 마치 생각이 바뀐 것처럼 일어나 앉았다. 그녀는 크리슈난 박사가 그녀에게 할애한 시간이 정말 고마웠다고 하면서 더 이야기를 할 수 있기를 바란다고 했다. 크리슈난 박사의 눈에 그녀는 그 말을 하면서 눈물을 흘리지 않았고 슬퍼 보이지도 않았다. 잠시 동안 그는 자기가 방금 본 바를 토대로 디에게 정면으로 부딪쳐 볼까 생각했지만 다음 기회를 기다리기로 결정했다.

그다음 날 아침, 크리슈난 박사는 또다시 와서 디를 찾았다. 이번에 그녀는 식당에 앉아 있었다. 침울하게 자기 음식이나 허공을 바라보고 있는 다른 환자들과는 달리 디는 또 다른 환자와 큰 소리로 웃으면서 매우 즐거워하고 있었다. 크리슈난 박사가 다가가자 그녀는 고개를 들고 "의사 선생님, 식사를 마치면 곧 준비가 될 거예요."라고 쾌활하게 인사를 했다. 크리슈난 박사는 걸어 나가서 안전구역의 유리 뒤에 있는 자신의 사무실에서 회진 노트를 마무리하며 그녀를 기다렸다.

몇 분 후에 디가 걸어와서 데스크에 있는 간호사에게 그 의사가 있는지 물었다. 그가 나오자 그들은 걸어서 그녀의 병실로 갔다. 디는 크리슈난 박사가 식당에서 그녀를 두고 나가서 감정이 상했다고 하면서 자기는 그를 신뢰하지 않았다고 말했다. 더 나아가서 그녀는 그가 그보다는 더 나은 의사라고 생각했었는데 아마도 다른 모든 의사들과 마찬가지였다고 — 전자의료기록에 노트를 쓰느라고 바빠서 환자들과 시간을 보내지 않는다고 했다. "선생님은 의료 차트를 치료하시기로 했나 본데, 좋은 의사는 자신의 환자들을 치료하지요." 크리슈난 박사는 순간 말문이 막혔다. 그는 그저 자기 업무를 하고 있었는데 디는 그가 자신을 비인간화했다고 비난하고 있었다. "저를 두고 가면서 무슨 생각을 했지요?"라고 그녀가 물었다.

디는 사람들이 자기에게서 떠나면 싫었다고 설명했다. "이야기가 나왔으니 말인데 난 하루 종일 밤낮으로 여기에 갇혀 있는 걸 견딜 수가 없어요. 제가 과거에 자살하려고 했던 건 알지만, 이제 전 거기에서 벗어나고 있다고 생각해요. 제가 곧 나갈 수 있을까요?" 그리고 이어서 그녀가 말했다. "선생님에게 고약하게 군 건 미안해요. 내가 어리석었어요. 전 어린 시절이 힘들었어요. 응급실에서 제가

반사회적 성격장애 환자들은 스트레스의 경고를 받거나 예상할 때 자율신경계의 느린 각성, 느린 뇌파 등 낮은 뇌 및 신체의 각성으로 반응하는 경향이 있다(Fariba et al., 2021). 이러한 현상은 반사회적 성격장애 환자들이 건설적 수준의 공포를 경험하지 못하거나 부정적 경험을 통해서 배우지 못하는 이유를 설명하는 데 도움이 될 수 있다.

그 사람들에게 이야기했던 걸 보셨겠지요. 그러니까 간혹 사람들이 내게서 떠나면 기분이 나빠요. 전 그저 사랑받고 싶을 뿐인데…"그녀는 말끝을 흐렸다. "그리고 뭐지요?"라고 크리슈난 박사가 물었다. 디는 눈을 감고 한동안 말없이 있었다. "그리고, 아무것도 아니에요. 그것뿐이에요. 난 아무도 없어요. 오케이, 엿같고, 외롭고, 비참한 인생. 하지만 전 자살은 안 할 거라고, 더 이상 자살 생각은 안 하겠다고 약속해요."

크리슈난 박사는 퇴원을 하려면 그녀가 자기 상황을 보다 숨김없이 이야기해야 된다고 설명했다. 그러자 디의 태도가 바뀌어서 솔직하게 이야기할 준비가 되었다고 했다. 첫째, 그녀는 자신이 일으킨 모든 문제에 대해서 넘치도록 사과했다. 그녀는 만약 자기가 가끔 불손했다면 그건 자기가 자신을 잘 챙기지 못하는 것처럼 행동하면 다른 사람들이 자기를 이용할지도 모른다는 두려움 때문에 생긴 뻔뻔스러운 태도였다고 했다. 그녀는 크리슈난 박사에게 바보 같은 좀도둑질 때문에 감옥살이를 했었고, 교도소에 있을 때 그녀는 외모 때문에 지속적으로 괴롭힘을 당했다는 걸 인정했다. 흑인 재소자들은 피부색이 희고 곱슬머리라고 그녀를 놀렸다. 백인 재소자들은 인종차별주의자 언어로 조롱했다. 그 경험이 그녀의 마음을 냉담하게 만들었고, 이제 그녀는 간혹 다른 사람들, 심지어는 그녀를 진심으로 생각해 주는 사람들까지 비난하게 되었다고 했다.

디는 자기가 정말로 자살을 고려했던 것은 아니었고 그저 병원에 입원하려고 그렇게 주장했었다는 걸 인정했다. 하지만 그녀의 의견으로는 자신이 벼랑 끝으로 몰렸었다는 게 과장이 아니었다. 가석방된 이후 그녀는 직장을 구하고 유지하는 게 엄청나게 어려웠다고 했다. 그녀는 바텐더, 소매점 판매직, 식당 일 등 모든 걸 다 시도했지만 매번 그녀의 성질과 사람들과의 문제로 인해서 몇 주일 안 되어 해고되었다.

그 밖에 어머니의 심장병이 상당히 악화되어서 입원을 할 수밖에 없었다고 말했는데 그건 사실이 아니었다. 어머니와 자신이 모두 직업이 없는 상태라 살던 아파트도 내주게 되었다. 게다가 간혹 동거하던 여자친구도 자기가 실직해서 집세를 분담하지 못하자 질려서 나가라고 요구했다. 여자친구에게 쫓겨난 후 노숙자 쉼터에 갔지만 무자비한 도둑들에게 남아 있던 돈을 모조리 털리고 쫓겨났다. 그녀는 생존을 위한 매일매일의 투쟁에서 패배하고 있다고 느껴서 자살 생각을 하게 되었다고 주장하였다.

디는 입원하려고 위장을 해서 누군가에게 폐를 끼쳤다면 미안하지만 자신도 다른 누구에 못지않게 고통을 받았으며, 허위로 자살 생각을 하고 있다고 한 것을 봐도 자신이 얼마나 절망적이었는지 알 수 있다고 했다. 그녀는 일종의 '신뢰의 위기'를 경험했으며 이 시기를 넘기려면 강도 높은 심리 치료의 도움이 필요하다고 말하였다. 디는 "아직도 삶을 끝내고 싶지만 정말 적절한 치료를 받고자 하는 희망을 가지고 이제 선생님에게 솔직해지려고 애쓰고 있다."라고 하였다.

크리슈난 박사는 열린 마음으로 디의 이야기에 귀를 기울였다. 비록 그녀의 주장이 미심쩍기는 하였지만 즉시 퇴원은 추천하지 않기로 하였다. 그 대신 심리학자에게 정신상태검사, MMPI-3, 구조화된 DSM-5 성격장애 임상적 진단면접(SCID-5), 그리고 성격장애 진단에 많이 사용되는 연구 기반 성격 검사 두 가지를 포함하는 성격장애 평가를 의뢰하였다. 이틀 후 열릴 디의 사례회의에서 치료팀은 그녀를 퇴원시킬지, 아니면 주립정신병원에서 보다 집중적인 치료를 진행할지 결정하기로 했다.

디는 즉시 퇴원이 안 되어서 기분이 상했고, 검사를 위해서 심리학자를 만나야 된다고 해서 더욱 기분이 상했다. 디는 크리슈난 박사와 잘 지낼 필요가 있다는 걸 알고는 검사 절차에 협조하고 말썽을 부리지 않겠다고 약속했다. 그 후 며칠 동안 디는 자기 말대로 조신하게 행동하고 평가 과정에 전적으로 협조했다. 심리학자는 MMPI-3를 근거로 이 환자가 솔직하지 않았고 자신을 특정한 방식으로 보이려고 했으나 일관성이 없었으며 정신병질(psychopathy) 성격특질이 높을 가능성이 크다는 결론을 내렸다. 추가적으로 SCID-5 결과에 따르면 디는 반사회적 성격장애 진단기준을 충족할 가능성이 컸다. 디가 15세 이전부터 무단결석을 했었고, 싸움이 잦았으며 절도로 두 번 체포되었던 적이 있다는 것을 인정하면서 그 진단이 내려졌다. 그녀는 18세 이후 타인의 권리와 복지를 명확하게 무시한다는 걸 보여 주는 행동을 했다고 보고하였다. 그녀는 계속 법을 어겼고(어떻게 어겼는지 세부 내용은 밝히지 않았지만), 충동적인 공격적 폭발을 하는 경향이 있었으며, 자기가 해를 끼친 사람들의 기분에는 별로 개의치 않았다고 인정했다. 그녀는 조현병 증상은 없다고 했고 추가 탐색 질문에서는 과거에 우울했던 적은 있었지만 조증 삽화는 없었다고 말했다.

정신상태검사(mental status exam)란 임상가가 불안 혹은 환각 등의 증상에 대해서 묻고 정서 표현 혹은 운동 활동 등 다른 증상을 관찰하며 기억, 추상적 추리 등 특정 인지 능력을 검사하는 구조화된 면담이다.

　　사례회의에는 크리슈난 박사, 사회복지사, 그리고 심리학자가 참여하였다. 그들은 그녀의 과거력, 심리 검사 결과, 그리고 행동관찰 자료를 검토하였다. 모두의 일치된 소견은 디가 반사회적 성격장애 진단기준을 충족하며 정신병질(타인에 대한 공감의 결여)과 정서적 불안정성(기분의 극적 변동)을 보인다는 것이었다. 그녀의 정서적 불안정성은 양극성장애보다는 반사회적 성격장애 증상의 한 부분이라고들 믿었다. 사례연구팀은 그녀가 자신에게 해를 가할 위험성은 없으며 퇴원시킨 후에 외래 치료에 의뢰하기로 결론을 내렸다.

　　디는 그다음 날 병원에서 퇴원하였다. 그녀는 자기 여자친구의 아파트로 돌아갔으나 그녀의 여자친구는 집에 없었고 문은 잠겨 있었다. 다음에 어디로 가야 할지 몰라 그녀는 세인트폴의 거리로 나가서 걸어다녔다. 그녀는 곧 지루해져서 버스에 탔다. 버스 운전사가 요금을 내라고 하자 디는 버스에서 훌쩍 내려서 계속 걸었다. 그녀는 친구에게 전화를 걸었지만 안 받았다. 그녀는 자기 오빠에게도 전화했다. 답이 없었다. 그녀는 예전 여자친구에게 문자를 보내서 만날 생각이 있느냐고 물었다. 디는 걸어다니면서 기다렸지만 아무에게서도 답이 없자 자기가 제일 잘 알고 있는 곳으로 돌아가기로 결정했다.

　　얼마간 걸은 후에 디는 자기 어머니의 집 문을 두드렸다. 그건 그녀가 어린 시절에 살던 집이었다. 그녀는 머물 집이 필요하기는 했지만 그 집을 모든 면에서 증오했다. 그 집은 그녀의 어린 시절에 있었던 모든 문제들, 그녀가 잡혀서 벌을 받았던 때를 기억나게 했다. 디의 어머니가 나와서 예의 바르게 미소를 지으면서 문을 열어 주었다. "여기 며칠 동안은 있을 수 있지만 그 이상은 곤란해. 알아들었지?" 디는 아무런 감정은 못 느꼈지만 이게 그녀의 어머니가 원하는 것이라는 걸 알고, 그리고 이렇게 하면 그녀를 며칠보다는 조금 더 길게 머물 수 있게 해 주지는 않을까 하는 희망을 품고 어머니를 따뜻하게 껴안았다. 디의 어머니는 이전에도 이 행동을 보았기에 디의 의도를 알았다. 그녀는 자기 딸에게서 어떤 것을 기대할지 이해하게 되었다. 어머니는 그녀를 손님용의 작고 간소한 침실로 안내하고, 아무런 감정 없이 "넌 여기 있도록 해."라고 했다. 디는 문을 닫았다. 그녀의 어머니는 말없이 눈물을 참으면서 복도에 서 있었다.

반사회적 성격장애가 있는 연구 참여자들은 전전두피질, 전측대상회피질, 편도체, 해마, 그리고 측두엽 등 집합적으로 사람들이 규칙을 따르고 계획하고 현실적 전략을 세우고 실행하며 동정, 판단, 그리고 공감에 도움이 되는 뇌 구조의 기능에서 결함을 보인다(Kolla et al., 2021; Kaya, Yildirim, & Atmaca, 2020; Blair et al., 2019).

부모의 이야기 반사회적 행동이 전개되는 것을 지켜보다

다음 날, 디의 어머니인 에밀리는 친구 말레나에게 디가 돌아왔다고 말했다. 그녀는 디를 기를 때의 경험을 상세하게 이야기했다. 디는 유아기 때부터도 무언지 잘못된 게 있었다. "그 애 오빠는 정말 사랑스러운 아이였고 우리는 디도 같을 거라고 예상했어요. 하지만 절대로 그렇지 않았지요. 그녀는 성질이 대단했고, 이기적이며 다른 사람들에게 관심이 없었어요. 그 애가 자라서 학교에 갈 때가 되니까 더 힘들어졌지요. 그때 진짜 문제들이 시작되었어요."

디가 1학년에 들어갈 무렵 그녀는 보석에 대한 '취향', 보다 정확히 말하자면 그걸 훔치는 취향이 생겼다. 예컨대 에밀리의 보석함에서 물건들을 훔쳐서 같은 반 친구들이나 동네의 위 학년 남자애들에게 푼돈을 받고 하나씩 팔아서 사탕을 사는 데 쓰고는 했다. 에밀리 부부가 디가 무슨 짓을 하고 있는지 알게 된 것은 그녀가 집안에 내려오는 진주 귀걸이를 2학년 담임 선생님에게 50달러를 받고 팔아 보려고 한 후였다. 에밀리는 그녀를 엄하게 나무랐다. 디의 아빠는 벨트로 그녀의 엉덩이를 때렸다. 디가 훔치다가 잡힐 때마다 그는 매질을 했다. 에밀리는 어찌할 바를 몰랐다. 그녀는 자기 딸에게 손을 대기는 거부했지만 동시에 자신은 아무런 통제를 할 수 없고 남편의 훈육이 효과가 있기를 바랐다. 궁극적으로 그들은 그 상황을 다루는 유일한 방법은 귀중품들 — 신용카드, 보석, 현금 — 을 금고에 넣고 잠그는 것이라는 결론에 도달했다.

에밀리는 디의 훔치려는 욕구를 줄여 보려고 매주 용돈을 넉넉히 주었다고 그녀의 친구에게 설명했다. 유감스럽게도 디의 돈 욕심은 그렇게 쉽게 충족시킬 수 없었다. 10세쯤 되었을 때 디는 팔 물건을 훔치려고 이웃집과 자동차에 무단으로 침입하기 시작했다. 다방면에서 디는 이런 '무단침입'에 매우 재간이 생겼다. 그녀는 이웃에 사는 오빠에게서 자물쇠를 열고 경보기를 해제하고, 그리고 작은 틈으로 슬쩍 들어가는 법을 배웠다. 하지만 그녀의 어머니에 따르면 디가 훔친 물건들을 처리하는 방식은 정말 무신경하고 경솔했다. 그녀는 간혹 훔친 물건들을 무단침입을 했던 집과 자동차의 소유주에게 도로 팔려는 엄청난 실수를 한 일도 있었다. 그녀가 도둑이라는 게 그 사람들에게는 명확했다. 그녀는 밝은 대낮에 사람들이 직장이나 교회에 가 있을 때 집에 들어가서 훔칠 수 있다는 게 재미있다

DSM-5-TR에서는 반사회적 성격장애 진단기준을 충족시키려면 15세 이전 품행장애의 증거가 있어야 한다.

쌍둥이 연구에 의하면 반사회적 성격장애 환자의 일란성 쌍둥이 중 67%는 같은 장애를 보이는 반면 반사회적 성격장애 환자의 이란성 쌍둥이 중 31%만이 동일한 진단을 받는다(Poore & Waldman, 2020; Waldman et al., 2019).

고 생각했다. 하지만 대낮에는 목격자가 있어 그녀는 잡히고 말았다. 더구나 디는 입이 가벼워서 자기가 한 최근의 도둑질을 자랑하기가 일쑤였다.

그녀는 11세 때 처음 체포되었으나, 자기 어머니의 보호 아래 방면이 되었다. 그녀의 아버지는 다른 여자가 생겨서 떠났기 때문에 더 이상 상황에 관여하지 않았다. 그녀의 어머니는 판사에게 자신이 디를 통제할 방법을 찾아보겠다고 말했다. 그녀는 실제로 디를 더 세심하게 감시해서 그녀의 반사회적 행태를 통제하려고 했다. 예를 들어 디가 학교에 갈 때 에밀리는 실제로 그녀를 건물까지 따라가서 수업을 듣는지 확인했다. 하지만 디는 웃으면서 손을 흔들고 몇 분 기다리다가 개의치 않는다는 듯이 담대하게 다시 밖으로 나와서 꼭 무슨 사고를 치고는 했다.

디의 도벽은 결국 더 심각해졌다. 그녀는 가게에서 훔치는 걸 업으로 삼고 있는 청소년 집단과 어울렸다. 디의 나이가 훨씬 어리고 의심받을 가능성이 적은 만큼, 그들은 그녀를 이용하면 들키지 않고 장물을 취득할 수 있을 거라고 생각했다. 보통 그 청소년들 중 하나가 가게를 물색해서 관심 항목을 찾아 두고 디를 안으로 들여보내서 지시한 물건들을 가지고 나오게 했다. 그러고는 그 물건들을 현찰이나 마약, 술을 받고 팔아넘겼다.

나이가 더 많은 소년들과 어울리면서 디는 보다 다양하고 수준 높은 관심들이 생겼고, 성에 대해서도 일찍 눈을 뜨게 되었다. 디의 반사회적 경력은 15세에 12세짜리 동네 여자아이를 꾀어 집 뒤 숲으로 데려가서 옷을 벗기고 자기에게 구강 성행위를 시키려고 한 사건을 계기로 새로운 국면을 맞았다. 그 어린아이가 비명을 지르자 한 여성이 밖으로 나와서 그들이 울타리에 기대어 있는 걸 발견했다. 디는 처음에는 그 여자아이가 자기 물건을 훔치려고 했다고 주장했다. 그것이 먹히지 않자 디는 그 여성에게 입을 닫는 대가로 20달러를 내밀었다. 그 여성은 거절하고 그들 쪽으로 걸어갔다. 디는 그 여성에게 그 돈을 받는 게 좋을 거라고, 안 받으면 끔찍한 일이 생길 거라고 협박했다.

그 사건을 계기로 디는 심각한 법적 문제의 세계에 들어서서 1년간 소년원 수감 선고를 받았다. 유감스럽게도 그녀는 소년원에서 다른 사람들을 이용하는 좀 더 진보된 방법들을 배웠다. 소년원에서 나오자마자 그녀는 자동차 절도를 실험하기 시작했다. 이제 디는 열쇠 없이 차 시동을 걸 수 있고, 실제로 현찰이 필요하

반사회적 친구들에게 끌린 중학교 학생들은 인정을 받기 위해서 자신들도 반사회적 행동을 한다는 연구가 있다(Juvonen & Ho, 2008).

거나 교통수단이 필요하면 언제든지 그렇게 하였다. 주위에 자동차들이 널려 있는데 왜 버스를 타느냐는 게 그녀의 생각이었다. 디가 현행범으로 잡히기 전에 어머니의 짐작으로 아마도 50대 이상의 자동차를 훔쳐서, 이번에는 2년간 소년원 수감 선고를 받았다.

디가 18세가 다 되어 소년원에서 나왔을 때 에밀리는 그녀에게 학교로 돌아가서 고등학교 졸업장이라도 딸 수 있게 공부에 신경을 쓰라고 설득했다. 디는 직업학교에 진학하는 데 동의했고 이제는 달라지겠다고 약속했다. 디의 어머니는 디가 앞으로 평생 법적 문제를 계속 일으킬 가능성이 높다는 걸 받아들였다. 그녀는 자신이 무언가 더 하지 못했던 데 대해서, 자기 딸을 때린 사람과 결혼한 데 대해서 자책했다. 에밀리는 디에게 정신건강 전문가의 도움을 받게 하려고 노력했지만, 디는 늘 치료를 그만둘 이유를 찾았다. 치료자들을 '바보 같은 정신과 의사' '교외 출신의 계집' '늙고 우둔한 작자' 등으로 불렀다.

에밀리는 울고 있었다. 그녀의 친구 말레나는 그녀에게 화장지를 주면서 계속 귀를 기울여 주었다. 디는 간신히 고등학교를 졸업했는데 정규직에 취직하지는 못했다. 21세의 나이에 그녀는 이 집 저 집을 떠돌아다니면서 소파에서 자거나 남자친구 혹은 여자친구와 함께 지냈다. 그녀는 특히 처음 만난 사람에게 매력적으로 보이는 방법을 알았다. 그리고 이걸 도구로 거주할 곳, 먹을 음식, 그리고 훔칠 물건들에 접근할 수 있었다. 그 모든 게 그녀가 어느 날 밤 하키 경기장 밖에서 스포츠카를 훔치다가 잡혔을 때 위기에 처했다. 경기가 진행되는 도중에 그녀는 주차장을 돌아다니면서 완벽한 차를 찾았다. 그녀는 도전받기를 원했고, 지루했다. 그리고 새 자동차를 훔칠 때마다 흥분이 밀려온다는 걸 알고 있었다. 그녀 앞에 아우디 S7이 보였다. 가장 가까운 불빛은 차 여러 대 너머에 있었고 그녀는 자동차들 사이의 어두운 그늘 속으로 들어가서 몸을 낮게 숙이고 간단한 도구로 재빨리 유리창 밑을 내리고 경보 시스템을 해제해서 자동차의 문을 열었다. 그 기술은 1년 전에 배운 것인데, 이 차는 그 기술을 썼던 가장 값비싼 차였다. 자동차 문이 열렸고 그녀는 안으로 들어가서 그녀가 갈고닦은 기술을 사용해 시동을 걸려고 패널을 떼어 냈다. 그녀는 차를 뒤로 빼고는 천천히 통로를 따라서 운전했다. 좌회전을 해서 경기장을 가로질러 움직이면서 그녀는 추구하던 강력한 흥분을 느꼈다. 마음속으로 그녀는 벌써 이 차가 가져다줄 돈을 세고 있었다. 그러나

연구에 의하면 반사회적 성격장애 환자의 부모와 가까운 친척들은 그렇지 않은 사람들보다 그 장애의 비율이 더 높다(Alvarez-Garcia et al., 2019).

불운과 부주의가 겹친 결과로 디는 경기장으로부터 몇 블럭을 못 가서 과속으로 걸려 옆으로 차를 빼라는 지시를 받았다. 처음에는 전에 해 본 것처럼 애교를 떨어서 빠져나가려고 했지만 그 경찰관에게는 전혀 먹히지 않았고 결국 면허나 자동차 등록증을 제시하지 못하면서, 그녀가 도난 차량을 운전하고 있다는 게 분명하게 드러났다.

수개월 동안 구치소에서 재판을 기다린 끝에 디는 22세에 주 교도소에서의 3년형을 선고받았다. 폭력적인 유형은 아니었으므로 그녀는 18개월 후 모범수로 가석방되었다. 석방이 되자마자 그녀는 어머니를 만나려고 집으로 돌아갔다. 그녀가 문을 두드렸지만 아무도 답하지 않았다. 디는 그 지역 술집으로 가서 동네의 옛날 친구들을 만났다. 그 후 수년 동안 자살 위협으로 병원에 입원할 때까지 그녀는 여러 파트너들과 살았다. 그들 중 누구와도 오래가지는 않았다. 그녀는 처음에는 재미있는 사람이었지만 곧 자신의 반사회적 성향을 드러내어 마약을 팔고 훔치거나 사기를 쳐서 체포되었다. 그녀는 자기가 원하는 것을 얻는 방법은 배웠지만 사람들을 오래 속일 수는 없었다. 어린 시절부터 항상 그래 왔듯이 디는 반복적으로 실수를 하고 잡히는 것 같았다. 에밀리는 머리를 흔들면서 이렇게 말했다. "말레나, 내 딸은 범죄자야. 그것도 특별히 똑똑하지도 못한 범죄자이지."

> 교도소에 수감된 사람들 중 적어도 35%는 반사회적 성격장애 진단기준을 충족하는 것으로 추정된다(Azevedo et al., 2020; Douglas, Vincent, & Edens, 2019).

디 병원에서 퇴원 후

집으로 돌아와서 디는 자기 여자친구와의 재결합을 시도하였다. 그들은 문자를 교환하다가 마침내 그녀의 파트너가 전화로 이야기하는 데 동의했다. 디는 그녀를 사랑하지는 않았지만 통 크게 사과를 하고 자기의 사랑을 고백했다. 이게 그녀가 파트너들과 하던 방식이었다. 디에게는 파트너의 나이, 외모 혹은 성격은 중요하지 않았다. 그보다 그녀의 관심은 주로 집, 돈, 그리고 그보다 정도는 약하지만 성관계에 있는 듯했다. 사랑이나 애착의 감정은 개입된 적이 없었다.

디가 정신과 병동에 입원했을 때 그녀의 어머니는 그녀가 정말로 극도로 어려운 처지에 빠져 있었다고 믿었다. 에밀리는 자기 딸이 병원에 입원하려고 한 건 그저 머무를 공간을 찾고 있었거나 어떤 다른 것으로부터 도망치고 있었기 때문이라고 의심했다. 이제 디가 입원에 이어 에밀리의 집으로 왔으니 어머니는 자기 딸이 정신과 팀에게서 추천받은 치료자의 연락처를 공유해야 한다고 주장했다. 디는 어머니가 그녀를 통제할 수 없다는 것, 그리고 통제할 수 있다고 믿게 함으로써 자신이 우위를 유지할 수 있다는 것을 잘 알기에 그 정보를 어머니에게 주었다. 디는 여자친구와의 재결합을 시도하면서 어머니 집에 머무를 시간을 벌려고 노력하고 있었다. 물론 그녀의 어머니는 그녀가 있을 수 있는 건 며칠뿐이라고 말했지만 디는 원하는 만큼 머물 방법을 찾을 수 있을 거라고 확신했다.

에밀리는 디에게 치료를 받으라고 요구했다. 그녀는 디가 크리슈난 박사 팀에게 의뢰받은 치료자와 연락하지 않으면 그녀를 집에서 쫓아내고 다시는 못 돌아오게 하겠다고 위협했다. 디는 가겠다고 했다. 그 치료자는 무표정한 얼굴에 이중 턱을 가진 뚱뚱한 남자였다. 디는 그가 만화 속의 인물같이 생겼다고 생각했다. 그녀는 그를 진지하게 받아들일 수 없었다. 그는 디와 친해지고 싶은데 그게 시간이 얼마가 걸려도 상관없고, 자기는 그녀가 자신에 대해서 말해 주고 싶은 건 뭐든지 알고 싶다고 했다. 디는 치료 회기를 게임처럼 취급하면서 그가 하자는 대로 따르는 도리밖에 없었다. 그녀는 가능한 한 모든 것에 대해서 거짓말을 했다. 그의 상담실에서 그녀의 눈에 뜨이는 모든 것을 단서로 이용해서 이야기를 지어냈다. 그건 그녀가 언젠가 영화에서 본 속임수였다. 그녀가 좋아하는 영화 유주얼 서스펙트에서 본 것이었는데, 그녀는 늘 그걸 해 보고 싶었다. 어느 시점에서인가 치료자는 거짓말을 알아챘지만 디의 신뢰를 얻기를 바라면서 그녀를 직면하지 않고 그녀가 눈물을 흘리면서 즉흥적으로 꾸며 낸 상상의 트라우마에 동정적으로 응답하면서 그대로 따라가고 있었다.

디는 치료로 돌아가지 않았다. "엄마, 그 사람은 지루한 뚱보이고 아무 말도 안 해. 그 사람은 무슨 말을 할지 전혀 모르는 것 같아." 에밀리는 그녀에게 일주일 말미를 주면서 다른 거처를 찾으라고 했다. 디는 전 여자친구를 설득해서 머무를 집을 얻어 내자 기쁘게 떠났다. 비록 이 치료의 실패는 실망스러웠지만 그게 에밀리에게는 놀랍지 않았다. 정신과 입원과 크리슈난 박사의 치료 의뢰 후에 에밀리는 잠깐 희망의 불빛을 보았었다.

디가 이사를 나간 후 에밀리는 후속 부스터 회기로 자신의 치료자를 만났다. 그녀는 최근 딸과의 에피소드에 실망했다는 것을 공유하였다. 그들은 디의 예전 행동에 대해서 이야기했는데 디가 반사회적 성격장애로 진단되었다는 걸 듣고

연구에 의하면 반사회적 성격장애 환자들의 치료는 보통 효과적이지 못하다(Fisher & Hany, 2021; Black, 2020).

그녀의 치료자는 놀라지 않았다. 그건 에밀리가 과거에 설명했던 범죄행동, 거짓말, 충동적이고 무모한 행동, 그리고 다른 사람을 무자비하게 무시하는 양상과 부합되었다. 그 치료자는 에밀리에게 비록 이 성격장애를 가진 사람들 다수가 범죄행동을 보이지만, 그들의 범죄 유형은 디의 경우처럼 특이한 성격을 띠는 경우가 흔하다고 설명했다. 한 가지는 그들의 범죄행동이 동기가 불충분한 경우가 흔하다는 것이다. 예컨대, 아주 작은 이해관계를 위해서 중대범죄를 저지르기도 한다. 이 점에서 디의 어머니는 디가 어렸을 때 진주 귀걸이를 그 가치보다 훨씬 싼 가격으로 판매하려고 했던 것을 회상했다. 또한 이들의 범죄 행위는 자기 보호 감각이 없이 저질러지는 것 같은 경우가 흔하다. 예를 들어서 그들은 범죄를 저지를 때 잡히지 않기 위한 분명한 예방 조치도 취하지 않을 수 있다. 여기에서 에밀리는 디가 훔친 물건을 원래 소유주에게 판매하려고 했던 일을 기억해 냈다.

요약하면 디는 어린 시절부터 장기간에 걸쳐서 일시적인 욕망의 즉각적 충족을 목표로 하는 반사회적 행동의 전형적인 전반적 양상을 보였다. 그녀의 행동은 수치심, 죄책감, 혹은 명백한 자기 이해관계로도 그만두게 할 수 없었다.

에밀리의 실망감에 공감하면서 그녀의 치료자는 유감스럽게도 오늘날의 임상가들은 보통 반사회적 성격장애의 효과적 치료 개발이 절망적이라고 본다고 말했다. 도덕적 인정 치료(moral reconation therapy)로 알려진 인지행동 기법에서는 환자들에게 도덕적 추론을 의사결정에 적용하도록 가르치는 것을 목표로 한다. 하지만 이 기법은 보통 수감 시설에서 사용되며 외래 치료로 사용될 경우에는 예후가 그리 좋지 않다. 아마도 이와 같이 성공이 제한적인 주요한 이유는 이 장애를 가진 사람들은 정의상 그들의 행동 양상이 문제라는 인식이 없기 때문일 것이다. 그들은 보통 심리적 치료의 가치나 필요성을 받아들이지 않는다. 따라서 그들은 심리 치료를 시작하거나 장기간 유지할 가능성이 낮다.

유감스럽게도 다수의 임상가들은 현재 이 영역에서 나아질 수 있는 유일한 희망은 수감 중에 치료를 받거나 그저 세월이 가기를 기다리는 것일 수 있다는 결론을 내렸다. 이러한 양상을 보이는 성인들 다수는 흔히 10대에 범죄 경력이 시작되어 40세가 되면 범죄 행위의 수준이 현저하게 낮아진다. 즉 그들은 나이가 들어 가면서 유죄 판결의 수가 감소하고 수감 기간도 줄어든다. 이러한 변화의 원인은 명확하지는 않지만 에밀리의 치료자가 말한 대로 시간이 지나면서 반사

일부 인지행동 치료자들이 시행하는 일상적 결정에서의 도덕적 사고를 향상시키려는 노력은 반사회적 성격장애의 외래 치료에서 특별히 성공적인 결과를 얻지 못하고 있다는 것이 일반적인 연구 결과이다(Black, 2020).

회적 행동이 좀 소진되기 때문일 수 있다. 에밀리는 치료자를 다시 만나서 감사했고, 약간 희망을 느끼면서 집으로 운전해 갔다. 디는 다시 세상으로 나갔고, 어린 시절부터 보였던 것과 같은 종류의 행동을 반복할 가능성이 높지만 아마도 시간이 가면서 에밀리의 딸은 약간 호전이 되고 평화를 찾을 수 있을지도 모른다.

평가 문제

1. 반사회적 성격장애 환자들이 심리 치료를 받게 되는 가장 흔한 이유는 무엇인가?

2. 이 사례연구에서 디가 보인 어떤 행동들이 반사회적 성격장애의 진단에 부합되는가?

3. 디가 응급실에 있는 동안 보인 행동 중 어떤 것이 반사회적 성격장애와 일치하는가?

4. 반사회적 성격장애 진단을 받은 환자들의 성비 통계는 어떠한가?

5. 입원 병동에서의 임상적 면접이 디의 진단에 어떻게 도움이 되었는가?

6. 디의 어머니가 자기 친구에게 한 이야기 중 디가 성격장애 진단에 부합됨을 시사하는 예를 세 가지 들어 보자.

7. 반사회적 성격장애를 생물학적으로 설명하는 가설에는 어떤 것들이 있을까?

8. 이 성격장애에 치료가 일반적으로 효과가 없는 이유는 무엇일까?

9. 디의 행동 중 어떤 것이 정신병질(psychopathy) 특질과 일치하는가?

10. 반사회적 성격장애를 보이는 사람들 다수는 결국 어떻게 되는가?

경계성 성격장애

표 15-1

진단 체크리스트

경계성 성격장애

1. 대인 관계, 자기 감각, 정서에서 뚜렷하고 광범위한 불안정하고 충동적인 양상을 보인다. 이러한 양상은 20대 중반부터 시작된다.

2. 다음 증상 중 다섯 가지 이상을 보인다.
   (1) 버림받는 것을 피하기 위한 필사적 노력
   (2) 가족, 친구, 직장 동료를 이상화하거나 비하하는 것 사이를 왔다 갔다 함
   (3) 자기 개념이 매우 불안정함
   (4) 자기 파괴적 충동성 표출
   (5) 반복적 신체훼손 혹은 자살행위나 자살 제스처
   (6) 기분과 정서의 심각한 변동
   (7) 만성적 공허감
   (8) 극도의 통제하기 어려운 분노 경험
   (9) 스트레스 경험 중 발생하는 간헐적이고 단기적인 편집증적 사고 혹은 해리

(APA, 2022, 2013)

성격장애 환자들은 그들의 자기 감각, 정서적 경험, 목표, 공감 능력 그리고/혹은 정상적 관계를 맺고 친밀감을 느끼는 능력을 훼손하는 내적 경험과 외적 행동에서의 지속적이며 경직된 패턴을 보인다.

카림은 28세의 흑인 남성으로 시스젠더 동성애자이며 현재 독신이고 실직 상태이다. 그는 명시적으로 자살하려는 의도를 가지고 고의로 수면진정제와 술을 함께 과다복용한 후 대학병원에 입원하게 되었다. 그는 지난 2개월간 만나던 남성이 다른 도시로 이사하게 되었다면서 그만 만나자고 하자 자살 기도를 하였다. 카림은 약물 과다복용으로 의식을 잃었고, 그의 룸메이트가 반응이 없는 그를 침대에서 발견한 후 구급차로 병원으로 옮겨져서 그 후 이틀간 집중 치료실에서 보냈다.

그 병원의 의사들은 카림이 추후 상담을 받을 것이 확실하기 전에는 퇴원을 시키지 않으려고 했기 때문에 그는 자기 심리 치료자에게 전화를 해서 자기가 정말 상담을 받고 있다는 것을 병원 스태프에게 말해 달라고 부탁했다. 그러나 그의 치료자는 카림의 기대대로 응하지 않았다. 그는 이번이 지난 2년간 카림의 세 번째 자살 기도였으므로 그들의 심리 치료가 효과적인지 확실치 않다고 하였다. 사실 카림의 치료자는 자기가 계속 그를 치료해야 한다고 생각하지 않았다. 그는 집중 치료실의 사회복지사에게 카림의 자살 기도는 그가 '교활한 수를 쓰고 있다'는 또 하나의 예이며 그는 자살 기도와 다른 형태의 자해 행위들을 이용해서

자기에게 관심을 끌고 어린 시절의 외상 경험에 대한 근원적 감정을 회피하고 있다고 말했다.

카림은 10대 때부터 자기 팔다리에 상처를 내서 고의로 신체적 자해 행위를 해 왔다. 그는 보통 혼자 있을 때, 혹은 거부당하거나 버림받았다고 느꼈을 때 천천히 의도적으로 몸에 상처를 냈다. 그는 손에 면도날을 들고 앉아서 면도날로 피부를 베면서 면밀하게 관찰하였다. 상처가 그렇게 깊지는 않아도 피가 가느다란 줄을 이루면서 흘러내릴 정도의 깊이는 되었고, 그걸 그는 홀린 듯이 들여다봤다. 잠시 동안 그의 부정적 감정의 강도가 낮아졌고 자신을 꽉 잡고 있던 자기비판적 생각, 미래에 대한 걱정으로부터 주의가 분산되는 것 같았다. 그 통증은 몸으로 느껴졌고, 실제적이었으며, 그가 생각하기에는 당연했다. 사실 그는 자신이 근본적으로 불량하고 망가진 사람, 고통과 불행을 당해야 하는 사람, 신체적 고통을 겪고 자신과 다른 사람에게 구제 불가능하게 손상된 자신의 존재를 상기시켜 주는 눈에 보이는 상처를 지니는 게 마땅한 사람이라는 뿌리 깊고 오래된 느낌을 가지고 있었다.

정서적 고통을 둔화시키기 위한 카림의 자해행동, 그리고 약물 사용과 음주의 빈도는 그의 남자관계에 따라 달라졌다. 고정된 남자친구가 있을 때 그는 삶에 의미와 초점이 있는 듯이 대체로 보다 긍정적으로 느꼈다. 반면 관계에 조금이라도 문제가 생길 조짐이 있으면 깊은 정서적 고통이 시작되었다.

카림 전형적 관계

공항에서 수하물 취급자로 일하는 29세의 어빈과 카림의 관계는 여러 면에서 전형적이었다. 그들은 게이 바에서 만났고 그날 밤에 즉시 성관계를 가졌다. 그다음 주말에 그들은 게이 바에서 만나 어빈의 아파트로 가서 술을 마시고 대마초를 피우면서 중간중간에 강렬하고 즐거운 성관계를 하며 주말을 함께 보냈다. 그 후 2주간 그들은 거의 매일 밤 같이 지냈다. 카림은 어빈과 있으면 안전하다고 느꼈다. 마치 자신을 사랑해 줄 수 있는 누군가를 발견한 것처럼 말이다. 그는 다른 많은 파트너들과도 함께한 경험이 있었지만, 이번에는 오래 지속될 수 있는 파트너를 발견했을지도 모른다고 믿었다. 일주일밖에 안 지났는데 그는 둘이 평생을 같이하는 생활에 대해서 상상하기 시작했다. 그들은 동성애자들에게 아주 친화적인 캘리포니아 도시에서 살면서 둘 다 자신의 성적 취향에 대해서 열린 태도를 가졌다. 그들은 한집에서 동거하면서 함께 해변을 산책하고, 서로의 친구, 가족들과 시간을 보내고, 아마도 반려동물도 키울 수 있을 것이다. 어빈과 함께 지낼 때에 카림은 저녁 시간에 혼자 술을 마시는 일이 없어졌고 칼로 하는 자해행동이나 자살 생각을 하지 않을 수 있었다.

시간이 지나면서 그들은 매일 만나지는 않게 되었지만 카림은 여전히 어빈에게 온 정신을 쏟았다. 사실 그건 집착이었다. 직장에서도 카림은 혹시 어빈이 문자 메시지를 남겼는지, 뭔가 올렸는지 한 시간에 여러 번 휴대전화나 소셜 미디어를 확인하고는 했다. 저녁에 집에 있을 때 어빈에게서 아무 연락이 없으면 카림은 그에게 미친 듯이 메시지를 보내고는 했다.

시간이 가면서 카림은 어빈이 자신을 멀리하려는 기색을 보이자 점점 더 예민해졌다. 그는 어빈에게 자기에 대해서 어떤 감정이냐고 계속 질문을 하고 어빈이 분명하게 말해 주지 않으면 짜증을 냈다. 처음에는 어빈도 "나도 카림을 많이 좋아해."라고 하면서 적극적인 태도를 보였지만 얼마 후에는 카림의 이전 파트너들과 마찬가지로 그들이 왜 그렇게 많은 시간을 함께 보내야 하는지 이해할 수 없다고 했다. 어빈이 카림에게 메시지를 보내는 빈도가 줄어들기 시작했고, 카림의 메시지에 대한 반응도 점점 더 늦어졌다. 카림은 이렇게 될 것으로 짐작했었다. 이건 익숙한 패턴이었다. 그는 자신이 원치 않는 존재로 거부당했다고 느꼈다. 그는 자신에게 결함이 있다고 상상했다. 마치 어린아이가 크리스마스 아침에 받는 선물처럼 처음에는 관심의 중심이었지만 곧 망가져서 방구석의 다른 싸구려 플라스틱 조각들 더미에 보내지고 결국은 인정사정없이 쓰레기에 던져져서 도시 밖 어딘가의 거대하고 무가치한 쓰레기 더미에 실려 가 썩을 거라고 상상했다.

어빈과 연락이 안 되는 밤에는 카림은 불이 꺼진 방에서 무릎에 휴대전화를 놓고 혼자 앉아 있고는 했다. 그는 어빈이 어디에 있는지, 누구와 같이 있는지 알아보려고 그의 여러 소셜 미디어 앱을 미친 듯이 검색하였다. 불안 수준이 특히 높을 때에는 어빈에게 메시지를 보낼 때도 많았다. 어빈이 가끔 답을 하기는 했지만 보통 짧았고 뜻을 해석하기 어려웠다. 언제 만날 수 있느냐고 카림이 다그치면 어빈은 그냥 "잘 모르겠어."라고 답을 했다. 그리고 드물지만 간혹 어빈이 먼

경계성 성격장애 환자들은 보통 정신화(mentalization) 기술 — 자기 자신과 다른 사람들의 정신 상태(필요, 욕망, 감정, 신념, 목표)를 인식하고 이해하는 능력 — 이 부족하다는 연구 결과들이 있다(Cyrkot et al., 2021; Jorgensen et al., 2021).

저 카림에게 메시지를 보낼 때에도 만나자고 하는 일은 매우 드물었다. 사실 그렇게 어빈이 먼저 보내는 메시지는 밤늦게 술을 마시거나 대마초를 피운 후로, 다소 조리가 없었다.

어느 날 밤 카림과 어빈은 함께 식당에 가서 자리에 앉으려는데 어빈이 아는 사람에게 인사를 하고 싶다고 했다. 카림은 들어오면서 근육질이고 매우 매력적인 남자 웨이터를 본 게 기억나서 즉각적으로 질투가 났고 걱정이 되었다. 그 잘생긴 남자는 키가 크고 넓은 어깨에 턱 윤곽선이 각진 — 바로 어빈이 제일 매력을 느끼는 타입이었다. 카림은 어빈에게 같이 있어 달라고 요구했는데도 어빈은 곧 돌아오겠다고 하면서 자리에서 일어났다. 그러자 카림은 팔을 뻗어서 어빈의 팔을 잡고 놀라운 힘으로 그를 끌어당겨 자리에 앉혔다. 어빈은 잠깐 당황했지만, 곧 마음을 가다듬고는 다시 일어나 식당에서 나갔다. 카림은 그를 쫓아 나갔다. 카림이 보도 턱에 도달했을 때 어빈은 이미 길을 건너서 성큼성큼 가고 있었다. 카림은 길가에 서서 "어빈, 어디로 가는 거야? 제발. 가지 마, 내가 미안해."라고 소리를 질렀다. 어빈은 돌아보지도 않고 계속 걸어갔지만 주머니에서 전화기를 꺼내서 전화를 걸었다. "안 돼. 누구에게 전화하는 거야! 돌아와!" 카림은 걷잡을 수 없이 울부짖었다.

카림은 비참한 기분으로 집으로 돌아왔다. 어빈에게 계속 전화했지만 음성 메시지만 나왔다. 그는 보드카를 한 모금 들이키고 대마초 통을 새로 꺼내서 자신을 진정시킬 듯한 인디카 균주 대마초 연기를 여러 모금 들이마셨다. 10분쯤 지나서 취한 기분이 들기 시작했지만 그의 마음은 진정이 되기는커녕 피해망상으로 빠르게 움직이기 시작했다. 그는 자신이 다시 어빈을 만날 수 있을지, 파트너를 만나서 행복해질 수 있을지, 그리고 진정으로 사랑받게 될 것인지 곰곰이 생각했다. 그는 옆에 있던 보드카 술병에서 여러 잔을 더 들이키고 30분쯤 후에는 두 잔을 더 마셨다. 그의 마음은 계속 빠르게 움직였지만 이제는 더 혼란스러웠는데, 혼자가 된다는 것에 대한 걱정과 수치스러운 짐작이 분노와 격노의 순간들과 뒤범벅이 되어 있었다. 어빈이 어떻게 자기 전화나 메시지에 응답도 하지 않은 채 일어나서 나가 버릴 수 있단 말인가? 도대체 그가 어떻게? 전혀 마음의 평정심을 못 찾은 채, 다음 날 새벽에 카림은 자신에게 익숙한 결심 패턴으로 바뀌고 있었다. 그는 마음속으로 스스로를 자책하면서 화장실로 들어가서 면도날을 꺼

다수의 이론가들에 의하면 경계성 성격장애 환자들의 자해는 신체적 고통을 유발하여 훨씬 더 고통스러운 부정적 정서 경험과 경쟁해서 이를 부분적으로 감소시키는 기능을 한다(Harned, Fitzpatrick, & Schmidt, 2020).

냈다. 면도날을 보면서 그는 즉각적으로 더 집중이 되고 침착해졌다. 천천히 숨을 쉬면서, 카림은 어빈에 대한 생각을 멈췄고, 오른쪽 넓적다리에 여러 차례 얕은 상처를 냈다. 많이 아프지는 않았지만 그게 카림으로 하여금 넓적다리의 감각에 집중하게 했다. 그는 좀 더 진정이 되었고, 이게 그날 저녁에 있었던 사건의 끝마무리라는 걸 느꼈다. 자기가 벤 곳에 붉은 상처가 생긴 걸 봤지만 피는 없었다. 그는 지쳐서 잠이 들었다.

그다음 날 드디어 어빈에게 연락이 닿았을 때 카림은 사과를 하려고 했지만 어빈은 이제 더 이상 그를 만날 의사가 없다고 했다. 카림은 어빈을 사랑하고 있으며 그 없이는 살 수 없다고 애원했다. 카림은 배려심을 더 많이 갖고 반응적이 되거나 질투하지 않겠다고 약속했다. 어빈은 이 관계가 잘되리라고 생각하지 않는다고 하면서 행운을 빈다고 하였다. 그 말에 카림은 격분해서 전화를 끊고 전화기를 방 건너편으로 내던졌다. 그는 와인으로 비참한 마음을 달래려고 했으나 한 병을 다 마시고도 이별의 고통을 견딜 수 없었다. 그는 자기 소셜 미디어를 강박적으로 확인하기 시작했는데, 정말로 어빈은 관계를 끝냈고 자기 인생의 새로운 장을 열었다는 간략한 메시지를 올려놓았다. 고양이가 무너진 건물에서 무사히, 안도하면서 걸어 나가는 사진과 그 위에 "직관"이라는 말을 강조해서 써 놓은 밈을 함께 올렸다. 카림은 격분했고 모욕감을 느꼈다. 그는 어빈의 밈에 대해서 구토와 분노 이모지로 응답했다. 그렇게 하자마자 어빈은 공개적으로 그 이모지에 카림이 분노, 약물 사용, 음주, 그리고 자해 문제가 있다고 반응했다. 카림은 어빈이 그렇게 했다는 데 경악했다. 그는 화면을 들여다보면서 그들의 친구들 몇몇이 자기 반응은 무시하고 어빈에게는 강하게 응답하는 걸 보았다.

수치심이 카림에게 파도처럼 밀려왔다. 그러고는 다가올 공포와 소외, 그리고 무감각이 엄습해 왔다. 그는 보드카 병에 손을 뻗어 한 잔 따라서 여러 모금을 마시고, 그리고 또다시 여러 모금을 더 마셨다. 몇 분이 지나지 않아서 그의 정서적 충격은 모든 것에서 도망치고 싶은 압도적인 욕망으로 바뀌었다. 그는 어빈과의 관계가 얼마나 형편없게 끝났는지에 대해서 생각했다. 그는 모두 비슷하게 끝났던 과거의 관계들에 대해서 생각했다. 그의 기억은 더 거슬러 올라가서 그는 어린 시절 아버지가 그를 신체적으로 학대하고 정서적으로 방임했던 때를 생생하게 기억해 내면서 보드카를 홀짝홀짝 마셨다. 그러고는 그 생각이 머리를 스쳤다.

그는 무엇을 할지 알았다. 이제 그가 목숨을 끝낼 때였다. 극도로 취한 상태에서 카림은 침실로 가서 수면진정제 병에 손을 뻗어 약을 손에 쏟아서는 열 알쯤 삼켰다.

카림의 룸메이트인 도나 진이 귀가해서 의식을 잃고 침실 바닥에 쓰러져 있는 카림을 발견했다. 도나 진이 전화로 구급차를 불렀고 카림은 응급실로 실려 갔다.

어떤 면에서 어빈과의 격정적 관계는 카림의 과거 관계들보다는 나았다. 예를 들자면 어빈은 그의 예전 남자친구들처럼 카림을 신체적으로 공격하거나 성적으로 이용하지는 않았다. 카림은 관계(어떠한 관계든지)에서 자기 가치감을 얻으려는 절박감 때문에 많은 것을 감수하려고 했다. 관계가 끝날 때는 거의 늘 파트너가 먼저 끝내자고 했다. 그럴 때마다 카림은 깊은 공허감, 버림받았다는 느낌 그리고 절망감을 느꼈다.

카림은 일반적으로 관계에서 얻는 것은 별로 없었으나 그는 어떤 관계든지 혼자보다는 낫다고 생각했다. 카림은 연애 중이 아닐 때에는 말 그대로 자기가 존재하지 않는 것처럼 느꼈다. 그는 오래 지속되는 개인적 관심사나 일에 대한 야망은 가져 본 적이 없었고 마치 너무 오랫동안 바다에 있었던 길 잃은 뱃사람처럼 그의 인생에서의 방향 감각은 불확실했다. 그는 관계에서 관계로 표류하면서 각각의 남자친구들과 새로운 목적으로 결합되었다고 느꼈다가 나중에 그 관계가 끝나면 낙담하고 허공에 뜬 상태가 되었다.

경계성 성격장애 환자들의 대략 70%는 평생 적어도 한 번 이상 자살 기도를 한다. 자살 기도를 하는 사람 중 10%는 실제로 자살로 사망한다(Salters-Pedneault, 2020).

룸메이트의 관점 지옥 같은 6개월

거의 죽음 문턱까지 갔던 카림을 병원으로 데려간 후 그의 룸메이트인 도나 진은 충격을 받았고 탈진되었다. 처음에 그녀는 며칠만 지나면 나아질 것으로 생각했지만 일주일 후 돌아보니 도리어 더 나빠졌다는 것을 깨달았다. 그녀의 가족은 상담자와 약속을 잡고 무슨 일이 일어났는지 이야기해 보라고 그녀를 설득했다. 상담 시간 중 도나 진은 침실 바닥에서 카림을 발견한 게 사실은 지옥 같았던 6개월의 정점이었다고 말했다.

도나 진은 2년 전 새 룸메이트를 구하는 광고를 올리면서 카림을 만나게 되었다고 치료자에게 말했다. 당시 카림은 자신의 정서적 문제에 대해서 도나 진에게 솔직하게 털어놓지 않았다. 카림은 자기가 심리 치료를 받고 있으며 '진짜 돌았고 완전히 신경증적'이라고 말하기는 했었다. 그러나 도나 진은 자신도 심리 치료를 받은 적이 있었기 때문에 크게 개의치 않았고, 공통적인 신경증적 경향성이 그들을 쉽게 가까워지게 만들 수도 있다고 믿었다. 그러나 그 후 6개월의 기간은 결코 유대감이 형성되는 경험은 아니었다.

도나 진은 치료자에게 이렇게 이야기했다.

처음에는 카림이 정말 재미있었어요. 하지만 간혹 카림은 정말 우울해지고 또 쉽게 동요되었어요. 처음 한 달 동안에는 우리가 함께 살면서 재미있다고 생각했어요. 우리가 같은 영화나 음악을 좋아하는 경우가 많다는 것을 알게 되면서요. 그러다가 카림이 들어오고 두 달쯤 지난 뒤 어느 날 밤이었어요. 제가 친구와 외출을 하려고 준비를 하고 있었는데 카림이 어디 가는지 말하라고 하더군요. 저는 그냥 나간다고 했더니, 카림은 그것으로는 성에 차지 않았는지 "도대체 어디로 가는 거야? 누구를 만나는데? 무엇을 할 거야?"라고 따져 물었어요.

카림은 제가 나가는 데 죄책감을 느끼게끔 하더군요. "그래, 그냥 나가."라고 그가 토라져서 말했어요. 그는 이제 우리가 함께 보내는 시간이 전혀 없다고 불평했는데 그건 말도 안 되는 것이었어요. 바로 얼마 전에 우리는 쇼핑을 하면서 하루 종일 같이 보냈거든요. 그 말을 하니까 카림은 히스테리를 부리면서 제가 제 생각만 한다며 자기는 아무 할 일도 없는데 그냥 두고 나가냐고 소리를 질렀어요. 그렇게 되자 저도 화가 나서 우리가 룸메이트라고 해서 매 순간을 그와 함께 보낼 생각은 없다고 단호히 말했지요. 그리고 집에서 뛰쳐나갔어요.

그날 밤 집에 왔을 때에는 정말 무서웠어요. 바닥에 피가 조금 떨어져 있었는데 그게 카림의 침실까지 이어져 있었어요. 그가 괜찮은가 보려고 문을 두드렸더니 그는 샌드위치를 만들다가 잘못해서 손을 베였고, 아무 문제가 없다고 했어요. 저는 그 말을 믿어야 할지 확신이 없었지만 카림에게 심각한 문제가 있을 가능성을 생각하는 것보다 그 말을 그대로 받아들이고 싶었어요.

그날 저녁 이후 얼마 동안 카림은 저와 거리를 두는 듯했어요. 굉장히 화가 난 듯했죠. 사실 저도 기분이 정말 상했어요. 제 관심을 독차지하기를 원

설문조사에 의하면 성인 인구의 6%가 경계성 성격장애를 보일 수 있다(Chapman, Jamil, & Fleisher, 2021; Skodol, 2021).

하고 신경 쓰이게 만드는 사람과 같이 산다는 것은 정말 싫었거든요. 저는 겁이 났다기보다는 짜증이 났어요. 카림을 대하는 게 제게 큰 부담이 되기 시작했어요. 결국 카림은 제게 더 이상 화를 내지 않고 예전 방식으로 돌아갔어요. 끊임없이 제 관심을 소진시키고 좀 더 많은 시간을 자기와 같이 보내지 않는다고 죄책감을 들게 하는 방식으로 말이지요. 제가 그를 위해서 아무리 많이 시간을 내도 항상 충분치 않았지요.

그러다가 카림이 키스라는 남자와 데이트를 시작했어요. 저는 이제 상황이 좋아지는구나 생각했지요. 저는 키스에 대해서는 잘 몰랐지만 카림은 집에 있는 시간이 거의 없었고, 제 입장에서는 그 상황을 마다할 이유가 없었지요. 카림이 키스를 만난 지 몇 주일밖에 안 되었을 때였는데 만날 때마다 자기가 얼마나 행복한지, 자기들의 관계가 얼마나 깊은지, 그리고 얼마나 모든 것이 완벽한지 자랑했어요. 카림은 그 남자가 바로 천생연분이라고 확신했어요. 물론 이제는 저도 그가 얼마나 불안정한지 알고 있었고, 늘 그렇듯이 이번에도 그가 무리하게 열을 올리는 게 아닌가 하는 의심이 들었지만 굴러 들어온 행운을 마다할 이유가 없었지요. 당장은 카림이 더 이상 제 문제가 아니었으니까요.

그다음에 어떤 일이 벌어질지 미리 알아챘어야 했지만 전 바보같이 못 그랬어요. 키스가 그를 떠나자 카림은 다시 온전히 제 문제가 되어 버렸어요. 그는 집에서 며칠씩 계속 울었어요. 자기가 너무 우울해서 아무것도 스스로 할 수 없다고 하면서 저에게 자기를 돌보게 했어요. 심지어 카림은 자기가 궁극적으로 그럴 마음의 준비가 되면 키스에게 해 주려는 폭력적 일들을 상상하였지요. 그 이후에는 내내 그 지경이었어요.

키스 다음에는 브렌트였고, 그다음에는 빈센트, 그다음에는 브루스였어요. 늘 꼭 같은 이야기, 꼭 같은 결말이었어요. 그리고 중간에 낀 저는 카림이 최근의 관계에 대해서 끝없이 떠벌릴 때에는 미소를 지어야 했고, 그 관계가 끝장나면 뒷수습을 감당해야 했지요.

카림 어린 시절

카림은 외견상 안정되어 있고 사랑이 넘치는 노동계급 가정에서 자랐다. 그의 아버지는 동네 약국의 매니저로 교회 활동에 적극적이었다. 어머니는 동네의 작은 건강 클리닉에서 일하면서 학교에서 자원봉사를 하였다. 카림은 형이 둘 있었는데 둘 다 뛰어난 학생이었다.

하지만 안으로 그 가족은 폭력적이고 무질서했다. 유아기부터 카림은 부모에게 벨트로 매를 맞았다. 일부 그가 잘못해서 맞은 적도 있었지만 다른 때에는, 그의 아버지의 말을 빌리자면, '카림에게 사악한 것이 발을 못 붙이도록' 한다는 일반적 명분 때문에 매를 맞았다.

그의 부모는 예측하기가 정말 어려웠다. 아버지는 카림을 무릎에 앉히고 '착한 아들'이라고 하면서 자신이 얼마나 카림을 사랑하는지 이야기하다가, 몇 분 후에는 '악마를 때려서 내쫓는다'면서 그에게 매질을 했다. 카림이 어린 시절 겪은 트라우마는 가족들에게 당한 학대뿐이 아니었다. 6세 무렵부터 그의 부모는 일하러 나가서 돌봐 줄 사람이 필요할 때에는 카림을 이웃에 맡겼다. 그 이웃은 나이지긋한 사랑스러운 여성이지만 그녀는 빈번히 카림을 자기 10대 아들과 그 친구들과 함께 혼자 두었다. 그녀는 그들의 반사회적 성향을 모른 채 카림을 그들과 함께 두고 식료품을 사러 가게에 가곤 했었다. 그녀가 나가 있는 동안 그녀의 아들과 그 친구들은 나머지가 보고 있는 상태에서 카림에게 자기들 각각에게 강제로 구강성교를 하게 하는 성적 학대를 했다. 이런 일이 열두 번쯤 있었고, 카림이 11세가 될 때까지 계속되었다. 카림을 성희롱하고 나서 그 남자애들은 카림을 '똥 같은 어린 계집'이라고 놀리고는 했다.

몇 년 후 고등학교를 졸업한 카림은 자기 가족을 떠나서 인접한 동네의 작은 아파트로 이사했다. 그는 동네 식당에서 일자리를 얻고 거기에서 만난 남자와 데이트를 시작했고, 몇 주일도 안 되어서 그 남자 집에서 동거를 시작했다. 그의 새 남자친구인 호르헤는 응급구조사였는데, 나이가 더 많았고 곧 카림을 휘어잡기 시작했다. 여러 측면에서 그들의 생활은 카림이 자라면서 겪었던 것의 판박이였다.

호르헤는 아무 근거도 없이 카림이 다른 남자와 해롱댔고 자기 모르게 불륜을 저지르고 있다고 의심했다. 그는 카림이 일을 그만두게 하고 그를 자기 아파트에 가두어 두었다. 그는 카림이 자기와 동반하거나 꼭 필요한 식료품을 살 때에 한해서 집 밖으로 나가게 했다. 카림은 호르헤의 규칙에도 불구하고 간혹 식당의 옛 동료들을 보러 갔다. 호르헤가 이를 알고는 카림이 자기를 속였다며 들이댔

연구에 의하면 경계성 성격장애가 생기는 사람들은 어린 시절에 큰 외상 사건들을 겪는 경우가 많다(Chapman et al., 2021; Marchetti et al., 2021; Walker & Kulkarni, 2020).

고, 카림이 항변하려고 하자 매질을 했다.

호르헤는 질투심에 사로잡히지 않았을 때에는 카림에게 아주 잘해 주었다. 그는 카림과 자주 외식을 하거나 춤을 추러 나갔다. 그리고 카림에게 '내가 만났던 가장 섹시한 녀석'이라고 하면서 자기가 상처를 준 일들에 대해서 사과했다. 그는 언젠가 돈을 엄청 벌겠다는 희망과 그렇게 되면 카림을 왕같이 대접해 주고 싶다는 이야기를 했다. 그러나 그런 애정은 보통 오래가지 않았다. 그다음 날 호르헤는 직장에서 퇴근해서는 카림이 온라인에서 다른 남자들과 시시덕거렸다고 고함을 질렀다.

카림은 자신의 가정 환경으로 인해서 호르헤와의 생활을 정확하게 평가하기가 지극히 어려웠다. 물론 그는 신체적 위협을 받거나 학대당하는 건 싫어했지만 이 대우가 과분한 건지, 다른 데서 더 나은 대접을 받을 수 있을지를 판단할 수가 없었다. 그러다가 그들의 떠들썩한 관계가 시작된 지 얼마 안 되어서 호르헤가 교통사고로 사망했기 때문에 카림이 떠날 필요는 없었다.

호르헤의 사망 후 카림은 절망감과 안도감이 동시에 표면화되는 절대적 혼란기를 겪었다. 이제 호르헤의 잔인함에서는 벗어날 수 있었지만 카림은 그동안 전적으로 호르헤에게 의존했었다. 그는 어찌할 바를 몰랐고, 홀로 희망도 없고 무기력해져서 19세의 나이로 첫 번째 정신과 입원을 하게 되었다.

카림은 그 후 13년간 열 번 이상 정신과에 입원했다. 그 기간 동안 카림은 다양한 진단을 받았고 여러 가지 약물을 처방받았으나 별로 효과가 없었다. 예를 들어 그는 우울 증상에 대해서 설트랄린, 플루옥세틴, 그리고 둘록세틴을 처방받았다. 불안에 대해서는 부스피론, 클로나제팜, 그리고 디아제팜을 시도했다. 분노와 편집증 관리를 위해서 의사들은 미르타자핀, 쿠에티아핀, 그리고 올란자핀을 주었다. 그보다 더 나쁜 것은, 그가 정신과 병동에서 강렬한 부정적 정서에 대처하는 방법으로 칼로 베는 것과 자해하는 것을 처음으로 배웠다는 점이다. 그는 팔이나 다리에 베인 상처를 입고 입원한 사람들을 보았고 간호사와 의사들이 그들에게 왜 그들이 칼로 상처를 냈는지, 자해를 하게 된 계기가 무엇이었는지, 그리고 그 후에 어떻게 되었는지 등등에 대해서 이야기하는 걸 보았다. 이걸 보고 그는 칼로 자해를 하면 의료진으로부터 강력한 집중적 관심과 돌봄을 받을 수 있다는 걸 알게 되었다.

경계성 성격장애 환자들 중 평생 동안 또 다른 심리장애를 경험하는 비율이 85%에 이른다(Tong et al., 2021; Beeney et al., 2020). 흔한 심리장애로는 우울장애, 물질사용장애, 그리고 다른 성격장애들이 있다.

입원해 있지 않을 때에는 카림은 식당이나 도매점에서 일해서 생계를 해결했다. 그러나 그에게는 일이 별로 중요하지 않았다. 격정적이고 비현실적인 애정 관계를 이어 가면서 그의 생각 혹은 꿈을 가득 채운 것은 남자와의 관계였다.

카림은 무엇보다도 버림받는 것을 가장 두려워했다. 그는 세 번이나 자살 기도를 했는데, 이 세 번의 자살 기도는 모두 그가 열정적 애정 관계를 맺은 남자에게 차인 데 대한 직접적 반응이었다.

지난 13년간 그는 입원 외에도 10명 이상의 외래 정신건강 서비스 제공자들—정신과 의사, 심리학자, 전문 상담자, 사회사업가—과 만났는데, 각각 1년 미만의 기간 동안이었고, 그 절반과는 단 한 번 접수 평가로 끝났다. 정신건강 서비스 제공자들은 자신들이 동정심이 깊고 유연하고 인간 중심이고, 치유적 관계에 집중한다고 설명했다. 몇몇은 자신들이 다양한 치료 양식의 기법들을 혼합하고 맞춰서 사용하는 '절충적' 치료를 한다고 했다. 몇몇은 스스로를 정신역동적이라고 하면서 카림에게 자신의 아동기 외상 경험에 대해서 말하도록 하고 치료 시간에는 자기 생각을 자유롭고 편안하게 표현하도록 하는 데 관심이 있었다. 대부분은 좋은 사람들 같았다. 모두 퇴원 후 병원 사회복지사들에게서 의뢰를 받은 사람들이었다. 그러나 모두들 친절하고 선의가 있었음에도 불구하고 아무도 별로 도움이 되지 않았다.

치료에서의 카림   마치 새로운 언어를 배우는 것처럼

카림의 세 번째 자살 기도 후 그의 치료자가 더 이상 치료를 계속하지 못하겠다고 하자 병원은 퇴원과 함께 그를 지역사회 서비스 체계로 이관해서 그는 월 1회 약물 관리와 매주 집단 치료를 받게 되었다. 얼마 후 그가 그 치료가 별로 도움이 되지 않는다고 결론 내리고 치료를 중단하려고 하던 차에 갑자기 그의 인생이 아주 좋은 쪽으로 풀리기 시작했다. 정신건강 센터의 직원 하나가 카림의 전반적 양상을 제대로 알아보고 변증법적 행동 치료(DBT) 전문 임상사회복지사인 멜비나 실즈에게 의뢰하였는데, 나중에 카림은 그게 '생애 최고의 행운'이었다고 말했다.

긴 첫 면담 시간에 카림은 자신의 문제와 과거력을 설명했는데, 실즈 선생은 카림의 상태가 DSM-5의 경계성 성격장애 진단기준을 충족한다고 확신했다. 카림은 버림받는 것을 피하려고 반복적으로 필사적인 노력을 했고, 불안정하고 격렬한 대인 관계 양상을 보였으며, 매우 불안정한 자기상 혹은 자기 감각을 지녔고, 반복적 자살행동과 자해행동을 했으며, 불안정한 기분, 만성적 공허감과 함께 부적절한 분노 표출도 자주 있었다. 그리고 격심하게 정서적 고통을 받을 때에는 편집증적이 되었다.

변증법적 행동 치료의 생물사회 모델을 활용하여 실즈 선생은 카림의 경계성 성격장애 증상은 정서 조절 실패 — 정서, 특히 슬픔, 분노, 그리고 불안 같은 부정적 정서를 조절하는 능력의 결함 — 의 결과라고 가정하였다. 생물사회 모델에 의하면 정서 조절의 실패는 생물학적 취약성, 사회 기술의 부족, 그리고 개인의 감정이 자주 무시되거나 무효화되는 압제적 아동기 환경 등 여러 요인들과 연관이 있다. 정서 조절 실패에 대한 생물학적 취약성은 정서적 자극에 대하여 민감하고, 그런 자극에 강렬하게 반응하며, 그리고 정서적 각성 상태로부터 회복되는 속도가 느린 것 등의 선천적 특성을 보인다. 그러한 특성과 심각한 기술 결함이 결합되면 사람들은 강렬한 정서를 특히 사회적 상황에서 경험하게 될 때 부적절한 행동을 억제하거나 적절한 행동을 보이지 못한다. 더구나 생물사회 모델에 의하면 이러한 어려움은 그 사람이 아동기에 그들의 생각과 느낌이 진지하게 받아들여지거나 지지를 받지 못하고 특히 장기간에 걸친 신체적, 정서적, 언어적 그리고 성적 학대와 피해를 당하는 환경에 처할 때 더욱더 두드러지게 된다. 그런 환경에서 성장한 아동은 자신의 감정과 생각을 신뢰하는 걸 배우지 못할 수 있다. 그들은 자아 정체감이 발달하지 못하고, 지시, 지지, 그리고 의미를 다른 사람에게 의존할 수밖에 없다. 그런 사람들은 경계성 성격장애 환자가 될 가능성이 매우 높다.

다른 변증법적 행동 치료자들과 마찬가지로 실즈 선생은 보통 이런 문제들을 치료의 전 기간에 걸쳐서 단계적으로 다룬다. 치료 전 단계에서는 변증법적 행동 치료의 원리를 설명하고 경계성 성격장애 환자들에게 치료 프로그램에 최소 기간 참여할 것을 서약하도록 한다. 그러고 나서 실즈 선생은 치료의 세 단계로 들어간다. 첫 번째 단계에서는 생존과 기능에 기본적인 문제, 즉 자살행동의 감소, 치료 저해 행동의 감소, 내담자의 삶의 질을 저해하는 행동의 감소, 그리고 행동 기

경계성 성격장애는 편도핵, 해마, 전전두엽 그리고 그 외 전두엽의 다른 부분들이 포함된 특정 뇌 구조물 안, 그리고 뇌 구조물 사이의 비정상적 활동과 관련이 있는 것으로 알려지고 있다. 이 구조들은 우리가 계획을 잘하고, 좋은 결정을 내리며 자신을 통제하고 감정을 적절하게 표현하도록 돕는다(Chapman et al., 2021; Khoury et al., 2019).

술의 증진 등을 다룬다. 두 번째 단계에서 치료자는 성적 학대 등 과거의 외상 경험으로 인한 고통을 경감시키는 작업을 한다. 그리고 마지막 단계에서는 자기 존중감을 향상시키고 직업적·사회적·대인 관계 목표의 성취 등 장기적 이슈들을 다룬다.

그리고 다른 변증법적 행동 치료자들과 마찬가지로 실즈 선생은 보통 두 측면에서 치료를 진행한다. 그녀는 내담자에게 필요한 행동 기술을 개발하는 행동 기술 훈련 집단에 참여하도록 하면서 동시에 그 당시 일어나고 있는 것에 집중하는 개인 심리 치료 회기를 진행한다. 개인 심리 치료의 목표는 신뢰할 수 있고 안전한 관계를 형성하고, 내담자들이 새로운 인지 및 행동 기술을 사용해서 변화하도록 동기를 부여하며 그들이 위기를 넘길 수 있게 돕는 것이다. 어느 치료에서나 그렇듯이 내담자와 치료자의 관계는 치료의 핵심적 부분이다. 실즈 선생은 변증법적 행동 치료 모델에 따라 내담자가 과거에 경험하지 못했던 가치 인정 환경을 만들려고 노력할 것이다.

또한 실즈 선생은 경계성 성격장애 환자들에게 클리닉에 오는 치료 약속 사이에 문자 메시지를 보내거나 전화로 자신에게 연락하는 걸 권장했다. 이 전화 자문은 치료는 아니었지만 정서 조절 어려움이나 위기 관리를 즉각적으로 지원해 주면서 내담자에게 치료에서 배운 기술들을 실제 생활 상황에 일반화할 기회를 줄 수 있다. 다른 치료적 접근에서는 경계성 성격장애 내담자들이 치료 회기 사이에 연락하는 것을 관심을 끈다거나 교활하거나 혹은 문제가 있다고 볼 수 있지만 실즈 선생은 자기 내담자들에게 전화로 정서를 조절하고 정서적 고통을 효과적으로 견디며 마음챙김 기법을 이용하거나 대인 관계 효율성을 향상시키는 기술을 실천하는 데 도움을 받으라고 장려한다. 이러한 전화 통화들은 짧고 구조화되어 있으며 집중되어 있어서 치료보다는 지도에 가깝다. 역설적으로 그 통화들은 크게 구조화되어 있어서 실즈 선생은 보통 내담자들이 전화를 하면 그들의 소식을 듣고 반가워했다. 그건 그들이 치료에서 배우고 있는 기술을 사용해서 '살 만한 삶'을 만들어 가고 있다는 걸 의미했다.

치료 전 단계 치료 전 단계에서 실즈 선생의 일차적 목표는 카림으로부터 최소 기간 치료를 유지하겠다는 서약을 받는 것이었다. 대다수의 경계성 성격장애 사

비록 행동적이라는 이름이 붙었지만 변증법적 행동 치료의 기법은 인지적, 정신역동적, 그리고 사회문화적 접근에서 비롯된 것들도 있다.

례에서 과거에 실망스러운 치료 경험이 있었고 폭발적 반응으로 인해서 치료가 충동적으로 조기 종결될 가능성이 있다는 것을 생각할 때 실즈 선생은 그런 서약이 경계성 성격장애 사례에 반드시 필요하다고 보았다.

또한 실즈 선생은 서약을 받기 전에 우선 카림의 과거에 대해서 충분히 이야기해서 그의 심리 치료 안팎에서의 경험을 충분히 이해하는 것의 중요성을 알고 있었다. 그렇게 해야 카림이 치료자의 권고가 충분히 생각한 결과임을 느낄 수 있으리라는 것이다. 따라서 실즈 선생은 카림과 세 번의 치료 회기를 온전하게 한 후에야 치료 서약을 요청했다. 그 세 번의 치료 회기 동안 실즈 선생은 과거의 실패한 심리 치료 경험 때문에 카림의 마음속에 치료 과정에 대한 두려움과 불신이 많이 생겼으리라는 것에 공감을 표시했다. 또한 그녀는 카림이 자해행동과 의존적 관계 그리고 때로는 혼자서 술로 감정을 다스리려고 노력했다는 것에 공감을 표현했다. 마지막으로 실즈 선생은 카림이 장기간에 걸쳐서 무시와 학대를 당했음에도 불구하고 끊임없이 자신이 처한 상황을 개선하려고 노력해 왔다는 점을 높이 평가해 주었다.

카림은 일반적으로 치료자들은 그가 얼마나 엉망인지에 고개를 가로저었다는 걸 상기하고 실즈 선생이 자신의 강점을 알아준다는 것에 놀랐다. 실즈 선생은 카림이 문제가 있는 것은 사실이지만 아마도 나름대로 최선을 다해서 그에 대처해 왔으리라는 것을 안다고 답했다. "당신은 최선을 다하고 있어요. 그런데 더 잘할 필요가 있습니다. 그 두 가지가 모두 사실일 수 있어요. 그게 변증법적 사고의한 예이지요. 두 가지가 서로 모순되는 것처럼 보여도 때로는 두 가지가 모두 사실인 중간 길이 있답니다."라고 그녀가 말했다.

> 변증법적이라는 용어는 변증법적 행동 치료의 목표와 방법들은 보통 두 반대되는 힘들, 특히 자기 수용과 더 나은 것으로의 변화 사이의 균형을 이루어야 한다는 것을 시사한다.

내담자가 치료를 받을지 여부의 결정을 돕기 위해서 실즈 선생은 변증법적 행동 치료의 원리와 기법을 설명했다. 우선 실즈 선생은 카림의 문제가 경계성 성격장애라고 알려진 패턴에 들어맞는다고 설명하였다. 카림은 그 용어를 이전 치료에서 들어 본 적이 있다고 했다. 실즈 선생은 경계성이란 1950년대 중반에 나왔던 오래된 용어로 임상가들이 그 장애가 신경증과 정신증 사이의 경계선에 있다는 것을 기술하려고 사용되었다고 설명했다. 최근에는 이 장애가 강렬한 감정을 관리하지 못하는 것이 핵심적 문제이고, 자해행동, 충동적 행동, 대인 관계 어려움 등 많은 행동 문제는 이러한 감정에 대처하려는 당연한 욕구에서 나온 것으로 본다고 실즈 선생이 설명했다. 실즈 선생에 의하면 이 치료에서는 다양한 생활 상황에서 보다 능란하고 효과적이 될 수 있도록 더욱 효과적인 감정 조절 방법을 학습한다. 그리고 나서 그녀는 치료의 여러 단계와 카림이 받게 될 두 가지 치료 방식, 즉 주간 행동 기술 훈련 집단과 개인 심리 치료를 설명했다.

카림은 그 치료 접근의 조직과 구조에 감명을 받았다고 했다. 이전 치료에서는 자기에게 체계적 치료 계획이 제시된 적이 없었다. 그는 이 치료 접근이 합리적인 것 같지만 성공할 수 있을지는 의문이라고 말했다. 실즈 선생은 그의 양가감정에 공감을 표하면서 성공은 카림의 노력뿐 아니라 치료를 적절히 적용하는 치료자 자신의 능력에도 달려 있다고 설명하며 성공의 부담을 부분적으로나마 분산시키려고 하였다. 그들은 최소한 6개월간 함께 치료해 보기로 했다. 실즈 선생은 전체 치료는 1~2년이 걸릴 수도 있다고 추정했다.

경계성 성격장애를 가진 사람들은 변증법적 행동 치료 중에 극적으로 좋아지는 경우가 많다는 연구가 있다(Chapman & Dixon-Gordon, 2020; Linehan, 2020; Zeifman et al., 2020).

치료의 첫 단계 : 생존과 기본 기능의 문제를 다루기 치료의 첫 단계에서 실즈 선생은 생존과 기능에 핵심적인 문제들, 즉 행동 기술을 증진시키고, 자살행동, 치료에 방해되는 행동, 그리고 삶의 질을 저하시키는 행동의 감소에 집중했다.

행동 기술의 증진(집단 치료) 카림은 강의와 집단 연습 훈련, 그리고 매주 부과되는 숙제를 통해서 행동 기술을 체계적으로 가르치는 주 1회의 변증법적 행동 치료 행동 기술 훈련 집단에 참석하기 시작했다. 그 훈련에서는 (1) 마음챙김 기술, (2) 효과적 대인 관계 기술, (3) 정서 조절 기술, (4) 고통 감내 기술의 네 가지 모듈을 6개월에 걸쳐서 교육하였다.

마음챙김 기술이란 자신의 감정에 대한 판단을 유보하면서 조금 거리를 두고 바라보는 능력을 말한다. 대인 관계 기술이란 자기 존중감과 건강한 대인 관계를 동시에 유지하면서 요청을 하거나 거절할 수 있는 능력을 말한다. 정서 조절 기술이란 강렬하고 부적절한 정서적 각성을 인식하고 정서 조절이 안 되는 상태에서도 합리적으로 행동할 수 있는 기술을 포함한다. 고통 감내 기술은 위기 상황에서 주의를 분산하거나 자신을 달래고 여러 가지 반응을 고려하는 등의 방법으로 부정적인 정서적 각성에 대처하는 능력이다.

카림은 처음에는 '집단 치료' 없이 그냥 실즈 선생에게 개인 치료만 받으면 안

되는 이유가 무엇이냐고 물으면서 행동 기술 훈련 집단에 참여하기를 주저했다. 그러나 실즈 선생은 그러한 기술을 배우는 것이 중요하다고 설명하고, 만약 개인 치료 시간이 모두 기술 훈련에 쓰인다면 카림의 매일매일의 걱정을 다룰 시간이 없을 거라는 점을 지적했다. 카림은 치료 서약의 한 부분이라면 참석하겠다고 했고, 몇 주 후에는 집단 훈련이 할 만한 가치가 있다고 생각하게 되었다. 특정한 기술 영역에 숙달될 수 있었을 뿐 아니라 카림은 집단 구성원들의 정서적 지지에서 위로를 받았고 자신도 다른 사람들에게 지지를 제공해 줄 수 있어서 만족감을 느꼈다. 카림은 네 가지 기술 모듈을 두 번씩 돌아가면서 그 집단에 1년간 계속 참여하였다. 그는 모든 게 새로운 정보였던 첫 6개월보다 두 번째 사이클에서 기술들을 배우는 데 더 큰 자기 효능감을 느꼈다. 카림은 실즈 선생에게 "마치 새 언어를 배우는 것 같아요. 두 번째로 그 기술들을 접할 때에는 더 잘 이해가 되네요."라고 말했다.

자살행동의 감소　그녀는 각 내담자에게 적용하고자 하는 다양한 문서 서식과 유인물이 담긴 전자파일을 보여 주었다. 실즈 선생은 카림에게 우선 자살사고, 전반적 정신적 고통, 자해 충동, 자해행동, 불법 약물, 술, 혹은 벤조디아제핀을 사용하려는 충동의 수준과 사용 여부, 그리고 자해 충동에 대처하기 위해서 취한 행동, 그리고 새롭게 배운 기술의 사용을 상세하게 기록한 일지를 쓰도록 했다. 일기 카드(diary card)라고 하는 그 자기 모니터링 도구는 각 개인 치료 회기의 의제와 구조를 설정하는 데 사용되었다.

　두 번째 개인 치료에서는 일기 카드를 통해 내담자가 지난주에 두 차례 팔 윗부분과 허벅지 안쪽을 면도날로 그은 사실이 드러났다. 상처는 스스로 붕대를 감아 놓아서 짧은 바지나 민소매 상의를 입을 때에만 남에게 보였다. 카림의 예전 치료자들과는 달리 실즈 선생은 상처를 낸 것이 사람들을 '조종'하려는 의도라고 비난하거나 계속 자해행동을 하면 치료를 그만두겠다고 위협하지 않으려고 조심하였다. 대신 그녀는 각 예에 행동 분석을 적용하여 상처를 내는 것이 어떻게 기능을 하는지 그에게 보여 주려고 하였다. 행동 분석은 자해 직전, 도중, 그리고 이후의 일련의 사건에서 각 연결 고리를 들여다보는 것으로 진행되었다. 실즈 선생은 그걸 체인 분석(chain analysis)이라고 부르기까지 했다. 어떤 체인 분석에서,

경계성 성격장애를 가진 사람들이 흔히 분석적이기보다는 감정적이기 때문에 변증법적 행동 치료자들은 내담자들에게 어떻게 문제를 행동적으로 분석하는지를 가르친다. 치료자들은 내담자들이 보다 큰 맥락에서 그들의 문제 ─ 정서적, 행동적, 혹은 대인 관계적 ─ 는 보통 일련의 사건들의 한 요소일 뿐임을 보게끔 도와준다.

카림이 파티에서 만난 한 남자가 그의 전화번호를 가져가고는 그다음 날에도 그에게 문자를 보내지 않았다. 몇 시간이 지나도 문자가 오지 않자 카림의 고통 수준은 높아졌으며 보드카와 탄산수를 마시고 대마초 한 쟁반을 피운 후 그는 허벅지 위쪽을 칼로 살짝 그어서 상처를 냈고, 그게 그의 정서적 고통을 잠시 감소시켰다. 그 시점에 카림은 자기가 무슨 일을 했는지 알리고 지지를 받으려고 실즈 선생에게 전화를 했다.

다음 치료 시간에 그 사건과 카림의 반응을 살펴보면서 실즈 선생은 카림이 실망했고 걱정했을 것을 인정하면서 몸에 상처를 내려는 충동을 다른 방식으로 대처하기 시작하라고 권고했다. 실즈 선생은 카림이 집단에서 배우게 될 기술을 사용해서 감정을 관리하기 시작했으면 좋겠다고 하면서 자해하기 전에 자기에게 연락해서 기술에 대한 지도를 받아도 된다고 설명했다. 그녀는 사실 이 치료에서는 카림이 고의로 자해행동을 한 후에는 적어도 24시간 동안 치료자와의 접촉을 금지하는 '24시간 규칙'이 있다는 것을 설명했다. 거기에는 두 가지 이유가 있었다. 첫째, 자해 직후에 치료자에게 전화를 걸거나 문자를 보내는 것은 그 행동이 이미 발생했기 때문에 문제 해결 측면에서 효용성이 없고, 둘째, 자해 행위 후에 24시간 동안 실즈 선생과 이야기하는 것을 금함으로써 자해행동이 일어나기 전에 기술과 기술 지도를 활용하도록 동기를 부여하여 그 가능성을 감소시킬 수 있다는 것이다.

그 치료 회기 다음 날 이른 새벽 3시경 카림은 실즈 선생에게 전화를 했다. 숨을 헐떡이고 거의 흐느끼면서 내담자는 아직 자해를 하지는 않았지만 절박하게 자해하고 싶은 상태라고 했다. 한편으로는 자기가 자해를 하면 치료자가 자기를 버릴 것 같아서 겁이 났고 다른 한편으로는 밤늦은 시간에 전화를 해서 실즈 선생이 자기에게 화를 낼까 봐 두렵다고 했다.

정말 심하게 피곤했고 놀랐지만 실즈 선생은 카림이 이렇게 한 것은 정말 잘한 일이라는 것을 분명하게 했고, 자해를 하지 않고 전화하는 위험을 감수해 주어서 정말 기쁘다고 말했다. 그 말에 카림은 많이 진정되었다. 그녀는 카림에게 최근 행동 기술 훈련 집단에서 배웠던 주의 분산, 스스로 진정시키기, 심적 고통 참아 내기 전략 중 일부를 상기시켜 주었다. 카림은 뜨거운 코코아를 한 잔 만들어 먹고 더운 물로 목욕을 하고는, 틱톡을 훑어보면서 정서적 각성과 자해 충동을 줄

실즈 선생 등 변증법적 행동 치료자들이 따르는 이론과 기법들은 주로 심리학자인 마샤 리네한(Marsha Linehan)의 연구에 기반을 두고 있다.

여 보기로 했다.

이틀 뒤, 그리고 그다음 날에도 카림은 비슷한 전화를 했다. 두 번 다 실즈 선생은 심적 고통 참아 내기 전략을 사용해 보라고 격려했고, 카림은 자신을 진정시키고 자해로 정서 조절을 하는 그의 학습된 패턴을 흔들어 놓게 주의를 정서와 활동으로 분산시키면서 자해 충동을 이겨 낼 수 있었다.

다음 회기에서 카림의 일기 카드에는 해당 주에 한 건의 자해행동도 기록되어 있지 않았다. 실즈 선생은 그 치료 회기의 대부분을 그 성취를 분석하면서 보냈고 카림이 자해행동을 보다 건전한 대처 전략으로 대체하는 데 성공했다는 점에 주목했다. 그러나 그 주간에도 카림의 심적 고통 수준은 대부분 10점 척도에서 10점으로 높은 수준을 유지했다. 게다가 그는 그 전 몇 주일보다 술을 더 많이 마시고 대마초도 더 많이 피웠다.

그 후 3개월간 카림은 일주일에 세 번꼴로 실즈 선생에게 연락을 했고 그 기간 동안 자해행동은 일절 하지 않았다. 그에 따라서 그의 고통 수준도 호전되기 시작했다. 그러다가 강한 매력을 느끼는 남자와 데이트를 시작했다. 이전 남자친구들과도 그랬듯이 그들은 첫 번째 저녁 데이트에 성관계를 했다. 그다음 날 심리치료 시간에 카림은 완벽한 남자를 만났고 자기가 사랑에 빠졌다고 확신한다고 했다. 그는 실즈 선생이 지금까지 본 어느 때보다도 의욕에 넘쳤다. 치료자는 사랑에 빠진다는 것이 얼마나 멋진 일이냐고 하면서 카림의 감정을 지지해 주었다.

유감스럽게도 그 남자는 카림과 같은 열정이 없었고 약속했던 것과 달리 그다음 날 문자를 보내지 않았다. 카림이 그 남자와 연락을 하고 만나자고 했을 때, 그는 정말 누구와 엮이고 싶지 않다고 했다. 카림은 망연자실해서 그 후 며칠 동안 여러 차례 자기 몸에 면도날로 상처를 낸 후에 실즈 선생에게 전화를 했다. 카림이 실즈 선생에게 전화로 무슨 일이 있었는지를 말했을 때, 그는 치료자가 자신을 버릴 것이라고 확신했다. 카림은 치료자에게 치료를 끝내지 말아 달라고 애원했다.

> 경계성 성격장애 환자들의 일란성 쌍둥이들 중 약 35%가 동일한 장애를 보이고 있는 반면 경계성 성격장애 환자들의 이란성 쌍둥이들 중 19%가 그 장애를 보인다 (Chapman et al., 2021; Skodol, 2021).

실즈 선생 : 예전에 당신이 칼로 자해를 했을 때 이전 치료자들은 당신과의 치료를 중단하겠다고 했나요?

카림 : 네. 그 일이 있었을 때, 지난번 치료자 두 사람은 자기들이 저를 도울

수 없다고 했어요. 그분들은 저를 다른 치료자에게 의뢰하면서 제가 너무 복잡하다고 했어요. 저에게 전문가가 필요하다고요. 그건 굴욕적이었고, 일을 더 어렵게 만들기만 했지요.

실즈 선생 : 그랬군요. 이런 과거 경험을 보니 당신이 왜 저와도 같은 일이 일어날 거라고 걱정했는지 이해가 되는군요. 전에 그렇게 되었으니까 또다시 그럴 거라고 생각한 거지요. 그렇지요?

카림 : 맞아요. 제발, 제발, 절 내쫓지 말아 주세요.

실즈 선생 : 카림, 과거에 그런 일이 있었다고 하더라도 이 치료는 과거의 치료들과 어떤 점에서 다른지 찾아보면 좋겠어요.

카림 : 이 치료 말인가요? 이 치료는 정말 많이 다르지요! 그래서 전 이걸 놓치기가 싫어요.

실즈 선생 : 바로 그렇지요. 그건 여러 측면에서 달라요. 자, 당신에게 물어보지요. 이 치료를 하면서 왜 제가 당신이 도움을 필요로 하는 바로 그 행동, 애초에 당신이 치료를 받게 만든 바로 그 행동을 했다는 이유로 치료를 중단하려고 할까요?

카림 : 제가 다시 칼로 자해를 시작했거든요. 그리고 선생님께 전화로 도움을 청하려고 하지도 않았고요.

실즈 선생 : 무엇 때문에 제게 전화를 안 하셨나요?

카림 : 전 그냥 정말 혼자라고 느꼈어요. 쓰레기같이요.

실즈 선생 : 하지만 지금은 당신이 전화를 하네요. 정말 좋은 일이지요. 전화 걸기가 꺼려졌다는 것은 이해해요. 당연한 일이지요. 나쁜 소식을 알려 주기를 좋아하는 사람은 없지요. 하지만 이걸 그렇게 나쁜 소식이라고 생각하지 않도록 해 보세요. 당신은 우리가 치료를 시작하고 나서 처음으로 스트레스를 많이 받고 있었지요. 당신이 그걸 완벽하게 감당해 낼 수 없다고 해도 이해할 만해요. 하지만 자신이 해낸 일을 보세요. 결국 자해행동을 중단했고 내게 전화했잖아요. 저는 이 일이 완전히 재발된 것이기보다는 일시적 실수라고 생각해요. 그 일로 인한 심적 고통이 진정되면 당신이 다시 제 궤도로 들어서서 자해행동을 안 할 수 있으리라고 생각해요.

카림　　　：저도 이제는 자해행동을 안 할 수 있을 것 같아요. 마음이 동요되는 것이 당연하다는 선생님의 말씀을 들으니까 도움이 돼요. 하지만 너무 속상해요.

실즈 선생：그렇지요. 그 감정에 대처하기 위해서 당신이 할 수 있는 구체적인 일들을 이야기해 봅시다.

　실즈 선생은 구체적 문제 해결 전략 몇 가지를 살펴봤다. 카림은 버림받았다는 생각을 덜 하기 위해서 볼일 세 가지와 즐거운 활동 한 가지를 포함한 그날의 일정표를 만들기로 했다. 저녁에 자기 아파트에 있으면 자해 가능성이 더 높을 테니까 체육관에 가서 운동을 하는 것으로 했다.

　다음 치료 회기에 카림은 전날 계획했던 활동을 실제로 실행했고, 그게 외로움에서 그의 마음을 돌리는 데 도움이 되었다. 그러나 이제 그는 심리 치료 자체의 진전에 대해서 완전히 희망이 없다고 느꼈다. 그는 효과도 없을 치료를 계속할 이유가 없다고 하면서 자기가 절대로 정상적인 삶을 살 수 없고 마땅히 고통과 괴로움을 겪을 절망적 사례라는 것을 인정하라고 실즈 선생에게 요구했다.

　실즈 선생은 잠시 할 말을 잃었다. 그러나 그녀가 입을 열기 전에 카림 본인이 실즈 선생을 도와주러 나섰다. 카림은 웃으면서 "속상해하지 마세요. 가끔 제가 그런 말을 해요. 선생님이 과잉반응을 하지 않으신다면, 저를 믿어 주신다면, 저도 저 자신을 믿기가 더 쉬울 것 같아요. 절망적인 부분이 아니라요." 실즈 선생은 자신도 물론 카림을 믿는다고 대답하면서 그에게 우화 하나를 말해 주었다. 비참한 상황에서 빠져나오는 것은 사막에서 길을 찾아 나오는 것과 비슷하다고, 걸어도, 걸어도 풍경은 별로 달라지지 않고, 흙과 산쑥, 바위뿐이고 물도 없고 그늘도 없고 위안도 없지만 곧장 난 길을 오랫동안 따라가면 모든 것이 꼭 같은 것 같고 느낌도 달라지지 않았음에도 전혀 다른 곳에, 거의 사막을 벗어나는 데 훨씬 더 가까이 와 있다는 것이다.

　그 대화 후에도 여러 번 카림은 같은 절망감을 표현하면서 포기했다고 하였다. 그러나 보통 그런 주장을 한 후에는 이전보다 더 열심히 노력하여 그다음 날이나 다음 주에 새로운 목표를 달성하고는 했다. 그는 자신이 쉽게 절망하는 경향이 있다는 것, 자주 떠오르는 거슬리는 생각들을 믿으면 안 된다는 것을 점차 이해

> 경계성 성격장애 치료자들은 내담자로부터 정서적 위기, 자기 파괴적 행위, 그리고 강렬한 분노와 심지어는 모욕을 당하는 일이 빈번해서 치료자들에게 정서적인 부담이 크다. 따라서 변증법적 행동 치료자들은 다른 치료자들에게 자문을 구해서 전문성을 유지하고 변증법적 행동 치료의 원리를 지킨다.

하게 되었다.

그다음 해에 카림의 자해 행위는 단 두 번에 그쳤는데 본인은 습관적으로 그랬다고 설명했다. 그 이후 남은 치료 기간에는 전혀 자해행동을 하지 않았다.

치료 저해 행동의 감소 카림이 자주 보이는 치료 저해 행동은 두 가지였다. 그는 극도의 절망감을 반복해서 표현하고 더 이상 치료 계획을 따를 수가 없다고 주장했다. 그리고 그는 치료자에 대해 강한 분노를 느꼈다.

카림은 전반적으로 실즈 선생에게 따뜻한 감정을 가지고 있는 듯했지만 두려움, 절망감, 수치심 혹은 우울로 인하여 폭언을 퍼부을 때도 많았다. 카림은 얼굴을 붉히면서 실즈 선생을 비난하고 욕했다. 예를 들어 "근사한 제안을 해 주셔서 고맙군요. 이전의 다른 치료자들도 바보 같기는 했지만 그래도 그 사람들은 제 걱정은 해 주었답니다."라고 말한 적도 있었다.

처음에 실즈 선생은 그런 말에 당황했지만 그건 자신이 무심코 카림의 경험 중 어떤 측면을 인정하지 않았다는 표시라는 것을 알아차렸다. 그녀는 카림의 공격이나 모욕적 언사에 방어적으로 대응하지 않는 것이 중요하다는 것을 알았다. 사실 카림의 관점에서 가장 치유적인 반응은 실즈 선생이 즉시 자신이 무언가 현명하지 못하거나 상처 주는 말을 했든지 무언가가 그럴 만해서 그의 비효과적인 대인 관계 행동을 촉발시켰다고 인정하는 것이었다. 예를 들어 치료 초기 단계에는 카림의 감정 폭발에 대해서 "세상에! 이렇게 화를 내는 것을 보니 제가 정말 카림을 언짢게 한 모양이네요. 제가 무엇을 놓친 것일까요? 정말 무슨 일인지 알고 싶군요."라고 반응하고는 했다. 하지만 치료가 진행되면서 카림은 점점 화를 자제할 수 있게 되었다. 그는 실즈 선생을 비난하거나 공격하는 대신 "선생님이 저를 이해하지 못하는 것 같네요."라고 말하고는 했다.

카림이 실즈 선생에게 표현한 분노는 사실 그가 치료 상황 밖에서 만났던 사람들 및 치료 상황 밖에서 마음이 상했던 일과 관련이 있었다. 시간이 지나면서 카림은 이러한 반응과 실즈 선생이 한 말로 인한 감정들을 구분할 수 있게 되었다. 치료 후반기에 카림은 그녀에게 그저 "저 지금 기분이 좋지 않아요. 선생님과는 상관없는 일이고 주차장의 어떤 병신 같은 작자 때문이에요. 나아지겠지요."라고 말했다. 궁극적으로 카림은 치료 상황에서 학습한 숙련된 반응을 일상생활 속

항정신증적 약물, 특히 항우울제, 기분안정제, 항불안제 그리고 항정신증 약물은 경계성 성격장애 환자들의 정서적, 공격적 반응을 진정시키는 데 도움이 된다(Chapman et al., 2021; Newton-Howes & Mulder, 2020). 하지만 이들의 높은 자살 위험성을 감안할 때 외래 진료에서의 약물 사용은 위험할 수 있다.

의 사람들과의 상호작용에서도 사용할 수 있게 되었다.

삶의 질을 저해하는 행동을 줄이기　카림이 실즈 선생과 치료를 시작했을 때, 그는 술, 대마초, 벤조디아제핀을 남용하고 있었다. 이러한 목표행동들은 실즈 선생이 '삶의 질 행동'이라고 부르면서 보다 직접적으로 다루어졌다. 치료가 진행되어 카림이 자해행동을 그만두고 자신의 감정과 행위를 통제하는 능력이 향상되자 카림과 치료자는 물질 남용부터 시작해서 삶의 질 목표를 보다 적극적으로 다루기 시작했다. 실즈 선생은 카림에게 물질 남용에 구체적으로 적용할 수 있는 추가적 고통 감내 기술들을 가르쳤다. 이러한 기술들은 그가 물질 사용을 하려는 충동을 참고 친구, 동료, 가족들에게 자신의 물질 사용에 대해서 보다 효과적으로 의사소통을 하며 물질 사용 개연성을 낮출 수 있도록 자신의 사회적 습관을 바꾸는 데 도움이 될 것이다. 카림은 또한 자기 주치의에게 자신의 물질 남용 문제를 알리고 벤조디아제핀 처방을 하지 말아 달라고 요청했다.

치료의 두 번째 단계 : 과거 트라우마로 인한 고통을 줄이기　두 번째 치료 단계의 핵심은 카림이 성적 학대 등의 과거 트라우마로 유발되어서 남아 있는 고통을 극복하게 돕는 것이었다. 사실 카림의 학대받았던 과거는 치료의 시작 단계에서 어느 정도 다루어졌다. 치료의 첫 단계에서는 카림이 학대기억을 보다 잘 견디어 내도록 돕는 기술을 키웠다. 예를 들어서 좋아하는 음식을 먹고, 좋아하는 옷을 입거나 좋아하는 공원을 산책하는 등 특히 자신이 좋아하는 것들을 해서 자신을 진정시키고, 재활용 목재로 사진액자를 만들거나 사진 찍기 등 건설적이고 흥미로운 프로젝트를 찾아서 주의를 분산시키는 법을 배웠다.

　그러나 두 번째 치료 단계의 목표는 학대기억으로 인한 정서적 고통을 관리하는 것뿐 아니라 그 기억들이 고통을 일으키는 능력을 감소시키는 것이었다. 실즈 선생은 외상후스트레스장애 치료에서 사용되는 것과 유사한 노출 기법을 사용했다. 그 기법에서는 내담자가 과거의 외상과 연관되어 있는 내적, 외적 자극에 통제된 노출을 반복적으로 경험하게 된다.

　처음에 치료자는 카림에게 과거의 학대 경험을 일반적 용어로만 설명하도록 했다. 내담자가 같은 경험을 정기적 연습으로 반복적으로 기술하면서 노출은 그의 고통 수준을 감소시켰다. 이웃과 자기 친구들로부터 성적 학대를 받았던 경험을 반복적으로 기술하고 나서 — 세 치료 회기에 걸쳐서 매 회기마다 세 번씩 — 아홉 번째로 기술할 때에는 카림의 고통 수준이 상대적으로 가벼워졌다. 점차 더 상세한 사항을 사용해서 그 절차가 반복되면서 그의 외상적 경험의 가장 상세한 기술까지도 중간 정도의 고통만을 일으키게 되었다. 동일한 절차가 카림의 다른 외상적 경험에도 적용되었고 결과는 유사했다.

치료의 세 번째 단계 : 장기적 이슈 다루기　세 번째 치료 단계의 핵심은 카림의 자존감을 향상시키고 직업적, 사회적 그리고 대인 관계에서의 목표를 더 높이는 것이었다. 사실 그의 사례에서는 첫 번째, 그리고 두 번째 치료 단계에서 자연스럽게 이러한 목표가 성취되고 있었다. 카림이 자해를 중단하고 안정적 행동을 보이고 대인 관계 효율성이 증진되고 물질 사용을 중단하면서 사실 그는 점차 자신을 더 소중하게 여기고 보다 존엄한 삶 — 첫 번째 치료 시간에 실즈 선생이 '살 만한 삶'이라고 말한 — 을 누릴 수 있게 되었다.

에필로그

경계성 성격장애 진단을 받는 사람들의 75% 가까이는 여성이다(Salters-Pedneault, 2020).

카림은 총 2년간 주 1회 개인 심리 치료를 받았고 지금은 한두 달에 한 번씩 주기적 후속 회기나 전화 통화를 계속하고 있다. 전반적으로 그의 삶은 크게 좋아졌고, 특히 실즈 선생과 변증법적 행동 치료를 시작하기 전과 비교했을 때에 그렇다.

무엇보다도 그는 극도로 마음이 상했을 때에도 자해 행위는 더 이상 하지 않고 있다. 그는 술로 고통스러운 감정을 다루는 일이 거의 없으며 치료를 시작하기 한 달 전의 마지막 자살 기도 이래 입원된 일도 없었다. 그는 공항에서 파트타임으로 일하고 있고, 그 지역 병원의 의료기록과에서 파트타임 보조원으로 일하고 있다. 그리고 IT 기술자가 되려는 목표로 근방 전문대학에서 강의를 듣고 있다. 그는 나무액자와 사진을 인터넷 사이트에서 판매하고 있는데 거기에서 돈을 별로 벌지는 못하지만 무엇인가 만들어서 다른 이들에게 감명을 준다는 것이 그에게 큰 의미가 있고, 그게 가치 있는 무언가를 세상에 주는 것이라고 느낀다.

가장 중요한 것은 카림이 자신의 삶을 다시 통제하게 되었다는 것이다. 그가 표현하기를 "저도 제 감정이 있어요. 그리고 이제는 더 이상 아무도 저를 통제할 권리가 없어요." 또한 그는 심리 치료의 주요한 성과는 "저도 다른 사람처럼 괜찮은 인간이고 삶이 안전할 수 있다는 것을 마음속 깊이 깨닫게 되었다는 것이지요. 제 인생은 제 것입니다."라고 했다. 카림은 아직 독신이지만 이제는 역기능적 관계에 얽히지 않을 것이며, 언젠가 자연스럽게 최선의 파트너를 만나게 될 거라고 믿고 있다.

평가 문제

1. 카림은 어떠한 경위로 대학병원에 입원하였는가?

2. 그가 약물 과용으로 입원할 당시 카림의 이전 치료자가 치료를 중단하기로 한 이유는 무엇인가?

3. 경계성 성격장애로 진단된 사람 중 자살 기도를 하는 사람은 얼마나 많은가?

4. 카림이 실즈 선생과 치료를 시작하기 전에는 전형적인 그의 친밀한 관계는 어떠했는가?

5. 카림의 잦은 자살 기도의 원인이 된 가장 큰 두려움은 무엇인가?

6. 카림의 행동이 DSM-5의 경계성 성격장애 진단 기준에 어떻게 부합되는가?

7. 변증법적 행동 치료의 개념을 그 주요한 요점들을 포함해서 설명하시오.

8. 치료의 사전 단계에서 실즈 선생이 설정한 주요 목표는 무엇인가? 초기 치료 회기에서 실즈 선생은 이것을 카림에게 어떻게 설명했는가?

9. 실즈 선생은 카림에게 그의 치료 프로그램에 포함될 주요 형태는 무엇이라고 말했는가?

10. 카림의 첫 번째 치료 단계에서 다루어진 네 기술 영역은 무엇인가?

11. 왜 어떤 사람들은 삶에서 일어난 일에 실망했을 때 자기 파괴적 행동을 하는가?

12. 카림의 자해행동을 예방하면서 동시에 재발했을 때 그를 지지해 주기 위해서 실즈 선생은 그의 자해행동을 어떻게 다루었는가?

13. 카림이 자주 보였던 치료 저해 행동 두 가지는 무엇인가?

14. 두 번째 치료 단계의 핵심은 무엇이었으며 실즈 선생은 이 시기에 카림에게 어떤 유형의 치료적 개입을 사용했는가?

15. 경계성 성격장애 환자가 보일 가능성이 있는 공존 장애는 무엇인가?

16. 카림은 치료에서 궁극적으로 무엇을 성취했다고 느끼는가?

주의력결핍 과잉행동 장애(ADHD)

표 16-1

진단 체크리스트

주의력결핍 과잉행동 장애

1. 개인은 다음 중 한 가지 혹은 두 가지 모두를 보인다.
(1) 6개월 이상, 개인은 다음의 부주의 증상 중 최소한 여섯 가지 이상을 나타내며, 이러한 증상은 상당 부분 부적응적이며, 유사한 나이의 개인이 보이는 것보다 훨씬 심하게 나타남
   - 세부적인 것에 주의를 기울이기 어렵거나 부주의한 실수를 자주 함
   - 지속적으로 주의를 기울이기 어려움
   - 다른 사람들의 이야기에 귀를 기울이기 어려움
   - 지시를 수행하기 어렵고 일을 마치지 못함
   - 조직적이지 못함
   - 정신적인 노력을 필요로 하는 일을 싫어하거나 회피함
   - 성공적인 수행을 위해 필요한 물품들을 잃어버림
   - 관련 없는 자극에 쉽게 산만해짐
   - 일상적인 활동을 종종 잊어버림
(2) 6개월 이상, 개인은 다음의 과잉행동 및 충동성 증상 중 최소한 여섯 가지 이상을 나타내며, 이러한 증상은 상당 부분 부적응적이며, 유사한 나이의 개인이 보이는 것보다 훨씬 심하게 나타남
   - 손발을 가만히 두지 못하거나 꼼지락거림
   - 자리에서 일어나 부적절하게 돌아다님
   - 부적절하게 뛰어다니거나 기어오름
   - 조용하게 놀지 못함
   - 쉴 새 없이 움직임
   - 지나치게 말이 많음
   - 대화 도중 질문하는 사람의 말을 가로챔
   - 차례를 기다리지 못함
   - 다른 사람의 활동이나 대화에 불쑥 끼어듦
2. 개인은 12세 이전에 이러한 증상들을 나타낸다.
3. 개인은 한 가지 이상의 상황에서 이러한 증상을 나타낸다.
4. 개인은 손상된 기능을 보인다.

(APA, 2022, 2013)

크리스토퍼는 세 아이 중 첫째로, 정상적이고 문제없는 임신 과정을 거쳐 건강한 아기로 태어났다. 표준적인 발달 단계, 즉 앉기, 서기, 걷기, 말하기 등을 기대되는 나이 전후로 정상적으로 거치며 빠르게 성장했다. 크리스토퍼의 부모는 어린 나이임에도 드러나는 크리스토퍼의 활력과 독립적이고자 하는 동기에 감탄을 자아냈다. 크리스토퍼는 5개월 때 자리에 앉았으며 11개월 때 걷기 시작했다. 크리

스토퍼의 별명은 발전기(Dynamo)였는데, 움직이기만 하면 집 안 곳곳을 호기심을 가지고 돌아다니며, 만지고, 살펴보며, 때로는 부수기도 하였다.

크리스토퍼   발전기에서 다이너마이트로

걸음마 시기의 크리스토퍼를 떠올리면, 크리스토퍼의 부모는 그의 행동의 정도가 평범하지 않다는 생각을 해 본 적이 없었다. 단지 대부분의 유아들이 나타내는 다소 과장된 행동이라고 생각하였다. 물론 크리스토퍼의 부모는 그의 행동에 대처하느라 기진맥진하였다. 크리스토퍼를 지켜보는 것만으로도 벅찬 일이었다. 크리스토퍼의 어머니인 셸리는 가욋돈을 벌기 위해, 여가 시간을 이용해 집에서 회계 일을 하려고 생각했었다. 그러나 셸리는 이 생각이 아주 비현실적이라는 것을 깨달았다. 셸리는 플레이펜(유아가 안전하게 놀 수 있도록 만들어진 구조물로, 대개 사각형 모양으로 윗부분은 개방되어 있음 : 역자 주)에 크리스토퍼를 넣어 놓고 일할 수 있을 것이라고 생각했으나, 크리스토퍼는 플레이펜에 집어넣은 지 2분도 지나지 않아서 꺼내 달라고 소리를 지르기 시작했다. 밖으로 나오기만 하면 크리스토퍼는 자주 부딪히거나 넘어뜨리는 사고를 쳤는데, 쉽게 주의가 산만해지고 장난감을 어지럽혀서 실수로 다칠 수도 있었다. 몇 분 안에 셸리는 그녀의 주의를 요하는 충돌이나 소음을 들었고, 이로 인해 다른 일을 하기가 어려웠다.

> 모든 아동의 7%에서 10%가 어떤 나이에서든 ADHD를 가진다(Krull, 2021a; Polanczyk, 2020).

셸리가 크리스토퍼의 여동생을 임신했을 때, 크리스토퍼는 '끔찍한 2세'가 되었고, 셸리와 그녀의 남편인 그렉은 자신들이 괜찮은 부모가 맞는지 의심하기 시작했다. 물론 다른 부모들이 종종 아이들이 얼마나 까다로운지 언급했지만, 셸리와 그렉은 다른 부모들은 자신들만큼 절망감을 느끼지는 않을 거라고 생각했다.

크리스토퍼가 2세일 때, 여동생인 엠마가 태어났다. 크리스토퍼가 4세가 되었을 때, 남동생인 토미가 태어났다. 크리스토퍼의 여동생과 남동생을 키우면서, 셸리와 그렉은 크리스토퍼를 다루는 어려움이 단순히 부모로서 자신들의 미숙함 때문이 아니었음을 깨닫게 되었다. 크리스토퍼하고는 다르게, 젖먹이인 엠마는 안을 때마다 심하게 발버둥 치거나 부모 품에서 벗어나기 위해 버둥거리지 않았다. 크리스토퍼와 엠마의 차이점은 또 있었다. 걸을 수 있는 나이가 된 엠마는 오랜 시간 동안 조용히 앉아서 장난감을 가지고 놀았으며, 셸리가 책을 읽어 줄 때도 이야기를 끝까지 차분히 들었다. 그러나 크리스토퍼는 몇 분을 못 참고 분주하게 돌아다니기 시작했다. 유치원 시절에 크리스토퍼는 화장실에 줄을 서 있는 다른 아이를 깨물어 유치원으로부터 근신 처분을 받았다. 동시에, 이제 생후 12개월이 된 토미는 느긋하고 차분하며 부모를 잘 받아들였고, 그 나이에 크리스토퍼가 보였던 행동을 전혀 나타내지 않았다. 크리스토퍼는 뭔가 달랐고 그의 부모는 그것을 깨닫기 시작했다.

크리스토퍼가 취학 연령이 되었을 때, 셸리와 그렉은 크리스토퍼의 상황에 대한 보다 객관적인 선생님의 피드백을 듣게 되었으며, 크리스토퍼의 어려움이 무엇인지 잘 알게 되었다. 학교에서의 첫 달이 지나고, 선생님은 크리스토퍼를 "착한 소년이지만, 더 나은 자제력을 발휘해야 한다."라고 묘사하였다. 첫 부모-교사 간담회 날, 선생님은 크리스토퍼의 활동 수준이 다른 아동들의 수준을 넘어선다고 이야기하였다. 초등학교 1, 2학년에서, 교육 과정상 학업적 요구가 증가하고 그에 따라 행동 통제에 대한 요구가 증가하면서, 셸리와 그렉은 선생님들로부터 더 강한 불만을 듣기 시작했다. 게다가 주의 집중의 어려움 때문에 크리스토퍼의 학업 성취는 점점 떨어져 갔다. 크리스토퍼는 마침내 글을 배우게 되었지만, 2학년이 되어서야 제대로 글을 읽을 수 있었다. 3학년이 되자 크리스토퍼는 학업 성취 전반에 걸쳐 다른 친구들에게 뒤처지기 시작했다. 담임인 프리드만 선생님의 격려(실제는 고집)로, 크리스토퍼의 부모는 아들의 문제를 해결하기 위해 더 큰 병원들과 제휴한 지역병원인 리플 센터를 방문하기로 결정했다.

가정에서의 크리스토퍼 부모님의 관점

8세의 크리스토퍼는 다른 일을 하고 있다가 부모에게 들키기 전까지는, 부모의 요구나 지시를 거의 듣지 않거나 부분적으로만 들었다. 그는 쉽게 주의가 산만해졌다. 문제가 어디에서든지 그를 따라다니는 것 같았다. 설상가상으로 그는 1학년이 된 후부터 점점 더 불안해졌다. 그의 또래 아이들이 걱정하는 평범한 것, 즉 번개, 천둥, 어둠 등에 대한 걱정을 할 때도 있었다. 그러나 일반적으로 그의 불안은 다른 것들에 관한 것이었다. 그는 자신의 건강, 가족의 안전, 다른 아이들이 자신에 대해 어떻게 생각하는지, 더 일반적으로는 자신의 미래에 대해 걱정했다. 두더지 잡기 게임처럼 한 가지 불안이 덜해지면 또 다른 걱정이 튀어나왔다. 주의를 기울이고, 집중하고, 사려 깊게 행동하는 데 어려움을 겪는 것 외에도 이러한 끝없는 걱정의 행렬은 그의 부모가 더 이상 감당하기 어려운 것이었다.

크리스토퍼의 여덟 번째 생일 직후의 어느 날 저녁을 구체적인 예로 들어 보자. 크리스토퍼의 아버지는 막 저녁 식사 준비를 마쳤을 때 아들의 방으로 가서 비디오 게임을 그만하고 손을 씻고 식탁에 와서 앉으라고 말했다. "알겠어요, 아빠."라고 크리스토퍼가 대답했다.

"고마워, 크리스토퍼." 아버지는 이야기를 하고 부엌으로 가서 저녁 준비를 마무리하였다. 그러나 5분이 지나도 크리스토퍼가 식탁에 오지 않은 것을 깨달았다. 아버지는 다시 크리스토퍼의 방에 가 보았고, 여전히 크리스토퍼가 비디오 게임을 하고 있는 것을 발견하였다. 크리스토퍼는 비디오 게임을 끄지 않았고, 아버지가 방 안에 들어갔을 때도 아버지의 존재를 눈치채거나 걱정하는 것처럼 보이지 않았다.

"크리스토퍼, 농담 아니야. 당장 게임을 그만둬!" 아버지가 크리스토퍼에게 말했다.

"알았어요. 잠깐만요, 아빠." 크리스토퍼는 대답을 하고 다시 비디오 게임으로 돌아왔다.

"아니야. 5분 전에도 이야기했는데, 말을 듣지 않았어. 자, 가자, 크리시!" 크리시는 아버지가 크리스토퍼가 주의를 기울여야 할 때 부르는 이름이었다. 몇 년 전에 시도했었는데 효과가 있었고, 크리스토퍼의 관심을 순간적으로는 잡아챌 수 있었기 때문에 계속 사용하고 있었다.

아버지의 두 번째 시도 만에 크리스토퍼가 큰 어려움 없이 따라나오자, 아버지는 안심이 되었다. "손을 씻고 오렴." 아버지는 크리스토퍼에게 다시 이야기하였다.

"알았어요, 아빠." 크리스토퍼는 대답하였다. "그런데 제가 손을 안 씻으면 병에 걸릴까요? 손을 안 씻으면 저는 죽나요, 아빠?" 아버지는 복도에 서서 그에게 걱정하지 말고 손을 씻은 후 식탁으로 오라고 이야기하기 전에 무슨 말을 해야 할지 고민하였다. 크리스토퍼는 복도를 지나 화장실로 가는 길에, 여동생이 이미

ADHD를 가진 많은 아동은 정서를 조절하기 상당히 어려워하며, 일부는 불안이나 기분 문제를 가지기도 한다 (Shapero et al., 2021).

식탁에 앉아서 새 인형을 안고 있는 것을 흘깃 보게 되었다. 남동생인 토미는 조부모님을 만나러 가서 자리에 없었다. 식탁에서 엠마는 인형에게 말하면서 웃고 있었다. 인형은 고개를 까닥거리며 눈을 떴다 감았다 하고, 머리를 위아래로 움직이면서 마치 엠마에게 그렇다고 답하는 것 같았다. 어머니는 부엌으로 들어와 웃으면서 엠마의 어깨를 만지며 인형에게 가볍고 조용하게 이야기하였다. 크리스토퍼는 어리둥절한 표정으로 서서 이 모든 것을 지켜보았다.

"이야, 멋진데!" 크리스토퍼가 외쳤다. "나도 좀 해 보자." 그는 즉시 달려가, 눈치 없이 엠마의 손에서 인형을 낚아챈 후 인형을 움직이거나 말하게 하는 버튼을 찾으려고 하였다. 인형은 가만히 있었고 엠마는 어머니에게 장난감을 돌려 달라고 징징거렸다. "인형이 다른 것도 해?" 크리스토퍼는 엠마의 불평을 무시하면서 질문을 던졌다. 그는 엠마의 항의와 눈물에도 동요하지 않고 인형을 들고 부엌을 떠나기 시작했다.

"어떻게 작동해?" 크리스토퍼는 큰 소리로 물어보았다.

"엄마!" 엠마는 울기 시작했다.

"크리시!" 아버지의 천둥 같은 목소리가 복도에서 들려왔다.

"크리스토퍼." 어머니가 조용히 그의 눈을 들여다보며 말했다. "인형을 엄마한테 주렴." 크리스토퍼는 어머니를 바라보았고, 어머니가 한 번 더 이야기하자, 동생이나 아버지에 대해서 아무런 생각이 없는 듯이 어머니에게 인형을 건넸다. 엠마는 볼에 흐르던 눈물을 닦아 냈다. 아버지는 고개를 좌우로 흔들었고 어머니는 아무 일도 아니라는 듯 어깨를 으쓱했다.

나중에 다 같이 저녁을 먹으면서, 부모님은 전 세계에서 벌어지고 있는 일에 대해 이야기를 나누었다. 엠마는 눈을 아래로 내린 채, 포크를 접시 위로 왔다 갔다 하면서 조용히 음식을 먹었다. 크리스토퍼는 격렬히 음식을 먹다가 동시에 완전히 무시하는 행동을 반복하였는데, 이따금 허공을 응시하다 갑자기 그의 주의를 접시로 되돌리곤 하였다. 셸리는 미국 대통령이 중국과의 긴장에 대처하면서, 국가를 위험한 길로 이끌고 있다는 확신을 그렉에게 이야기하였다. 그렉은 그녀의 의견에 동의했지만 지적인 대화를 즐겼기 때문에 더 많은 대화를 나누기 위해 반대 입장에 서서 이야기를 이끌어 나갔다. 그렉은 셸리가 양육의 스트레스에서 잠시 벗어나 부드러운 토론을 좋아할 것임을 알았으며, 또한 이러한 대화는 수년

ADHD를 앓고 있는 남아가 여아보다 2배 이상 많다 (Krull, 2021a; Polanczyk, 2020).

전에 자신들이 연애할 때를 떠올리게도 했다. 엠마와 크리스토퍼는 부모님들이 외국 관계에 대해 논쟁하는 것을 지켜보았다. 대화는 즐거우면서도 진지했다. 그렉은 자신의 관점에 대한 셸리의 비판을 웃어넘겼으며, 셸리는 꾸준히 그녀의 관점을 고수하였다.

혼란스러운 크리스토퍼는 부모님에게 질문을 하였다. "엄마, 아빠. 중국이 세계를 지배하면 우리 모두 죽게 될까요? 나는 죽고 싶지 않아요. 엄마, 아빠도 죽지 않았으면 좋겠어요."

"아니야, 아니야, 아들." 셸리는 아들 쪽으로 몸을 기울이고 고개를 저으며 말했다. "중국은 세계를 지배하지 않아. 걱정할 필요가 없어. 중국은 긴 역사를 가진 큰 나라이고, 엄마는 아빠한테 우리 대통령이 중국 지도자들과 대화하는 방식이 마음에 들지 않는다고 말하는 것뿐이야. 엄마는 우리 대통령이 일을 처리하는 방식에 동의하지 않는다는 것일 뿐이야. 그게 다야. 아무도 세상을 지배하지 않아. 엄마가 말한 것 때문에 죽는 것에 대한 걱정을 할 필요는 없어."

"알았어요. 하지만," 크리스토퍼는 초조하게 계속 말을 이었다. "학교에서 친구가 말해 줬는데, 걔 부모님이 사람들이 죽거나 아픈 것에 대해서 이야기했대요. 저도 아플까요?"

아버지는 크리스토퍼에게 손을 뻗쳐 그의 머리를 다독였다. "크리스토퍼, 너는 아프지 않을 거야. 우리도 그렇고 네 여동생이나 남동생도 아프지 않을 거야. 다시 즐겁게 밥 먹자. 그리고 우리가 가진 것에 대해 감사해하자꾸나. 이런 것들에 대해 너무 걱정하지 말자. 알았지, 아들?" 크리스토퍼는 고개를 끄덕거렸다. 대화는 끝났고 그들은 조용히 나머지 식사를 먹었다. 그렉과 셸리는 아이들이 보지 않을 때 이러한 종류의 상황을 처리하는 방법에 대한 공통된 좌절과 절망에 대해 공감하며 은밀히 시선을 교환하였다.

크리스토퍼로 하여금 손을 씻고 식탁에 앉게 하려는 단순한 시도로 시작된 일이 감정적으로 고통스러운 상황으로 끝나게 되었다. 저녁 식사 중 크리스토퍼의 불안은 스트레스와 긴장의 수준을 더욱 악화시켰으며, 이런 일은 처음도 아니었다.

매일 크리스토퍼가 당면하는 모든 일을 이렇게 챙겨 주지 않으면, 그는 곁길로 새어 종종 말다툼을 하거나, 무언가 망가뜨리거나 다른 문제를 일으켰다. 결과적으로 그의 부모는 크리스토퍼를 위해 직접 아들의 손을 씻기고, 방을 청소해 주고, 옷을 입혀 주는 것이 더 쉽다는 것을 알게 되었다. 왜냐하면 크리스토퍼가 하도록 하면 더 많은 노력이 들기 때문이었다. 또한 크리스토퍼가 불안해할 때, 그들은 그에게 걱정하지 말라고, 그를 괴롭히는 것이 무엇이든 놓아 버리라고 말하곤 하였다.

크리스토퍼를 마음대로 놓아둘 때는, 크리스토퍼의 행동은 보다 파괴적이 되었다. 크리스토퍼는 침대에서 뛰거나, 집 안을 내달리고, 그것을 원하지 않는 부모나 다른 형제들과 함께 식탁 아래에 숨는 술래잡기 게임을 하였다. 엄마가 통화 중이라 방해하지 말라고 수차례 경고를 주어도, 크리스토퍼는 마실 음료나 간식을 달라고 소리를 지르거나, 잃어버린 장난감을 찾아 달라고 난리를 피웠다.

마당에서 뛰놀게 하는 것도 좋은 해결책은 아니었다. 왜냐하면 크리스토퍼는 지켜보지 않으면, 달리는 차들은 생각하지도 않고 공을 찾으러 길거리로 뛰어들었기 때문이었다. 동네 아이들과 실내에서 놀 때도, 크리스토퍼는 제멋대로여서 친구들의 장난감을 빼앗거나 자기 장난감을 다른 친구들이 갖고 놀지 못하게 하였다. 따라서 동네 아이들과 크리스토퍼를 놀게 할 때 크리스토퍼의 부모는 친구들과 싸우지 못하도록 크리스토퍼를 주의 깊게 지켜보아야만 했다. 이런 문제 때문에, 크리스토퍼는 친구가 거의 없어서 대부분의 시간을 TV를 보거나 비디오게임을 하는 등 부모가 별로 원하지 않는 활동들을 하면서 보냈다. 그렇지만 부모의 지도감독 없이 할 수 있는 일이 거의 없기 때문에 셸리와 그렉은 울며 겨자 먹기 식으로 그러한 활동을 인정할 수밖에 없었다. 이런 모든 제한과 도전은 크리스토퍼의 불안에 기여하였다. 그는 혹시나 부상을 당하지 않을까, 병원에 가야만 하는 것이 아닐까 걱정하였다. 또한 적어도 매주, 크리스토퍼는 왜 아무도 그의 친구가 되고 싶어 하지 않는지를 부모에게 물었다.

학교에서의 크리스토퍼 선생님의 관점

크리스토퍼의 3학년 담임인 프리드만 선생님은 학교에서의 크리스토퍼의 행동이 매우 파괴적인 것을 발견하였다. 또한 크리스토퍼의 행동 문제가 그의 학습 능력에도 영향을 미치는 것 같아 걱정이 되었다. 프리드만 선생님은 크리스토퍼가 똑똑한 아동이지만, 주의력 부족, 불안, 그리고 관련된 행동 문제가 자신이 해야 할

ADHD는 과거 한때에는 공식적으로 아동기 과활동 반응(hyperkinetic reaction)이라고 명명되었으며, 간단하게 과잉활동 혹은 과활동(hyperkinesis)[지나친(over)과 움직임(motion)이라는 그리스어에서 유래함]이라고 불리었다.

공부를 끝마치지 못하게 하고 다른 아이들까지 방해한다고 생각했다.

4월 중순쯤 프리드만 선생님은 반 학생들에게 전자칠판을 이용해 구구단 구술 시험을 볼 것이라고 이야기하였다. 첫 번째 아이가 나와서 구구단을 막 외우기 시작했는데 갑자기 크리스토퍼가 "저것 봐!" 하고 외쳤다. 학생들은 크리스토퍼가 창문 쪽으로 달려가는 것을 지켜보았다.

"와, 멋진 비행기다!"라며 크리스토퍼가 다시 외쳤다.

두세 명의 아이들이 비행기를 보려고 크리스토퍼를 따라 창문 쪽으로 달려갔지만, 프리드만 선생님이 자리에 앉으라고 하자, 아이들은 돌아와 자리에 앉았다. 그러나 크리스토퍼는 하늘을 쳐다보며 창문가에 그대로 서 있었다. 프리드만 선생님은 크리스토퍼를 다시 불렀다.

"크리스토퍼, 자리로 돌아가자." 프리드만 선생님은 엄격하게 이야기하였다. 그러나 크리스토퍼는 마치 선생님의 말을 듣지 못한 것처럼 행동하였다.

"프리드만 선생, 보세요!" 크리스토퍼가 외쳤다. "비행기가 아주 낮게 날고 있어요." 몇몇의 아이들이 다시 책상에서 일어나려고 하였다.

"크리스토퍼." 프리드만 선생님이 다시 말하였다. "지금 네 자리로 가서 앉지 않으면, 교장 선생님 방으로 보낼 거야." 그렇지만 크리스토퍼는 프리드만 선생님의 말은 잊어버린 채, 창문가에 서서 흥분한 채로 하늘을 쳐다보았다.

프리드만 선생님의 인내심은 한계에 이르러 이를 악물고 말하였다. "크리스토퍼, 나랑 같이 네 자리로 돌아가자." 프리드만 선생님은 크리스토퍼의 손을 잡고 크리스토퍼의 자리로 갔다. 또한 프리드만 선생님은 크리스토퍼를 교장실로 보낸다는 말을 지켜야겠다는 생각을 했다. 그러나 시계를 보고 교장 선생님이 이 시간에는 교장실에 없다는 것을 깨달았다. 크리스토퍼를 지켜볼 다른 선생님을 구하는 것이 크리스토퍼를 훈육하는 것보다 수업에 더 지장을 줄 거라고 생각하여 프리드만 선생님은 크리스토퍼를 제자리에 앉히고 교탁 앞으로 돌아왔다. 수업 시간은 단지 10분만 남았으며, 구구단 외우기는 한 줄도 끝내지 못했다.

프리드만 선생님은 수업을 다시 시작하였다. "3 곱하기 6은 얼마인지 아는 사람?" 15명의 학생들이 손을 들었고 프리드만 선생님이 한 학생을 호명하기 전에 크리스토퍼가 오답을 먼저 말해 버렸다. "크리스토퍼, 고맙다, 그렇지만 정답은 아니에요. 그리고 다음번에는 다른 친구들처럼 너도 손을 먼저 들렴." 하고 짜증

ADHD로 진단받은 아동의 절반 정도는 학습이나 의사소통의 문제를 가지고 있으며, 대부분은 학교에서 저조한 수행을 보인다. 또한 사회적 어려움과 더불어 80%가량은 적절히 행동하지 못하며 대부분은 상당히 심각한 문제를 보인다(Retz et al., 2021; Tenenbaum et al., 2019).

을 가까스로 억누르며 이야기하였다.

프리드만 선생님은 다시 물어보았다. "3 곱하기 7은?" 이번에는 크리스토퍼도 손을 들었지만 가만히 손만 들고 있지는 못하였다.

"저 알아요, 저 알아요."라고 외치며 손을 높이 든 채 크리스토퍼는 의자에서 일어났다 앉았다를 반복하였다.

"크리스토퍼, 그만하렴." 프리드만 선생님은 크리스토퍼를 타이르면서 일부러 다른 학생을 지명하였고, 그 학생은 정답을 말하였다.

"저도 알았다구요." 크리스토퍼가 고함을 질렀다.

프리드만 선생님은 크리스토퍼에게 "크리스토퍼, 앞으로 남은 수업 시간 동안 한 마디도 하지 말았으면 좋겠다."라고 말하였다.

크리스토퍼는 부끄러움을 느끼며 자기 책상을 내려다보았으며, 더 이상 수업에 집중하지 않았다. 크리스토퍼는 고무줄이 끊어지기까지 얼마나 늘어나는지 알아볼 것처럼, 두세 개의 고무줄을 만지작거리기 시작했다. 고무줄을 집게손가락에 걸고 고리 모양을 만들어 점점 멀리 잡아당기기 시작했다. 크리스토퍼는 고무줄을 만지작거리느라고 잠시 조용하였고, 프리드만 선생님 역시 크리스토퍼가 조용하기만 하면 무슨 일을 하든 신경 쓰지 않고 있었다. 계속 잡아당겼던 고무줄이 날아가 두 친구들을 거의 맞히기 전까지 프리드만 선생님은 구구단 수업을 계속 진행하였다. 전체 과정을 지켜보았던 두 명의 아동이 고무줄이 날아가는 것을 보면서 헉하는 소리를 내더니 소리 내어 웃기 시작했다. 반 전체가 이들을 쳐다보았다.

"크리스토퍼, 이제 그만. 수업 끝날 때까지 교실 밖에 있자." 프리드만 선생님이 말하였다.

"싫어요, 안 나가요. 저는 아무 짓도 하지 않았어요." 크리스토퍼가 항의하였다.

"정말? 이 고무줄은 그럼 어디서 나타난 거지? 고무줄이 하늘에서 떨어진 건 아니잖아. 네가 교실을 가로질러 이 고무줄을 쏘았잖니." 프리드만 선생님이 답하였다.

"그렇지만 그건 사고였어요."

"상관없어. 밖으로 나가자."

크리스토퍼는 성큼성큼 교실을 나와 복도 의자에 앉았다. 크리스토퍼가 문을

과잉활동적인 아동들은 친구, 부모, 선생님에게 부정적으로 비쳐진다. 또래 관계가 어렵기 때문에, 결국 자신을 부정적으로 바라보게 된다(Celebi & Unal, 2021; Cueli et al., 2020).

향해 걸어가자, 소수의 아이들이 키득거리기 시작했다. 크리스토퍼는 이를 눈치 채고 아이들을 바라보았고 아이들이 웃고 있는 것을 발견하였다. 크리스토퍼는 교실을 나와 복도로 향하면서 고개를 돌려 아이들에게 미소로 답하였다. 복도에 혼자 앉아 있던 크리스토퍼는 불안해지기 시작하였다. 만약 화재경보기가 울리면 어떡하지? 만약 토네이도가 학교를 강타하면 어떡하지? 어디로 가야 하지? 무엇을 해야 하지? 크리스토퍼는 불안한 듯 의자에 가만히 앉아 있지 못하면서 교실로 돌아갈지 아니면 교장실로 갈지 고민을 하였다. 크리스토퍼는 교장 선생님의 사무실에 가서 아프다고 말할 수도 있다고 생각하였다. 학교 양호 선생님이 크리스토퍼를 돌볼 수도 있을 것이라는 생각도 들었다. 심지어 학교를 나와서 집으로 가는 길을 찾는 것도 생각해 보았다. 집이라면 안전할 것이라는 생각이 들었다.

곧이어 수업이 끝나고 휴식을 알리는 종이 울리자, 프리드만 선생님은 크리스토퍼를 통제해야 한다는 의무감에서 벗어나게 된 것을 감사히 여겼다. 그러나 그의 방해로 인해 수학 시간이 거의 다 허비되었다고 생각하니 좌절스럽기도 하였다.

학교 운동장에서의 휴식 시간에도 크리스토퍼의 문제는 계속되었다. 아이들이 미끄럼틀을 타려고 줄을 서서 기다리고 있었는데, 크리스토퍼가 팔로 밀치고 끼어들면서 첫 번째로 줄을 선 아이를 미끄럼틀 사다리에서 거의 떨어뜨릴 뻔하였다. 미끄럼틀을 타고 내려온 크리스토퍼는 자기보다 어린 친구들이 놀고 있는 경기에 끼어들었다. 크리스토퍼는 어린 친구한테서 공을 빼앗아서 농구처럼 드리블하기 시작했고 다른 아이는 좌절감에 소리를 지르기 시작했다. 아이들을 지켜보던 선생님이 크리스토퍼에게 공을 돌려주라고 하였으나, 크리스토퍼는 이러한 선생님의 요구를 잊은 채 계속 공을 드리블하였다. 공은 그의 발을 맞고 운동장을 가로질러 굴러갔는데, 이를 지켜보던 다른 선생님이 공을 주워 들었다. 공이 자기 손에 없자, 크리스토퍼는 화가 나서 말했다.

"선생님, 공 돌려주세요."

"다른 아이한테서 이 공을 빼앗은 거잖니." 선생님이 설명하였다.

"그렇지만 저에게 돌려주세요. 공평하지 않아요." 크리스토퍼가 주장하였다.

선생님은 크리스토퍼에게 벤치에 앉으라고 하였으며, 크리스토퍼는 부당한 대접을 받은 것에 대해 화도 나고, 운동장의 아이들이 자신의 친구가 될 수 있을지에 대한 불안으로 이리저리 움직이며 가만 있지 못하였다.

이러한 장면이 크리스토퍼의 일상적인 학교생활이었다. 신체적으로는 덜 파괴적인, 조금 괜찮은 날도 있었지만, 그런 날에도 수업에 집중하여 과제를 끝내는 것이 어려웠다. 예를 들면 프리드만 선생님이 반 학생들 모두에게 두세 페이지의 수학 문제를 풀라고 과제를 주면, 다른 아이들은 선생님의 감독 없이 혼자서 수학 문제를 다 풀지만, 크리스토퍼는 쉽게 산만해졌다. 첫 번째 페이지가 끝나 갈 즈음, 크리스토퍼는 집중력을 잃고 문제를 계속 풀기보다는 책상 위의 물건들을 만지작거리기 시작했다. 다른 날에는 어떤 학생이 선생님에게 질문을 하면, 크리스토퍼는 무슨 상황인지 살펴보기 위해 자신이 하던 일을 멈추고 일어나서 그 학생의 질문이 무엇인지 알아보는 바람에 자신이 해야 할 일을 끝내지 못했다. 또는 크리스토퍼는 머릿속에 떠오르는 불안한 생각들 때문에 쉽게 산만해져서, 프리드만 선생님으로부터 다시 확인을 받기 위해 과제를 중단하기도 하였다.

마침내 부모-교사 간담회 날, 프리드만 선생님은 크리스토퍼의 부모에게 크리스토퍼의 문제가 ADHD 때문인 것 같다고 자신의 생각을 이야기하였다. 일상생활의 가장 기초적인 것도 일일이 상기시키고, 격려하고, 때로는 협박해야 하는 것 때문에 녹초가 된 것은 말할 필요도 없고, 크리스토퍼의 학업 및 사회생활 문제 때문에 걱정하던 크리스토퍼의 부모는 마침내 전문가의 도움을 받기로 결심하였다. 그들은 리플 센터에 내원하기로 약속을 잡았다.

치료에서의 크리스토퍼

아동의 부주의함과 무모함이 반복적으로 오랜 기간 동안 문제행동으로 나타나는 것을 관찰하면, 부모 혹은 교사는 아동이 ADHD를 앓고 있다고 종종 결론을 내린다. 그러나 25년간의 임상 경험을 가지고 있는 아동정신과 의사인 캐서린 콜린스 박사는 그러한 결론이 성급하고, 정확하지 않으며, 때로는 잘못되고, 심지어는 해로운 개입으로 연결된다고 믿는다. 따라서 크리스토퍼의 부모가 크리스토퍼를 리플 센터에 데려왔을 때, 콜린스 박사는 크리스토퍼와 부모, 그리고 교사와 장시간의 면접을 실시하였다. 인턴에게 크리스토퍼를 집과 학교에서 관찰하도록 하였고, 소아과 의사를 통해 크리스토퍼에게 의학적 문제가 없는지 살펴

ADHD의 증상, 특히 과잉행동 증상은 대개 초등학교 시기에 가장 두드러진다. 이런 증상들은 초기 청소년기에는 덜 눈에 띈다(APA, 2022, 2013).

ADHD를 정확하게 평가하기 위해, 아동의 행동은 다양한 장면에서 관찰되어야 하며(학교, 집, 친구), 다양한 진단 면접, 평정 도구, 심리 검사 등이 사용되어야 한다. 그러나 많은 아동들은 체계적인 정신건강 방법이 아닌, 소아과 의사나 가족 주치의에 의해 진단받는다(Krull, 2021a, 2019).

보는 신체 검사를 실시하였으며(예를 들면, 납 중독은 부주의 문제를 일으키기도 한다), 종합 심리 평가를 실시하였다. 게다가 크리스토퍼의 현재 문제 및 과거력을 알아보기 위해, 크리스토퍼의 어머니에게 두 가지 다른 종류의 검사를 실시하였다. 하나는 Swanson, Nolan, Pelham의 체크리스트로, 파괴적인 행동 문제를 살펴보는 검사였고, 다른 하나는 Conners의 부모 평정 척도로, ADHD 증상을 좀 더 명확하게 측정하는 검사였다. 유사하게 콜린스 박사는 크리스토퍼의 담임인 프리드만 선생님에게도 교사용 Swanson, Nolan, Pelham의 체크리스트와 Conners의 척도를 보냈다. 치료 후 경과를 살펴보기 위해 동일한 검사 도구가 실시될 것이다.

종합 심리 평가에는 아동용 웩슬러 지능 검사와 웩슬러 개인 성취 검사(읽기, 수학, 언어, 쓰기 성취 능력을 측정함)가 포함되었다. 심리 평가 결과는 크리스토퍼의 부모와 담임 선생님의 예견을 확인시켜 주었다. 크리스토퍼의 지능은 평균 이상이었으나, 크리스토퍼의 성취 수준은 지능에 비해 낮게 나타났다. 이러한 결과는 크리스토퍼의 학업 문제가 지능 때문이 아님을 말해 준다. 또한 보고서는 심리 평가 내내 크리스토퍼가 얼마나 불안하였는지, 그리고 이러한 불안이 검사 결과에 부정적인 영향을 미칠 수 있다는 것을 보여 주었다.

이러한 통합적인 평가를 마친 후, 콜린스 박사는 크리스토퍼의 문제가 DSM-5-TR의 ADHD 복합형에 부합함을 확신하였다. 박사는 특정한 불안장애의 증거를 발견할 수는 없었지만, 치료의 일부로 크리스토퍼의 불안을 다루어야 한다고 생각했다. 박사는 부모에게 크리스토퍼가 ADHD임을 설명하였다. 크리스토퍼는 주의력 결핍(예 : 주의를 유지하는 것이 어려움, 지시를 따르지 못함, 언어적 명령을 망각한 듯 행동함, 쉽게 산만해짐)과 과잉행동–충동성(예 : 자리에 앉아 있기가 어려움, 적절하지 않은 상황에서 지나치게 활동적으로 행동함, 자기 차례를 기다리기 어려움) 증상을 모두 보인다고 설명하였다. 이러한 증상은 12세 이전에 두드러지며, 집과 학교에서 나타나고, 사회적, 학업적 영역에서 유의미한 손상을 야기함을 이야기하였다.

오랜 연구를 통해 ADHD 아동은 각성제 약물이나 체계적인 행동 치료에 잘 반응하는 것으로 알려져 왔다. 일부 치료자들은 한 치료법을 다른 치료법보다 더 선호하지만, 콜린스 박사는 두 치료를 통합하여 사용하는 것이 ADHD를 극복하

> 미국 및 다른 여러 나라에서 ADHD가 과잉진단되고 있음을 많은 연구들은 밝히고 있다(Fresson et al., 2019).

는 데 보다 도움이 된다고 믿었다. 보다 집중을 잘하고 천천히 행동할 수 있도록 돕는 약물은 아동이 행동 치료 과정 및 보상을 통해 더욱 많은 혜택을 받을 수 있도록 한다.

각성제가 '역설적으로' ADHD 아동을 조용하게 안정시키는 효과를 가진 것을 발견한 이후로, 암페타민/덱스트로암페타민 혼합염(애더럴), 메틸페니데이트(리탈린), 메틸페니데이트 서방형(콘서타), 덱스트로암페타민(덱세드린), 페몰린(사일러트) 등의 각성제를 ADHD 치료약으로 오래전부터 사용하여 왔다. 이후 연구들은 ADHD 유무와 상관없이 각성제를 복용한 아동은 보다 집중을 잘하고 자신을 잘 조절하는 등 주의력의 폭이 상승하는 것을 발견하였다. 각성제가 진정제의 외양을 하고 있지만 실제로 아동들을 진정시키는 것은 아니었다.

불행하게도 각성제는 일부 아동에게만 효과적일 뿐, 모든 아동에게 효과적이지는 않다. 또한 약물이 최적으로 효과적일 때에도, 다양한 상황에서 적절하게 행동하는 법을 모르기 때문에 ADHD 아동은 행동 훈련이 필요하다. 따라서 이를 위해 행동 치료 프로그램이 요구된다.

이상적인 상황이라면 부모와 교사 모두가 ABC 모델에 근거한 행동 수정 프로그램에 참여해야 한다. A는 선행 사건(Antecedents)을 의미하는데, 특정 행동의 가능성을 증가시키는 조건을 제공한다. B는 행동(Behavior) 자체를 의미한다. C는 행동의 즉각적 결과(Consequences)를 나타낸다. 따라서 특정 행동은 특정 선행 사건에 의해 촉발되고, 행동의 결과에 의해 유지된다. 예를 들면, 크리스토퍼가 창문으로 달려간 이유는 재미없는 수업과 신나는 자극(교실 창문을 통해 본 낮게 나는 비행기)의 출현에 의해 촉발되었다. 그리고 이러한 행동은, ABC 모델에 따르면, 비행기를 본다는 보상으로 유지되는데 이러한 결과는 프리드만 선생님의 경고나 교장실로 보내 버린다는 처벌보다 훨씬 강도가 강하다. 행동 수정 프로그램에서 사용하는 일반적인 전략은 동일한 선행 사건 조건에서 다른 대안적인 행동을 취했을 때 주어지는 보상을 강화시키는 것이다. 따라서 만약 비행기를 보는 것보다 자리에 앉아있는 것에 대한 보상이 훨씬 크다면, 이론상 아동은 책상에 그대로 앉아 있으려고 할 것이다.

대안적인 행동을 배우는 것은 보상이나 선행 사건을 수정하는 것보다 훨씬 어렵다. 특정 기술은 아동에게 직접적으로 가르쳐야 한다. 장난감을 잡아채기보다

300만 명이 넘는 미국 아동들은 ADHD 치료제로서 각성제 약물을 정기적으로 복용한다(CDC, 2020c).

는 예의 바르게 달라고 요청하는 것을 연습해 본 적이 없는 아동은, 행동에 대한 보상을 제공하기 전에 특정 기술을 배우도록 해야 한다. 직접적인 행동 기술 훈련은 다음과 같은 표준적인 절차를 따른다. 첫째, 아동은 특정 기술에 대한 설명을 듣는다. 둘째, 모델이 특정 기술을 사용하는 것을 관찰한다. 마지막으로 특정 기술을 연습해야 하는데, 훈련 시간에 역할극으로 시작해서 실제 생활에서의 연습으로 이어진다. 이러한 특정 기술을 학습한 후에, 부모와 교사는 아동이 특정 상황에서 그 기술을 사용하도록 유도한다. 예를 들면, 다른 사람과 함께 쓰는 것에 대한 기술을 습득한 이후, 부모는 다른 아동과 협동하는 상황을 촉발하고, 아동이 다른 아동과 잘 공유하면 그 행동을 칭찬한다. 특정 기술을 다양한 상황에서 아동이 잘 구사하면, 아동은 자연스럽게 다른 사람들로부터 만족스러운 반응 혹은 친절한 행동이라는 긍정적인 보상을 받으면서, 자발적으로 특정 기술을 사용할 것이다.

따라서 콜린스 박사는 크리스토퍼의 부모에게 네 가지 기본적 치료 요소에 대해서 설명하였다. (1) 각성제 약물, (2) 행동 수정 원리를 사용한 부모 훈련, (3) 크리스토퍼를 위한 사회 기술 훈련, (4) 학교 상황에서의 토큰 경제.

콜린스 박사는 부모 훈련, 사회 기술 훈련, 토큰 경제를 포함하는 치료 계획의 여러 가지 구성 요소 각각이 크리스토퍼의 불안을 감소시키는 데 도움이 되는 개입들을 가지고 있음을 명료화하였다. 불안이 주요 진단이 아니었기 때문에, 박사는 크리스토퍼의 부모에게 치료의 다른 부분을 통해 크리스토퍼의 불안을 해결할 수 있다고 말하였다. 박사는 필요한 경우 그의 불안에 대한 추가 개입을 고려할 수 있다고 설명하였다. 박사는 또한 최근에 ADHD 치료에 사용하도록 FDA의 승인을 받은 주의력 훈련을 위한 새로운 디지털 치료 도구의 사용을 크리스토퍼의 부모에게 제안하였다.

각성제 약물은 크리스토퍼의 주의력을 향상시키고 충동적인 행동을 조절하는 데 중요하다고 설명하였다. 즉 일상생활 및 행동 수정 치료에 대한 반응 면에서 크리스토퍼에 대한 주변의 기대를 충족시킬 수 있도록 크리스토퍼의 잠재력을 향상시킬 것이라고 설명하였다. 또한 크리스토퍼의 부모가 행동 수정의 원리를 숙지하면, 부모 훈련은 크리스토퍼의 남아 있는 행동 문제뿐만 아니라 크리스토퍼가 약을 먹지 않는 시기(소위 약물 방학)의 행동 문제 역시 적절하게 대처할 수

ADHD 아동들은 약물 및 행동 치료가 통합된 치료를 받을 때 가장 많은 향상을 보인다고 연구는 밝히고 있다 (Krull, 2021b; Pelham & Altszuler, 2020).

있게 할 것이라고 이야기하였다. 콜린스 박사는 크리스토퍼가 다른 친구들과 사이좋게 지내고 집에서도 협력적으로 지내기 위해서는 사회 기술 훈련 역시 필요하다고 하였다. 마지막으로 크리스토퍼의 문제행동은 대부분 학교에서 일어나므로, 학교에서의 행동 수정 프로그램을 익힌다면 크리스토퍼와 프리드만 선생님에게 도움이 될 것이라고 하였다. 콜린스 박사는 이런 상황에 대해 프리드만 선생님에게 이야기를 하였고, 프리드만 선생님은 프로그램을 해 보는 것이 큰 부담이 되지 않는다면 시작하겠다고 하였다. 그러나 크리스토퍼의 문제를 고려해 볼 때, 프리드만 선생님은 아무것도 하지 않는 것보다는 무엇이라도 하는 것이 덜 부담스럽다고 이야기하였다.

각성제 약물　각성제 약물의 사용을 방해하는 신체적 문제(예 : 운동성 틱)가 없음을 확인한 후, 콜린스 박사는 크리스토퍼의 부모에게 약물 사용의 기본적인 기제에 대해 설명하였다. 박사는 각성제 약물이 지난 수년간 부주의, 충동성, 과잉활동 문제를 가진 아동에게 사용되어 왔으며, 각성제가 진정제가 아님을 이야기하였다. 반대로 약물은 복용 후 서너 시간이 지나면 중추신경계를 흥분시킨다고 설명하였다. 각성제의 효과는 ADHD 아동의 주의력을 유지하고, 충동 조절 능력을 향상시킨다고 이야기하였다. 따라서 아동은 학교, 가정, 사회생활에서의 요구와 유관성에 더 잘 주의를 기울이고, 반응할 수 있을 것이라고 설명하였다.

또한, 콜린스 박사는 체중 감소, 느린 발육, 현기증, 불면증, 틱 등의 부작용이 나타날 수도 있다고 크리스토퍼의 부모에게 이야기하였다. 그러나 이러한 부작용은 대개 심각하지 않으며, 몸이 약물에 적응하거나 크리스토퍼가 약물 복용을 중단하면 사라질 것이라고 설명하였다. 콘서타를 복용하는 대부분의 아동이 심각한 부작용 없이 약물에 잘 반응하므로, 콜린스 박사는 콘서타를 먼저 복용해 보자고 제안하였다.

콜린스 박사는 약물 사용 결정이 번복 불가능한 것이 아님을 이야기하였다. 크리스토퍼의 부모에게 약물 요법을 일종의 체험 기간으로 보아야 한다고 제안하였다. 만약 약물 사용이 효과적이지 않다면, 약물 사용을 중단해야 한다고 이야기하였다. 이럴 경우 다른 약물을 사용하거나 약물을 사용하지 않고 행동 기법만을 사용해야 한다고 설명하였다. 그러나 행동 치료와 함께 각성제 사용을 지지하

ADHD 아동을 치료하기 위한 각성제 약물의 사용이 1990년 이래로 3배가량 증가하였다는 연구도 있다(Campez et al., 2021; Krull, 2021b). 이러한 사용의 증가는 미취학 아동에게도 해당된다.

는 연구가 수년 동안 수행되어 왔다. 크리스토퍼의 부모는 아들에게 각성제를 투여하는 것이 마음에 들지 않았다. 그들은 장기적인 영향에 대해 걱정하였고, 약물 부작용이 해로운 영향을 미칠 것을 걱정하였다. 그들은 어떤 선택을 할지 고민하다가, 결국 콜린스 박사의 제안을 따르기로 결정하였다.

크리스토퍼가 약물 복용을 시작하자, 크리스토퍼의 행동은 완전히는 아니지만 상당히 좋아졌다. 예를 들면, 학교에서 크리스토퍼는 여전히 답을 불쑥 내뱉고, 조용히 책 읽는 시간에 친구와 이야기하기 위해 주위를 두리번거리지만, 예전에 비해 이러한 행동은 1/4 정도로 줄어들었다. 프리드만 선생님에 따르면 가장 현저한 변화는 크리스토퍼의 이름을 부르는 것만으로 크리스토퍼가 하던 행동을 멈춘다는 것이었다. 크리스토퍼는 완벽한 것은 아니지만 전에 비해 훨씬 집중도 잘하였다.

학교 운동장에서도 크리스토퍼는 다른 친구들의 놀이를 덜 방해하였으며, 다른 친구들을 밀지도 않았다. 그러나 크리스토퍼의 사회성은 여전히 좋지 않았다. 크리스토퍼 혼자서 겉돌거나, 혹은 다른 친구들의 놀이에 참여하여도 일관되게 규칙을 지키지 않기 때문에 종종 친구들과의 언쟁으로 이어졌다. 예를 들면, 다른 네 명의 아이들과 공 던지기 놀이를 할 때, 크리스토퍼는 공을 잡은 후에는 공을 던지지 않고 가지고 있었다. 다른 친구들이 다음 친구에게 공을 던지라고 고함을 질러도 크리스토퍼는 공을 오래 잡고 있어서, 친구들이 화를 내거나 심지어 크리스토퍼를 뒤쫓기도 하였다.

집에서 크리스토퍼는 얌전해졌다. 식탁에서 일어나거나, 식탁 아래로 들어가 놀거나, 다른 물건을 잡기 위해 일어나지 않고 저녁 식사 시간 내내 자리에 앉아 있었다. 그는 또한 지시도 잘 따르기 시작했다. 예를 들어 손을 씻고 와서 자리에 앉으라고 하면, 크리스토퍼는 75% 정도는 지시를 따랐다(과거의 25% 정도와는 반대로). 그러나 사소한 일을 시키거나, 숙제를 하고, 집 안의 일반적인 규칙을 따르게 하는 등의 일에서는 여전히 고집을 부리고 반항적이었다. 엄마가 다른 사람과 통화할 때 간식, 장난감, 비디오를 찾아 달라고 소리 지르며 불쑥 끼어드는 것은 여전하였다. 그러나 전반적으로 크리스토퍼는 약물 사용을 통해 많은 이득을 얻었다.

부모 훈련　행동 관리 기술을 배우기 위해, 크리스토퍼의 부모는 ADHD 아동의 부모를 위한 집단 프로그램에 등록하였다(같은 시기에 크리스토퍼는 약물 복용을 시작하였다). 심리학자인 제이 미첼 박사가 이끄는 집단은 ADHD가 무엇이며 ADHD 관리를 위해 필요한 행동 수정 원리를 부모에게 가르치기 위해 고안되었다. 집단 회기는 한 달에 세 번 열렸으며, 한 달에 한 번 미첼 박사는 크리스토퍼의 개인적인 상황에 대해 크리스토퍼의 부모와 토의하였다. 미첼 박사는 광의의 행동 관리 전략 접근으로서 불안 감소를 목표로 잡았다.

　첫 번째 집단 회기 시간에, 크리스토퍼의 부모는 다른 부모의 경험이 자신과 비슷하다는 것을 알고 안도감을 느꼈다. 모든 부모들은 자신의 경험을 다른 부모들과 나누었고 비슷한 문제를 다루고 있음을 깨달았다. 많은 부모들은 그러한 문제 상황 속에서 유머를 발견하였으며, 이러한 발견은 그들이 지금껏 겪어 왔던 상황의 어려움을 누그러뜨리는 데 도움이 되었다. 일부 부모님들은 또한 아동의 불안이 상황을 어떻게 복잡하게 하는지에 대해서도 이야기를 나누었다. 이번에도 역시 다른 많은 사람들이 겪었던 일을 크리스토퍼의 부모도 겪고 있음을 알게 되어 도움이 되었다. 그들은 유대감과 타당성을 갖게 되어 기분이 좋아졌다.

　또한 크리스토퍼의 부모는 그들의 결혼 생활에서 일어나는 다툼 역시 다른 부모들도 경험하고 있음을 알게 되었다. 집단 내 다른 부모처럼 크리스토퍼의 부모도 크리스토퍼를 어떻게 다루어야 할지를 두고 종종 다투었다. 이것이 문제 자체를 해결해 주지는 않았지만, 이러한 다툼이 누구에게나 일어난다는 것을 아는 것만으로도 크리스토퍼의 부모에게는 도움이 되었다.

　추가적인 집단 회기를 통해, 크리스토퍼의 부모는 점차적으로 행동 수정의 ABC 모델이 무엇인지 알게 되었다. 부모가 비판이나 처벌로써만 문제행동을 막으려고 한다는 개념은 상당히 도움이 되었다. 일반적인 처벌이 행동의 가능성을 일시적으로만 감소시킨다는 사실을 알고 그들은 깜짝 놀랐다. 행동은 다시 돌아올 가능성이 높으며, 그렇게 되면 부모는 분개하고 죄책감을 느끼게 되며, 처벌이 아무리 엄하고 심각해도 장기적인 행동 변화를 가져오지 못한다는 것을 이해하지 못하게 된다. 미첼 박사가 설명하는 다른 접근은 대안행동(B)의 관점에서 생각해 보라는 것이었다. 부모가 동일한 상황(A)에서 자녀의 대안적 행동에 대해 이에 맞는 진실된 칭찬과 자연스러운 보상을 제공하라는 것이다.

ADHD 아동 가족에서 종종 가족 갈등이 보고되지만, 부정적인 가족 상호작용이 ADHD를 야기하는 것 같지는 않다(APA, 2022, 2013).

크리스토퍼의 부모는 크리스토퍼를 다루었던 많은 상황들이 여기에 해당된다고 느끼면서, 이러한 원리를 적용할 수 있는 구체적인 사례들을 집단 리더와 함께 개인 회기에서 다루었다. 예를 들면, 크리스토퍼의 어머니가 다른 사람과 통화 중일 때 크리스토퍼가 끼어드는 일반적인 문제도 그중에 하나였다. 그녀는 소아과 의사, 계약자, 친구, 친척 등과 제대로 된 대화를 하기 위해서는 방에 들어가 문을 잠가야만 했다. 그러나 문을 잠그는 것만으로는 그녀가 원하는 조용하고 평화로운 전화 통화를 할 수 없었다. 크리스토퍼는 자신의 요구를 관철하기 위해서 어머니의 꾸지람에도 불구하고 방문을 두드리기 시작하였기 때문이다.

이 문제를 해결하기 위해서, 심리학자는 크리스토퍼의 부모에게 동일한 상황일 때 크리스토퍼가 어떻게 행동했으면 좋을지에 대한 구체적인 대안행동을 생각해 보라고 요청하였다. 처음에는 '방해하지 않기'를 생각하였지만 미첼 박사는 크리스토퍼가 동일한 상황에서 행동으로 옮길 수 있는 매우 구체적인 대안행동이어야 한다는 것을 크리스토퍼의 부모에게 상기시켰다. 토의 끝에, 크리스토퍼의 부모는 통화 중일 때 '크리스토퍼가 원하는 것을 종이에 적기'라는 대안을 생각해 냈다. 크리스토퍼의 부모는 크리스토퍼가 쓰는 것을 좋아하기 때문에, 이러한 대안이 크리스토퍼의 요구 사항을 잠시나마 충족시킬 수 있으며, 어머니가 통화 중일 때 방해하고 싶은 욕구를 누를 수 있는 구체적인 대안이 될 수 있다고 생각하였다. 좀 더 토의한 뒤에, 크리스토퍼의 부모와 심리학자는 다음과 같은 결론을 내렸다. 크리스토퍼의 어머니가 전화를 걸거나 전화를 받기 전에, 특별한 메시지 수첩을 크리스토퍼에게 건네주고, 통화 중에 크리스토퍼에게 생기는 궁금한 점이나 문제 상황을 크리스토퍼가 적도록 한다. 크리스토퍼의 어머니는 전화 통화를 끝내자마자 크리스토퍼가 수첩에 적은 메시지에 즉각적으로 주의를 기울인다. 크리스토퍼가 전화 통화를 방해하지 않고 약속한 일주일 동안 성공적으로 수첩을 쓰면(크리스토퍼의 어머니는 크리스토퍼의 순종적인 행동을 체크리스트로 만든다), 크리스토퍼는 주말에 특별한 보상을 받는다(예를 들면, 크리스토퍼가 좋아하는 식당에서 외식을 한다).

크리스토퍼의 부모는 첫 행동 계획을 실천에 옮겼으며, 몇 가지 사소한 문제를 해결한 후에, 크리스토퍼는 대안행동을 잘 지킬 수 있었다. 심지어 전화가 울릴 때 자기가 직접 수첩을 가지러 가기도 하였다. 마침내 크리스토퍼는 어머니의 전화 통화를 거의 방해하지 않게 되었다. 동일한 방법이 불안을 감소하는 데도 사용되었다. 그들은 불안을 일으키는 상황, 강화시킬 수 있는 대안행동, 더 괜찮은 행동에 대한 자연스러운 강화물, 그리고 훈련을 위한 행동 계획을 찾았다.

이후 집안일 돕기, 숙제 끝마치기와 같은 문제행동에 행동 계획들이 실행되었다. 두 경우 모두 선행 조건과 행동 결과를 바꾸면 효과적인 행동 수정이 될 수 있음을 크리스토퍼의 부모는 발견하였다. 예를 들면, 숙제를 마치고 비디오 게임을 하는 것이, 그 반대의 경우보다 효과적이라는 것을 알았다. 미첼 박사는 확률이 낮은 행동(예 : 숙제)의 가능성을 높이려면 확률이 높은 행동(예 : 비디오 게임)이 반드시 뒤따라야 한다는 것을, 발견한 사람의 이름을 따서 명명된 '프리맥의 원리'라고 설명하였다. 충분히 반복되면 더 높은 확률의 유쾌한 행동으로 자연스럽게 강화되면서 낮은 확률의 행동이 결국에는 증가한다는 것이다. 크리스토퍼의 부모는 더 쉬운 방식으로 이것을 이해하였다. 즉 그들이 어렸을 때 배운 것과 같은 것으로, 디저트를 먹으려면 채소를 먼저 먹어야 한다는 것이다. 그러면 결국에는 디저트 없이도 채소를 먹게 된다.

ADHD 아동 및 청소년의 약 80%가 치료를 받는다 (CDC, 2020c).

사회 기술 훈련 크리스토퍼의 부모는 크리스토퍼가 다른 친구들과 더 잘 어울릴 수 있는 방법을 배우는 사회 기술 훈련 수업에 크리스토퍼를 등록시켰다. 수업은 ADHD 센터에서 치료를 받고 있는 아동들로 구성된다.

매 수업은 다른 친구들과 공유하기와 같은 특정 사회적 기술을 배우는 것에 초점을 맞춘다. 우선 집단 리더는 공유하기의 개념을 설명하고 아동들에게 자기가 생각하는 공유하기가 무슨 의미인지 질문한다. 그런 다음 집단 리더는 장난감, 음식, 자리를 공유하기 등의 서로 다른 상황에서 친구들과 공유하는 기술을 직접 시범 보인다. 그리고 나면 각 아동들이 한 명씩 나와서 이런 가상 상황에서 공유하기를 직접 실시해 본다. 집단 리더와 다른 아동들은 공유하기를 실시한 아동이 얼마나 잘하였는지에 대한 교정적인 피드백을 제공한다. 집단 리더는 바람직한 행동의 가능성을 증가시키기 위해 모델링과 정적 강화를 사용한다. 유사한 수업이 협동, 조용히 말하기, 예의 바르게 요청하기, 규칙 따르기 등과 같은 사회적 기술 훈련에서도 반복된다.

크리스토퍼의 부모와 프리드만 선생님은 가정과 학교에서 실시할 사회 기술 훈련 회기에 대해 토론하고, 크리스토퍼가 일상생활에서 사회 기술을 사용할 수 있도록 돕는, 서면으로 된 안내 지침을 받았다. 집단에서 배운 새로운 사회 기술을 자연스러운 환경에서 일반화할 수 있는 대부분의 기회는 집에서 여동생과 남동생과의 상호작용을 통해 일어났다. 지속적인 촉구를 통해, 크리스토퍼는 자발적으로 동생들과 많은 것들을 공유하기 시작하였고, 이것은 가정의 평안을 가져왔다.

집단 리더의 지시에는 불안 감소 기술도 포함되었다. 집단 리더는 아이들에게 불안할 때의 신체 감각을 알아차리는 방법을 알려 주고, 이런 감각을 줄이기 위해 복식 호흡을 하도록 가르쳤다. 크리스토퍼의 부모와 프리드만 선생님은 이러한 기술을 가정과 학교에서 사용하도록 크리스토퍼에게 상기시켰으며, 마침내 크리스토퍼는 촉구 없이 스스로 이러한 기술을 사용하기 시작했다.

이러한 일련의 성공 덕분에, 크리스토퍼의 부모는 크리스토퍼의 친구를 집에 초대해도 되겠다는 자신감을 얻었다. 예전에 친구가 놀러 왔을 때, 크리스토퍼가 자신의 장난감을 하나도 친구에게 양보하지 않은 탓에 그 초대는 엉망으로 끝났었다. 말할 필요도 없이, 어떤 친구도 그러한 대접을 받았다면 다시 오고 싶지 않을 것이다. 이번 초대는 크리스토퍼 어머니의 지속적인 주의하에 이루어졌으며 완벽한 것과는 거리가 멀었지만, 그래도 꽤 괜찮았다. 부모가 볼 때 크리스토퍼는 어느 때보다도 덜 불안하고, 덜 충동적이었으며, 친구들과 협력하며 놀았다.

> 많은 ADHD 아동들은 체계적인 인지행동 원리와 개입을 적용하는 8주짜리 치료적 여름 캠프에 참여한다 (Low, 2021; Evans et al., 2019).

토큰 경제 토큰 경제는 ABC 행동 수정 프로그램의 한 요소로, 바람직한 행동을 강화하기 위해 즉각적이고 구체적인 보상보다는 토큰을 사용한다. 토큰은 나중에 실제 보상과 교환할 수 있다. 토큰 강화는 특히 ADHD 아동에게 적용하기 좋은 방법이다. 왜냐하면 ADHD 아동은 주어지는 보상에 심취하여, 보상이 대체행동을 장려하기 위해 제공된다는 것을 잊어버리기 때문이다.

프리드만 선생님은 행동 수정을 통해 크리스토퍼의 몇 가지 행동을 조절할 수 있겠다는 생각을 하였다. 따라서 프리드만 선생님과 치료자는 학교에서 크리스토퍼의 세 가지 행동(선생님이 질문하면 답을 그냥 불쑥 내뱉지 않고, 손 들고 말하기 / 수업 시간에 자리에 앉아 있기 / 수업 시간 내에 과제 마치기)에 초점을 맞추기로 하였다. 토큰 강화물로는 종이에 붙어 있는 공룡 스티커를 받기로 하였다. 스티커는 세 열로 구성되어 있는데, 각 열은 크리스토퍼가 지켜야 할 세 가지 목표행동을 의미한다. 계획에 따라(부모님과 프리드만 선생님과 같이 한 미팅에서 크리스토퍼에게 설명함), 프리드만 선생님은 크리스토퍼의 행동을 오전과 오후로 나누어 기록하였으며, 주어진 시간대에 기대되는 목표행동 하나를 크리스토퍼가 잘 수행하면 스티커 한 장을 받을 수 있도록 되어 있다. 스티커는 오전 수행에 대해서는 점심시간에, 오후 수행은 학교를 마칠 때 주어졌다. 스티커는 가정에서 특별한 보상(외식하기, 영화 보러 외출하기, TV 30분 더 보기, 인터넷이나 비디오 게임 하기 등)으로 교환되었다.

크리스토퍼는 스티커를 받는 것을 좋아하여 그 계획에 동의하였다. 행동 수정 첫날 오전에, 크리스토퍼는 제한된 수업 시간에 내 준 과제를 마치는 것만을 완수해서 스티커 한 장만을 받았다(손을 들지 않고 답을 불쑥 내뱉었고, 허락 없이 일어나서 서성댔다). 그러나 오후에는 줄을 제대로 서고 숙제를 제시간에 마쳐서 스티커 두 장을 받았다.

프로그램을 실시하고 며칠이 지나자, 크리스토퍼는 수업 시간에 자리에 앉아 있기와 수업 시간 내에 과제를 마치는 것에서는 상당한 개선을 보였지만, 질문을 불쑥 내뱉는 데에는 여전히 약간의 어려움을 보였다. 프리드만 선생님은 크리스토퍼의 불쑥 내뱉기가 그의 불안한 생각과 관련이 있어 보인다는 것을 알아차렸다. 수업 중 무언가가 크리스토퍼의 걱정을 자극하면, 그는 걱정을 잠재우기 어려워져, 걱정과 관련된 질문을 불쑥 내뱉는 것 같았다. 프리드만 선생님은 크리스토퍼에게 기술 훈련에서 배운 호흡법을 연습하라고 상기시켰다. 이 알림을 통해 크리스토퍼는 질문이 떠오르자마자 불쑥 질문하는 대신 무언가 걱정이 될 때 손을 들 정도로 자신을 진정시킬 수 있었다.

2개월간의 통합 치료 프로그램을 통해, 크리스토퍼의 문제는 상당히 개선되었다. 크리스토퍼는 수업 시간에 자리에 앉아 있고, 상황에 맞지 않는 말을 하지 않으며, 대부분의 시간에 숙제를 제시간에 끝마치는 등 학교 규칙을 잘 지켰다. 질문을 통해 걱정을 표현하는 방법도 상당히 차분하게 바뀌었다. 규칙을 깜박했을 때도 프리드만 선생님이 친절하게 상기시키면, 크리스토퍼는 규칙을 잘 따랐다. 비슷하게, 가정에서도 크리스토퍼는 덜 부산해졌다. 크리스토퍼는 가정의 규칙들을 꾸준히 잘 지켰으며, 큰 논쟁 없이 자기가 해야 할 집안일을 받아들였다.

부모나 가까운 친척이 ADHD를 가지고 있는 아동은 다른 아동보다 ADHD가 발병할 가능성이 높다(APA, 2022, 2013).

친구 관계에서도, 크리스토퍼는 주고받는(give and take) 또래 문화를 여전히 배우는 중이었지만, 주기적인 교육과 경험들을 통해 점점 나아졌다. 그 결과, 크리스토퍼는 동생들과 사이좋게 지내기 시작했으며, 크리스토퍼와 주기적으로 같이 놀고, 크리스토퍼를 자기 집에 초대하는 두세 명의 놀이친구도 생겼다.

그러나 이러한 향상은 4개월 후에 집과 학교 모두에서 다시 무너지기 시작했다. 크리스토퍼의 부모는 크리스토퍼가 다시 예전의 모습으로 돌아가기 시작한 것 같다고 하였다. 이러한 문제는 크리스토퍼의 가족이 새집으로 이사 간 것과 맞물린 듯 보였다. 콜린스 박사와의 토의 후, 크리스토퍼의 부모는 이사에만 신경을 쓰고, 행동 프로그램의 많은 요소들을 제대로 실행하지 않은 것(공룡 스티커에 대한 보상이 적절하게 이루어지지 않음)이 크리스토퍼의 진전을 방해했다는 것을 깨달았다. 크리스토퍼의 부모가 행동 프로그램의 수행에 다시 노력을 기울이고 크리스토퍼의 약물 복용량을 재조정한 결과, 크리스토퍼는 몇 주 만에 예전의 향상된 모습을 되찾았다.

에필로그

18회의 집단 부모 훈련(6개월간)과 6회의 개인 부모 훈련, 크리스토퍼를 위한 6회의 사회 기술 훈련, 그리고 크리스토퍼의 담임 선생님과 4회의 학교 미팅을 가진 후에, 크리스토퍼의 ADHD 증상은 치료가 시작되기 전에 실시되었던 동일한 일련의 설문지로 측정한 결과, 향상된 수준에서 안정화되었다.

크리스토퍼의 학교생활은 만족스러워졌으며, 집에서도 가족들과 즐거운 시간을 가진다고 이야기하였다. 또한 그는 프리드만 선생님 및 부모의 관찰에서도 보고되듯이 덜 불안해졌다. 크리스토퍼는 약물을 계속 복용하고 있으며 콜린스 박사를 4개월에 한 번씩 정기적으로 만났다. 크리스토퍼의 부모는 여름 방학에 한시적으로 약물 사용을 중단할 계획을 세웠으며 행동적 접근만으로도 크리스토퍼의 행동을 잘 통제할 수 있을 거라는 확신을 가졌다. 크리스토퍼와 가족들은 때로는 웃고 때로는 울지만, 가족 생활과 활동을 함께 즐기는 진정한 가족이 되었다.

청소년 시기까지 심각한 ADHD 증상을 가진 개인의 60%는 성인이 되어서도 ADHD 문제를 보인다(Bukstein, 2021a, 2021b; Nylander et al., 2021). 안절부절못함이나 과잉행동 증상은 성인에게서 두드러지지는 않는다.

평가 문제

1. 크리스토퍼의 부모는 언제 크리스토퍼의 '발전기'와 같은 성격이 심리장애일지도 모른다고 의심하게 되었는가?

2. 크리스토퍼의 활동 수준이 동일 연령의 아동보다 지나치다는 것을 보여 주는 행동을 최소한 세 가지 이상 기술하시오.

3. 크리스토퍼의 가족은 크리스토퍼의 행동에 대한 객관적인 피드백을 언제 받았는가?

4. 크리스토퍼의 선생님들이 크리스토퍼의 파괴적 행동 문제에 대하여 전문적인 자문이 필요하다고 제안하기까지 얼마나 시간이 걸렸는가?

5. 리플 센터의 정신과 의사인 콜린스 박사는 ADHD 진단을 하기 전에 왜 철저한 검사가 필요하다고 생각하였는가?

6. 콜린스 박사가 ADHD 진단을 내리기 위해 사용한 서로 다른 검사법을 최소한 네 가지 이상 기술하시오.

7. 콜린스 박사가 크리스토퍼를 ADHD로 진단 내리게 된 검사 결과는 무엇인가?

8. 콜린스 박사는 크리스토퍼를 치료하기 위해 왜 약물 및 행동 치료 모두를 사용하기로 하였는가?

9. ADHD 치료 방법으로 약물 처방만 사용하였을 경우 생길 수 있는 잠재적인 문제는 무엇인가? 약물 처방의 부작용은 어떤 것이 있는가?

10. 행동 치료인 ABC 모델이 무엇인지 기술하고 예를 드시오.

11. 크리스토퍼의 치료를 위해 제안된 네 가지 치료 요소는 무엇인가?

12. 크리스토퍼의 부모가 치료 계획의 일부분이 되어야 하는 중요한 이유는 무엇인가?

13. 크리스토퍼의 '방해'행동을 통제하기 위해 크리스토퍼의 부모가 사용한 ABC 모델을 기술하시오.

14. ADHD와 같이 종종 진단되는 아동기 심리장애는 무엇인가?

15. 토큰 경제의 개념을 기술하시오.

16. 크리스토퍼의 향상을 막은 사건은 무엇이었는가?

17. 18회의 집단 부모 훈련의 최종 결과는 무엇이었는가?

자폐스펙트럼장애

표 17-1

진단 체크리스트

자폐스펙트럼장애

1. 개인은 다음과 같은 의사소통과 사회적 상호작용의 다양한 영역에서 지속적인 결손을 보인다.
   - 사회적-정서적 상호작용
   - 비언어적 의사소통
   - 관계를 시작하고 유지하기
2. 개인은 다음 중 두 가지 이상에서 행동, 관심, 활동에 있어서의 제한과 반복을 보인다.
   - 발화 패턴, 움직임, 물건 사용에 있어 과장되거나 반복된 양상
   - 루틴, 표현, 행동에 대한 동일성의 요구
   - 극도로 제한되고, 고정되며, 지나치게 강한 관심
   - 외부 환경의 자극에 대한 과소 혹은 과잉 반응
3. 개인은 발달 초기에 증상을 나타낸다.
4. 개인은 유의미한 손상된 기능을 경험한다.

(APA, 2022, 2013)

> 최소 60명 중 한 명이 자폐스펙트럼장애를 나타낸다(Augustyn, 2020; Styles et al., 2020). 20년 전만 해도 자폐스펙트럼장애는 2,000명 중 한 명에게 발생할 것이라고 여겨졌었다.

자미어는 아칸소주 페이엣빌 근처 작은 교외 도시의 중산층 가정에서 태어났다. 그의 부모는 모두 흑인이며 아칸소주 시골 출신으로, 어머니인 23세의 자넬과 아버지인 34세의 앙트완이었다. 자미어는 열 달을 다 채워 태어났고, 출산 과정에 아무런 문제가 없었으며, 몸무게는 3.7kg이었다. 자미어에게는 6세 많은 형인 재퀸이 있었다. 갈색 머리카락과 눈을 가진 자미어는 멋진 미소를 짓는 잘생긴 아기였다. 부모는 두 자녀가 선사할 꿈으로 가득 찬 흥미진진한 미래를 고대하였다.

생애 1년 동안 자미어의 발달 과정은 정상적이었다. 7개월에 다른 사람의 도움 없이 앉을 수 있었으며, 10개월에는 기기 시작했고, 그리고 12개월에는 혼자서 일어설 수 있었다. 15개월에는 도움 없이 첫발을 떼었으며, 그 후 일주일 안에 어디든지 걸어다니기 시작했다. 소아과 정기 검진 때도 문제가 없었으며, 예방 주사도 제때에 맞혔다.

자미어 어려움을 가진 걸음마 시기

어린 유아 여럿을 초대한 자미어의 첫 번째 생일 파티 후에, 자넬은 비슷한 연령

의 다른 유아들과는 무언가 다른 자미어의 성격 특성에 대해 주의를 기울이기 시작했다. 다른 걸음마 시기 유아들과는 다르게, 심지어 형제였던 재퀸의 1세 때와도 다르게, 자미어는 옹알이 혹은 어떠한 형태의 단어도 말하지 않았다. 자넬은 다른 1세짜리 아이들이 "마마", "빠빠", "과자" 등의 말을 하는 것을 듣고 나니, 자미어도 그 나이에는 몇 개의 단어를 말해야 한다는 생각이 들었다. 자미어는 오로지 소음에 가까운 소리를 하루 종일 마구잡이로 뱉어 냈다. 이러한 소리들 역시 특정 사람이나 사물을 향한 소리는 아니었다. 자미어는 사람이나 사물의 명칭을 말하기보다는 단지 소음을 내는 것처럼 보였다.

처음에 자미어의 부모는 자미어의 요구가 없어도 자미어 대신 말해 주고, 자미어가 부탁하지 않아도 그의 요구를 들어주는 형 때문에 자미어의 언어가 지연된다고 생각하였다. 그러나 그들은 곧 이러한 언어 지연이 단지 여러 문제 중 일부분이라는 것을 깨닫기 시작했다. 생일 파티나 다른 사회적 상황에서도 자미어는 다른 아이들과 노는 것에 관심을 보이지 않았으며, 아이들과 어울리기 위해 아이들 주변에 서성거리지도 않았다. 자미어는 다른 친구들이 자신에게 생일 축하 노래를 불러 주는 것을 즐기는 것처럼 보였지만, 다른 아이가 촛불을 끄는 시늉을 하여도 케이크 위의 촛불을 끄려는 시도조차 하지 않았다. 자미어는 1세밖에 되지 않았지만, 파티에 대한 자미어의 무관심에 부모는 걱정이 되었다.

자미어의 부모는 자미어를 자세히 살펴보면서 그의 관심사가 매우 제한되어 있음을 발견하였다. 자미어의 부모가 여러 개의 장난감을 사 주었고, 형도 여러 개의 장난감을 가지고 있음에도 불구하고, 자미어는 하나의 장난감에만 관심을 기울였다. 형제는 같은 방을 썼지만, 자미어는 형의 장난감에 전혀 관심을 보이지 않는다는 점이 이상했다. 새로운 장난감을 갖고 놀도록 강요하면, 자미어는 심하게 짜증을 부렸다. 또한 자미어는 제일 좋아하는 플라스틱 강아지 장난감을 오랫동안 단지 쳐다보기만 하였다. 자미어의 부모는 새로운 장난감을 하나 사 주고, 이후 2개를 더 사 주어 자미어는 총 4개의 강아지 장난감을 갖게 되었다. 그럼에도 불구하고 단지 하나의 장난감만을 가지고 놀았으며, 장난감을 한 줄로, 동일한 순서로 세워 놓는 놀이를 하였으며, 놀이가 다 끝나기 전까지는 장난감을 치우지 못하게 하였다. 다른 사람이 장난감의 순서를 바꾸거나 그것을 치우려고 하면 자미어는 다시 짜증을 내기 시작했다.

자폐스펙트럼장애는 여아보다 남아에서 4배 이상 더 많다(Augustyn, 2020; Autism Speaks, 2020).

자미어 어머니의 걱정이 점점 커져 가면서, 그녀는 자미어의 놀이 습관을 자세히 관찰하기 시작했다. 그녀는 자미어가 장난감을 꼼꼼하게 다루는 모습에 놀라움과 두려움을 동시에 느꼈다. 자미어는 부모가 사 준 순서에 따라 장난감들을 늘어놓았다. 장난감은 깨끗하고 어떤 흠집도 없었으며, 자미어는 장난감을 꺼낼 때마다 장난감의 모든 표면을 살펴보는 노력을 기울였다.

자미어는 또한 지나치게 어머니랑 있는 것을 좋아하였다. 자미어는 아버지나 형, 또는 다른 사람들에게 관심을 보이지 않았다. 사실 자미어는 어머니가 그를 두고 외출하면, 어머니가 돌아올 때까지 울음을 그치지 않았다. 그러다가 어머니가 돌아오면 자미어는 울음은 그쳤지만, 그렇다고 어머니 옆에 있는 것을 원하는 것처럼 보이지도 않았다. 자미어는 어머니가 집에 돌아온 것을 알고 나면, 다시 장난감을 가지고 혼자서 놀기 시작하였다. 또한 자미어는 부모가 불러도 종종 대답하지 않았다. 게다가 자미어는 음식 취향이 독특했다. 어떤 음식은 충분히 먹지 않았으며, 어떤 음식은 촉감을 싫어하였다.

시간이 흐를수록 자미어는 자신이 원하는 것이나 요구 사항을 적절하게 표현하지 못하기에, 짜증 부리는 빈도가 더욱 늘어났다. 어머니가 자미어의 소리나 몸짓을 이해하지 못하면, 자미어는 이해받지 못하는 것에 대해 화를 내기 시작했다. 이런 일들이 점점 심해지자, 자미어는 자신의 손으로 귀를 때리거나 점점 오랫동안 울기 시작했다. 자넬은 자미어가 배가 아픈 건지, 혹은 두통이 있는 건지, 아니면 다른 병이 있는 건지 제대로 알지 못해서 자미어의 건강을 해칠지 모른다는 생각에 두려워지기 시작했다.

자미어가 19개월이 되었을 때 마침내 자미어의 어머니는 답을 찾기 위해 자미어를 소아과 의사에게 데려갔다. 소아과 의사는 자미어의 유의미한 발달 지연에 동의하며, 정확한 평가를 위해 아동을 신경과에 의뢰하였다. 신경과로 자미어를 의뢰한다는 사실에 자미어의 부모는 매우 혼란스러워졌다. 그들은 가장 큰 두려움에 직면하게 되었다. 자미어의 부모는 '지연'이란 단어가 주는 최악의 시나리오를 반복적으로 생각하면서 신경과 평가를 힘겹게 기다렸다.

신경과 의사와의 약속에 앞서, 자미어의 부모는 자미어의 청력 테스트를 해 보라는 소아과 의사의 권유를 따르기로 하였다. 자미어의 청력은 정상 범주였으며, 이러한 결과에 자미어의 부모는 복잡한 심경이 되었다. 한편으로는 청력에 문제가 없다는 사실에 기뻤지만, 다른 한편으로는 그럼 도대체 무슨 문제가 남는 것인가에 대해 걱정이 들었다. 이러한 결과는 그들에게 많은 질문을 던졌다. 신경과 의사를 만나기에 앞서, 자미어의 부모는 '발달 지연'이란 단어를 인터넷에서 검색했는데, 처음으로 장애라는 단어를 마주하게 되었다. 마침내 신경과 의사를 만나는 날이 되자, 자미어의 부모는 극도의 두려움을 느꼈다. 그렇지만 동시에 자미어의 문제가 단순한 발달상의 지연일지도 모른다는 희망을 가져 보았다.

> 정확한 생물학적 이유가 무엇인지 자세히 알려져 있지는 않지만, 오늘날 많은 이론가들은 자폐스펙트럼장애가 생물학적 원인에 의해 발생한다고 믿는다(Ayub et al., 2021; Augustyn, 2020; Su et al., 2020).

자미어 부모의 공포가 확인되다

신경과 의사는 예의 바르면서도 매우 철저한 사람이었다. 임신에서부터 출산에 이르기까지 과거력을 살펴보았으며, 자미어의 발달 단계를 평가하였다. 또한 신체적, 신경학적, 운동 검사를 실시하였다. 마지막으로 언어 능력의 결손 및 제한된 놀이 기술을 관찰하면서 자미어의 언어 지연과 부적응적인 행동에 대해 평가하였다. 신경학적 검사를 기다렸던 긴 시간에 비해 평가는 너무 빨리 지나갔다. 자미어의 부모는 의사가 자미어를 제대로 알기에는 너무 빨리 시간이 지나갔다고 느꼈다. 그러나 사실 신경과 의사는 충분한 정보를 모았으며, 자미어의 부모에게 자미어가 자폐스펙트럼장애인 것 같다고 이야기하였다.

자폐스펙트럼장애는 다양한 심각도를 가진 일련의 증상들로 이루어진, 신경발달학적 장애이다. 신경과 의사는 자미어를 자폐스펙트럼장애로 잠정적으로 진단을 내리게 된 몇 가지 요인들을 열거하였다. 예를 들면 비언어적 의사소통을 포함하는 자미어의 사회적 의사소통의 결핍, 수용성 및 표현성 언어 기술의 심각한 지연, 장난감을 이용한 상상 놀이의 부재, 반복적이고 경직된 행동을 보이는 과거력이었다. 요약하면, 자미어의 어머니, 아버지, 그리고 다른 가족들이 보아 왔던 문제가 이 장애의 증상이라는 것이었다.

자폐스펙트럼장애의 진단은 부모가 자미어의 문제를 조사하면서 읽어 본 여러 가지 문제 중에서 최악의 공포였다. 그들이 찾은 정보에 기반하여, 자미어의 부모는 자신만의 세계에 갇혀 의사소통하지 못하는, 공격적이거나 자해하는 아동의 이미지를 떠올렸다. 앙트완은 신경과 의사가 자폐스펙트럼장애의 주요 특징들을 기술하자 멍해지기 시작했다. 너무 많은 질문들에 머리가 지끈거리기 시작했다. 다른 전문가의 의견을 들어 봐야 할까? 신경과 의사가 말하는 것처럼 그렇게 나쁜 것일까? 누구의 잘못이지? 소아과 의사는 왜 좀 더 빨리 이야기해 주지 않았을까? 자넬이 이 상황을 어떻게 받아들일까? 다른 가족들에게 뭐라고 하지? 치료제가 무엇일까?

앙트완이 다시 집중을 할 수 있게 되었을 때, 신경과 방문은 끝났으며 신경과 의사는 작성될 보고서와 권고 사항에 대해 이야기하기 시작하였다. 신경과 의사는 적절한 초기 개입과 서비스를 통해 자폐스펙트럼장애는 개선될 수 있으며, 자미어가 어린 나이에 치료를 시작한다면, 발전의 여지가 많다고 이야기하였다. 앙트완은 이러한 심각한 문제가 어떻게 개선이 가능한지에 대해 상상할 수가 없었다. 집으로 돌아오면서 앙트완은 신경과 의사와 자넬의 대화 속에서 자신이 놓쳐 버린 부분을 채워야 된다는 것을 깨달았다.

> 자폐스펙트럼장애는 발달 초기에 개입할수록 큰 향상을 기대할 수 있다(Tseng et al., 2020).

자미어 초기 개입을 찾다

앙트완보다 자넬이 신경과 의사의 권고 사항에 대해 보다 주도적이고 적극적인 역할을 맡게 되었다. 앙트완이 지방 법원의 안전 요원으로 상근직인 반면에, 자넬은 아이들과 집에 있기 때문이었다. 그러나 더 큰 이유는 부정적인 생각과 질문들을 마음속에서 몰아내기 위해 자넬은 바쁘게 움직여야 한다고 생각했기 때문이기도 하였다. 앙트완은 자폐스펙트럼장애 진단이 주는 무게감에 압도되어, 부인의 지시를 따랐다.

실천에 옮긴 첫 번째 행동은 자미어를 더 자세히 정확하게 평가하고, 초기 개입 서비스를 시작하는 것이었다. 이러한 서비스는 자폐스펙트럼장애를 전공한 전문가에 의해 이루어지는 것이 중요하다. 발달장애인을 위한 옹호 단체와의 자문 후에, 자넬은 대학과 제휴되어 있는 초기 개입 센터를 알게 되었다. 그녀는 평가 날짜를 잡았다. 신경과 의사를 만난 지 6주 후에, 자미어는 크로이츠만 아동 발달 센터에서 종합 평가를 받았으며 치료를 시작하였다.

이 시간 이후로 가족의 생활은 의사 방문과 다양한 치료의 소용돌이 속에 휘말리게 되었다. 첫 진단 평가는 90분이 걸렸다. 한 임상가가 부모를 면담하는 동안, 다른 임상가는 다른 방에서 자미어에 대한 개인 평가를 시행하였다. DSM-5-

TR 진단기준, 수정된 아동용 자폐증 체크리스트 개정판(Modified Checklist for Autism in Toddlers-Revised), 아동용 자폐 평정 척도(Childhood Autism Rating Scale)를 포함하는 진단 및 평가 도구를 부모에게 설명하였다. 자미어의 지연 및 행동 문제는 구체적으로 범주화된 후 총점이 구해졌으며 이를 통해 상세한 임상적 특징과 진단을 내리게 되었다.

DSM-5-TR의 자폐스펙트럼장애 진단기준과 일치하게, 자미어는 눈 맞춤과 같은 비언어적 행동의 사용에 현저한 손상을 포함하는 사회적 의사소통과 사회적 상호작용의 손상, 자미어의 발달 수준에 부적절한 또래 관계, 사회-정서적 상호작용의 결손을 보였다. 또한 자미어는 전형적인 운동 양상(예 : 인형 줄 세우기)과 같은 제한되고 반복적인 행동, 관심, 활동 패턴, 독특하면서도 비기능적인 활동이나 의식에 대한 비정상적인 집착과 고집, 특이한 물건에 대한 강한 애착 혹은 집착, 환경의 감각 정보에 대한 과잉 혹은 과소 반응이나 특이한 관심을 나타냈다(APA, 2022, 2013). 자미어의 증상은 초기 아동기부터 있어 왔으며, 자미어의 삶에 지대한 손상을 일으키며, 다른 장애로 설명되지 않았다.

아동용 자폐 평정 척도 검사에 기반하여, 자미어의 자폐스펙트럼장애는 사회적 의사소통과 제한되고 반복적인 행동에 대해서 1단계(주변의 지지가 필요함)와 2단계(주변의 상당한 지지가 필요함) 사이로 평가되었다. 또한 자미어의 자폐스펙트럼장애는 지적 능력 및 언어 능력의 손상을 동반하는 것으로 확인되었다. 사람, 모방, 정서적 반응, 물건 사용, 시각 및 청각 반응, 변화에 대한 적응, 언어적 및 비언어적 의사소통, 그리고 지적 반응과 관련된 15개의 평정 척도에서 자미어는 다양한 증상을 보여 주었다. 천천히 이런 개념들이 자미어의 부모에게 의미 있게 다가왔다. 발달 센터의 진단팀은 초기 개입이 지금 상황에서 적절한 치료이며, 자미어를 위한 다양한 치료 목록을 부모가 세울 수 있도록 도와주었다.

자미어의 부모는 매주 세 시간의 행동 치료(센터에서 두 시간, 집에서 한 시간)로 구성된, 발달 센터의 초기 개입 프로그램에 자미어를 등록시켰다. 이러한 행동 치료의 목표는 아동이 학습에 대한 준비 기술을 발달시키도록 돕는 데 있다. 준비 기술이란 더 많은 지식과 행동, 기술을 배우고 확장시키는 데 필요한 기초적인 기술을 의미한다. 자미어는 가리킨 곳에 주의를 기울이기와 간단한 지시를 따르기와 같은 기술을 배우게 된다. 반복적인 시행을 통해 자미어가 이러한 목표행

자폐스펙트럼장애의 진단에는 다양한 신경 발달적 어려움이 포함된다. 따라서 개인의 특정 장애 패턴을 명확히 하기 위해서는 진단의 일부로 사용되는 DSM-5-TR의 명시자(개인의 장애의 특징을 명시하는 것)를 활용한다.

동들을 잘 수행하거나 근접하게 수행할 때마다 보상이 주어지며, 그렇지 않은 경우에는 보상이 주어지지 않는다. 이러한 노력을 통해 아동이 다양한 상황에서 적절한 행동을 수행할 수 있고 기꺼이 수행하려고 한다면, 결과적으로 아동은 더 많은 행동과 기술을 배울 수 있게 된다.

이러한 프로그램은 응용 행동 분석 모델(applied behavior analysis model)의 원리를 따른다. 이 모델은 엄격한 행동 전략을 토대로 하며, 자폐스펙트럼장애나 다른 신경 발달적 장애를 가진 개인들에게 유용하다고 알려져 있다. 자미어는 또한 일주일에 두 번씩 이루어지는 언어 치료와 일주일에 한 번씩 이루어지는 작업 치료에도 등록하였다. 즉 세 명의 치료자가 자미어에게 새로운 사람들과 어울릴 수 있는 기회를 증가시키는 프로그램에 동참하였다. 자넬과 앙트완은 이러한 서비스에 접근할 수 있는 그들의 상황을 정말 다행으로 여겼다. 자넬과 앙트완이 자란 시골 마을에는 이러한 진료소나 전문가가 없었다. 지방 정부에서 일하게 되면서, 고향과는 다르게 그들에게 도움이 되는 훨씬 많은 자원을 이용할 수 있는 페이엣빌로 이사 올 수 있었다. 또한 앙트완의 직업 덕분에 양질의 건강보험에 가입할 수 있었는데, 푸드 스탬프(영세민을 위한 식품 보조 : 역자 주)와 메디케이드(영세민을 위한 의료보험 : 역자 주)의 도움으로 성장하였던 어린 시절과 비교할 때 특권임을 그들은 알고 있었다.

자미어의 생활은 초기 개입 프로그램으로 인해 엉망이 되었다. 낯선 사람들이 교대로 자미어의 일상에 들어왔는데, 이 사람들은 자미어에게 새로운 것을 요구하고 자미어의 루틴을 변화시키려고 하였다. 또한 자미어는 태어나서 처음으로 엄마와 떨어져서 낯선 장소에 놓이게 되었다. 프로그램 초기에 자넬은 관찰실에서 달려 나와 치료실에 있는 자미어를 치료자한테서 '구하고' 싶은 마음이 들었다. 왜냐하면 자미어가 프로그램 내내 울고 짜증을 부렸기 때문이다. 그러나 치료자는 프로그램이 지속적으로 수행되는 한, 자미어가 점점 덜 저항하게 될 것이라며 어머니를 안심시켰다. 그렇지 않았다면, 심란한 어머니는 자미어를 프로그램에서 빼내서 자신이 직접 자미어를 가르치려고 했을 것이다.

서서히 치료 프로그램이 자미어의 일상생활이 되어 가자, 자미어는 덜 울고, 덜 짜증 부리기 시작했다. 치료 프로그램을 시작한 지 2개월이 지나자, 자넬과 앙트완은 자미어의 눈 맞춤이 조금 나아지고, 다 놀고 난 뒤 장난감을 정리하기와

대부분의 임상가는 응용 행동 분석을 자폐스펙트럼장애를 위한 가장 효과적인 단일 치료로 여긴다(Rodgers et al., 2021; Autism Speaks, 2020).

같은 구체적인 지시에 덜 저항하는 것을 발견하였다. 그렇지만 이러한 발전은 부모에게는 너무 작은 것이었으며, 언어 치료자의 긍정적인 보고서에도 불구하고 자미어의 언어 능력은 전혀 나아지지 않았다. 새로운 장난감에도 전혀 반응하지 않았으며, 자미어의 놀이 기술도 지속적으로 매우 제한적이었다.

자미어의 부모는 발달 센터의 초기 개입 프로그램 외에도 개별적으로 치료자를 고용하여 집에서 학습의 기회를 높이고자 하였으며, 언어 치료 횟수도 늘렸다. 사실 언어 치료가 자미어의 부모에게는 가장 관심의 대상이었다. 그들은 자미어가 말을 할 수만 있다면, 자미어가 느끼는 것을 더 잘 이해할 수 있으며, 결국 자미어의 다른 문제들을 효과적으로 해결할 수 있을 것이라고 믿었다.

집에서 하는 개별 치료는 자미어가 규칙적으로 해 오던 것들을 더욱 변화시키려고 하였기 때문에 처음에는 힘들었다. 그러나 개별 치료자는 끈기 있게 프로그램을 실시하였다. 발달 센터의 프로그램처럼, 집에서의 추가 프로그램은 자미어의 학습에 대한 준비도 및 다양한 사물을 인식하고 조작하는 데 초점을 맞추었다. 치료자들은 자미어의 가정 환경과 관련 있는 사물들, 예를 들면, 의자, 식사 도구, 전기 스위치 등을 선택하였다. 자미어가 특별히 관심을 기울이는 대상인 강아지들을 프로그램에 포함시키자, 학습 효과가 좀 더 나아지는 것 같았다. 그렇지만 이러한 진척은 매우 천천히 일어났다.

클리닉과 가정에서의 언어 치료자들은 자미어의 언어와 관련하여 다양한 방면에서 협업하였다. 처음에는 언어 발달에 필요한 근육을 강화시키기 위해 자미어의 입("입을 크게 벌려 보자.")과 혀("혀를 쑥 내어 보자.")를 움직이는 연습을 하였다. 두 번째는 자미어가 소리를 낼 수 있도록 "음음음"이나 "바바바"와 같은 소리를 흉내 내도록 연습하였다. 마지막으로는 자미어가 자신의 욕구를 표현할 수 있도록 의사소통 체계를 개발하고자 하였다. 자미어가 자신의 욕구를 잘 표현할 수 있다면 자미어의 욕구가 더 많이 충족되고 따라서 자미어의 짜증도 줄어들 것이라고 생각했기 때문에 의사소통 체계를 확립하는 것이 최우선 과제임에 누구나 동의하였다. 그래서 언어 치료자들은 자미어가 기본적인 욕구를 표현할 때 그림을 가리키거나 선택하도록 하는 그림 상호작용 의사소통 체계(Picture Exchange Communication System)를 사용하기로 결심하였다.

처음에 자미어의 부모는 이러한 시스템 사용에 반대하였다. 특히 앙트완은 자

> 자폐스펙트럼장애를 가진 아동이 말하는 것을 돕기 위해, 치료자는 언어 치료 외에도 종종 다른 형태의 의사소통, 예를 들면 수화 및 수화와 말하기를 결합시킨 동시 의사소통 기법을 사용한다.

미어가 전적으로 그림에만 의존하게 될까 봐 걱정이 되었다. 앙트완은 무언가를 얻기 위해 자미어가 소리를 내거나 말을 하지 않는다면, 말하는 것을 영영 배우지 못하게 될 것이라고 생각했다. 그러나 언어 치료자들은 자미어처럼 언어를 처리하는 데 문제가 있는 아동들은 원하는 물건이 시각적으로 표상되었을 때 더 나은 학습이 일어난다고 설명하였다. 즉 그림으로 표상된 물건이 그 물건 자체임을 이해하게 되면 아동은 자신의 생각과 환경과의 관련성을 마침내 이해하게 된다고 설명하였다. 따라서 아동들이 자신의 욕구를 표현할 수 있도록 그림을 사용하게 되면 이러한 좌절과 짜증이 줄어들고, 나아가 아동들이 언어 능력을 학습하고자 하는 긍정적 환경을 만들 수 있다고 설명하였다. 좀 망설였지만, 자넬과 앙트완은 그림 시스템을 사용해 보는 데 동의하였다.

동시에, 자미어 부모의 걱정은 점점 커져만 갔다. 자미어는 이제 2세이고 신체적으로는 계속 성장해 가지만, 자미어가 말도 할 줄 모르고 제한된 인지 능력만을 가졌기 때문이었다. 자미어의 형인 재퀸은 2세도 되기 전에, "엄마", "아빠"라는 말을 할 수 있었지만 자미어는 '엄'이라는 소리도 흉내 내지 못하였다. 속으로 자미어의 부모는 치료자들이 정말로 열심히 작업을 하고 있는 건지 그리고 자미어가 충분한 치료를 받고 있는 건지 의문이 들기도 하였다. 집에서 자미어를 위해 더 할 수 있는 일이 있을지도 모른다. 조만간 자미어는 3세가 될 것이고, 이런 상태가 지속된다면 자미어를 하루 종일 운영되는 특별 프로그램에 넣어야 하는 게 아닌지 걱정이 되었다.

자넬과 앙트완   어떤 것을 더 시도해 볼 것인가

자넬은 자미어의 상태를 호전시킬 다른 개입 방법들이 없는지, 그녀가 들어 보았던 방법들을 살펴보기 시작했다. 자넬이 가장 많이 들어 보았던 것은 식이 요법과 관련된 치료였다. 이 치료는 일부 자폐증 아동들에게 문제를 일으키는 성분이 들어 있는 음식을 자미어의 식단에서 제외하는 것이다. 특히 자넬은 글루텐(밀에서 발견되는 단백질)이 들어 있지 않은 식단이 자폐스펙트럼장애를 가진 많은 아동들에게 도움이 된다는 기사를 인터넷에서 보았다. 자폐스펙트럼장애를 가진 일부 아동은 글루텐을 소화시키기 어려운 것 같으며, 글루텐이 상당한 불편감을 유발하여, 자폐 아동의 부적절한 행동을 초래하는 것이 아닌가 하는 전문가들의 의견도 있었다. 자미어와 비슷한 아동들이 식단에서 빵, 케이크, 과자, 간식 등을 제외하고 먹었을 때 행동 면에서 유의미한 호전을 보였다는 기사였다. 물론 자넬은 이러한 접근법의 결과가 확실하지 않고, 자미어에게 적절한 음식을 찾는 것이 어려울 수 있으며, 자폐스펙트럼장애를 가진 많은 아동들이 이러한 식단에 호전을 보이지 않았다는 것을 알고 있었다. 하지만 자미어의 지연을 조금이라도 되돌리기 위한 모든 시도를 해 보아야 한다고 생각했다. 그렇지 않으면, 자미어를 돕지 못하고 자미어의 상태를 호전시킬 수 있는 방법을 놓치는 것이라고 믿었다. 자넬과 앙트완은 센터에서 이러한 식단을 잘 알고 있는 영양사를 찾았다. 이러한 식단을 1년 동안 시도해 보기로 했으며, 식단 전후로 자미어의 기술 평가를 하기로 하였다.

　정신 없는 일상생활은 계속되었다. 자미어의 형인 재퀸은 이제 8세가 되었고 자미어가 받는 관심에 섭섭해하기 시작했다. 부모는 재퀸을 위해 특별한 활동들을 만들어 최선을 다하였지만, 자미어의 치료에 대부분의 시간과 노력을 쏟고 있었다. 시간은 계속 흘러갔으며, 자넬과 앙트완이 원하는 수준의 향상은 나타나지 않았다.

　자미어가 2세 반이 되었을 때, 자미어의 부모는 자미어를 청각 통합 훈련에 등록시키기로 결정하였다. 자폐스펙트럼장애를 가진 많은 아동들처럼 자미어도 지나치게 청각 자극에 예민할 수 있다고 생각하였다. 즉, 감각-지각의 어려움이 특정 소리나 음조에 대한 불쾌감을 초래해서 자미어가 특정 단어나 소음을 듣기 어려워할 수 있다고 생각하였다. 청각 통합 훈련이란 청각 자극을 변화시켜(예를 들면, 부드럽게 만들어), 소리를 좀 더 편안하게 들을 수 있도록 만들고, 따라서 개인의 청각 자극 처리 능력을 향상시킬 수 있도록 헤드폰을 착용하는 방법이다. 자폐스펙트럼장애를 가진 일부 아동들은 이 훈련을 통해 언어 능력이 상당히 향상되기도 하였지만, 자미어는 이러한 향상을 보이지 않았다. 다시 한번, 자미어의 부모는 크게 실망하였다. 그들은 그들이 할 수 있는 모든 것을 시도하였다. 앙트완은 의사들, 친구들, 심지어 교회의 목사에게도 어떤 것을 더 해야 하는지 물어보았다.

자폐스펙트럼장애를 가진 일부는 시각 및 청각 단서에 지나치게 예민하여 이러한 자극을 막기 위하여 노력하며, 다른 일부는 이러한 자극의 정도가 지각될 만큼 충분하지 않아서 팔을 퍼덕거리거나, 손을 모아 귀에 대어 자신의 비명 소리를 듣거나, 아니면 눈앞에서 빠르게 손가락을 움직이는 자극추구적 행동을 한다.

성장하는 자미어, 늘어나는 문제들

아동 발달 센터와 집에서 실시하는 모든 개입 방법에도 불구하고, 자미어는 계속 문제가 많은 아동으로 성장해 갔다. 강아지에 대한 자미어의 강한 관심은 지속되었으며, 다른 동물에 대한 관심이 추가되었다. 자미어는 혼자서 이러한 장난감들과 몇 시간이고 지낼 수 있었는데, 대개 다른 아이들이 장난감을 가지고 노는 방식과는 달랐다. 장난감들을 지속적으로 한 줄로 세웠으며, 새로운 동물 장난감은 최근에 추가된 순서로 조심스럽게 정렬되었다. 장난감 나열의 패턴은 언제나 동일하게 오래된 것에서 새로운 것으로, 오른쪽에서 왼쪽이었다. 또한 성장하면서 자미어 특유의 루틴과 패턴에 대한 선호가 강해져서, 이러한 생활 패턴들은 가족의 일상생활에 큰 지장을 주었다.

예를 들면, 자미어는 자기 전에 반드시 어머니가 목욕을 시켜 주는 습관이 있었다. 처음 2년은 이러한 습관을 행동에 옮기는 데 아무런 문제가 없었다. 그러나 자미어의 형인 재퀸이 커 가면서 숙제하는 데 어머니의 도움이 종종 필요해졌다. 또한 자넬은 자미어와 관련된 부모 모임이나 회의에 더 자주 참석해야만 했다. 어머니가 아닌 다른 사람이 목욕을 시키거나, 목욕을 건너뛰면 자미어는 심한 짜증을 부렸으며, 밤새 뒤척거렸다. 이러한 상황을 피하기 위해, 자넬과 앙트완은 가능한 한 목욕 시간 전후로 다른 활동, 행사, 외출을 잡았다. 자미어의 경직된 생활 습관으로 인해 그들의 삶이 제한되고 있음을 깨달은 자미어의 부모는 교육적 목적만큼 가정 내 행동을 바로잡기 위해서 전문가의 도움이 필요하다는 결론을 내리게 되었다.

성장과 더불어 새로운 발달 과업들과 맞닥뜨리면서, 자미어는 다른 영역에서 문제를 보이기 시작했으며 집에서도 문제가 나타났다. 예를 들면 자넬은 어떻게 자미어에게 대소변 훈련을 시킬지 몰랐다. 왜냐하면 자미어가 어디로 가서 어떻게 해야 하는지를 이해하지 못하는 것처럼 보였기 때문이다. 또한 그녀는 칫솔질하는 것도 자미어에게 가르칠 수가 없었다. 그녀가 칫솔질을 가르칠 때마다 자미어는 입안에 느껴지는 특정 질감에 예민해져서 지나치게 화를 내고 반항적이 되었다. 자미어의 좌절이 커지는 만큼 자미어가 보이는 짜증의 정도와 시간도 늘어갔다. 어떤 날은 짜증 난 자미어가 지나치게 자기 귀를 때려서 이러다가 다치는 것이 아닐까 걱정이 될 정도였다.

또 다른 문제점은 자미어의 행동을 지역사회에서 통제하기 어려운 것이었다. 가족들은 자미어가 마트나 쇼핑몰 혹은 식당에서 어떻게 행동할지, 이번과 다음 번에는 어떻게 다를지 확신할 수가 없었다. 어느 날 장난감을 집에 두고 나오는 바람에 자미어가 소리 지르며 화를 내었고, 크게 당황한 자넬과 앙트완은 그 가게나 식당에 다시 올 수 있을지 걱정이 되기도 하였다. 가족의 외출은 점점 줄어들어 결국에는 아주 드문 일이 되었는데, 이것은 자미어의 부모가 바라던 생활 방식과 정반대의 방식이었다.

4세가 된 자미어 학교에 들어가다

자미어가 4세가 되자, 자미어의 부모는 자미어를 위해 종일반 프로그램이 필요하다는 것을 깨달았다. 다시 한번 자넬이 가장 좋은 종일반 프로그램을 찾아야 하는 임무를 맡게 되었다. 앙트완은 자미어의 느린 향상과 현재 가족의 처지 때문에 우울해졌다. 지금의 생활은 그가 항상 꿈꿔 왔던 그런 삶이 아니었다. 아내가 자기보다 모든 상황을 잘 대처하는 것처럼 보이자, 그는 자신의 역할을, 열심히 일해서 자미어의 치료비를 한 푼이라도 더 버는 가장으로서 한정하였다. 다행히도 그들이 사는 지역에서는 건강보험 회사가 응용 행동 분석 치료의 모든 비용을 지불했다. 게다가 더 다행인 점은 앙트완은 주말이나 저녁 때 정부 시설에서 파트타임으로 일할 수 있었다. 그럼에도 불구하고 돈이 항상 충분한 것은 아니었으며, 그들이 필요로 하는 건강 서비스의 일부는 보험으로 보장되지 않았기 때문에, 커다란 경제적 어려움을 야기하였다. 즉 그들은 원하는 모든 것을 다 가질 수 없었고, 원하는 모든 곳을 다 갈 수 없었다. 다시 말하면 경제적 어려움으로 인해 재퀸은 여름 캠프를 갈 수 없으며, 아이로서 원하는 것을 가질 수 없다는 것이었다. 이런 모든 것이 가족에게는 큰 부담으로 다가왔다.

자넬은 남편에게 자폐스펙트럼장애 아동을 위한 종일반 학교 프로그램 견학에 같이 가자고 하였다. 견학의 내용은 주로 미취학 아동을 위한 어린이집 프로그램에 초점이 맞추어져 있었지만, 그들은 그런 프로그램들이 유사한 서비스가 필요한 5세의 자미어에게 어떤 도움을 줄 수 있는지에 대한 정보 역시 듣게 되었다.

1940년대와 1950년대에는 자폐스펙트럼장애가 냉장고처럼 '차가운 부모' 때문에 생긴다고 믿었다. 그러나 수많은 연구들은 경직되고, 차가우며, 거부적이고, 정신적으로 어려움이 있는 부모 때문이라는 관련성을 밝혀내지 못했다(Augustyn, 2020; Lerner et al., 2018).

그들은 전문가들과 이야기를 나눌수록, 그들이 미래의 자미어를 위해 얼마나 잘 준비해 왔는지를 깨닫게 되었다. 자미어에게 제공했던 각종 초기 치료 프로그램 덕분에 자미어가 종일반 프로그램에 들어가서 잘 적응할 수 있을 것이며, 종일반 프로그램 역시 훗날 자미어의 교육 및 직업 프로그램의 적응에도 도움이 될 것임을 알 수 있었다. 그들은 또한 자미어의 늘어나는 요구나 행동 습관들을 다루는 데 요긴하게 사용될 수 있는 행동 관리 전략에 대해서도 알게 되었다. 사실 종일반 학교 전문가들과의 대화 덕분에, 앙트완은 우울한 상태에서 벗어나 자미어의 장애를 좀 더 수용할 수 있게 되었다.

최고의 종일반 프로그램을 찾으려는 노력 덕분에 자넬과 앙트완은 2개의 학교를 찾았다. 각 학교를 견학하고, 지원서 양식을 받았으며 입학 면접을 잡았다. 입학 과정은 두 학교가 비슷했다. 프로그램의 책임자가 부모를 인터뷰하는 동안 서너 명의 전문가들이 자미어를 데리고 다른 방으로 가서 자미어의 기술과 행동을 평가하였다.

이 시점에서 자넬은 자미어의 진단 및 특수교육에 대한 자미어의 요구와 관련하여 지역 학군의 담당자와 연락을 취하였다. 지역 담당자는 약속을 잡은 것은 물론, 자미어에 대한 평가를 끝냈으며, 자미어에게 사례 관리자 및 아동연구팀을 배정하였다. 자미어가 학교에 다니게 되면, 지역 학군이 자미어에게 특별교육 서비스를 제공하거나 교육비를 지불해야 하기 때문에 지역 학군의 개입이 필요하다. 자폐스펙트럼장애 혹은 전반적 발달장애를 가진 아동들에게 필요한 특별 서비스를 제공하는 어린이집의 수가 적었기 때문에 학군 담당자는 자미어의 어머니가 적절한 외부 프로그램을 찾는 것에 지지적이었다.

신경학자와 초기 개입 치료자가 작성한 평가서에 학군의 심리 · 사회적 서비스가 덧붙여진 의뢰 서류철을 가지고 자넬은 특수 어린이집 프로그램 면접에 갔다. 다른 엄마들은 지역 학군의 아동팀을 설득하여 특수 프로그램을 찾기 위해 애쓰고 있다는 것을 들으면서 그녀는 이러한 과정이 원만하게 진행되고 있다는 점에 안심이 되었으며 다행이라고 느꼈다.

자넬과 앙트완이 방문한 첫 번째 학교는 가깝게 지낸 다른 엄마들이 가장 많이 추천하고, 훌륭하다는 명성을 지닌 곳이었다. 그 학교는 30명의 유아만 받는 곳으로 교육 방법은 자미어의 초기 개입 치료자들로부터 익히 들어 너무나 잘 알고 있는 응용 행동 분석 원리를 따르는 곳이었다. 학교 프로그램은 상당히 구조화되어 있었으며, 유아들을 덜 제한적인 환경에 합류시키기 위해 노력하는 곳이었다.

처음 보는 사람에게 자미어에 대한 부모의 희망과 꿈을 설명해야 하기 때문에, 첫 인터뷰가 가장 힘들었다. 또한 자미어의 기술을 평가하기 위해 부모로부터 분리되어 자미어가 짜증 내는 것을 지켜보아야 하는 것 역시 부모에게는 힘든 일이었다. 책임자가 아동의 과거력, 가족의 과거력, 그리고 자미어가 초기 개입 서비스에 어떻게 반응하였는지에 대해 질문하였다. 자넬과 앙트완은 그 짧은 시간의 인터뷰 동안 최대한 많은 관련 정보를 제공하려고 노력하였지만, 할 말을 다 하지 못했다는 느낌은 어쩔 수가 없었다.

자미어에게는 완전히 새로운 환경에서 완전히 낯선 사람들이 그에게 무언가를 요구하는 또 다른 상황이었다. 첫 번째 학교에서 자미어의 기술을 평가한 사람들 중에는 특수교육 교사, 언어 치료자, 작업 치료자가 포함되었다. 그들은 자미어의 기술과 부적응적인 행동들을 평가하였다. 이러한 평가를 통해 언어 혹은 공식적 의사소통 체계의 부재와 자미어의 문제행동에 대한 예전 결과가 다시 한번 확인되었으며, 따라서 자미어의 초기 개입 치료자가 천천히 하나씩 가르치면 자미어도 천천히 반응하였던 반복 시행(trial-by-trial) 프로그램을 포함하여 특별한 교수법을 동반한 어린이집 프로그램이 필요하다는 것을 확인하였다. 9월이 되면 자리가 나는데, 자미어는 여러 지원자 중 한 명으로, 아마 3주 이내에 연락이 올 것이라고 하였다.

두 번째 학교의 인터뷰도 첫 번째 학교와 비슷하였다. 그런데 이 학교는 크로이츠만 아동 발달 센터에서 운영하는 곳으로, 자미어가 지난 1년 동안 다니고 있던 초기 개입 프로그램과 제휴되어 있는 곳이었다. 자넬과 앙트완에게 이번 인터뷰는 조금은 더 편안하였다. 왜냐하면 그 발달 센터에서 일하는 자미어의 행동 치료자가 평가가 어떻게 진행되는지 확인하러 올 것을 알고 있었고, 또한 그 학교의 책임자를 발달 센터에서 주최하는 부모 교육 프로그램에서 만난 적이 있었기 때문이다.

물론 이번 인터뷰도 자미어에 대한 모든 이야기를 하기에는 매우 부족한 시간이었지만, 자미어의 부모는 자미어의 학습 잠재력을 다룰 수 있는 행동 기반 프로그램에 대한 그들의 관심을 충분히 표현할 수 있었다. 또한 그들은 배변 훈련

> 합류시키기(mainstreaming)는 특별한 요구를 필요로 하거나 장애가 있는 학생들을 이러한 문제가 없는 학생들과 함께 일반 교실에서 교육시키는 것을 의미한다.

부터 말하기까지 모든 과업을 가장 쉬운 단계까지 하나씩 구별해서 학습할 수 있도록 나누어 놓은 학습 프로그램의 가치를 인식할 수 있었다. 사실 지난 1년 동안 이러한 학습 프로그램에 꾸준히 지원했던 것은 좋은 결과를 가져왔다. 자미어는 잠깐 쳐다보다가 다른 곳을 보거나 끊임없이 움직이는 대신에, 시선을 오랫동안 마주칠 수 있었고 한자리에 제법 오래 앉아 있을 수 있게 되었다. 자미어는 지시에 따라 '안녕하세요'와 '안녕히 가세요'라며 손을 흔들 수 있게 되었으며 이런 행동은 자미어를 가족들과 더 가까워지도록 만들었다. 그리고 그림 상호작용 의사소통 체계를 이용한 성과도 나타나기 시작했다. 자미어는 그림을 이용하여 자기가 가장 원하는 물건 중 다섯 가지를 표현하였다. 비록 이러한 발전이 매우 더디며 4세인 자미어에 대한 부모의 기대에는 훨씬 못 미쳤지만, 자미어의 변화가 시작되었음을 의미하며, 그들은 이러한 변화가 계속되기를 바랐다.

자미어의 식단에 대해 질문하자, 자미어의 부모는 복잡한 심경이 되었다. 앙트완의 입장에서 자미어의 특별 식단은 큰 변화를 가져오지 않았다. 오히려 자미어의 형이 자미어와는 다른 음식(종종 맛있기도 한)을 먹는다는 것을 자미어가 알고 있어서 자미어에게 특별 식단만을 고집하는 것이 어려웠다. 집에서 식사를 할 때 음식을 두고 싸움이 잦아지고 있어서 학교 점심시간에도 이런 일이 생기지 않을까 걱정이 되었다. 반대로 자넬은 느리긴 하지만 자미어의 변화가 특별 식단 때문이라고 생각하고 있어서 특별 식단을 계속하고자 하였다. 학교의 일부 아동이 글루텐 없는 식단을 하고 있었기 때문에 학교 담당자는 글루텐이 없는 식단에 대해서 잘 알고 있었다. 따라서 특별 식단에 대한 자넬과 앙트완의 결정은 학교에서 자미어를 받아들일 건지 아닐지에는 영향을 미치지 않을 것으로 보였다.

이 학교에서는 9월에 두 명의 아동을 받을 수 있는데 네 명이 지원하였다. 네 명 중 세 명은 센터의 관련 프로그램인 초기 개입 서비스를 받고 있었으며, 네 명 모두 특수 서비스가 필요한 상황이었다. 자미어의 입학 여부 역시 몇 주 내에 결정될 예정이어서 자넬과 앙트완은 그 결과를 기다려야만 했다.

입학 허가 또는 거절의 편지를 기다리면서, 자미어의 부모는 자신들이 맞닥뜨린 다양한 시나리오를 생각해 보았다. 그들은 크로이츠만 아동 발달 센터에서 운영하는 두 번째 학교를 선호하였다. 왜냐하면 학교의 정책이나 선생님들을 이미 알고 있기 때문이다. 그들은 자미어뿐만 아니라 자신들에게도 이 학교에 적응하

자폐스펙트럼장애를 가진 많은 사람들은 마음 이론을 실행하는 데 문제가 있다. 즉 그들이 상호작용하는 사람들이 자폐를 가진 사람의 조망에 근거하기보다는, 그들 자신의 조망에 근거한다는 것을 인식하지 못한다(Lecheler et al., 2020).

는 것이 쉬울 것이라고 생각하였다. 반면에, 첫 번째 학교의 훌륭한 평판을 생각할 때, 첫 번째 학교에서 입학 허가를 받는다면 자미어를 여기에 입학시켜야겠다는 생각도 하였다. 어떤 학교든, 자넬과 앙트완은 집에서 하는 자미어의 치료 중 일부분은 계속 진행되어야 하는 것을 알고 있었다. 발달 초기에 자미어의 잠재력을 향상시킬 수만 있다면 그들은 무엇이든 할 준비가 되어 있었다. 동시에 그들은 종일반 프로그램이 시작되면 자미어가 감당할 과부하의 위험에 대해서도 이해하고 있었다.

그들은 두 학교 모두에서 입학 거절을 받을 가능성에 대해서는 생각하고 싶지 않았다. 만약 자미어가 두 프로그램 모두에서 거절된다면, 법에 따라 지역 학군 아동팀이 자미어를 위한 적절한 자리를 찾아야 할 책임이 있었다. 자넬과 앙트완은 자미어보다 장애가 덜한 아이들을 위해 설립된 어린이집 프로그램에 자미어를 배정할까 봐 걱정이 되었다. 물론 초기 면담과 평가 때, 아동팀 담당자는 자미어의 심각한 능력 제한을 주지하고 배려하는 것처럼 보였지만, 자넬은 다른 부모들로부터 참혹한 이야기들을 많이 들어서 긴장을 늦출 수가 없었다.

하루의 차이를 두고, 첫 번째 학교에서는 입학을 거절하는 편지가, 크로이츠만 센터에서는 입학을 허락하는 편지가 도착하였다. 자넬과 앙트완은 24시간이란 짧은 시간 동안 감정의 큰 기복을 경험하였다. 한 곳에서는 거절하는 편지가, 다른 곳에서는 허락하는 편지가 온다면 어떤 기분이 들지 5년 전에 물어보았다면 그들은 그 영향을 분명히 과소평가하였을 것이다. 첫 번째 편지를 받던 밤에 부부는 잠들 수가 없었다. 그러나 지금은 자미어의 초기 개입 서비스와 연결되어 있으며 이미 자미어에 대해 알고 있는 그 학교에 자미어가 입학할 수 있다는 사실에 자미어의 부모는 어깨의 무거운 짐을 내려놓은 기분이 들었다.

오랜만에 처음으로 자미어의 부모는 희망을 느꼈다. 그들은 자미어가 할 수 없는 것에 주의를 기울이기보다는 자미어가 적절한 프로그램을 받으며 할 수 있을 것이라 여겨지는 일들에 대해 안도감을 느꼈다. 학생과 교사가 일대일 비율인 곳에서, 하루 종일 반복 시행 학습과 행동 관리 전략을 통해, 자미어는 자신의 최대 잠재력에 도달하기 위한 연습을 할 수 있게 되었다. 비록 자넬과 앙트완은 자미어의 장애, 특히 평생의 영향을 아직 완전히 받아들이지는 못했지만, 자미어를 이해하고 자미어의 인생을 향상시키기 위한 한 걸음을 더 내디뎠다.

자폐증은 정신과 의사인 Leo Kanner에 의해 1943년 처음으로 발견되었다.

새로운 프로그램에 자미어를 입학시키는 것은 2개월이 남았고 수많은 결정들을 내려야만 했다. 자넬은 교통편을 걱정하였으나 교통편은 자미어의 사례 관리자의 책임이라는 것을 알게 되었다. 즉 학교에 오고 가는 교통편은 지역 학군이 담당하는 문제였다. 자넬과 앙트완은 자미어의 특별 식단을 6개월 더 시도해 보기로 하였으며 새 학교에서의 발전 과정을 지켜본 후 다시 결정하기로 하였다. 마지막으로 그들은 새 학교의 프로그램이 시작하면 6개월 정도 집에서 하고 있는 행동 치료를 중단하기로 하였다. 왜냐하면 새로운 학교에서의 행동 프로그램이 힘들 텐데 집에서 이루어지는 추가적 행동 치료는 자미어를 소진시켜 자미어의 발전을 방해할 수도 있기 때문이었다. 반면에 종일반 프로그램을 제공하는 새 학교에서 일주일에 4회 개인 언어 치료 시간이 있지만 집에서 하는 언어 치료는 계속 받기로 결정하였다.

입학하기 바로 전달에, 학교의 프로그램 코디네이터가 자넬과 앙트완을 위한 부모 정보 및 교육 회기를 마련하였다. 그 모임에서 학교의 총책임자를 소개받고, 학교의 정책과 절차에 대해 설명을 들었으며 자미어의 담임 선생님과 보조 선생님을 만날 수 있었다. 같은 반에 3세에서 6세 사이의 아동 다섯 명이 더 있다는 것도 알게 되었다. 자넬과 앙트완은 일련의 부모-훈련 모임이 있으며, 이 중 한 번은 반드시 참석해야 한다는 것을 알게 되었다. 가족 역시 가정 프로그램 자문가에게 할당될 것이라고 하였다. 자문가인 학교 선생님이 가정을 정기적으로 방문해서 가정에서의 문제를 파악하고 우선순위를 정하며 문제를 해결하는 일을 도와줄 것이라고 하였다.

이 학교에 자미어가 입학하는 것은 자넬과 앙트완이 그때까지 미처 생각하지 못했던 전 생애 서비스라는 중요한 장점을 가진다. 자폐스펙트럼장애를 가진 학생들은 만 21세 때 학교를 졸업하지만, 그들은 평생 특별한 서비스를 필요로 한다. 이러한 잠재적인 필요를 알고 있기 때문에 자미어의 새 학교는 그 서비스를 확대하였다. 학교는 자폐스펙트럼장애를 가진 성인을 대상으로 워크숍과 취업을 제공한다. 또한 자폐스펙트럼장애를 가진 사람들이 직원들의 지도감독하에 같이 사는 그룹 홈을 여러 개 운영한다. 그룹 홈은 대개 네 명의 지도감독자와 여덟 명의 자폐스펙트럼장애를 가진 거주자로 이루어진다. 자미어가 성인이 되어 이러한 서비스를 필요로 할 날은 상당히 멀었기 때문에, 자미어의 부모는 그 일은 그때

자폐스펙트럼장애를 가진 아동의 부모가 아동의 어려움과 관련된 그들의 감정과 욕구를 다룰 수 있도록 도와주는 개인 치료와 지지 집단 또한 사용 가능하다(Mills et al., 2020; Da Paz & Wallander, 2017).

가서 생각하기로 하였다. 그럼에도 불구하고 이러한 서비스가 존재한다는 것을 알게 되어 상당히 안심이 되었다.

학교에 들어간 자미어   새롭게 시작하다

자미어의 입학 첫날, 자미어는 학교 버스에 탔다. 자미어는 자동차 타는 것을 언제나 좋아했기 때문에, 자넬은 이러한 즐거움으로 아이가 자신과 떨어지는 불안을 극복하기를 바랐다. 또한 자미어가 무사히 차를 타고 갈 수 있도록 자미어가 좋아하는 새로운 동물 인형을 건네주었다. 그녀는 자미어의 학교까지 40분 거리를 자미어가 눈치채지 못하도록 적당한 거리를 두고 따라가기로 마음먹었다. 자미어가 학교에 무사히 도착하자, 자넬은 자미어가 담임 선생님의 에스코트를 받으며 학교 건물로 들어가는 것을 지켜보았다.

그녀는 자미어의 짜증을 달랠 수가 없어서, 또는 자미어가 수업에 너무 방해가 되기 때문에 자미어를 데리러 오라는 전화가 올까 봐 하루 종일 걱정했다. 그러나 그런 전화는 오지 않았으며, 하루가 끝날 즈음에 학교 버스가 자미어를 내려놓고 갔다. 담임 선생님은 전형적인 등교 첫날의 메모를 보내왔으며, 그 메모는 눈물과 웃음을 불러일으켰다. 또한 메모에는 자미어가 초기 개입 프로그램에서 배웠던 행동과 기술 일부를 학교에서도 잘 수행하고 있다고 쓰여 있었다. 자넬은 자신이 자미어의 대처 능력을 과소평가했음을 깨달았다. 최소한 학교에서의 첫날은 긍정적인 경험이었다.

첫 몇 달은 과도기의 연속이었다. 자미어의 수면 패턴이 한동안 엉망이 되었다. 자미어는 평소보다 한 시간 일찍 일어났기 때문에, 집으로 오는 학교 버스에서 낮잠을 잤고, 이것 때문에 자야 하는 저녁 시간에 잠에 들지 못하였다. 그러나 새로운 스케줄에 지속적으로 노출되고, 가정 프로그램 자문가의 도움 덕분에 마침내 자미어는 새로운 하루 일과에 적응하였으며, 가족들도 다른 일에 신경을 쓸 수 있게 되었다.

그 후 몇 달간 자미어의 종일반 프로그램은 자미어가 초기 개입 프로그램에서 배웠던 지식들을 학교에서도 잘 수행할 수 있도록 돕는 것에 중점을 두었다. 또한 초기 몇 달간 자기 관리 기술을 자미어에게 가르쳤다. 자미어의 선생님은 자미어가 가능하면 빨리 배변 기술을 습득하길 바라며, 학교가 시작한 지 2주도 안되어 자미어에게 배변 훈련 역시 가르쳤다. 자미어는 '5분 스케줄'이라 불리는 훈련을 시작하였다. 1~2분간 변기에 앉아 있다가 5분간 정규 활동을 가진 후, 다시 변기에 앉는 훈련이 시작되었다. 이 과정에서 화장실을 갈 기회를 더 가질 수 있도록 자미어에게 추가 음료가 제공되었다. 자미어가 성공적으로 화장실을 가면, 자미어가 좋아하는 과자가 보상으로 주어졌다. 시간이 흐름에 따라 배변 훈련의 성공 횟수는 증가하고 실패 횟수는 줄어들면서, 선생님은 화장실에 가는 시간 간격을 천천히 늘리기 시작했다. 자미어의 배변 훈련은 이렇게 진행되었다.

일부 단체에서 지속적으로 주장하지만, 거의 모든 관련 연구는 자폐스펙트럼장애가 홍역, 볼거리, 풍진(MMR) 접종에 의해서 발생한다고 보지 않는다(Augustyn, 2020).

10월에 자넬과 앙트완은 자미어의 학교 프로그램에서 중요한 역할을 하는 사람들을 만나서 내년의 목표와 계획들에 대해서 상의하였다. 그 모임에 온 사람들은 자미어의 사례 관리자, 학군에서 온 심리학자, 특수교육 선생님, 언어 치료자, 작업 치료자, 그리고 학교의 책임자였다. 모든 프로그램과 목표를 살펴보았고, 질문에 대해 토의하였다. 선생님은 내년 프로그램은 자미어를 위한 일관적인 의사소통 체계를 개발하는 것과 학습 준비와 자기 관리 기술을 가르치는 것이라고 이야기하였다. 후자에는 눈 맞춤을 유지하기, 적절하게 앉기, 모방 기술, 간단한 일, 두 단계 지시 따라 하기, 색깔, 모양, 문자 맞추기, 손 글씨 준비하기, 기다리기, 적절한 놀이 기술, 손 씻기, 이 닦기, 옷 입기 등이 포함된다.

앙트완은 주류에 '합류시키기'가 자미어의 프로그램에 포함되는지를 질문하였다. 선생님은 이 단계에서는 학생이 행동 치료를 통해 기본 기술을 증가시키는 것에 중점을 둔다고 이야기하였다. 이번 해에는 자미어의 반 학생들이 몇 차례의 지역사회 경험과 현장 체험을 가서, 다른 친구들과 놀 수 있는 기회를 가지게 될 것이라고 이야기하였다. 그러나 합류시키기는 첫해의 중요한 목표는 아니라고 하였다. 동시에 선생님은 다른 학부모들이 아이들을 종종 주류에 합류하는 경험을 제공하는 과외 활동에 등록시킨다는 것을 알려 주었다. 과외 활동은 예를 들면, 유아 체육 수업, 음악과 동작 수업, 말타기 수업 등이다. 더 많은 훈련들이 특별한 도움을 필요로 하는 아동들의 눈높이에 맞춰지고 있으며, 이러한 아동들의 사회화 기술을 향상시키기 위해 특별 수업을 제공하였다.

에필로그

학교 담당자가 자미어에 대한 계획과 희망을 펼쳐 보이자, 자넬과 앙트완은 다시 한번 안심되었다. 자미어뿐만 아니라 자신들도 전문가의 돌봄을 받고 있다는 것을 느꼈다. 자미어의 부모는 더 이상 자신들이 혼자가 아니며 자미어가 어려운 상황을 어떻게 해결하는지 아는 사람들과 매일 같이 지낼 수 있는 기회를 가졌음을 알게 되었다.

동시에, 학교 관계자들은 자미어의 부모에게 그들이 길고 어렵고 혼란스러운 여정의 끝이 아니라 출발점에 섰음을 상기시켰다. 비록 학교 프로그램이 최고 수준의 지식을 가지고 있지만 그것이 자폐스펙트럼장애 아동을 정상적인 상태에 도달하도록 돕는 것이 아님을 상기시켰다. 또한 어떤 프로그램도 특정 결과나 성취를 장담할 수 없다는 것을 이야기하였다. 프로그램은 제한도 있으며 예측하기도 어렵지만, 심각한 자폐스펙트럼장애를 가진 아이들이 잠재력을 최대한 발휘할 수 있도록 돕는 것이 최선이었다. 따라서 자넬과 앙트완은 자미어를 위해 원래 기대한 것과는 다른 삶에 대한 두려움, 우울, 분노의 감정을 안고 계속되는 여정에 들어섰다. 그들은 자미어가 자신만의 방식으로 성장하고 학습하는 긴 여정을 준비하고 있다. 관련된 모든 사람들(학교 선생님들, 부모님, 형제)이 자미어를 도전시키고 앞으로 성장할 수 있도록 돕는 기술과 강화물을 찾기 위해 한 걸음 한 걸음 노력하고 있다. 그러나 그들을 기다리고 있는 만족과 성취는 자넬과 앙트완이 수년 전에 그려 왔던 것과는 다를 것이다. 그것은 자미어가 자미어답게 성장하는 시간이 될 것이다.

> "자폐스펙트럼장애를 가진 사람은 똑같지 않다. 장애를 가진 모든 사람들의 표현 양상은 저마다 다르다"(올리버 색스, 1993).

평가 문제

1. 자폐스펙트럼장애의 유병률은 어떻게 되며, 자폐스펙트럼장애로 진단받은 사람의 장기 예후에 대한 통계는 어떻게 되는가?

2. 자미어의 생일 파티에 초대된 다른 아이들의 행동과 비교해 볼 때, 그리고 자미어의 형인 재퀸의 발달력과 비교해 볼 때 어머니를 걱정시킨 자미어의 행동은 무엇인가?

3. 자폐스펙트럼장애의 전형적인 두 가지 특징 영역을 기술하시오.

4. DSM-5-TR의 진단기준, 아동용 자폐 평정 척도, 그리고 수정된 아동용 자폐증 체크리스트 개정판에 기초할 때, 자미어의 문제는 어느 정도로 심각

하며 어떤 명시자가 붙을 수 있는가?

5. 자미어를 초기 개입 프로그램에 가능한 한 빨리 참여시키는 일은 왜 중요한가?

6. 자폐스펙트럼장애를 가진 아동에게 가장 선호되는 치료적 개입은 무엇인가?

7. 자미어의 부모는 자미어의 치료 프로그램에 가정에서의 개입을 왜 추가하였는가?

8. 언어 치료는 자폐스펙트럼장애를 가진 아동의 치료에서 중요한 부분을 차지한다. 자미어의 의사소통 기술을 향상시키기 위해 사용되었던 언어 치료의 기술 세 가지를 기술하시오.

9. 자미어의 장애는 가족에게 어떤 영향을 미쳤는가? 예를 들어 설명하시오.

10. 자미어에게 종일반 프로그램의 장점은 무엇인가?

11. 자미어의 가족이 개인 상담이나 지지 집단을 이용하는 것은 왜 중요한가?

12. 자폐스펙트럼장애를 가진 개인을 다룰 때, 올리버 색스의 말을 인용하는 것은 왜 중요한가?

그레타의 사례 :
당신의 진단

이 사례는 그레타와 룸메이트인 이리나의 목소리로 소개된다. 읽으면서 여러 가지 문제를 고려하고 진단 및 치료 결정을 비롯한 다양한 결정을 내리도록 한다. 이 사례를 읽은 후 다음 장인 '사례 18 부록'으로 이동하여 그레타의 진단 가능성, DSM-5-TR 기준, 임상 정보 및 가능한 치료 방향을 확인할 수 있다.

그레타 기대에 부응하기 위해 노력하기

나는 북서부 교외 마을에서 자랐고 평생 같은 집에서 살았다. 아버지는 IT 기술자이고 어머니는 이 지역에서 여러 개 호텔의 매니저로 일하고 있다. 그리고 나와 4세 터울인 여동생 몰리가 있다.

부모님은 결혼하신 지 거의 25년이 되었다. 가끔 의견 충돌이 있는 것을 제외하면 두 분은 잘 지내는 편이다. 사실 가족 모두가 사이가 좋다고 할 수 있다. 특별히 살가운 편은 아니라 명절에 조부모님을 안아드려야 할 때면 항상 조금 어색하기 하다. 집에서는 그런 행동을 전혀 하지 않기 때문이다. 그렇다고 부모님이 우리에 대해 관심이 없거나 우리를 신경 쓰지 않는다는 뜻은 아니다. 두 분 모두 바쁜 업무 일정을 소화하면서도 나의 축구와 배구 경기, 몰리의 필드하키 경기에는 거의 항상 오셨다. 특히 어머니는 항상 딸들의 삶에서 일어나는 일들을 놓치지 않으려고 노력하셨다.

고등학교 때 나는 고급 수준의 수업을 들었고 좋은 성적을 받았다. 선생님들과도 잘 지냈고 상위 10% 안에 드는 성적으로 졸업할 수 있었다. 어머니는 정말 자랑스러워하셨다. 어머니는 내가 최선을 다하지 않고 '잠재력을 최대한 발휘하지 못하는' 것은 아닌지 걱정하시곤 했다. 고등학교 시절 내내 어머니는 나의 숙제와 시험 일정을 상세히 파악하려고 노력하셨다. 내가 과제를 제출하기 전에 검토해 주셨고, 시험공부할 시간을 충분히 확보하도록 도와주셨다.

학업뿐 아니라 축구와 배구 팀은 내 고교 생활의 큰 부분을 차지했다. 부모님이 내가 운동을 하길 바라서 초등학교 때 축구를 시작했다. 나는 발레나 댄스를 잘할 만큼 우아하지 않았다. 어렸을 때 나는 항상 좀 통통한 편이었다. 실제로 과체중이었는지는 잘 모르겠지만 모두가 내 포동포동한 살을 놀려 대곤 했다. 축구는 살을 빼는 좋은 방법인 것 같았다. 처음에는 힘들었지만 점차 나아지기 시

그레타가 경험한 가족 내 역동적 관계와 학교 내에서의 심리적 압박에 대해 설명하시오. 어떤 상황에서 그러한 가족 및 학교 요인이 문제가 되거나 심리적 문제의 발단이 될 수 있는가?

작았고 고등학교 때는 팀에서 제일 뛰어난 선수 중 한 명이 되었다. 나는 학업, 축구, 배구 때문에 다른 것에 신경 쓸 시간이 별로 없었다. 학교에서 다른 아이들과도 잘 지냈지만, 기본적으로는 소수의 친한 친구들과 어울렸다. 좀 더 어릴 적에는 범생이라고 놀림을 많이 받았지만 고등학생 때에는 그런 일이 거의 없었고, 이전에 나를 놀리던 사람들을 기억하기조차 어렵다.

나는 고등학교 졸업 무도회에 갔지만, 고등학교 시절 데이트를 많이 하지는 않았다. 부모님은 단체로 가는 게 아니라면, 내가 남자애들과 어울리는 걸 싫어하셨다. 게다가 내가 반했던 남자애들은 나에게 데이트 신청을 한 적이 없었다. 그래서 여가 시간은 대부분 친한 여자친구와 함께 보냈다. 우리는 쇼핑을 하거나 영화를 보러 다녔고, 서로의 집에서 자고 오는 경우가 많았다. 나쁜 행동은 절대하지 않는데도 내 통금 시간이 친구들 중 가장 이른 것은 짜증 나는 일이었다. 또한 친구네 집에서 자는 동안 부모님이 문자를 보내는 친구는 나뿐이었다. 나는 무엇을 하고 누구와 있는지에 대해 부모님께 거짓말을 한 적이 한 번도 없었다. 부모님이 나를 못 믿는 것 같다고 느꼈지만 그냥 걱정되어 내가 안전한지 확인하고 싶으셨던 것 같다고 생각했다.

그레타 스트레스에 대처하기

나는 지금 18세이고 대학 1학년 봄 학기를 지내고 있다. 나는 장학생으로 운동선수 전액 장학금을 받았다. 현재 내가 겪고 있는 문제의 정확한 원인은 잘 모르겠지만 대학 생활과 관련이 있을 거라는 건 알고 있다. 전에는 이렇게 큰 압박감을 느껴 본 적이 없었다. 내 장학금은 축구팀에 소속되어 있고 평균 학점 3.6점을 유지하는 데 달려 있기 때문에 오랫동안 스트레스를 받았다. 과거에는 학업이 나에게 문제가 되지 않았는데, 대학에서는 요구하는 바가 훨씬 많았다.

코치님, 팀원들의 압박, 그리고 나 스스로도 식이 조절을 해야 한다고 느껴 처음 다이어트를 시작했다. 첫 학기 동안 대학에서 만난 여자친구들 대부분은 '신입생 6.8kg'(늦게까지 공부하고 누군가 피자를 시킬 때면 모두들 나누는 흔한 농담이었다)의 체중 증가를 경험했다. 몇몇 친구들은 체중 증가에 대해 대수롭지 않게 생각했지만, 나는 그렇지 않았다. 축구 연습을 따라가는 데 애를 먹었다. 몸

상태가 너무 안 좋아서 몇 경기는 기권해야 할 정도였다. 호흡을 가다듬을 수도 없었고, 끔찍한 경련까지 경험했다. 경기장에서의 경기력도 형편없었다. 상대팀 선수들의 빠른 속도를 따라잡지 못해 쉽게 뒤처졌고, 전반적으로 경기 수준을 따라가지 못했다. 코치님은 나에게 정말 실망하셨다. 시즌이 시작되고 한 달쯤 지나서 나를 따로 불러서, 요즘 무엇을 먹고 있는지 궁금해하셨고, 살이 찐 것이 경기력에 악영향을 미친다고 이야기했다. 그는 내가 살을 빼고 몸매를 회복하는 데 도움이 되도록 모든 종류의 간식과 단 음식을 끊고 샐러드 같은 음식을 먹으라고 하셨다. 그리고 추가적인 운동도 몇 가지 추천해 주셨다.

코치의 조언은 도를 넘은 것인가, 아니면 코치의 제안에 대한 그레타의 과잉반응이 이후 문제를 야기한 것인가?

나는 다이어트에 전념하고자 했다. 옷이 점점 꽉 끼는 게 싫었다. 게다가 다른 팀원들 사이에서 소외감을 느끼고 있었다. 신입생이었던 나는 팀원 중 누구와도 친하게 지내지 못했고, 팀에 속할 만한 자격을 증명하지도 못했다. 그 당시 나는 167.5cm의 키에 몸무게는 65.8kg이었다. 대학에 입학했을 때는 몸무게가 59kg이었다. 두 수치 모두 '건강한' 체질량지수 범위인 18.5~25에 속했지만, 65.8kg은 내 키에 비하면 정상 범위 내에서도 최상단이었다.

다이어트는 의외로 쉬웠다. 기숙사 식당의 음식은 어쨌든 내게 금지된 음식에 가까웠기 때문에 샐러드, 시리얼, 요거트만 먹어도 괜찮았다. 가끔 파스타를 먹기도 했지만 소스를 뺀 파스타만 먹었다. 디저트는 가끔 먹는 과일을 제외하고는 완전히 끊었다. 누군가 내 식사량이 적다고 언급하면 시즌이 끝날 때쯤 있을 큰 경기를 준비하기 위해 훈련 중이라고 말했다. 식사 시간 사이나 늦은 밤 공부할 때 간식을 먹고 싶은 충동을 무시할 수 있는 방법을 찾아냈다. 그때마다 칼로리를 소모하기 위해 빠르게 달리기를 하거나, 스냅챗이나 틱톡을 확인하거나, 낮잠을 자는 등 어떻게든 주의를 분산시키려고 노력했다. 가끔은 물이나 다이어트 콜라를 마시기도 하고, 꼭 필요한 경우에는 당근을 씹어 먹기도 했다.

많은 섭식장애는 강도 높은 다이어트 기간 후에 발생한다. 다이어트는 필연적으로 파괴적일 수밖에 없는가? 다이어트 중에 섭식장애의 발병을 막을 수 있는 안전장치가 있을까?

다이어트를 시작하고 나니 다이어트를 계속할 수 있는 동기가 곳곳에서 나타났다. 경기장에서의 스피드가 향상되어 코치님도 기뻐하셨다. 나는 더 이상 팀의 아웃사이더가 아니라 주요한 일원이 된 것처럼 느꼈다. 옷도 덜 꽉 끼게 되었고 부모님도 경기장에서 내 모습을 보고 멋지다고 말씀해 주셨다. 심지어 1학년 여학생 중 가장 매력적인 친구들만 초대받을 수 있는 사교 클럽 파티의 초대장을 받기도 했다. 한 달 정도 지나자 내 몸무게는 원래 체중인 59kg이 되어 있었다.

처음 계획은 59kg으로 체중을 줄이는 것이었지만, 목표를 너무 빨리 달성했기에 그동안 제외했던 음식을 포함하도록 식단을 재조정하려고 고려도 못 했다. 모든 것이 너무 잘 진행되는 듯 보여, 조금 더 지금의 식단을 고수해도 나쁠 것이 없다고 생각했다. 나는 너무나 잘 지내고 있었다. 몇 년 동안 노력해도 살을 빼지 못하는 사람들을 TV에서 보았던 기억이 떠올랐다. 나는 잦은 허기를 명예로운 훈장, 즉 신체적 욕구를 조절할 수 있는 능력의 상징으로 생각하기 시작했다.

나는 52.2kg이라는 새로운 체중 목표를 세웠다. 헬스장에 더 자주 가고 아침 식사를 완전히 거르면서 한 달 정도만 더 버티면 목표 체중에 도달하는 것이 어렵지 않을 거라고 생각했다. 물론 점심시간이 되면 몰려오는 허기가 더 심해졌지만, 점심 식사량을 늘리고 싶지는 않았다. 나는 크래커와 같은 종류가 식사 조절에 가장 용이하다는 것을 알았다. 크래커를 여러 조각으로 쪼개서 15분마다 한 조각씩만 먹었다. 친구들과 함께 식당에 있을 때 이렇게 몇 번 먹자, 이상하게 여기는 시선과 우려의 말을 들어야 했다. 결국 방에서 혼자 점심을 먹기 시작했다. 주변에는 오후 수업 전에 읽을 책이나 마쳐야 할 과제가 있다고 둘러댔다. 또한 친구들과의 저녁 식사를 거르기 위해 핑계를 대기도 했다. 친구들에게는 팀원들과 밥을 먹는다고 말하고, 팀원들에게는 룸메이트를 만난다고 말했다. 그런 다음 평소에는 아무도 없는 캠퍼스 외곽의 식당에 가서 혼자 밥을 먹곤 했다.

추수감사절을 어떻게 보낼지 걱정했던 기억이 난다. 우리 가족에게 명절은 큰 행사였다. 숙모, 삼촌, 조부모님이 모두 모여 만찬을 즐겼다. 나는 그처럼 기름진 음식을 먹어야 한다는 스트레스를 견딜 수 없었다. 속재료와 소스, 디저트로 나올 파이 등에 대해 생각만 해도 속이 메스꺼웠다. 나는 집에서 멀리 떨어져 사는 팀원을 위한 추수감사절 팀 저녁 식사가 있다고 어머니에게 이야기했다. 그건 사실이었지만, 코치님이 우리 모두가 참석하면 팀의 사기 진작에 도움이 될 것 같다고 말했다는 거짓말을 했다. 어머니가 실망할 것을 알고 있었지만, 가족들이 둘러앉아 더 많이 먹으라고 잔소리를 하는 상황에서 다이어트를 유지하려고 애쓰는 건 도저히 감당하기 어려웠다.

그레타 상황이 악화되다

체중계가 52.2kg을 가리키자 믿을 수가 없었다. 나는 여전히 감량해야 할 체중이 남아 있는 것처럼 느꼈다. 친구들 중 몇몇은 내가 실제로 너무 말라 보인다고 말하기 시작했다. 나는 그게 무슨 뜻인지 알 수가 없었다. 친구들이 말랐다고 했어도 나는 여전히 통통한 것 같았다. 누가 옳은지는 모르겠지만 어느 쪽이든 사람들에게 내 몸매를 보여 주고 싶지 않았다. 나는 몸매를 감출 수 있는 헐렁한 옷을 입기 시작했다. 과거에 친구들과 비웃으며 보았던 과체중인 사람들이 생각났다. 누군가 나를 그렇게 대할 수 있다는 생각이 들자 견딜 수가 없었다. 게다가 내 축구 경기력은 어느 때보다 좋았지만, 여전히 더 좋아질 여지가 있다고 생각했다.

이 무렵부터 학업에 대한 스트레스도 심해지기 시작했다. 한 학기 내내 잘 관리하고 있었지만 최종 성적은 기본적으로 기말고사에 달려 있었다. 과제를 제대로 제출하기만 하면 A학점을 받을 수 있었던 고등학교 시절과는 달랐다. 시험이 임박하면 참을 수 없이 긴장되었다. 시험지를 펼쳤는데 한 문제도 못 푸는 상상을 계속하게 되었다. 나는 쉼 없이 공부했다. 헬스장에 노트를 가지고 가서 러닝머신 위에서 읽었고, 밤에는 한두 시간 이상 잠을 자지 않았다. 지칠 대로 지쳤지만 공부를 계속해야만 한다고 생각했다. 다른 사람들과 어울리는 것도 정말 힘들어졌다. 친구들이 시험 일정에 대해 이야기하는 것을 들으면 더 조급해지기만 했다. 나는 다시 공부에 집중해야 했다.

축구 시즌이 끝나고 운동 강도가 약해졌다. 팀에서 함께 연습하는 대신 스스로 운동 스케줄을 짜야 했다. 학업 때문에 예전처럼 운동할 시간이 거의 없었다. 그렇다고 운동량을 줄이면 살이 찔까 봐 두려웠다. 운동을 계속할 수 없다면 체중 감량을 위해 식사량을 줄여야 한다는 것이 논리적으로 합당하게 보였다. 나는 다이어트 콜라를 몇 캔씩 들고 도서관에 갔다. 한 시간마다 라운지에 가서 커피를 마시는 것이 스스로에게 허락한 유일한 휴식 시간이었다. 그 외에 밀기울로 만든 머핀이나 셀러리 스틱 몇 개를 먹었다. 그게 하루 식사의 전부였다. 매우 힘들었지만 이 식이 요법이 나에게 잘 맞는다고 믿었다. 시험도 잘 보았다. 당시 내 몸무게는 46.7kg이었고 체질량지수는 16.6으로 저체중에 해당되었다. 하지만 스스로는 내 자신이 너무 말랐다고 생각하지 않았다.

사례 9(신경성 폭식증)를 다시 살펴보시오. 그레타의 증상은 이 사례와 어떤 부분이 유사하며, 다른 부분은 무엇인가?

DSM-5-TR이나 교과서의 내용에 근거할 때, 그레타는 어떤 장애의 양상을 보이는가? 그레타의 증상 중 어떤 것이 해당 진단을 시사하는가?

기말고사 후 겨울 방학 동안 한 달간 집에 돌아가 있었다. 한 학기 동안 혼자서 살다가 부모님과 같이 지내는 집으로 돌아가니 기분이 이상했다. 그동안 나만의 새로운 일상 규칙이 생겼는데, 다른 이들에게 그 규칙에 대해 설명해야 하는 게 싫었다. 바로 어머니부터 시작되었다. 어머니는 내가 매일 헬스장에서 너무 많은 시간을 보내고, 충분히 먹지를 않는다고 생각하셨다. 내가 다른 팀원들도 똑같이 하고 있다고 이야기하자, 어머니는 코치에게 전화를 걸어 코치의 훈련 방식이 염려스럽다고 말씀하셨다! 어머니는 내가 너무 많이 말라서 걸어다니는 해골 같다는 말을 여러 번 하셨다. 어머니는 나를 의사에게 데려가려 했으나 내가 거부했다.

집에서의 저녁 식사는 최악이었다. 어머니는 내가 오직 샐러드만 먹는 것을 탐탁지 않아 하셨다. 어머니는 적당한 단백질과 탄수화물이 포함된 '균형 잡힌 식사'를 해야 한다고 주장하셨다. 먹는 것과 먹지 않는 것에 대해서 어머니와 수없이 많은 논쟁을 벌이면서, 가족과의 저녁 식사를 피하기 시작했다. 나는 친구 집이나 쇼핑몰에 가서 먹겠다고 말했다. 집에 있을 때는 어머니가 내 일거수일투족을 주시하는 느낌이 들었다. 다가올 학기와 실내 축구 훈련이 걱정되긴 했지만, 그래도 부모님으로부터 멀리 벗어나는 날을 고대했다. 혼자만의 시간을 갖고 싶었다. 내 사생활이 보호되고, 몸매 관리를 위해 운동하는 것에 대해 비난받지 않기를 원했다.

학교로 돌아온 뒤 나는 수업에서 상위권을 유지하기 위해 더 열심히 하겠다고 결심했다. 다시는 기말고사에 치여 학기 말에 해야 할 일이 쌓이도록 만들고 싶지 않았다. 훈련 스케줄을 고려하면, 학업에 좀 더 시간을 할애할 수 있는 유일한 방법은 친구들과 어울리지 않는 것이라고 생각했다. 그래서 이번 학기에는 친구들과 별로 만나지 않았다. 더 이상 식사를 하러 가지 않았고 커피나 탄산음료를 챙겨 수업에 가는 중에 마셨다. 주말에 외출하는 것도 그만두었다. 심지어 룸메이트도 거의 만나지 못했다. 내가 도서관에서 밤늦게 공부하고 돌아왔을 때 그녀는 잠들어 있었고, 그녀가 깨기 전에 나는 아침 조깅을 하러 일어났다. 마음 한편에서는 친구들과 어울리던 때를 그리워했지만, 친구들이 내가 많이 먹지 않는 것에 대해 잔소리를 하자 그걸 들으며 나 자신을 변명하기보다는 차라리 친구들을 만나지 않는 쪽이 낫겠다 싶었다.

현재 축구 경기력도 좋고 식이 조절도 잘 지키고 있지만, 모든 이들은 내가 스

그레타의 어머니가 개입할 수 있는 더 좋은 방법이 있었을까? 아니면 어떤 개입이라도 비슷한 결과를 가져왔을까?

스로를 잘 돌보지 않고 있다고 생각한다. 어머니가 코치와 룸메이트에게 전화를 했던 것을 알고 있다. 생활관 학장이 내게 연락하여 건강 센터에서 검사를 받으라고 권유한 걸 보면, 어머니는 그분에게도 전화를 하셨던 것 같다. 나는 아무 문제가 없다고 이야기를 했는데도, 어머니가 뒤에서 이런 일을 하는 게 싫다. 무척 힘든 첫 학기를 보냈지만, 누구나 대학 생활에 처음 적응하는 데 어려움을 겪는다고 생각한다. 나는 내 삶을 통제하기 위해 온 힘을 다하고 있고, 내가 스스로를 잘 챙기고 있다는 것을 모두 믿어 주었으면 한다.

그레타는 자신의 체중 감량이 지나치고, 파괴적인 식사 패턴을 갖고 있다는 사실을 인식하지 못하는 유일한 사람처럼 보인다. 그레타가 자신을 정확하고 객관적으로 바라보지 못하는 이유는 무엇일까?

이리나 룸메이트를 잃다

8월에 그레타를 처음 만났을 때 나는 우리가 잘 어울릴 거라고 생각했다. 그레타는 조금 수줍어하는 것 같았지만 좀 더 친해지면 재밌을 것 같았다. 기숙사 방으로 이사할 때도 정말 괜찮은 모습을 보여 주었다. 그녀가 먼저 도착했음에도 불구하고 가구와 옷장 공간을 함께 나눌 수 있도록 나를 기다려 주었다. 학기 초, 기숙사에서 한 무리의 친구들과 어울리기 시작했고, 그레타도 식사 때나 주말 파티 자리에 우리와 함께 했다. 그녀는 예뻤고 많은 남학생들이 그녀에게 다가갔지만, 그녀는 관심이 거의 없어 보였다. 친구들과 둘러앉아 좋아하는 남자들에 대해 수다를 떨 때 그레타는 조용히 듣고만 있었다.

처음부터 그레타는 학업에 진지하게 임했다. 우리에게 그레타는 자극을 주는 사람이었다. 연습과 경기로 무척 바빴지만, 항상 수업 시간에 필요한 자료 읽기를 놓치지 않았다. 그러나 나는 그레타가 항상 학업과 경기력 유지에 대해 걱정한다는 것을 알고 있다. 그녀는 자신이 할 수 있는 수준만큼 경기에서 제대로 할 수 없을 때 얼마나 좌절스러운지 이야기하곤 했다. 그녀는 경기 전에 정말로 긴장한 듯 보였다. 때로 잠들지 못했고, 나는 한밤중에 깨어 그녀가 방을 서성거리는 것을 본 적이 있었다. 코치가 새로운 식이 조절과 훈련 계획을 제안했다고 그녀가 이야기했을 때 좋은 생각인 듯 보였다.

처음으로 뭔가가 잘못되었다고 느낀 건 그레타가 친구들을 피하며 어울리려하지 않았을 때였다. 그녀는 주말에 우리와 외출하는 것을 그만두었고, 우리는 더 이상 기숙사 식당에서 그녀를 보기 어려웠다. 심지어 캠퍼스 반대편 구석 식당에서 그녀가 혼자 식사하고 있는 것을 여러 번 보기도 했다. 그녀는 할 일이 많아서 혼자 식사하는 동안 그걸 좀 하려 한 것이라 설명했다. 그녀가 먹는 걸 보면 채소밖에는 없었지만, 아주 소량 먹었고, 그마저도 다 먹지 않았다. 냉장고의 다이어트 콜라와 미니 당근 한 봉지 외에는 기숙사 방에 아무런 음식도 두지 않았다. 그녀의 옷차림이 점점 헐렁해지기 시작했고, 나는 그녀와 멀어졌다. 여러 차례 괜찮은지 물어보았지만 방어적인 태도를 보였다. 그녀는 자신이 축구에서 최고의 경기력을 보이고 있고, 몸도 아프지 않다고 주장했기에, 나는 내가 과잉반응한 것이라 생각했다. 하지만 축구팀의 다른 친구들과 이야기를 나누던 중 팀 동료들이 그레타의 체중이 많이 줄어 걱정하고 있다는 사실을 알게 되었다. 또한 체중 감량으로 인해 그레타가 축구 실력을 제대로 발휘하지 못하고 있는 것도 전해 들었다. 경기장에서 체력적으로 밀리면서 평소에는 이길 수 있었던 공 쟁탈전에서 그레타가 지고 있다고 했다. 그레타는 여전히 빠르긴 했지만 경기력은 좋지 못한 상태였다.

추수감사절 연휴를 보내고 학교로 돌아왔을 때까지는 그녀의 말을 믿었다. 기말고사 바로 전이라 모든 사람들이 스트레스를 받던 시기였다. 그레타는 전에도 열심히 하는 학생이었지만, 새로운 극한으로 가고 있었다. 그녀는 흔적 없이 사라졌다. 같은 방을 쓰는데도 그녀를 거의 본 적이 없었다. 아침 8시나 9시쯤 일어나면 그녀는 이미 자리를 비운 뒤였다. 자정 무렵에 잠자리에 들어도 그녀는 여전히 돌아오지 않았다. 방 한쪽에는 침대가 정리되어 있고 책과 메모장이 책상 위에 깔끔하게 쌓여 있었다. 우연히 그녀와 마주쳤을 때 그녀는 형편없는 모습이었다. 지나치게 말랐고 눈 밑에는 다크서클이 짙게 내려와 있었다. 그녀는 무척 쇠약해진 것처럼 보였고 피부와 머리카락은 건조하고 푸석했다. 뭔가 잘못되었다는 확신이 들었지만 다가오는 기말고사로 인한 스트레스 때문일 거라고 스스로에게 말했다. 문제가 있다면 겨울 방학 동안 그레타의 부모님이 알아채고 조치를 취해 주실 거라고 생각했다.

방학이 끝나고 1월에 캠퍼스로 돌아왔을 때 그레타가 기말고사 때보다 더 안 좋아 보이는 것을 보고 깜짝 놀랐다. 방학이 어땠냐고 물었더니 어머니가 지겹고 학교로 돌아와서 기쁘다고 중얼거렸다. 학기가 진행되면서 그레타는 우리와 점점 더 멀어졌다. 더 이상 그레타와 함께 하는 파티나 식사 자리는 없었다. 그레타

고등학교와 대학교에서 심각한 섭식장애를 가진 학생을 더 잘 식별할 수 있는 방법은 무엇일까? 학교에서는 섭식장애 학생 선별과 지원을 위해 어떤 절차나 구조를 운영하고 있는가?

이리나는 왜 그레타의 행동에 대해 품었던 초기 의심을 간과해 버렸을까? 룸메이트가 개입할 수 있는 더 좋은 방법이 있었을까?

는 지난 기말고사 때와 똑같이 행동했지만 수업들이 거의 없는 상태였기에, 설명이 되지 않았다. 우리 모두 걱정했지만 아무도 어떻게 해야 할지 몰랐다. 한번은 그레타의 어머니가 인스타그램의 다이렉트 메시지를 통해 그레타에게 이상한 점이 있는지 물어 오셨다. 나는 뭐라고 답장해야 할지 몰랐다. 마치 내가 그녀에 대해 고자질을 하는 것 같아 죄책감이 느껴졌다. 하지만 이건 내가 감당하기 힘든 일이고, 이제 솔직해질 필요가 있다는 것 또한 알았다.

나는 그레타의 어머니에게 그녀의 이상한 식습관과 과잉운동, 친구와 교류가 없는 상황 등에 대해 알렸다. 그레타의 어머니는 나에게 답장을 보내 주치의와 이야기를 나눴다고 말씀하셨다. 그레타는 극단적인 저체중 상태였지만, 여전히 자신을 뚱뚱하다고 여기고 살이 찔까 봐 두려워했다.

며칠 후 그레타가 내게 다가왔다. 학장을 만나 팀에서 연습하기 전에 먼저 건강 센터에서 검사를 받아야 한다는 말을 들었던 것이다. 그녀는 단도직입적으로 그녀에 대해 다른 사람에게 말한 적이 있는지를 물었다. 나는 그녀의 어머니가 연락하여 지난 몇 개월 동안 있었던 변화에 대해 물었고, 거기에 솔직하게 답했다고 말했다. 그녀는 방을 뛰쳐나갔고, 그 뒤로 다시는 그녀를 보지 못했다. 그레타에게 축구팀이 얼마나 중요한지 알기 때문에 곧 건강 센터에 갈 거라고 생각한다. 그곳의 전문가들이 그레타가 너무 멀리 와 있다고 설득하고 그레타가 나아질 수 있도록 도와줄 수 있기를 바란다.

사례 2(강박장애), 사례 4(외상후스트레스장애), 사례 9(신경성 폭식증)에서 사용된 치료 접근법을 그레타에게 어떻게 적용할 수 있을까? 그레타의 문제와 성격에 맞게 어떻게 변경해야 할까? 이러한 치료 중 어떤 측면이 적절하지 않을까? 추가적인 개입이 적용되어야 할까?

독자에게 알림

그레타의 사례에 대해 읽고, 중요한 문제를 고려하고, 주요 결정을 내리도록 한다. 그 뒤 다음 장인 '사례 18 부록'으로 이동하여 그레타의 진단 가능성, DSM-5-TR 진단기준, 임상 정보 및 가능한 치료 방향을 살펴본다.

그레타의 사례 : 진단, 정보 및 치료

이전 장인 '그레타의 사례 : 당신의 진단'에서는 여러 가지 문제를 고려하고 진단 및 치료 방향을 비롯한 다양한 결정을 직접 내리도록 하였다. 어떻게 하였는가? 이 장에서는 그레타에게 내릴 수 있는 가능한 진단, DSM-5-TR 진단기준, 관련 임상 정보 및 가능한 치료 방향을 제시하고자 한다.

진단

그레타의 임상적 양상으로는 신경성 식욕부진증 진단을 받을 수 있다.

진단 체크리스트

신경성 식욕부진증

1. 의도적으로 영양 섭취를 너무 적게 하여 체중이 매우 낮고, 비슷한 연령과 성별의 다른 사람과 비교해서도 현저히 낮다.

2. 체중 증가를 매우 두려워하거나 저체중임에도 불구하고 체중 증가를 막기 위해 반복적으로 노력한다.

3. 신체에 대한 왜곡된 인식을 가지고 있거나, 자신에 대한 판단에서 체중이나 체형을 부적절하게 강조하거나, 저체중의 심각한 의미를 인식하지 못한다.

(APA, 2022, 2013)

임상 정보

1. 서구 국가에서는 전체 인구의 약 0.6%가 일생 동안 신경성 식욕부진증을 경

험하며, 그보다 더 많은 사람들이 신경성 식욕부진증 증상 중 적어도 일부를 경험한다(Halmi, 2020; NEDA, 2020; NIMH, 2021b, 2020c, 2017e). 전체 사례의 약 75%가 여성과 사춘기 소녀들 사이에서 발생한다(ANAD, 2020).

2. 신경성 식욕부진증은 모든 연령대에서 발생할 수 있지만, 가장 많이 발병하는 연령은 14세에서 20세 사이이다(ANAD, 2020).

3. 연구자들은 신체 불만족을 섭식장애 발병의 중요한 요인으로 확인했다(Klein & Attia, 2021).

4. 신경성 식욕부진증은 일반적으로 약간 과체중이거나 정상 체중인 사람이 다이어트를 한 후에 시작된다(Mitchell & Peterson, 2020).

5. 신경성 식욕부진증 환자는 우울증, 불안, 낮은 자존감, 약물 남용 및/또는 임상적 완벽주의와 같은 다른 심리적 증상으로도 어려움을 겪는 경우가 많다(Munn-Chernoff et al., 2021; Halmi, 2020; Marzola et al., 2020).

6. 청소년과 청년을 대상으로 한 설문조사에 따르면 섭식장애와 신체 불만족은 소셜 네트워킹, 인터넷 활동, TV 검색과 직접적으로 연관되어 있다(Ioannidis et al., 2021; Latzer, Katz, & Spivak, 2011).

7. 연구에 따르면 신경성 식욕부진증 또는 신경성 폭식증 환자의 가족 중 절반 가량이 날씬함, 외모, 다이어트를 오래도록 강조해 온 이력이 있다. 이러한 가족의 어머니는 다른 어머니보다 스스로 다이어트를 할 가능성이 더 높고 일반적으로 완벽주의적일 가능성이 더 높다(Halmi, 2020; NEDA, 2020).

8. 연구에 따르면 연기자, 모델, 운동선수는 다른 사람들보다 신경성 식욕부진증과 신경성 폭식증에 걸리기 쉬운데, 이러한 직업에서 날씬함이 특히 강조되기 때문이다(Caceres, 2020).

9. 초등학교 여학생의 60%가 자신의 체중과 과체중에 대해 걱정한다. 섭식장애를 앓는 12세 미만 여아의 수가 증가하는 추세이다(Ekern, 2020; NEDA, 2020).

10. 20세기 동안 비히스패닉계 백인 미국 여성은 다른 인종 및 민족 여성보다 신체 불만족을 경험하고 섭식장애를 일으킬 가능성이 더 높았다. 그러나 최근 연구에 따르면 미국의 젊은 유색 인종 여성은 이제 적어도 젊은 비히스패닉계 백인 미국 여성과 같은 수준으로 신체에 대한 불만을 표현하고 있다

(Halmi, 2020; NEDA, 2020). 또한 섭식장애는 젊은 아시아계 미국인 여성들 사이에서도 증가하고 있다(Javier & Belgrave, 2019).

11. 신경성 식욕부진증 환자 대부분은 회복되지만, 6% 정도는 심각한 상태가 되어 사망에 이르며, 주로 굶주림으로 인한 의학적 문제나 자살로 사망한다(Fairburn & Murphy, 2020; Halmi, 2020).

치료 개요 및 전략

신경성 식욕부진증 환자의 약 1/3이 치료를 받는다(NIMH, 2021b, 2020c, 2017e). 치료의 즉각적인 목표는 손실된 체중을 회복하고 영양실조에서 회복하여 다시 정상적으로 식사할 수 있도록 돕는 것이다(McElroy et al., 2020). 또한 치료의 장기적인 목표는 환자의 심리적 변화와 가족의 변화를 이끌어, 회복된 체중과 정상식이를 유지하도록 하는 것이다(Fitzsimmons-Craft & Pike, 2021; Cooper & Mitchell, 2020). 치료자는 이러한 광범위한 목표를 달성하기 위해 일반적으로 교육, 심리치료 및 가족 치료를 조합하여 치료에 적용한다(Mitchell & Peterson, 2020).

정신의학 연구자인 크리스토퍼 페어번이 개발한 치료 전략은 인지 행동 개입과 다른 여러 기법을 결합한 것으로 높은 평가를 받고 있다. 연구에 따르면 이 접근법은 신경성 식욕부진증의 많은 사례에 도움이 되었고, 이 접근법을 통해 많은 사람들이 장애를 극복하고 재발을 방지할 수 있었다(Fairburn & Murphy, 2020; Fairburn et al., 2013, 2008; Grave et al., 2013; Cooper & Fairburn, 2011). 이 전략에는 세 단계가 포함된다.

1. 첫 번째 단계 : 변화에 대한 개인의 준비도와 동기를 높이는 데 도움을 준다(동기 부여 면담이라고 함)(Yager, 2020, 2019; Zhu et al., 2020).

2. 두 번째 단계 : 환자가 준비가 되었거나 의학적 상태에 따라 필요한 경우, 칼로리 섭취량을 늘려 체중을 회복하는 동시에 근본적인 섭식장애 정신병리, 특히 체형과 체중에 대한 개인의 극단적인 우려를 해결한다(McElroy et al., 2020).

3. 세 번째 단계 : 환자가 장애가 될 만한 요인을 파악하고 즉시 수정할 수 있는 개인 맞춤형 전략을 개발하도록 지원하여 재발 방지에 집중한다.

헥터의 사례 :
당신의 진단

이 사례는 헥터와 헥터의 아내인 미란다의 목소리로 제시되었다. 사례를 읽으면서 당신은 다양한 문제들을 고려해야 하며, 진단과 치료에 관련된 다양한 결정들을 내려야 할 것이다. 이 사례를 다 읽은 후에, '사례 19 부록'으로 넘어가면 헥터의 가능한 진단, DSM-5-TR 진단기준, 임상 정보, 가능한 치료 방향을 찾을 수 있을 것이다.

미란다　남편의 머리가 제대로 돌아가지 않아요

약 8년 전, 나의 삶은 송두리째 변화되었다. 이유는? 남편의 머리가 제대로 돌아가지 않게 되었기 때문이다. 우리는 결혼한 지 34년 되었으며 헥터는 67세가 되었다. 헥터는 뉴저지에 위치한 어느 건설 회사에서 32년째 일하였으며, 노동자로 시작해서 보안감독자와 조합 대표로서 일하였다. 헥터는 심리적으로나 신체적으로 강한 사람이었으며, 좋은 남편이었고 아들인 가브리엘에게는 좋은 아버지였다. 헥터는 건설 현장에서, 나는 대리 교사로서 수입을 보조하면서 괜찮은 삶을 함께 꾸려 나갔다. 우리의 삶은 괜찮았다. 그러나 헥터의 머리가 그를 좌절시키기 시작했다.

　문제의 시작은 처음에는 아주 작았으며 거의 눈치채기도 어려웠다. 하루의 일과를 이야기할 때 가끔 헥터는 현장감독인 지미가 '불도저'가 아닌 '트랙터'를 몬다고 이야기하거나 '결정'이 아니라 '수정'을 내렸다고 하였다. 작은 일들이었으며 바로 자신이 틀린 부분을 찾아냈다. 크게 걱정하지 않았지만, 좀 이상하다고는 생각했다. 많이 이상하지는 않았지만, 헥터답지도 않았다. '음, 드디어 우리 남편도 늙는구먼.'이라고 생각하고 나 혼자서 웃고 말았다. 그러나 헥터가 우리의 첫 데이트 기념일을 잊어버리자, 무언가 잘못되었다는 것을 깨달았다. 나는 헥터가 바람을 피운다고 맹비난하고, 울면서 그를 괴롭혔다. 그러나 동시에 나는 무서워졌다. 어떤 사람들에게는 기념일이 아무런 의미가 없을 수 있지만, 우리에겐 그렇지 않았다. 지난 세월 동안 헥터는 기념일마다 나를 애틀랜틱시티(휴양 도시로 유명한 미국 뉴저지주의 도시 : 역자 주)로 데려가서 쇼를 보여 주고, 비싼 레스토랑에서 저녁을 사 주었다. 아들인 가브리엘이 성장한 후에는 캐츠킬스(미국 뉴욕주 남동쪽에 위치한 산림지대로 아름다운 경관을 자랑하는 곳 : 역자 주)에 호텔을 잡아 주말을 보내기도 하였다. 언제나 깜짝 놀랄 만한 것들이 준비되어 있었다. 그래서 8년 전에, 특별한 저녁을 고대하면서 나는 옷을 차려입고 기다리고 있었다. 그날 밤 헥터가 일터에서 돌아와 소파에 앉았을 때, 나는 그가 잊어버렸다는 것을 깨달았다. 그리고 내가 실망했다는 것을 알아차리고 재빨리 본인 자신도 그것을 깨달았다. 헥터는 굉장히 미안해하면서, 내가 진정된 후에 매우 고급스러운 식당에 나를 데려갔다. 그러나 이것은 나쁜 징조였으며, 그해는 결국 힘든 해가 되었다.

헥터가 모든 것을 갑자기 잊어버린 것은 아니었으나, 전에는 절대 잊지 않았던 많은 것들을 잊어버리기 시작했다. 머릿속에 안개가 찬 듯하여, 날짜를 잊어버리고 차 열쇠를 잃어버리는 것은 언제나 나였다. 헥터는 나를 정리하도록 시키고, 요금을 내거나 가브리엘의 병원 방문을 상기시키는 쪽이었다. 물론 나는 "우리 직업을 바꾸어 보는 거 어때요? 그럼 누가 더 잘하는지 알 수 있을 거예요."라고 농담을 던지기도 하였지만, 헥터는 진짜 명석한 두뇌를 가졌으며, 아무도 이것을 부인할 수 없었다. 그런데 갑자기 지갑을 잃어버리고 나중에 서재에서 찾게 되었을 때 헥터는 요즘 서재에는 가지 않았었다고 잡아떼었다. 혹은 거실의 바닥에 반쯤 든 주스 잔을 놓아서 내가 이것에 대해 책망했을 때 "아, 미안해."라고 말하고 말을 돌렸다. 그러나 헥터는 과거에는 지나치게 깔끔을 떠는 성격이었고, 저녁 식사 후 더러운 접시가 부엌 식탁에 30분 이상 있는 것을 참지 못하는 그런 사람이었다.

또한 헥터는 음식을 자신에게 쏟거나, 쌓여 있는 신문이나 카운터 위의 연필꽂이를 넘어뜨리는 등의 작은 실수들을 저질렀다. 또한 그는 나에게 회사까지 차로 데려다 달라고 부탁하기 시작했다. 운전하다 갑자기 방향을 틀게 되어 교통 사고가 날 뻔했다고 말하였다. "이게 다 스트레스 때문이야. 새로운 계약을 해야 하는데 이게 내 생각처럼 될 것 같지가 않아. 생각할 게 너무 많다구."라고 헥터는 나에게 말했다.

망각과 더불어 이상한 행동들까지 나타나자, 더 이상 무시할 수 없게 되었다. 그렇지만 무언가 잘못되었다는 것을 믿고 싶지 않았다. 나는 스스로에게 그것이 노화의 정상적인 과정이라고 말하곤 하였다. 그러던 어느 날, 중요한 계약자와 만나는 미팅을 헥터가 잊어버렸다. 그 장소에 나타나지 않은 것이었다. 대신

망각은 보편적인 것이며, 망각이 늘어나는 것은 정상적인 노화의 과정이다. 정상적인 망각 혹은 정상적인 노화와 임상적 장애로서의 망각을 어떻게 구별할 수 있을까?

배우자, 부모, 혹은 가까운 친척이 점차 기억이나 다른 인지적 능력을 잃어 가는 것을 옆에서 보게 될 때 가장 힘든 점은 무엇일까?

에 다른 날처럼 헥터는 사무실로 출근하였다. 회사는 계약과 큰돈을 잃게 되었고 회사의 이미지도 나빠졌다. 사실 그때 나는 그의 실수에 크게 놀라지 않았다. 수년간 모든 것을 돌보았던, 책임감 있고 체계적인 남자가 다른 사람이 되었고, 지금은 내가 그 사람을 돌보고 있었다. 나는 드디어 남편에게 병원에 가자고 이야기하였다. 그러자 헥터는 내가 한 번도 본 적이 없던 행동을 하였다. 그는 울음을 터뜨리고 말았다.

그날 밤 헥터의 정서적 분출에도 불구하고, 헥터는 거의 1년 동안 의학적 치료를 미루었다. 그러다가 드디어 작은 사건들, 예를 들면 안경을 우편함에 넣고 온다거나, 마당의 잔디를 반만 깎는 것이 그의 발목을 잡았고, 헥터는 신경심리 검사를 받게 되었다. 종합 검사 결과 심각한 문제가 발견되었고 신경심리학자인 숀펠드 박사는 헥터가 신경인지장애를 앓고 있다고 이야기해 주었다. 박사는 헥터와 내가 힘든 싸움을 시작하게 될 것이며, 헥터가 점점 자신을 돌보지 못하게 될 것이라고 이야기하였다. 또한 헥터의 악화를 막기 위해 할 수 있는 것이 별로 없다고 알려 주었다. 헥터는 점점 사랑하는 사람들, 특히 이 모든 상황을 지켜보아야 하는 나의 지지에 의존하게 될 것이라고 하였다.

계약 건의 실패로 인해 회사 내 헥터의 입지는 극단적으로 좁아져서 헥터는 퇴직할 계획을 세웠다. 박사의 진단은 마음속의 은퇴 계획을 공식화하게 만들었다. 3개월이 흘러, 헥터를 멘토로 삼았던 직장 동료들은 퇴직 파티를 열어 주었다. 그 당시 헥터는 사람들의 이름을 기억하는 데 어려움이 있었지만, 그 파티는 그에게 큰 의미로 다가왔다. 헥터는 자신을 아끼는 많은 친구들과 동료들이 있다는 게 얼마나 행운인지를 알고 있었다. 헥터는 아직도 그 계약을 놓친 것에 대해 곤혹스러워하였지만, 모두들 헥터가 지난 수십 년간 회사를 위해 애쓴 것에 대한 감사함을 표현하기 위해 애를 썼다. 또한 헥터는 그 당시에 잘 걷지 못하게 되어, 나는 헥터가 앉을 수 있도록 의자를 가져다주었다. 헥터는 그 파티 대부분을 앉아서 보냈으며, 더 이상 자신의 감정을 완전히 통제하지 못하게 되어 때때로 조용히 혼자서 울었다. 그 파티는 헥터의 인생에서 진짜 마지막인 특별한 경험이었고, 진짜 마지막인 특별한 밤이었다.

파티에서 헥터는 그의 동료들에게 고맙다는 짧은 감사 인사를 하였다. 그 인사 말 때문에 헥터는 며칠을 고민하였다. 기억하는 데 어려움이 너무 커서, 회상에

일련의 기질적 증후군을 포함하는 신경인지장애는 기억, 학습, 시각 지각, 계획과 의사결정, 언어 능력, 사회적 인식 등의 인지 기능에 어려움이 두드러진다. DSM-5-TR이나 교과서에 기초할 때 헥터가 보이는 신경인지장애의 유형은 무엇이며, 그의 증상은 어떤 진단을 암시하는가?

잠기거나 지나치게 지엽적인 이야기를 할까 봐 걱정이 되었다. 그러나 헥터는 인사말을 그냥 읽고 싶지는 않았기 때문에, 짧게 말하기로 하였다. 나는 헥터의 감사 인사를 듣고 가슴이 무너졌다. "정말 특별한 밤이네요. 이 파티와 지난 몇 개월 동안 저를 도와준 여러분 모두에게 진심으로 감사의 마음을 전합니다. 저는 친구에게 말이 많거나 거창한 연설을 하는 그런 사람은 아닙니다. 그리고 당신들이 바로 그 친구들입니다. 그렇기 때문에 지난 수십 년을 저는 여기에서 정말 멋진 시간을 보냈습니다. 그렇기 때문에 저는 제 일을 사랑했고, 아침마다 일하러 왔습니다. 우리는 정말 좋은 시간을 보냈습니다. 나의 친구들인 여러분이 그리울 겁니다."

그 인사말은 은퇴 인사가 아니라 작별 인사였다. 그 인사말도 가슴 아팠지만 이틀 후 우리 둘만 있을 때 헥터가 준비 없이 나에게 한 말은 더욱 내 마음을 아프게 하였다. 그날 헥터는 정신이 맑았다. 헥터는 예전의 헥터처럼 또렷하고 체계적이고 예리하였다. 그리고 그는 고통받고 있었다.

헥터   아무도 가 보지 않은 곳으로의 여행을 준비하다

나는 화가 나고, 좌절스럽고, 중간에 끼어 있는 것 같아. 이건 정말 당황스러워, 여보, 정말로 그렇다고. 손자의 이름을 기억해 내기 위해서 온전히 2분 동안 생각을 한다는 게 어떤 건지 상상이 가? 손자가 태어났을 때 내 품에 안고서 "정말 완벽한 아이야."라고 말했던 그 아이를. 그 손자가 자라는 것을 지켜보았고 그 녀석이랑 공도 같이 차고 놀았으며, 마치 그 녀석이 나랑 같이 방에 있는 것처럼 그 녀석의 얼굴도 보이는데, 이름은 기억이 나지 않다니. 아무것도 기억이 나지 않아. 완전히 텅 비었어. 손자 녀석 이름도 기억하지 못하면서, 8세 아이에게 할아버지가 너를 사랑하고 아낀다는 것을 어떻게 믿게 하지?

나는 평생 정확하려고 노력했는데, 결국 실패자로 끝났어. 나는 69세밖에 되지 않았는데 마치 90세인 것처럼 나를 돌보아 주는 여자를 필요로 해. 도대체 내가 무슨 소용이 있을까? 나는 가족을 먹여 살렸고 돈을 벌었어. 회사가 잘 돌아가도록 열심히 일했어. 그렇지만 이제 모든 게 끝났어. 끝났다구. 나는 이제 아무것도 할 수가 없어. 나는 하루 종일 침대에 누워 있거나 의자에 앉아 있어. 아내와

신경인지장애를 가진 사람을 돌보는 가까운 가족이나 친구들은 엄청난 시간과 에너지를 사용하며 이로 인해 축소된 친척 관계나 친구 관계를 걱정한다. 이것은 그 사람들에게 다양한 심리학적 문제를 야기한다. 돌보는 사람들이 가질 수 있는 문제는 어떤 것이 있을까?

사례 5(주요우울장애)를 생각해 보자. 헥터는 임상적 수준의 우울 증상을 보였는가? 미란다는 어떤가? 사례 5에서 다루었던 치료가 헥터나 미란다에게 도움을 줄 수 있을까?

아들이 나를 부양하고 있고, 회사가 나를 보살피고 있어. 나는 아무 쓸모가 없는 사람이야. 아무도 더 이상 나를 어떤 것에 대해서도 신뢰할 수가 없어. 어떤 것에 대해서도. "아니야, 불쌍한 사람에게 너무 힘든 일이야." 그게 그 사람들이 하는 말이지만, 그 뜻은 '그 사람이 모든 것을 망쳐 버렸듯이, 그냥 망치고 말 거야.'일 거야.

때때로 갑자기 나는 몇 시인지도 모르고, 심지어 오늘이 무슨 날인지도 몰라. 게다가 나는 오늘 아침에 무얼 먹었는지도 기억하지 못하곤 해. 저 책상에 있는 책을 가지러 가기 위해서는 당신에게 도와 달라고 해야만 해. 나는 다른 사람에게 기대지 않으면 걷지도 못해. 그러지 않으면 쓰러지거나 가만히 앉아 있어야만 해.

도대체 내가 왜 아침에 일어나야만 하는 거지? 깨어 있는 것은 자는 것과 무슨 차이가 있지? 단지 더 혼란스러울 뿐이야. 기억하지 못한다는 것을 아는 것보다 세상에 더 짜증 나는 일이 있을까? 바보가 아닌 것은 알지만, 알았던 모든 것들이 점점 사라져 가고 있어. 신만이 언제까지 내가 당신이 누구인지를 기억할지 알고 있겠지. 모든 것이 모양과 색깔만으로 남을 날이 얼마나 남았을까? 모든 사람들이 나를 위해 계획을 세우기까지 얼마나 남았을까? 나를 집에 데려다주고, 나를 밖으로 데리고 나가고, 나를 잠자리에 눕히고. 나는 아무도 가 보지 않은 곳으로 여행을 준비하는 것 같은 기분이 들어.

앞으로도 지금처럼 그렇게 신경 쓸지나 모르겠어. 내가 아무것도 기억하지 못하게 되면, 그게 그렇게 힘들게 느껴지지도 않겠지. 아마 그때는 내가 바보 같다고 느끼지도 않을 거야. 내가 얼마나 많이 잊어버렸는지도 깨닫지 못할 거야. 그렇게 잊어버린다는 게 정말 나를 힘들게 해. 이게 화나기도 하고, 또한 겁나기도 해. 내가 무언가 쓰고 있다고 생각하고 펜을 잡으러 손을 뻗었는데 펜이 거기에 없다는 것을 깨달아. 나는 펜을 찾다가 내가 아무것도 쓰고 있지 않았음을 알아차려. 이제 나는 펜도 찾을 수 없고, 내가 왜 찾고 있었는지도 기억하지 못하고, 이 모든 게 젠장, 말이 안 돼. 이 꿈 같은 상황이 나를 화나게 해. 왜냐하면 무슨 일이 일어나고 있는지 모르는데, 한편으로는 내가 반드시 알아야 한다는 것을 아니까. 오 맙소사.

당신도 알겠지만, 이 모든 게 시작되었을 때, 나는 믿지 않았어. 아무것도 잘못된 것이 없다고 스스로를 확신시키면 사람들은 많은 것들에 익숙해질 수 있지.

만약 당신이 기억과 인지 능력을 조금씩 잃어 간다면, 당신은 어떤 기분이 들까? 어떤 두려움과 걱정을 경험하게 될 것이라고 생각되는가?

매번 내가 무언가를 잊거나, 무언가를 잃어버리거나 혹 내가 길에서 벗어난 운전을 하여도 정확히 5분간만 신경 쓰일 뿐이야. 나는 5분 동안만 겁에 질려 있고 그 5분 동안만 나한테 정말 심각한 문제가 있다고 인정하지. 이런 일이 점점 자주 일어나고 있고 무언가 잘못되었으며 이 상황을 어떻게든 처리해야 한다는 것을. 그런데 그 5분이 지나고 나면, 나는 그냥 웃어넘기고 모든 것이 괜찮다고 생각하지. 모든 사람이 무언가를 잊어버리기도 하고, 모든 사람이 운전하다가 깜박하고 주의 집중을 못 하기도 하고, 모든 사람이 물건을 잘못 둔다고. 그래서 나도 괜찮다고. 그렇게 나는 집에 오고 다른 사건이 생기기 전까지 그것에 대해 생각하지 않지. 그러다 무슨 일이 다시 생기면 나는 다시 5분 동안만 혼란스럽겠지.

여보, 당신이 나를 어딘가로 보내 줬으면 좋겠어. 내가 무슨 말을 하는지 알 거야. 나를 보내 줘, 내가 당신이 누군지도 기억하지 못하게 되면. 나는 내 아름다운 아내를 잊고 싶지 않아. 만약 당신이 누구인지 더 이상 기억하지 못한다면, 이 삶을 끝내기 위해 주사를 놓거나 아니면 필요한 조치를 취해 줬으면 좋겠어. 이게 옳은지 아닌지에 대해 걱정하지 말아 줘, 이건 옳은 일이야. 당신이 이걸 못 할까 봐 걱정이야. 내가 더 이상 내가 아니게 되면 나를 보내 줘. 나는 당신이 이런 나를 보길 원하지 않아. 또한 내가 당신을 사랑하고 필요로 한다는 것을 모르는 것을 원치 않아. 이놈의 병 때문에 당신에 대한 내 사랑을 당신이 의심하는 걸 원치 않아. 제발 여보, 그런 일이 일어나지 않게 해 줘, 약속해 줘.

> 헥터와 미란다는 증상이 점점 악화됨에도 불구하고, 왜 이런 증상을 간과하려고 하였을까?

미란다 긴 작별 인사

그 후 2년 동안 헥터로부터 이런 이야기를 몇 번 더 들었다. 당연히 나는 그 약속을 실천하지 않았다. 헥터는 점점 덜 분명해지고, 덜 관심을 기울이기 시작했으며, 점점 할 수 없게 되었으며, 마침내 그런 이야기를 하지 않게 되었다. 지난 4년은 우리에게 긴 작별 인사였다. 시간이 지날수록, 헥터는 점점 혼자서 할 수 있는 것들이 줄어들었다. 다리의 힘도 점점 없어졌다. 혼자서 움직이기 어려워져서 혼자서 밥을 먹거나 옷을 입거나 화장실을 사용하는 것도 할 수 없게 되었다. 처음에는 이런 것 때문에 헥터가 굉장히 짜증을 냈다. 헥터는 이런 상태가 자신을 우습게 만든다는 것을 충분히 의식하였으며, 이 모든 짜증을 나에게 쏟아부었다.

> 이 사례집에 있는 다른 장애와 달리, 헥터의 문제는 기질적이고, 점진적이며, 비가역적이다. 이러한 종류의 장애에 대해 심리 치료가 어떤 역할을 할 수 있을까?

때로는 내가 약을 먹여 헥터가 혼자서 이런 것들을 못 하게 된 것이라고 나를 비난하기도 하였다. 그렇지만 나중에 헥터는 이러한 감정적 격앙에 대해 눈물을 흘리며 사과했다.

약 4년 전에, 나는 헥터가 거동하기 편하도록 보행기를 구입하였다. 구입 후 1년이 지났을 때, 목욕하기 위해 거실을 가로질러 가다가 헥터가 넘어졌다. 고관절이 골절되었고 4개월 동안 침대에 누워 있어야 했다. 헥터는 점점 우울해져 벽이나 침대보를 쳐다보면서 하루를 보내기 시작했으며, 내가 말을 걸어도 내게 대답을 하지 않았다. 고관절이 회복된 후에도 헥터는 침대에 누워 있었으며, 걸으려고 하지 않았다. 또한 헥터에겐 실제로 방에 있지 않은 사람들이 보이고 그들의 목소리가 들리기 시작했다. 오래전에 죽은 친척이 바로 눈앞에 있다고 믿으며, 그 사람에게 말을 걸었다. 이제 상상과 현실을 구분하는 것이 헥터에게 어려운 일이 되었으며, 그는 주변의 모든 사람과 모든 사물을 무관심하게 또는 의심을 가지고 대하기 시작했다. 헥터는 실제로 그에게 말하고 있는 사람을 그의 상상 속 허구 인물이라고 생각하고 고개를 돌렸다.

아들인 가브리엘은 그의 집인 뉴햄프셔주에서 최소한 격주에 한 번씩 우리 집을 정기적으로 방문했다. 그럼에도 불구하고 가브리엘은 헥터의 빠른 악화 속도에 매번 놀랐다. 언제나 가브리엘의 방문을 기다렸던 헥터는 고관절 골절 후 침대에서 일어나지 못하거나 어떨 때는 가브리엘이 방문한 내내 잠들어 있었다. 가브리엘은 아버지가 자신의 방문을 예전처럼 좋아하지 않는다는 것을 눈치챘다. 가브리엘은 피폐한 아버지의 상태에 대해 나름 준비를 했지만, 아버지의 악화 속도가 점점 빨라지자 상당히 충격을 받았다.

어느 날, 헥터가 가브리엘의 눈을 쳐다보면서 나에게 "이 사람이 누구지, 여보? 누구야? 당신 오빠인 마테오인가? 마테오가 여기서 뭐 하고 있는 거지?"라고 물었다. 가브리엘은 헥터를 보면서 작은 목소리로, "아버지, 저예요, 아들인 가브리엘이에요. 아버지 사랑해요."라고 말했다. 가브리엘은 이렇게 말했지만, 헥터는 잠이 들었고, 가브리엘은 실의에 빠져 방을 나왔다. 나중에 가브리엘과 내가 점심을 먹고 있는데, 헥터가 일어나서 우리를 불렀다. 가브리엘이 방에 들어가서 헥터의 침대 곁에 서자, 헥터는 가브리엘의 얼굴을 만지작거리더니, 좀 있다가 작고 쉰 목소리로 "아들아."라고 말하였다. 그리고 나서 헥터와 가브리엘은

사랑하는 사람의 악화에 대처하도록 가까운 친척들을 돕기 위해 심리 치료자는 어떤 역할을 할 수 있을까? 이 사례집에 기술된 어떤 치료적 접근이 이러한 친척들에게 가장 도움이 될까?

손을 잡은 채 한 시간가량 아무런 말도 하지 않았다. 나는 정말 그 상황을 견딜 수가 없었다.

약 3년 전부터, 헥터는 지독한 악몽을 꾸기 시작했고, 헥터의 비명 때문에 나는 잠에서 깨어났다. 악몽을 꾸거나 잠에서 깬 후에 헥터는 두려운 눈빛과 함께 격렬한 감정에 사로잡힌 완전히 다른 사람이 된 것처럼 보였다. 헥터는 내가 그에 대한 음모를 꾸민다고 믿기 시작했다. 신경심리학자를 방문한 어느 날, 헥터는 "아내가 내 물건을 훔치고 있어요. 아내가 내 옷을 훔친 후 내가 못 찾게 만들어 나를 바보처럼 느끼게 해요. 내가 바나나를 먹고 있는데 아내가 그 바나나를 먹고 싶어 해요. 내가 바나나를 내려놓고 잠시 등을 돌리면 그 바나나는 없어져요. 아내가 내 음식을 훔쳐 먹은 거예요. 다 아내 잘못이에요. 저는 알고 있어요."라고 불만을 털어놓았다.

헥터를 돌본 지 8년이 되었다. 지금 나는 헥터에게 밥을 먹이고 그가 대소변 보는 것을 도와주어야만 한다. 헥터를 목욕시키고 병원에 데려갔다. 헥터의 은퇴 프로그램 덕분에, 우리는 경제적으로 괜찮다. 그래도 헥터를 돌보는 데 사용하기 위해 한 푼이라도 아껴야 한다. 헥터를 돌봐야 하기 때문에 나는 일을 할 수가 없다. 가장 최악의 순간은 헥터가 나를 쳐다보면서 내가 누군지 모르겠다며, 마치 내가 적인 것처럼 나에게 소리를 지르고 내가 그의 물건을 훔쳐 간다고 비난할 때이다. 그러나 다른 순간에는 헥터가 나를 쳐다보며 아주 잠시지만 눈으로 '고마워, 여보.'라고 말할 때 내가 누군지 기억하고 있음을 안다.

악화된 헥터의 상태는 6개월 전부터 새로운 단계에 들어섰다. 그때부터 헥터는 완전히 대소변을 참지 못하기 시작했으며, 거의 말도 하지 못하게 되었다. 또한 헥터는 침실을 떠날 수 없게 되었다. 그는 가브리엘을 전혀 알아보지 못했고, 나도 거의 알아보지 못한다. 3주 전에 헥터는 감기에 걸렸는데 그 감기가 떨어지지 않아 지난주에 헥터를 데리고 병원에 갔다. 헥터는 기관지 감염으로 인해 산소 호흡기를 달고 아직도 병원에 있다. 헥터가 너무 쇠약한 상태여서 의사들은 이번 주를 넘기지 못할 수도 있다고 한다.

사실 나나 가브리엘은 의사들의 예상이 맞아서 헥터가 그 주에 죽기를 조심스럽게 바라고 있지 않았나 생각한다. 우리 중 누구도 상대방에게 이것을 감히 말하지는 않았지만 헥터가 없어진다면 나나 가브리엘 모두 어느 정도 고통에서 벗

헥터와 같은 장애를 가진 사람은 종종 상대방에게 화를 내고, 의심을 하며, 비난을 한다. 이러한 반응과 성격의 변화에 대한 주요한 이유는 무엇일까?

헥터의 사례처럼 오랜 기간 동안 힘든 시기를 겪으면, 가까운 친척들은 그 사람의 죽음을 종종 기대하게 된다. 이러한 감정과 반응은 무엇으로 설명할 수 있을까?

어날 것이라고 생각한다. 진정한 헥터는 이미 오래전에 우리 곁을 떠났고, 아파 누워 있는 그 헥터를 말한다. 헥터가 죽는다면, 우리는 마침내 이 긴 시련에서 벗어나게 될 것이다. 그리고 나와 가브리엘은 우리가 사랑했던, 건강한 몸과 마음을 가졌던 그 헥터를 다시 기억할 수 있을 것이다.

독자에게 알림

지금까지 헥터의 사례를 읽었고, 관련된 이슈들을 고려하였으며, 주요 결정을 내렸을 것이다. 그렇다면 헥터의 가능한 진단명, DSM-5-TR 진단기준, 임상 정보, 가능한 치료 방향을 다음 장인 '사례 19 부록'으로 넘어가서 찾아보라.

헥터의 사례 : 진단, 정보 및 치료

'헥터의 사례 : 당신의 진단'이라는 지난 장에서는 여러 가지 이슈들을 고려하여 진단과 치료에 대한 결정을 내리도록 요청받았다. 어떤 결정을 내렸는가? 이 장에서는 헥터의 가능한 진단명, DSM-5-TR 진단기준, 관련된 임상 정보, 가능한 치료 방향을 제시할 것이다.

진단

헥터의 사례는 알츠하이머병에 의한 주요 신경인지장애로 진단받을 수 있을 것이다.

진단 체크리스트

알츠하이머병에 의한 주요 신경인지장애

1. 개인은 기억력과 학습뿐만 아니라 주의력, 계획 및 의사결정, 지각-운동 기술, 언어 능력 및 사회적 인식과 같은 적어도 한 가지 이상의 인지 기능에서 실질적이고 점진적이며 지속적인 쇠퇴 및 손상을 보인다.

2. 인지적 결손은 일상생활에서 개인의 독립성을 방해한다.

3. 증상이 다른 유형의 장애나 의학 문제로 인한 것이 아니다.

(APA, 2022, 2013)

임상 정보

1. 65세 이상의 사람 중 약 1~2%가 다양한 형태의 신경인지장애로 고생하며,

이 숫자는 85세 이상의 경우 50%까지 증가한다(Heflin, 2020).

2. 알츠하이머병은 주요 신경인지장애의 가장 흔한 형태로, 주요 신경인지장애의 약 2/3를 차지한다(Emmady & Tadi, 2020).

3. 미국에서 약 600만 명의 사람들이 현재 알츠하이머병을 가지고 있으며, 2050년에는 그 숫자가 1400만 명이 될 것이다(Alzheimer's Association, 2020).

4. 알츠하이머병은 남성보다 여성에게서 2배 더 많이 발병한다. 비히스패닉계 미국 백인보다 흑인 및 히스패닉계 미국인에게서 2배 더 많이 발병한다(Alzheimer's Association, 2020). 이러한 인종 및 민족 간 주요한 차이에 대한 원인은 아직 알려져 있지 않다.

5. 알츠하이머병은 드물게 중년에 나타나기도 하지만 대부분은 65세 이후에 나타나며, 대개 70대 후반이나 80대 초반에 나타난다.

6. 알츠하이머병을 가진 일부 사람들은 20년 정도 생존하지만, 대개는 9년 미만으로 생존한다(Kumar et al., 2020; Wolk & Dickerson, 2020).

7. 알츠하이머병을 가진 사람들은 그들이 문제가 있음을 처음에는 부인하나, 곧이어 불안해지거나 우울해지며, 많은 경우 크게 동요하게 된다. 약 40%가량은 우울장애를 보인다(ALZRA, 2020).

8. 알츠하이머병을 가진 사람들은 지나치게 많은 수의 신경원 섬유 엉킴(neurofibrillary tangles)(해마와 특정 뇌 영역에서 발견되는 뒤틀린 단백질 섬유)과 노화된 플라크(senile plaques)(해마, 대뇌피질, 그리고 특정 뇌 영역에 있는 세포들 사이에 형성되는 베타 아밀로이드 단백질로 알려진 구 모양의 작은 분자들의 침전물)라는 뇌의 구조적 변화를 보인다.

9. 알츠하이머병은 종종 유전적 기반을 가진다. 그러나 환경, 생활 방식, 스트레스 관련 요인과 같은 다른 요인들이 알츠하이머병 발달에 중요한 영향을 미친다(Latimer et al., 2021; Alzheimer's Association, 2020).

10. 알츠하이머병에 걸린 사람들은 활동성이 현저하게 줄어드는 이 병의 말기 전까지는 대개 양호한 건강 상태를 보인다(Cote et al., 2021). 활동성이 줄어들면, 폐렴과 같은 질병에 쉽게 걸려 사망에 이르기도 한다.

11. 알츠하이머병은 해마다 12만 2000명이 죽는, 미국에서 여섯 번째로 많은 사망 원인에 해당한다. 이 숫자는 과거 10년 전과 비교할 때 50% 이상 증가하

였다(CDC, 2021a, 2019b).

치료 개요 및 전략

1. 한 가지 접근법 혹은 한 가지 일련의 치료적 접근법이 모든 유형의 알츠하이머병에 특히 더 효과적이지는 않다. 또한 어떤 개입도 알츠하이머병의 진행을 막지 못한다(Cummings, 2021; Wolk & Dickerson, 2020).

2. 알츠하이머병 환자들에게 현재 처방되는 약물은 기억력에 중요한 역할을 하는 신경전달물질인 아세틸콜린과 글루타메이트에 영향을 미치도록 설계되었다(Alzheimer's Association, 2020). 이 약물을 복용하는 일부 알츠하이머병 환자들은 언어 능력 및 압력 상황에서의 대처 능력의 향상과 더불어, 단기 기억 및 추론 능력도 어느 정도 향상된다(Cummings, 2021; Zhang et al., 2020).

3. 규칙적인 신체 운동이 알츠하이머병 발병 위험을 줄이고 증상을 개선하는 데 도움이 될 수 있다는 증거가 있다(Yu et al., 2021; Alzheimer's Association, 2020; Thomas et al., 2020). 유사하게 컴퓨터 기반 인지 자극 프로그램과 같은 인지 활동이 때때로 알츠하이머병의 발병을 예방하거나 지연시키는 데 도움이 된다(Alzheimer's Association, 2020).

4. 행동-중심 개입은 밤에 배회하거나, 방광 조절 상실, 주의 요구, 부적절한 개인 관리와 같이 가족에게 스트레스가 되는 일상적인 환자의 행동을 변화시키는 데 도움이 될 수 있다(Press, 2021; Press & Alexander, 2021).

5. 심리교육, 심리 치료, 지지 집단, 정기적인 타임아웃을 통해 간병인의 욕구도 충족되어야 한다(Friedman & Kennedy, 2021; CDC, 2021b, 2019a).

6. 알츠하이머병 주간 돌봄 시설(낮 동안의 외래 치료 프로그램 및 활동을 제공)이 보편화되고 있다. 또한 지도감독을 제공하며 알츠하이머병과 같은 질병을 가진 사람들의 필요와 한계에 맞춘 아파트인 생활 보조 시설이 많이 건설되고 있다. GPS 추적기가 포함된 손목 밴드나 신발과 같은 실용적인 장치가 증가한 덕분에 가족 구성원이 그들의 혼란스러운 친척이 어디에 있는지, 또는 방황하고 있는지 추적할 수 있다(Press, 2021; Press & Alexander, 2021; Alzheimer's Association, 2020).

샤일린의 사례 :
당신의 진단

이 사례는 샤일린과 그녀의 어머니 타냐의 이야기로 구성되어 있다. 이 사례를 읽으면서 사례 전반에 걸친 여러 문제들을 고려해서 진단과 치료에 대한 다양한 결정들을 내려야 할 것이다. 이 사례 뒤 부록에는 샤일린에게 적용할 수 있는 진단과 DSM-5-TR 진단기준, 임상 정보, 가능한 치료 방향들이 제시되어 있다.

샤일린 해로운 패턴이 나타나다

내가 언제부터 이 행동을 시작했는지 모르겠다. 아마도 나는 항상 학교를 싫어했고 정말 매사에 소심했던 것 같다. 대학에 가기 전부터 나는 자주 피부를 꼬집거나 긁고는 했다. 누구나 스트레스를 받으면 나오는 습관이 있게 마련이니까, 안 그런가?

우리 부모님은 정말 걱정을 많이 하셨다. 그분들은 아마도 내게 무슨 정신병이 있나 보다고 생각하셨다. 왜 그런 생각을 하셨는지 알 것 같다. 나는 스트레스를 받으면 오랫동안 내 팔을 멍하니 들여다보며 살피고는 했다. 아마도 자기 피부를 열심히 끈질기게 살펴보면서 그 표면을 손으로 더듬고 천천히 만지고 들여다보고 간혹 꼬집는 모양이 마치 내가 헛것을 보는 것처럼 보였을 것이다. 그게 상당히 긴 시간 동안 계속될 때도 있었다. 특히 내가 기분이 좋지 않을 때에는.

내 부모님이 내게 엄하게 대하시는 것도 도움이 안 되었다. 부모님은 항상 내가 더 잘했어야 한다고 느끼게 하셨다. "A를 받을 수는 없었니? 농구나 축구를 할 수는 없었어? 네가 최고가 될 수는 없었냐? 시험 준비를 더 잘하려면 어떻게 했어야 하지? 여기서 배울 수 있는 게 뭐지? 왜 넌 남자친구가 없는 거야? 옷을 좀 다르게 입으면 어떨까? 우리는 그저 네가 행복해졌으면 한단다."

이 모든 일은 정말 오래전에 시작되었던 것 같다. 중학교 1학년 때 나는 속눈썹을 뽑고는 했다. 어떻게 시작되었는지는 모르지만 긴장될 때 속눈썹을 뽑으면 편해졌던 기억이 난다. 한번은 내 속눈썹을 몽땅 뽑아 버렸다. 정말 기분이 편안해졌지만 다음 날 아침 오빠는 내가 한 짓을 보고는 나를 비웃었다. 오빠는 내게 괴물이라고 하면서 언니에게 가서 혹시 인조 속눈썹이 있는지 알아보라고 했다. 다행히 언니가 인조 속눈썹을 가지고 있었지만 나는 속눈썹이나 내 몸에 난 털을 다시는 뽑지 않겠다고 맹세했었다. 그건 정말 굴욕적이었다. 내 속눈썹이 다시

많은 부모들은 자녀를 사랑하지만 자녀 걱정이 지나치게 많거나 간섭 혹은 개입이 지나치다고 한다. 이러한 행동양식은 어디에서 오는 것일까? 부모들이 성장하는 자녀를 지도하고 보호하려다가 적정선을 넘지 않으려면 어떻게 해야 할까?

자란 후, 나는 다시는 그걸 뽑지 않았다.

또 한번은 내가 친구와 공부를 하고 있다가 내 피부를 꼬집기 시작했다. 우리는 곧 있을 화학시험 이야기를 하고 있었다. 친구는 나보다 훨씬 더 준비가 잘되어 있었는데도 자기가 시험에 낙제할 것처럼 이야기하고 있었다. 난 사람들이 그런 행동을 할 때 정말 싫다. 말하자면, 자기가 잘할 거라는 걸 알고 있으면서도 그보다 훨씬 못한 내가 자기를 안심시켜 주었으면 하고 있는 게 아닌가. 그게 날 불안하게 만들고 짜증 나게 했다. 나는 화제를 바꾸려고 했지만 그 애는 계속해서 말을 해서, 포기하고 그 애가 자신이 없다는 말을 계속 지껄이는 동안 그저 앉아 있었다. 나는 긴장감이 내 몸 안에서 차오르는 걸 느꼈다. 심장은 점점 더 빠르게 뛰고 있었다. 나는 팔 근육이 긴장되는 걸 느끼고 있었다. 나는 손에서 날카로운 통증을 느낄 때까지 나 자신이 무엇을 하는지 깨닫지 못했다. 내려다보니, 내가 내 손등의 피부를 그 친구가 눈치채지 못하게 꼬집고 있었다. 그러고 나니 나는 더 이상 불안하지 않았고, 그 애가 하는 말에 더 이상 주의를 기울이지 않았다. 긴장감은 사라졌다. 그때 이후 나는 피할 수 없는데 짜증 나는 상황에 있으면 아플 때까지 내 피부를 꼬집었다. 웬일인지 그게 스트레스를 완화시켰다.

몇 년 뒤, 내가 SAT 공부를 하고 있을 때 — 혹은 ACT이었을 수도 있는데 — 그때 처음으로 내가 스트레스 대처를 위해서 피부를 뜯기 시작했다고 생각한다. 나는 그 시험을 위한 모의고사를 치는 게 정말 싫었다. 우리 부모님은 항상 내가 마칠 때까지 기다렸다가 내가 얼마나 잘했는지 관심이 없는 척하면서 내게 달려들었다. 심지어는 내가 SAT에서 1450점으로 최고 연습시험 점수를 받았을 때에도 부모님은 실망하고 비판적인 것 같았다. 어떻게 해도 만족스럽지 않은 거다. 여하튼 공부를 하면서 나는 자신이 연습시험들을 치지 않고 내 피부에서 흠을 찾고 있다는 것을 알게 되었다. 내 팔꿈치에서 몇 군데 솟아오른 것들을 느꼈지만 잘 보이지는 않아서 손으로 조심스럽게 그 주변을 더듬었다. 마치 내가 팔꿈치 위의 미묘한 감각에 집착하거나 최면에 걸린 것처럼 시간은 천천히 흘러갔다. 아마도 내가 현실에서 단절되어서 손톱으로 피부의 구석구석을 정밀하게 움직이면서 느껴지는 감각에 완전히 몰입해 있는 것처럼 보였을 것이다. 하지만 나는 환각을 경험하거나 망상에 빠진 건 아니었다. 아니, 나는 강박적으로 집중하면서 빌어먹을 연습시험의 스트레스를 대체할 통증과 통증 완화의 느낌을 찾고 있었다.

내 팔꿈치는 매끄러워서 여러 흠들이 두드러졌다. 나는 아주 작은 혹들을, 그게 뭔지도 모르면서 손으로 더듬으면서 여기저기 조직적으로 긁었다. 나는 정말 스트레스를 받았고, 피부가 솟아오른 곳이면 어디든지 모두 잡아 뜯기 시작했다. 아마도 아주 작은 벌레 물린 곳들이 좀 있나 보다 생각했던 기억이 난다. 하지만 동시에 나는 손톱으로 피부를 긁으면서 느껴지는 약한 통증이 좋았다. 마치 가려운 곳이 있어서 긁을 필요가 있을 때와 비슷하다고 할까? 나는 계속 그렇게 했고, 그러다가 다른 쪽 팔꿈치로 넘어갔다. 그리고 팔의 다른 부분들로도 넘어갔다. 내 피부에는 잡아 뜯고 후벼 팔 곳이 많았다. 그게 이상하게 만족스러운 느낌이었다. 새로운 위치에 가까이 갈 때면 불안해지고 어쩌면 거기는 내가 후벼 파지 말아야 하지 않을까 생각했다. 하지만 잡아 뜯을 때 약간 따끔한 통증 뒤에 피부가 뜯어질 때의 즉각적인 완화의 느낌이 뒤따를 것이라는 작은 기대감이 밀려들었다. 그리고 이게 끝나면 내 모든 불안감은 사라지고 안도감을 느꼈다. 나는 강박적으로 내가 뜯었던 피부를 보았고, 별생각 없이 강박적으로 들여다봤다.

여러 번 이런 일들을 거친 후 내 팔꿈치에는 뜯은 곳에 작은 상처들이 생겼다. 하지만 아무도 알아보지 못하는 듯해서 나는 별일 아니라고 생각했다. 아마도 내가 정말 해로운 일을 하는 건 아니었나 보다고 생각했다. '어쩌면 난 이미 떨어지려고 덜렁덜렁하는 피부를 뜯었나 보다. 계속 그 생각을 해서 그 느낌에 예민한 것뿐이다.'라고 생각했다. 시간이 가면서 내가 뜯은 데에서 피가 나고 딱지가 생기기 시작했다. 물론 스트레스를 받을 때마다 계속 뜯으면서 나는 그 상처와 딱지가 점점 더 커지는 것을 알아채지 않을 수 없었다. 그리고 내 팔꿈치는 항상 아팠다.

저녁 식탁에서 언짢은 대화가 있었던 어느 날 밤, 어머니가 무슨 시험에 대해서 이야기하려고 내 방으로 올라와서 피부를 뜯고 있었던 나를 깜짝 놀라게 했다. 어머니는 "네 팔꿈치가 어떻게 된 거야?"라고 소리를 질렀다. 그건 정말 창피했다. 나는 부모님이 그냥 사라졌으면 했다. 그들은 왜 내가 그걸 하는지 이해 못 할 거야. 나는 그저 구멍으로 기어 들어가서 죽고 싶었다. 나는 어머니에게 그만두겠다고 약속을 했지만 약속을 실천하기는 어려웠다. 몇 번이고 나는 스트레스를 받을 때마다 본능적으로 내 팔을 뜯는 자신을 — 아니, 어머니가 그런 나를 — 알아챘다.

나는 점점 더 창피해져서 결국 그걸 그만두게 되었다. 나는 팔에 손을 뻗칠 때마다 손이 팔에 닿기 전에 스스로 그만둘 수 있었다. 딱지들은 떨어졌고, 팔꿈치는 전처럼 늘 자극으로 염증이 생긴 상태가 아니었다. 몇 달이 지난 뒤, 나는 더 이상 그 생각은 할 필요도 없게 되었다. 내 행동을 뒤돌아보았을 때 짧은 시간에 그렇게 많은 딱지와 상처를 만들 수 있었다는 걸 나도 믿을 수 없었다. 그건 더 이상 이해가 안 되었고 정말 이상했다. 나는 내가 그만두어서 기뻤지만 그 생각을 지나치게 하는 건 싫었다. 왜냐하면 나는 내가 정상이 아니었을 가능성을 생각하기 싫었기 때문이다.

피부를 잡아 뜯는 걸 그만둔 뒤, 학교나 내 삶의 다른 스트레스들에 대한 반응에서 다른 문제 양상이 생겼다. 고등학교 마지막 학년 내내 나는 손톱을 물어뜯었다. 그리고 밤새 걱정하면서 울다가 그다음 날 머리가 아프고 반쯤 수면 상태에서 돌아다니는 일도 자주 있었다.

몇 달 동안 나는 어떤 학교에 입학 허가를 받을지 지독하게 걱정이 되었었다. 그러다가 입학 허가서를 한 묶음 받고 어디로 갈지 결정한 후, 나는 내가 결국 해야 할 준비들에 대해서 걱정했다. 그 와중에 나는 고등학교의 마지막 학년을 좋은 성적으로 마치려고 노력하고 있었다. 그러고는 물론 내가 집을 떠날 준비를 해야 되는 시간이 왔다. 그리고 이 모든 일들과 걱정 와중에 나는 마음 한구석에 내가 다른 사람과는 다른 무언가가 있지 않나 계속 걱정이 되었다. 나는 정말 사람들 대부분과 잘 어울리지 못했다. 나는 사람들 옆에 있으면 너무 불안했다. 그리고 남자애들과의 관계도 늘 진전이 없었다. 사실 나는 고등학교 시절에 남자애들에게 관심이 있었는지도 확신이 없었다. 어머니는 내 나이에 아버지와 벌써 데이트를 했었다는 걸 끊임없이 내게 이야기하고 있었지만 말이다.

> 대학 진학은 많은 사람들에게 심리적 어려움을 촉발하거나 악화시키는 주요 스트레스이다. 대학 진학이 인생에서 그렇게 어려운 시기가 되는 이유가 무엇일까?

샤일린 대학 시절

처음 대학교에 도착했을 때, 나는 정말 두려웠다. 나는 두 주일 이상 집을 떠나 있었던 적이 없었고, 부모님으로부터 그렇게 멀리 떨어져 있었던 적도 없었다. 나는 캐나다 앨버타주 남쪽 농촌 지역 출신이었다. 이제 나는 캘리포니아의 거대한 대학교에 왔다. 나는 부모님으로부터 벗어나기를 고대하고 있었지만 현실 세계에서 어떻게 모든 것을 하고 어떻게 지내야 할지 알려 주는 부모님 없이 어떻게 살아야 할지 몰랐다. 기숙사 내 옆방의 스리쉬티는 큰 도움이 되었다. 어떻게 자기주장을 하는지, 자기 자신에게 덜 비판적이 되는지를 그녀가 보여 주었다. 우리는 뭐든지 함께 했다. 그건 정말 재미가 있었다. 우리는 기숙사 방에 작은 가족을 만들었다. 스리쉬티와 나는 엄청나게 많은 시간을 함께 보냈고 나는 그녀와 같이 지내게 되어서 기뻤다. 그건 행운이었다.

그러다가 어느 날 그녀가 내게 키스를 했다. 세상에, "그녀가 내게 키스를 했다."라고 말하니까 정말 단순해 보인다. 하지만 그 일은 그렇게 일어났다. 그리고 나는 두 번 다시 생각하지 않았다. 나는 전에 여자아이와 키스해 본 적은 없지만 나도 그냥 그녀에게 마주 키스를 했다. 아니, 그런 게 아니었다. 나는 늘 그게 어떨지 궁금했었다. 어떤 기분일까? 하지만 그건 멋지게 느껴졌다 — 정말 적절하고, 정말 자연스럽게. 나는 성 경험이 별로 없었다. 그리고 나는 스스로 아무나, 남자이건 여자이건, 신체적 성과 사회적 성이 일치하는 시스젠더이건 불일치하는 트랜스젠더이건, 그 사람이 내게 맞는 사람이라면 사랑할 수 있다고 생각했다. 나는 스리쉬티와 정말 행복했고, 우리가 같이 있으면 나는 전에는 경험해 보지 못한 것들을 느꼈다. 그녀는 아직 자기 가족에게 자신의 성적 지향을 공개하지 않았는데, 자기 가족에게 공개적으로 드러내는 게 안전하다고 느꼈던 적이 없었다고 내게 말해 주었다. 그녀는 나와 있을 때 해방감을 느꼈다. 그리고 우리는 우리 기숙사 방의 친구들에게는 우리의 관계를 비밀로 했지만 그녀는 나와 함께 정말 행복해 보였다. 그 시절은 굉장했다. 그러다가 상황이 달라졌다.

한 달 정도 지난 어느 날, 스리쉬티가 갑자기 지금까지 우리가 하던 걸 그만두자고 했다. 그녀는 그냥 그렇게 이제 모두 끝났다고 했다. 그녀는 가능성을 넓히는 것, 다른 관계도 탐색하는 것 등에 대해서 이야기했다. 그녀는 자신의 성적 지향을 공개할 준비가 되어 있지 않다고 하면서 나와 함께 있는 게 도덕적 타락이라고 느껴졌으며 자기는 아무에게도 우리 관계에 대해서 절대로 말할 수 없다고 했다. 나는 그걸 도무지 이해할 수 없었고 위안이 되지도 않았다. 나는 완전히 망연자실했다. 나는 우리 관계가 그렇게 갑자기 끝났다는 데 충격을 받았다. 그 자체만으로도 나를 완전히 무너뜨리기에 충분했지만 그게 다가 아니었다. 스리쉬티는 더 이상 나하고 이야기를 하거나 어울리지 않으려고 했다. 그건 악몽이었다. 나는 그녀가 다른 여자애를 데려와서 같이 잔다는 것을 알았다 — 그건 내가 얼마나 못났는지, 즉 내가 사랑에서 실패했다는 것과 내가 무엇을 잃었는지를 상기시켜 주었다. 스리쉬티는 내가 그녀를 사랑하는 만큼 나를 사랑하지 않았고, 애당초 내가 그녀와 사랑에 빠졌었다는 사실에 나 자신이 끔찍하게 느껴졌다. 나는 우울증이 심해져서 이른 아침 강의와 생물학 실험에 가지 않았고, 오래지 않아서 두 과목에서 뒤처지기 시작했다.

바로 이 시기, 첫 학기 중간쯤에 내가 다시 피부를 뜯는다는 걸 처음 깨달았다. '처음 깨달았다'라고 한 것은 실제로 내가 얼마나 오랫동안 피부를 뜯고 있었는지 전혀 몰랐기 때문이다. 팔의 피부를 뜯는 도중에 나는 이미 생긴 핏방울 몇 개가 갑자기 눈에 보였다.

나는 우울하고 스트레스가 심해서 피부 뜯는 것이 다시 시작되었음을 즉각적으로 깨달았다. 가렵거나 자극받은 느낌이 심하지는 않았지만 아주 거북했다. 그걸 참으려고 하면 정말 신경이 날카로워지고 긴장되었다. 위장이 단단하게 뭉친 것 같은 통증이 있었고 무언가 나쁜 일이 일어날 것 같아서 걱정이 되었다. 피부를 뜯으면 놀랍게 익숙한 안도감이 밀려오는 걸 느꼈다. 특히 딱지를 뜯으면 내 몸의 긴장감이 지나가고 정신이 맑아졌다. 나는 의자나 침대에 기대서 훨씬 수월하게 숨을 쉴 수 있었다. 안타깝게도 이러한 안도감은 그리 오래가지 않았다. 피부 뜯는 행동은 점점 더 자주 일어났다. 사실 하도 빈번해서 보통 나 자신도 그걸 의식하지 못했다 — 가끔 내 자신이 그걸 하고 있다는 걸 깨달을 뿐이었다.

고등학교 시절 일을 다시 생각해 보면서 나는 "그건 하나의 단계였을 뿐이야. 그만두는 게 어렵지 않았지."라고 스스로에게 말했고 그러면 마음이 놓이곤 했다. 그러나 물론 그때에도 그만두는 게 내가 기억하는 것보다 훨씬 더 어려웠다. 내가 피부 뜯는 일에 더 신경을 쓰면서 나는 내가 오른손으로 얼굴과 머리 옆도 뜯기 시작했다는 걸 알게 되었다. 하지만 솔직히 내가 오른손만을 사용했는지도 확신할 수 없었다.

내가 문제를 깨닫고 한두 달이 지난 후 샤워를 하다가 최근 자주 뜯던 곳인 목덜미의 머리가 나기 시작하는 지점, 평소에 긴 머리로 덮여 있었던 곳 근처에 드러나 있는 피부의 작은 조각이 만져졌다. 나는 머리카락에 샴푸를 묻혀서 두피를 문질렀다. 딱지가 앉았던 곳에서 그 피부 조각이 만져지자, 나는 그걸 잡아 뜯었

누구나 스트레스를 받을 때 나타내는 습관이 있다. 샤일린의 경우처럼 그 습관이 장애로 발전하는 경우가 가끔 있다. 나쁜 습관이지만 해가 되지 않는 것과 향후 문제가 될 조짐을 어떻게 구분할 수 있을까?

고 그 피부를 보려고 손을 들여다봤는데 샴푸가 피로 빨갛게 된 것을 보았다. 피가 철철 흘렀다. 나는 당황했다. 내가 무슨 짓을 하고 있는 거지? 스트레스를 받지도 않았는데. 평안하게 샤워를 하고 있다가 피부 덩어리를 잡아 뜯어서 피를 내다니. 난 뭐가 문제인가? 남이 안 하는 괴상하고 꼬인 짓을 하고 있다니. 나는 괴물임에 틀림없어. 이제 모두들 알 거라는 생각이 들자 나는 그저 도망가서 숨고 싶었다. 그 순간 나는 숨을 가쁘게 몰아쉬기 시작하면서 다시는 이런 끔찍한 짓을 하지 않으리라고 — 내가 미성숙했고 어리석었으며 혐오스럽고, 이제는 그만두어야 한다고 스스로에게 말없이 다짐했다. 머리를 헹구고 타월로 물기를 말리고는 겁에 질려서 내가 얼마나 끔찍한 모습인지 보려고 거울로 갔다.

DSM-5-TR 혹은 교과서에 따르면 샤일린은 어떤 심리장애로 진단될까? 샤일린의 어떤 증상이 이 장애를 가리키고 있을까?

반쯤 감은 눈으로 살짝 훔쳐봤더니 처음에는 별 차이가 없어 보였다. 그러나 눈을 크게 뜨고 보니 내 몸 전체에 열두 군데쯤 붉은 반점과 딱지들이 있었다. 나는 흐느꼈다. 도대체 나는 뭐가 잘못된 걸까? 강의에서 낙제를 하고 피가 나는 딱지들로 덮인 채로 가족에게 갈 수는 없었다. 그리고 이 딱지들이 영구히 흉을 남기면 어떻게 하지? 나는 창피를 당한 것처럼 느끼면서 그 딱지들이 나아서 자국들이 없어질 때까지 기숙사 방의 동료들이나 친구들에게 가까이 가지 않겠다고 맹세했다. 일부는 화장으로 가릴 수 있겠지만 그중 몇 개는 너무 컸다. 딱지들은 저절로 없어져야 할 것이다. 그때는 내 인생에서 끔찍하게 괴로운 시절이었다. 정서적으로 불행하고 수업에서는 낙제를 하고 있었고 피부를 뜯는 것 말고는 스트레스에 대처할 수 없었으며, 사랑받을 수 없었고 친구들과 수업들을 피하고 있었다 — 내 평생 그렇게 바닥인 적은 없었다.

샤일린의 장애는 DSM-5-TR의 강박장애 및 관련 장애와 함께 나와 있지만 강박장애와는 구분되는 별개의 장애로 본다. 그러나 일부 임상가들은 샤일린의 문제가 실상 일종의 강박행동이라고 믿고 있다. 샤일린의 증상은 어떠한 측면에서 사례 2의 강박장애 증상과 비슷한가? 어떤 측면에서 차이가 있는가?

겨울 방학에 집에 오면서 겁이 났다. 부모님이 자신들의 '완벽한' 어린 딸에게서 흠을 보게 할 수는 없었다. 겨울 방학 내내 나는 자신에게 "뜯지 말자. 뜯지 말자. 뜯지 말자."를 반복했다. 그러다가 그 충동을 누를 수 없을 때면 '방학은 짧아.'라고 생각했다. 그리고 나는 피부를 뜯었다. 난 자제할 수가 없었다. 내가 학교로 돌아갔을 때, 문제는 최악의 상태였다. 진정하기 위해서 나는 부모님의 약장에서 훔쳤던 아티반을 먹고 피부를 뜯으려는 충동을 누르기 위해서 돌아오는 비행 시간 내내 잠을 잤다.

나는 학교로 돌아왔고, 예상대로 계속 피부를 뜯었다. 내 팔은 너무 보기 흉해서 연애 상대를 찾으려는 노력도 포기했다. 그렇게 2년도 더 지난 뒤에 나는 드디어 심리 치료를 받아 보기로 결정했다. 이제 나는 6개월째 상담을 받고 있다. 나는 내게 불안 문제가 많고 나 자신, 그리고 부모님과도 문제가 많은데, 적어도 부분적으로는 그게 내가 이런 행동을 하는 큰 이유라는 걸 이해하게 되었다. 동시에 내 치료자는 이 장애가 있는 사람들이 많다고 설명했다. 처음에는 믿을 수 없었다. 나는 정말로 나에게만 그런 문제가 있는 줄 알았다.

나는 이번 봄에 졸업 예정이고 학교에서도 더 낫게 지내고 있다. 어머니와 아버지는 정말 기뻐하고 계신다! 난 4개월 가까이 피부를 뜯지 않았고 이제는 그러고 싶은 충동도 크게 느끼지 않아서 너무 좋다. 내 외모에 대해서 더 만족하고 있다. 그리고 브리아나라는 루이빌 출신의 수용적이고 느긋한 흑인 여성과 만나기 시작했다. 우리 관계는 아주 잘 되어 가고 있지만, 스리쉬티와의 참담했던 일을 겪은 뒤라서 나는 서두르지 않으려고 한다. 전반적으로 일이 꽤 잘 풀리고는 있지만 나에게 지금도 피부를 뜯으려는 성향이 있는지, 내가 다시 그걸 시작할 것인지 궁금하기는 하다. 나는 위기를 맞을 때마다 다시 그렇게 할까? 그게 걱정이 되어서 지금 난 심리 치료를 계속 받고 있다.

어머니의 관점 정말 그만두어야 해

샤일린이 스트레스 대처에 정말 큰 문제를 가졌다는 걸 처음 알게 된 건 그 애가 16세쯤 되었을 때라고 생각한다. 우리는 저녁 식탁에서 학교에서 캐나다 산업의 미래 지도자 클럽에 들어가는 이야기를 하고 있었다. 그 애는 자기가 그 클럽의 부회장으로 선정되었다고 우리에게 말하고 있었다. 릭과 나는 기뻐했지만 그 애에게 누가 회장이 되었느냐고 물었다. 우리는 그 애에게 그 클럽의 회장이 되도록 로비해 보라고 격려했다. 대학 지원서에 그게 더 좋아 보일 거라고 말이다. 그 애는 울기 시작했다. 뭐가 문제냐고 물으니까 그 애는 "나도 몰라. 학교가 정말 힘들어요."라고 대답했다. 릭과 나는 그 이야기를 하다가 그 애가 다른 과외 활동에 참여할 필요가 있을지도 모르겠다고 생각했다.

그 애가 속상해하는 걸 보고 나는 우리 꼬마 아가씨를 꼭 안아 주고 싶었다. 내가 그 애 쪽으로 몸을 기울이자 그 애가 몸을 가누는 모습이 좀 이상하게 보였다. 그 애 몸이 묘한 각도로 구부러져 있었고 손은 교차시켜서 배에 가까이 잡고 사례 2(강박장애)와 사례 5(주요우울장애)에서 사용된 치료 접근을 샤일린에게 어떻게 적용할 수 있을까? 그 치료 접근의 어떠한 측면이 샤일린에게 적합하지 않을까? 추가적 개입을 해야 할까?

샤일린이 언급한 가족, 학교, 그리고 사회로부터의 압력이 특별히 정상 범위에서 벗어나는가? 왜 그러한 압력이 다른 사람들의 삶에서는 문제가 안 되는데 샤일린의 경우 부적응으로 이어졌을까?

있었다. 나는 그 애를 안아 주면서 우리 꼬마 아가씨가 정말 자랑스럽다고 말해 주었다. 릭은 아무 말도 하지 않고 그저 우리가 껴안는 것을 보고 있었다. 저녁 식사 후에 나는 침실에 있는 그 애를 체크하려고 위층으로 올라갔다. 우리는 다음 날에 있을 사회시험과 아직도 해야 할 공부가 얼마나 많은지 이야기하고 있었다. 그러다가 그 애가 올려다보았고, 그때 내가 그걸 알게 되었다.

"네 팔꿈치가 어떻게 된 거야? 피가 나고 있네! 그리고 네 침대보에도 피가 있구나!" 자제할 수도 없이 고함이 터져 나왔다. 샤일린은 머리를 돌리면서 작은 목소리로 중얼거렸다. "나도 몰라." 그러나 나는 "여보, 올라와서 이걸 봐요! 애가 피를 흘리고 있어요!"라고 했다.

릭이 올라와서는 샤일린 쪽으로 몸을 숙이면서 말했다. "당신 말이 맞네. 애야, 도대체 어떻게 된 일이냐?" 아이는 숨을 크게 들이쉬고는 자기가 팔의 피부를 뜯는데, 자기도 왜 그러는지는 모르겠다고 했다. 그 애 말은 그냥 그런다고, 아마도 가려웠나 보다고 했다. 나는 일종의 신경증적 습관인가 짐작해서 그 애에게 그만두라고, 그건 정상이 아니라고 말했다. 그 애는 마음이 상했지만 그래도 결국은 그만두려고 노력하겠다고 약속했다. 나는 그 애에게 약간의 동기 유발을 시키기로 했다. "너는 정말 예쁜데, 딱지가 온통 있으니까 이상하게 보이는구나. 넌 훨씬 더 예쁘게 보일 수도 있는데. 너 정말 그만두어야 한다, 알았지?"

그 이후 한동안 그 애는 딱지가 앉았던 팔꿈치를 비비고는 했다. 릭과 나는 그 아이를 돕고 싶은 마음에서 팔을 긁거나 만지는 것을 볼 때마다 못 하게 했다. 얼마 후, 노력한 덕인지 좀 나아지는 듯했다. 그 애의 딱지들도 사라졌고, 더 이상 뜯지 않는 것 같았다. 그렇게 몇 년이 지났고 릭과 나도 이 모든 일을 잊어버렸다.

샤일린이 캘리포니아에 있는 대학으로 떠났을 때, 그 애가 어렸을 때 팔꿈치를 뜯었던 일은 전혀 내 머리에 떠오르지도 않았다. 릭과 나는 그저 그 애가 일류 대학에 갔으면 하고 바랐었지만 필요한 수준만큼 SAT 시험 성적이 좋지 않았다. 여하튼 그 애가 간 학교도 좋았고 우리는 그저 그 애가 대학에 갔다는 것이 자랑스러웠다.

처음 집을 떠났을 때 그 애는 전화도 전혀 하지 않았다. 나는 그저 새로운 곳에서 신나게 지내나 보다 짐작했다. 그 나이 또래의 여자애들은 보통 그러니까. 학교 수업에서는 어떻게 하는지 궁금해서 전화를 하면 그 애는 언제나 별로 이야기할 기분이 아닌 듯, 아주 작은 목소리로 매사가 순조롭고, 물론 친구도 사귀고 있다고 했다. 그러고는 서둘러서 전화를 끊어 버리고는 했다. 한번은 확실히 그 애가 눈물을 참고 있었던 것 같았다.

첫 번째 겨울 방학에 집에 왔을 때, 그 애는 정서적으로 무너져 있는 것처럼 보였다. 그 애는 긴장되어 있었고 멍하고 딴 생각을 하는 것 같았으며 예전보다 화장을 짙게 하고 있었다. 그 애는 방학 동안 대부분 자기 방에 틀어박혀 있었고 방에서 나올 때마다 머리에서 발끝까지 옷으로 감싸고 있었다. 그 애가 짧은 바지나 짧은 팔 옷을 입고 방에서 나온 적은 없었다. 항상 요가 팬츠와 긴팔 셔츠를 입었다. 릭과 나는 그 애가 얼마나 많이 변했는지 알아차리게 되었고, 우리 생각에는 나빠지는 쪽으로 변하는 것 같았다. 나는 그 애에게 왜 그렇게 옷을 입느냐고, 집에서 웬 화장을 그렇게 짙게 하느냐고 물었더니, 그냥 그게 좋아서 그런다고 했다. 집에 와서 한두 주 뒤에 그 애는 경계심을 풀었다. 그리고 그 애가 머리를 옆으로 한번 갸우뚱했다가 재빨리 뒤로 쓸어 넘겼을 때, 나는 보았다 — 그 애 두피 아래를. 끔찍하고 거대한 피투성이 반점을. 나는 그 애에게 무슨 문제가 있는지, 어디가 아픈지 물었다. 그러나 그 애는 그저 아주 심각해져서 그 이야기는 하고 싶지 않다고 했다. 그러고는 방에서 나갔다.

나중에 그 애는 다시 피부를 뜯기 시작했다는 걸 인정했다. 자기 자신도 왜 그러는지 모르겠지만 이제 그 문제를 포함해서 여러 가지 다른 문제로 심리 치료를 받으려 한다고 했다. 그 애는 피부를 뜯는 게 — 스트레스도 — 고등학교 시절과 비슷했다고 설명했고 나는 '아무렴, 이제는 모두 이해가 되네.'라고 생각했다. 정말 이상한 일이지만 그 애는 이건 자기의 문제이니 그저 스스로 해결할 수 있게 두라고 했다.

일단 그 애가 학교로 돌아간 후 내가 전화로 피부 뜯는 문제는 어떠냐고 물으면 그 애는 "괜찮아."라고 우물우물 짧게 대답했다. 때로는 방학에도 집에 오지 않았다. 하지만 이제 그 애가 4학년이니 잘 극복했으리라고 짐작하고 있다. 바로 지난달 그 애가 집에 왔는데, 확실히 잘 지내는 것같이 보였다. 하지만 난 그 애가 얼마나 잘하고 있는지는 모른다.

> 표면적으로 샤일린과 그 어머니의 관계는 가깝고 애정이 깊은 것으로 보이나 상호작용에서 심각한 문제가 있었다. 어떠한 문제들이 있었는가? 그리고 그 문제들이 샤일린의 장애가 생기는 데 어떻게 관여되었을까?

독자에게 알림

이제 샤일린에 대해서 읽었고, 중요한 이슈들을 고려해서 핵심적 결정을 했으니, 다음 장으로 가서 샤일린의 진단, DSM-5-TR 진단기준, 임상 정보, 그리고 가능한 치료 방향을 살펴보라.

샤일린의 사례 : 진단, 정보 및 치료

20장의 샤일린 사례에서는 여러 이슈들을 고려해서 진단 및 치료 결정 등 여러 결정을 내리라는 요청이 있었다. 어떻게 되었는가? 이 장에는 샤일린에게 적용될 수 있는 진단, DSM-5-TR 진단기준, 관련된 임상 정보, 그리고 가능한 치료 방향들이 제시되어 있다.

진단

샤일린의 양상은 피부뜯기장애의 진단에 해당된다.

> ### 진단 체크리스트
>
> **피부뜯기장애**
>
> 1. 반복적으로 자신의 피부를 뜯어서 피부 병변을 일으킨다.
> 2. 중단하려는 시도를 해도 이 습관적 행위를 그만둘 수 없다.
> 3. 상당한 고통이나 손상이 있다.
>
> (APA, 2022, 2013)

임상 정보

비록 피부뜯기장애의 연구는 많지 않지만 연구자들은 그에 대한 중요한 정보를 수집할 수 있었다(Park & Koo, 2021; APA, 2022, 2013).

1. 성인의 최소한 1.6%는 평생 어느 시점에서 피부뜯기장애를 보인다. 그 문제를 보이는 여성이 남성보다 8배 더 많다.

2. 피부뜯기장애는 사춘기부터 45세 사이에 처음 나타날 수 있다.

3. 이 장애가 있는 사람들에게 피부뜯기 삽화는 불안 혹은 권태로 촉발되는데 점차 긴장감이 증가하다가 이어서 안도감 혹은 즐거운 느낌을 경험한다. 이 전반적 증후군은 여드름 같은 피부 질환으로 고생하는 사람들에게서 시작되는 경우도 있다.

4. 피부뜯기장애는 나타났다 사라지는 형태를 반복하는데, 매번 수일, 수 주일, 수개월 혹은 수년씩 지속된다.

5. 반복적으로 피부를 뜯는 데 따르는 의학적 문제는 조직 손상, 흉터, 그리고/혹은 감염이다.

6. DSM-5-TR에서는 피부뜯기장애를 강박장애, 즉 반복적이고 과도한 행동의 특정한 패턴으로 생활을 크게 교란시키는 일군의 장애 중 하나로 제시하고 있다.

7. 어떤 임상가들은 피부뜯기장애가 강박장애의 한 형태라고 믿는다. 왜냐하면 피부뜯기는 강박장애에서의 강박행동처럼 강박적 성격을 띠고 비자발적이며 무의미하다는 것을 당사자가 인식하고 있기 때문이다.

8. 반면 피부뜯기와 일반적으로 강박장애에서 나타나는 강박행동과는 분명히 다른 점이 있다. 예컨대 강박행동은 강박사고에 대한 반응인 경우가 흔하고, 두려워하는 사건을 예방하려는 목적으로 환자가 완전히 의식하는 가운데 행해지며 단일행동의 범위를 넘어선다.

9. 피부뜯기장애를 보이는 사람들은 동시적으로 혹은 환자의 생애의 다른 시점에서 또 다른 심리장애를 함께 보이는 경우가 많다. 가장 흔한 장애로는 우울장애, 발모광, 강박장애가 있다.

치료 개요 및 전략

임상가들은 피부뜯기장애를 보이는 사람들에게 강박장애에 사용되는 치료 유형들을 적용하는 경우가 많다(Park & Koo, 2021; Taylor et al., 2020). 치료에 흔히 포함되는 개입들은 다음과 같다.

1. 자조 집단(인터넷 기반 집단 포함)

2. 특정 항우울제

3. 인지행동 치료 :

   a. 피부뜯기행동의 자기 모니터링

   b. 보통 피부뜯기를 촉발시키는 상황에의 노출

   c. 노출 도중 피부를 뜯으려는 충동이 지나갈 때까지 대안적 혹은 그와 경쟁하는 행동의 수행

   d. 스트레스의 본질에 대한 부적응적 신념, 즉각적 해소 욕구, 비생산적인 대처 방식, 혹은 피부를 뜯는 행동에 기여할 수 있는 것들을 찾아내고 바꾸기

4. 피부뜯기장애에 수반될 수 있는 우울감에 대한 심리 치료

5. 재발 방지 전략

참고문헌

AA (Alcoholics Anonymous). (2020). *AA around the world.* Retrieved from https://www.aa.org.

AAMFT (American Association for Marriage and Family Therapy). (2021a, July 17). *Substance abuse and intimate relationships.* Alexandria, VA: AAMFT. Retrieved from https://www.aamft.org/Consumer_Updates.

AAMFT (American Association for Marriage and Family Therapy). (2021b, July 18). *Children of alcoholics.* Alexandria, VA: AAMFT. Retrieved from https://www.aamft.org/Consumer_Updates.

ADAA (Anxiety and Depression Association of America). (2020). *Facts & statistics.* Silver Spring, MD: Author.

Adler, J. (1998, May 4). Take a pill and call me tonight. *Newsweek,* p. 48.

Alarcón, R. D., & Palmer, B. A. (2020). Personality disorders: Epidemiology and clinical course. In J. R. Geddes, N. C. Andreason, & G. M. Goodwin (Eds.), *New Oxford textbook of psychiatry* (3rd ed., Ch. 119). New York: Oxford University Press.

Álvarez-García, D., González-Castro, P., Núñez, J. C., Rodríguez, C., & Cerezo, R. (2019). Impact of family and friends on antisocial adolescent behavior: The mediating role of impulsivity and empathy. *Frontiers in Psychology, 10,* 2071.

Alzheimer's Association. (2020). *2020 Alzheimer's disease facts and figures: On the front lines: Primary care physicians and Alzheimer's care in America.* Chicago, IL: Author.

ALZRA (Alzheimer's Research Association). (2020). *Depression.* St. Clair Shores, MI: ALRA. Retrieved from https://www.alzra.org.

ANAD (National Association of Anorexia Nervosa and Associated Disorders). (2020). *Eating disorder statistics.* Chicago: Author.

APA (American Psychiatric Association). (2013). *Diagnostic and statistical manual of mental disorders* (5th ed.). Washington, DC: Author.

APA (American Psychiatric Association). (2020a). *What is depression?* Washington, DC: Author.

APA (American Psychological Association). (2020b). *Telehealth guidance by state during COVID-19.* Retrieved from https://www.apaservices.org:practice:legal:technology:state-telehealth-guidance%3F_ga=2.38552288.258586707.1587402602-161748745.1584460934.

APA (American Psychiatric Association). (2022). *Diagnostic and statistical manual of mental disorders, fifth edition text revision* (DSM-5-TR). Washington, DC: Author.

Artoni, P., Chierici, M. L., Arnone, F., Cigarini, C., De Bernardis, E., Galeazzi, G. M., ⋯ Pingani, L. (2020, March 2). Body perception treatment, a possible way to treat body image disturbance in eating disorders: A case–control efficacy study. *Eating and Weight Disorders: Studies on Anorexia, Bulimia and Obesity.* [Epub ahead of print]

Ashbaugh, A. R., McCabe, R. E., & Antony, M. M. (2020). Social anxiety disorder. In M. M. Antony & D. H. Barlow, *Handbook of assessment and treatment planning for psychological disorders* (3rd ed., Ch. 7). New York: Guilford Press.

Augustyn, M. (2020, May 4). Autism spectrum disorder: Terminology, epidemiology, and pathogenesis. *UpToDate.* Retrieved from https://www.uptodate.com.

Autism Speaks. (2020). *Autism statistics and facts.* New York: Autism Speaks Org.

Ayub, R., Sun, K. L., Flores, R. E., Lam, V. T., Jo, B., Saggar, M., & Fung, L. K. (2021). Thalamocortical connectivity is associated with autism symptoms in high-functioning adults with autism and typically developing adults. *Translational Psychiatry, 11*(1), 93.

Azevedo, J., Vieira-Coelho, M., Castelo-Branco, M., Coelho, R., & Figueiredo-Braga, M. (2020). Impulsive and premeditated aggression in male offenders with antisocial personality disorder. *PLoS One, 15*(3), e0229876.

Bajaj, V., Gadi, N., Spihlman, A. P., Wu, S. C., Choi, C. H., & Moulton, V. R. (2021). Aging, immunity, and COVID-19: How age influences the host immune response to coronavirus infections. *Frontiers in Physiology, 11*, 571416.

Balderrama-Durbin, C. M., Abbott, B. V., & Snyder, D. K. (2020). Couple distress. In M. M. Antony & D. H. Barlow (Eds.), *Handbook of assessment and treatment planning for psychological disorders* (3rd ed., Ch. 13). New York: Guilford Press.

Baldessarini, R. J., Vázquez, G. H., & Tondo, L. (2020). Bipolar depression: A major unsolved challenge. *International Journal of Bipolar Disorders, 8*(1), 1.

Baldwin, D. S., & Huneke, T. M. (2020). Treatment of anxiety disorders. In J. R. Geddes, N. C. Andreason, & G. M. Goodwin (Eds.), *New Oxford textbook of psychiatry* (3rd ed.). New York: Oxford University Press.

Bates, G. W., Thompson, J. C., & Flanagan, C. (1999). The effectiveness of individual versus group induction of depressed mood. *Journal of Psychology, 133*(3), 245–252.

Beeney, J. E., Forbes, E. E., Hipwell, A. E., Nance, M., Mattia, A., Lawless, J. M., ⋯ Stepp, S. D. (2020, May 25). Determining the key childhood and adolescent risk factors for future BPD symptoms using regularized regression: Comparison to depression and conduct disorder. *Journal of Child Psychology and Psychiatry, and Allied Disciplines.* [Epub ahead of print]

Begley, S. (2020, March 3). Who is getting sick, and how sick? A breakdown of coronavirus risk by demographic factors. *STAT.* Retrieved from https://www.statnews.com.

Behenck, A. da S., Wesner, A. C., Guimaraes, L. S. P., Manfro, G. G., Dreher, C. B., & Heldt, E. (2020, July 9). Anxiety sensitivity and panic disorder: Evaluation of the impact of cognitive-behavioral group therapy. *Issues in Mental Health Nursing, 42*(2), 112–118. https://doi.org/10.1080/01612840.2020.1780527.

Bernal, G., Adames, C., Mariani, K., & Morales, J. (2018). Cognitive behavioral models, measures, and treatments for anxiety disorders in Latinos: A systematic review. In E. C. Chang, C. A. Downey, J. K. Hirsch, & E. A. Yu (Eds.), *Cultural, racial, and ethnic psychology book series. Treating depression, anxiety, and stress in ethnic and racial groups: Cognitive behavioral approaches* (pp. 149–177). Washington, DC: American Psychological Association.

Billard, T. J. (2018). Attitudes toward transgender men and women: Development and validation of a new measure. *Frontiers in Psychology, 9,* 387.

Black, D. W. (2020, November 12). Treatment of antisocial personality disorder. *UpToDate.* Retrieved from https://www.uptodate.com.

Blair, R. J. R., Meffert, H., Hwang, S., & White, S. F. (2019). Psychopathy and brain function: Insights from neuroimaging research. In C. J. Patrick (Ed.), *Handbook of psychopathy* (2nd ed., Ch. 17, pp. 401–421). New York: Guilford Press.

BLS (Bureau of Labor Statistics). (2021, April 21). *Employment characteristics of families—2020.* Retrieved from https://www.bls.gov/news.release/famee.nr0.htm.

Boskey, E. (2020, March 30). The 7 best online transgender support groups of 2020. *Verywellmind.* Retrieved from https://www.verywellmind.com.

Bränström, R., & Pachankis, J. E. (2019, October 4). Reduction in mental health treatment utilization among transgender individuals after gender-affirming surgeries: A total population study. *American Journal of Psychiatry, 177*(8), 727–734.

Bressert, S. (2018). Who gets bipolar disorder? *Psych Central.* Retrieved from https://psychcentral.com.

Bristow, G. C., Thomson, D. M., Openshaw, R. L., Mitchell, E. J., Pratt, J. A., Dawson, N., & Morris, B. J. (2020). 16p11 duplication disrupts hippocampal-orbitofrontal-amygdala connectivity, revealing a neural circuit endophenotype for schizophrenia. *Cell Reports, 31*(3), 107536.

Brooks, S. K., Webster, R. K., Smith, L. E., Woodland, L., Wessely, S., Greenberg, N., & Rubin, G. J. (2020). The psychological impact of quarantine and how to reduce it: Rapid review of the evidence. *The Lancet, 395*(10227), 912–920.

Bukstein, O. (2021a, February 24). Pharmacotherapies for attention deficit hyperactivity disorder in adults. *UpToDate.* Retrieved from https://www.uptodate.com.

Bukstein, O. (2021b, March 26). Attention deficit hyperactivity disorder in adults: Epidemiology, pathogenesis, clinical features, course, assessment, and diagnosis. *UpToDate*. Retrieved from https://www.uptodate.com.

Burton, C., Fink, P., Henningsen, P., Löwe, B., & Rief, W. (2020). Functional somatic disorders: Discussion paper for a new common classification for research and clinical use. *BMC Medicine, 18*(1), 34.

Business Wire. (2019, February 25). The $72 billion weight loss & diet control market in the United States, 2019–2023: Why meal replacements are still booming, but not OTC diet pills. *Business Wire*. Retrieved from https://www.researchandmarkets.com.

Business Wire. (2020, June 4). United States weight loss market in 2020: Effects of the COVID-19 pandemic. *Business Wire*. Retrieved from https://www.researchandmarkets.com.

Bustillo, J., & Weil, E. (2019, April 30). Psychosocial interventions for schizophrenia. *UpToDate*. Retrieved from https://www.uptodate.com.

Butler, R. M., & Heimberg, R. G. (2020). Exposure therapy for eating disorders: A systematic review. *Clinical Psychology Review, 78,* 101851.

Buzzell, G. A., Morales, S., Bowers, M. E., Troller-Renfree, S. V., Chronis-Tuscano, A., Pine, D. S., ··· Fox, N. A. (2021). Inhibitory control and set shifting describe different pathways from behavioral inhibition to socially anxious behavior. *Developmental Science, 24*(1), e13040. https://doi.org/10.1111/desc.13040.

Caceres. V. (2020, February 14). Eating disorder statistics. *U.S. News*. Retrieved from https://health.usnews.com.

Campez, M., Raiker, J. S., Little, K., Altszuler, A. R., Merrill, B. M., Macphee, F. L., ··· Pelham, W. E. (2021, January 21). An evaluation of the effect of methylphenidate on working memory, time perception, and choice impulsivity in children with ADHD. *Experimental and Clinical Psychopharmacology*. [Epub ahead of print]

Capasso, A., Jones, A. M., Ali, S. H., Foreman, J., Tozan, Y., & DiClemente, R. J. (2021, April). Increased alcohol use during the COVID-19 pandemic: The effect of mental health and age in a cross-sectional sample of social media users in the U.S. *Preventive Medicine, 14,* 106422.

Carroll, N. M., & Banks, A. (2020, January 28). Health care for female trauma survivors (with posttraumatic stress disorder or similarly severe symptoms). *UpToDate*. Retrieved from http://www.uptodate.com.

Carvalho, A. F., Firth, J., & Vieta, E. (2020). Bipolar disorder. *The New England Journal of Medicine, 383*(1), 58–66.

Castleman, M. (2017, August 1). Surprise: Men enjoy—and want—foreplay. *Psychology Today.*

CDC (Centers for Disease Control and Prevention). (2019a, July 31). *Alzheimer's disease and healthy aging: Supporting caregivers.* Atlanta, GA: CDC.

CDC (Centers for Disease Control and Prevention). (2019b, June 3). *Disease or condition of the week: Alzheimer's disease.* Atlanta, GA: CDC.

CDC (Centers for Disease Control and Prevention). (2020a). *The drug overdose epidemic: Behind the numbers.* Atlanta, GA: CDC.

CDC (Centers for Disease Control and Prevention). (2020b). Overdose deaths accelerating during COVID-19. Retrieved from https://www.cdc.gov/media/releases/2020/p1218-overdose-deaths-covid-19.html.

CDC (Centers for Disease Control and Prevention). (2020c, November 16). *Data and statistics about ADHD.* Atlanta, GA: CDC.

CDC (Centers for Disease Control and Prevention). (2021a, February 3). *Disease or condition of the week: Alzheimer's disease.* Atlanta, GA: CDC.

CDC (Centers for Disease Control and Prevention). (2021b, November 21). *Alzheimer's disease and healthy aging: Supporting caregivers.* Atlanta, GA: CDC.

Celebi, F., & Ünal, D. (2021, January 21). Self esteem and clinical features in a clinical sample of children with ADHD and social anxiety disorder. *Nordic Journal of Psychiatry,* 1–6.

Cénat, J. M., Blais-Rochette, C., Kokou-Kpolou, C. K., Noorishad, P.-G., Mukunzi, J. N., McIntee, S.-E., Dalexis, R. D., Goulet, M.-A., & Labelle, P. R. (2021). Prevalence of symptoms of depression, anxiety, insomnia, posttraumatic stress disorder, and psychological distress among populations affected by the COVID-19 pandemic: A systematic review and meta-analysis. *Psychiatry Research, 295,* 113599. https://doi.org/10.1016/j.psychres.2020.113599.

Chapman, A. L., & Dixon-Gordon, K. L. (2020. May 12). *Dialectical behavior therapy* (Theories of Psychotherapy Series, 1st ed.) Washington, DC: American Psychological Association.

Chapman, J., Jamil, R. T., & Fleisher, C. (2021, August 1). Borderline personality disorder. *StatPearls.*

Churchill, G. C., Singh, N., & Berridge, M. J. (2020). Basic mechanisms of and treatment targets for bipolar disorder. In J. R. Geddes, N. C. Andreasen, & G. M. Goodwin (Eds.), *New Oxford textbook of psychiatry* (3rd ed., Ch. 69). New York: Oxford University Press.

Connolly, S. L., Stolzmann, K. L., Heyworth, L., Weaver, K. R., Bauer, M. S., & Miller, C. J. (2020, September 14). Rapid increase in telemental health within the Department of Veterans Affairs during the COVID-19 pandemic. *Telemedicine Journal and e-Health.* [Epub ahead of print]

Cooper, Z., & Fairburn C. G. (2011). The evolution of "enhanced" cognitive behavior therapy for eating disorders: Learning from treatment nonresponse. *Cognitive and Behavioral Practice, 18*(3), 394–402.

Cooper, Z., & Mitchell, K. S. (2020). Eating disorders. In M. M. Antony & D. H. Barlow (Eds.), *Handbook of assessment and treatment planning for psychological disorders* (3rd ed., Ch. 12). New York: Guilford Press.

Correll, C. U., & Schooler, N. R. (2020). Negative symptoms in schizophrenia: A review and clinical guide for recognition, assessment, and treatment. *Neuropsychiatric Disease and Treatment, 16,* 519–534.

Coryell, W. (2020, April 26). Unipolar depression in adults: Course of illness. *UpToDate*. Retrieved from http://www.uptodate.com.

Cote, A. C., Phelps, R. J., Kabiri, N. S., Bhangu, J. S., & Thomas, K. K. (2021). Evaluation of wearable technology in dementia: A systematic review and meta-analysis. *Frontiers in Medicine, 7*, 501104.

Cowan, R. G., Blum, C. R., Szirony, G. M., & Cicchetti, R. (2020). Supporting survivors of public mass shootings. *Journal of Social, Behavioral, and Health Sciences, 14,* 169–182.

Craske, M. G. (2021, May 11). Psychotherapy for panic disorder with or without agoraphobia in adults. *UpToDate*. Retrieved from https://www.uptodate.com.

Craske, M. G., & Barlow, D. H. (1993). Panic disorder and agoraphobia. In D. H. Barlow (Ed.), *Clinical handbook of psychological disorders* (2nd ed., pp. 1–47). New York: Guilford Press.

Craske, M. G., Wolitzky-Taylor, K., & Barlow, D. H. (2021). Panic disorder and agoraphobia. In D. H. Barlow (Ed.)., *Clinical handbook of psychological disorders* (6th ed., Ch. 1). New York: Routledge.

Cueli, M., Rodríguez, C., Cañamero, L. M., Núñez, J. C., & González-Castro, P. (2020, April). Self-concept and inattention or hyperactivity-impulsivity symptomatology: The role of anxiety. *Brain Sciences, 10*(4).

Cummings, J. (2021). New approaches to symptomatic treatments for Alzheimer's disease. *Molecular Neurodegeneration, 16*(1), 2.

Cyrkot, T., Szczepanowski, R., Jankowiak-Siuda, K., Gawe·da, Ł., & Cichoń, E. (2021, January 18). Mindreading and metacognition patterns in patients with borderline personality disorder: Experimental study. *European Archives of Psychiatry and Clinical Neuroscience*. [Epub ahead of print]

D' Souza, R. S., & Hooten, W. M. (2020a). Somatic syndrome disorders. *StatPearls*.

D' Souza, R. S., & Hooten, W. M. (2020b). Extrapyramidal symptoms (EPS). *StatPearls*.

Da Paz, N. S., & Wallander, J. L. (2017). Interventions that target improvements in mental health for parents of children with autism spectrum disorders: A narrative review. *Clinical Psychology Review, 51,* 1–14.

Davey, G. C. L. (2019, December 3). The psychology of OCD. *Psychology Today.*

DBSA (Depression and Bipolar Support Alliance). (2020). *Depression statistics.* Chicago: Author.

DeRubeis, R. J., Zjecka, J., Shelton, R. C., Amsterdam, J. D., Fawcett, J., Xu, C., ⋯ Hollon, S. D. (2020). Prevention of recurrence after recovery from a major depressive episode with antidepressant medication alone or in combination with cognitive behavioral therapy: A phase 2 randomized clinical trial. *JAMA Psychiatry, 77*(3), 237–245.

Desormeau, P. A., Walsh, K. M., & Segal, Z. V. (2020). Mindfulness-based stress reduction and mindfulness-based cognitive therapy. In K. L. Harkness & E. P. Hayden (Eds.), *The Oxford* *handbook of stress and mental health* (Ch. 31, pp. 689–704). New York: Oxford University Press.

DF. (2020). *DrFirst survey: 44% of Americans have used telehealth services during coronavirus pandemic but some admit not paying attention.* Rockville, MD: DrFirst.

Dishman, R. K., McDowell, C. P., & Herring, M. P. (2021). Customary physical activity and odds of depression: A systematic review and meta-analysis of 111 prospective cohort studies. *British Journal of Sports Medicine.*

Douglas, K. S., Vincent, G. M., & Edens, J. F. (2019). Risk for criminal recidivism: The role of psychopathy. In C. J. Patrick (Ed.), *Handbook of psychopathy* (2nd ed., Ch. 28, pp. 682–709). New York: Guilford Press.

Dozois, D. J. A., Wilde, J. L., & Dobson, K. S. (2020). Depressive disorders. In M. M. Antony & D. H. Barlow (Eds.), *Handbook of assessment and treatment planning for psychological disorders* (3rd ed., Ch. 11). New York: Guilford Press.

Duek, O., Pietrzak, R. H., Petrakis, I., Hoff, R., & Harpaz-Rotem, I. (2021). Early discontinuation of pharmacotherapy in U.S. veterans diagnosed with PTSD and the role of psychotherapy. *Journal of Psychiatric Research, 132*, 167–173.

Duncan, P. M. (2020, November 26). *Substance use disorders: A biopsychosocial perspective* (1st ed.). New York: Cambridge University Press.

Ekern, J. (2020). *Anorexia nervosa: Causes, symptoms, signs and treatment help.* Retrieved from https://www.eatingdisorderhope.com/information.

Ekman, P., O'Sullivan, M., & Frank, M. G. (1999). A few can catch a liar. *Psychological Science, 10*(3), 263–266.

Elaut, E., & Heylens, G. (2020). Gender dysphoria. In J. R. Geddes, N. C. Andreasen, & G. M. Goodwin (Eds.), *New Oxford textbook of psychiatry* (3rd ed., Ch. 116). New York: Oxford University Press.

Ellickson-Larew, S. A., Carney, J. R., Coady, A. T., Barnes, J. B., Grunthal, B., & Litz, B. T. (2020). Trauma- and stressor-related disorders. In M. M. Antony & D. H. Barlow (Eds.), *Handbook of assessment and treatment planning for psychological disorders* (3rd ed., Ch. 10). New York: Guilford Press.

Emery, L. R. (2018, September 24). The 10 most common things people do right after sex, according to a new survey. *Bustle.* Retrieved from https://www.bustle.com.

Emmady, P. D., & Tadi, P. (2020). Dementia. *StatPearls.*

Endocrine Society. (2017, September). *Gender dysphoria/gender incongruence guideline resources.* Washington, DC: Author.

Endocrine Society. (2020). *Transgender medicine and research.* Washington, DC: Author.

Engel, S., Steffen, K., & Mitchell, J. E. (2021, May 10). Bulimia nervosa in adults: Clinical features, course of illness, assessment, and diagnosis. *UpToDate.* Retrieved from https://www.uptodate.com.

Evans, S. W., Owens, J. S., & Power, T. J. (2019). Attention-deficit/hyperactivity disorder. In M. J. Prinstein, E. A. Youngstrom, E. J. Mash, & R. A. Barkley (Eds.), *Treatment of disorders in childhood and adolescence* (4th ed.). New York: Guilford Press.

Fairburn, C., & Murphy, R. (2020). The eating disorders. In J. R. Geddes, N. C. Andreason, & G. M. Goodwin (Eds.), *New Oxford textbook of psychiatry* (3rd ed., Ch. 101). New York: Oxford University Press.

Fairburn, C. G., Cooper, Z., Doll, H. A., O'Connor, M. E., Palmer, R. L., & Dalle Grave, R. (2013). Enhanced cognitive behaviour therapy for adults with anorexia nervosa: A UK–Italy study. *Behaviour Research and Therapy, 51*(1), R2–R8.

Fairburn, C. G., Cooper, Z., Shafran, R., & Wilson, G. T. (2008). Eating disorders: A "transdiagnostic" protocol. In D. H. Barlow (Ed.), *Clinical handbook of psychological disorders: A step-by-step treatment manual* (4th ed.). New York: Guilford Press.

Fariba, K., Gupta, V., & Kass, E. (2021, June 9). Personality disorder. *StatPearls*.

Farrell, M., Larance, B., & Breen, C. (2020). Opiates: Heroin, methadone, buprenorphine. In J. R. Geddes, N. C. Andreason, & G. M. Goodwin (Eds.), *New Oxford textbook of psychiatry* (3rd ed., Ch. 51). New York: Oxford University Press.

Fernandes, V., Al-Sukhni, M., Lawson, A., & Chandler, G. (2020). Lithium prescribing and therapeutic drug monitoring in bipolar disorder: A survey of current practices and perspectives. *Journal of Psychiatric Practice, 26*(5), 360–366.

Ferrando, C., & Thomas, T. N. (2020, January 27). Transgender surgery: Male to female. *UpToDate*. Retrieved from https://www.uptodate.com.

Ferrando, C., Zhao, L. C., & Nikolavsky, D. (2020, March 20). Transgender surgery: Female to male. *UpToDate*. Retrieved from https://www.uptodate.com.

Firth, J., Solmi, M., Wootton, R. E., Vancampfort, D., Schuch, F. B., Hoare, E., ⋯ Stubbs, B. (2020). A meta-review of "lifestyle psychiatry": The role of exercise, smoking, diet and sleep in the prevention and treatment of mental disorders. *World Psychiatry, 19*(3), 360–380.

Fischer, B. A., & Buchanan, R. W. (2020a). Schizophrenia in adults: Clinical manifestations, course, assessment, and diagnosis. *UpToDate*. Retrieved from https://www.uptodate.com.

Fischer, B. A., & Buchanan, R. W. (2020b). Schizophrenia in adults: Epidemiology and pathogenesis. *UpToDate*. Retrieved from https://www.uptodate.com.

Fisher, K. A., & Hany, M. (2021, May 21). Antisocial personality disorder. *StatPearls*.

Fitzsimmons-Craft, E., & Pike, K. (2021, December 15). Anorexia nervosa in adults: Cognitive-behavioral therapy (CBT). *UpToDate*. Retrieved from https://www.uptodate.com.

Forcier, M., & Olson-Kennedy, J. (2020a, June 22). Gender development and clinical presentation of gender diversity in children and adolescents. *UpToDate*. Retrieved from http://www.uptodate.com.

Forcier, M., & Olson-Kennedy, J. (2020b, September 17). Lesbian, gay, bisexual, and other sexual minoritized youth: Epidemiology and health concerns. *UpToDate*. Retrieved from http://www.uptodate.com.

Fountoulakis, K. N., Apostolidou, M. K., Atsiova, M. B., Filippidou, A. K., Florou, A. K., Gousiou, D. S., ··· Chrousos, G. P. (2021). Self-reported changes in anxiety, depression and suicidality during the COVID-19 lockdown in Greece. *Journal of Affective Disorders, 279*, 624–629. https://doi.org/10.1016/j.jad.2020.10.061

Fresson, M., Meulemans, T., Dardenne, B., & Geurten, M. (2019). Overdiagnosis of ADHD in boys: Stereotype impact on neuropsychological assessment. *Applied Neuropsychology Child, 8*(3), 231–245.

Friedman, E. M., & Kennedy, D. (2021, February 15). Typologies of dementia caregiver support networks: A pilot study. *The Gerontologist*. [Epub ahead of print]

Gindt, M., Fernandez, A., Battista, M., & Askenazy, F. (2021, January 8). [Psychiatric consequences of Covid 19 pandemic in the pediatric population.] *Neuropsychiatrie De l'enfance et de l'adolescence*. [Epub ahead of print]

Gottesman, I. I. (1991). *Schizophrenia genesis*. New York: Freeman.

Graham, C., & Bancroft, J. (2020). The sexual dysfunction and paraphilias. In J. R. Geddes, N. C. Andreason, & G. M. Goodwin (Eds.), *New Oxford textbook of psychiatry* (3rd ed.). New York: Oxford University Press.

Grave, R., Calugi, S., Conti, M., Doll, H., & Fairburn, C. G. (2013). Inpatient cognitive behaviour therapy for anorexia nervosa: A randomized controlled trial. *Psychotherapy and Psychosomatics, 82*(6), 390–398.

Grinspoon, P. (2021, October 7). *5 myths about using soboxone to treat opiate addiction*. Retrieved from https://www.health.harvard.edu/blog.

Guzmán-González, M., Barrientos, J., Saiz, J. L., Gómez, F., Cárdenas, M., Espinoza-Tapia, R., ··· Giami, A. (2020). [Mental health in a sample of transgender people.] *Revista Medica De Chile, 148*(8), 1113–1120.

Halmi, K. A. (2020). Epidemiology and primary prevention of feeding and eating disorders. In J. R. Geddes, N. C. Andreason, & G. M. Goodwin (Eds.), *New Oxford textbook of psychiatry* (3rd ed., Ch. 103). New York: Oxford University Press.

Halverson, J. L. (2019, October 7). What is the suicide rate among persons with depressive disorder (clinical depression)? *Medscape*. Retrieved from https://medscape.com/answers/286759-14675.

Hancock, L., & Bryant, R. A. (2020). Posttraumatic stress, stressor controllability, and avoidance. *Behaviour Research and Therapy, 128*, 103591.

Hany, M., Rehman, B., Azhar, Y., & Chapman, J. (2020). Schizophrenia. *StatPearls*.

Harned, M. S., Fitzpatrick, S., & Schmidt, S. C. (2020, March 26). Identifying change targets for posttraumatic stress disorder among suicidal and self-injuring women with borderline personality disorder. *Journal of Traumatic Stress*. [Epub ahead of print]

He, H., Cao, H., Huang, B., He, M., Ma, C., Yao, D., ⋯ Duan, M. (2021, January 4). Functional abnormalities of striatum are related to the season-specific effect on schizophrenia. *Brain Imaging and Behavior.* [Epub ahead of print]

Heflin, M. (2020, March 9). Geriatric health maintenance. *UpToDate.* Retrieved from https://www.uptodate.com.

Herman, J. L., Brown, T. N. T., & Haas, A. P. (2019). *Suicide thoughts and attempts among transgender adults: Findings from the 2015 U.S. Transgender Survey.* Los Angeles: Williams Institute, University of California Los Angeles.

Hofmann, S. G. (2021, November 17). Psychotherapy for social anxiety disorder in adults. *UpToDate.* Retrieved from https://www.uptodate.com.

Holm, M., Taipale, H., Tanskanen, A., Tiihonen, J., & Mitterdorfer-Rutz, E. (2021). Employment among people with schizophrenia or bipolar disorder: A population-based study using nationwide registers. *Acta Psychiatrica Scandinavica, 143*(1), 61–71.

Hyland, P., Murphy, J., Shevlin, M., Vallières, F., McElroy, E., Elkit, A., ⋯ Cloitre, M. (2017). Variation in post-traumatic response: The role of trauma type in predicting ICD-11 PTSD and CPTSD symptoms. *Social Psychiatry and Psychiatric Epidemiology, 52,* 727–773.

Hyland, P., Shevlin, M., Fyvie, C., Cloitre, M., & Karatzias, T. (2020). The relationship between ICD-11 PTSD, complex PTSD and dissociative experiences. *Journal of Trauma & Dissociation, 21*(1), 62–72.

Ioannidis, K., Hook, R. W., Grant, J. E., Czabanowska, K., Roman-Urrestarazu, A., & Chamberlain, S. R. (2021). Eating disorders with over-exercise: A cross-sectional analysis of the mediational role of problematic usage of the internet in young people. *Journal of Psychiatric Research, 132,* 215–222.

Jauhar, S., Laws, K. R., & Young, A. H. (2021). Mindfulness-based cognitive therapy and depression relapse-evaluating evidence through a meta-analytic lens may indicate myopia. *Acta Psychiatrica Scandinavica, 143*(1), 3–5.

Javier, S. J., & Belgrave, F. Z. (2019). "I'm not White, I have to be pretty and skinny": A qualitative exploration of body image and eating disorders among Asian American women. *Asian American Journal of Psychology, 10*(2), 141–153.

Jibson, M. D. (2021, February 23). Second-generation antipsychotic medications: Pharmacology, administration, and side effects. *UpToDate.* Retrieved from https://www.uptodate.com.

Johns, M. M., Beltran, O., Armstrong, H. L., Jayne, P. E., & Barrios, L. C. (2018, April 26). Protective factors among transgender and gender variant youth: A systematic review by socioecological level. *Journal of Primary Prevention, 39*(3), 263–301.

Johnston, L. D., Miech, R. A., O'Malley, P. M., Backman, J. G., Schulenberg, J. E., & Patrick, M. E. (2020). *Monitoring the Future national survey results on drug use 1975–2019: Overview, key findings on adolescent drug use.* Ann Arbor: Institute for Social Research, University of Michigan.

Jones, N., Gius, B., Daley, T., George, P., Rosenblatt, A., & Shern, D. (2020). Coordinated specialty care discharge, transition, and step-down policies, practices, and concerns: Staff and client perspectives. *Psychiatric Services, 71*(5), 487–497.

Jørgensen, M. S., Bo, S., Vestergaard, M., Storebø, O. J., Sharp, C., & Simonsen, E. (2021, January 11). Predictors of dropout among adolescents with borderline personality disorder attending mentalization-based group treatment. *Psychotherapy Research: Journal of the Society for Psychotherapy Research*, 1–12. [Epub ahead of print]

Juvonen, J., & Ho, A. Y. (2008). Social motives underlying antisocial behavior across middle school grades. *Journal of Youth and Adolescence, 37*, 747.

Kanner, L. (1943). Autistic disturbances of affective contact. *Nervous Child, 2*, 217.

Kaplan, H. S. (1987). *The illustrated manual of sex therapy* (2nd ed.). New York: Brunner/Mazel.

Kaya, S., Yildirim, H., & Atmaca, M. (2020). Reduced hippocampus and amygdala volumes in antisocial personality disorder. *Journal of Clinical Neuroscience: Official Journal of the Neurosurgical Society of Australasia, 75*, 199–203.

Keitner, G. (2021, August 12). Unipolar depression in adults: Family and couples therapy. *UpToDate*. Retrieved from https://www.uptodate.com.

Kessing, L. V. (2020). Epidemiology of mood disorders. In J. R. Geddes, N. C. Andreasen, & G. M. Goodwin (Eds.), *New Oxford textbook of psychiatry* (3rd ed., Ch. 67). New York: Oxford University Press.

Khera, M. (2021, July 28). Treatment of male sexual dysfunction. *UpToDate*. Retrieved from https://www.uptodate.com.

Khoury, J. E., Pechtel, P., Andersen, C. M., Teicher, M. H., & Lyons-Ruth, K. (2019). Relations among maternal withdrawal in infancy, borderline features, suicidality/self-injury, and adult hippocampal volume: A 30-year longitudinal study. *Behavioural Brain Research, 374*, 112139.

Kleberg, J. L., Högström, J., Sundström, K., Frick, A., & Serlachius, E. (2021). Delayed gaze shifts away from others' eyes in children and adolescents with social anxiety disorder. *Journal of Affective Disorders, 278*, 280–287. https://doi.org/10.1016/j.jad.2020.09.022.

Klein, D., & Attia, E. (2021, June 4). Anorexia nervosa in adults: Clinical features, course of illness, assessment, and diagnosis. *UpToDate*. Retrieved from https://www.uptodate.com.

Kolla, N. J., Boileau, I., Karas, K., Watts, J. J., Rusjan, P., Houle, S., & Mizrahi, R. (2021). Lower amygdala fatty acid amide hydrolase in violent offenders with antisocial personality disorder: An [11C]CURB positron emission tomography study. *Translational Psychiatry, 11*(1), 57.

Korte, K. J., Jiang, T., Koenen, K. C., & Gradus, J. (2020, August 30). Trauma and PTSD: Epidemiology, comorbidity and clinical presentation in adults. In D. Forbes, J. I. Bisson, C. M. Monson, & L. Berliner (Eds.), *Effective treatments for PTSD* (3rd ed., Ch. 2). New York: Guilford Press.

Kriegel, D. L., & Azrak, A. (2020). Benzodiazepines for panic disorder in adults. *American Family Physician, 101*(7). [Online].

Krishnan, R. (2020, April 17). Unipolar depression in adults: Epidemiology, pathogenesis, and neurobiology. *UpToDate.*

Krishnan, R. (2021a, January 6). Unipolar depression in adults: Epidemiology. *UpToDate.* Retrieved from https://www.uptodate.com.

Krishnan, R. (2021b, January 6). Unipolar depression: Pathogenesis. *UpToDate.* Retrieved from https://www.uptodate.com.

Krishnan, R. (2021c, March 8). Unipolar depression: Neurobiology. *UpToDate.* Retrieved from https://www.uptodate.com.

Krull, K. R. (2019, November 27). Attention deficit hyperactivity disorder in children and adolescents: Clinical features and diagnosis. *UpToDate.* Retrieved from https://www.uptodate.com.

Krull, K. R. (2021a, October 29). Attention deficit hyperactivity disorder in children and adolescents: Epidemiology and pathogenesis. *UpToDate.* Retrieved from https://www.uptodate.com.

Krull, K. R. (2021b, May 13). Attention deficit hyperactivity disorder in children and adolescents: Treatment with medications. *UpToDate.* Retrieved from https://www.uptodate.com.

Kulz, A. K., Landmann, S., Schmidt-Ott, M., Zurowski, B., Wahl-Kordon, A., & Voderholzer, U. (2020). Long-term follow-up of cognitive-behavioral therapy for obsessive-compulsive disorder: Symptom severity and the role of exposure 8–10 years after inpatient treatment. *Journal of Cognitive Psychotherapy, 34*(3), 261–271.

Kumar, A., Sidhu, J., Goyal, A., & Tsao, J. W. (2020, April 20). Alzheimer disease. *StatPearls.*

Lai, C.-H. (2020). Task MRI-based functional brain network of anxiety. *Advances in Experimental Medicine and Biology, 1191,* 3–20.

LaRosa, J. (2019, October 16). $1.2 billion U.S. meditation market growing strongly as it becomes more mainstream. *Market Research.* Retrieved from https://blog.marketresearch.com.

Latimer, C. S., Lucot, K. L., Keene, C. D., Cholerton, B., & Montine, T. J. (2021). Genetic insights into Alzheimer's disease. *Annual Review of Pathology, 16,* 351–376.

Lawrence, A. A. (2010). Sexual orientation versus age of onset as bases for typologies (subtypes) for gender identity disorder in adolescents and adults. *Archives of Sexual Behavior, 39,* 514–545.

Latzer, Y., Katz, R., & Spivak, Z. (2011). *Facebook users more prone to eating disorders.* University of Haifa, Israel. [Unpublished manuscript]

Lebow, J. L., & Kelly, S. (2020). Couple therapies. In S. B. Messer & N. J. Kaslow (Eds.), *Essential psychotherapies: Theory and practice* (4th ed., Ch. 10, pp. 333–368). New York: Guilford Press.

Lecheler, M., Lasser, J., Vaughan, P. W., Leal, J., Ordetx, K., & Bischofberger, M. (2020, January 10). A matter of perspective: An exploratory study of a theory of mind autism intervention for adolescents. *Psychological Reports, 124*(1), 39–53.

Leonard, J. (2019, May 31). What is learned helplessness? *Medical News Today.*

Lerner, M. D., Mazefsky, C. A., White, S. W., & McPartland, J. C. (2018). Autism spectrum disorder. In J. N. Butcher & J. M. Hooley (Eds.), *APA handbook of psychopathology: Vol. 2. Psychopathology in children and adolescents* (Ch. 20). Washington, DC: American Psychological Association.

Levenson, J. L. (2020, January 8). Somatic symptom disorder: Epidemiology and clinical presentation. *UpToDate.* Retrieved from https://www.uptodate.com.

Liang, T.-W., & Tarsy, D. (2021, June 16). Tardive dyskinesia: Prevention, treatment, and prognosis. *UpToDate.* Retrieved from https://www.uptodate.com.

Lilienfeld, S. O. (2017). Microaggressions: Strong claims, inadequate evidence. *Perspectives on Psychological Science, 12*(1), 138–169.

Linehan, M. M. (2020, January 7). *Building a life worth living: A memoir.* New York: Random House Publishing.

Liu, N., Zhang, F., Wei, C., Jia, Y., Shang, Z., Sun, L., ⋯ Liu, W. (2020). Prevalence and predictors of PTSS during COVID-19 outbreak in China hardest-hit areas: Gender differences matter. *Psychiatry Research, 287,* 112921.

Liu, S., Yang, L., Zhang, C., Xiang, Y.-T., Liu, Z., Hu, S., & Zhang, B. (2020). Online mental health services in China during the COVID-19 outbreak. *The Lancet Psychiatry, 7*(4), e17–e18.

Lobato, M. I., Soll, B. M., Brandelli Costa, A., Saadeh, A., Gagliotti, D. A. M., Fresán, A., Reed, G., & Robles, R. (2019). Psychological distress among transgender people in Brazil: Frequency, intensity and social causation—an ICD-11 field study. *Brazilian Journal of Psychiatry, 41*(4), 310–315.

Lopez-Duran, N. L., Micol, V. J., &. Roberts, A. (2020). Neuroendocrinological models of stress and psychopathology. In K. L. Harkness & E. P. Hayden (Eds.), *The Oxford handbook of stress and mental health* (Ch. 21, pp. 463–486). New York: Oxford University Press.

Low, K. (2021, February 2). Summer camps for kids with ADHD. *Verywellmind.* Retrieved from https://www.verywellmind.com.

Lykken, D. T. (2019). Psychopathy, sociopathy, and antisocial personality disorder. In C. J. Patrick (Ed.), *Handbook of psychopathy* (2nd ed., Ch. 2, pp. 22–32). New York: Guilford Press.

Lyness, J. M. (2020, September 29). Unipolar minor depression in adults: Epidemiology, clinical presentation, and diagnosis. *UpToDate.* Retrieved from http://www.uptodate.com.

Lyness, J. M. (2021, October 4). Unipolar depression in adults: Assessment and diagnosis. *UpToDate.* Retrieved from https://www.uptodate.com.

Marchetti, D., Musso, P., Verrocchio, M. C., Manna, G., Kopala-Sibley, D. C., De Berardis, D., De Santis, S., & Falgares, G. (2021). Childhood maltreatment, personality vulnerability profiles, and borderline personality disorder symptoms in adolescents. *Development and*

Psychopathology, 1–14.

Marsh, S. (2017, August 11). Viagra prescriptions on NHS triple in 10 years as stigma fades. *The Guardian.*

Marzola, E., Porliod, A., Panero, M., De-Bacco, C., & Abbate-Daga, G. (2020). Affective temperaments and eating psychopathology in anorexia nervosa: Which role for anxious and depressive traits? *Journal of Affective Disorders, 266,* 374–380.

Masters, W. H., & Johnson, V. E. (1970). *Human sexual inadequacy.* Boston: Little, Brown.

McCrady, B. S. (1990). The marital relationship and alcoholism treatment. In R. L. Collins, K. E. Leonard, B. A. Miller, & J. S. Searles (Eds.), *Alcohol and the family: Research and clinical perspectives* (pp. 338–355). New York: Guilford Press.

McCrady, B. S., Epstein, E. E., & Holzhauer, C. (2022). Couple therapy in the treatment of alcohol problems. In D. K. Snyder & J. Lebow (Eds.), *Clinical handbook of couple therapy* (6th ed.). New York: Guilford Press.

McElroy, S. L., Guerdjikova, A. I., Mori, N., Houser, P. L., & Keck, P. E., Jr. (2020). Management and treatment of feeding and eating disorders. In J. R. Geddes, N. C. Andreason, & G. M. Goodwin (Eds.), *New Oxford textbook of psychiatry* (3rd ed., Ch. 106). New York: Oxford University Press.

McGuire, A. P., Hayden, C. L., Zambrano-Vazquez, L., & Connolly, K. M. (2021). Examining the link between intolerance of uncertainty and positive and negative urgency in veterans with comorbid posttraumatic stress disorder and substance use disorders. *The Journal of Nervous and Mental Disease, 209*(1), 82–84.

McLaughlin, K. A., & Nolen-Hoeksema, S. (2011). Rumination as a transdiagnostic factor in depression and anxiety. *Behaviour Research and Therapy, 49*(3), 186–193.

MHA (Mental Health America). (2020). *Lesbian/gay/bisexual/transgender communities and mental health.* Retrieved from https://www.mhanational.org/issues.

Miller, K. J., Goncalves-Bradley, D. C., Areerob, P., Hennessy, D., Mesagno, C., & Grace, F. (2020). Comparative effectiveness of three exercise types to treat clinical depression in older adults: A systematic review and network meta-analysis of randomised controlled trials. *Ageing Research Review, 58,* 100999.

Mills, A. S., Vimalakanthan, K., Sivapalan, S., Shanmugalingam, N., & Weiss, J. A. (2020, May 16). Brief report: Preliminary outcomes of a peer counselling program for parents of children with autism in the south Asian community. *Journal of Autism and Developmental Disorders, 51*(1), 334–340.

Mitchell, J. E. (2021, July 7). Bulimia nervosa in adults: Cognitive-behavioral therapy (CBT). *UpToDate.* Retrieved from https://www.uptodate.com.

Mitchell, J. E., & Peterson, C. B. (2020). Anorexia nervosa. *New England Journal of Medicine, 382*(14), 1343–1351.

Mobach, L., Klein, A. M., Schniering, C. A., & Hudson, J. L. (2020). Specificity of dysfunctional beliefs in children with social anxiety disorder: Effects of comorbidity. *Journal of Clinical Child & Adolescent Psychology.* [Epub ahead of print]

Mondimore, F. M. (2020). *Bipolar disorder: A guide for you and your loved ones* (4th ed.). Baltimore, MD: Johns Hopkins University Press.

Morissette, S. B., Lenton-Brym, A. P., & Barlow, D. H. (2020). Panic disorder and agoraphobia. In M. M. Antony & D. H. Barlow, *Handbook of assessment and treatment planning for psychological disorders* (3rd ed., Ch. 6). New York: Guilford Press.

Muhlheim, L. (2020, January 28). Relapses in bulimia recovery. *Verywellmind.* Retrieved from https://www.verywellmind.com.

Munn-Chernoff, M. A., Johnson, E. C., Chou, Y.-L., Coleman, J. R. I., Thornton, L. M., Walters, R. K., ⋯ Agrawal, A. (2021). Shared genetic risk between eating disorder- and substance-use-related phenotypes: Evidence from genome-wide association studies. *Addiction Biology, 26*(1), e12880.

NCTE (National Center for Transgender Equality). (2020). *Additional help.* Washington, DC: NCTE.

NEDA (National Eating Disorders Association). (2020). *Statistics and research on eating disorders.* New York: Author.

Neufeld, C. B., Palma, P. C., Caetano, K. A. S., Brust-Renck, P. G., Curtiss, J., & Hofmann, S. G. (2020). A randomized clinical trial of group and individual cognitive-behavioral therapy approaches for social anxiety disorder. *International Journal of Clinical and Health Psychology, 20*(1), 29–37.

Newton-Howes, G., & Mulder, R. (2020). Treatment and management of personality disorder. In J. R. Geddes, N. C. Andreason, & G. M. Goodwin (Eds.), *New Oxford textbook of psychiatry* (3rd ed., Ch. 121). New York: Oxford University Press.

NIAAA (National Institute on Alcohol Abuse and Alcoholism). (2021a). *College drinking.* Bethesda, MD: NIAAA.

NIAAA (National Institute on Alcohol Abuse and Alcoholism). (2021b). *Alcohol problems in intimate relationships: Identification and intervention.* Bethesda, MD: NIAAA.

NIDA (National Institute on Drug Abuse). (2019). *Genetics and epigenetics of addiction.* Bethesda, MD: NIDA. Retrieved from https://www.drugabuse.gov/publications.

NIDA (National Institute on Drug Abuse). (2020a, April). *Opioid overdose crisis.* Bethesda, MD: NIDA.

NIDA (National Institute on Drug Abuse). (2020b). *Misuse of prescription drugs research report: What is the scope of prescription drug misuse?* Bethesda, MD: NIDA.

NIDA (National Institute on Drug Abuse). (2020c, August). *Genetics and epigenetics of addiction.* Bethesda, MD: NIDA.

Niles, J. K., Gudin, J., Radcliff, J., & Kaufman, H. W. (2021). The opioid epidemic within the

COVID-19 pandemic: Drug testing in 2020. *Population Health Management, 24*(1).

NIMH (National Institute of Mental Health). (2017a). *Panic disorder among adults.* Bethesda, MD: Author.

NIMH (National Institute of Mental Health). (2017b). *Obsessive-compulsive disorder (OCD).* Bethesda, MD: Author.

NIMH (National Institute of Mental Health). (2017c). *Social anxiety disorder.* Bethesda, MD: Author.

NIMH (National Institute of Mental Health). (2017d). *Bipolar disorder.* Bethesda, MD: Author.

NIMH (National Institute of Mental Health). (2017e). *Eating disorders.* Bethesda, MD: Author.

NIMH (National Institute of Mental Health). (2020a). *Panic disorder.* Bethesda, MD: Author.

NIMH (National Institute of Mental Health). (2020b). *Obsessive-compulsive disorder (OCD).* Bethesda, MD: Author.

NIMH (National Institute of Mental Health). (2020c). *Statistics: Eating disorders.* Bethesda, MD: Author.

NIMH (National Institute of Mental Health). (2020d, January). *Bipolar disorder.* Bethesda, MD: Author.

NIMH (National Institute of Mental Health). (2020e). *Schizophrenia.* Bethesda, MD: Author.

NIMH (National Institute of Mental Health). (2021a, October). *Major depression.* Bethesda, MD: Author.

NIMH (National Institute of Mental Health). (2021b, December). *Eating disorders: Overview, signs and symptoms.* Bethesda, MD: Author.

Nolan, I. T., Kuhner, C. J., & Dy, G. W. (2019). Demographic and temporal trends in transgender identities and gender confirming surgery. *Translational Andrology and Urology, 8*(3), 184–190.

NSC (National Safety Council). (2020a). *Impairment begins with the first drink.* Retrieved from https://www.nsc.org/road-safety.

Nurnberger, J. I., Jr (2021). New analyses provide supportive evidence for specific genes related to bipolar disorder. *Bipolar Disorders.* 23(3), 295–296. https://doi.org/10.1111/bdi.13044

Nylander, E., Floros, O., Sparding, T., Rydén, E., Hansen, S., & Landén, M. (2021). Five-year outcomes of ADHD diagnosed in adulthood. *Scandinavian Journal of Psychology, 62*(1), 13–24.

Olivares-Olivares, P. J., Ortiz-González, P. F., & Olivares, J. (2019). Role of social skills training in adolescents with social anxiety disorder. *International Journal of Clinical and Health Psychology, 19*(1), 41–48.

Olson-Kennedy, J., & Forcier, M. (2020, June 22). Management of transgender and genderdiverse children and adolescents. *UpToDate*. Retrieved from http://www.uptodate.com.

Ornell, F., Schuch, J. B., Sordi, A. O., & Kessler, F. H. P. (2020, June). "Pandemic fear" and COVID-19: Mental health burden and strategies. *Brazilian Journal of Psychiatry, 42*(3). [Epub ahead of print]

Orpana, H., Giesbrecht, N., Hajee, A., & Kaplan, M. S. (2020). Alcohol and other drugs in suicide in Canada: Opportunities to support prevention through enhanced monitoring. *Injury Prevention*. [Epub ahead of print]

Park, K. K., & Koo, J. (2021, October 28). Skin picking (excoriation) disorder and related disorders. *UpToDate*. Retrieved from https://www.uptodate.com.

Pastor, Y. (2020). Psychosocial determinants of depression and maladaptive behaviour in adolescence: Two tested models. *Journal of Child & Adolescent Mental Health, 32,* 11–22.

Peavy, K. M. (2021, November 29). Psychosocial interventions for opioid use disorder. *UpToDate*. Retrieved from https://www.uptodate.com.

Pelham, W. E., & Altszuler, A. R. (2020). Combined treatment for children with attention-deficit/hyperactivity disorder: Brief history, the Multimodal Treatment for Attention-Deficit/Hyperactivity Disorder Study, and the past 20 years of research. *Journal of Developmental and Behavioral Pediatrics, 41,* S88–S98.

Peterson, A. L., Foa, E. B., Resick, P. A., Hoyt, T. V., Straud, C. L., Moore, B. A., ⋯ Strong Star Consortium. (2020). A nonrandomized trial of prolonged exposure and cognitive processing therapy for combat-related posttraumatic stress disorder in a deployed setting. *Behavior Therapy, 51*(6), 882–894.

Phillips, K. (2015). Obsessive-compulsive and related disorders. In A. Tasman, J. Kay, J. A. Lieberman, M. B. First, & M. Riba (Eds.), *Psychiatry* (4th ed., 2 vols., pp. 1093–1128). Hoboken, NJ: Wiley-Blackwell.

Phillips, M. L., & Drevets, W. C. (2020). Neuroimaging of bipolar disorder. In J. R. Geddes, N. C. Andreasen, & G. M. Goodwin (Eds.), *New Oxford textbook of psychiatry* (3rd ed., Ch. 71). New York: Oxford University Press.

Pina, A. A., Gonzales, N. A., Mazza, G. L., Gunn, H. J., Holly, L. E., Stoll, R. D., ⋯ Tein, J.-Y. (2020). Streamlined prevention and early intervention for pediatric anxiety disorders: A randomized controlled trial. *Prevention Science, 21*(4), 487–497.

Polanczyk, G. V. (2020). Epidemiology of attention deficit hyperactivity disorder and the implications for its prevention. In J. R. Geddes, N. C. Andreason, & G. M. Goodwin (Eds.), *New Oxford textbook of psychiatry* (3rd ed., Ch. 33). New York: Oxford University Press.

Poore, H. E., & Waldman, I. D. (2020). The association of oxytocin receptor gene (Oxtr) polymorphisms antisocial behavior: A meta-analysis. *Behavior Genetics, 50*(3), 161–173.

Post, R. M. (2021, June 4). Bipolar disorder in adults: Choosing maintenance treatment. *UpToDate*. Retrieved from https://www.uptodate.com.

Press, D. (2021, December 22). Management of the patient with dementia. *UpToDate*. Retrieved from https://www.uptodate.com.

Press, D., & Alexander, M. (2021, June 21). Cholinesterase inhibitors in the treatment of dementia. *UpToDate*. Retrieved from https://www.uptodate.com.

Psychiatric Rehabilitation Consultants. (1991). *Modules for training and independent living skills for persons with serious mental disorders.* Available from Dissemination Coordinator, Camarillo-UCLA Research Center, Box 6022, Camarillo, CA 93011-6022.

Quidé, Y., Bortolasci, C. C., Spolding, B., Kidnapillai, S., Watkeys, O. J., Cohen-Woods, S., ⋯ Green, M. J. (2021). Systemic inflammation and grey matter volume in schizophrenia and bipolar disorder: Moderation by childhood trauma severity. *Progress in Neuro-Psychopharmacology & Biological Psychiatry, 105*, 110013.

Rakicevic, M. (2019, July 12). 27 meditation statistics that you should be aware of. *Disturbmenot*. Retrieved from https://disturbmenot.com.

Rappaport, L. M., Hunter, M. D., Russell, J. J., Pinard, G., Bleau, P., & Moskowitz, D. S. (2021). Emotional and interpersonal mechanisms in community SSRI treatment of social anxiety disorder. *Journal of Psychiatry & Neuroscience: JPN, 46*(1), E56–E64. https://doi.org/10.1503/jpn.190164

Reid, M. A. (2021). Glutamate and gamma-aminobutyric acid abnormalities in antipsychotic-naïve patients with schizophrenia: Evidence from empirical and meta-analytic studies using magnetic resonance spectroscopy. *Biological Psychiatry, 89*(3), e1–e3.

Ren, S.-Y., Gao, R.-D., & Chen, Y.-L. (2020). Fear can be more harmful than the severe acute respiratory syndrome coronavirus 2 in controlling the coronavirus disease 2019 epidemic. *World Journal of Clinical Cases, 8*(4), 652–657.

Retz, W., Ginsberg, Y., Turner, D., Barra, S., Retz-Junginger, P., Larsson, H., & Asherson, P. (2021). Attention-deficit/hyperactivity disorder (ADHD), antisociality and delinquent behavior over the lifespan. *Neuroscience and Biobehavioral Reviews, 120*, 236–248.

Riggs, D. S., Tate, L., Chrestman, K., & Foa, E. B. (2020). Prolonged exposure. In D. Forbes, J. I. Bisson, C. M. Monson, & L. Berliner (Eds.), *Effective treatments for PTSD* (3rd ed., Ch. 12). New York: Guilford Press.

Rodgers, M., Simmonds, M., Marshall, D., Hodgson, R., Stewart, L. A., Rai, D., ⋯ Couteur, A. L. (2021, January 22). Intensive behavioural interventions based on applied behaviour analysis for young children with autism: An international collaborative individual participant data meta-analysis. *Autism: The International Journal of Research and Practice*. [Epub ahead of print]

Rose, G. M., & Tadi, P. (2021, January 31). Social anxiety disorder. *StatPearls*.

Rosen, R. C., & Khera, M. (2021, May 27). Epidemiology and etiologies of male sexual dysfunction. *UpToDate*. Retrieved from https://www.uptodate.com.

Rosenberg, D. (2021, May 12). Treatment of obsessive-compulsive disorder in children and adolescents. *UpToDate*. Retrieved from https://www.uptodate.com.

Roy-Byrne, P. P. (2020, January 20). Pharmacotherapy for panic disorder with or without agoraphobia in adults. *UpToDate*. Retrieved from http://www.uptodate.com.

Rutherford-Morrison, L., & Polish, J. (2020, March 31). 8 statistics that prove why Transgender Day of Visibility is so crucial. *Bustle*. Retrieved from https://www.bustle.com.

Sacks, O. (1993, December 27). An Anthropologist on Mars. *The New Yorker*. Retrieved from: https://www.newyorker.com/magazine/1993/12/27/anthropologist-mars.

Saitz, R. (2021, October 21). Alcohol use disorder: Psychosocial treatment. *UpToDate*. Retrieved from https://www.uptodate.com.

Salkovskis, P. M., & Harrison, J. (1984). Abnormal and normal obsessions—a replication. *Behaviour Research and Therapy, 22*(5), 549–552.

Salters-Pedneault, K. (2020, January 21). Borderline personality disorder statistics. *Verywellmind*. Retrieved from https://verywellmind.com.

SAMHSA (Substance Abuse and Mental Health Services Administration). (2019). *Results from the 2019 National Survey on Drug Use and Health: Detailed Tables.* Rockville, MD: SAMHSA.

SAMHSA (Substance Abuse and Mental Health Services Administration). (2021). *2018 National Survey of Drug Use and Health (NSDUH) releases.* Rockville, MD: SAMHSA.

Sareen, J. (2021, February 4). Posttraumatic stress disorder in adults: Epidemiology, pathophysiology, clinical manifestations, course, assessment, and diagnosis. *UpToDate*. Retrieved from https://www.uptodate.com.

Sareen, J., Afifi, T. O., McMillan, K. A., & Asmundson, G. J. G. (2011). Relationship between household income and mental disorders: Findings from a population-based longitudinal study. *Archives of General Psychiatry, 68*(4), 419–426.

Sato, K. (2021). Why is lithium effective in alleviating bipolar disorder? *Medical Hypotheses, 147*, 110484.

Schneeberger, A. R., Huber, C. G., Lang, U. E., Muenzenmaier, K. H., Castille, D., Jaeger, M., ⋯ Link, B. G. (2017). Effects of assisted outpatient treatment and health care services on psychotic symptoms. *Social Science & Medicine, 175,* 152–160.

Schneier, F. R. (2021, May 26). Social anxiety disorder in adults: Epidemiology, clinical manifestations, and diagnosis. *UpToDate*. Retrieved from https://www.uptodate.com.

Schreiber, J., & Culpepper, L. (2021, May 24). Suicidal ideation and behavior in adults. *UpToDate*. Retrieved from https://www.uptodate.com.

Seelman, K. L, Miller, J. F., Fawcett, Z. E. R., & Cline, L. (2018, April 30). Do transgender men have equal access to health care and engagement in preventing health behaviors compared to cisgender adults? *Social Work in Health Care, 57*(7), 502–525.

Seligman, N. S., Cleary, B. J., & Berghella, V. (2021, December 1). Methadone and buprenorphine pharmacotherapy of opioid use disorder during pregnancy. *UpToDate*. Retrieved from https://www.uptodate.com.

Selkie, E., Adkins, V., Masters, E., Bajpai, A., & Shumer, D. (2020). Transgender adolescents' uses of social media for social support. *Journal of Adolescent Health, 66*(3), 275–280.

Shapero, B. G., Gibb, B. E., Archibald, A., Wilens, T. E., Fava, M., & Hirshfeld-Becker, D. R. (2021). Risk factors for depression in adolescents with ADHD: The impact of cognitive biases and stress. *Journal of Attention Disorders, 25*(3), 340–354.

Sherrill, A. M., Maples-Keller, J. L., Yasinski, C. W., Loucks, L. A., Rothbaum, B. O., & Rauch, S. A. M. (2020). Perceived benefits and drawbacks of massed prolonged exposure: A qualitative thematic analysis of reactions from treatment completers. *Psychological Trauma: Theory, Research, Practice, and Policy.* [Epub ahead of print]

Shifren, J. L. (2020, February 24). Overview of sexual dysfunction in women: Epidemiology, risk factors, and evaluation. *UpToDate.* Retrieved from https://www.uptodate.com.

Simon, G. (2019). Unipolar depression in adults and initial treatment: General principles and prognosis. *UpToDate.* Retrieved from http://www.uptodate.com.

Skodol, A. (2021, February 18). Borderline personality disorder: Epidemiology, pathogenesis, clinical features, course, assessment, and diagnosis. *UpToDate.* Retrieved from https://www.uptodate.com.

Smith, J. P., & Randall, C. L. (2012). Anxiety and alcohol use disorders: Comorbidity and treatment considerations. *Alcohol Research, 34*(4), 414–431.

Snyder, P. J., & Rosen, R. C. (2020, January 11). Overview of male sexual dysfunction. *UpToDate.* Retrieved from https://www.uptodate.com.

Speer, K. E., Semple, S., Naumovski, N., D'Cunha, N. M., & McKune, A. J. (2019). HPA axis function and diurnal cortisol in post-traumatic stress disorder: A systematic review. *Neurobiology of Stress, 11,* 100180.

Stein, M. B. (2020a, February 4). Approach to treating posttraumatic stress disorder in adults. *UpToDate.* Retrieved from http://www.uptodate.com.

Stein, M. B. (2020b, April 16). Pharmacotherapy for social anxiety disorder in adults. *Uptodate.* Retrieved from http://www.uptodate.com.

Stein, M. B. (2021, March 16). Pharmacotherapy for posttraumatic stress disorder in adults. *UpToDate.* Retrieved from https://www.uptodate.com.

Stein, M. B., & Taylor, C. T. (2019, June 5). Approach to treating social anxiety disorder in adults. *UpToDate.* Retrieved from https://www.uptodate.com.

Stone, J., & Sharpe, M. (2020, January 7). Conversion disorder in adults: Clinical features, assessment, and comorbidity. *UpToDate.* Retrieved from https://www.uptodate.com.

Stovall, J. (2020, January 15). Bipolar disorder in adults: Epidemiology and pathogenesis. *UpToDate.* Retrieved from http://www.uptodate.com.

Stovall, J. (2021, April 11). Bipolar mania and hypomania in adults: Choosing pharmacotherapy. *UpToDate.* Retrieved from https://www.uptodate.com.

Strain, E. (2021a, July 28). Opioid use disorder: Epidemiology, pharmacology, clinical manifestations, course, screening, assessment, and diagnosis. *UpToDate*. Retrieved from https://www.uptodate.com.

Strain, E. (2021b, August 25). Pharmacotherapy for opioid use disorder. *UpToDate*. Retrieved from https://www.uptodate.com.

Stroup, T. S., & Marder, S. (2020, April 21). Pharmacotherapy for schizophrenia: Acute and maintenance phase treatment. *UpToDate*. Retrieved from https://www.uptodate.com.

Styles, M., Alsharshani, D., Samara, M., Alsharshani, M., Khattab, A., Qoronfleh, M. W., & Al-Dewik, N. I. (2020). Risk factors, diagnosis, prognosis and treatment of autism. *Frontiers in Bioscience (Landmark Edition), 25*, 1682–1717.

Su, L.-D., Xu, F.-X., Wang, X.-T., Cai, X.-Y., & Shen, Y. (2020, May 21). Cerebellar dysfunction, cerebro-cerebellar connectivity and autism spectrum disorders. *Neuroscience*. [Epub ahead of print]

Szechtman, H., Harvey, B. H., Woody, E. Z., & Hoffman, K. L. (2020). The psychopharmacology of obsessive-compulsive disorder: A preclinical roadmap. *Pharmacological Reviews, 72*(1), 80–151.

Tangpricha, V., & Safer, J. D. (2020, December 2). Transgender men: Evaluation and management. *UpToDate*. Retrieved from http://www.uptodate.com.

Tangpricha, V., & Safer, J. D. (2021, December 1). Transgender women: Evaluation and management. *UpToDate*. Retrieved from https://www.uptodate.com.

Taylor, S., Abramowitz, J. S., McKay, D., & Garner, L. E. (2020). Obsessive-compulsive and related disorders. In M. M. Antony & D. H. Barlow, *Handbook of assessment and treatment planning for psychological disorders* (3rd ed., Ch. 8). New York: Guilford Press.

Tenenbaum, R. B., Musser, E. D., Morris, S., Ward, A. R., Raiker, J. S., Coles, E. K., & Pelham, W. E. (2019). Response inhibition, response execution, and emotion regulation among children with attention-deficit/hyperactivity disorder. *Journal of Abnormal Child Psychology, 47*, 589–603.

Thomas, B. P., Tarumi, T., Sheng, M., Tseng, B., Womack, K. B., Cullum, C. M., ⋯ Lu, H. (2020). Brain perfusion change in patients with mild cognitive impairment after 12 months of aerobic exercise training. *Journal of Alzheimer's Disease: JAD, 75*(2), 617–631.

Thomas, S. (2020). *Alcohol and drug abuse statistics*. Brentwood, TN: American Addiction Centers.

Ting, I., Scott, N., & Palmer, A. (2020, February 2). Rough justice: How police are failing survivors of sexual assault. *ABC News* (Australia). Retrieved from https://www.abc.net.au.

Tong, P., Bo, P., Shi, Y., Dong, L., Sun, T., Gao, X., & Yang, Y. (2021). Clinical traits of patients with major depressive disorder with comorbid borderline personality disorder based on propensity score matching. *Depression and Anxiety, 38*(1), 100–106.

Tonge, N. A., Lim, M. H., Piccirillo, M. L., Fernandez, K. C., Langer, J. K., & Rodebaugh, T.

L. (2020). Interpersonal problems in social anxiety disorder across different relational contexts. *Journal of Anxiety Disorders, 75*, 102275.

Tortella-Feliu, M., Fullana, M. A., Perez-Vigil, A., Torres, X., Chamorro, J., Littarelli, S. A., ··· de la Kruz, L. (2019). Risk factors for posttraumatic stress disorder: An umbrella review of systematic reviews and meta-analyses. *Neuroscience and Biobehavioral Reviews, 107*, 154–165.

Tremblay, M., Baydala, L., Khan, M., Currie, C., Morley, K., Burkholder, C., Davidson, R., & Stillar, A. (2020). Primary substance use prevention programs for children and youth: A systematic review. *Pediatrics, 146*(3), e20192747.

Tseng, A., Biagianti, B., Francis, S. M., Conelea, C. A., & Jacob, S. (2020). Social cognitive interventions for adolescents with autism spectrum disorders: A systematic review. *Journal of Affective Disorders, 274*, 199–204.

Usher, K., Durkin, J., & Bhullar, N. (2020). The COVID-19 pandemic and mental health impacts. *International Journal of Mental Health Nursing, 29*(3), 315–318.

Valinsky, J. (2020, April 29). Beer sales are soaring. These brands are winning the booze battle. *CNN Business.*

van den Brink, W., & Kiefer, F. (2020). Alcohol use disorder. In J. R. Geddes, N. C. Andreason, & G. M. Goodwin (Eds.), *New Oxford textbook of psychiatry* (3rd ed., Ch. 50). New York: Oxford University Press.

Vieta, E., Pacchiarotti, I., & Miklowitz, D. J. (2020). Management and treatment of bipolar disorder. In J. R. Geddes, N. C. Andreasen, & G. M. Goodwin (Eds.), *New Oxford textbook of psychiatry* (3rd ed., Ch. 72). New York: Oxford University Press.

von Greiff, N., & Skogens, L. (2020, April 2). Abstinence or controlled drinking: A five-year follow-up on Swedish clients reporting positive change after treatment for substance use disorders. *Drugs and Alcohol Today.*

Waldman, I. D., Rhee, S. H., LoParo, D., & Park, Y. (2019). Genetic and environmental influences on psychopathy and antisocial behavior. In C. J. Patrick (Ed.), *Handbook of psychopathy* (2nd ed., Ch. 14, pp. 335–353). New York: Guilford Press.

Walker, P., & Kulkarni, J. (2020). Re-framing borderline personality disorder. *Australasian Psychiatry: Bulletin of Royal Australian and New Zealand College of Psychiatrists, 28*(2), 237–238.

Wampler, K. S. (2020, October 12). *The handbook of systemic family therapy* (4 vols.). Hoboken, NJ: Wiley-Blackwell.

Wang, C., Pan, R., Wan, X., Tan, Y., Xu, L., Ho, C. S., & Ho, R. C. (2020). Immediate psychological responses and associated factors during the initial stage of the 2019 coronavirus disease (COVID-19) epidemic among the general population in China. *International Journal of Environmental Research and Public Health, 17*(5), 1729.

Wang, P. S., Lane, M., Olfson, M., Pincus, H. A., Wells, K. B., & Kessler, R. C. (2005). Twelve-month use of mental health services in the United States. *Archives of General Psychiatry,*

62, 629–640.

Wang, S.-P., Wang, J.-D., Chang, J.-H., Wu, B.-J., Wang, T.-J., & Sun, H.-J. (2020). Symptomatic remission affects employment outcomes in schizophrenia patients. *BMC Psychiatry, 20*(1), 219.

Watkins, E. R., & Roberts, H. (2020). Reflecting on rumination: Consequences, causes, mechanisms and treatment of rumination. *Behaviour Research and Therapy, 127,* 103573.

Watkins, M. (2021, November 11). *Alcoholism and family/marital problems.* Brentwood, TN: American Addiction Centers.

Wicklund, E. (2020, March 20). States move quickly to address coronavirus pandemic with telehealth. *mHealth Intelligence.* Retrieved from https://mhealthintelligence.com:news:states-move-quickly-to-address-coronavirus-pandemic-with-telehealth.

Williams, J., & Nieuwsma, J. (2020, June 26). Screening for depression in adults. *UpToDate.* Retrieved from http://www.uptodate.com.

Wolk, D. A., & Dickerson, B. C. (2020, December 11). Clinical features and diagnosis of Alzheimer disease. *UpToDate.* Retrieved from https://www.uptodate.com.

Worthington, M. A., Miklowitz, D. J., O'Brien, M., Addington, J., Bearden, C. E., Cadenhead, K. S., ··· Cannon, T. D. (2020). Selection for psychosocial treatment for youth at clinical high risk for psychosis based on the North American Prodrome Longitudinal Study individualized risk calculator. *Early Intervention in Psychiatry,* eip.12914.

Yager, J. (2019, April 29). Eating disorders: Overview of prevention and treatment. *UpToDate.* Retrieved from https://www.uptodate.com.

Yager, J. (2020). Managing patients with severe and enduring anorexia nervosa: When is enough, enough? *The Journal of Nervous and Mental Disease, 208*(4), 277–282.

Yang, Y., Song, Y., Lu, Y., Xu, Y., Liu, L., & Liu, X. (2019). Associations between erectile dysfunction and psychological disorders (depression and anxiety): A cross-sectional study in a Chinese population. *Andrologia, 51*(10).

Yıldız, E. (2020). The effects of acceptance and commitment therapy in psychosis treatment: A systematic review of randomized controlled trials. *Perspectives in Psychiatric Care, 56*(1), 149–167.

Yu, F., Vock, D. M., Zhang, L., Salisbury, D., Nelson, N. W., Chow, L. S., ··· Wyman, J. F. (2021, January 26). Cognitive effects of aerobic exercise in Alzheimer's disease: A pilot randomized controlled trial. *Journal of Alzheimer's Disease.* [Epub ahead of print]

van Gogh, V. (1889, April 21). Letter to Theo van Gogh.

Zakreski, E., & Pruessner, J. C. (2020). Psychophysiological models of stress. In K. L. Harkness & E. P. Hayden (Eds.), *The Oxford handbook of stress and mental health* (Ch. 22, pp. 487–518). New York: Oxford University Press.

Zeifman, R. J., Boritz, T., Barnhart, R., Labrish, C., & McMain, S. F. (2020). The independent roles of mindfulness and distress tolerance in treatment outcomes in dialectical behavior therapy skills training. *Personality Disorders, 11*(3), 181–190.

Zhang, T., Liu, N., Cao, H., Wei, W., Ma, L., & Li, H. (2020). Different doses of pharmacological treatments for mild to moderate Alzheimer's disease: A Bayesian network meta-analysis. *Frontiers in Pharmacology, 22,* 778.

Zhou, S.-J., Zhang, L.-G., Wang, L.-L., Guo, Z.-C., Wang, J.-Q., Chen, J.-C., ··· **Chen, J.-X.** (2020). Prevalence and socio-demographic correlates of psychological health problems in Chinese adolescents during the outbreak of COVID-19. *European Child & Adolescent Psychiatry, 29*(6), 749–758.

Zhu, J., Yang, Y., Touyz, S., Park, R., & Hay, P. (2020). Psychological treatments for people with severe and enduring anorexia nervosa: A mini review. *Frontiers in Psychiatry, 11,* 206.

Ziegelstein, R. C. (2018). Creating structured opportunities for social engagement to promote well-being and avoid burnout in medical students and residents: *Academic Medicine, 93*(4), 537–539.

Zurita Ona, P. E. (2021, January 28). *Living beyond OCD using acceptance and commitment therapy: A workbook for adults* (1st ed.). New York: Routledge.

찾아보기

저자 소개

Ethan E. Gorenstein

컬럼비아장로교메디컬센터의 행동의학 프로그램 임상과장이며 컬럼비아대학교 정신의학과의 임상심리학 교수이다. 또한 *The Science of Mental Illness*의 저자이기도 하다. 임상에서는 아동과 성인들의 문제에 근거 기반 심리 치료를 적용하도록 하는 데 전념하고 있다.

Ronald J. Comer

프린스턴대학교 심리학과 교수로, 임상심리학 연구 주임이며 프린스턴대학교 연구심의위원회 위원장이다. 또한 *Fundamentals of Abnormal Psychology*, *Abnormal Psychology*와 *Psychology Around Us*의 저자로 이상심리학, 심리학 개론과 신경과학 등 다양한 주제에 대한 수많은 교육비디오를 제작하였다.

역자 소개

오경자
미국 하버드대학교 심리학 박사
현 연세대학교 명예교수

김현수
미국 북일리노이대학교 심리학 박사
현 한양대학교 아동심리치료학과 교수

송원영
연세대학교 심리학 박사
현 건양대학교 심리상담치료학과 교수

배도희
연세대학교 심리학 박사
현 (주)휴노 수석연구원

최지영
연세대학교 심리학 박사
현 인하대학교 아동심리학과 교수

이수진
연세대학교 심리학 박사
현 경성대학교 심리학과 부교수